戦時日本の金融統制

資金市場と会社経理

柴田善雅

日本経済評論社

凡　例

- 元号を用いず、すべて西暦で表記した。
- 漢字は常用漢字を利用した。旧字は概ね常用漢字に改めたが、そのまま利用したものがある。
- 商号等については、混乱の起きない範囲で、「證券」を「証券」とする等の、新字を利用した。
- 地名「京城」、「満洲国」、「新京」等、法人名「北支那開発株式会社」、「中支那振興株式会社」等は、歴史的用語として、「　」を付さず、また「北支那開発」を「華北開発」等への修正を加えることなく、そのまま利用した。
- 金額単位は千、百万単位のほか、万、億単位も用いた。
- 敬称は本論の中ですべて省略した。
- 巻末参考文献を用い、本文中で典拠を示す場合には、誤解のない範囲で典拠図書等の著者名の「株式会社」等を省略した。
- 企業名は各章内で最初に言及する際に正式名称を用い、再出する際に混乱しない範囲で「株式会社」、「会社」等を省略した。銀行商号の株式会社も省略した。
- 以下の頻出する企業名等が同一章内で再出する際に、日本銀行を日銀、日本興業銀行を興銀、日本勧業銀行を勧銀、農林中央金庫を農林中金、国民更生金庫を更生金庫、戦時金融金庫を戦金、資金統合銀行を統銀、産業設備営団を産設、株式会社東京株式取引所を東株、株式会社大阪株式取引所を大株、日本証券取引所を日証、南満洲鉄道株式会社を満鉄、東洋拓殖株式会社を東拓、満洲重工業開発株式会社を満業、満洲投資証券株式会社を満投、日本窒素肥料株式会社を日窒、大蔵省預金部資金を預金部資金と略称することがある。
- 帝国議会議事録や営業報告書等の参照資料等に漢数字で記載されている回・期部分について、読みやすさを考慮し、アラビア数字に書き換えたものがある。
- 法令記載にあたっては、「大日本帝国憲法」の時期は「公式令」(1907年2月1日勅令)に従い日本国内法令は公布日とした。植民地法令は裁可日を基準とし、「日本国憲法」の時期は成立の日とした。

目　次

凡　例 i

序　章　戦時金融統制研究の課題 ………………………………… 1

    第1節　本書の課題　1

    第2節　本書の方法と先行研究の概要　10

        1．本書の方法　10

        2．先行研究の概要　13

    第3節　本書の概要　18

第1章　戦時金融資産負債の概要 ………………………………… 23

    はじめに　23

    第1節　金融資産負債残高表の性格　24

    第2節　戦時金融資産負債の概要　30

        1．満洲事変期の金融資産負債　30

        2．日中戦争期の金融資産負債　41

        3．アジア太平洋戦争期の金融資産負債　51

    おわりに　62

第2章　戦時外国為替管理体制と為替割当 ……………………… 65

    はじめに　65

第1節　日中戦争前の外国為替管理　67
　　1．「資本逃避防止法」の公布　67
　　2．「資本逃避防止法」の施行　72
　　3．「外国為替管理法」の公布　74
　　4．日中戦争前「外国為替管理法」による為替管理　76

第2節　日中戦争期外国為替割当による輸入統制　85
　　1．外国為替割当・輸入統制の強化と権限調整　85
　　2．外国為替割当・輸入統制の機構整備　89

第3節　日中戦争期外国為替割当の実態　93
　　1．1937年後半の外国為替割当　93
　　2．1938年の外国為替割当と政府海外払節約　101

第4節　日中戦争期外国為替の調達と運用　106
　　1．金資金特別会計による外国為替の調達　106
　　2．日本銀行資金による外国為替管理　108
　　3．1940・41年の外国為替管理と統制貿易への移行　111
　　4．「外国為替管理法」の全部改正と統制貿易の強化　115

おわりに　121

第3章　戦時資金割当──「臨時資金調整法」と
　　　　「銀行等資金運用令」の施行を中心に── ……………… 125

はじめに　125

第1節　「臨時資金統制法」体制の出現　127
　　1．「臨時資金調整法」の公布　127
　　2．「臨時資金調整法」の調整方針　132
　　3．「臨時資金調整法」の施行体制　135

第2節　「臨時資金調整法」の施行　140

　　1．「臨時資金調整法」による資金割当の概観　140

　　2．個別融資先の実態　146

第3節　「銀行等資金運用令」の公布と施行　150

　　1．「会社利益配当及資金融通令」に基づく命令融資の導入　150

　　2．「銀行等資金運用令」の公布と資金割当の概観　153

　　3．「銀行等資金運用令」の個別資金割当　159

第4節　アジア太平洋戦争期の資金割当　164

　　1．自治的資金調整廃止・統制強化案の検討　164

　　2．「臨時資金調整法」と「銀行等資金運用令」の施行　167

　　3．日本興業銀行の命令融資・軍需手形引受　169

　　4．戦時金融金庫の設立　177

　　5．戦時金融金庫の資金割当　181

　　6．その他の大口資金割当スキーム　190

　おわりに　198

第4章　戦時株式流通市場への介入　…………………………… 201

　はじめに　201

　第1節　日中戦争期の株式流通市場介入の開始　203

　　1．満洲事変期の株式市場の活況　203

　　2．株式市場の法規制と証券業者行政　208

　　3．小規模法人による株式流通市場介入　214

　　4．日本協同証券の設立　221

　　5．日本協同証券の株式流通市場介入の開始　224

　第3節　株式評価調整と証券取引業者整備　231

　　　　1．「株式価格統制令」と「会社所有株式評価臨時措置令」の
　　　　　　公布　231
　　　　2．証券取引業者整備　235
　　第4節　アジア太平洋戦争期の株式市場介入　240
　　　　1．日本協同証券による株式市場介入の継続　240
　　　　2．証券投資信託による株式消化　242
　　　　3．戦時金融金庫の株式流通市場介入　245
　　　　4．日本証券取引所の設立　252
　　　　5．日本証券取引所の株式流通市場介入　254
　　おわりに　260

第5章　保険会社の戦時資産運用 …………………………… 263

　　はじめに　263
　　第1節　日中戦争期保険会社の資産運用　265
　　　　1．満洲事変期の生命保険業と資産運用　265
　　　　2．日中戦争期の保険業者行政と「保険業法」改正　268
　　　　3．生命保険の配当引き下げと料率統制　270
　　　　4．戦時保険商品と再保険体制　272
　　　　5．保険会社の資産運用　277
　　第2節　アジア太平洋戦争期保険会社の資産運用　287
　　　　1．戦時保険業対策と所管行政　287
　　　　2．戦時保険商品の導入　291
　　　　3．保険会社の資産運用　293
　　おわりに　300

第6章　戦時会社経理統制 …… 303

はじめに　303

第1節　配当統制論と軍需産業への税務支援策　305
 1．満洲事変期の高率配当復活　305
 2．配当統制論議　308
 3．軍需会社への税務処理支援策　310

第2節　「会社利益配当及資金融通令」と「職員給与臨時措置令」の経理統制　314
 1．「会社利益配当及資金融通令」の公布　314
 2．「会社利益配当及資金融通令」の配当統制　318
 3．「会社職員給与臨時措置令」の公布と施行　321

第3節　「会社経理統制令」の公布　328
 1．「会社経理統制令」の公布　328
 2．「会社経理統制令」の所管体制　333

第4節　「会社経理統制令」の施行と統制強化　339
 1．「会社経理統制令」の施行　339
 2．「会社経理統制令」体制の強化　348
 3．外地における経理統制　357

第5節　「会社経理特別措置令」の公布　361

おわりに　364

第7章　戦時企業整備の施行と資金措置 …… 367

はじめに　367

第1節　「企業整備令」と「企業整備資金措置法」の公布　369

　　　　1．「企業整備令」の公布　369

　　　　2．「企業整備資金措置法」の公布　371

　　第2節　企業整備施行の行政体制　374

　　　　1．企業整備のための行政機構の充実　374

　　　　2．産業整備営団　376

　　　　3．その他の企業整備に関わる特殊法人　379

　　第3節　金鉱業整備の施行　383

　　　　1．金鉱業整備方針　383

　　　　2．金鉱業整備の施行　384

　　第4節　製造業整備　389

　　　　1．「自発的」企業整備　389

　　　　2．戦力増強企業整備　390

　　　　3．戦力増強企業整備の施行　395

　　第5節　企業整備資金措置　406

　　　　1．企業整備資金措置の方針　406

　　　　2．企業整備資金措置の施行　408

　　おわりに　416

終　章　戦時金融統制の終焉と結語 ………………………… 419

　　第1節　戦時金融統制の終焉と戦後金融統制　419

　　第2節　結　語　428

戦時経済統制参考文献　439

あとがき　455

索　引　459

序　章　戦時金融統制研究の課題

第1節　本書の課題

　1931年9月18日満洲事変勃発で、満洲占領とその後の満洲国樹立となり、日本は準戦時体制に移行し、さらに1937年7月7日盧溝橋事件で、日中戦争の勃発とその後の戦線の拡大により、戦時体制に移行した。1941年12月8日真珠湾攻撃によりアジア太平洋戦争が勃発し、戦線が拡大したのに伴い、戦時体制の拡大強化となる。このような軍事行動の段階的拡大の中で、兵器・軍需品の補給の増大は不可欠であり、その生産に向けて日本帝国全体で支援する体制が構築される。それが戦時経済体制であり、生産要素の総動員体制と換言することができよう。資金・資材・労働力の集中投入により兵器と軍需財の拡大が急がれた。そのためには市場の自立的調整に委ねることができず、強権的・統制的手法が採用される。それが統制経済であり、市場に対し法的規定を有した命令で介入するシステムである。統制経済は戦時体制の深化の中で拡大強化されていった。戦時統制経済にも生産現場に介入する統制、企業が必要とする資金市場に介入する統制、企業が必要とする労働者動員に介入する統制、経済活動で取引される市場価格に介入する統制、財の移動等の運輸サーヴィスに介入する統制等がありうる。日本の戦時経済ではそのいずれにおいても強力な統制が導入された。

　本書で統制という用語を使う場合には、原［1976］で展開されている戦時統制経済の位置づけをほぼ踏襲している。それによれば統制とは「国家行政権の経済過程への介入」であり、しかも日中戦争後には生産調整から生産拡充へと

統制の方向が逆転する。そして日中戦争の特徴として「市場機構に基づく私的資本相互間の協定に対する国家の補強装置のみではもはや打開できず、国家が全面に立って私的資本を統制し、軍需品生産を中軸に再編成して、戦時における資本の再生産を保障しようと」(224頁) するものと理解されている。本書は軍需生産の分析を主要な課題とはせず、戦時経済統制のなかの金融統制の各論的解明に傾注するものであるが、原 [1976] の理解に沿って、政府介入という統制の範囲を幅広く捉えている[1]。本書の対象範囲に関連づけた統制の具体的あり方として、法令に基づく為替割当・設備もしくは運転資金の許認可、政府予算措置（本書で扱う個別の出資・補助金等の予備措置に限定している）、それらにある程度連動する介入担当個別法人の設立支援、企業財務における利益金処分や損益計算書の誘導、企業整備資金措置、さらには個別政府出資法人への資金支援から株式価格維持の資金支援のあり方まで、幅広い政府介入を列挙できる。

　本書は日本の戦時統制経済の各論として、金融市場における政府の統制の総体的把握を目指すものである。金融市場といっても範囲は広く、ここでは伝統的な銀行を中心とした預金・貸付市場、株式債券を発行・流通する証券市場のほか、外国為替取引市場や保険業の資金市場と企業経理による内部資金にまで範囲を広げて設定している。統制の対象は主として民間企業であり、統制の対象には政府セクターを一応除外して考察する。すなわち中央政府（一般会計・特別会計）が資金調達する対民間課税・国債発行・短期証券発行・郵便貯金受入・簡易生命保険料受入・社会保険掛金受入・その他特別会計の各種対民間歳入等による市中資金吸収と、一般歳出・国債利払いと償還・短期証券償還・郵便貯金払戻・簡易生命保険払戻・社会保険金支払・その他特別会計の各種民間歳出等の市中資金散布という市場を、概ね考察の対象外とする。地方政府については金融資産負債で政府として一括された数値以外には、すべて対象外としている。本書で扱う政府セクターは、金融資産負債で政府として一括された数値以外には、政府の対市中資金供給で市場介入を行う大蔵省預金部特別会計の歳入歳出外資金である預金部資金の運用、金資金特別会計歳出と歳入歳出外資

金である金資金の運用、政府出資特別会計歳出、金鉱業整備に投入した予算にほぼ限定されている。政府セクターの規模は戦時期を通じて拡大した。これまで戦時期の地方政府セクターを中央政府セクターと一括した対民間資金収支は試算されていない[2]。そのほか日本銀行については、対民間外国為替取引のみ分析の対象とし、対政府取引、対民間預金貸出取引等を分析の対象外とする。日銀は政府の指示で法律に基づく金融統制の施行実務を引き受けており、準政府セクターとして統制する側の金融機関として位置づけ、その活動に着目する。

　金融市場も従来からの金融機関分類で、ある程度領域を設定することができる。蓄積の厚い日本金融史の研究では、重層的金融構造として概括されるが[3]、業態法に基づく市場の分断がある程度なされていた。戦時期には以下のような業態規制法規による有力な金融機関群が活躍していた。1927年3月30日「銀行法」に基づく銀行業、1921年4月14日「貯蓄銀行法」に基づく貯蓄銀行があり、前者には都市銀行と地方銀行が含まれる。個別設置法に基づく特殊銀行が戦時期の国内の設備投資に積極的に関わる。これらの特殊銀行として1896年4月20日「日本勧業銀行法」に基づく1897年6月7日設立の日本勧業銀行と、1900年3月23日「日本興業銀行法」に基づく1902年3月27日設立の日本興業銀行等が含まれる。また1897年4月1日「台湾銀行法」に基づく1899年6月12日設立の台湾銀行、1911年3月29日「朝鮮銀行法」に基づく朝鮮銀行等の植民地銀行もこれに該当するが[4]、本書では植民地をほぼ視野の外においており、ほとんど言及することはないため、ここでは紹介を省略しよう。そのほか1896年4月20日「農工銀行法」に基づき府県別に個別の農工銀行が設置されていた[5]。組合型預金金融機関として、1900年3月7日「産業組合法」に基づく産業組合とその系統機関として1923年4月6日「産業組合中央金庫法」に基づく1923年12月20日設立の産業組合中央金庫があり[6]、商業組合・工業組合・輸出組合・「産業組合法」による市街地信用組合の系統機関として1936年5月27日「商工組合中央金庫法」に基づき同年11月30日設置された商工組合中央金庫がある[7]。1943年3月11日「市街地信用組合法」に基づく市街地信用組合と同年3月12日「商工組合法」に基づく商工組合が改めて制度化された。以上のような預金金

融機関が並立していた。

　政府金融もその規模から無視できない。貯金吸収として1905年2月16日「郵便貯金法」に基づく郵便貯金制度と、その郵便貯金を運用する1925年3月30日「大蔵省預金部特別会計法」に基づく大蔵省預金部資金特別会計の歳入歳出外資金の大蔵省預金部資金が巨大である[8]。そのほか1916年7月10日「簡易生命保険法」と「簡易生命保険特別会計法」に基づく簡易生命保険特別会計、1926年3月30日「郵便年金法」と「郵便年金特別会計法」に基づく郵便年金特別会計があり、これらは1944年2月15日「簡易生命保険及郵便年金特別会計法」で統合された[9]。

　そのほか非預金金融業として、1902年4月8日「保険業法」（1939年3月29日全文改正）に基づく生命保険業と損害保険業、1915年6月21日「無尽業法」に基づく無尽業、1893年3月4日「取引所法」に基づく証券取引所と取引業者[10]、1938年3月29日「有価証券業取締法」に基づく有価証券業者と、同年3月31日「有価証券引受業法」に基づく有価証券引受業者、1922年4月21日「信託法」に基づく信託業者がある。そのほか個別設置法の政府系の庶民向け特殊金融機関として、1937年4月1日公布の「庶民金庫法」と「恩給金庫法」に基づく1938年6月24日設立の恩給金庫と7月1日設立の庶民金庫も新たに加わった[11]。これらが平時に活動する専業の金融機関であるが、そのほか戦時期の金融統制の中で、1941年3月6日「国民更生金庫法」に基づく同年7月22日設立の国民更生金庫と、1942年2月20日「戦時金融金庫法」に基づく同年4月18日設立の戦時金融金庫、1942年2月20日「南方開発金庫法」に基づく同年3月30日設立の南方開発金庫、1945年2月9日「外資金庫法」に基づく同年2月12日設立の外資金庫等が個別設置法により新設された[12]。これら専業の金融機関のほか、法令により設置され、植民地・国内の地域開発投資に従事する事業持株会社形態による出資・融資を行う特殊法人も見られる。これには1906年6月8日勅令「南満洲鉄道株式会社ニ関スル件」に基づく南満洲鉄道株式会社、1908年2月28日「東洋拓殖株式会社法」に基づく東洋拓殖株式会社、1936年5月27日「東北興業開発株式会社法」に基づく東北興業開発株式会社、1936年6

月3日「台湾拓殖株式会社法」の基づく台湾拓殖株式会社、1936年7月27日「南洋拓殖株式会社令」に基づく南洋拓殖株式会社、1938年4月30日「北支那開発株式会社法」に基づく北支那開発株式会社、同日「中支那振興株式会社法」に基づく中支那振興株式会社、1941年3月7日「樺太開発株式会社法」に基づく樺太開発株式会社等があり、株式・社債発行・借入金により資金調達を行い、関係会社出資・融資を行う機関である[13]。戦時期においても、都市部から農村部まで多種の金融機関が並立する重層的金融構造として理解される。これらを前提に、戦時金融統制により資金誘導を行う体制が強化された。

　本書の限られたスペースではこれらすべての業態に対する戦時金融統制を分析することは不可能である。そこで本書では金融市場のあり方の違いに着目して、政府が介入した市場ごとに分析する。また分析にあたって政策の形成にも力点を置く。政策形成過程の検討も政策史アプローチとして避けては通れない。政府の政策形成として特定個人の思想が結実したと判定できるものはむしろ限られている。多くは官僚集団の中で提案され、それが法制度化されて、多くは官僚機構と予算の裏づけを以て施行されるものである。もちろん行政機関のトップの意思決定が反映する場合もある。これらのプロセスを、できるだけ個別政治家や官僚の関わりにも視野を広げつつ、制度史的に、担当した官僚の発言をも点検しつつ政策形成過程を明らかにし[14]、その現実の施行の到達度を検証することで、政策史アプローチの有効性を主張する。政策の施行の実態の解明も避けては通れない。政府や日銀の作成した統計を精査する必要があり、それを可能な限り試み、政策の到達度を検証することで、政策の有効性あるいは無力性を確認することができる。

　本書が着目する金融市場としては、国内企業への外国為替割当と為替管理、設備資金・運転資金割当と命令融資、特殊金融機関を通じた集中的資金動員、株式流通市場における株価介入があり、そのほか保険会社資金運用を検討する。さらに資金市場介入の分析とは異なる金融統制のあり方として、会社経理への直接介入による企業財務統制がある。経理統制は、当初の会社の利子配当抑制から、ホワイトカラー給与・役員報酬、内部留保充実、固定資産強制償却まで

拡大し、さらに企業整備により発生する多額決済資金への介入も行った。これらの分析により、本書の目指す金融統制を明らかにすることができる。

　個別の統制される市場の特性とその統制の意義を改めて確認しよう。まず外国為替割当は国内の銀行等資金貸付市場や直接金融市場に比べれば、取引規模は小さいが、輸入決済と連動するため、貿易に対し大きな統制権限を発揮できる。しかも統制対象金融機関が外国為替取引を恒常的に営む一部の大手銀行・植民地銀行に限定されていたため、統制が最も容易であった。1933年3月29日公布「外国為替管理法」に基づく介入が、日中戦争の勃発した1937年以降に拡大する。また融資統制に先行した包括的な外国為替統制法規としてのみならず、直接的な貿易統制法規として商工省に先行して導入したことも注目できよう。この外国為替割当を業種別に1件別割当を分析することで、個別企業の輸入に強力に介入したことを検証することができよう。1937年には設備資金貸付市場の統制が大規模に開始される。1937年9月10日公布「臨時資金調整法」による設備資金割当、株式発行市場・社債発行市場の資金割当として幅広く機能した。特に日本の金融市場において、銀行等の設備資金割当や株式発行・起債許認可はきわめて有効であり、本書では融資先の業態と1件別企業分析を行うことでその実態を解明する。従来の個別企業資金割当にまで踏み込んだ研究は、一部の銀行の分析に限定されている。この市場においては自治的調整機構の設立により業界団体を統制機関化させることで、銀行、貯蓄銀行、無尽、保険等の設備資金融資と事業法人の株式社債発行が統制された。さらに1938年4月1日「国家総動員法」に基づく1940年10月19日「銀行等資金運用令」による運転資金統制と興銀の政府命令融資が強化された。そして金融機関統合を推し進め戦金設立等で、軍需会社向けの融資枠優先の資金割当体制へと強化されていった。この資金割当の強化が金融制度の戦時再編と連動するが、その過程を分析する。すなわち戦時日本の国内資金割当統制は、自治的資金調整から大規模金融機関経由直接割当へと、選別と集中が進展したことを論証する。戦時統制経済も資本主義を前提として運営されているため、株式会社形態の存在を基底としている。株式会社は株式発行市場で資金調達を行い、その株式は流通市場の取引所

を通じて妥当な価格形成がなされることで投資家から増資資金調達を可能とするものであるが、株式流通市場の維持とは株価下落阻止であり、最も資本主義的な市場への政府介入が行われる。投資家の配当とキャピタルゲインによる利益を期待した株式保有を支えることなくして、資本主義は維持できない。その株価介入機関の取引の実態を検証することで、その内実を明らかにすることができよう。そのほか安定的な機関投資家として位置づけられる生命保険を中心とした保険業のあり方を検討することで、保険業が銃後社会の安定と同時に、資産を膨らませつつ多額の戦時運用を行ったことを確認しよう。ただしここに並べた市場においても、直接金融としての証券発行市場の分析は手薄である。株式・社債発行市場については、設備資金統制と株式流通市場介入の中で付帯的に言及されるのみである。また金融機関業態別の資金統制のあり方についても、銀行業と保険業以外については概観の中で言及するのみである。

　金融統制のねらいは軍需生産拡大に向けた製造業・運輸業等の設備資金や運転資金の集中投入であるが、当該企業にとっても企業財務の調整により内部資金調達が可能である。それが配当賞与給与抑制等で内部留保を積み増し、あるいは固定資産強制償却を行わせることで可能となる。それが「国家総動員法」に基づき1940年10月19日「会社経理統制令」により強制した会社経理統制である。一部の採算を度外視した特殊法人等以外には悉皆的に適用され、施行後にその統制の範囲が拡大した。さらに戦争末期の空爆に晒された局面での特別の経理処理の対応も可能とした。そのほか企業整備が広範に行われた。資本主義経済では企業の参入・退出の自由が原則的に保証されているが、日本の戦時経済では政府による強制退出、特定事業者への事業資産譲渡が短期間で推し進められた。それは譲渡を受ける1社あたりの事業規模拡大に直結する。企業整備はほぼあらゆる既存産業で行われ、企業整備の強行により不要とされた設備資材は軍需産業に再転用のため集中動員され、労働力は兵役やほかの重要産業労働者に移転することになる。特に裾野の広い生産基盤が存在していた繊維産業において、廃棄と他の製造業転換が強力に行われており、企業整備のあり方を各論的に補強したうえで、金鉱業整備等をも視野に入れながら、1943年6月26

日「企業整備資金措置法」に基づく企業整備資金措置を分析し、その企業財務処理を跡づける。しかも企業疎開にも同様の対処が可能となった。

　以上から、本書の目指す戦時金融統制とは民間企業に対する資金統制である。政府の巨大な資金調達市場、すなわち国債発行と民間における消化体制は第1章第5章を除きほとんど言及されない。また政府が強く推し進めた貯蓄奨励も重要な課題ではあるが、本書では生命保険業を除き検討の対象外とした。それでも本書が対象とする外国為替割当市場、設備資金統制に始まり、流動資金統制に拡大する資金市場、資本主義の根幹をなす株式流通の維持策としての株式流通市場介入のあり方、さらには保険業の資金運用の全体像を解明することで、民間金融市場に対する統制を明らかにすることができる。また個別企業に対し内部資金統制を加える会社経理統制による利益金処分・損益計算書への直接的統制から、企業整備の発動後の企業譲渡等で発生する浮動資金の統制等へと、企業の企業財務への直接統制の領域を拡大させたことを明らかにする。

1）　ほかの経済統制の定義として、例えば平沢［2001］2頁で「経済の組織化＝統制」と理解しているが、同書では本書で扱う統制のより狭い範囲を設定している。「組織化」の把握のみで、株価介入や企業財務介入まで拡張した日中戦争後の経済統制を捉えきれるかは、再考を要する。
2）　中央政府の1939年から1945年まで、四半期・年度対集計を行った政府対民間国庫収支統計として、柴田［2002a］で紹介している。
3）　朝倉［1980］が代表的業績である。植民地・占領地でどこまで重層的金融構造論が適用できるかについてはさらなる検証が必要である。戦時期においても、伊牟田［1991a］では国内金融制度については、それが看取できよう。
4）　1909年7月26日「韓国銀行条例」に基づき、大韓民国の中央銀行の韓国銀行が同年10月29日設立され、1911年3月28日公布「朝鮮銀行法」施行日の同年8月15日に朝鮮銀行に改称（朝鮮銀行史研究会［1987］1011頁）。
5）　1944年9月18日に勧銀が残存農工銀行5行を合併して、農工銀行は消滅した（日本勧業銀行［1953］716-718頁）。
6）　1943年3月11日法律改正で、「農林中央金庫法」となり、1943年9月15日に農林中央金庫に改称した（農林中央金庫［1956b］年表95頁）。
7）　1925年3月30日「輸出組合法」による輸出組合が、1937年8月14日「貿易組合法」

に改正され、貿易組合に改組、1925年3月30日「重要輸出品工業組合法」による重要品輸出工業組合が、1931年4月2日「工業組合法」に改正され、工業組合に改組。1932年9月6日「商業組合法」による商業組合設立。商工組合中央金庫［1969］を参照。

8）「郵便貯金法」と「大蔵省預金部特別会計法」の前から大蔵省預金部資金制度が存在するが、それについては大蔵省理財局資金課［1964］を参照。

9）1943年度より簡易生命保険積立金と郵便年金積立金も戦時的要請の名のもとに預金部資金で統合運用されるに至る（大蔵省昭和財政史編集室［1962］参照）。そのほか1943年3月6日「朝鮮簡易生命保険及郵便年金特別会計法」に基づき、朝鮮簡易生命保険及郵便年金特別会計が植民地朝鮮の個別会計として分離されたが、それについては本書では省略する。

10）1893年3月4日公布「取引所法」は商品取引を扱う取引所も規定しているが、本書では商品取引を除外しているため、証券取引を行う取引所のみを視野に入れている。

11）渋谷［1991］は庶民金庫と恩給金庫を論題としているが、両金庫の設立日の記載がなく、調査不備といえよう。

12）戦時に設立された金庫については、いずれも預金を吸収しないため、債券発行が認められている（閉鎖機関整理委員会［1954］参照）。南方開発金庫は南方外貨表示軍票発行債務をそのまま承継して発券金融機関となり、あわせて日本国内で債券を発行しており、日本の金融制度の中でも稀有な事例である。特に国外資金調整で活動した南方開発金庫と外資金庫については本書でほかに説明を与える余裕はないが、さしあたり柴田［1999］第13章と第15章参照。戦時体制前に設立された金庫もあるため、名称だけでは一意的な制度解説を与えるのはやや困難である。個別に時代・地域・産業その他の要請により設立されるため、それぞれ異なる法律による制度設計がなされる。それは戦時に設立された各種の営団でもある程度通底する。

13）列記した植民地開発会社のいずれも、敗戦後に閉鎖機関指定を受け特殊清算されるため、その概要については閉鎖機関整理委員会［1954］参照。東北興業のみ、国内法人のため、戦後も存続したが、同社については東北開発［1990］参照。植民地開発会社の業態も、満鉄に代表される事業持株会社と、北支那開発に代表される純粋持株会社の形態があるが、ここではその吟味を省略する。なお植民地開発会社は関係会社に対し出資のほか融資も行っていたが、樺太開発のみ出資会社に融資を行わなかったため、出資・融資を行うとの一意的規定が当てはまらない事例が存在する（柴田［2010a］）。

14) 特定官僚の関わりが深い制度が現実に少なくない。例えば迫水久常は1933年から1945年までの間、大蔵省理財局国庫課、外国為替管理部、理財局金融課長・同監査課長・同企画課長、総務局長・銀行保険局長を歴任し、「外国為替管理法」以後、「大蔵省に関する限り、統制法規で私の関係しないものはまったくないと言ってよい」(大蔵省大臣官房調査企画課[1978]446頁)と豪語し、多数の統制法令制定に関わり、大蔵省を代表する統制官僚にのし上がっていったような人物の政策意図の説明にも注目したい。

第2節　本書の方法と先行研究の概要

1. 本書の方法

　戦時経済統制に課されていた政策目標は戦争に対応した軍需生産の極大化であり、その多くは法制化を伴う行政的施策で行われる。経済活動を所管する各省庁がそれぞれ兵器・軍需生産力拡充に向けた政策立案を行い、その施行のプロセスが平行して進展していった。しかも統制の導入はその統制を回避する市場の発生を促すことになるため、次にその統制回避の市場を圧縮させる統制の強化が必至となる。すなわち統制のパフォーマンスを高めるためには常に統制の強化が必要となる。戦時体制すなわち戦争の継続と戦線の拡大の中、統制は統制を拡大再生産するというプロセスを辿らざるをえない。戦争を継続できるレヴェルの兵器・軍需品供給を維持できる国内生産(満洲国・朝鮮・台湾等の植民地・占領地における生産による補給を含む)は、さらに戦線の拡大に伴う増強した補給レヴェルが求められる。もちろんある程度の武器弾薬その他軍需財等の在庫にも依存する。こうして設定される目標に応じて、投入する財・資金・労働力・運輸サーヴィス等の必要量が積み上げられ、それに向けて経済官庁は統制レヴェルを引き上げていくという対応をとらざるをえない。

　本書の分析方法として、政策史アプローチと金融制度史アプローチを採用している。ここには企業財務による統制を含ませている。本書の政策史アプロー

チとは、統制政策の制度導入プロセスの解明と施行の検討を主として行うものである。

　政府が政策導入することにより、市場の資金誘導や経理統制による企業の資金調整が行われるが、政策史アプローチの難しい点は、個人の思想の政策への反映をどこまで解明できるかという点である。政府の特定の統制制度の導入にあたっては、特定個人の思想の表明として実現するものは少ない。もちろん特定政策判断についての大臣の意思の表明として位置づけられるものは少なくないが、それでも多数の統制法規をすべて主管省庁の大臣の個人的な意思の表明として位置づけることは難しい。その背後にいる多数の官僚の個別意思の集合体としての政策形成という側面を見逃すことはできない。官庁文書では決裁文書以外に立案した職員の個人名が記載されていることは稀であり、また記載があったとしてもどこまでその個人単独の思想の表明かを検証する必要がある[1]。また行政組織の意思決定として表明された場合には、その所管省の大臣と省議決定の責任を負う次官の意思の表明としてどこまで見なせるかという問題もあろう。現実に政策立案をする官僚機構は同一省庁において戦時期でも一枚岩ではなく、個別政策の採用にあたっての評価に温度差が見られた。また複数省庁間で意見の齟齬軋轢は恒常的に発生しており、これら官僚間の意見の差異がある程度政策に反映されてゆく。政策の方向性や優先順位づけにあたり、政治家と官僚にとりかなりの個人差が発生する。その局面で立案経緯における個別政治家や官僚の主導性もある程度発揮された。そのプロセスをできるだけ明らかにすることで、主要な統制法規の位置づけがより明らかとなろう。政策形成過程で、それらを参酌したうえで個人の役割も位置づけよう。ただし特定個人の経済・政治思想の解明を志すものではないため、人物研究からは距離を置いて扱う。

　また統制経済のシステムは、日本の官僚機構のオリジナル作品ではない。先行する全体主義統制経済を志向したドイツとイタリアの事例も参照したうえで、日本型に潤色して取り入れたものが少なくない。行論ではドイツとイタリアの統制手法の影響もある程度視野に入れる。本書は「臨時資金調整法」や「会社

経理統制令」等の主要統制法規の制定過程を仔細に点検し、その制定に積極的に関った官僚とその、導入制度の置かれていた政治的磁場をあわせて検証する。ただし特定産業・個別企業に対して優先順位を付すことがどれだけ妥当性を持ってなされるかについては、常に疑問が発生する。「臨時資金調整法」では業種別ランク付けがなされたため、実行ベースではグレーゾーンが発生するものの、ある程度明示的な基準で施行された。それでも官僚の個別業種の企業優先順位の決定が常に正しいとの保証はどこにもない。特に政府命令融資の発動では、一段と官僚の裁量権の行使として資金供給先が選別される。

　金融統制を分析するにあたり、統制経済論アプローチはこれまでの先行研究を参照する限りで、十分有効である。その代表として原［1967］以降、原［1976］等の複数の研究があり、多面的な経済統制のあり方を視野に入れつつ金融統制を位置づけており、本書の分析も統制経済論の周辺におくことができる。本書が主たる課題としているのは1937年から日本敗戦までの金融政策であるが、その発動はまさに戦時経済の要請から立案され、法制化され実施に移されたものであり、本書も統制経済論アプローチの分析視角の枠内で検討を加える。政府による法的根拠を持った市場への過剰介入による経済統制により戦時生産力拡充へと邁進することで、市場に多大の歪みを与え、多くの軋轢を残した。統制経済論で分析するためには幅広い領域の統制経済の展開を平行して分析する必要があるが、筆者の力量から人的資源動員を図った労働統制や軍需財の生産統制を詳述する能力は低いため幅広い言及を与えることができない。個別産業・製造業等の戦時統制の分析はこれまでもなされてきており、それらを参照したうえで言及する。

　金融制度史アプローチは、戦時体制に移行する前にすでに導入されていた金融制度、すなわち金融機関や市場と、新たに導入された金融機関や市場のあり方に着目しその活動を分析するものである。伝統的金融史分析の手法としてこれまで採用されてきた。その代表的研究として伊牟田［1992a］で、多数の金融機関の制度と活動が解明されている。本書は伊牟田［1992a］を有力な先行研究として参照しつつ検討するため、ある程度この手法を踏襲している。とり

わけ興銀、日本協同証券株式会社、戦金の活動については伊牟田［1991b］と［2002］を参酌している。さらに会社経理統制と企業整備の強行に伴う資金措置も金融制度の周辺的統制の一環と見なす。

　戦時経済統制の多くが戦後講和発行後も存続し、日本の戦後経済システムの根幹をなしたとの主張もある（岡崎・奥野編［1993］）。メインバンク・システム等である程度、講和後の日本の経済システムで通底するといえよう。この論脈によれば、日銀は1942年2月24日「日本銀行法」により改組され、戦時統制経済に沿って「国家経済力ノ適切ナル発揮ヲ図ル為国家ノ政策ニ即シ」（第1条）た金融政策を、1997年6月18日全文改正まで続けたことになり、日銀金融政策も1997年まで戦時経済システムであったということになりかねない。しかし国内金融市場に限定しても戦時期に創出された新規金融制度、例えば戦金や更生金庫で講和後にまで営業体として操業を継続できたものはない[2]。銀行制度の中では、戦時期に活躍した金融債発行銀行（興銀・勧銀ほか）は、法制上の差異があるものの戦後の長期信用銀行制度とほぼ同様のものと見なせるが、興銀・勧銀等の設立は戦時期よりはるかに前であり、戦時システムを代表するものではない[3]。そのため金融制度史的には断絶している側面が強い。論点に応じて使い分ける必要があろう。

　戦時金融統制により、市中への強制や介入を制度化したことで、政策史は法制度や特定介入機関の創出で時期区分されるが、それが産業史や個別企業史、財閥史等との時期区分と必ずしも対応しない。ただし本書全体を通じては、各章間の連携性を考慮し、満洲事変期、日中戦争期、アジア太平洋戦争期に時期区分し、戦時体制強化に伴う金融統制の段階的強化という特質を強調する。

2．先行研究の概要

　戦時経済統制の研究は1970年代後半に急速に厚みが増してきた。また基礎的資料も中村・原［1970］以後、資料状況が整備されてきた。本書との関連では原［1967］で、「臨時資金調整法」体制における産業資金供給の業種別内容が解明され、中村・原［1974］で経済新体制の分析がなされ、統制経済論的アプ

ローチでその分析方法の有効性を主張した。研究はさらにその先に進むことになる。同時に戦時経済の横断的分析が新たな課題となり、その先鞭をつけた中村［1974］で、戦後統制経済への連続性まで描いて見せた。ただし多数の産業を横断的に仔細にわたって扱うには個人の作業ではでは難しいため、集団研究の課題となる。その代表的なものとして大石［1994a］で、日本帝国主義史論としてまとめられている。その総論、大石［1994b］では、国家独占資本主義論が主張され、しかも戦後への連続性も意識されているが、その戦時・戦後認識を改めて問う必要があろう。各論では金融・製造業・対外関係等で目配りよく配置されており、個別各論としても味読にたる論考が並んでいるが、その中で本書と最も関連する伊藤［1994］は財政・金融を扱い、先行研究を踏まえた金融統制の解説として充実している。ただし財政制度史研究としては物足りなさがある。

　戦時統制経済論として原［1995a］が出色であろう。そこに収録された原［1995b］の戦時統制経済の国際比較による総論で始まり、軍需産業（山崎［1995］）、金融（岡崎［1995a］）、対外関係（平［1995］）、帝国各地域（金子［1995］）、労務動員（東條［1995］）、非軍需産業（加瀬［1995］）が並び、視野の広さと実証レヴェルの深さで後続研究を大いに触発するものであった。そのほか戦時日本経済研究として、下谷［1990］と下谷・長島［1992］の研究もあるが、個別の大手企業に視点を定めた産業研究が中心であり、金融統制論とは分野が異なる。金融統制研究ではその後も原・山崎［2007］で産業別の企業体制の再編という視点から戦時期を分析しており、閉鎖機関整理委員会の旧蔵資料を駆使した研究としても注目できる。ただし各論の論点は原［1995］に比べ、個別閉鎖機関資料に依拠するため、研究の視野と領域がやや狭い。それでも資料開示で新たな研究の進展として注目されよう。さらに金融に限定すれば、原［1967］で戦時マクロ経済を対象とした金融統制の先駆的研究で開始され、さらに伊藤［1983］、［1984］で金融制度史アプローチで戦時金融行政と金融制度の再編の政策分析が行われた。その後も伊牟田編［1991a］があり、金融制度史アプローチによる、業態・個別金融機関の戦時期の分析がなされており、有

用である。同書に柴田［1992a］で論評を加えているが、すでに20年を経て資料状況も大きく変化しており、金融制度史アプローチにより同書に後続する充実した業績がほしいところである。さらに伊牟田［2002］で、興銀と戦金を扱った伊牟田［1991b］を取り込んで再提示しているが、10年を経た改定版についてもほとんど改訂が加えられていない。また山崎［1986］以後、山崎［1991a］、［1992b］、［2006］等の一連の研究で戦時統制経済の解明に長年注力し、資料発掘にも十分意を注ぎ実証密度を大きく引き上げてきた。

　法令の紹介と施行実態の紹介を期待できるため、行政史による解説も有用である。その代表が金融統制の中心に立った大蔵省の行政史である（大蔵省昭和財政史編集室［1957b］、［1962］、［1963］）。ただしこれらの刊行物も編纂された時期の資料状況に依存するため、政策立案プロセスの資料発掘が弱く、また採用した政策の到達度を検証する統計の紹介も不十分である。大蔵省［1963］では為替割当、同［1957b］では国内資金割当について、解説が詳細である。他方、1941年12月に商工省から大蔵省に所管業務が移管される保険・証券業については大蔵省の行政史の記載は皆無に近い状況にある。会社経理統制についても同様であり、企業整備資金措置についてのみ、手短な言及がある程度である。他方、商工省の行政史も同様に、1937年以降の保険・証券行政については記述が皆無である（通商産業省［1980］）。

　為替割当としては原［1972a］、［1972b］、［1972c］が、「外国為替管理法」の施行と輸出入リンクさらには日銀外国為替基金まで幅広く論点を提示して分析している。この研究に後続するのは金資金特別会計による産金吸収によるその現送決済と外国為替取引を扱った柴田［2002a］と日中戦争期の為替割当分析の柴田［2008d］がある。1941年「外国為替管理法」全文改正や為替割当分析の資料集積に基づく論点の拡張が必要であろう。融資割当については、研究が多いが、原［1967］による設備資金統制の研究以降、『美濃部洋次文書』を分析した山崎［1986］、中村［1987］等があり、さらに伊牟田［1990a］による戦時金融制度の多面的な検討がなされた。そのほか岡崎［1995］、麻島［1998］等があり、設備資金割当、興銀の活動、「臨時資金調整法」、財閥銀行の資金割

当、マクロ戦時金融統制が多面的に分析されている。従来の研究を通観しても金融統制・資金割当・銀行融資が中心であるといえよう。

　株式市場の研究は銀行制度史・銀行資金市場研究に比べ多くない。発行市場については「臨時資金調整法」による監督を受けたが、流通市場については同法では介入できない。流通市場介入による株価維持は資本主義維持の基定をなすため、避けて通れず、これに関する1937年以降のまとまった研究としては、一部の事業史の言及を除けば[4]、柴田［2007f］がある程度である。戦金については、山崎［2009b］で新たな資料に依拠した株式投資の解明がなされ始めているが、その成果はまだ限定的なものである。保険業については杉山［1983］も満洲事変期の財閥系生命保険会社の資産運用を点検しており参考になる。特に麻島［1991］が生命保険各社の1941年までの資金運用を紹介しており、有用であり本書も参照した。また武田［2009］で麻島［1991］を取り込みつつさらに幅広く資産運用に検討を加え、横山［2007］で生命保険の規模と効率性が検証された。本書はその後の時期の資金運用の解明も課題とする。他方、損害保険の資産規模は大きくないため、特異な戦時制度として損害保険国営再保険の研究が見られる程度であり（柴田［2002a］第5章）、ほかは個別社史レヴェル以上の検討がなされていない状況である。そのほか個別財閥系等有力銀行の研究や産業史や企業集団・財閥史研究でも関連する業績は少なくないが、金融統制という側面からは遠のくため、ここでは省略しよう。

　会社経理統制や企業整備とその資金措置についても大蔵省の伝統的な財政・金融行政の分野とは異なる非金融業を含む企業への直接介入であるため、大蔵省［1957］にも記述と政策史的解説は不十分なままである。経理統制については会計制度史の一環として黒沢［1990］が陸軍企業会計原則を検討しており、さらに久保田［2008］が続くが、経理統制に動員をかけられた会計学者の提案と財務諸表項目を重視するものの、統制の施行の実態にはほとんど関心がない。会社経理統制の政策史として柴田［1995］が、制度導入経緯と施行までを政策資料に依拠して描いていてまとまっているが、その後の政策史的解明は進んでいない。統制を受ける企業側の分析として、鈴木［2007］が三井系企業の事例

を紹介しており有用な論点の解明を行った。ただし今のところ経理統制の研究は進展が乏しいといえよう。論点として個別企業の事例研究に限定されやすく、個別産業の研究にまで拡張しにくいためである。

　企業整備については個別産業的アプローチが可能なため、総論的政策の検討と平行して、各論的個別産業分析が可能な分野である。マクロ的視点で長島［1992］の研究が注目されるが、業種別差異に着目するのであれば、企業整備は相応しい分野となる。特に日本の伝統的巨大産業として、設備廃棄で最大の標的となった繊維産業については渡辺［1996］がある。それ以外の業種についても2000年以後急速に解明が進んできた。原・山崎［2007］の各論で、閉鎖機関として戦後処理された多数の戦時機関の多面的分析がなされ、その中の山崎［2007a］で戦力増強企業整備と更生金庫を分析し、さらに閉鎖機関資料で個別企業整備をそれぞれ分析している。山崎［2009b］も戦金に関する閉鎖機関資料分析に基づく成果として同列に位置づけられよう。それでもなお未解明の業種も幅広く残されている。また金鉱業整備と企業整備に伴う資金措置は柴田［2003］がまとまった記述を与えている。

　以上の先行研究を踏まえても、なおかつ解明すべき領域は少なくない。外国為替割当の業種・企業、「臨時資金調整法」の1941年以降の個別企業割当の実態、「銀行等資金運用令」の施行実態、株式流通価格への政府介入、戦金の株式市場介入、保険会社の1942年以降の資産運用、経理統制の実態、企業整備の資金調整等については十分な解明がされてきたとは言いがたい。これまでも日本の金融市場について、重層的金融構造論として伝統的な把握がなされているが、戦時期には新たな制度導入により市場序列が変動する。本書は、国債大量発行体制の中で、金融市場を横断的に点検した総体把握として、一貫した金融資産負債統計に依拠した分析を試み、政策史アプローチと金融制度アプローチで、旧大蔵省資料等から発掘した資料をできる限り利用して解明する。

1）　特定の統制官僚、例えば本書で頻繁に登場する迫水久常や、膨大な資料を残した美濃部洋次の思想と行動を探求する経済思想研究も研究課題としてありうる。

迫水の自伝として迫水［1964］、美濃部の伝記として日本評論社［1954］があるが、その水準を超えた個別官僚個人思想分析のような別の手法が必要である。例えば大蔵省の統制官僚の毛里英於菟については川口［1999］がある。筆者の力量不足から、このような手法を本書では採用していない。そのため本書では既存の刊行物に依拠した断片的な政策への政治家と官僚の判断を参照し、政策の方向の差異を指摘することに傾注する。

2）　ここでは閉鎖機関として特殊清算未了のまま長年存続した戦金のような事例を、実態上の「存続」とは見なさず、考慮外においている。
3）　長期信用銀行とは1952年6月12日「長期信用銀行法」に基づく金融債発行銀行。
4）　東京証券取引所［1974］等の業界事業史で説明がある。

第3節　本書の概要

　第1章では戦時金融市場の分析の前提となる市場の概観を、金融資産負債表から検討を加える。戦後の金融資産負債表としては、作成基準が異なるが、1945年版が大蔵省の行政史で試算されている。第1章では満洲事変期、日中戦争期、アジア太平洋戦争期に区分して、年末統計で紹介した。満洲事変期後半の景気の回復が国内金融資産の増大として確認できるが、さらに1937年から軍需景気に裏打ちされて、また貯蓄動員が奏功して金融資産負債は急増した。それにより国債増発に伴う政府債務も急増した。それは民間セクターの預金増大と対応している。ただしこの金融資産負債統計の対外資産負債部門が不備であり、満洲国債の民間セクター保有等が正しく反映していないため、国内項目のみが検証に堪えうるものと見なせよう。アジア太平洋戦争期も金融資産は貯蓄動員の効果で民間部門で増大し、銀行部門を通じて政府と企業部門で運用された。日本の敗戦直前の混乱はありうるが、企業整備とその資金措置で市中に巨額の浮動化した資金が充満することなく維持された。
　第2章では、日中戦争期の前半の外国為替割当の実態を解明する。1933年「外国為替管理法」の施行により強力な輸入統制として機能し、貿易統制として商工省に先行した。戦時の対外決済に充当できる外貨・資産に規定されて外

国為替割当が実施された。外国為替割当の所管は大蔵省で、輸入統制は商工省が担当したため、輸入許可は両省による二重行政となり軋轢が発生し、権限調整が必要となった。輸入業者の1件別割当統計の紹介により、認可金額と企業の1938年の事例を分析した。兵器生産や軍需財生産に貢献する企業に優先的に割当がなされたことが確認できた。金塊現送や日銀資金の充当で対外決済を維持し、さらに1941年「外国為替管理法」改正で新たな為替統制の段階に移行したが、その際の政府の構想を分析した。政府の輸入為替枠については、省庁別・対外決済費目別等で内部調整が行われていた。

　第3章では、国内資金割当を分析する。日中戦争勃発前に資金統制を行う法律の必要性が大蔵省理財局内部で検討されており、立法化に向けて検討が開始された。大蔵省を中心として多数の所管業界を抱える商工省も多くの意見・要望を表明した。その過程で日中戦争の勃発となり、銀行等融資は設備資金については1937年9月「臨時資金調整法」で早々に法制化が行われた。ただし規制体系では、業種別融資優先順位を決定して、その実施については1件別で日本銀行資金調整局が担当する体制が構築された。さらに総動員勅令の「銀行等資金運用令」が1940年に公布されると、流動資金統制にも政府の資金割当が強められた。同令でも短期資金のみならず命令融資を含む長期資金の統制も行った。そして自治的資金調整から軍需産業の個別企業選別融資に重点が移り、軍需手形引受、戦金の設立、大手銀行の合併、資金統合銀行の設立等を通じて、それが一段と強まった。

　第4章では、株式流通市場における株価介入を検討した。「臨時資金調整法」により資本市場における資金割当が強力に実施されることで、発行市場が介入を受けたが、流通市場に対しては、介入権限をもてなかった。また株式発行が資本主義の根幹に関わる資金調達であり、それを円滑に進めるためには、流通市場の維持は不可欠である。日中戦争勃発後に株価が急落する局面で、政府の意向を汲んだ株価介入会社が買い注文を入れることで対処した。当初の規模は小さいものであったが、日本協同証券設立で一挙に規模が拡大し、同社に対して興銀が人員と資金の支援を行った。さらにアジア太平洋戦争期には株式流通

市場への介入は大規模化した。他方、有価証券業整備も強行され、零細業者が淘汰された。資産運用市場として証券投資信託も創出され、株式消化の受け皿となった。また株価の釘づけも法制的に可能としたが、それは実施されなかった。株価介入業務は日本協同証券から戦金に引き継がれ、戦局悪化の中で株価下落を買い支えた。さらに1945年6月に戦金から日本証券取引所にその業務が引き継がれた。多額の流通株を買い支えたまま敗戦となり、政策的株式買い支えと取引所株式取引業務は全面的に停止した。

第5章では、生命保険業を中心とした資金運用を検討した。生命保険業はすでに第1次大戦期に株式を中心とした有力な機関投資家の位置を得ていたが、日中戦争勃発後、自治的資金調整団体を結成し、資金動員に積極的に参加した。保険契約の増大と国債購入、国策会社等株式購入、生保証券株式会社による流通株購入等で公社債株式に資金運用を集中させた。生命保険会社のアジア太平洋戦争期の資金繰りは死亡事故増大で悪化を見せたが、既存含み益で維持された。損害保険は政府介入による損害保険市場の拡大で、危惧しつつも従わざるをえず、戦争保険体制が構築されていった。損害保険の資産運用は生命保険の6分の1以下であるが、生命保険と同様の運用がなされた。

第6章では、会社経理統制を検討した。総動員法に基づき労働統制が先に導入されたため、同法第11条に基づく配当統制の導入が政府内部で激論となった。大蔵大臣池田成彬は資本主義を萎縮させると導入を好まなかったが、妥協を迫られ、配当統制が導入された。さらに給与統制にまで拡大し、1940年に「会社経理統制令」が公布施行され、配当・給与・経費一般等の全面統制に拡大する。大蔵省は本省のみならず税務監督局・税務署を動員してその施行にあたった。その後のアジア太平洋戦争勃発で、内部留保の充実と固定資産強制償却まで導入された。経理統制は一部採算を度外視した特殊法人以外の資本金20万円以上のすべての企業に適用された。敗戦直前には空襲による被害を受けた企業に対して、「会社経理特別措置令」で損失処理の枠組みを導入した。

第7章では、企業整備とその資金措置を検討した。1930年代末から業態別に不急産業と見なされた産業は企業整備の対象とされたが、さらに1942年戦力増

強企業整備が発動されると、産業構造の大胆な再編が行われた。すなわち民需産業の繊維産業・食品産業等が廃棄され、その設備が軍需産業等に転用された。とりわけ繊維産業の設備譲渡は件数で多数に及んだ。そのほか不要となった産金業も設備廃棄・転用の対象となった。設備譲渡によりその資金決済が発生したが、その浮動化を阻止するため、「企業整備資金措置法」により特殊決済と称して預金口座等に封殺し、インフレ圧力を回避させた。さらに企業の疎開による事業の移転等に伴う措置にも同様の特殊決済が導入された。

第1章　戦時金融資産負債の概要

はじめに

　戦時期の金融統制を分析するにあたり、その外貌を把握する総括的な検討が必要である。財政であれば予算・決算の統計、歳入歳出外資金を含ませる場合には政府の対民間収支による資金繰りと年度末ストック統計である程度把握できる。現実に政府対民間資産負債関係を集計するには、租税と政府一般会計歳出、国債借入金とその償還、政府の対民間収支としては租税と国債のほか長期短期の政府債務の形成（郵便貯金・簡易生命保険を含む）と政府の長期資金供給、すなわち大蔵省預金部資金に代表される対民間資金供給、その他の政府の出資・融資等の多岐にわたる項目および所管する政府会計が多数にわたるため、その外貌を把握するだけでも多くの困難が発生する。かつて柴田［2002a］で、国庫収支統計を整理して紹介した。その研究で掌握できる基礎表においてもすべての特別会計が掲載されているわけではなく、その他として統合されている例も多く、小規模な特別会計等については不明のままとなっている。そのため柴田［2002a］で戦時特別会計の検討を行ったが、検討の対象とした会計すべてにわたっての検証は困難であった。同様に戦時金融統制の検討にあたって、銀行等の融資、その財源としての民間セクターの預金、民間預金の企業と個人の部門別、株式・社債の発行と社債償還と一部株式償却、その投資する企業と個人、政府の国債発行による市中資金引揚と償還、郵便貯金・簡易生命保険等の資金収支、さらに日本銀行の発券債務と対市中融資と国債引受保有、そのほか政府と民間セクターの対外投資（株式・国債・社債・貸付金等）とその償還

もしくは売却も資金循環の中で視野に入れる必要がある。これらを考慮に入れると、金融セクターに分割した資金循環表か金融資産負債表で説明する必要が発生する。

これまでのところ日本の貯蓄の長期統計として江見ほか［1988］が知られている。貯蓄の多様なあり方を長期経済統計の体系性の中で集計したものであり、有用ではあるが、本章で期待するような資金循環表は作成されていない。資金循環表は戦後、日銀で作成されるようになったが、戦時期の遡及統計は作成されていない。また金融資産負債表としては、大蔵省財政史室［1978］で多くの統計を集めたうえで、1945年末まで遡及した試算を公表しており、有用である。残念ながら、残存する利用可能な資料が乏しいため、大蔵省と日銀は1944年前の遡及集計を行っていない。本章ではストックベースを作成基準として国富統計を調整して作成した金融資産負債統計を紹介し、それにより戦時金融資産負債構造を概観する。

第1節　金融資産負債残高表の性格

本章で利用するのは、経済企画庁経済研究所「金融資産負債残高表（1930-45年）」（1963年6月）である[1]。この統計は当該期年末金融資産負債を集計している。その作成基準を紹介しよう。金融資産・負債を集計する部門として、①政府部門（中央政府と地方政府を含む）、②日本銀行部門、③市中金融部門、④法人部門、⑤個人部門、に分けて集計する。このうち市中金融部門としては、(1) 旧特別銀行およびその他の政府金融機関（日本興業銀行・横浜正金銀行・日本勧業銀行・府県農工銀行、北海道拓殖銀行、産業組合中央金庫（農林中央金庫）、商工組合中央金庫、恩給金庫、庶民金庫、戦時金融金庫等）、(2) 市中銀行、地方銀行、信託銀行、銀行信託勘定、(3) 無尽、市街地信用組合、(4) 信用組合聯合会、信用組合、(5) 生命保険、損害保険よりなる[2]。

取引項目として、以下の説明が与えられている。①現金通貨とは、日銀券発行高および補助貨、政府紙幣流通分とする。②預金通貨とは、当座預金・郵便

振替貯金とする。その資産保有者の分布として、郵便振替貯金は個人取引100％、当座預金のうち全国銀行統計で1942年の日銀調査による預金者別預金比率を、1946年および1955年の比率で調整して使用している。そのウエイトは当座預金で政府２％、市中10％、法人75％、個人13％、短期預金で政府９％、市中14％、法人11％、個人66％、長期預金で政府３％、市中４％、法人13％、個人80％とした[3]。③短期預金とは、普通預金・通知預金・別段預金とする[4]。④長期預金とは、定期預金・定期積金・相互掛金等とする。⑤保険・信託とは、生命保険・損害保険の「責任準備金」および「支払準備金」、簡易生命保険と郵便年金、金銭信託とする。そのうちの「責任準備金」と「支払準備金」の法人個人分布は1962年頃の現行比率を用いている[5]。⑥貸出金（借入金）とは、市中融資の法人個人分布が、1942年日銀調査によれば、対法人92～93％、対個人７～６％、対政府１％となっており、それを利用した。⑦有価証券とは、政府短期証券、国債、地方債、金融債、事業債とし、国債の分布は大蔵省の毎年調査に依拠した[6]。地方債と金融債の分布は、保有側からの積上推計を行った。事業債の法人個人分布は1962年頃の現行比率、すなわち法人25％、個人75％を採用した[7]。⑧その他とは、出資金および日銀代理店勘定である。⑨海外は一部のみ集計した。以上の解説と作成された資産負債表を点検すると、海外項目がこの統計の中で最も不備な部門である。海外項目では、対外債権として、貨幣用金、保有外貨（外国為替）、貿易債権、対外投資等があるが、当該時期においては、統計が欠如しているので対外投資のみを計上している[8]。国内外の金塊在庫の変動をある程度把握できるはずであるが、貨幣用金は集計していない。対外債務として貿易債務、外国の対日投資海外保有の外国為替がありうるが、外国の対日投資のみを把握できるため、債務のみ計上した。

　この作成の特徴と問題点として、①ネットフロー方式により推計している、②政府系金融機関を市中部門に入れて集計している、③残高のみとしフロー表を省略している、④海外項目が不明の部分が大きいため、資産負債が均等しない、⑤有価証券の評価は原価主義を採用している、⑥1945年の数値はその前と比べ精度が低い、⑦企業間信用が欠落しているため、実際の金融資産総額は少

なめに出ている[9]）、と作成者側の注記がある。

　基礎資料として大蔵省理財局『金融事項参考書』を利用している。同書では旧植民地、すなわち台湾・朝鮮・樺太・南洋群島を国内として集計しており、これら植民地を含むものとする。他方、関東州は国外扱いとなっており、集計対象から除外されている。この基準から、例えば南満洲鉄道株式会社（本店大連）の株式・社債取得は対外投資となる。なお『金融事項参考書』は1942年度で刊行停止となっており、その後の統計整理にあたっては複数の資料に依拠したようである。

　ただし依拠した統計集も完全に国内・国外として二分できるものではない。植民地発券銀行の台湾銀行・朝鮮銀行の銀行券残高は除外してある。その発行準備として全額が日銀券・国債で充当されているわけではない。発券準備の日銀券・国債を上回る部分が両植民地発券銀行の独自勘定による上乗せ部分となる（台湾銀行史編纂委員会［1964］、朝鮮銀行史研究会［1986］）。この残高が欠落していることになる。ただし日銀券発行残高に比べ巨額ではない。国外流通日銀券は華中占領地軍票一色化が強行される前にはかなりの流通を見ていたが、それが軍用手票すなわち大蔵省発行の政府紙幣により代替される（柴田［1999a］第9章参照）。国庫保有高を控除した軍票発行残高が国債項目に集計されているかは不明である。これらの国外流通日銀券を除外する必要がある。ただしその推計が難しく、調整されていない。また同様に台湾銀行券と朝鮮銀行券も台湾・朝鮮以外の流通がかなり見られる。特に後者は関東州における植民地発券銀行として日本敗戦まで続いた。関東州および満洲国内流通、そのほか華北流通もあるが（柴田［1999a］第5章、第6章、第8章）、これらが調整される必要がある。また植民地外発券と貸出が連動しているが、それが考慮されていないようである。このためには、使える連年統計の発掘で調整が必要である。日本本土・台湾・朝鮮・樺太・南洋群島、すなわち関東州および1937年12月に満洲国に返還されるまでの満鉄附属地を除外した公式帝国の域外で流通する台湾銀行券・朝鮮銀行券と、独自勘定で発行された台湾銀行券・朝鮮銀行券の残高がほぼ等しいと見なして、これらの調整を除外していることになろう。

依拠資料では郵便貯金と郵便振替貯金を100％個人金融資産としている。実際には、郵便振替貯金については、日本本土・植民地間の決済で銀行が多用しており[10]、そのため郵便振替貯金を100％個人取引とはいえず、割り引いて計算する必要がある。また貸出金の対法人・個人・政府の比率を1942年調査の比率のみで遡及させることにも問題がある。ただし1942年でも対政府は1％であり、ウエイトが低く問題にはならない。対個人・法人については、1942年から年次が離れるについて妥当性が低下すると見られる。また特殊銀行・特殊金融機関の国外における政府への貸上金がこの統計からは除外されているはずである。日銀集計はあくまで国内における貸出金集計の比率と推定でき、そのため1943年以降の中国・南方占領地における巨額の発券金融機関による対政府貸上金は除外されていると見られる（柴田［1999a］第12章、第15章参照）。そのほか依拠すべき調査が乏しいためか、保険の「責任準備金」と「支払準備金」および事業債の個人・法人分布は「現行比率」を採用しているが、1930〜45年の実際の比率と同じものと見なせるかについては、さらなる調査が必要である。

最も欠落の大きい海外部門では、例えば満鉄株式・社債や満洲国債を日本政府・民間法人・個人が購入した。同様に満洲国法人の満洲重工業開発株式会社株式・債券を日本国内の各部門が消化した。そのほか多数の満洲国法人への出資・社債引受・貸付金等の投資がある[11]。これらの推計なしでは、戦時期の対外資産について十分な評価を下せない。とりわけ1937年以降に対満洲投資が急増し、金融資産として積み上げられたが、他方、満洲国側では多くは日本からの資材輸入で有形資本形成として積み上げられた。満洲国を帝国に取り込んで以後、占領地帝国の形成により金融資産構造が大きく変貌してゆく。同様に日中戦争期華北・華中等占領地に多額の投資がなされたことが知られている[12]。その反映がこの金融資産負債統計では確認できないという点が最も大きな欠陥として指摘できよう。日本の外債の債務統計については大蔵省が整理しており、それだけが確たる推計として参照できるが、統計の精度を上げるためにはそれ以外の部分の補完作業を避けては通れない。日本と帝国各地域との域際収支についても研究が進んでいるが[13]、かなりまるめられた項目のフロー統計である

ため本章で必要とする金融セクター部門別の集計としては利用できない。本章で利用する基礎統計について、多くの不備を指摘できるが、筆者の時間と力量不足のためその作業を肩代わりする余裕がなかった。

　大蔵省理財局『金融事項参考書』を基礎資料としているが[14]、財政統計として12月末残高の統計がどれだけ整備されているかについてはやや疑問が残る。政府出資や政府貸出の暦年末統計の信憑性はやや低い。国債等政府債務統計としても、大蔵省理財局の統計年報を使っても[15]、年末統計がすべてにわたって整備されているかについてもやや疑問である。そのため本章で参照するネットベースの統計は、戦後作成の統計との接続に留保が必要である。以上のような不備を指摘できるため、本章で紹介するネットベースの金融資産負債統計は利用される機会が乏しい。この金融資産負債残高表は少なくとも国内の資金循環の結果としての残高ベースとしてはある程度利用に耐えるものとして、以下、利用しやすいように一括して掲載することで、それを参照しつつ満洲事変期から日本敗戦までの金融資産負債構造を概観する。

1) 経済企画庁経済研究所国民所得部作成（編集秦郁彦担当）である。この統計の一部を伊藤修［1995］で戦後の資金循環統計による金融資産負債を戦後に接続している。
2) 特殊銀行は設置法により規定されている。日本興業銀行は1900年3月23日「日本興業銀行法」に基づき設立、横浜正金銀行は1880年2月28日設立後に、1887年7月7日「横浜正金銀行条例」に基づき特殊銀行に改組、日本勧業銀行は1896年4月20日「日本勧業銀行法」に基づき設立、府県農工銀行は1896年4月20日「農工銀行法」に基づき、各府県に設立、北海道拓殖銀行は1899年3月22日「北海道拓殖銀行法」に基づき設立。その他の特殊金融機関も設置法により設立されている。産業組合中央金庫は1923年4月6日「産業組合中央金庫法」に基づき、産業組合の系統機関として設立、1943年3月11日法律改正「農林中央金庫法」となり、農林中央金庫に改称。商工組合中央金庫は1936年5月27日「商工組合中央金庫法」に基づき、商工組合の系統機関として設立、傘下の商工組合は1943年3月12日「商工組合法」に基づき設立。恩給金庫は1938年4月1日「恩給金庫法」に基づき設立、庶民金庫は1938年4月1日「庶民金庫法」に基づき設立、戦時金融金庫は1942年2月20日「戦時金融金庫法」に基づき設立。市中銀行、地方銀行は、1927年3月20日「銀行法」

に、貯蓄銀行は1921年4月14日「貯蓄銀行法」に基づき設立、信託業と銀行信託勘定は、1922年4月21日「信託業法」により設立、あるいは兼営信託免許で信託業を経営。無尽業は1931年4月1日「無尽業法」、市街地信用組合は1943年3月11日「市街地信用組合法」、府県単位の信用組合連合会とその傘下の信用組合は1900年3月7日「産業組合法」によりそれぞれ設立。無尽業会は「無尽中央金庫」の設立を大蔵省に要求していたが認められず、換えて1941年4月1日「庶民金庫法」改正により、庶民金融金庫が系統機関の役割を果たすものとなった（全国相互銀行協会［1971］74-76頁）。保険業は1900年3月22日「保険業法」により設立されたが、同法は1939年3月29日全文改正された。説明には記載がないが、政府金融機関に1942年2月20日「南方開発金庫法」に基づき同年3月30日に設置された南方開発金庫と1945年2月9日「外資金庫法」に基づき1945年2月13日に設立された外資金庫を含むと思われる。市街地信用組合が1943年3月11日「市街地信用組合法」により、従来の都市部産業組合の信用事業が独立したが、同法施行により転換する前の産業組合の信用事業は産業組合に含められていると思われる。信用組合連合会（原資料の表記）および信用組合とあるが、1900年3月7日「産業組合法」に基づく産業組合と産業組合の信用事業の道府県別産業組合の系統機関の信用組合聯合会を意味すると思われる。生命保険と損害保険に再保険を含むため、1945年4月1日設立の生命保険中央会と損害保険中央会の1945年12月時点の数値が含まれていることになる。

3）　経済企画庁経済研究所「金融資産負債残高表（1930-45年）」1963年6月。
4）　同前。この資料では説明はないが、郵便貯金を含むと思われる。
5）　同前。
6）　戦時期の政府短期証券は、食糧管理特別会計（1921年4月4日「米穀需給調節特別会計法」で設置、1942年2月21日「食糧管理特別会計法」に改正）の発行する食糧証券、糸価安定施設特別会計（1937年3月30日「糸価安定施設特別会計法」に基づき1937年4月設置）の発行する蚕糸証券がある（大蔵省理財局『国債統計年報』1942年版、1949年版）。債券の分類として、日本興業銀行調査部『第五十回全国公社債明細表』1946年12月末現在によると、国債、地方債、銀行債、会社債、満洲国関係債および支那関係債に区分している。このうち銀行債には興銀・勧銀等の銀行業態の発行する債券のほか、農林中央金庫債（産業組合中央金庫債）、商工組合中央金庫債、恩給金庫債、庶民金庫債、戦時金融金庫債、南方開発金庫債、朝鮮金融組合聯合会債および台湾産業金庫債が含まれている。朝鮮金融組合聯合会は1933年8月31日設立（朝鮮金融組合聯合会［1944］参照）、台湾産業金庫は1944年4月開業（柴田［1996］参照）。他方、営団債は銀行債に含まれず、会社債

に分類されている。本章では、金融債を上記の銀行債として、また事業債を各種の営団債を含む会社債として理解している。
7) 前掲「金融資産負債残高表（1930-45年）」。
8) 同前。1930年国富調査に毎年のフローを積み上げている。
9) 同前。
10) 例えば柴田［1999a］29-30頁が1920年代中頃の大連から朝鮮への郵便振替貯金を用いた多額の資金移動の存在を紹介しており、またまた柴田［1999b］でアジア太平洋戦争期の日本本土・台湾間の金融機関等による郵便振替貯金を用いた為替決済について紹介しているため、法人とりわけ金融機関の利用は少なくないはずであり、年度末残高で個人以外の取引が少なからず見られると思われる。郵便振替貯金残高の法人取引を皆無と見なすのは事実に反しているようである。
11) 日本の対満洲投資については山本［2003］第4章で統計的吟味がなされており、有用である。
12) 中国占領地における日本の企業投資については柴田［2008a］を参照。
13) 1942年以降の日本と帝国各地域との域際収支統計として柴田［2007f］で1944年9月期までを整理して紹介したが、それを用いさらに新たな統計で補強して1945年まで一部を接続した山本［2008］がある。
14) 手持ちの当該資料に参照文献リスト部分が欠落している。『金融事項参考書』は1942年度で公刊が停止している。その後の部分を埋める資料が必ずしも明らかではない。
15) 大蔵省理財局『国債統計年報』が1942年まで公表されている。その後は、1949年度より復活して遡及情報を掲載しているため、統計の欠落を埋めることができる。

第2節　戦時金融資産負債の概要

1．満洲事変期の金融資産負債

　最初に満洲事変期の金融資産を概観する。1930年末から1936年末の金融資産負債統計を点検する。1927年7月2日発足の浜口雄幸内閣大蔵大臣井上準之助が主導した1930年1月11日施行大蔵省令の金解禁により、旧平価による金為替本位制への復帰がなされたが、旧平価解禁という日本円の高め評価が見透かさ

れたため、民間銀行から見ればドル買取引注文が沸騰し、大蔵省は多額のドル売りに苦慮した。そのまま1931年4月14日発足の第2次若槻礼次郎内閣で大蔵大臣井上は金解禁を続行した。すでに1929年10月からの世界恐慌が日本に波及して、経済的打撃を受けた状況にあるが、1930年末金融資産負債を見ると（表1-1）、この時期ではまだ小さな政府であり、金融資産負債総額58,781百万円に対し、政府負債11,817百万円は総額の20％にすぎない。他方、法人部門の金融債務264億円は45％であり、金融市場における主要な借り手として企業部門のプレゼンスは高く、法人部門の負債は市中金融部門の資産の貸付金で、法人企業の不足分がまかなわれていた。なお国債発行残高5,056百万円で、これに対し政府自ら資産として保有する国債1,212百万円は預金部資金や簡易生命保険積立金等で購入しているものである[1]。その差額が対市中債務であるが、それは3,248百万円に止まった。その市中国債は銀行部門と個人部門で引き受けていた。銀行の預金残高は12,085百万円でほぼ個人部門の資産として計上されている。法人部門は株式発行による負債が中心で、それに次いで銀行借入金が多い。日銀部門は日銀券1,436百万円等で負債超過となっている。

　また法人企業部門で負債は有価証券が貸付金を上回り、個人部門の借入金を加算しても有価証券がはるかに多額である。この特徴は満洲事変期において変わりはなく、日本の民間セクターにおける金融取引は直接金融優位という状況にあった。株式発行で調達した資金が主要な資金源泉で、それに不足する部分で銀行等からの借入金に依存するという構成となっていた。

　1931年9月18日に満洲事変が勃発し、金解禁の苦闘と政治状況の激変で第2次若槻内閣は1931年12月13日に倒れ、同日に犬養毅内閣が発足し、大蔵大臣高橋是清が就任すると、即日に金輸出再禁止に踏み切り、日本の金本位制の時代が終わり、管理通貨制に移行した。1931年末金融資産負債では（表1-2）、後期高橋財政による財政政策が緒に付いたばかりであり[2]、財政出動する前の時期と見なせるため、金融資産負債総額は59,359百万円でほとんど変化がない。

　1932年3月1日に満洲国が出現し、極東における新たな政治体制が構築されつつあった。五・一五事件の勃発で犬養内閣は崩壊したが、そのまま1932年5

表1-1 金融資産負債残高 (1930年末)

(単位:百万円)

項 目	政府 資産	政府 負債	日本銀行 資産	日本銀行 負債	市中金融 資産	市中金融 負債	法人企業 資産	法人企業 負債	個人 資産	個人 負債	調整 資産	調整 負債	合計 資産	合計 負債
1. 通貨	371	421		1,903	579	1,141	1,394		1,121				3,465	3,465
1.1 現金	—	345		1,436	467	—	420		894				1,781	1,781
1.2 預金	371	76		467	112	1,141	974		227				1,684	1,684
1.2.1 対政府				355			—		76					
1.2.1 対市中				112			974		151					
2. 預金	438	2,979				12,085	3,152		11,474				15,064	15,064
1.1 短期	315	2,477				4,446	1,051		5,557				6,923	6,923
1.2 長期	123	20				6,280	1,621		4,556				6,300	6,300
1.3 保険信託	—	482				1,359	480		1,361				1,841	1,841
3. 有価証券	3,159	6,407	178	60	5,535	5,211	4,978	14,037	11,865				25,715	25,715
3.1 国債	1,212	5,056	178	—	1,996	—	—	—	1,670				5,056	5,056
3.2 地方債	940	1,351	—	—	411	—	—	—	—				1,351	1,351
3.3 事業債	64	—	—	—	1,082	—	307	2,375	922				2,375	2,375
3.3 金融債	710	—	—	—	1,262	2,118	—	—	146				2,118	2,118
3.5 株式	233	—	—	60	784	3,093	4,671	11,662	9,127				14,815	14,815
4. 貸付金	191	688	777	—	11,229	753	9,966			790			12,197	12,197
4.2 政府	191	—	—	—	—	753	141			50			191	191
4.2 日本銀行	—	24	—	—	—	—	—			—			777	777
4.3 市中金融	—	664	777	—	11,229	—	9,825			740			11,229	11,229
5. その他	7	—	262	—	—	571	10	1,769	2,061				2,340	2,340
5.1 代理店勘定	—	—	262	—	—	262	—	—	—				262	262
5.2 出資金	7	—	—	—	—	309	10	1,769	2,061				2,078	2,078
5.2.1 対市中	7	—					10		292					
5.2.2 対法人	—	—					—		1,769					
6. 対外信用	2,209	1,322						695			−2,209	−2,017		
6.1 有価証券	246	1,322						695			−246	−2,017		
6.1.1 公債	—	1,322						—			—	−1,322		
6.1.2 社債株式	—	—						695			—	−695		
6.2 投融資等	1,963	—						—			−1,963	—		
合計	6,375	11,817	1,217	1,963	17,343	19,761	9,534	26,467	26,521	790	−2,209	−2,017	58,781	58,781

出所:経済企画庁経済研究所「金融資産負債残高表 (1930-45年)」1963年6月。

第1章 戦時金融資産負債の概要

表1-2 金融資産負債残高(1931年末)

(単位:百万円)

項目	政府 資産	政府 負債	日本銀行 資産	日本銀行 負債	市中金融 資産	市中金融 負債	法人企業 資産	法人企業 負債	個人 資産	個人 負債	調整 資産	調整 負債	合計 資産	合計 負債
1. 通貨	285	406		1,714	497	1,024	1,270		1,092				3,144	3,144
1.1 現金	—	341		1,330	384	—	399		888				1,671	1,671
1.2 預金	285	65		384	113	1,024	871		204				1,473	1,473
1.2.1 対政府				271					65					
1.2.1 対市中				113			871		139					
2. 預金	426	3,411			5,537	11,805	3,027		11,763				15,216	15,216
1.1 短期	309	2,794			2,012	4,270	928		5,827				7,064	7,064
1.2 長期	117	21			397	6,124	1,604		4,424				6,145	6,145
1.3 保険信託	—	596			—	1,411	495		1,512				2,007	2,007
3. 有価証券	3,498	6,732	181	60	5,199		5,060	14,335	12,050				26,326	26,326
3.1 国債	1,361	5,239	181	—	—	—	—	—	1,685				5,239	5,239
3.2 地方債	1,096	1,493	—	—	1,140	—	317	2,471	—				1,493	1,493
3.3 事業債	64	—	—	—	1,302	2,194	317	2,471	950				2,471	2,471
3.4 金融債	744	—	—	—	686	3,005	4,743	11,864	148				2,194	2,194
3.5 株式	233	—	—	60					9,267				14,929	14,929
4. 貸付金	278	632	987	—	11,192	965	10,050			810			12,457	12,457
4.2 政府	278	24	—	—	—	2	207			69			278	278
4.2 日本銀行	—	608	987	—	—	965	—			—			987	987
4.3 市中金融	—	—	—	—	11,192	—	9,843			741			11,192	11,192
5. その他	7	—	135	—	456	—	10	1,760	2,064				2,216	2,216
5.1 代理店勘定	—	—	135	—	135	—	—	—	—				135	135
5.2 出資金	7	—	—	—	321	—	10	1,760	2,064				2,081	2,081
5.2.1 対市中	7	—					10		304					
5.2.2 対法人	—	—							1,760					
6. 対外信用	2,225	1,250						746			−2,225	−1,996		
6.1 有価証券	229	1,250						746			−229	−1,996		
6.1.1 公債	—	1,250						—			−1,250	−1,250		
6.1.2 社債株式	—	—						746			—	−746		
6.2 投資等	1,996	—									−1,996			
合計	6,719	12,431	1,303	1,774	17,226	19,449	9,367	26,891	26,969	810	−2,225	−1,996	59,359	59,359

出所:前掲「金融資産負債残高表 (1930-45年)」。

月26日発足斉藤内閣大蔵大臣として高橋是清は在任した。当時の疲弊する地方の農村救済が課題となり、1932年度追加予算として時局匡救土木事業が着手される。同年度と1933年度、1934年度で中央政府の一般会計・特別会計の合計で6億円が予算化された[3]。また管理通貨制への最終的移行により、日銀は国内もしくは国外における金塊在庫に日銀券発行残高を連動させる必要はなくなった。金解禁による外貨漏出に懲りた政府は、1932年7月1日「資本逃避防止法」を公布し、長期資金の日本からの退出を阻止する制度を導入した。世界的に国際金本位制の崩壊過程にあり、各国とも為替管理を強化しており、日本もその過程に遅れずに対処した[4]。管理通貨制への移行に伴い、日銀は市中通貨発行残高を金塊や外貨の残高とにらみ合わせる必要がないため、日銀直接引受による国債増発に踏み切った。景気がようやく回復する局面に辿り着いた1932年末金融資産総額は603億円に止まる。国債の対市中残高はさほど伸びていない（表1-3）。

　1933年度も当初から時局匡救費が予算化されたため、大蔵省は国債発行に依存した歳出増大に踏み切った。また「資本逃避防止法」を廃止し1933年3月29日「外国為替管理法」公布により長期・短期の外国為替管理を導入し、大蔵省による輸入為替管理が強化された。同法は一部の外国為替銀行の取引を主に取り扱うため、最も管理しやすい部門から経済統制が先行したといえる。同法は包括規定を定め、実際の細かな統制は大蔵省令の委任命令に委ねた。それにより大蔵省は短期の為替割当も所管するものとなり、日中戦争期に先立つ有力な統制法令となった。歳出増大に伴い、国債発行を増大させたため、残高は70億円に達し、日銀保有と日銀が市中金融機関に市中預金増大に応じて転売することで、市中金融機関の国債保有は増大した。企業部門では景気回復が見られたものの、既存の金融負債を圧縮できる状況にはなかった（表1-4）。ただし低金利政策が採用されたため、低利乗り換えがなされ、企業の金利負担は軽減した。この間、円の対外相場は下落を続けたため、輸出競争力が回復し、また満洲国への投資に伴う輸出需要が発生し、世界恐慌からの回復が明確に見て取れるようになってきた。

第1章 戦時金融資産負債の概要 35

表1-3 金融資産負債残高（1932年末）

(単位：百万円)

項　目	政府 資産	政府 負債	日本銀行 資産	日本銀行 負債	市中金融 資産	市中金融 負債	法人企業 資産	法人企業 負債	個人 資産	個人 負債	調整 資産	調整 負債	合計 資産	合計 負債
1. 通貨	294	429		1,820	510	1,119	1,410		1,154				3,368	3,368
1.1 現金		354		1,426	394		457		929				1,780	1,780
1.2 預金	294	75		394	116	1,119	953		225				1,588	1,588
1.2.1 対政府				278					75					
1.2.1 対市中				116			953		150					
2. 預金	430	3,473				11,926	3,186		11,783				15,399	15,399
2.1 短期	320	2,755				4,465	1,010		5,890				7,220	7,220
2.2 長期	110	17				6,047	1,676		4,278				6,064	6,064
2.3 保険信託		701				1,414	500		1,615				2,115	2,115
3. 有価証券	4,079	7,600	464	60	5,505	5,303	5,050	14,316	12,181				27,279	27,279
3.1 国債	1,712	5,964	464		1,950				1,838				5,964	5,964
3.2 地方債	1,244	1,636			392								1,636	1,636
3.3 事業債	67				1,092		309	2,394	926				2,394	2,394
3.4 金融債	824				1,365	2,344			155				2,344	2,344
3.5 株式	232			60	706	2,959	4,741	11,922	9,262				14,941	14,941
4. 貸付金	276	536	818		10,922	778		9,886		816			12,016	12,016
4.2 政府	276					7		186		86			276	276
4.2 日本銀行		47	818			771							818	818
4.3 市中金融		489			10,922			9,703		730			10,922	10,922
5. その他	8		161			488	10	1,804	2,113				2,292	2,292
5.1 代理店勘定			161			161							161	161
5.2 出資金	8					327	10	1,804	2,113				2,131	2,131
5.2.1 対市中	8						10		309					
5.2.2 対法人	8								1,804					
6. 対外信用	2,220	1,188						707			−2,220	−1,895		
6.1 有価証券	159	1,188						707			−159	−1,895		
6.1.1 公債		1,188										−1,188		
6.1.2 社債株式								707				−707		
6.2 投融資等	2,061										−2,061			
合計	7,307	13,226	1,443	1,880	16,937	19,614	9,656	26,713	27,231	816	−2,220	−1,895	60,354	60,354

出所：前掲「金融資産負債残高表（1930-45年）」1963年6月。

表1−4 金融資産負債残高(1933年末)

(単位:百万円)

項目	政府 資産	政府 負債	日本銀行 資産	日本銀行 負債	市中金融 資産	市中金融 負債	法人企業 資産	法人企業 負債	個人 資産	個人 負債	調整 資産	調整 負債	合計 資産	合計 負債
1. 通貨	274	457		1,924	500	1,234	1,601		1,240				3,615	3,615
1.1 現金		383		1,544	380		526		1,021				1,927	1,927
1.2 預金	274	74		380	120	1,234	1,075		219				1,688	1,688
1.2.1 対政府				260					74					
1.2.1 対市中				120			1,075		145					
2. 預金	421	3,732			12,681		3,469		12,523				16,413	16,413
2.1 短期	316	2,903			4,656		1,015		2,668				7,559	7,559
2.2 長期	105	16			6,450		1,903		4,458				6,466	6,466
2.3 保険信託		813			1,575		551		1,837				2,388	2,388
3. 有価証券	4,784	8,977	576	60	6,277	5,120	4,916	14,543	12,147				28,700	28,700
3.1 国債	1,796	7,080	576		2,647				2,061				7,080	7,080
3.2 地方債	1,502	1,897			395								1,897	1,897
3.3 事業債	62				1,271		271	2,358	814				2,358	2,358
3.4 金融債	869				1,157	2,174			148				2,174	2,174
3.5 株式	555			60	867	2,946	4,645	12,185	9,124				15,191	15,191
4. 貸付金	370	234	879		10,433	859		9,774		815			11,682	11,682
4.2 政府	370					4		267		99			370	370
4.2 日本銀行		24	879			855							879	879
4.3 市中金融		210			10,433			9,507		716			10,433	10,433
5. その他	8		89			421	10	1,851	2,165				2,272	2,272
5.1 代理店勘定			89			89							89	89
5.2 出資金	8					332	10	1,851	2,165				2,183	2,183
5.2.1 対市中	8						10		314					
5.2.2 対法人									1,851					
6. 対外信用	2,261	1,202						622			−2,261	−1,824		
6.1 有価証券	173	1,202						622			−173	−1,824		
6.1.1 公債		1,202										−1,202		
6.1.2 社債株式								622				−622		
6.2 投融資等	2,088										−2,088			
合計	8,118	14,602	1,544	1,984	17,210	20,315	9,996	26,790	28,075	815	−2,261	−1,824	62,682	62,682

出所:前掲「金融資産負債残高表(1930−45年)」。

1934年も時局匡救土木が続き、政府の歳出が人為的に拡大された。また1934年9月7日「日本銀行金買入法」により、金塊公定価格を上回る買入価格を設定したため、産金業者は産金に邁進し（伊藤［1980］参照）、日本国内のみならずとりわけ優良な金山を抱える朝鮮では景気が急回復した。これらの後期高橋財政期の歳出増大等の政策がどれだけ総需要に貢献したかも試算されている（三和［1979］第9章参照）。同年末金融資産負債では、総資産663億円に増大しており、国債発行残高は81億円に達し、それを日銀経由で市中金融部門と個人部門が購入した。市中金融部門では満洲事変景気が一部見られるものの、銀行部門の貸出の増大はほとんどなく、法人部門も負債の借入金は1930年末からほぼ同じ水準で推移していた（表1-5）。

　1935年には華北分離工作が進められ、日系銀行による銀行券流通拡大が試みられた[5]。また満洲国において12月6日に満洲中央銀行券と朝鮮銀行券が事実上の等価でリンクされ、日本からの対満投資の為替リスクが急減した。以後の対満洲投資が増大することになる。満洲国では関東軍の首導により特殊会社の設立が続き、日本からの多額投資を必要としていた（原［1972a］参照）。同年末金融資産負債では、総額が698億円に増大し、また国債発行残高が89億円に増大し、市中金融機関と個人部門がそれを吸収した。銀行部門の預金増大は家計部門の預金増大によるもので、強力な貯蓄動員策を投入する前の時期に、家計部門の預金残高がじわじわと積み上がっていた（表1-6）。

　1936年二・二六事件で大蔵大臣高橋是清は暗殺され、陸軍に対抗し軍事予算拡大を阻止する最大の実力者を失った。満洲における軍事行動の継続と国内における「非常時」が叫ばれることで、政治への発言力を増す軍部への対抗勢力は後退しつつあった。同年末金融資産負債総額は、739億円へと増大した。ただしこの金額は1930年末金融資産総額の1.25倍に増大していたにすぎない。満洲事変期においては、世界恐慌に強打された後の景気の底からの回復過程にあり、しかも満洲事変という限定戦争のため、1937年以降の巨額の軍事費散布がなされる金融資産負債構造にまだ移行していない。そのため資産負債の伸び率は低いものであった。ただし政府負債総額188億円は負債総額の25％に上昇し

表1-5 金融資産負債残高（1934年末）

(単位：百万円)

項目	政府 資産	政府 負債	日本銀行 資産	日本銀行 負債	市中金融 資産	市中金融 負債	法人企業 資産	法人企業 負債	個人 資産	個人 負債	調整 資産	調整 負債	合計 資産	合計 負債
1. 通貨	256	478		1,972	448	1,343	1,727		1,362				3,793	3,793
1.1 現金	—	401		1,627	345		555		1,128				2,028	2,028
1.2 預金	256	77		345	103	1,343	1,172		234				1,765	1,765
1.2.1 対政府				242			0		77					
1.2.1 対市中				103			1,172		157					
2. 預金	438	4,014				13,555	3,673		13,458				17,569	17,569
1.1 短期	322	3,048				4,762	1,011		6,477				7,810	7,810
1.2 長期	116	16				7,020	2,049		4,871				7,036	7,036
1.3 保険信託	0	950				1,773	613		2,110				2,723	2,723
3. 有価証券	5,620	10,373	507	60	7,116	4,949	5,162	15,657	12,634				31,039	31,039
3.1 国債	2,252	8,118	507		3,192		0	0	2,167				8,118	8,118
3.2 地方債	1,871	2,255			384								2,255	2,255
3.3 事業債	59				1,435	2,054	230	2,413	689				2,413	2,413
3.4 金融債	883				1,027	2,895			144				2,054	2,054
3.5 株式	555			60	1,078		4,932	13,244	9,634				16,199	16,199
4. 貸付金	346	159	944		10,217	885		9,645		818			11,507	11,507
4.2 政府	346					9		228		109			346	346
4.2 日本銀行		68	944			876							944	944
4.3 市中金融		91			10,217			9,417		709			10,217	10,217
5. その他	8		89			431	11	1,968	2,291				2,399	2,399
5.1 代理店勘定			89			89							89	89
5.2 出資金	8					342	11	1,968	2,291				2,310	2,310
5.2.1 対市中	8						11		323					
5.2.2 対法人									1,968					
6. 対外信用	2,441	1,189						595			−2,441	−1,784		
6.1 有価証券	83	1,189						595			−83	−1,784		
6.1.1 公債		1,189										−1,189		
6.1.2 社債株式								595				−595		
6.2 投融資等	2,358										−2,358			
合計	9,109	16,213	1,540	2,032	17,781	21,163	10,573	27,865	29,745	818	−2,441	−1,784	66,307	66,307

出所：前掲「金融資産負債残高表（1930-45年）」。

第1章 戦時金融資産負債の概要 39

表1－6 金融資産負債残高（1935年末）

(単位：百万円)

項目	政府 資産	政府 負債	日本銀行 資産	日本銀行 負債	市中金融 資産	市中金融 負債	法人企業 資産	法人企業 負債	個人 資産	個人 負債	調整 資産	調整 負債	合計 資産	合計 負債
1. 通貨	304	501		2,168	514	1,298	1,714		1,435				3,967	3,967
1.1 現金		418		1,766	402		588		1,194				2,184	2,184
1.2 預金	304	83		402	112	1,298	1,126		241				1,783	1,783
1.2.1 対政府				290					83					
1.2.1 対市中				112			1,126		158					
2. 預金	467	4,319				14,556	3,937		14,471				18,875	18,875
1.1 短期	341	3,214				5,085	1,139		6,819				8,299	8,299
1.2 長期	126	18				7,631	2,201		5,322				7,649	7,649
1.3 保険信託		1,087				1,840	597		2,330				2,927	2,927
3. 有価証券	5,879	11,354	657	60	7,852	4,837	5,287	16,367	12,943				32,618	32,618
3.1 国債	2,467	8,987	657		3,593				2,270				8,987	8,987
3.2 地方債	1,920	2,367			447								2,367	2,367
3.3 事業債	53				1,596		197	2,436	590				2,436	2,436
3.4 金融債	884				978	2,006			144				2,006	2,006
3.5 株式	555			60	1,238	2,831	5,090	13,931	9,939				16,822	16,822
4. 貸付金	345	207	959		10,543	844		9,943		853			11,847	11,847
4.2 政府	345					3		221		121			345	345
4.2 日本銀行		118	959			841							959	959
4.3 市中金融		89			10,543			9,722		732			10,543	10,543
5. その他	8		148			500	11	2,087	2,420				2,587	2,587
5.1 代理店勘定			148			148							148	148
5.2 出資金	8					352	11	2,087	2,420				2,439	2,439
5.2.1 対市中	8						11		333					
5.2.2 対法人									2,087					
6. 対外信用	2,669	1,159						575			-2,669	-1,734		
6.1 有価証券	167	1,159						575			-167	-1,734		
6.1.1 公債		1,159										-1,159		
6.1.2 社債株式								575				-575		
6.2 投融資等	2,502										-2,502			
合計	9,672	17,540	1,764	2,228	18,909	22,035	10,949	28,972	31,269	853	-2,669	-1,734	69,894	69,894

出所：前掲「金融資産負債残高表（1930-45年）」。

表1-7 金融資産負債残高（1936年末）

(単位：百万円)

項目	政府 資産	政府 負債	日本銀行 資産	日本銀行 負債	市中金融 資産	市中金融 負債	法人企業 資産	法人企業 負債	個人 資産	個人 負債	調整 資産	調整 負債	合計 資産	合計 負債
1. 通貨	240	539	—	2,219	482	1,424	1,885	—	1,575	—	—	—	4,182	4,182
1.1 現金	—	439	—	1,865	354	—	644	—	1,306	—	—	—	2,304	2,304
1.2 預金	240	100	—	354	128	1,424	1,241	—	269	—	—	—	1,878	1,878
1.2.1 対政府	—	—	—	226	—	—	—	—	100	—	—	—		
1.2.1 対市中	—	—	—	128	—	—	1,241	—	169	—	—	—		
2. 預金	496	4,718	—	—	—	15,760	4,331	—	15,651	—	—	—	20,478	20,478
1.1 短期	363	3,462	—	—	—	5,555	1,303	—	7,351	—	—	—	9,017	9,017
1.2 長期	133	20	—	—	—	8,126	2,314	—	5,699	—	—	—	8,146	8,146
1.3 保険信託	—	1,236	—	—	—	2,079	714	—	2,601	—	—	—	3,315	3,315
3. 有価証券	6,307	12,246	726	60	8,769	4,679	5,383	17,209	13,009	—	—	—	34,194	34,194
3.1 国債	2,847	9,832	726	—	4,041	—	—	—	2,218	—	—	—	9,832	9,832
3.2 地方債	1,932	2,414	—	—	483	—	—	2,375	401	—	—	—	2,414	2,375
3.3 事業債	63	—	—	—	1,777	—	134	—	140	—	—	—	2,375	1,937
3.4 金融債	853	—	—	—	944	1,937	—	—	—	—	—	—	1,937	
3.5 株式	613	—	—	60	1,524	2,742	5,249	14,834	10,250	—	—	—	17,636	17,636
4. 貸付金	451	271	930	—	11,121	789	—	10,533	—	909	—	—	12,502	12,502
4.1 政府	451	—	—	—	—	45	—	270	—	136	—	—	451	451
4.2 日本銀行	—	186	—	930	—	744	—	—	—	—	—	—	930	930
4.3 市中金融	—	85	—	—	11,121	—	—	10,263	—	773	—	—	11,121	11,121
5. その他	8	—	84	—	—	444	11	2,167	2,508	—	—	—	2,611	2,611
5.1 代理店勘定	—	—	84	—	—	84	—	—	—	—	—	—	84	84
5.2 出資金	8	—	—	—	—	360	11	2,167	2,508	—	—	—	2,527	2,527
5.2.1 対市中	8	—	—	—	—	—	11	—	341	—	—	—		
5.2.2 対法人	—	—	—	—	—	—	—	—	2,167	—	—	—		
6. 対外信用	2,869	1,116	—	—	—	—	—	563	—	—	−2,869	−1,679		
6.1 有価証券	246	1,116	—	—	—	—	—	563	—	—	−246	−1,679		
6.1.1 公債	—	1,116	—	—	—	—	—	—	—	—	−1,111	−1,679		
6.1.2 社債株式	—	—	—	—	—	—	—	563	—	—	−563			
6.2 投融資等	2,623	—	—	—	—	—	—	—	—	—	−2,623	—		
合計	10,371	18,890	1,740	2,279	20,372	23,096	11,610	30,472	32,743	909	−2,869	−1,679	73,967	73,967

出所：前掲「金融資産負債残高表（1930-45年）」。

ていた。国債発行により大きな政府へと移りつつあった。他方、法人部門債務総額304億円は41％に低下していた。それでも満洲事変景気で潤った大手事業法人は、急速に利益を上乗せし、高率配当で株価を引き上げていた（第6章参照）。1936年3月9日発足広田弘毅内閣大蔵大臣馬場鍈一は国債発行依存による軍備拡張予算編成を行う方針とした。その結果、1937年度の予算規模はさらに膨れ上がるため、大きな政府への道に足を踏み込み始めていた。国債発行残高は98億円に増大し銀行部門と家計部門が消化したが、他方、法人部門でも債務増大による事業拡張が見られるようになった。

2．日中戦争期の金融資産負債

　1937年6月4日第1次近衛内閣の発足で、賀屋・吉野経済財政三原則が国策として打ち出され、国際収支が悪化する状況の中で軍事費負担に対処するため、統制経済への移行を表明した。ほどなく7月7日盧溝橋事件で日中戦争が勃発した。先例に倣い9月10日「臨時軍事費特別会計法」に基づき、同日に臨時軍事費特別会計が設置され、財源を同特別会計に集めて軍事費に投入するという軍事財政制度が出現した（大蔵省昭和財政史編集室［1955a］）。また9月10日に「臨時資金調整法」と法律「輸出入品等ニ関スル臨時措置ニ関スル件」が公布され、また「外国為替管理法」改正強化がなされ、その他の統制法規とともに戦時経済の主要な統制を担うことになる。「臨時資金調整法」は株式・社債の発行市場の許認可のほか、金融機関の自治的資金調整で対応する方針とし、業態別の統制組織が編成された。また個別融資案件の審査を担った日銀資金調整局が強大な権限を振るった（第3章参照）。日中戦争勃発直前に立案されていた産金強化のため同年8月11日に「産金法」と「金資金特別会計法」が公布され、同日に金準備評価益を以て金資金特別会計が設置された。同特別会計の歳入歳出外資金の運用により興銀債引受による産金業支援のみならず、外貨決済にも動員された（柴田［2002a］第4章参照）。金準備評価益で興銀債を引き受けたことで、その資金が市中とりわけ軍需会社を中心に供給された。日銀券の追加発行による対市中銀行貸出による預金通貨の創出と同様の乗数効果を発

揮するため、大きな効果が期待できた。ただしこれらの当初の主要統制法規は、日中戦争勃発前に制定の検討が進められていた。すでに日中戦争勃発後の統制経済の概説は多数行われているため、詳述は省略しよう[6]。同年末金融資産負債は、臨時軍事費特別会計による同年度の軍事費散布で国債発行残高が113億円になり、日銀引受で消化した。日銀手持ちも増大したが、市中銀行と家計部門さらには政府部門、すなわち預金部資金や簡易生命保険積立金に消化させた。景気が回復していたため、個人部門も銀行や郵便貯金等に貯蓄する余裕が復活しており、景気の回復で家計部門の金融資産は357億円に増大していた。また法人部門は軍需産業等で活況を呈し、債務を形成しつつ事業拡張に努めた。金融資産総額は826億円になり、法人部門の借入金は120億円にまで増大していた。法人企業の負債構成は有価証券が多く、借入金を上回っており、この傾向は満洲事変期から続いていた（表1-8）。すなわち日本型金融市場は日中戦争期の初期でも、直接金融優位の状態が続いた。個人勘定として資金調達するが、実態が自営業の法人も珍しくなく、事実上の法人と個人の勘定の混在がありうる。個人の借入金を加算してもこの傾向は変わらない。

　日中戦争の長期化の中で臨時増税や歳出のやり繰りだけでは軍事費は不足するため、国債発行に一段と依存し、1938年国債発行残高は157億円となった。そのうち日銀が手持ちで抱え込む部分は増えていった。それでも主として市中金融機関と家計部門が消化していた。1938年4月19日、大蔵省に外局の国民貯蓄奨励局が設置され、預貯金金融機関と生命保険業者等のほか、職域に対しても組織的な貯蓄奨励を行った。その後も同局は貯蓄増強運動の旗を振り続け、1942年11月1日に内局の大蔵省国民貯蓄局に改組された（大蔵省百年史編集室[1969b] 88頁）。そのほか政府部門の預金部資金も郵便貯金の増大で国債購入を増大させた。法人部門は景気の回復により一段と銀行借入を増大させた（表1-9）。特に貯蓄増強による国債消化、政府の軍需産業への支出とそれに伴う当該産業の預金増大と原材料取引先への支払により預金・貸出の乗数効果が発揮された。また郵便貯金吸収を財源とした預金部資金の選別的な国策企業への資金供給と、当該企業の原材料取引先への支払による預金・貸出の乗数効果、

第1章 戦時金融資産負債の概要 43

表1-8 金融資産負債残高（1937年末）

(単位：百万円)

項目	政府 資産	政府 負債	日本銀行 資産	日本銀行 負債	市中金融 資産	市中金融 負債	法人企業 資産	法人企業 負債	個人 資産	個人 負債	調整 資産	調整 負債	合計 資産	合計 負債
1. 通貨	321	605		2,739	565	1,886	2,449		1,895				5,230	5,230
1.1 現金	—	483		2,305	434	—	800		1,554				2,788	2,788
1.2 預金	321	122		634	131	1,886	1,649		341				2,442	2,442
1.2.1 対政府				303					122					
1.2.1 対市中				131			1,649		219					
2. 預金	551	5,303				17,287	4,656		17,383				22,590	22,590
1.1 短期	407	3,871				6,303	1,473		8,294				10,174	10,174
1.2 長期	144	20				8,855	2,447		6,284				8,875	8,875
1.3 保険信託	—	1,412				2,129	736		2,805				3,541	3,541
3. 有価証券	7,498	13,882	1,270	60	9,419	5,017	5,984	19,437	14,225				38,396	38,396
3.1 国債	3,457	11,347	1,270	—	4,373	—	—	—	2,247				11,347	11,347
3.2 地方債	2,100	2,535	—	—	435	—	—	—	—				2,535	2,535
3.3 事業債	61	—	—	—	1,833	—	119	2,369	356				2,369	2,369
3.4 金融債	1,225	—	—	—	980	2,383	—	—	178				2,383	2,383
3.5 株式	655	—	—	60	1,798	2,634	5,865	17,068	11,444				19,762	19,762
4. 貸付金	433	84	629		12,956	833		12,053		1,048			14,018	14,018
4.2 政府	433	—	—		—	206		80		147			433	433
4.2 日本銀行	—	2	629		—	627		—		—			629	629
4.3 市中金融	—	82	—		12,956	—		11,973		901			12,956	12,956
5. その他	10	—	109		—	478	12	1,914	2,261				2,392	2,392
5.1 代理店勘定	—	—	109		—	109	—	—	—				109	109
5.2 出資金	10	—	—		—	369	12	1,914	2,261				2,283	2,283
5.2.1 対市中	10	—					12		347					
5.2.1 対法人	—	—					—		1,914					
6. 対外信用	3,476	1,101						549			−3,476	−1,650		
6.1 有価証券	318	1,101						549			−318	−1,650		
6.1.1 公債	—	1,101						—				−1,101		
6.1.2 社債株式	—	—						549				−549		
6.2 投融資等	3,158	—						—			−3,158			
合計	12,289	20,975	2,008	2,799	22,940	25,501	13,101	33,953	35,764	1,048	−3,476	−1,650	82,626	82,626

出所：前掲『金融資産負債残高表（1930-45年）』。

44

表 1-9　金融資産負債残高 (1938年末)

(単位：百万円)

項　目	政府 資産	政府 負債	日本銀行 資産	日本銀行 負債	市中金融 資産	市中金融 負債	法人企業 資産	法人企業 負債	個人 資産	個人 負債	調整 資産	調整 負債	合計 資産	合計 負債
1. 通貨	312	697		3,170	547	2,629	3,301		2,336				6,496	6,496
1.1 現金		542		2,754	416		1,008		1,872				3,296	3,296
1.2 預金	312	155		416	131	2,629	2,293		464				3,200	3,200
1.2.1 対政府				285					155					
1.2.1 対市中				131			2,293		309					
2. 預金	659	6,331				21,058	5,842		20,888				27,389	27,389
2.1 短期	483	4,713				7,955	2,130		10,055				12,668	12,668
2.2 長期	176	25				10,801	2,915		7,735				10,826	10,826
2.3 保険信託		1,593				2,302	797		3,098				3,895	3,895
3. 有価証券	9,007	18,390	1,643	60	12,260	5,274	6,601	22,014	16,227				45,738	45,738
3.1 国債	4,682	15,700	1,643		6,409				2,966				15,700	15,700
3.2 地方債	2,223	2,690			467								2,690	2,690
3.3 事業債	112				2,166		103	2,690	309				2,690	26,900
3.4 金融債	1,237				1,163	2,677			277				2,677	2,677
3.5 株式	753			60	2,055	2,597	6,498	19,324	12,675				21,981	21,981
4. 貸付金	414	83	509		14,322	614		13,403		1,145			15,245	15,245
4.1 政府	414					107		159		148			414	414
4.2 日本銀行		2	509			507							509	509
4.3 市中金融		81			14,322			13,244		997			14,322	14,322
5. その他	25		165			566	13	1,910	2,273				2,476	2,476
5.1 代理店勘定			165			165							165	165
5.2 出資金	25					401	13	1,910	2,273				2,311	2,311
5.2.1 対市中	25						13		363					
5.2.2 対法人									1,910					
6. 対外信用	4,177	1,082						533			−4,117	−1,615		
6.1 有価証券	318	1,082						533			−318	−1,615		
6.1.1 公債		1,082										−1,082		
6.1.2 社債株式												−533		
6.2 投融資等	3,859										−3,859			
合計	14,594	26,583	2,317	3,230	27,129	30,141	15,757	37,860	41,724	1,145	−4,177	−1,615	97,344	97,344

出所：前掲「金融資産負債残高表 (1930-45年)」。

さらには銀行等預金金融機関の預金と国債消化以外の部分の貸出・証券投資増大による乗数効果が期待された。これらの乗数効果は強力な貯蓄動員と政府の国債大量発行による選別的な資金供給により強力に機能したとみられる。戦時体制期に国債をはじめとした多数の有価証券が発行されるが、「臨時資金調整法」は民間企業等の発行市場に統制を加えた。他方、流通市場に対する法規制は困難である。新規発行証券の市中消化を主として担当する業者行政の強化のため、1938年3月29日「有価証券取引業者法」公布で、流通市場にかかわる事業者の健全化を促進した。他方、有価証券引受業務の拡大が予想されたため、同年3月31日に「有価証券引受業法」を公布して、有価証券引受業者の免許制への移行を行った。ただし日本国内の株式の引受業務には、従来の株式売買仲介を中心とした業者はほとんど参入できず、むしろ公社債発行市場で地歩を固めた（第4章参照）。

　戦時体制の強化として特筆できるものとして、1938年4月1日「国家総動員法」公布がある。以後はその各論的な総動員勅令の施行が統制経済の課題となる。本書との関係では、第11条の利益配当統制条項の勅令化をめぐり、近衛内閣大蔵大臣池田成彬とほかの閣僚との間で紛糾し（第6章参照）、資本主義的企業体制が危機に晒されるとして株価が暴落した。配当統制の導入を遅らせることで株価が支えられるといった状況が続いた。

　1939年4月1日総動員勅令「会社利益配当及資金融通令」で、会社配当統制を導入した。大蔵省の主管で施行に移され、また同令で興銀に対する政府命令融資が制度化された（第3章、第6章参照）。同年末金融資産負債は一挙に1,210億円に増大した。それに伴い国債発行残高は209億円となり、日銀は手持ち国債保有を増やしかつ市中金融機関と家計部門に転売した。日銀の対市中貸出を国債保有が大きく上回っていた。家計部門の金融資産は501億円に増大しており（表1-10）、この間の政府による積極的な貯蓄奨励を続けていた。また9月1日欧州大戦勃発に伴う物価騰貴が顕在化したことに対処した、9月18日の物価停止措置が発動されたが、その一環として、同時にホワイトカラー賃金抑制の「会社職員給与臨時措置令」が公布施行され、給与統制も大胆に導入さ

表1-10 金融資産負債残高 (1939年末)

(単位：百万円)

項　目	政府 資産	政府 負債	日本銀行 資産	日本銀行 負債	市中金融 資産	市中金融 負債	法人企業 資産	法人企業 負債	個人 資産	個人 負債	調整 資産	調整 負債	合計 資産	合計 負債
1. 通貨	586	844		4,386	868	3,817	4,634		2,959				9,047	9,047
1.1 現金		646		3,679	707		1,302		2,316				4,325	4,325
1.2 預金	586	198		707	161	3,817	3,332		643				4,722	4,722
1.2.1 対政府				546					198					
1.2.1 対市中				161			3,332		445					
2. 預金	870	7,949				27,594	7,748		26,925				35,543	35,543
2.1 短期	654	6,097				11,177	3,241		13,379				17,274	17,274
2.2 長期	216	56				13,764	3,582		10,022				13,820	13,820
2.3 保険信託		1,796				2,653	925		3,524				4,449	4,449
3. 有価証券	11,043	23,781	2,228	60	16,057	5,635	7,206	25,019	17,961				54,495	54,495
3.1 国債	6,311	20,951	2,228		9,046				3,366				20,951	20,951
3.2 地方債	2,338	2,830			492								2,830	2,830
3.3 事業債	227				2,975		41	3,365	122				3,365	3,365
3.4 金融債	1,296				1,143	2,945			506				2,945	2,945
3.5 株式	871			60	2,401	2,690	7,165	21,654	13,967				24,404	24,404
4. 貸付金	604	84	1,066		17,784	1,280	16,708			1,382			19,454	19,454
4.2 政府	604					216	245			143			604	604
4.2 日本銀行		2				1,064							1,066	1,066
4.3 市中金融		82	1,066		17,784		16,463			1,239			17,784	17,784
5. その他	27		249			683	14	1,875	2,268				2,558	2,558
5.1 代理店勘定			249			249							249	249
5.2 出資金	27					434	14	1,875	2,268				2,309	2,309
5.2.1 対市中	27						14		393					
5.2.2 対法人									1,875					
6. 対外信用	5,253	1,052						517	50,113		-5,253	-1,569		
6.1 有価証券	318	1,052						517			-318	-1,569		
6.1.1 公債		1,052										-1,052		
6.1.2 社債株式								517				-517		
6.2 投融資等	4,935										-4,935			
合計	18,383	33,710	3,543	4,446	34,709	39,009	19,602	44,119	50,113	1,382	-5,253	-1,569	121,097	121,097

出所：前掲「金融資産負債残高表 (1930-45年)」。

れた。こうして「国家総動員法」に基づく総動員勅令体系は拡大を続けた。そのほか既存の保険業法制が戦時にそぐわないため、1939年3月29日公布「保険業法」で全文改正し、戦時統制経済に対応できる保険法制が出現した。

戦争損害保険市場が国外再保険市場に依存できなくなり、再保険消化が困難になるため、1940年3月30日「損害保険国営再保険特別会計法」により1940年4月1日に損害保険国営再保険特別会計が設置され、民間損害保険市場を政府再保険がささえる体制となり、以後、国営の保険市場が拡大していった（柴田［2002a］第5章参照）。10月19日「銀行等資金運用令」が公布され、「会社利益配当及資金融通令」の政府命令融資の規定を引き継ぎ、個別企業に対し興銀融資を集中する制度の強化と、「臨時資金調整法」の統制する設備資金供給のみならず流動資金供給にも統制を開始した（第3章参照）。また同時に「会社経理統制令」が公布され、利益配当、職員給与、役員報酬、会社経費、固定資産償却まで幅広く会社経理の統制を開始した。これにより個別業態法による個別省庁所管行政を超えた、ほぼ悉皆的な経理統制体系が出現した（第6章参照）。こうした大蔵省所管の戦時金融統制の法制化は、理財局金融課長を長く続けていた迫水久常が先導したもので、大蔵省の辣腕統制官僚としてプレゼンスを高めていった。「会社利益配当及資金融通令」で規定する興銀への命令融資は金額を増大させてゆき、「臨時資金調整法」に基づく融資の順位づけといった手法から、政府の直接的な個別事業法人への興銀からの資金供給へと次第に力点が移動していった。同年末金融資産負債は1,475億円に増大し、国債発行残高は279億円となり、国債消化は日銀保有と市中銀行・家計部門への転売で維持されていたが、組織的な貯蓄動員でかろうじて成り立っていた。個人の金融資産は606億円にまで増大した。そのうち預金340億円、国債29億円、株式155億円である（表1-11）。家計部門は預金を積み上げ続けたといえよう。その預金が銀行等を通じて国債消化にも向かった。この間株価動揺が発生したため、資本主義の根幹をなす株式会社体制を守る必要があり、株価維持のための流通市場介入組織が民間で育成された（第4章参照）。

1940年7月22日発足第2次近衛内閣期に「新体制運動」が展開され、「経済

表1-11 金融資産負債残高（1940年末）

(単位：百万円)

項目	政府 資産	政府 負債	日本銀行 資産	日本銀行 負債	市中金融 資産	市中金融 負債	法人企業 資産	法人企業 負債	個人 資産	個人 負債	調整 資産	調整 負債	合計 資産	合計 負債
1. 通貨	786	994		5,742	1,193	4,574	5,590		3,741				11,310	11,310
1.1 現金		767		4,777	965		1,603		2,976				5,544	5,544
1.2 預金	786	227		965	228	4,574	3,987		765				5,766	5,766
1.2.1 対政府				737					227					
1.2.1 対市中				228			3,987		538					
2. 預金	1,116	9,983				34,454	9,283		34,038				44,437	44,437
1.1 短期	852	7,805				14,352	3,949		17,356				22,157	22,157
1.2 長期	264	110				17,118	4,286		12,678				17,228	17,228
1.3 保険信託		2,068				2,984	1,048		4,004				5,052	5,052
3. 有価証券	13,929	30,895	3,781	60	19,927	6,777	8,035	28,507	20,567				66,239	66,239
3.1 国債	8,554	27,986	3,781		11,747				3,904				27,986	27,986
3.2 地方債	2,460	2,909			449								2,909	2,909
3.3 事業債	208				3,505		50	3,913	150				3,913	3,913
3.4 金融債	1,594				1,531	4,076			951				4,076	4,076
3.5 株式	1,113			60	2,695	2,701	7,985	24,594	15,562				27,355	27,355
4. 貸付金	489	107	819		21,580	839		20,302		1,640			22,888	22,888
4.2 政府	489					22		330		137			489	489
4.2 日本銀行		2		819		817							819	819
4.3 市中金融		105			21,580			19,972		1,503			21,580	21,580
5. その他	27		353			823	15	1,837	2,265				2,660	2,660
5.1 代理店勘定			353			353							353	353
5.2 出資金	27					470	15	1,837	2,265				2,307	2,307
5.2.1 対市中	27						15		428					
5.2.2 対法人	27								1,837					
6. 対外信用	6,558	1,031						465			−6,558	−1,496		
6.1 有価証券	857	1,031						465			−857	−1,496		
6.1.1 公債		1,031										−1,031		
6.1.2 社債株式								465				−465		
6.2 投融資等	5,701										−5,701			
合計	22,905	43,010	4,953	5,802	42,700	47,467	22,923	51,111	60,611	1,640	−6,558	−1,496	147,534	147,534

出所：前掲「金融資産負債残高表（1930-45年）」。

新体制確立要綱案」が提起された。企画院案文に盛り込まれていた「所有と経営の分離」が議論を巻き起こし、1940年12月7日に第2次近衛内閣は「所有と経営の分離」を含まない「経済新体制確立要綱」を閣議決定し、主として製造業における新体制への移行方針が強調された。同要綱案は企画院・商工省側の主張が盛り込まれたものであったが、同様に大蔵省所管業務でも同じ頃に理財局金融課長迫水久常が大蔵次官広瀬豊作に、後に「財政金融基本方策要綱」となる案文の省議決定と、その閣議請議を求めた。しかし広瀬がとんでもない提案だとして、受け取ったまま握り潰した[7]。大蔵省内でも統制官僚として企画院と提携してプレゼンスを強める迫水に対し反発する意見が強く、それが表面化したものといえよう。「財政金融基本方策要綱」が省議決定を経て閣議決定となったのは、1941年1月から4月にかけて企画院調査官等が「企画院事件」で検挙された後の、同年7月11日で、迫水の当初の思惑とはかなり離れたものとなりインパクトの薄いものとなった。結局半年遅らせてから広瀬が迫水の提案を、「新体制」の波が退潮した時期に承認したということになる。直接上司の理財局長をほぼ無視し、統制官僚の名をほしいままにして独走を続けた迫水に対しては、大蔵省内の反感は強いものがあり、随所に噴出した[8]。

　発行市場を「臨時資金調整法」で統制を加えても、発行後の株式の転売を阻止することは不可能である。株価が下落すれば投売りが殺到しやすいため、発行市場を支えるには株価安定が不可欠であり、株価介入のための生命保険会社や株式市場関係者が設立した買入会社を政府が支援してきたが、さらに1941年3月31日に日本協同証券株式会社が株価介入機関として設立され、興銀資金の支援を受けて株式買い支えに乗り出した。それにより株式発行で成り立っている資本主義の株式会社体制を支えるものとなった（第4章参照）。同月4月12日に「外国為替管理法」が全文改正され、新たな交易統制に相応しい法律として切り替わり、従来の為替割当から全面的な大蔵省の資金統制法規に改められた。そして南部仏印進駐に伴う7月25日のアメリカの対日資産凍結で、事実上の経済戦争に突入し、同法に基づき大蔵省令「外国人関係取引取締規則」（通称「資産凍結令」）で資産凍結措置が実施された[9]。資産凍結に伴う株価大暴

表 1-12　金融資産負債残高 (1941年末)

(単位：百万円)

項目	政府 資産	政府 負債	日本銀行 資産	日本銀行 負債	市中金融 資産	市中金融 負債	法人企業 資産	法人企業 負債	個人 資産	個人 負債	調整 資産	調整 負債	合計 資産	合計 負債
1. 通貨	859	1,187		7,217	1,684	5,765	6,972		4,654				14,169	14,169
1.1 現金	—	908		5,978	1,239	5,765	1,976		3,671				6,886	6,886
1.2 預金 対政府	859	279		1,239	445		4,996		983				7,283	7,283
1.2.1 対政府				794					279					
1.2.1 対市中				445			4,996		704					
2. 預金	1,364	12,428				42,797	11,128		42,733				55,225	55,225
1.1 短期	1,051	9,377				17,637	4,809		21,154				27,014	27,014
1.2 長期	313	598				21,640	5,071		16,854				22,238	22,238
1.3 保険信託		2,453				3,520	1,248		4,725				5,973	5,973
3. 有価証券	17,013	40,234	5,054	60	26,289	7,894	9,027	33,133	23,938				81,321	81,321
3.1 国債	11,046	37,289	5,054	—	16,376	—	—	—	4,813				37,289	37,289
3.2 地方債	2,504	2,945	—	—	441	—	—	—	—				2,945	2,945
3.3 事業債	304	—	—	—	4,342	—	93	5,016	277				5,016	5,016
3.4 金融債	1,774	—	—	—	2,306	5,527	—	—	1,447				5,527	5,527
3.5 株式	1,385	—	—	60	2,824	2,367	8,934	28,117	17,401				30,544	30,544
4. 貸付金	372	108	904	—	24,970	999	—	23,515	—	1,624			26,246	26,246
4.2 政府	372	1	—	—	—	96	—	144	—	132			372	372
4.2 日本銀行	—	107	904	—	—	903	—	—	—	—			904	904
4.3 市中金融	—	—	—	—	24,970	—	—	23,371	—	1,492			24,970	24,970
5. その他	27	—	465	—	—	975	17	1,797	2,263				2,772	2,772
5.1 代理店勘定	—	—	465	—	—	465	—	—	—				465	465
5.2 出資金	27	—	—	—	—	510	17	1,797	2,263				2,307	2,307
5.2.1 対市中	27	—					17		466					
5.2.2 対法人	—	—					—		1,797					
6. 対外信用	8,036	1,007						452			−8,036	−1,459		
6.1 有価証券	1,582	1,007						452			−1,582	−1,459		
6.1.1 公債	—	1,007						—			—	−1,007		
6.1.2 社債株式	—	—						452			—	−452		
6.2 投融資等	6,454	—									−6,454			
合計	27,671	54,964	6,423	7,277	52,943	58,430	27,144	58,897	73,588	1,624	−8,036	−1,459	179,733	179,733

出所：前掲「金融資産負債残高表 (1930-45年)」。

落を、日本協同証券が市場介入して買い支えた。そのほか1941年8月30日に「株式価格統制令」と「会社所有株式評価臨時措置令」を公布して、株価下落に対する対処を打ち出したが、前者の株価釘づけ策は実際には発動されなかった。そのほか同年3月6日「国民更生金庫法」により7月22日に既存の財団法人を改組して、国民更生金庫を設立し、企業整備の担い手を制度化した。また3月13日「国民貯蓄組合法」により6月20日国民貯蓄組合が設立され、大蔵省国民貯蓄奨励局の指導で各地域・職域末端で活躍させた。8月20日に興銀が中心となり、有力銀行と時局共同融資団を結成させ、共同融資による資金調整を次第に強化した。また8月30日に「重要産業団体令」公布、9月1日施行で、政府は業態別統制団体の設立に大きく背中を押した。さらに12月8日「産業設備営団法」公布で、産業設備営団が設立され、遊休設備の稼働化のほか船舶建造に邁進する。日米開戦という時局を踏まえて「戦時非常金融対策要綱」決定で、金融機関の戦時対応を強めさせた。

　12月8日開戦を経た、同年末金融資産負債残高は1,797億円であり対前年末20％以上の増大を見せた（表1-12）。1941年末金融資産総額は、1936年末金融資産総額の2.4倍となり、5年でここまで急増していた。国債発行残高は372億円にまで増大した。政府総負債549億円で、全金融資産の30％に達した。他方、法人企業は軍需景気の中で株式発行と銀行借入で債務を増やしたが、その負債総額588億円は金融資産総額の32％に低下した。戦時経済統制の中で、政府の規模が年々拡大し、大きな政府の道を突き進んでいった。また市中金融機関の資産では、貸付金249億円を有価証券262億円が初めて凌駕し、国債消化機関化を強めた。そのほか政府の斡旋で事業債・金融債・株式を保有した。1941年12月13日に商工省監理局を大蔵省に移し、保険・証券・取引所等の業務を取り込んだ。

3. アジア太平洋戦争期の金融資産負債

　1941年12月真珠湾攻撃でアジア太平洋戦争が勃発し、連合国との全面戦争となった。それに伴い国内の経済統制は一段と強化された。1941年12月23日「敵

産管理法」により国内敵国人財産の接収管理運用を行った（柴田［2002a］第7章参照）。さらに同年に国内食糧危機が発生し、同年2月21日改正「食糧管理法」公布で、米穀需給調節特別会計が食糧管理特別会計に改組され、基礎食糧の部分政府介入から全面政府介入に制度強化された。そのほか1941年3月11日「労働者年金保険法」と1942年2月20日「労働者年金保険特別会計法」で、ホワイトカラーの年金制度が社会政策的意義づけで導入され、銃後の長期的生活安定政策が打ち出された[10]。戦時金融機関として同年2月20日「戦時金融金庫法」に基づき、4月18日に戦時金融金庫が設立され、政府出資特別会計と預金部資金による戦金債の引受による資金調達等で、リスクの高い融資や株価下落局面の介入に乗り出していった。戦時金融の中で、一段と興銀のプレゼンスが高まり、「銀行等資金運用令」に基づく命令融資も増額していた。また同令に基づく軍需手形引受制度により興銀が軍需手形を引き受け、軍需産業に資金支援を強めていた。

そのほか1942年2月24日「日本銀行法」公布、5月1日施行で、「国家総力」を発揮するための、金本位制から離脱した新たな法制の下での日銀の活躍が期待された。また、4月18日「金融統制団体令」公布施行で、同令に基づき5月23日全国金融統制会設立となり、その下に各業態別の統制会が設立されていった。他方、5月13日に「企業整備令」が公布され、不急産業に対する企業整備を一段と強める方針を打ち出した。

1942年末金融資産負債は総額2,264億円に増大し、政府総負債731億円が法人企業総負債689億円を凌駕し、まさに大きな政府を象徴していた。この間に、政府負債総額は市中金融機関の総負債額738億円にほとんど追いつく状態となった（表1-13）。アジア太平洋戦争勃発以降の政府セクターの肥大化はとどまるところを知らない状態にあった。法人企業は1942年でも負債でまだ有価証券が借入金を上回っていた。

1943年には占領地物価急騰の中の統制貿易の維持のため、4月1日に為替交易調整特別会計が設置され、対占領地貿易価格調整に乗り出し、また3月27日に特殊財産資金特別会計が設置され、敵産の積極的運用を開始した（柴田

第1章 戦時金融資産負債の概要 53

表1-13 金融資産負債残高（1942年末）

(単位：百万円)

項目	政府 資産	政府 負債	日本銀行 資産	日本銀行 負債	市中金融 資産	市中金融 負債	法人企業 資産	法人企業 負債	個人 資産	個人 負債	調整 資産	調整 負債	合計 資産	合計 負債
1. 通貨	2,113	1,318		9,836	3,356	7,618	8,475		4,828				18,772	18,772
1.1 現金		1,006		7,148	2,688		1,913		3,553				8,154	8,154
1.2 預金	2,113	312		2,688	668	7,618	6,562		1,275				10,618	10,618
1.2.1 対政府				2,020					312					
1.2.1 対市中				668			6,562		963					
2. 預金	1,746	16,053				52,554	13,942		52,919				68,607	68,607
2.1 短期	1,379	12,261				23,461	6,515		27,828				35,722	35,722
2.2 長期	367	783				24,992	5,963		19,445				25,775	25,775
2.3 保険信託		3,009				4,101	1,464		5,646				7,110	7,110
3. 有価証券	22,818	54,643	5,528	100	34,992	10,022	10,091	38,289	29,625				103,054	103,054
3.1 国債	14,654	51,590	5,528		23,750				7,658				51,590	51,590
3.2 地方債	2,631	3,053			422								3,053	3,053
3.3 事業債	1,580				4,168		124	6,242	370				6,242	6,242
3.4 金融債	2,222				3,343	7,713			2,148				7,713	7,713
3.5 株式	1,731			100	3,309	2,309	9,967	32,047	19,449				34,456	34,456
4. 貸付金	570	154	1,828		30,397	1,890		28,813		1,938			32,795	32,795
4.2 政府	570	1				63		384		123			570	570
4.2 日本銀行		153	1,828			1,827							1,828	1,828
4.3 市中金融					30,397			28,429		1,815			30,397	30,397
5. その他	229		983		1,738		18	1,452	1,960				3,190	3,190
5.1 代理店勘定			983		983								983	983
5.2 出資金	229				755		18	1,452	1,960				2,207	2,207
5.2.1 対市中	229						18		508					
5.2.1 対法人									1,452					
6. 対外信用	9,534	1,007						364			-9,534	-1,371		
6.1 有価証券	2,479	1,007						364			-2,479	-1,371		
6.1.1 公債		1,007										-1,007		
6.1.2 社債株式								364				-364		
6.2 投融資等	7,055										-7,055			
合計	37,010	73,175	8,339	9,936	68,745	73,822	32,526	68,918	89,332	1,938	-9,534	-1,371	226,418	226,418

出所：前掲「金融資産負債残高表（1930-45年）」。

[2002a] 第6章、第7章)。同年3月11日「日本証券取引所法」に基づき、各地の証券取引所業務を統合した特殊法人の日本証券取引所が7月1日に設立され、株式取引を集中した。さらに戦時体制の強化は進み、同年6月1日閣議決定「戦力増強企業整備基本要綱」に基づき、企業整備に踏み切り、不急産業の淘汰と軍需産業への設備移転、中小事業者の淘汰、大企業への統合がなされ、金融市場でも銀行合併、証券業者合併、保険業者合併等が急速に推し進められた。それにより企業規模拡大となるため、経費削減効果が発生し、また人員を軍事動員する余力も発生することが期待された。企業整備に伴う決済資金の浮動化を阻止するため、同年6月26日「企業整備資金措置法」により、決済資金を銀行等への特殊預金等として流動化を封殺した。企業整備資金措置で更生金庫が中小事業者廃業局面で大活躍をした。廃業等に伴う決済資金が特殊預金として封殺され、銀行間貸借として計上された。同年末金融資産負債で、政府総負債1,048億円は、市中銀行の874億円を大きく上回り、最大の負債セクターとなった（表1-14）。個人資産総額1,108億円に近づく巨額へと伸びており、政府の占める金融市場におけるプレゼンスは一段と拡大していた。しかも政府保有有価証券に国債のみならず事業債・金融債・株式の保有が増大していった。政府の資金計画は会計年度で編成されるが、民間金融機関は伝統的に6月・12月半期決算を続けてきた。このため政府会計年度との民間資金計画調整に難しい点があり、民間金融機関の会計年度も政府に合致させられる。すなわち1943年3月12日「銀行等ノ事務ノ簡素化ニ関スル法律」により、民間銀行の決算期は1943年12月期後、3カ月のみの1944年3月期の臨時年度を設定し、以後、1944年4月〜9月、10月〜3月の会計年度編成に切り替えられた。

　1944年1月18日に軍需会社指定金融機関制度の導入を閣議決定し、それが実施に移された。日本の空襲で本土被害が発生するに及び、1944年11月1日に「会社経理特別措置令」でそれに対する経理措置を導入した。市中金融は一段と軍需産業への選別を強め、興銀・戦金・大手銀行への資金集中とそれらを通じた巨額融資を行う方向に進んでいった。

　1944年末金融負債総額は3,896億円で、1941年末総額から僅か3年で2.1倍と

第1章 戦時金融資産負債の概要 55

表1-14 金融資産負債残高（1943年末）

(単位：百万円)

項目	政府 資産	政府 負債	日本銀行 資産	日本銀行 負債	市中金融 資産	市中金融 負債	法人企業 資産	法人企業 負債	個人 資産	個人 負債	調整 資産	調整 負債	合計 資産	合計 負債
1. 通貨	2,733	1,510		14,074	4,939	6,616	8,133		6,395				22,200	22,200
1.1 現金		1,033		10,266	3,808		2,397		5,094				11,299	11,299
1.2 預金	2,733	477		3,808	1,131	6,616	5,736		1,301				10,901	10,901
1.2.1 対政府				2,677					477					
1.2.1 対市中				1,131			5,736		824					
2. 預金	2,056	22,769				62,879	15,914		67,678				85,648	85,648
2.1 短期	1,653	15,354				29,067	7,419		35,349				44,421	44,421
2.2 長期	403	3,619				28,690	6,690		25,216				32,309	32,309
2.3 保険信託		3,796				5,122	1,805		7,113				8,918	8,918
3. 有価証券	31,324	74,344	6,286	100	45,806	11,123	10,758	43,476	34,869				129,043	129,043
3.1 国債	22,124	71,200	6,286		32,923								71,200	71,200
3.2 地方債	2,770	3,144			374								3,144	3,144
3.3 事業債	1,592				3,459		606	7,473	1,816				7,473	7,473
3.4 金融債	2,554				4,820	10,752			3,378				10,752	10,752
3.5 株式	2,284			100	4,230	371	10,152	36,003	19,808				36,474	36,474
4. 貸付金	1,148	371	3,642		36,200	3,915	8	34,457		2,255			40,998	40,998
4.2 政府	1,148					273		770		105			1,148	1,148
4.2 日本銀行			3,642			3,642							3,642	3,642
4.3 市中金融		363			36,200			33,687		2,150			36,200	36,200
4.4 法人		8					8						8	8
5. その他	232		2,217			2,931	20	1,487	1,949				4,418	4,418
5.1 代理店勘定			2,217			2,217							2,217	2,217
5.2 出資金	232					714	20	1,487	1,949				2,201	2,201
5.2.1 対市中	232						20		462					
5.2.2 対法人									1,487					
6. 対外信用	11,105	5,856						170			−11,105	−6,026		
6.1 有価証券	3,056	765						170			−3,056	−935		
6.1.1 公債		765										−765		
6.1.2 社債株式								170				−170		
6.2 投融資等	8,049	5,091									−8,049	−5,091		
合計	48,598	104,850	12,145	14,174	86,945	87,464	34,833	79,590	110,891	2,255	−11,105	−6,026	282,307	282,307

出所：前掲『金融資産負債残高表 (1930-45年)』。

なり、急速な資産負債の増大がわかる。ここには企業整備に伴う特殊預金等が含まれている。政府負債総額1,808億円は46％に達した。他方、法人企業負債総額は939億円で、24％にすぎない。大きな政府という状況は一段と進行した。特に国債発行残高は515億円に達した。ほぼ市中金融機関が消化し、日銀保有高はむしろ減少した。他方、政府資産項目として、事業債15億円、金融債22億円、株式17億円と、政府による対市中証券引受による資金供給が多額になされるに至った（表1-15）。事業債市場と金融債市場の4分の1ほどを政府が消化していた。事業債と金融債の多くは預金部資金で取得したものであり、金融債は興銀、戦金等の資金供給に、事業債は東拓、満鉄等の政府出資法人の事業資金供給に当てられた。政府セクターの民間企業への資金供給への介入が極限まで強まりつつあった[11]。法人企業の負債で株式発行債務が、発行市場が不振のため、銀行等借入金に逆転され、間接金融優位の状況に移りつつあった。また市中金融機関の株式保有が急増しており、法人企業の株式発行総額の12％を保持するに至った。これは興銀等の株式の引受のほか、戦金による市中流通株の下落防止対策として、戦金に資金誘導しつつ、政府が最終的なリスクを取ることで買い支えさせた。これによる保有の増大も含まれている。この間、大手銀行の合併、保険会社、証券会社の合併が急速に進んだ。

　日本国内の空爆が恒常化する中で、日本の敗色が濃厚になるに及び、1945年2月13日の外資金庫の設立で、占領地インフレに伴う占領地通貨の減価による、固定相場制を通じた臨時軍事費の実質購買力の減少を埋めるため、同金庫から調整金を上乗せして支出する体制に移り、中国関内と南方の占領地における激しいインフレが軍事財政を破綻させないように処理する制度が構築されつつあった[12]。国内の空爆による戦争被害の保険制度として、1945年3月31日に損害保険国営再保険特別会計は廃止され、同年4月1日設立の損害保険中央会に業務を譲り、国内戦争死亡再保険については、やはり同日設立の生命保険中央会に業務を譲った[13]。戦金は出資・融資で民間企業を支えていたが、さらに東京大空襲後の株式市場崩落の危機に直面し、大蔵省は戦金に3月相場で無制限に買い支えさせた。戦金は実需株式市場でほぼ最大の買い手となり、暴落含みで

第1章 戦時金融資産負債の概要　57

表1-15　金融資産負債残高（1944年末）

(単位：百万円)

項目	政府 資産	政府 負債	日本銀行 資産	日本銀行 負債	市中金融 資産	市中金融 負債	法人企業 資産	法人企業 負債	個人 資産	個人 負債	調整 資産	調整 負債	合計 資産	合計 負債
1. 通貨	4,578	1,843		24,171	8,338	7,982	10,742		10,338				33,996	33,996
1.1 現金		1,195		17,745	6,426		3,879		8,635				18,940	18,940
1.2 預金	4,578	648		6,426	1,912	7,982	6,863		1,703				15,056	15,056
1.2.1 対政府				4,514					648					
1.2.1 対市中				1,912			6,963		1,055					
2. 預金	2,235	35,220				89,504	22,567		99,922				124,724	124,724
1.1 短期	1,378	23,485				34,109	10,315		45,901				57,594	57,594
1.2 長期	857	6,890				50,119	10,546		45,606				57,009	57,009
1.3 保険信託		4,845				5,276	1,706		8,415				10,121	10,121
3. 有価証券	45,907	101,290	4,822	100	70,363	15,285	11,609	47,667	31,641				164,342	164,342
3.1 国債	34,455	98,293	4,822		55,071				3,945				98,293	98,293
3.2 地方債	2,688	2,997			309								2,997	2,997
3.3 事業債	2,274				2,640		1,112	9,361	3,335				9,361	9,361
3.4 金融債	3,498				7,510	14,894			3,886				14,894	14,894
3.5 株式	2,992			100	4,833	391	10,497	38,306	20,475				38,797	38,797
4. 貸付金	1,291	1,127	8,943		46,800	9,222	566	44,398		2,853			57,600	57,600
4.2 政府	1,291					279		933		79			1,291	1,291
4.2 日本銀行			8,943			8,943							8,943	8,943
4.3 市中金融		561			46,800			43,465		2,774			46,800	46,800
4.4 法人		566					566						566	566
5. その他	229		4,128			4,884	23	1,442	1,946				6,326	6,326
5.1 代理店勘定			4,128			4,128							4,128	4,128
5.2 出資金	229					756	23	1,442	1,946				2,198	2,198
5.2.1 対市中	229						23		504					
5.2.2 対法人									1,442					
6. 対外信用	12,140	41,328						488			−12,140	−41,816		
6.1 有価証券	3,342	759						488			−3,342	−1,247		
6.1.1 公債		759										−759		
6.1.2 社債株式								488				−488		
6.2 投融資等	8,798	40,569									−8,798	−40,569		
合計	66,380	180,808	17,893	24,271	125,501	126,877	45,507	93,995	143,847	2,853	−12,140	−41,816	386,988	386,988

出所：前掲「金融資産負債残高表（1930-45年）」。

投売り一色の株式を買い支えた。これにより資本主義のコアをなす株式市場を維持した。その業務は同年6月から日証に引き継がれて8月まで続いた。こうした中でも国内資金誘導のため、3月27日設立の共同融資銀行が5月8日に資金統合銀行に改組され、地方銀行や保険会社の資金の統合運用機関として発足した[14]。これらの資金は戦金、興銀、大手銀行等に集中投入され、個別銀行等が自己判断で自治的調整により融資する状況はすでに消滅していた。

　1945年末金融資産負債統計には不備が多いはずであるが、それも最後に確認しておこう。敗戦時点における金融機関保有証券を紹介しよう（表1-16）。これによると必ずしも敗戦時で集計時点が統一されているわけではない。また市街地信用組合の不明資産が発生しているが、金融機関で総計1,111億円、国債（交付国債を含む）720億円、社債210億円、株式89億円ほかの証券を保有していたことがわかる。1945年度末の国債発行残高が1,318億円であり（表1-17）、そのうち市中金融739億円、民間保有株式（政府出資特別会計・戦金・日証）を除外した5,096百万円とほぼ平仄が合う。1945年末とする統計は、集計時点では9月頃、そして採用した統計は1944年12月期のものが多いようである。戦金の株式・国債残高でそれを検証できる（第4章）。ただし法人企業の債務については敗戦直後の状況が反映しているようである[15]。敗戦直後に始まった財政資金の急速な散布、とりわけ企業に対する戦時補償の支払、企業整備資金措置による特殊決済として処理されてきた封鎖預金等の解除による多額浮動資金の放出がなされ、これらに伴う日銀券増発により金融資産負債残高は急増した。日銀券の急速な増大は、その乗数効果を発揮し、市中金融機関と法人企業部門の資産・負債の急拡大が見られた。戦後のハイパーインフレーションにより、戦時期とは異なる金融資産負債構造を迎えることになる。特に1945年末の負債において、法人企業の借入金965億円が有価証券債務521億円を大きく上回っていることが注目される。1930年から一貫して、借入金より株式発行を中心とした有価証券債務のほうが多額で続いていたが、法人企業の債務構造が戦後のハイパーインフレーションの中で激変した。企業の直接金融市場における証券発行には手間がかかるが、銀行借入であれば短期間で調達可能であり、資金調達

第1章 戦時金融資産負債の概要

表1-16 主要金融機関等保有有価証券保有額

(単位:千円)

業 態	株 式	国 債	社 債	地方債	外国証券	計	備 考
1. 銀行	1,422,826	34,972,450	7,831,923	339,282	995,158	45,561,642	1944.11末
1.1 特殊銀行	95,954	3,187,927	478,168	11,304	50,361	3,823,714	
1.2 普通銀行	983,132	21,893,900	5,156,465	208,665	571,773	28,813,936	
1.2.1 地方銀行統制会所属	559,074	9,575,129	3,335,704	102,144	318,353	13,890,404	
1.2.2 普通銀行統制会所属	424,059	12,318,771	1,820,761	106,521	253,420	14,923,531	
1.3 貯蓄銀行	219,863	6,695,723	1,701,903	89,098	318,586	9,025,170	
1.4 朝鮮所在銀行	123,877	2,194,900	495,389	30,218	54,438	2,898,822	時点は不詳
2. 保険会社	2,699,103	3,440,321	1,077,159	66,785	619,564	7,902,938	1944. 8末
2.1 内国生命保険	2,367,850	3,196,335	1,005,578	66,094	579,587	7,215,447	
2.2 内国損害保険	331,253	243,986	71,581	691	39,977	687,491	
3. 信託会社	431,389	841,899	1,189,501	26,655	255,822	2,745,268	1944. 9末
3.1 固有勘定	41,574	65,253	9,811	1,532	462	118,634	
3.2 信託勘定	389,815	776,646	1,179,690	25,123	255,360	2,626,634	
4. 簡易保険・郵便年金	129,369	1,200,278	880,186	694,779	10,777	2,915,389	1944.11末
5. 大蔵省預金部資金	—	26,309,976	5,335,774	2,308,066	1,684,819	35,638,633	1944.12末
6. 農林中央金庫	—	2,780,211	2,878,557	7,754	152,159	5,818,681	1944.12末
7. 政府出資特別会計	3,177,418	—	—	—	—	3,177,418	1944.12末
8. 都道府県農業会	18,196	725,184	947,344	81,992	14,684	1,787,400	1944.12末
9. 市町村農業会	7,183	345,877	593,388	95,757	638,400	1,680,605	1944.12末
10. 市街地信用組合	2,653	742,932	175,414	—	—	1,782,305	1944.12末(その他有価証券を含む)
11. 庶民金庫	—	32,056	894	—	—	32,950	1944.12末
12. 恩給金庫	—	4,901	5,031	—	—	9,932	1944.12末
13. 戦時金融金庫	699,917	130,686	—	—	6,742	837,347	1944.12末
14. 日本証券取引所	21,076	66,306	5,632	490	—	93,504	1945. 1末
15. 証券引受会社	167,575	101,398	129,122	19,133	13,528	430,755	1944. 7末
16. 無尽会社	216,917	223,272	175,414	2,965	—	618,569	1944. 9末
17. 商工組合中央金庫	—	32,470	—	—	—	32,470	1944. 3末
18. 国民更生金庫	—	97,506	—	—	—	97,506	1944. 3末
合 計	8,993,625	72,047,723	21,049,919	3,643,658	4,391,653	111,163,314	

注:1) 特別銀行には日本銀行を含まず。
  2) 貯蓄銀行には外地所在店舗を含ます。
  3) 信託会社信託勘定には受託有価証券・貸付有価証券を含ます。
  4) 市街地信用組合合計にその他有価証券を含むため整合しない。
  5) イタリックは交付公債。

出所:大蔵省金融局保険証券課「主要金融機関等株式其ノ他有価証券所有額調」1945年9月6日(旧大蔵省資料Z511-293-2)。

表 1-17 金融資産負債残高 (1945年末)

(単位：百万円)

項 目	政府 資産	政府 負債	日本銀行 資産	日本銀行 負債	市中金融 資産	市中金融 負債	法人企業 資産	法人企業 負債	個人 資産	個人 負債	調整 資産	調整 負債	合計 資産	合計 負債
1. 通貨	17,852	2,594		77,375	26,094	10,811	20,213		26,621				90,780	90,780
1.1 現金		1,197		55,440	21,935		10,758		23,944				56,637	56,637
1.2 預金	17,852	1,397		21,935	4,159	10,811	9,455		2,677				34,143	34,143
1.2.1 対政府				17,776					1,397					
1.2.1 対市中				4,159			9,455		1,280					
2. 預金	4,024	53,285				136,958	35,585		150,634				190,243	190,243
2.1 短期	3,365	36,443				76,345	21,838		87,585				112,788	112,788
2.2 長期	659	10,708				53,741	11,264		52,526				64,449	64,449
2.3 保険信託	0	6,134				6,872	2,483		10,523				13,006	13,006
3. 有価証券	62,121	134,331	6,478	100	95,048	20,966	11,429	52,113	32,434				207,510	207,510
3.1 国債	46,138	131,830	6,478		73,944				5,270				131,830	131,830
3.2 地方債	2,197	2,501			304								2,501	2,501
3.3 事業債	2,703				5,165		715	10,726	2,143				10,726	10,726
3.4 金融債	3,905				10,544	18,573			4,124				18,573	18,573
3.5 株式	7,178				5,091	2,393	10,714	41,387	20,897				43,880	43,880
4. 貸付金	2,449	6,027	37,838		101,849	38,408	4,992	96,579		6,114			147,128	147,128
4.2 政府	2,449					570		1,814		65			2,449	2,449
4.2 日本銀行				37,838		37,838							37,838	37,838
4.3 市中金融		1,035			101,849			94,765		6,049			101,849	101,849
4.4 法人		4,992					4,992						4,992	4,992
5. その他	259		18,588		19,428		22	1,349	1,908				20,777	20,777
5.1 代理店勘定			18,588		18,588								18,588	18,588
5.2 出資金	259				840		22	1,349	1,908				2,189	2,189
5.2.1 対市中	259						22		559					
5.2.2 対法人									1,349					
6. 対外信用	12,157	44,113						737			-12,157	-44,850		
6.1 有価証券	3,325	759						737			-3,325	-1,496		
6.1.1 公債		759										-759		
6.1.2 社債株式								737				-737		
6.2 技融資等	8,832	43,354									-8,832	-43,354		
合計	98,862	240,350	62,904	77,475	222,991	226,571	72,241	150,778	211,597	6,114	-12,157	-44,850	656,438	656,438

出所：前掲「金融資産負債残高表 (1930-45年)」。

の時間負担の軽減が反映している。しかも日証が業務を停止し、事実上、流通市場が身動きが取れなくなっている状況で、新規の多額株式発行は不可能であった。ハイパーインフレーションに強打されると、償還期間の長い証券発行は難しく、一段と銀行借入に依存せざるをえなくなるはずである。

1) 預金部資金による国債消化については、大蔵省昭和財政史編集室［1962］参照。
2) 後期高橋財政期は犬養内閣発足から、岡田啓介内閣大蔵大臣藤井真信（1934年7月8日〜11月27日）の時期も通して、二・二六事件後の広田内閣が発足する同年3月9日までの時期として論述している。
3) 大蔵省昭和財政史編集室［1955b］参照。そのほか地方財政の負担、大蔵省預金部資金の産業組合等への融資があり、総計16億円という当時として巨額の資金枠が設定された。この経緯の解説として大石［1978］を参照。
4) このプロセスの経済史的分析は伊藤［1989］第4章が詳細である。
5) 河北省銀行（1923年3月設立）や冀東銀行（1936年11月1日開業）が日系銀行として銀行券を発行していた（柴田［1999a］225-231頁）。
6) さしあたり日中戦争期の統制経済全般を見渡すものとして、原［1976］を参照。
7) 大蔵省大臣官房調査企画課［1978］。当時の大蔵次官広瀬豊作の回想。広瀬は理財局長時期から迫水とは思想面でそりが合わなかった。1940年12月18日に迫水は企画院第一部第一課長に出向し大蔵省理財局企画課長を兼務する。「財政金融基本方策要綱」についてはさしあり山崎［1991a］参照。
8) 例えば1941年7月18日に大蔵大臣河田烈が小倉正恒に交代するが、河田送別の辞で大臣の業績を褒め称えた大蔵次官広瀬の祝辞に対し、それは「迫水大臣」に対する祝辞ではないかとの強烈な皮肉を表明する大蔵省幹部もいたという（大蔵省大臣官房調査企画課［1978］273頁）。当時理財局金融課長迫水久常の回想。
9) 資産凍結から開戦後の敵産処理に至る過程については、柴田［2002a］第9章参照。
10) 1944年2月15日「厚生保険特別会計法」で全文改正され、年金保険のほか既存の健康保険特別会計を取り込んだ厚生保険特別会計に改組された（大蔵省昭和財政史編集室［1959］）。
11) 山崎［1979］では「国家主導型の資本蓄積」とし「戦時国家独占資本主義の一つの大きな特徴を見出す」と理解している（233頁）。
12) 外資金庫による占領地インフレに対処した資金調整については柴田［1999a］第13章参照。
13) 損害保険国営再保険特別会計の廃止と損害保険中央会の設立については柴田

[2002a] 第4章参照。生命保険中央会の設立については、協栄生命保険 [1963] 参照。そのほか両中央会については閉鎖機関整理委員会 [1954] も参照。
14) 共同融資銀行と資金統合銀行については、本間 [1991] を参照。
15) 伊藤 [1995] 92頁は金融資産対 GNP 比率を戦後まで延長して分析している。統計の作成基準を含味することなく最も信頼性の低い1945年金融資産残高を利用し対1944年 GNP で比率を計算しているが、かなりの留保を必要とする。1946年以降の金融資産統計と連続させる場合には、同一基準ではないため、作成基準の吟味が必要になる。

おわりに

ストックベースの対国内金融資産統計で戦時期の経済の趨勢を分析した。特に世界恐慌に強打された1930年から、満洲事変期の景気の回復過程の金融資産の動向についても遡及して紹介しつつ分析を加えた。満洲事変期には、後期高橋財政による財政出動により、景気の回復が金融資産負債、とりわけ政府の負債と民間企業の資産の増大、個人の資産の増大に連なった。それが1937年日中戦争勃発で、政府の債務の累増は加速化する。すなわち国債大量発行が続くため、政府債務は肥大化し、それに見合う日銀と市中銀行部門の国債保有が増大し、さらに企業・個人にもそれが拡大していった。また戦時の生産力拡充により企業の設備投資は過熱し、銀行の貸出と企業の債務が平行して増大した。個人部門では貯蓄動員がかけられたため、金融資産として、国債と預貯金その他の保険等の金融資産が積み上げられてゆき、満洲事変期とは比べ物にならないほどの個人の金融資産の増大が見られた。この間の人口増大を大きく上回るものである。もちろん政府による小額国債の発行等、銀行・企業・個人への国債消化に大いに努力し、貯蓄奨励にも全力を注いだ。

アジア太平洋戦争期になっても、当初は国債発行の累増で日銀・市中銀行・個人の国債保有が増大した。個人の増大は他方で消費の限りない圧縮で裏打ちされており、個人の過少消費により預貯金・生命保険契約を通じた国債消化と直接購入による国債消化で支えられた。政府債務は1936年末から1945年末まで

13倍に肥大し、日銀券発行残高も34倍に、銀行部門の預金も8.6倍に、個人金融資産総額は6.4倍へと増大した。個人金融資産では預金の増大が著しい。この間国債発行と軍事支出の増大により大きな政府への移行が急速に進んだ。また法人企業の資金調達が直接金融依存から間接金融依存へとシフトした。それでいて物価騰貴が激しく顕在化しなかったのは、激しい消費圧縮と物価統制が他方で強引に行われていたことと無縁ではない。各種の施策の規模を逐次拡大させつつ投入しつづけることで、少なくとも1944年末までは何とか戦時経済を維持できたはずである。1945年になると日本本土がアメリカ軍の直接攻撃に恒常的に晒される状態となったため、各種金融統制や物価統制のみで維持できる状態ではなくなっていった。これらの状況が金融資産負債残高表で検証できた。

第2章　戦時外国為替管理体制と為替割当

はじめに

　1937年7月7日盧溝橋事件により日中戦争が勃発し、それを契機として、日本経済は準戦時体制から戦時体制に移行した。すでに満洲事変期に政府の経済への積極的な介入が開始されていた。それは後期高橋財政（1932年12月13日犬養内閣大蔵大臣就任から途中の大蔵大臣藤井真信の期間を含み二・二六事件で暗殺され、広田弘毅内閣が成立する1936年3月9日の間）の財政支出に代表される。1931年12月13日の金輸出再禁止の発動により、日本は管理通貨制への最終的移行を完了し、対外決済から見て事実上金本位制から離脱した。それは外国為替相場を人為的にコントロールする体制を意味したため、外国為替管理の強化を必至とするものであった。国内的には1937年9月10日公布「臨時軍事費特別会計法」により臨時軍事費予算を編成し、同日公布の「臨時資金調整法」と「輸出入品等ニ関スル臨時措置ニ関スル件」（法律）により、戦時経済への法制的移行がなされるが、外国為替管理については1933年3月29日公布「外国為替管理法」で、すでに短期資金をも管理の対象とした。日中戦争勃発以前から為替管理は強化されており、輸入統制のため為替割当が政策として先行して着手されていた。

　戦時統制経済の研究は蓄積が厚い[1]。従来の日中戦争期の外国為替割当に言及した研究としては、日本銀行資料を利用したマクロ為替政策の詳細な分析がある（原［1972b］、［1972c］、［1972d］）。日本の対外経済政策としては、日中戦争期は輸入力の重視された時期であり（原［1969］）、その輸入力確保のため

の輸出・産金決済等が課題となった。この時期を通じて、政策的深まりは見られるものの、その性格は変わらない。それにより横浜正金銀行の為替売りと日本銀行外国為替基金の為替売りによるマクロ経済政策の連動性が明らかにされ、さらに輸入為替リンク制度等がマクロ経済政策の中で位置づけられる。この経緯についてはさほど付言を要しない状況である。ただし外国為替割当の内容、すなわち為替割当先の個別経済単位との関連については、マクロ経済政策への傾注から関心が払われてはいない。実現した輸入品目によりその帰結が示されているに止まっている。そのほか外国為替政策に言及するものとして、大蔵省事業史があり[2]、「外国為替管理法」の制定後の1937年大蔵省1号省令の制定について詳しく、参考になる。日本銀行の行政史では、「資本逃避防止法」制定とその効果、さらに「外国為替管理法」制定について解説が与えられており参考になるが、1937年以降の「外国為替管理法」に基づく為替割当については言及がない[3]。日中戦争期の対外決済調整として外国為替管理と日本銀行外国為替基金の運用を詳細に跡づける詳細な研究がある（原 [1972b]、[1972c]、[1972d]、[1972e]）。そのほか外国為替の個別企業等への割当にまで視野に入れた研究がある（柴田 [2008d]）。国内産金動員とその現送金塊処理による外国為替政策に言及するものがある（柴田 [2002a] 第3章）。金塊現送は外貨割当に充当した外貨補充のため、為替割当の裏面の為替調達の財源としてなされた施策である。本章の課題として、為替割当充当財源を視野に入れる際に必要であるが、為替割当制度とその制度的展開に論述を傾注するため、産金吸収・金塊現送については、言及を限定する。貿易についてはそのほか通商産業省の行政史が言及しているが、為替割当とリンクした貿易統制には言及が乏しい（通商産業省 [1965]）。大蔵省の為替管理と商工省の貿易管理との競合関係については中村 [1987] が解説を与えている。綿業リンク制の個別企業への影響については、高村 [1987] が詳しい。また先行研究がとりわけ厚い綿業リンク制については[4]、重複を避ける。

　本章では日中戦争勃発前の外国為替管理としての、1932年「資本逃避防止法」の制定から説き起こし、1933年「外国為替管理法」により外国為替の全面統制

体制へと移行し、さらに1941年4月「外国為替管理法」全部改正と、政府系企業を動員した貿易の政府直接介入に移行するまでの時期の為替管理政策とその施行の実態を分析し、外国為替割当が戦時統制経済の対外経済政策における有力な手段であったことを検証する。とりわけ従来の分析では必ずしも明らかではなかった外国為替管理による割当の実態を明らかにしつつ、為替割当先の産業と個別経済単位についても検討を加え、為替割当政策の実態を、ミクロ経済主体のレヴェルにまで視野を広げて検証するものである。また商工省所管の輸入貿易統制と大蔵省所管の為替割当による、いわば二重の経済統制を受けた輸入貿易の中で、その統制権限の競合に伴う調整のあり方にも視野を広げて検討する。それにより政府の優先順位を与えられた個別産業・個別企業の為替割当を確認することで、政策の実現を検証できよう。本章は柴田［2008d］の不備を改め、論点を拡張して再論するものである。

1) 中村［1974］が概説としてまとまっているが、幅広い各論を集めたものとして、大石［1994］、原［1995a］、原・山崎［2005］等がある。
2) 大蔵省昭和財政史編集室［1963］。現存する旧大蔵省資料についても輸入為替割当に関する業種・企業別資料を発見できていない。
3) 日本銀行百年史編集室［1983］がある。日本銀行『日本銀行沿革史』第3集第15巻「外国為替管理（1）」を点検する限りでは、輸入為替割当の企業別統計は含まれていない。
4) 外貨準備と連動したリンク制全般については原［1972b］、［1972c］、［1973d］、綿業リンク制については高村［1987］、寺村［1987］を参照。

第1節　日中戦争前の外国為替管理

1．「資本逃避防止法」の公布

1929年11月21日大蔵省令で金解禁を1930年5月11日に施行し、金本位制に復

表 2-1　日本の

	1929	1930	1931	1932	1933	1934
（受取勘定）						
貿易収入	2,221,070	1,520,888	1,180,767	1,465,953	1,939,193	2,270,107
貿易外収入	976,371	955,591	886,338	771,653	986,795	1,054,723
経常的収入	608,739	524,836	446,764	581,190	692,952	740,375
政府海外収入	13,207	15,834	7,647	4,964	7,218	5,800
臨時的収入	367,632	430,755	439,574	190,463	293,843	314,348
外国人本邦放資	158,344	281,138	152,624	84,475	119,556	95,713
本邦放資回収	209,288	149,617	286,950	105,988	174,287	218,635
合　計	3,197,441	2,476,479	2,067,105	2,237,606	2,925,988	3,324,830
（支払勘定）						
貿易支払	2,388,859	1,681,024	1,321,707	1,524,449	2,017,224	2,400,982
貿易外支払	881,542	970,494	1,035,382	769,653	897,970	1,093,831
経常的支払	421,489	391,821	363,144	479,054	583,151	596,042
政府海外支払	36,740	30,058	37,896	92,882	128,008	141,696
臨時的支払	460,053	578,673	672,238	290,599	314,819	497,789
海外投資	225,091	269,272	303,154	100,954	215,775	398,537
外国人本邦放資回収	234,962	309,401	369,084	189,645	99,044	99,252
合　計	3,270,401	2,651,518	2,357,089	2,294,102	2,915,194	3,494,813

出所：大蔵省財政史室［1978］118-119頁。

　帰した日本が、多額の円売りドル買取引に直面し、日本の外貨準備が打撃を受けた。これは旧平価解禁に伴う円の実勢が弱含みで、解禁も長持ちしないと見透かされていたことによるが、満洲事変後の犬養内閣発足と同時に、大蔵大臣高橋是清は、1931年12月13日大蔵省令「金貨又ハ金地金輸出、販売取締ニ関スル件」を即日施行し、日本は管理通貨制への最終的な移行を選択した[1]。その結果、円売・ドル買取引が圧迫を受けたとはいえ、日本からの逃避資金は多額に発生した。再禁止に伴う日本円の対外相場の下落、さらに円売りによる資本逃避により下落を強めた。それに伴い輸入価格の上昇が見られ、貿易収支で苦慮する局面となるため、政府は輸入圧迫を強めざるをえなかった[2]。貿易では円相場下落による貿易収入の減少があり、輸出も減退したが、貿易外収支では1931年に支払超過が増大した（表2-1）。特に外国人本邦放資回収で1929年

対外収支

(単位:千円)

1935	1936	1937	1938	1939	1940	1941
2,827,860	2,835,477	3,318,432	2,910,714	3,952,409	3,999,945	2,349,721
1,205,678	1,566,008	1,795,512	2,530,193	1,044,940	1,739,250	1,975,140
820,553	888,060	1,086,904	1,170,821	881,684	1,541,498	1,727,108
18,253	34,894	37,746	35,763	463,799	813,405	971,788
385,125	677,948	708,608	1,359,372	163,256	197,752	248,032
159,437	193,014	378,377	869,713	63,493	93,496	96,657
225,688	484,934	330,231	489,659	99,763	104,256	151,375
4,033,538	4,401,485	5,113,944	5,440,907	4,997,349	5,739,195	4,324,861
2,698,340	2,935,052	3,953,457	2,834,881	3,126,076	3,709,436	2,372,652
1,399,004	1,602,405	2,378,571	3,368,207	3,169,542	3,829,297	4,762,346
642,340	655,205	1,104,869	1,967,466	1,858,505	2,331,137	3,069,372
159,975	164,526	430,765	1,014,365	1,478,960	1,901,118	2,862,572
756,664	947,200	1,273,702	1,400,741	1,311,037	1,498,160	1,692,974
579,990	652,378	844,168	1,190,592	1,176,436	1,408,964	1,628,706
176,674	294,822	429,534	210,149	134,601	89,196	64,268
4,097,344	4,537,457	6,332,028	6,203,088	6,295,618	7,538,733	7,134,998

234百万円が、1930年309百万円に、1931年に369百万円と増大を辿った。対外投資も1929年の225百万円、1930年の269百万円から1931年の303百万円へと増大していた。日本の支払い超過は臨時部で収支尻に圧迫を加えていた。この間の円の1930年対ドル最高で49ドル8分の3が、翌年最低で34ドル2分の1に下落し、その後も低落が続いた(表2-2)。

円相場下落の対処として、大蔵省は外国為替管理の検討を開始した。1932年5月9日理財局国庫課「外国為替管理法(案)」を取りまとめており[3]、それによると「政府ハ内外ノ情勢ニ依リ外国為替ノ必要ヲ認ムルトキハ命令ヲ以テ外国貨幣外国為替外国貨幣表示債権ノ取引ヲ禁止又ハ制限シ信用状ノ発行並外国居住者ニ対シ信用ヲ与フル行為ヲ禁止又ハ制限」スルとの方針を示し、長期資本収支のみならず短期の貿易為替の取り締まりを打ち出していた。すなわち

表2-2　日本円対外相場

年	対USドル（100円対ドル）			対英ポンド（1円対シリング・ペンス）			ドル・ポンド・クロスレート
	最高	最低	平均	最高	最低	平均	対1ポンド・ドル
1930	49（3/8）	49	49.367	2 s. 0 d.（3/8）	2 s. 0 d.（1/8）	2 s. 0 d. 342	4.862
31	49（3/8）	34（1/2）	48.871	3 s. 0 d.（1/4）	2 s. 0 d.（5/16）	2 s. 1 d. 947	4.534
32	37（1/4）	19（3/4）	28.12	2 s. 1 d.（11/16）	1 s. 2 d.（5/8）	1 s. 7 d. 157	3.506
33	31（1/4）	20（1/4）	25.227	1 s. 2 d.（15/16）	1 s. 2 d.	1 s. 2 d. 409	4.236
34	30（3/8）	28（1/2）	29.511	1 s. 2 d.（1/8）	1 s. 2 d.	1 s. 2 d. 409	5.039
35	29（1/8）	27（3/4）	28.57	1 s. 2 d.	1 s. 2 d.	1 s. 2 d.	4.901
36	29（1/2）	28（1/2）	28.951	1 s. 2 d.	1 s. 2 d.	1 s. 2 d.	4.970
37	29（1/4）	28（1/2）	28.813	1 s. 2 d.	1 s. 2 d.	1 s. 2 d.	4.944
38	29（1/4）	27	28.496	1 s. 2 d.	1 s. 2 d.	1 s. 2 d.	4.889
39	27（3/8）	23（5/16）	25.984	1 s. 2 d.（5/8）	1 s. 2 d.	1 s. 2 d. 0538	4.435
40	23.437	23.437	23.437	1 s. 5 d.（13/16）	1 s. 2 d.	1 s. 2 d. 7606	3.830
41	23.437	23.437	23.437	1 s. 2 d.	1 s. 2 d.	1 s. 2 d.	4.031

注：1）対ニューヨーク、対ロンドン向相場。
　　2）ドル・ポンド・クロスレートの1940年・1941年は自由相場。
出所：大蔵省財政史室［1978］128頁。

　資本逃避防止措置の検討段階で、為替管理全般の規制も視野に入れていたことは興味深い。同じく同月15日理財局国庫課「外国為替管理ニ関スル件」では[4]、資本逃避を防止する最小限度の立法措置と、思惑取引や輸入制限までも視野に入れた、広範囲な為替管理の立法措置の両途を検討していた。後者では、為替の日本銀行への強制売却まで視野に入れていた。日銀は同月11日「対外投資ニ対スル施設」という文書で、「対外投資管理案」を提案しているが[5]、上記の大蔵省理財局国庫課の法律制定方針に沿って、法律が成立した上で、大蔵大臣主管で対外投資管理機関を置くとして、同機関が長期資本逃避防止措置を導入するとしていた。
　これらの検討を踏まえ、当面は資本逃避防止措置を先行することとし、大蔵省は1932年6月1日、第62回帝国議会に「資本逃避防止法案」を提案した。この立法作業は、理財局国庫課長青木一男がほぼ一人で担当したようである[6]。大蔵大臣高橋是清は、円の対外相場下落と日本の外貨証券下落そして資本の海

外流出が発生し遺憾であり、憂慮すべき事態の打開策として提案したと、理由を説明している（日本銀行百年史編集室［1984］85頁）。議会で法案の協賛を受け、1932年7月1日に「資本逃避防止法」が公布され（同日施行）、日本に最初の為替管理の法律が出現した。同法により長期資金の国外逃避による円相場下落阻止を図った。同法は包括規定のみを与えているだけで、具体的な統制内容は大蔵省令による委任命令で対処するという形式を採用しており、同様の戦時統制立法の先鞭をつけたものといえよう。また法人役員・職員と当該法人に対する両罰規定を盛り込んで、刑事罰立法に新例を開いたものとなった[7]。

法律公布前に同法に基づく大蔵省令を検討した。6月25日大蔵省内会議検討案として、「資本逃避防止法ニ依ル命令制定ノ方針ニ就テ」で[8]、立法措置が「資本ノ内外移動ヲ取締ル為必要ト認ムルトキ」に限定するものであるため、各種取引が貿易上その他業務上の必要に基づくものについては、適用しないような命令を制定するとの方針を固め、7月1日に「資本逃避防止法ニ基ク命令ノ件」と「資本逃避防止法ニ関スル施行手続」を公布施行し、資本を外国に移す送金・外貨買入、外貨証券買入・輸入国内の外貨による預金取引・貸借、外貨社債発行を大蔵省の許可制とした。7月4日に国庫課長青木は為替銀行業者を集め、資本逃避の手段は多様だが、日本においては、外貨証券を使った資本逃避が典型的なものだとし、それゆえ外貨証券について詳細な規定を設けたと説明していた[9]。また7月1日勅令「資本逃避防止法ヲ朝鮮、台湾及樺太ニ施行スルノ件」により朝鮮・台湾・樺太に「資本逃避防止法」を施行した[10]。ただし関東州・南満洲鉄道附属地は適用除外された。日本円の強制通用力を有する関東州と満鉄附属地に対する投資の制限を導入しなかったため、これら地域からの長期資金の逃避は制度上可能となっていた。また貿易統制を実施せず、逆為替を取り締まりの対象外とした。そのため逆為替を使った貿易取引の形態を取れば、資本逃避は可能であった。「資本逃避防止法」に基づく許可申請書、報告書の受付と外貨証券に対する事務は日銀本支店で取り扱った[11]。

「資本逃避防止法」および関係命令に関する重要事項を審議する目的で、1932年7月8日に大蔵省の組織として、資本逃避防止委員会を設置した。会長大蔵

次官黒田英雄、委員理財局長富田勇太郎、銀行局長大久保偵次、大蔵書記官青木一男（理財局国庫課長）、広瀬豊作（同国債課長）、大野龍太（銀行局特別銀行課長）、日銀副総裁深井英五、同担当理事堀越鉄蔵である[12]。外貨を大蔵省・日銀に売却する場合の売却価格を定めるため、同年12月15日勅令「外貨評価委員会官制」により即日、外貨評価委員会が設立された。委員長大蔵大臣高橋是清、委員大蔵次官、大蔵省理財局長、同銀行局長、司法省民事局長長島毅、商工省商務局長川久保修吉である[13]。

2．「資本逃避防止法」の施行

「資本逃避防止法」の施行にあたり、資本逃避防止委員会が関わった案件等が判明するため、紹介しよう。1932年7月12日に第1回資本逃避防止委員会を開催し[14]、「資本逃避防止法」施行前の購入発送外貨証券の取扱い、省令適用にあたり、本邦人が逆為替で外国にある者をして取り組ませた場合の取扱い、外国にある代理人等をして外貨証券を買い入れさせる場合の取扱い等の対処原則を検討した。また同月27日第4回委員会で[15]、邦人の所有する外国政府証券について、その借換を行う場合の借換応募を認めるかとの議題で、原則として許可するとした。この方針に沿って古河虎之助申請のイギリス政府発行3.5％、額面111.6千ポンドの保有証券について[16]、同額の政府証券への乗り換えを承認した。大口の証券取得に伴う国外送金についても資本逃避防止委員会の議題として掲げられた。その事例として、8月2日の第5回資本逃避防止委員会で[17]、東邦電力株式会社の自社社債額面2,752千ドルの買入れが審議された。同社は社債市中価格下落の中で、減債基金に送金することにより生ずる為替差損933千円余を補塡する必要があるが、時価1,238.4千ドル、額面2,752千ドルで自社外債を買い入れるために必要な送金許可を求めた。この案件について、発行会社が為替損失を買入償還により補塡するための送金を認めるとした。そして同年10月末までに、東邦電力がニューヨーク市場に外貨送金を行い、同社外債の買入償還を行うこととなった。

「資金逃避防止法」の効果として、為替取引が減少し、為替相場に対しては

安定要因と不安定要因の両方が見られた。自由な為替取引が不可能となったため外国銀行の営業に大打撃を与え、国内投資家が高利回外貨証券取得から国内債券に向かったと、概括されている（日本銀行百年史編集室［1984］88-89頁）。1932年から1933年にかけての日本の対外収支尻は支払超過が拡大しており、1933年5月に「資本逃避防止法」が、後述の「外国為替管理法」に切り替えられるが、同年も支払超過が続いた。また1932年対ポンド平均相場は、1シリング7.157ペンスから1933年1シリング2.409ペンスへと、円相場下落の傾向が止まらなかった。しかし「資金逃避防止法」の規定では、逆為替や無為替取引が対象外となっているため、貿易取引の形態を取ることで短期資金逃避が顕在した。対ポンド為替相場が下落を続けていたため、為替相場を安定させる必要があった。そのほか関東州及満鉄附属地が法律適用外となっていたため、迂回取引による抜け道が残っていた。

「資本逃避防止法」について、大蔵省理財局国庫課は法令の施行ほどなく限界を感じていたようである。1932年8月20日には、以下のような方向を検討していた[18]。「資本逃避防止法」施行の中で為替相場が下落したが、今後、法律の適用をいっそう峻厳にして為替取締を行う必要が生ずるが、現在の法律と省令に疑問がある。すなわち現行法律で思惑差益を目的とする取引を取り締まれるか、これについてはある程度解釈で可能だが、上手く行かなければ法令の改正が必要となる。また国内で外国為替買入禁止を行っても、外国で日本向け為替を売ることで同じ取引となる。それによる資本逃避や思惑取引は可能であり、この種の取締りのため、イギリスでは、外国における取引の結果として起こるべき国内の受け渡しを取り締まることができる規定を設けた実例があり、日本もこれを考慮すべきだとみていた。以上のような長期資金への管理強化だけでは外貨準備維持と円相場維持が不可能なため、所管する大蔵省理財局国庫課で、当初検討していたような貿易関係の短期為替取引を含む為替取引の全面的な統制へと歩を進めることになる。

この間、1933年3月6日にアメリカにおける金融恐慌が発生したため、為替取引が混乱して、アメリカドルとの取引停止となり、基準為替相場をドル建か

らポンド建に変更して、同月8日に取引を再開していた。

3.「外国為替管理法」の公布

「資本逃避防止法」の限界を制定前から認識していた大蔵省理財局は、同法制定前に検討していたように、外国為替の広範囲な取締りに乗り出す方針を固めた。外国為替統制をさらに強化するため理財局国庫課長青木一男が、甲府税務署長をしていた迫水久常を1932年7月に理財局国庫課に戻し、外国為替管理の法案作成を命じた[19]。同月1日に「資本逃避防止法」が公布されており、その直後に外国為替管理法令の強化を指示したのは、「資本逃避防止法」が当初から微温的な法令で、全面的な為替管理が必要と青木が認識していたことになる。理財局国庫課勤務に移った迫水が短期間で「外国為替管理法案」を仕上げたという[20]。

理財局の内部での為替管理の目的と内容を検討している文書が残っている。1932年後半の作成と思われるが、その文書によると[21]、為替管理の目的は為替の安定、為替の低落防止、資本の流出防止、輸入の制限および為替の引き下げを掲げていた。また為替管理の内容としては、国外事例を参照している。ドイツ、オーストリア、イギリスおよびイタリアの事例を参照した上で、それを踏まえて日本の為替管理案として、政府は、外国貨幣外国為替その他これに準ずるものの取引の禁止または制限を行うことができる、外国に対する送金の禁止または制限、外貨表示債権の取引に関する禁止または制限、外国居住者に対する信用を与える行為の禁止または制限等を掲げていた。そのほか日付はないが「外国為替管理法案説明」が残っている[22]。そこでは、立法目的として、円相場低落と「資本逃避防止法」の施行で対処したが、同法の所期の目的を達成した。同法では通常外国為替取引による資本逃避防止は阻止できない。広範な為替管理権限を有する法律を作る必要がある。多くの国は為替管理または貿易管理を行っている。日本は将来自衛策として為替取引全般にわたり管理を行う必要がある。そのため「資本逃避防止法」を廃止し、為替管理法を制定する。ただし同法は直接的な貿易管理を目的とするものではない。無為替取引について

も資本逃避の形態として取り締まるだけである。商業貿易の自由を尊重する。大蔵省令で金輸出再禁止を行ったが、それを為替管理法に規定する。命令との関係では、資本逃避については大蔵省令によることが妥当であるが、輸出入貿易等に関係ある事項については、関係省と共同省令または勅令とするとの方針を示していた。あわせて外地への適用勅令案や委任命令の大蔵省令案の立案作業も進めた。「外国為替管理法案」は、とりわけ巨額の資金逃避でライヒス・マルク相場の下落により苦境におかれた世界恐慌直後のドイツの為替管理制度を参考にしたといわれる[23]。法案検討段階で商工省と協議したが、大きな問題にはならず、外務省通商局はまったく法案に関係しなかった[24]。為替管理が強力な貿易統制手段になることについて、商工省側が十分予想できなかったといえよう。

「外国為替管理法案」は1933年2月14日に第64回帝国議会に提案された。大蔵大臣高橋是清は円相場が実勢より下落しすぎているとし、為替管理で貿易に介入することで円相場維持が重要と表明していた[25]。その原案に盛り込まれていなかった外国為替管理委員会の条項を衆議院で追加提案し、協賛を受けて、1933年3月29日「外国為替管理法」として公布された（同年5月1日施行）。あわせて「資本逃避防止法」を廃止した。「外国為替管理法」は長期資金の移動のみならず、短期資金の管理、輸入貿易への為替割当の実施も可能とし、同法は本格的な外国為替管理法規となった。特徴として、「資本逃避防止法」と同様に、規制の内容の多くを委任命令すなわち大蔵省令に任せ、違反者には法人を含み罰金を課すという、統制法規として画期的なものであると立法担当者国庫課長青木一男は自賛していた[26]。しかも輸入貿易に対する為替割当権限を確立したため、大蔵省は貿易に対する強力な許認可権限を獲得した。これもドイツの外国為替割当で強力な貿易統制を実現した前例を踏襲したものといえよう[27]。「外国為替管理法」は商工省の貿易統制法令に先手を取る形で導入した貿易統制法規であり、以後の委任命令の大蔵省令強化により、一段と強力な法令となり、商工省との間で権限争いが発生することになる。外貨評価委員会はそのまま存続した。「外国為替管理法」は植民地にも適用され、同年4月26日

勅令「外国為替管理法ヲ朝鮮、台湾及樺太ニ施行スルノ件」が施行されて、植民地を迂回した為替管理の抜け道を塞いだ。そのほか1933年9月16日勅令「関東州及南満洲鉄道附属地外国為替管理令」により、「資本逃避防止法」では適用除外とした関東州及満鉄附属地に対しても適用し、これら地域を迂回した為替管理回避を封殺した。ほかの植民地の南洋群島には外国為替取引を行う銀行は存在せず、同地域についてはこの時点では敢えて「外国為替管理法」を適用させる必要はなかった。

　「外国為替管理法案」を提案した大蔵大臣高橋是清が法律施行に伴い、外国為替管理部を設置すると答弁したため、それが実現し、同年5月24日に大蔵省は理財局から外国為替部門を分離して外国為替管理部を設置した[28]。初代外国為替管理部長は大蔵省の理財畑を歩んできた前国庫課長青木一男が就任した（1934年7月13日より和田正彦、1936年3月13日より荒川昌二、同年11月21日より上山英三）。外国為替管理部は総務課と審査課のみの組織で発足した[29]。大蔵省令の委任命令として、「外国為替管理法」に基づき1933年4月26日「外国為替管理法ニ基ク命令ノ件」（1933年大蔵省令第7号、以下第7号省令）と同日「外国為替管理法ニ関スル施行手続」大蔵省令第8号を公布し（施行5月1日、以下第8号省令）、外国為替管理を実施に移した。また外国為替管理に関する調査審議のため、1933年5月25日勅令「外国為替管理委員会官制」により外国為替管理委員会が設置された。会長大蔵大臣高橋是清、委員外務次官重光葵、大蔵次官黒田英雄、主税局長中島鉄平、理財局長富田勇太郎、銀行局長大久保偵次、外国為替管理部長青木一男、商工次官吉野信次、貿易局長寺尾進、拓務次官河田烈、拓務省殖産局長北島謙次郎、日銀総裁土方久徴、同副総裁深井英五であった[30]。

4．日中戦争前「外国為替管理法」による為替管理

　金輸出再禁止に伴い管理通貨制へ移行し、1897年3月29日「貨幣法」の規定する1円純金750mg、すなわちアメリカ1ドルの2分の1の金含有量による対外法定相場を考慮する必要がなくなったため、産金買入価格の引き上げにより、

金塊吸収を図り外貨準備に充当した。政府の外貨準備としての産金保有と外貨割当が連動する政策が採用された。この1930年代央の産金吸収政策の内実はすでに明らかになっている[31]。

　日中戦争前の為替管理体制とその実施の内容を紹介しよう。「外国為替管理法」に基づく1933年4月26日第7号省令と第8号省令により、外国為替管理が実施に移された。その後、1933年5月18日大蔵省令第12号「昭和八年大蔵省令第七号外国為替管理法ニ基ク命令ノ件中改正」で第7号省令が改正され、証券輸出入の取り締まりの一部緩和がなされ（即日）、1933年8月8同名の大蔵省令第19号で第7号省令が改正され、為替取引の取り締まりの一部緩和が行われ（即日）、さらに同年9月28日同名の大蔵省令第26号で関東州及満鉄附属地における為替管理の取り締まりの緩和が行われた（即日）。こうして当初の第7号省令の実質が緩和されていった。大蔵省の為替管理による貿易統制に対抗し、商工省も1934年4月30日「貿易調整及通商擁護ニ関スル法律」公布を経て、法律による貿易調整に乗り出していった。

　「外国為替管理法」により貿易取引を含む短期為替売買も大蔵省の許可制となり、金塊と外国為替の流出を管理したが、日中戦争勃発前の為替割当は、上記のような緩和策がなされたため、厳格なものではなかったようである。外国為替管理部では、例えば、金や為替が流出しても、それ以上の外貨を獲得できるのであればよしとする議論も見られたという。そのため万年筆用の金メッキや白金をつけて輸出するが、使用する金塊以上に多額の外貨を取得できるなら許可したほか、外国船員用帽子の金モール用、書籍の金文字用、美術品用等の輸出品の金の使用に対しては、金塊使用以上に外貨が獲得できるのであれば認めたという。これに対して金の輸出は絶対に許可するべきでないと主張するものもいたという（星野［1967］41-42頁）。

　「資本逃避防止法」施行から「外国為替管理法」施行の時期の国際収支尻をみると、金輸出再禁止に踏み切った後の、1932年総合収支尻が46.3百万円の支払超過、うち貿易収支支払超過76.4百万円、貿易外収支受取超過2百万円であったが、「資本逃避防止法」施行後、1933年で総合収支尻10.7百万円受取超過、

うち貿易収支支払超過78.0百万円、貿易外収支受取超過88.8百万円となっており、貿易外収支支払超過はいくらか押さえ込まれた状況でとまっており、さほど効果は見られなかった。1934年に貿易収支支払超過が増大し、総合収支尻で169.9百万円の支払超過となったが、1935年に総合収支では63.8百万円の支払超過に抑えることができた。

ところが1936年の二・二六事件で岡田内閣は倒れ、急遽3月9日に広田弘毅内閣が発足し、大蔵大臣に馬場鍈一が就任すると、馬場は公債漸減主義を放棄し、歳出増大・増税・低金利政策を発動すると主張し、次年度予算編成で歳出増大が見込まれた。そのため輸入が急増し、日本円の対ポンド相場が弱含みとなった。そして11月27日に1937年度予算案が閣議決定され、総額30.4億円、対前年度7.3億円の増大となり、軍事費は約14億円に膨張した。この予算編成で軍事費支出の急増は避けがたく、それに伴い国外からの軍需財等の輸入急増が見込まれた。1936年貿易収支は輸出2,641百万円に対し、輸入2,735百万円で、111百万円の輸入超過となる（表2-1）。円の対外相場下落の恐れがあり、大蔵省はそのような事態を放置できなくなった。為替管理の緩和から統制の強化に方針を転換したのは、大蔵省が横浜正金銀行の外国為替残高に減少に危機感を抱いたためである（中村［1987］4頁）。この予算案閣議決定と同時に大蔵省令第38号「昭和八年大蔵省令第七号外国為替管理法ニ基ク命令ノ件」を公布し（施行12月1日）、為替管理強化を目的として第7号省令と第8号省令を全面的に改正した。さらに1937年1月8日に1937年大蔵省令第1号「輸入貨物代金ノ決済及外国為替銀行ノ海外指図ニ依ル支払ノ制限ニ関スル外国為替管理法ニ基ク命令ノ件」を公布し（即日施行、以下第1号省令）、既存の第7号省令にかかわらず、輸入為替許可制を実施に移した[32]。こうして為替管理が現実の貿易取引の中で緩和される方向が、広田内閣期に軍事費増大に対処して為替管理強化に大きく転換した。以後は輸入圧縮の基本方針に沿った為替割当を受けることで輸入取引が実現することとなる。1937年2月2日に発足した林銑十郎内閣大蔵大臣結城豊太郎、大蔵次官賀屋興宣の体制で、外国為替管理の行政機構強化を必要とし、1937年5月4日に臨時組織の外国為替管理部を常設組織の

表2-3　1937年大蔵省令第1号による許可額

(単位：千円)

	1937年6月末累計				1937年7月10日累計
	大蔵省	日銀本店	日銀大阪支店	合　計	大蔵省
信用状取得	1,335,745	95,130	35,342	1,466,217	1,357,603
外国為替買入	357,892	20,840	3,627	382,360	369,306
外国為替買入並委託支払	98,080	9,072	2,956	110,098	99,313
円為替売却	6,027	250	30	6,307	6,314
円為替売却並委託支払	129,710	127	―	129,838	131,454
委託支払	204,421	22,864	2,706	229,992	213,177
外国為替買予約実行	245,330	12,704	4,163	262,198	252,438
円為替売予約実行	113,092	82	―	113,175	115,258
関満向円為替買入	3,598	2,131	203	5,933	3,598
無為替輸出代金充当	2,969	401	128	3,499	2,969
外貨債権の処分	451	―	―	451	451
外貨預け金の処分	252	18	43	314	252
外国送金	1,177	50	15	1,243	1,177
総　計	2,498,739	163,674	49,216	2,711,631	2,553,316
件　数	18,516	7,286	4,229	30,031	18,934

出所：「昭和十二年大蔵省令第一号ニ依ル行為別許可金額調（当局分）」1937年6月30日現在（東京大学総合図書館蔵『美濃部洋次文書』（マイクロフィルム版、以下『美濃部洋次文書』と略記）2424)、「昭和十二年大蔵省令第一号ニ依ル行為別許可金額調（当局、日銀本店及大阪支店)」1937年6月30日現在（『美濃部洋次文書』2426)、大蔵省扱い7月10日現在は「昭和十二年大蔵省令第一号ニ依ル行為別許可金額調（当局分)」1937年7月10日現在（『美濃部洋次文書』2428)。

　為替局に改組した。初代為替局長として上山英三が外国為替管理部長から昇任した（1937年10月25日より中村孝次郎、1940年7月31日より原口武夫)。為替局には総務課のほか外資課と管理課が置かれた。さらに7月1日に第二管理課が設置されて、管理課は第一管理課に改称した（大蔵省百年史編集室［1969b］73、86頁)。

　1937年1月8日より第1号省令により輸入為替許可制が実施された。1937年6月末累計と1937年7月10日大蔵省許可累計を点検することができる。輸入為替許可の申請事務処理は、大蔵省が直接実施するほか、日銀の委任事務ではなく大蔵省職員が日銀に出向いて許認可業務を処理した。これを日本銀行出張官吏事務と称して、本店と大阪支店で許認可業務を担当した[33]。6月累計では日本銀行出張官吏事務処理が含まれており、これが全体の数値を表している。6

月累計の大蔵省処理18千件に対し、日銀本店7千件、大阪支店4千件であり、大蔵本省が処理した件数が多い。金額としては大蔵省処理が2,498百万円、日銀本店が163百万円、同大阪支店が49百万円である[34]。大蔵省扱いの1件あたりの金額が多額である。小口案件が日銀出張官吏で処理されたとみられる。許可内訳として信用状取得が1,466百万円で最も多く（表2-3）、通常の輸入手形決済の銀行保証に相当する信用状開設の許可が管理しやすい。次いで外国為替買入382百万円、外国為替買予約実行262百万円、委託支払229百万円であり、円為替決済としては、円為替売却並委託支払129百万円、円為替売予約実行113百万円があるが、円為替地域が関東州・満洲国にほぼ限定されるため、それ以外の円為替決済金額は限られていた。

　政府の調達についても、輸入圧縮措置として国産品代替利用を勧めた。政府輸入財については省庁別案件を個別に審査にかけ、外国産輸入を認めるか国産の代替利用で対処させるかを判定し、多数の輸入財が国産品で代替させられた[35]。政府調達財でも輸入為替割当制の対象となっていた。ただし1936年度下半期はまだ為替割当の締めつけが緩く、464千円の個別審査のうち、423千円が輸入許可、41千円が否認という状況であった。それが1937年度上半期になると、為替割当の選別強化がなされ、申請案件の金額も急減しているが、合計212千円の申請案件のうち、160千円が許可、52千円が否認で、否認された比率が大幅に上昇していた[36]。

　1937年1月8日より7月10日の間の大蔵省扱輸入為替許可額累計2,553百万円となっている。その品目別許可内訳を見ると（表2-4）、大蔵省『日本外国貿易年表』に掲載されている貿易品目表順に整理されているわけではないが、許可額として多いものから綿花605百万円、鉄419百万円、羊毛233百万円、満洲特産物115百万円、原油及重油104百万円が1億円を超え、この5品目だけで合計1,478百万円、57％を占め、特定品目に強く傾斜していた。これらが1937年度予算で多額に上積みされた軍事費により、軍の直接調達と国内業者による軍需関係調達として増大した。これらの外国為替許可品目は鋼材・軍服・燃料等に投入される原料が中心である。それ以外にも、その他機械99百万円、ゴム

表2-4 日中戦争前の大蔵省扱商品別外国為替許可金額（1937年7月10日現在）

(単位：千円)

商品名	許可金額	1936年以前輸入分	1938年輸入分	差引1937年輸入分	1939年分
綿花	605,874	18,224	—	587,650	—
羊毛	233,573	7,278	—	226,295	—
原油及重油	104,527	12,004	—	92,523	—
その他礦油	41,100	11,398	16	29,685	—
油脂蝋及同製品	10,063	553	13	9,495	—
鉄	419,070	4,901	3,969	410,198	—
アルミニウム	18,338	1,194	—	17,144	—
ニッケル	14,122	475	—	13,647	—
銅	84,638	—	600	84,038	—
錫	21,918	—	39	21,879	—
その他金属	89,321	468	—	88,853	—
金属製品	1,687	10	54	1,622	—
ゴム及樹脂	98,302	7,581	163	90,558	—
パルプ	94,507	93	3,339	90,806	268
石炭	19,051	1,968	195	16,887	—
鉱物及同製品	28,057	124	37	27,895	—
硝子及粘土	2,081	2	—	2,079	—
麻類及その他植物繊維	38,559	957	—	37,602	—
屑及故繊維その他糸褸縄索類	8,516	—	5	8,511	—
毛織物	2,688	—	—	2,688	—
布帛及同製品衣類及付属品	4,588	—	—	4,588	—
紙類及紙製品類	15,892	135	968	14,789	—
革類	4,027	19	—	4,008	—
獣毛その他皮毛骨角歯牙甲殻類	20,875	52	3	20,819	—
染料その他顔料塗料類	14,108	7,265	55	6,787	—
工業用薬品及化学薬製品	33,965	3,419	323	30,223	—
内燃機関	3,100	11	505	2,583	—
自動車及部分品	34,763	1,551	—	33,212	—
金属工および木工機械	38,378	38	11,356	26,829	154
その他機械	99,105	7,570	14,352	77,119	63
小麦	29,743	3	—	29,740	—
その他穀類及穀粉類	55,273	93	238	54,941	—
砂糖	23,016	—	—	23,016	—
煙草	3,114	3	—	3,111	—
その他食料品及嗜好品	18,248	138	1,095	17,015	—
木材	40,031	172	181	39,677	—
飼料	6,985	—	—	6,985	—
肥料	48,189	867	—	47,322	—
満洲特産物	115,013	—	—	115,013	—
その他雑品	8,891	203	111	8,577	—
合　計	2,553,316	88,780	37,625	2,426,424	486

注：許可件数　18,934件。
出所：「昭和十二年大蔵省令第一号ニ依ル商品別許可金額調（当局分）」1937年7月10日現在（『美濃部洋次文書』2428）。

及樹脂98百万円、パルプ94百万円、その他金属89百万円、銅84百万円と続き、国内の兵器・軍需生産関連に投入されるものが多額に含まれていた。これら輸入許可を得た商品はすでに1936年中に輸入されたもののほか、1938年に輸入されるものも一部あるが、1937年中に輸入が予定される商品が合計2,426百万円あり、これは同年に実現した輸入総計3,776百万円の64％に達する規模であった。こうした大蔵省の為替割当を中心とした輸入管理により、1937年度予算支出に伴う輸入急増を1件別審査とその許可を通じた圧迫を加えることで、大幅な圧縮が可能であった。ただし日中戦争勃発前の時期の為替割当は、先述のように未だ微温的な輸入為替割当であった。

1) 1920年代の対外金融政策の帰結としての金解禁とその再禁止に至る研究は多いが、さしあたり目配りのより伊藤［1989］第3章を参照。
2) 日銀が外国相場の急落を懸念して、政府に為替相場安定政策の必要性を訴え、それが入れられて「資本逃避防止法」が法制化されたと説明している（日本銀行百年史編集室［1984］87-88頁）。
3) 東京大学大学院法学政治学研究科附属近代日本法政史料センター原資料部蔵『黒田英雄文書』（以下『黒田英雄文書』）Ⅰ-3-8-1。
4) 『黒田英雄文書』Ⅰ-3-8-2。
5) 『黒田英雄文書』Ⅰ-3-8-3。
6) 大蔵省大臣官房調査企画課［1978a］448頁。ほかに1932年6月に英仏駐在から帰国した湯本武雄が関わった。
7) 青木［1981］87-88頁。両罰規定について司法省の了解を得るまで、国庫課長青木一男が何度も説明に出向いたという。
8) 『黒田英雄文書』Ⅰ-3-8-4-21。
9) 前掲『日本銀行沿革史』第3集第15巻「外国為替管理（1）」4頁。
10) 1932年7月15日朝鮮総督府令「資本逃避防止法ニ基ク命令」、7月9日台湾総督府令「台湾資本逃避防止規則」、8月14日樺太庁令「資本逃避防止法ニ基ク大蔵省令ヲ樺太ニ準用スルノ件」。
11) 前掲『日本銀行沿革史』第3集第15巻「外国為替管理（1）」19頁。
12) 同前、16-18頁。7月8日の任命および委嘱者一覧に日銀副総裁深井英五の名称が掲載されていないが、「資本逃避防止委員会規則」の委員に日銀副総裁との規定あるため、副総裁を掲げた。

13) 1932年12月16日官報掲載。同前、15頁。
14) 『黒田英雄文書』Ⅰ-3-8-4-14。
15) 『黒田英雄文書』Ⅰ-3-8-4-4。
16) 古河虎之助「外国証券乗換応募許可申請書」1932年7月23日（『黒田英雄文書』Ⅰ-3-8-4-7）。
17) 『黒田英雄文書』Ⅰ-3-8-23-1。松永安左ヱ門「外貨証券買入御許可申請書」1932年7月25日（『黒田英雄文書』Ⅰ-3-8-23-2）。
18) 「資本逃避防止法に関する疑問」（仮題）1932年8月20日（『黒田英雄文書』Ⅰ-3-8-4-1）。
19) 大蔵省大臣官房調査企画課［1978a］437頁、当時理財局国庫課在勤迫水久常の回想。迫水の経歴は大蔵省百年史編集室［1973］81頁。
20) 日本銀行百年史編集室［1984］90頁。迫水久常は税務署長に転出する前の1927年2月よりアメリカ駐在、1928年11月よりイギリス・フランス駐在勤務を経て1930年7月帰国しており、欧米の外国為替制度に明るかったはずである。ほかに外国為替専門家として横浜正金銀行頭取席課長有馬長太郎から実務上の知恵を借りた（青木［1981］84頁）。
21) 「為替管理ニ就テ」大蔵省理財局国庫課作成と推定、日付なし（『黒田英雄文書』Ⅰ-3-8-12）。ドイツでは外国為替管理はライヒスバンクが担当し、外貨証券、外貨および金を申告させ、オーストリアでは外貨取引は国立銀行およびその委任を受けたもののみが実施できた。イギリスでは1931年9月21日外国為替管理令で、外国為替買入、または資金移転を禁止したが、翌年3月3日に廃止した。イタリアでは勅令で権限を政府に与えた。この文書は大蔵省理財局国庫課で集めた国外の事例を列記しており、法案の検討はこれらを踏まえたものであった。
22) 「外国為替管理法案説明」大蔵省理財局国庫課作成と推定、日付なし（『黒田英雄文書』Ⅰ-3-8-10）。
23) ドイツでは世界恐慌の打撃で、外国短期資本と自国資本の流出が続いた。これに対して、対外債務を巨額に抱えるドイツは自国為替相場下落を放置できないため、1931年7月15日に「外貨取引についての政令」を公布し、外国為替取引を中央銀行に集中し、外国為替定期取引を禁止し、8月1日の「外貨統制令」で、州財政当局に外国為替統制を委任し、外国為替残高集計・為替相場決定・外貨割当を開始した。さらに国際収支対策として、同年9月に外国短期資金据置協定を締結し、外国人預金封鎖、国際資本逃避禁止を実施し、短期資金、とりわけ銀行預金取引について外貨送金を制限した（塚本［1964］190-195、222-223頁）。しかしその後の多額外貨準備の流出に直面し、1933年6月「外債整理法」により、7月1日に

長期外債に対する元利支払いの外貨送金を統制し、部分的に停止させ、さらに1934年7月1日以降は全面的に停止させた。ただし外貨の大幅ディスカウントによる送金枠を認めていたため、実勢相場の急落でそれによりドイツの対外信用が崩壊していくことになる（塚本［1964］223-225頁）。日本円の実勢相場への下落と資本逃避が発生した状況は近似するが、日本は巨額の第1次大戦賠償債務を抱えていたドイツとは置かれた環境では決定的な差異があった。日本の戦時統制経済と欧米との比較を行った原［1995b］でも、1937年以降を主として課題としているため、ドイツの為替管理には言及がない。

24) 大蔵省大臣官房調査企画課［1978a］85頁。当時理財局国庫課長青木一男の回想。

25) 『第64回帝国議会衆議院外国為替管理法案委員会議録』第3回、1933年2月20日、2-3頁。立憲政友会小笠原三九郎に対する答弁。

26) 大蔵省大臣官房調査企画課［1978a］82頁。立法責任者の当時理財局国庫課長青木一男の回想。法制的には「資本逃避防止法」も同様の法形式と見なせるが、統制の範囲、権限で外国為替管理に関し格段に強化されたため、このような評価を与えたものであろう。青木は「自分が万事うまくやるから」、「あまりツベコベ法律で決められてはいかんという気持」であったと見られている（大蔵省大臣官房調査企画課［1978a］447頁）。また条文の作成に携わった迫水久常も「戦時中にできたすべての他の統制法規の一系統の親であった」（大蔵省大臣官房調査企画課［1978a］439頁）との評価を下している。

27) ドイツでは貿易統制として、1931年7月15日に輸入用外貨割当制度を導入した。その後この外貨割当制度は強力な輸入制限策として機能したという。1933年9月24日に「新計画」（Neuer Plan）を公表し、双務貿易協定締結の促進、数量上の輸入制限の徹底的強化、補償業務と差別的為替相場による輸出促進、企業により積み立てられる輸出賦課金、原料割当による輸出産業の優遇措置を採用した。そして各輸入取引ごとに商品別・国別に許可証を発行した。こうして1932年以降、ドイツが欧州諸国と締結していた清算協定、支払協定、補償協定を拡張し、ドイツマルク為替圏の形成に向かうことになる（塚本［1964］225-226頁）。

28) 1933年5月24日勅令「臨時大蔵省ニ外国為替管理部ヲ設置スルノ件」による設置。立憲政友会長島隆二に対する大蔵大臣高橋是清の答弁（『第64回帝国議会衆議院外国為替管理法案委員会議録』第7回、1933年2月27日、3-4頁）。この大臣の発言で新たな組織の拡大となり、「大蔵省はもうけた」と感じたという。立案した迫水久常の回想（大蔵省大臣官房調査企画課［1978a］437頁）。長島のアジア主義的な政治活動については、桜井［1998］参照。

29) 外国為替管理部総務課長原口武夫、1934年5月22日より星野喜代治、1935年9

月4日より鈴木懿太郎、1936年11月25日より松山宗治、審査課長井出忠雄、1936年4月18日より松山宗治、同年11月25日より高雄時雄（大蔵省百年史編集室［1969b］73頁）。立法に携わった迫水久常も外国為替管理部総務課に移動したが（大蔵省大臣官房調査企画課［1978a］403頁）、1934年7月に総理大臣岡田啓介の秘書官となり、外国為替管理部業務から外れた。岡田啓介は迫水の岳父。

30) 内閣印刷局『職員録』1933年7月1日現在、99頁。

31) 対外決済処理として、産金蓄積・退蔵金塊動員による外国為替準備への充当が国策となり、さらに日中戦争勃発後の統制経済の中で、金塊現送による外貨準備補充に全力を挙げた。「産金法」と金資金特別会計を通じた産金政策全般については柴田［2002a］第4章参照。日中戦争勃発前の時期の日銀の金塊吸収策については伊藤［1980］参照。

32) 大蔵大臣馬場鍈一の就任から第1号省令公布までの経緯については、大蔵省昭和財政史編集室［1963］が詳しい。

33) 前掲『日本銀行沿革史』第3集第15巻「外国為替管理（1）」134-137頁。

34) 「昭和十二年大蔵省令第一号ニ依ル行為別許可金額調（当局分）」1937年6月30日現在（東京大学総合図書館蔵『美濃部洋次文書』（マイクロフィルム版、以下『美濃部洋次文書』と略記）2424）、「昭和十二年大蔵省令第一号ニ依ル行為別許可金額調（当局、日銀本店及大阪支店）」1937年6月30日現在（『美濃部洋次文書』2426）。

35) 「昭和十一年度自十月至三月外国品購入中国産品充用品目ニ該当スルモノ」日付なし、1937年4月以降と推定（『美濃部洋次文書』2291）。

36) 「昭和十一年度下半期及同十二年度上半期海外払実績中国産品充用品目ニ該当スル外国品購入ノ可否一覧表」日付なし、1937年10月以降作成（『美濃部洋次文書』2290）。

第2節　日中戦争期外国為替割当による輸入統制

1．外国為替割当・輸入統制の強化と権限調整

1937年7月7日日中戦争勃発とともに政府は直ちに外国為替管理を強化して対処した。ここでは1937年末までの為替管理による輸入統制の強化の内実を紹

介しよう。7月7日に、大蔵省は第7号省令、第8号省令および第1号省令を改正し、無為替輸出取締りの強化に着手した。さらに同年8月28日「外国為替管理法」改正施行で、無為替輸入の取り締まりを規定した。それまで為替割当を受けることができない業者が輸入財の外貨決済を行わず、国内資金繰等で無為替輸入により処理することが実際に可能であり、かなり行われていた。法律改正により、無為替輸入についても外国為替管理の対象に取り込み、輸入の統制漏れを防止する措置に出た。さらに各種の統制法規が公布される。ほかの戦時統制法令公布と同日の9月10日に「外国為替管理法」改正公布され、在外財産の取り締まりの強化を導入した。この措置は同年12月11日大蔵省令により実施に移された。さらに翌年3月28日に大蔵省令第12号公布施行で、為替銀行の為替取引に対して許可制が即日実施され、輸出貿易や貿易外取引についても自由な為替の取り組みは一切不可能となった。その後、1938年10月8日に第1号省令は、「外国為替管理法ニ基ク臨時措置ニ関スル命令ノ件」に改称され、あわせて外貨との通貨交換については大蔵省許可制を施行した（大蔵省昭和財政史編集室［1963］260-262頁）。

　商工省は1937年6月の賀屋・吉野三原則にのっとった強力な貿易統制を準備していた。日中戦争勃発という政治状況の激変の中で、同年8月14日「貿易及関係産業ノ調整ニ関スル法律」を公布した。それに伴い、輸入取引は二重の統制法規に服属することになるが、この間の権限調整について紹介しよう。日中戦争勃発後の1937年8月後半か9月上旬に、貿易局長官寺尾進の名で、大蔵次官（石渡荘太郎）宛に「輸入貨物代金ノ決済及外国為替銀行ノ海外指図ニ依ル支払ノ制限ニ関スル外国為替管理法ニ基ク命令及貿易及関係産業ノ調整ニ関スル法律等ニ基ク輸入制限ニ関スル命令ノ運用ニ関スル件」が送付されていた[1]。この文書で、第7号省令と「貿易及関係産業ノ調整ニ関スル法律」の施行にあたっては、輸入制限する場合には商工省大蔵省で協議する、商工省で輸入許可を与えた案件に対しては、大蔵省は速やかに許可する、許可しがたい場合にはその都度商工省に通知協議する、というもので、商工省は輸入許可を先に与えた場合に、それへの為替割当許可の連動を強く求めていた。この提案は文中に

「輸出入品ニ関スル臨時措置ニ関スル法律」が「制定された場合」とあり、1937年9月10日公布前に作成されたものである。

「貿易及関係産業ノ調整ニ関スル法律」は1937年9月10日「臨時資金調整法」公布、「外国為替管理法」改正と同日に、廃止され、新たな法律「輸出入品等ノ臨時措置ニ関スル件」が、商工省の所管する強力な貿易統制法規となった[2]。さらに同法は1938年5月25日に「輸出入品等ニ関スル臨時措置法」に改称される。この法律は商工省本省と貿易局所管の強力な統制法規となった。それに伴い、それまでの「外国為替管理法」による輸入割当を実施してきた大蔵省と、輸入に関して商工省の所管権限が競合する。そのため輸入許可品目について、大蔵省と商工省との間で調整が図られることとなった。現実には個別貿易品目や申請会社に対する評価が異なることもありえたため、両省の調整が円滑に進む保証はなかった。

「外国為替管理法」による大蔵省の為替割当制が輸入抑制において強大な効果を発揮したため、その中で商工省側の輸入強化を目指す手段として、輸出入リンク制の採用が検討される。例えば企画院財務部（部長原口武夫（前大蔵省営繕管財局総務部国有財産課長、1939年4月企画院第五部長））は、1938年6月3日に商工省側に近い立場で「輸出入品ノリンクニ依ル輸出促進ヲ主眼トスル為替管理ノ実質的緩和ニ関スル件（案）」をまとめている[3]。同案は輸出入品のリンク制を導入することで、大蔵省の為替管理による輸入許可制の圧迫を回避する手立てを検討していた。そして個別為替割当適用除外を認めさせる方途として、輸出入リンク制が実現することになる[4]。リンク制もドイツの個別企業品目別清算協定・支払協定・補償協定の日本への適用として位置づけることもできよう。あわせてこのリンク制の貿易を管理する組織として商工省では「貿易調整特許会社」の設立まで検討していた[5]。

1930年5月3日に商工省に設立された貿易局が、日中戦争勃発直後の1937年7月14日に外局となり、所管業務の拡大を進め（長官寺尾進、1939年12月6日より小島新一、1941年1月21日より石黒武重）、戦時貿易統制の飛躍的強化のため、組織は一段と拡大した。さらに1938年5月19日に臨時物資調整局設立で、

商工省に巨大な統制組織が出現した（産業政策史研究所［1981］）。それでも外国為替管理を所管する大蔵省側との調整はやはり難しい点があった。大蔵省為替局は1938年9月13日に「輸入為替許可申請書処理方」をまとめている[6]。それによると為替局で受理した申請書の副本1通を臨時物資調整局担当部課に送付する、同局各部課はそれぞれについて許可・不許可に分類して為替局に通知する、ただし綿花羊毛麻ゴム牛皮木材パルプ礦油等の輸入統制をすでに行っており、その輸入についてあらかじめ打ち合せの品目、保税工場特殊扱い品目、その他外国為替基金を使用した品目については為替局で直ちに処理するものとした。このように為替局は、窓口権限と法律に基づく為替割当の最終決定権限を有しているため、商工省側としてもその権限を尊重せざるをえない立場におかれていた。臨時物資調整局総務部の1938年9月27日に同局各課長宛の文書でも、「輸入為替許可申請書ノ取扱ニ関スル件」として[7]、輸入為替許可申請の処理については、為替運用の見地からする為替局の意見と、物資需給の見地からする臨時物資調整局（燃料局を含む）ならびに貿易の見地からする貿易局との意見をよく融和調整し、為替局・臨時物資調整局・貿易局が表裏一体となって、相互に背馳しないようにすることに主眼を置くとされていた。割当可能な外国為替の天井から議論する大蔵省側と、物資の国内需要から議論する商工省側とは、輸入為替許可の処理をめぐって個別承認案件で軋轢が発生することもありえたようであり、臨時物資調整局側でも円満に調整する方途が考慮されていた。

　内閣に1937年10月20日に設置された第一委員会でも、同年10月21日より国際収支の均衡策を検討し、成案を見た。同委員会会長瀧正夫（企画院総裁）より11月5日付総理大臣近衛文麿宛の文書が作成されている。すなわち羊毛・綿花・ゴム等の輸入統制により輸入が極限されるため、これら品目の主務官庁による対処策を求め、また輸入財の節約策一般についても具体的措置を採用する場合にも業者への影響を避けるよう求め、また木材の消費節約の措置を取るものとした[8]。輸入統制による影響は大きく、絞り込まれる品目に関わる業者からは、当然ながら多数の不満が発生していた。

現実に大蔵省為替局から為替割当が下りないことに対する事業者の不満は深いものがあったようである。1939年2月6日第74回帝国議会衆議院予算委員第三分科会で、立憲民政党川崎克は以下の主張を展開した。すなわち、輸出財生産のための輸入為替割当を受けることができず、商機を失った業者が大蔵省に為替割当を求め殺到する事態が発生したこともあった。大蔵大臣池田成彬が商工大臣を兼務していた時期（1938年5月26日～39年1月5日）は両省間の調整がなされたため為替許可が下りやすかったが、平沼内閣発足で池田退任後は、前の状況に戻り、業者にとって為替許可が下りない困った状況にあると、商工業者の立場を代弁していた[9]。割当可能な為替の金額上限がある限り、優先順位が相対的に低いと見られる個別業者に対する輸入為替の割当は厳しく制限を受けていたが、その中でも大蔵省と商工省との間の権限調整にはかなりの折衝を必要とした。

2．外国為替割当・輸入統制の機構整備

　「外国為替管理法」と、後述の1937年9月10日法律「輸出入品等ニ関スル臨時措置ニ関スル件」による外国為替・貿易統制に関係する部署としては、企画院と大蔵省為替局、商工省外局の貿易局、同臨時物資調整局、陸軍省整備局、海軍省軍務局がある。これらが所管する物資の輸入の実現を求め、あるいはその圧縮を計り、為替許可に関する意思決定に、積極的に関わった。民需物資や国内生産等については商工省、軍の直接調達や軍需品製造に関しては陸軍省と海軍省、輸入力を示す為替残高からみた割当については大蔵省が所管した。この時期の大蔵省は輸入力を増強するため、国内産金動員を図り日本・植民地で採掘させ、また市中退蔵金塊を回収して金塊輸出に回して対外決済枠を補充するという策を、苦慮しながら続けていたといえよう（柴田［2002a］第4章）。

　日中戦争勃発前の1937年5月14日設置の企画庁が、戦争勃発による戦時体制への移行に伴い、同年10月25日に企画院に改組され、戦時政策のグランド・デザインを描き、総合調整を図る機関として位置づけられた。企画院総裁瀧正雄（前法制局長官）、次長青木一男（前対満事務局次長）である。各省から有力な

人材が送り込まれ、影響力確保を競った。物資動員計画策定のため、1937年11月に企画院に物資動員協議会が設置された。1938年4月1日「国家総動員法」公布後、物資動員協議会に換え同年9月23日に企画院に国家総動員業務委員会の一委員会の物資動員委員会が設置された10)。さらに物資動員委員会は総務分科会のほか品目別に第一分科会から第八分科会に分かれ、第一分科会は鉄、第二分科会は非鉄金属鉱物、第三分科会は綿花羊毛パルプ麻皮革木材ゴム、第四分科会は石炭石油、第五分科会は化学製品薬品、第六分科会は機械類、第七分科会は食糧、第八分科会はその他の品目の物資動員計画の数量調整等を所管した11)。

日中戦争勃発後、1938年2月1日に大蔵省為替局に第三管理課が新設され、輸入為替管理業務が拡大していった。1938年5月14日に為替局第一管理課、第二管理課、第三管理課がそれぞれ輸入第一課、輸入第二課、輸入第三課に改組された。あわせて送金課・輸出課・検査課が新設され、一段と為替局の業務が肥大化していった。まさに対外政策の業務拡大をそのまま行政組織の拡大として体現していた12)。外国為替管理委員会も1937年12月1日勅令で改組され、会長は同じく大蔵大臣で、委員に企画院次長、対満事務局次長、外務省通商局長が追加されていた13)。

商工省所管でも法律を施行するため、本省と貿易局が対応してきたが、所管業務の拡大の中で、1938年5月19日に外局として臨時物資調整局が設置された。商工大臣が同局長官を兼務した（次長7月23日前燃料局長官竹内可吉就任）。事務組織として総務部（庶務課・計画課・調査課）のほか、第一部から第六部に、その下に第一課から第十四課に分かれ、物資別に統制の範囲が設定された14)。商工省に一挙に巨大な官庁が出現し、素材・機械等の物資面から経済総動員体制を仕切る行政組織となった。臨時物資調整局は11品目に分類され所管されているが、この組織が先述の物資動員委員会各8分科会と所管品目において調整を図った。後述の大蔵省為替局の為替割当による許可額についても8分科会に品目を分類している15)。ただし大蔵省の貿易品目表分類では主要17品目分類となっており、品目を付き合わせる際に混乱しやすい。臨時物資調整局の

出現で大量に課長職以上の職位が増えたため、その中で多数の兼任者が担当していた。例えば、7月23日就任の工務局長東栄二が同日に総務部長に兼任となり、統制官僚として知られる工務局繊維課長美濃部洋次が第八課長を兼務した[16]。総務部計画課長には陸軍統制官僚の代表の陸軍大佐秋永月三が就任した。秋永は企画院調査官を経て1939年4月に企画院第一部長に就任し、企画院全般に睨みを利かせた[17]。臨時物資調整局は大蔵省からの出向者にもポストを渡していた[18]。これらは大蔵省との人事交流による権限調整の意味もある。臨時物資調整局が商工省側から、品目別に物資の生産・輸入の統制を図るものとなったが、既存の工務局と貿易局との省内の業務上の競合も発生しえるものであったため、兼務発令で業務を調整させる配慮がなされた。臨時物資調整局は、所管別産業ごとに輸入品目の許可を与え、為替割当金額に関し大蔵省と交渉してその輸入の実現を図る体制が、1939年6月16日に同局が廃止まで続いた。その後は工務局が産業別に内局部署に再編される中で統合され、その業務が吸収された。

1) 『美濃部洋次文書』2429。
2) 中村［1987］19-20頁では法制化のプロセスとして日付不詳の「輸出入品等臨時措置法」の要綱を紹介しているが、その後の法案検討経緯は資料的に解明できず、不明とされている。
3) 『美濃部洋次文書』2807。企画院第五部長原口武夫が出身の大蔵省の権限に風穴を開けるような政策を立案したが、これは企画院に集まる統制官僚の主流的な見解を容れたものといえよう。原口は1940年7月31日に為替局長として大蔵省に戻る。原口の経歴については大蔵省百年史編集室［1973］142-143頁参照。
4) 輸入リンク制への移行については原［1972b］参照。綿業輸出入リンク制については高村［1987］参照。綿業リンク制については当事者であった工務局繊維課長美濃部洋次［1939］も参照。
5) 企画院財務部「貿易調整特許会社設置要綱（案）」1938年5月28日（『美濃部洋次文書』2909）。
6) 『美濃部洋次文書』3750。日銀外国為替基金については大蔵省昭和財政史編集室［1963］268-276頁、日本銀行百年史編集室［1983］375-379頁。そのほか原［1972b］参照。

7) 臨時物資調整局総務部「物資輸入ニ関スル諸計画ノ立案ニ関スル件輸入為替許可申請書ノ取扱ニ関スル件」1938年9月27日（『美濃部洋次文書』3745）。
8) 第一委員会「第一委員会報告書」1937年11月5日（『美濃部洋次文書』2730）。
9) 『第74回帝国議会衆議院予算委員第三分科会議録』第3回、1939年2月6日、14-15頁。
10) 当初の企画院に総務部・調査部・内務部・産業部・財務部・交通部等が置かれ、総務部が総合調整、内務部が内政、産業部が商工・農林、財務部が資金、交通部が運輸通信の統制をそれぞれ所管した。その後、1939年4月1日に改組され、それぞれ第一部、第二部、第三部、第四部、第五部、第六部に改組され、別に科学部が設置された。企画院については古川［1992］が詳細である。科学部は第七部となるが1942年1月1日に技術院に移され、さらに企画院は1942年11月1日に五部制に縮小されて、1943年11月1日に軍需省総動員局に吸収された。
11) 「物資動員委員会ノ組織ニ関スル件」（『美濃部洋次文書』3746）。
12) 1940年12月18日に為替局輸入第三課が廃止され、輸出課が輸出第一課に、検査課が輸出第二課に改称している（大蔵省百年史編集室［1969b］73、86頁）。
13) 内閣印刷局『職員録』1938年1月1日現在、42頁。そのほか商工省貿易局長が貿易局長官、外国為替管理部長が為替局長に改められた。
14) 商工政策史研究所［1981］42-43、54-55頁。所管範囲として、第一課は鉄鋼（特殊鋼を除く）およびマンガン、第二課は石炭その他非金属鉱物（石油を除く）、第三課は特殊鋼、希少金属、第四課は銅亜鉛、第五課は鉛錫水銀等、第六課は自動車及動力機械、第七課は工作機械重要機械、第八課は綿花羊毛麻、第九課は化学繊維紙パルプ、第十課は化学薬品、第十一課はゴム皮革、第十二課は輸出総合計画、第十三課は輸入総合計画、第十四課は輸入計画資金確保、をそれぞれ所管した。臨時物資調整局の設置に伴い、既存の商工省現局と貿易局の権限は排除されため、商工省が権限維持のため総動員体制に巻き込まれつつ企画院の現業部隊化し、内部部局と貿易局が戦時再編されたと、古川［1988］59-61頁は説明している。であれば臨時物資調整局の廃止と内局化の評価は商工省の「企画院の現業部隊化」の逆転、すなわち商工省の「企画院からの自立」のような評価となるかについては、明確ではない。
15) 例えば大蔵省為替局「物動改訂要輸入額ニ対スル許可額対照表（昭和十三年六月三十日現在）」1938年7月8日（『美濃部洋次文書』565）参照。
16) 商工省工務局機械工業課長橋井真が第六課長・第七課長を兼務し、同局化学工業課長白井義三が第十課長を兼務する等の多数の商工省内兼務発令が行われた（商工政策史研究所［1981］42、47、55頁）。

17) 秋永月三については日本近代史料研究会［1971］4頁。
18) 例えば、臨時物資調整局第六部第十四課長には満洲国総務庁から戻り、1937年5月より大蔵省為替局に在勤した阪田純雄が兼務のまま当初より就任した。同課のみが同年9月13日に廃止になる。その直前の9月10日に阪田は第五部第十一課長に横滑りし、臨時物資調整局廃止まで為替局兼務で在任した。また1938年9月10日に第六部第十三課長に大蔵省為替局輸入第二課長兼第三課長の山田義見が兼務で就任し、1939年4月24日まで在任している（大蔵省百年史編集室［1973］79、186頁参照）。

第3節 日中戦争期外国為替割当の実態

1．1937年後半の外国為替割当

1937年には前年に続いて輸入が急増した。品目別に確認すると（表2-5）、ほとんどの品目で増大し、合計で1,019百万円の伸びとなった。最も増大したのは鉱および金属で526百万円も伸びていた。次いで油脂蝋及同製品100百万円、糸縷縄索及同材料98百万円、時計学術機器銃砲船車及機械類89百万円の順であった。他方、布帛及布帛製品、穀物穀粉澱粉及種子はほとんど増えていない。そのため品目別に強力な輸入統制がなされたことがわかるが、それでも1937年国際収支で635百万円の貿易支払超過に陥っていた。輸入統制については、1937年9月以降は「輸出入等ノ臨時措置ニ関スル件」により強力な統制が導入されたが、輸入決済については大蔵省の為替取引の許可が必要となる。為替割当がその取引にあたり強力に機能した。

外国為替管理体制下の「外国為替管理法」の施行状況を紹介しよう。開戦後に大蔵省は為替管理強化を行ったが、その実態は業種別企業別輸入申請を点検することで、かなりが明らかになる。例えば硫安増産計画と所要輸入機械との関係では（表2-6）、1939年初までに株式会社多木製肥所（1918年12月設立）、日本化成工業株式会社（1934年8月設立、1936年10月、日本タール工業株式会

表2-5 輸入品目別分類

(単位:千円)

品目分類	1935年	1936年	1937年	1938年	1939年	1940年
植物及動物	2,128	2,238	3,194	1,646	2,037	2,069
穀物穀粉澱粉及種子	174,742	201,175	208,981	177,191	212,446	414,443
飲食物及煙草	59,039	74,602	85,114	50,767	50,300	70,723
皮毛骨角歯牙甲殻類及同製品	42,247	47,321	69,733	39,827	47,641	44,374
油脂蠟及同製品	166,683	197,509	297,877	326,933	262,517	361,179
薬剤化学薬製薬其の他調剤品及爆発物	157,314	196,350	251,840	181,768	170,581	224,785
染料顔料塗料及填充料	20,612	23,461	30,580	9,250	9,961	13,532
糸縷縄索及同材料	952,902	1,109,519	1,208,359	571,657	592,654	669,796
布帛及布帛製品	14,021	16,745	17,341	5,631	2,564	6,788
衣類及同付属品	1,211	1,275	1,515	318	175	44
紙及紙製品	75,384	88,540	141,259	48,363	60,281	69,127
礦物及同製品	90,369	100,377	126,020	121,136	162,027	239,387
陶磁器及硝子類	7,010	4,505	4,739	4,239	3,632	2,290
鉱及金属	383,994	374,891	901,131	661,894	848,499	880,953
金属製品	10,561	10,598	13,085	8,429	5,173	6,776
時計学術器銃砲船車及機械類	158,984	153,086	242,235	313,361	288,212	267,165
雑品	139,328	139,050	160,904	123,594	178,520	152,606
郵便物	7,811	10,869	11,273	5,885	7,194	10,919
旅客携帯品	1,294	1,228	1,134	493	886	1,505
合計	2,465,640	2,753,346	3,776,320	2,652,393	2,905,311	3,438,470
再輸出入品	6,595	10,334	6,856	11,046	12,329	14,254
全計	2,472,236	2,763,681	3,783,177	2,663,440	2,917,640	3,452,724

出所:大蔵省『日本外国貿易年表』1936年、1938年、1940年。

社を改称)、大日本特許肥料株式会社(1919年7月設立)、日本化学工業株式会社(1934年1月設立、1937年2月、日本炭礦株式会社を日本化学工業に改称、さらに1937年12月、日産化学工業株式会社に改称)、九州曹達株式会社(1935年5月設立)等10社合計完成後に648千トンに増産が可能になるとして、それに必要な資金は1937年で10百万円、1938年で6百万円、1939年で3百万円の後年度負担を負いながら設備投資を続けるものとなる[1]。この計画がそのまま認められたかは明らかではないが、1937年度機械輸入としては巨額なものではない。

同様にパルプ製造機械の輸入許可が判明する(表2-7)。満洲国に設置する

機械も、日本の外国為替管理と一体化して管理されている。人絹パルプでは日本国内の北越パルプ株式会社（1937年3月設立）、日曹人絹パルプ株式会社（1937年3月設立）、山陽パルプ株式会社（1937年4月設立、王子製紙株式会社系）、日本パルプ工業株式会社（1937年6月設立、王子製紙系）、日本人絹パルプ株式会社（1932年4月設立、本店樺太香敷、1943年11月に王子製紙が吸収合併）、鐘淵紡績株式会社の朝鮮・新義州と満洲国営口の工場に設置する機械のほか、満洲国では東満洲人絹パルプ株式会社（1936年6月17日設立、本店満洲国間島省和龍県）ほか3社の工場に機械を導入する計画であった。このうち許可済みとなっているの

表2-6 硫安増産計画と所要輸入機械

(単位：千トン)

会　社	完成能力	完成予定期
㈱多木製肥所	50	1937秋
日本化成工業㈱	80	1937秋
大日本特許肥料㈱	50	1938末
日本化学	20	1939初
帝国高圧㈱	50	1938.7
九州曹達㈱	100	1938.9
日本化学工業㈱	70	1938.6
宇部窒素工業㈱	100	1938春
矢作工業㈱	80	1937末
住友化学工業㈱	48	1937下期
計	648	
（所要資金決済）		
1936年以前送金額	2,407	
1937年送金額	10,188	
1938年送金額	6,580	
1939年送金額	3,041	
1940年送金額	66	
合　計	22,282	

注：法人名称が簡略化されているものを確認して正式名称に改めた。「日本化学」の正式名称不詳。
出所：大蔵省為替局「硫安増産計画及所要輸入機械年次別表」1937年10月24日（『美濃部洋次文書』2705）。

は6社合計3,479千円であり、さらに1,698千円を申請しており、そのうちの1,186千円が認められた。不足分の512千円は1938年度回しとなった。同様に製紙パルプも北越製紙、王子製紙、台湾興業株式会社（1935年3月設立、本店台湾羅東郡五結、大川系）の3社で、許可済枠はなく、1937年度に432千円の為替割当の申請に対し、1937年で372千円の決済が許可された[2]。

　1937年7月以降、10月頃までに集計・作成されたと推定される自動車部品・工作機械関係の為替許可申請が残っている。それによると自動車用部品として株式会社木村洋行（1938年2月設立）、株式会社竹村商会（1910年3月設立）、日本SKF工業株式会社（外国法人）、株式会社長瀬商店（1917年12月設立）、株式会社日立製作所等の法人が、トヨタ自動車工業株式会社と日産自動車株式

表2-7 パルプ製造機械輸入許可

(単位:千トン、千円)

会社名	工場所在地	年産	運転開始	許可済金額	申請金額	1937年決済	1938年決済
(人絹パルプ)							
鐘淵紡績㈱	営口・新義州	16	1937.9	768	209	209	―
東満洲人絹パルプ㈱	満洲開山屯	20	1937.1	216	15	15	―
満洲パルプ工業㈱	満洲樺林	20	1937.12	357	18	18	―
東洋パルプ㈱	満洲間島	20	1938.5	1,020	314	224	90
日満パルプ製造㈱	満洲敦化	20	1938.5	―	228	228	―
北越パルプ㈱	新潟	21	1937.12	268	268	268	―
日曹人絹パルプ㈱	富山	21	1937.12	850	83	83	―
山陽パルプ工業㈱	山口	20	1938.5	―	96	96	―
日本パルプ工業㈱	宮崎	20	1938.6	―	464	42	422
日本人絹パルプ㈱	樺太		1937.1	―	3	3	―
小 計		178		3,479	1,698	1,186	512
(製紙パルプ)							
北越製紙㈱	新潟	7	1938.5	―	83	83	―
王子製紙㈱	北海道・樺太	13	1937.1	―	282	282	―
台湾興業㈱	台湾	27	1937.1	―	67	67	―
小 計		47			432	372	―
総 計		225		3,479	2,130	1,558	518

注:1)法人名が簡略化されているものを確認して正式のもに改めた。
  2)1938年決済総計が整合しない。
出所:「パルプ製造機械ニ関スル調」1937年9月末現在(『美濃部洋次文書』2706)。

会社の部品の輸入を担当していた。また自動車用材料として、加商株式会社(1923年12月設立)、三井物産株式会社、三菱商事株式会社、株式会社集成社(1934年3月設立)、合名会社手塚商店(1935年10月設立)等がそれぞれ自動車用材料の鋼材等を輸入し、それを同様にトヨタ自動車工業、日産自動車に納入するものとなっていた。自動車用工作機械も同様であり、三菱商事、三井物産、株式会社三洋商会(1939年4月設立)、海外通商株式会社(1930年3月設立)、株式会社山武商会(1932年7月設立)が両自動車会社用の工作機械を納入するにあたり、為替割当を申請していた。これら合計2,953千円となる(表2-8)。このように重要機械や軍需品生産産業の投入資材は優先的に為替割当が行われたと思われる。機械・金属製品の1937年10月17日現在累計為替割当を見ると

第2章　戦時外国為替管理体制と為替割当　97

表2-8　自動車関係外国為替許可申請

(単位：千円)

輸入業者	部品	金額	備考
(自動車用部品)			
㈱木村洋行	ショック・アブソーバ	13.7	トヨタ自動車工業用
㈱竹村商会	ブレーキ等	110.2	同
日本SKF工業㈱ SFK Industries of Japan	ベアリング	141.7	同
㈱長瀬商店	計器類	102.4	同
㈱カネキ商店	コネクティングロッド	10.5	同
㈱日立製作所	気化器	22.8	日産自動車用
ダッヂセーマー	スパークプラグ	7.5	同
(自動車用材料)			
加商㈱	ハンダ用錫	48	トヨタ自動車工業用
三井物産㈱	ペナム錫	9	同
独逸製鋼	スプリング用特殊鋼	97.5	東京鋼林㈱でトヨタ自動車用製造
三井物産㈱	スプリング用特殊鋼	246.4	帝国発條製作所で日本フォード自動車㈱用製造
ステアリング製鋼	バルブ用特殊鋼	25.2	トヨタ自動車工業用
三菱商事㈱	シルクローム鋼	3.9	同
エー・トーセン	アイビーム硬鋼	67.8	同
三井物産㈱	電気ニッケル	37.9	同
三菱商事㈱	特殊鋼	659.1	日産自動車用
㈱集成社	特殊鋼	210.4	同
㈴手塚商店	真鍮薄板	9.2	同
㈱長瀬商店	デューコ塗料	0.6	同
(工作機械)			
三菱商事㈱・三井物産㈱・㈱三洋商会・海外通商㈱・㈱山武商会		740	日産自動車関係
三菱商事㈱・三井物産㈱・㈱山武商会・㈱三洋商会		390	トヨタ自動車工業関係
総計		2,953.8	

注：1) 1937年10月頃作成文書と推定。
　　2) 法人名を確認のうえ正式のものに改めた。未確認の法人がある。
出所：商工省工務局工政課「部品等為替許可申請」(仮題)(『美濃部洋次文書』2743)。

(表2-9)、金属製品許可額6百万円、工作機械58百万円、その他機械類171百万円となっているが、他方、7月末現在で許可不要見込額も合計26百万円に達していた。今後の許可見込額も工作機械2百万円、その他機械類26百万円があ

表2-9 機械類及金属製品許可状況（1937年10月現在）

(単位：千円)

商 品	1937年10月17日現在許可金額	7月末現在許可不要見込額	今後許可見込	合 計	1937年1～8月輸入額	1936年中輸入額
金属製品	6,847	5,000	—	6,847	9,218	10,598
工作機械	58,140	1,353	2,399	60,539	28,667	18,833
その他機械類	171,303	20,454	26,318	197,621	185,789	134,253
合 計	236,290	26,807	28,717	265,007	223,674	163,684

注：7月末許可不要見込額は内書。
出所：大蔵省為替局「輸入機械類ニ関スル本年内所要資金表」1937年10月24日（『美濃部洋次文書』2693）。

り、合計265百万円の許可が実現するはずであった。これにより1937年1～8月の間の輸入額合計223百万円の決済に充当することができた。この額は1936年のこれら3品目の輸入額合計163百万円を大きく上回っていた。これらの品目は強い優先順位を与えられていた。

従来の貨物の輸入については、その代金決済にあたり、対外送金を伴わず、商社の海外支店利益を貨物の輸入により回収する場合等が見られた。これは無為替輸入として処理されてきた。しかしこれらの無為替輸入取引をそのまま認めていると、国際収支における受取勘定を減少させることになり、またすでに着手している輸入為替の許可制に事実上の穴を開けていることになる[3]。そのため1937年8月28日「外国為替管理法」改正で無為替輸入も取り締まりの対象となり、1件別許可が必要となった。無為替輸入許可については1938年1月～8月20日の間の累計額が残っている（表2-10）。それによると関東州・満洲国とその他に地理的に区分されているが、前者でパルプ2,245千円、鉄1,511千円、麻類1,325千円、無機肥料525千円、アルミニウム480千円が多いが、表の項目に記載のないその他の雑品が多額にあり、合計16,861千円が許可されていた。他方、その他地域では陸軍関係17,956千円、うち羊毛16,119千円は突出しており、軍服用原料として充当されていた。それ以外にはその他機械1,031千円と工作機械466千円がある。海軍関係では3,281千円のうち鉱油2,862千円に集中していた。それ以外の民需は金額が多く111,316千円のうち、鉄43,120千円、

表2-10 無為替輸入許可額累計（1938年1月～8月20日）

（単位：千円）

商　品	関東州及満洲国 民需	その他 陸軍	その他 海軍	その他 民需	うち華北華中
鉄	1,511	—	—	43,120	2,203
銅及銅鉱	32	—	—	1,616	7
亜鉛及亜鉛鉱	1	—	5	64	—
鉛	10	—	—	32	—
錫	7	—	—	3,609	13
アルミニウム	480	—	—	392	1
ニッケル	—	—	—	389	—
礦油	2	—	2,862	16,783	—
石炭	—	—	—	1,474	904
工作機械	20	466	12	521	—
その他機械	88	1,031	50	3,227	—
綿花	1	—	—	229	2
羊毛	30	16,119	—	182	156
麻類	1,325	24	—	410	22
木材	—	—	—	2,947	132
パルプ	2,245	—	—	382	—
生ゴム	—	—	—	2,818	—
小麦	—	—	—	—	—
皮革	—	192	1	590	93
有機肥料	7	—	—	27	27
無機肥料	525	—	—	6	—
小　計	6,284	17,832	2,930	78,818	3,560
その他	10,577	124	351	32,498	4,556
合　計	16,861	17,956	3,281	111,316	8,116

出所：大蔵省為替局輸入第一課「無為替輸入許可額表」1938年8月29日（『美濃部洋次文書』3747）。

礦油16,783千円、錫3,609千円、その他機械3,227千円、木材2,947千円、生ゴム2,818千円、銅及銅鉱1,616千円の順であった。民需のうち華北華中で調達されて無為替輸入として許可されたものは合計8,116千円で、雑品も多いが、鉄2,203千円、石炭904千円が中心である。無為替輸入は関東州・満洲国および華北華中のみならずその他の貿易取引の決済で発生していた。外貨決済による通常貿易が続いている状況では、鉄・機械類・石油・生ゴム等の輸入が重要であり、無為替輸入についてもこれら品目の輸入で優先的に承認した。このうち鉄

表2-11 軍関係輸入機械所要資金

(単位:千円)

	1937年12月までに決済	1938年1～3月要決済	1937年12月までに決済	1938年1～3月要決済
	(陸軍関係)		(海軍関係)	
工作機械				
軍の直接購入	4,200	―	1,500	1,260
商社経由購入	3,450	3,500	530	220
軍発注工場購入	12,950	12,060	2,032	702
小　計	20,600	15,560	4,062	2,182
その他機械				
軍の直接購入	―	―	28,047	19,620
商社経由購入	23,440	22,240	5,610	3,200
軍発注工場購入	2,350	2,200	―	―
小　計	25,790	24,440	33,657	22,820
総　計	46,390	40,000	37,719	20,880

出所:大蔵省為替局「軍部関係輸入機械類ニ関スル所要資金調」1937年10月25日(『美濃部洋次文書』2697)。

は関東州・満洲国や華北華中でも調達できるが、輸入量が多く、両地域にのみ依存できなかった。

　軍の必要とする機械が大量に輸入されるが、それは軍の直接購入に限られるものではない。軍関係輸入機械所要資金をみると、1937年末までに決済されたものとして、陸軍関係46百万円、海軍関係37百万円が確認されるが(表2-11)、そのうちの直接購入は陸軍では4百万円にすぎない。海軍では29百万円となっている。これら以外は商社経由購入と軍発注工場購入として処理されており、軍の直接調達は対外的に公表したくないため、それを表面化させないように配慮されていた。特に陸軍では工作機械については軍発注工場購入、その他機械では商社経由購入が多い。軍発注工場には優先的に為替割当がなされていた。しかも1938年1～3月期陸軍要決済見込額の直接購入は皆無となっている。そのためこれらの機械のうち軍の直接調達とならないものも、為替許可統計としては軍需として区分される。1937年12月までの両軍関係機械輸入合計が84百万円となっているが、1937年12月までの機械類輸入許可額合計が116百万円とな

表 2-12　1938年輸入許可額

(単位：千円)

品目	1937年許可	1938年上半期				1937年・1938年上半期計	1938年通年許可額				1937年・1938年計
			陸軍	海軍	民需	小計		陸軍	海軍	民需	小計	
鉄類	71,570	8,264	4,651	177,050	189,965	261,535	22,740	20,378	376,896	420,014	491,584
非鉄金属鉱物	45,064	23,232	35,475	54,916	113,623	158,687	50,695	68,510	194,022	313,227	358,291
綿花繊維原料木材	60,133	34,945	1,652	328,007	364,604	424,737	48,660	6,549	610,587	665,796	725,929
石炭原油揮発油	19,530	367	37,449	216,055	253,871	273,401	17,586	76,434	326,462	420,482	454,599
塩化学製品	31,844	1,689	1,344	77,216	80,249	112,093	7,530	1,650	138,463	147,643	179,487
機械類	116,745	74,065	53,599	88,860	216,524	333,269	168,875	114,570	192,726	476,171	592,916
食品	4,077	85	56	13,658	13,799	17,876	910	494	28,372	29,776	33,853
その他	35,084	3,780	4,435	65,227	73,442	108,526	11,694	19,731	153,011	184,436	219,520
合計	384,074	146,427	138,661	1,020,989	1,306,077	1,690,124	328,690	308,316	2,020,539	2,657,545	3,056,179

出所：商工省臨時物資調整局第六部第十二課「昭和十三年十二月末現在許可額調（除関満）」1939年1月19日（『美濃部洋次文書』2516)、大蔵省為替局「上半期許可額調（除関満）」1938年7月5日（『美濃部洋次文書』2509)。

っており（表2-12)、輸入為替許可申請ベースでの集計では、民需の機械輸入も見られるが、1938年上半期の軍需と民需の比率から軍関係の機械輸入は直接購入のほか、商社経由購入と軍発注工場購入を含むものと判断できよう。

これらの為替管理の強化・輸入統制の実施により、1937年の輸入は3,776百万円に押さえ込むことができた。それでも6億円を上回る大幅な輸入超過となった。結局、1941年開戦前の時期において、輸入増大を押さえ込むことはできなかった。残念ながら今のところ1939年以降の品目別・会社別等の為替割当による輸入許可額を解明することができない。また貿易統計は統制経済の中の情報開示の後退があり、その精査が必要である[4]。

2．1938年の外国為替割当と政府海外払節約

1938年には前年からの為替管理による輸入許可の強化と輸入統制が実施されていたため、統制範囲は広がる。品目に含まれる軍関係のものがどの程度含まれているかについては興味深いところである。1938年輸入許可の品目別分類を眺めると、1937年許可総額384百万円に対し、1938年上期の陸軍・海軍・民需・

その他の合計は1,306百万円、1938年通年合計は2,657百万円に急増していた。2,657百万円は同年輸入合計額の2,652百万円とほぼ一致している。輸入の多くは民需品であり、軍関係のものとしては1938年通年で、陸軍合計328百万円で機械類が多く、次いで非鉄金属鉱物、綿花繊維原料木材が続いていた。海軍合計308百万円で、やはり機械類が多いが、次いで石炭原油揮発油が多いのが注目されよう。海軍のほうが艦艇の燃料油維持に奔走していたことがわかる。民需2,020百万円のうち綿花繊維原料木材が610百万円、次いで鉄類376百万円、石炭原油揮発油326百万円となっている。この統計は関東州および満洲国を除外しており、これが付け加えられると、2割方増大するはずである。軍の直接輸入の財のウエイトは高いものではないが、民間企業が調達する輸入財を加工したうえで、軍需品として軍納されるものが多いことが先に見た自動車関連輸入財で読み取れた。

　そのほか1937年9月10日の「外国為替管理法」改正で、同年12月11日に大蔵省令が改正され、在外財産等の取り締まりが強化された。その対象には貿易外資金の為替取引も含まれた。そして1938年3月28日の大蔵省第1号省令の改正で、為替銀行の為替取引に許可制を導入した。これにより外国為替取引はすべて許可制に移行し、従来の貿易取引のみならず貿易外為替取引も1件別許可を得ることとなった。

　軍関係調達は輸入枠の優先順位が高く、しかも先に見たように、直接調達以外に、現実には輸入取引に商社に代行させて、国内で商社から買い上げる取引、あるいは国内の軍発注工場に調達させるような手立てが講じられていた。そのため軍需財輸入為替許可のうちどこまでが政府の海外払いとして処理されているかの線引きは難しいところである。政府の海外直接調達や海外直接支払いの費目は多岐にわたり、それを集計すると無視しがたい額となる。これは政府による輸入として集計されるものと、政府の貿易外収支の海外支払に集計されるものとがある。政府海外支払には物品費と非物品費に分けられ、それが一般会計・植民地会計・作業会計等に分類されて集計されている[5]。1937年に輸入が急増し、その中に政府海外払いによる物品費で処理されたものが多いため、そ

表2-13 政府海外払1938年・1937年予定額総括表

(単位：千円)

	1938年度予定	1937年度予定	増　減
一般会計分			
物品費	87,739	56,123	31,615
非物品費	106,783	78,935	27,848
計	194,522	135,059	59,463
うち外務省	22,728	24,404	-1,676
大蔵省	32,306	24,672	7,633
陸軍省	19,326	11,252	8,074
海軍省	71,657	37,259	34,397
植民地会計			
物品費	16,285	14,792	1,493
非物品費	25,663	3,959	21,703
計	41,950	18,751	23,199
作業会計			
物品費	22,385	21,852	533
非物品費	195	269	-74
計	22,580	22,121	458
外国債利子ならびに償還			
非物品費	134,539	135,712	-1,173
利子	107,959	109,332	-1,373
償還	26,580	26,380	200
満洲事件費			
物品費	2,403	1,333	1,069
非物品費	32,981	146,894	-113,913
計	35,384	148,228	-112,843
総計			
物品費	128,813	94,102	34,711
非物品費	300,165	365,771	-65,606
計	428,978	459,873	-30,895

出所：「昭和十三年度各省海外払予定額並前年度予定額各表」1938年作成と推定（『美濃部洋次文書』2293）。

の対外支払いを圧縮する手立てを講じざるをえない。1937年度政府海外払い見込額は（表2-13）、総計459百万円、うち物品費94百万円、非物品費365百万円と見られている。このうち一般会計分の外務省・大蔵省・陸軍省・海軍省の比重が高い。すでに戦時体制に移行しているため、一般会計の陸軍省・海軍省の

支払は軍需財の海外調達や労務調達等として増大していた。1937年見込で135百万円、物品費56百万円、非物品費78百万円と見られていた。それ以外の一般会計所管各省の金額は多額ではない。特別会計としては植民地会計の合計18百万円、作業会計の合計22百万円がある。海外払いで無視できないのは外債の元利支払いである。これは国債整理基金特別会計（1906年3月2日「国債整理基金特別会計法」により同年4月設置）による元利支払として処理されるため、大蔵省所管の特別会計の歳出に属するが、それはほぼ毎年同じ金額の支払が続く。これは全額非物品費に属し、1937年度で135百万円と見積られた。金額的に多額なのは、満洲事件費である。満洲事変に伴う軍事行動の海外支払であり、これは別枠で処理されており、1937年度で148百万円と予定されていた。総額の3分の1ほどの規模である。1938年度では、一般会計所属の物品費・非物品費の増大で、その合計194百万円と見込まれ、植民地会計でも非物品費が増大した。この増大要因を総額で絞り込むため、満洲事件費を総計35百万円に大幅圧縮した。それにより総額428百万円と予定し、対前年度で30百万円を削減するものとされた。確かに満洲事件費歳出は、決算ベースで1937年度の266百万円から1938年度の128百万円に圧縮されており、この海外払いも圧縮も実現できるレヴェルであった。ただし1939年度満洲事件費は295百万円に再度増大した（柴田［2002a］50頁）。満洲事件費海外払いも、同年5月12日勃発のノモンハン事件で対ソ連・モンゴルとの大規模軍事衝突が続き、9月15日休戦協定締結まで軍事費が膨れ上がらざるをえなかったためと見られる。

　政府海外払いの圧縮を計るため、大蔵次官を会長とする各省海外払節約協議会の場で、各省庁の海外払い圧縮の調整を図った[6]。それでも節約で対処できる範囲は限られている（表2-14）。軍事行動の拡大と占領体制の維持のため、政府海外払いの増大は避けることはできない。1938年度においては満洲事件費の対前年度大幅圧縮により、政府海外払いを押さえ込むという方針を取ったが、そのほか国産品充当・節約により圧縮を計ることにした。陸軍省・海軍省・拓務省・植民地会計を除外した総額を当初の21百万円から、各省で協議して費目を絞り込み、国産品充当、協議節約により36％を圧縮する計画となった。その

表 2-14　1938年度各省海外払予定物品費決定額

(単位：千円)

| 省庁 | 当初予定額 | 節約額 ||| 差引決定予定額 |
		国産品充当品目該当分	協議節約による分	小計	
外務省	44	—	23	23	20
内務省	74	—	52	52	21
大蔵省	15,112	3	6,084	6,087	9,024
司法省	849	—	188	188	660
文部省	3,074	16	665	681	2,393
農林省	696	7	108	115	580
商工省	450	—	130	130	320
通信省	331	—	58	58	273
厚生省	536	—	255	255	280
計	21,170	27	7,566	7,594	13,575

注：陸軍省・海軍省・鉄道省・拓務省および各植民地総督府等は調査中のため計上せず。
出所：「昭和十三年度各省海外払予定物品費決定額」1938年7月（『美濃部洋次文書』575）。

結果、1938年度で7百万円の圧縮が行われた。最も圧縮したのはこの各省海外支払節約の旗振りをしている大蔵省で、6百万円を圧縮していた。その結果、9省合計で13百万円台に押え込むものと予定した。ただしこの集計には陸軍省・海軍省・鉄道省・拓務省・各植民地会計は含まれていない。鉄道省・拓務省の圧縮ではさらなる圧縮幅の積み上げが可能かもしれない。もちろん毎年度増額を続ける臨時軍事費特別会計は含まれていない。そのため臨時軍事費を含めた政府海外払いの実態をさらに検討する必要がある。

1930年代末には関東州・満洲国・華北への輸出増大が、関東州、満洲国及華北の日本円との固定相場の形成で、輸出先物価騰貴が輸出ドライブを働かせるため、輸出増大になるが、これら地域は円決済であり、円域輸出は対外決済用外貨取得にならない。商工省は国内における物資充足を優先する方向を固め、1939年9月20日に「輸出入品等ニ関スル臨時措置法」の規定により、商工省令「関東州、満洲国及中華民国向輸出調整ニ関スル件」を公布し、同月25日より輸出削減に大きく舵を切った。

1）硫安製造法人については、その存在を帝国興信所『帝国銀行会社要録』1937年版、

1940年版で傍証した。以下、ほかの産業の国内法人も同様である。
2) 満洲国法人については、大連商工会議所『満洲銀行会社年鑑』1936年版、1937年版、1938年版でその存在を傍証した。
3) 前掲『日本銀行沿革史』第3集第15巻「外国為替管理（1）」、45頁。
4) 本章では『日本外国貿易年表』を利用したが、さらに大蔵省『日本貿易外国月表』を利用して月次データを付き合わせることで貿易品目の吟味を行った、原［1972b］を参照。
5) 1937年度末に存在していた植民地会計としては、台湾総督府特別会計、台湾官設鉄道用品資金特別会計、関東局特別会計、樺太庁特別会計、朝鮮総督府特別会計、朝鮮鉄道用品資金特別会計、南洋庁特別会計、朝鮮簡易生命保険特別会計があり、また作業会計としては、印刷局特別会計、千住製絨所特別会計、専売局特別会計、海軍工廠資金特別会計、造幣局特別会計、海軍火薬廠特別会計、海軍燃料廠特別会計および陸軍造兵廠特別会計がある（大蔵省財政史室［1978］192頁）。ただしこれらすべてが対外決済を行ったわけではない。
6) 各省海外払節約協議会会長大蔵次官（石渡荘太郎）発各省委員宛の1938年8月5日文書が残っている（『美濃部洋次文書』575）。

第4節　日中戦争期外国為替の調達と運用

1．金資金特別会計による外国為替の調達

すでに1934年4月4日「日本銀行金買上法」により、「貨幣法」の金価格を越えた価格による産金吸収を開始していた。外国為替の補充のため、1937年8月11日「産金法」により、国内産金動員を開始した。あわせて「金準備評価法」と「金資金特別会計法」を公布し、政府保有金塊の再評価益で金資金を設置し、それを原資に金資金特別会計を設置し、金資金を産金動員に投入するという体制が構築された。産金促進策として、金買入価格を引き上げ、その他のインセンティブを与えて産金吸収を促進した[1]。さらに1938年3月29日「日本産金振興株式会社法」を公布し、同年9月16日に日本産金振興株式会社を設立し、同社をして個別金鉱山の資金支援を行った[2]。こうして産金吸収に注力した結果、

表 2-15　金銀現送高

(単位：上段重量、トン、下段金額、百万円)

	1937年	1938年	1939年	1940年	1941年	1942年	1943年	累計
(金塊)								
金資金勘定	107	77	100	47	29	15	26	404
	417	306	440	229	141	65	129	1,730
国庫金勘定	13	—	—	—	—	—	—	13
	54	—	—	—	—	—	—	54
日本銀行勘定	101	87	—	—	4	8	10	212
	395	254	—	—	22	41	55	869
日本銀行特別勘定	—	—	47	18	—	—	—	66
	—	—	222	90	—	—	—	313
合　計	223	164	148	66	34	24	36	697
	866	660	663	320	1,633	107	185	2,968
満洲中央銀行勘定	—	10	10	2	1	—	—	24
	—	41	45	13	7	—	—	101
(銀地金)								
金資金勘定	—	—	204	659	134	—	—	998
	—	—	9	30	6	—	—	46
国庫金勘定	—	327	273	—	—	—	—	600
	—	15	13	—	—	—	—	29
合　計	—	327	477	659	134	—	—	1,598
	—	15	22	30	6	—	—	75

注：国庫金勘定とは一般会計所属金塊現送を指す。
出所：柴田［2002a］173頁。

　見るべき産金動員を実現した。外貨準備の不足を補うため、大蔵省は金塊現送を行った。1937年金資金勘定107トン、一般会計国庫金勘定13トン、そのほか日本銀行勘定101トン、合計223トンを現送した。それにより金資金勘定417百万円、日銀勘定395百万円等、合計866百万円相当の外貨を調達できた（表2-15）。同様に1938年に金資金77トン、日銀勘定87トン、合計164トン、金資金勘定306百万円、合計660百万円相当の外貨を調達して、対外収支尻を調整した。現送用金塊を早めに補充するため、大蔵省は1938年4月15日「金資金特別会計保有金地金ノ現送ニ関連シ大蔵省及ビ日本銀行間諒解」を日銀と取り交わし、大蔵省が必要な場合には、日銀保有定型金塊と金資金保有買上金地金預り証書と引き換えて、後日金精錬が終了したときに日銀に戻すことにして、現送

用定型金塊を日銀から前倒しで調達できた。

　金塊現送が多額に実現するのは1939年までで、同年金資金勘定100トン、日銀特別勘定47トン、合計148トン、金資金勘定440百万円、日本銀行特別勘定222百万円に相当する外貨を調達した。1940年には金資金勘定47トン、229百万円相当、と日銀特別勘定18トン、90百万円相当の金塊現送に減少していた。それでも多額外貨を補充できたことで、輸入力が維持されていた。この間、1939年9月1日第2次大戦勃発によるポンド不安が発生し、1939年10月24日に日本円の為替基準を、対ポンドから対ドルに変更し、相場を100円＝23ドル7/16とした。

　金資金特別会計は歳入歳出外資金の金資金を運用していたが、同資金は資産に金塊や興銀債、預金部資金預金のほか外国為替も保有していた。金資金は1939年4月に在外指定預金として10百万円、ポンド建2百万円、ドル建8百万円を保有した。これにより在外資金の操作を行った[3]。1940年上期から1941年下期までのポンド預金の受払いによりその運用状況が確認できている。この勘定はポンド建もしくはドル建の日本の外貨証券の利札の国外での受入勘定として利用された。ただし金資金が外国為替資金として積極的な活動を行うような位置づけが、「金資金特別会計法」や「外国為替管理法」で法的に与えられていないため、政府の対市中為替売買集中勘定といったものは、戦時日本の特別会計体制では最後まで導入されなかった。そのため金資金の外国為替運用で部分的に実施に移されただけで止まった。

2．日本銀行資金による外国為替管理

　大蔵省為替局の為替割当のほか、日銀は自行勘定による為替割当を為替銀行に行った。それが日本銀行外国為替基金である。日銀外国為替基金についてもまとまった研究があり[4]、それを踏まえ、新たな統計を付け加えることで再述する。1938年春頃から日銀の正貨準備を利用する案が検討されていた。同年6月14日文書による日銀外国為替割当の方法として[5]、①日銀が正貨準備と一部を担保として外国銀行より外貨借入を行い、その外貨資金を横浜正金銀行に預

表 2-16　日本銀行外国為替基金貸出残高

(単位：千ポンド、千ドル)

	ポンド建			ドル建		
	横浜正金銀行	その他銀行	計	横浜正金銀行	その他銀行	計
1938.12	923	320	1,243	20,643	800	21,443
39. 6	4,920	3,130	8,050	11,500	9,050	20,550
12	5,770	2,643	8,413	12,500	4,900	17,400
40. 6	7,270	1,328	8,598	15,000	8,200	23,200
12	7,243	950	8,193	45,400	7,610	53,010
41. 6	5,380	500	5,880	34,500	4,140	38,640

出所：日本銀行百年史編集室［1984］379頁。

金するか、あるいは外貨証券を購入して、同行に貸し付ける、②日銀が保有正貨の一部を現送し、その売却代り外貨でアメリカ・イギリスの証券を購入し、それを在外正貨とし、それを横浜正金銀行に貸し付け、同行にこれを担保に外貨借入を行わせる、③日銀は正貨準備の一部を政府に買い戻し条件付で売約し、政府に対する金塊引渡し請求権を正貨準備に充当し、政府はその金塊を現送し、正金に売却する、という3案が検討されていた。結局、①と②に近い施策が実現する[6]。

　1938年7月19日に大蔵省は日銀に対し日銀外国為替基金設置を認可した。そして同月23日に実施に移された。同日に日銀は3億円の金塊を外国為替基金勘定に組み替え、金塊を横浜正金銀行に預金する、同行はこの金塊を現送のうえ、売却代金を日銀からの外貨預金とする、この外貨預金を日銀の承諾または指図により、特定輸出品原料の輸入資金として横浜正金銀行を含む外国為替銀行に貸し付ける、この外貨資金の補充は輸出代金の回収により行う、そのほか横浜正金銀行の一般為替資金が不足した場合にもこの基金を活用させる、というスキームが構築された（日本銀行百年史編集室［1984］377-378頁）。横浜正金銀行は同年中に現送し、1939年10月26日に売却を完了した。これによる日銀外国為替基金は55,920千ドル、204,573千円、8,753千ポンド、150,061千円、合計354,635千円となった（日本銀行百年史編集室［1984］378頁）。先述の1938年日銀金塊現送87トン、354百万円相当がこの日銀外国為替基金勘定の金塊に

表2-17　日本銀行外国為替基金利用状況（1941年1月上旬現在）

(単位：千ポンド、千ドル、千円)

	ポンド建	ドル建	合計円建
総額	8,753	55,920	386,461
現在利用額	5,233	19,010	169,752
流用額	2,500	29,500	167,875
差引残高	1,020	7,410	48,834
現在までの利用額	31,886	109,103	1,005,746
現在までの返済額	26,653	90,093	835,994
差引現在利用額	5,233	19,010	169,752

注：換算相場は1ポンド=17.1円、1ドル=4.25円。
出所：大蔵省大臣官房文書課「河田大蔵大臣上奏用資料」1940年12月（旧大蔵省資料Z809-25-2）

表2-18　日本銀行外国為替基金の銀行の利用状況（1941年1月上旬現在）

(単位：千円)

銀　行	累計利用額	累計返済額	累計利用残高
横浜正金銀行	720,166	596,525	123,641
台湾銀行	75,037	62,033	13,004
朝鮮銀行	12,154	5,142	7,012
三井銀行	140,462	126,182	14,280
三菱銀行	25,627	20,102	5,525
住友銀行	11,900	8,075	3,825
第一銀行	10,540	10,540	─
第百銀行	9,860	7,395	2,465
合　計	1,005,746	835,994	169,752

出所：前掲「河田大蔵大臣上奏用資料」。

あたるものである[7]。

日銀外国為替基金の貸出は、当初は横浜正金銀行以外には低調であった（表2-16）。1938年末まででこの基金を借り入れたその他銀行は、台湾銀行、三井銀行、第一銀行のみであった。それは外国為替取引銀行が手持ちに余裕があり、また日銀外国為替基金の年2.5％以下の調達金利で外貨を調達でき、しかも同基金の貸付期間が短く、貸出事務手続きも煩雑と見られたためである。そのため1939年2月には貸付金利を2％に引き下げ、貸付期間を4カ月から6カ月に延長し、適用商品の範囲も拡大した（日本銀行百年史編集室［1984］378頁）。その条件緩和によりその他の銀行も日銀外国為替基金からの借入を行い、その貸出高は1939年6月でポンド建3,130千ポンド、ドル建9,050千ドルへと急増した。以後、ほぼ同水準で維持された。1940年1月上旬の日銀外国為替基金の利用状況が残っている（表2-17）。ポンド建5,233千ポンド、19,010千ドルを貸し付けており、そのほか流用額として2,500千ポンド、29,500千ドルがある。これは先述の横浜正金銀行の一般為替資金の不足した際に、別枠で融通するものであり、1939年5月に400千ポンドで始まり、その後増大していた（日本銀行百年史編集室［1984］379頁）。

累計貸出で31百万ポンド、109百万ドル、円建で1,005百万円という規模である。さらに1941年1月上旬の取引銀行別統計が残っているため、紹介しよう（表2-18）。残高では横浜正金銀行が123百万円で傑出しており、以下、三井銀行14百万円、台湾銀行13百万円、朝鮮銀行7百万円等と続いていた。累計利用額では横浜正金銀行720百万円、三井銀行140百万円、台湾銀行75百万円、三菱銀行25百万円の順である。残高で利用累計額を割ると、資金の回転の速さを比較できる。三井銀行は10倍ほどとなっており、短期で頻繁に取り入れては返済していたことがわかる。利用させる時点で取引地域別も集計されていたはずであるが、残念ながら残っていない。この外国為替資金も、金額的に制約があるが、貸出条件が緩和されてからは、有力な為替取引銀行が頻繁に取引しており、有効に機能していたといえよう。1941年上期で対米関係が一段と悪化し、7月の対英米蘭資産凍結に到達し、新規取引がほぼ停止した。日銀外国為替基金は1941年12月末で廃止となった（日本銀行百年史編集室［1984］379頁）。

3. 1940・41年の外国為替管理と統制貿易への移行

先述の日銀出張官吏事務処理状況が1940年についても判明するため、紹介しよう。同年中の集計として（表2-19）、輸入関係で5,776件、937百万円であり、貿易外関係13,657件、243百万円である。件数で貿易外関係が、また金額で貿易関係が多い。それぞれの内訳は、貿易関係で本店扱い3,776件、728百万円、貿易外関係で関満関係送金9,177件、243百万円となっており、貿易関係では1件別認可金額が多いが、関満関係小口送金件数が増大していた。これは満洲国産業開発5カ年計画の施行に伴い、対満投資が急増し、満洲居住日本人も合わせて急増し、これらに伴う為替取引が件数・金額とも増大を続けたことを告げるものである。それらを日銀本店・大阪支店で1件別審査を経て、送金および証券取得等を承認した。このほか先述のように、大蔵省で大口案件が1件別に承認されており、金額ベースでは日銀出張管理事務処理金額の2倍の処理額は見られたのではないかと推定できる。この為替許認可事務が、後述の1941年4月12日公布「外国為替管理法」に基づく為替管理体制に移行しても、1941年7

表2-19　1940年日本銀行出張官吏事務処理件数

(単位：件、千円)

		件数	金額
輸入関係			
	本店	3,776	728,975
	大阪支店	2,000	208,852
	計	5,776	937,827
貿易外関係			
	関満関係送金	9,177	243,257
	関満関係証券等	1,124	—
	小口分	3,147	213
	関満支旅費	209	430
	計	13,657	243,900
合　計		19,433	1,181,727

注：小口分は1件200円未満。
出所：日本銀行『日本銀行沿革史』第3集第15巻「外国為替管理(1)」135-36頁。

月対欧米資産凍結まで、金額を縮小しながら続いた。

大蔵省は為替割当を行う中で、四半期別外国為替資金予算を編成していた。為替予算の開始時期は確認できていない[8]。1941年1～3月期の為替予算が残っており、それを紹介しよう[9]。外国為替準備は金資金保有金塊現送により主として補充されるが、外国為替資金予算は大蔵省為替局の外貨資金繰りを示すものである。1940年12月末繰越144百万円、内訳は横浜正金銀行75百万円、日銀特別資金51百万円（日銀勘定の金塊現送による調達外貨を指す）ほかその他銀行である。これに輸出代金482百万円、現送金代金67百万円（金資金保有金塊のみ）、外貨動員15百万円等で、輸入資金606百万円、貿易外支払超過80百万円のほか対満洲国・対関内占領地への為替支援が39百万円あるため、1941年3月末で11百万円の不足と見られていた（表2-20）。期末資金残高が11百万円の不足になるのに対して、前期繰越金額144百万円が期中入金の4分の1ほどに達している。その理由は、従来は要常置資金80百万円ほどと国庫関係等預金を繰越に計上させずにいたが、1941年12月末残高より計上させたことによる。前者は海外資金節約特別措置と横浜正金銀行以外の銀行のロンドン引き揚げのため50百万円程度で足りる見込みである。また後者は1940年12月末で97百万円であり、この両者合計で147百万円となる[10]。1941年4～6月期には一段と資金繰りが苦しくなる。横浜正金銀行以外の為替銀行の欧米店舗縮小で為替銀行を通じた市中外貨取入は難しくなる。そのため1941年上期も金塊現送で埋め合わせるしか手がなくなる。1941年で29トン、141百円相当の外貨を獲得し、補充していた。

表2-20 1941年1〜3月期外国為替資金予算

(単位:百万円)

	金額	備考
前期より繰越	144	横浜正金銀行75百万円、その他銀行18百万円、日銀特別資金51百万円
期中入金	570	
輸出代り金	482	
現送金代り金（金資金）	67	金資金のみ計上
現送銀代り金	6	金資金
外貨動員	15	
期中出金	725	
貿易外支払超過	80	受取63百万円、支払143百万円
対満為替援助	11	
対支為替援助	28	
本邦要輸入資金	606	
12月末既許可分	183	
1〜3月中許可分	423	一般物動424百万円、第3次特別輸入11百万円、外米57百万円、第3四半期及特別輸入等残25百万円
期末資金残高	-11	

注:1) 1〜3月許可分の外米のCIF許可額は65百万円。
　 2) 日銀特別資金は日銀勘定の金塊現送による調達外貨。
出所:前掲「河田大蔵大臣上奏用資料」。

　満洲産業開発5カ年計画により、重工業化政策を発動し、巨額投資を続けた満洲国は、対華北域際収支の支払超過に苦慮しており、支払債務の累積でしのいできたが、1940年7月17日満洲国の「関満貿易調整協定」により、関満一体で対関内輸出調整料を徴収し、それをプールして輸入補助金を交付する制度を導入して、高物価地域への関満側輸出の削減に成功した。他方、域内物資充足優先策の結果、対華北支払累積債務は急増した（柴田[1999a] 179-180頁）。この輸出調整料と輸入補助金を組み合せた制度は、関満と華北の固定相場制、すなわち朝鮮銀行券・満洲中央銀行券＝中国聯合準備銀行券とする固定相場制の実質的な修正を開始したことになる[11]。この制度と同様の制度が日本でも導入される。商工省は「輸出入等ニ関スル臨時措置法」に基づき、1940年8月27日商工省令「関東州、満洲及支那ニ対スル貿易ノ調整ニ関スル件」を公布した。同省令は「関満支貿易調整令」と通称され、9月2日施行となり、円域すなわ

ち関満および中国関内に対する貿易に新たな統制を導入した。同令に沿って9月2日に東亜輸出組合聯合会を設立し、輸出留保金の徴収を通じた貿易価格調整を開始した。中国関内では華北において日本円と等価リンクする中国聯合準備銀行券が、また華中においてはやはり日本円と等価の支那事変軍票が占領地通貨として流通しており、これら両地域において物価騰貴が顕在化していた。そのため固定相場を通じた対中国関内輸出ドライブが働くため、その価格差を輸出留保金として徴収し、実質為替相場を調整することで対処した。華北については東亜輸出組合聯合会が、華中については1939年8月27日設立の中支那軍票交換用物資配給組合（本部上海）が担当した[12]。この制度の導入は外国為替取引の管理とは別に、商工省が直接的な統制貿易の開始を宣言したものである。これに対して、大蔵省側の対応は不明であるが、商工省令の施行を黙認したようである。

　輸出留保金は高物価地域からの輸入の差額補償金として充当するとの方針が当初から掲げられていた。輸出留保金の徴収を開始したため、対関内輸出抑止の効果はかなり見られた。東亜輸出組合聯合会は輸入取引の調整も行うため、1940年11月13日に東亜輸出入組合聯合会に改組されている。実際には同聯合会の傘下組合には輸入補償金を交付されることなく、そのまま蓄積された。そのため輸出貿易のみに実質為替として相場が調整されたことになる。同様に中支那軍票交換用物資配給組合の手元にも輸出留保金が蓄積された。ただし留保金率は為替相場のように柔軟に変動させることができず、一定期間は固定するため、個別留保金率は固定相場を介在させた日本・中国関内占領地との物価乖離を正しく反映させていない。それでもこの手法が輸出抑止策として商工省が有効と判断し、この貿易統制に傾注してゆくことになる。そのため占領地ほかと日本を通ずる貿易統制機関が、所管省庁別あるいは地域別に複数設立され、それぞれが輸出調整料を蓄えていった[13]。ただし商工省が輸入補助金により実質為替相場の調整を行うのは、1941年12月開戦後の占領地インフレの激化と、固定相場リンクによる日本との物価乖離の進展後のことである。

4．「外国為替管理法」の全部改正と統制貿易の強化

「外国為替管理法」による為替取引規制は南洋群島については適用されていなかったが、1941年1月6日勅令「南洋群島ニ於ケル外国為替管理ニ関スル件」により同法を適用した。従来は南洋群島地域では外国為替取引が実現しないため、適用させる必要はないと判断されていたが、同法を適用することで、南洋群島経由の迂回取引の可能性を排除した。同勅令制定と同じ頃に「外国為替管理法」の大幅改正の検討がなされていたはずであるが、立案着手の時期については不明である。以下、残る資料で全部改正の経緯を紹介しよう。

1941年1月26日の外国為替管理委員会幹事会で、「外国為替管理法」改正要綱の検討が行われた。以下のような内容であった。国内居住外国人動産を日本人と別の扱いをすることは違法であるが、報復的措置ならば可能であり、外務省と打ち合わせて法律の条文を刺激的なものにしないように工夫する。為替銀行を通じない取引が見られるが、その事例として外国旅行者が日本の商社の海外支店で旅費の立替を受ける場合がある。これにより日本の受取勘定の減少に連なるため厳重に取り締まる。大蔵省では輸出手形買取制限の依命通牒で、為替銀行の取立て依頼の引受期を許可制としているが、この通牒は権限外の行為にして違法状態にあるため、為替銀行の取立て為替業務の取り締まりを対象として、法律を改正して権限を規定する。これらが、改正の課題として検討された[14]。翌日27日外国為替管理委員会幹事会で審議し、原案どおり可決し、外国為替管理委員会の開催を省略し、28日に持回り稟議承認を得た。その案文が「外国為替管理法改正要綱案（第四次改正案）」と「外国為替管理法改正法律案（第四次改正案）」に該当するようである[15]。外国為替管理委員会で承認を得た形になった法案は第4次案であり、第1次～第3次案は見出せない。議会に上程予定の「外国為替管理法中改正法律案」は、その後、法制局の審議の結果、現行法律第2条の規定を除きほとんど全条文の改正を行うものであるため、「外国為替管理法改正法律案」とすることに決定した[16]。同法案は1941年2月4日閣議決定を経て[17]、2月5日第76回帝国議会に提案され[18]、協賛を得て

1941年4月12日「外国為替管理法」全部改正公布となった。

　国際情勢の緊迫する中で、法律改正前の1941年3月24日に、旧「外国為替管理法」に基づく「在外凍結財産調査規則」が公布即日施行される状況で、戦時体制の法制的強化の必要性は一段と高まっていた。また1941年3月19日外国為替管理委員会幹事会を開催し、「在外凍結財産調査規則」の延長にある、改正後の「外国為替管理法」を想定して、同法に基づく省令案を承認のうえ[19]、資産凍結のための省令の公布の準備を行った[20]。

　「外国為替管理法」の委任命令の法令としての大蔵省令の改正が検討される。法律改正に伴い、省令の改正が必要になるが、為替局総務課は1941年2月24日に「外国為替管理法ニ基ク大蔵省令ノ統一ニ関スル件」をまとめている。それによると1933年大蔵省令第7号省令、1933年大蔵省令第8号、1937年大蔵省令第8号省令の3件が「外国為替管理法」により制定されたが、その後頻繁に改正され、その結果、内容が著しく不秩序になり、第7号省令と第1号省令との関係もまた複雑になってしまったため、この両省令を統合整理するものとした。この新省令の名称は「外国為替管理法施行令」とし、手続き規定の第8号省令を「外国為替管理法施行手続」とする方針とした。前者は第1章、定義、第2章、金の輸出、外国為替の取得または処分その他の送金行為等に関する取締、第3章、外貨証券の取得または処分に関する取締等、第10章まで取締規定を列記していた[21]。さらに検討が加えられ、同月26日「外国為替管理法ニ基ク大蔵省令改正試案（第1次案）」がまとめられ[22]、この案では単一の省令に統合する方針が盛り込まれていた。法律改正案成立を見越して、1941年4月4日に外国為替管理委員会幹事会が開催され、「外国為替管理法ニ基ク大蔵省令改正要綱」が検討された[23]。外貨債券の思惑売買を禁止する、為替銀行を通じない対外決済を取り締まる、在外財産の活用を図るため、在外事業の取引等を許可制とする、外国為替銀行または為替ブローカーに対し特別の取り締まりをする、対外送金の不要許可範囲を縮小する、旅行者の旅費携帯額の限度を中華民国、第三国に対しては狭める、在外資金の本邦への回収義務を強める、省令の名称を「外国為替管理法施行規則」とする等の規定を盛り込んだ。

1941年4月7日外国為替管理委員会で「外国為替管理法施行規則」が審議された。委員津島寿一から条文にある「第三国」の用語はほかの法令で使用した前例があるかと質問があり、為替局長原口武夫から、ほかに前例なし、必ずしも適当な用語がないが、この語を使用したとの説明がなされている。さらに津島から「第三国」は関東州、満洲国および中華民国を除外する地域とあり、これによれば関東州は外国となるが根拠はあるかとの再度の質問に対し、関東州については従来から「外国為替管理法」では外国として取り扱っていると、為替局総務課長野田卯一から説明がなされた[24]。省令案はそのまま承認され、全部改正「外国為替管理法」公布と同時に、「外国為替管理法施行規則」が公布された。新たな外国為替管理体制の出現で、為替管理は一段と強化された。他方、商工省でも1941年5月14日所管する総動員勅令「貿易統制令」を公布し、貿易統制を強めていた。

その後、1941年7月の南部仏印への日本軍の進駐に伴う、英米蘭の対日資産凍結の発動と、それに対する報復措置が、「外国為替管理法」に基づく1941年7月28日大蔵省令「外国人関係取引取締規則」の公布と施行で直ちに実施に移された。同令が通称「資産凍結令」であり、在日指定国人の財産を凍結し、解除には1件別許可を必要とした[25]。資産凍結のような事態に対処できるように先手を打った「外国為替管理法」改正は、有効に機能できたということになろう。資産凍結の応酬の中で、かつての貿易相手国との通常の貿易と為替取引は事実上消滅した。さらに1941年12月8日米開戦で、同月23日「敵産管理法」公布となり、国内敵産の管理処分を開始した[26]。さらに同月27日に大蔵省令「外国為替管理法ニ基ク外国為替相場取極ニ関スル命令ノ件」を公布施行した。この為替相場公定措置要綱により為替相場は円建とし、1942年1月1日より政府が公定する体制に移行した。以後は為替相場の実質的な意味は乏しく、名目上の固定相場の中で占領地物資交易が最大の対外経済政策となる。

外国為替管理事務は大蔵省職員が商工省の事務所で作業する状態であったため、1942年4月1日より、この所管を商工省に切り替えた。これに伴い物質の輸出入に関する取り締まりは、資金も物資も商工省所管に一元化され、大蔵省

の為替管理は、資金収支の監督行政に転換した[27]。その後、為替局は1942年11月1日に廃止され、外資局に改組された。「外国為替管理法」施行後のアジア太平洋戦争期の新たな体制の中では、すでに民間の通常為替取引は消滅し、占領地間交易、すなわち物資移動に伴う政府の直接介入という状況を反映したものとなった。

1940年3月30日に南京国民政府（南京、汪精衛政権）の中央銀行として中央儲備銀行が設立され、同銀行券が1943年4月以降、華中の主要占領地通貨としての役割を与えられると、同銀行券100元＝日銀券18円の固定相場を採用した[28]。そのまま大蔵省は以後も固定相場を護持するため、為替相場変動による物価調整が不可能となり、為替相場や為替割当に換え、貿易調整料による統制貿易に移行せざるをえなかった。満洲における物価騰貴も顕在化したため、満洲との貿易についても調整料が徴収された。対満洲貿易では、日満商事株式会社が調整料を満洲側で賦課した[29]。それが最終的に1943年3月26日公布「為替交易調整特別会計及為替交易調整法」による為替交易調整特別会計の設置と、それによる統制貿易の調整料の吸収と補償金の交付という交易決済体制への移行となる。あわせて調整料吸収機関として、同年6月8日設立の交易営団（1943年3月5日「交易営団法」による設立）が活躍することとなる[30]。そのほか対中国占領地交易価格調整機構が複数存在した[31]。支那事変軍票流通地域の海南島については1942年8月31日設立の海南交易公社が1944年11月1日に改組されて、為替交易調整特別会計との価格差調整に着手した[32]。これらの機関と為替交易調整特別会計との取引は、為替取引というよりは価格調整取引のため内容を省略する。

1) 「産金法」、「金準備評価法」、「金資金特別会計法」および金資金特別会計の運用については柴田［2002a］第3章参照。有力産金鉱山を抱える植民地朝鮮でも大規模に産金吸収策が展開されていた。
2) 日本産金振興の産金支援策についても柴田［2002a］第3章参照。日本産金振興は全額金資金の出資で設立された。
3) 大蔵省主計局調査課・同理財局国庫課「第74回帝国議会提出金資金特別会計法

改正法律案参考書」1939年1月（旧大蔵省資料Z374-5）。
4）原［1972d］、原［1972e］が主要な先行研究であり、日本銀行百年史編集室［1983］でも解説を与えている。
5）日本銀行百年史編集室［1984］376頁。原資料は、大蔵省「日銀正貨準備ノ一部流用ニ関スル件」1938年6月14日（『臨雲文庫』蔵」）。
6）1942年12月から1943年6月にかけて、資金繰りに苦慮した金資金の資金補充策として、保有金塊を日銀に買戻し条件付で売却して現金を調達しており、③とは逆の金塊現先取引が後日実現する（柴田［2002a］185頁）。
7）前掲「第74回帝国議会提出金資金特別会計法改正法律案参考書」では、1938年金塊現送として金資金勘定77トンのほか、日銀勘定ではなく、「外国為替基金勘定」として87トン、342百万円を掲げている。この文書作成の1939年1月時点で金塊売却が完了していないため、金額は売却見込額であり現実売却額と異なる。
8）大蔵省昭和財政史編集室［1963］と日本銀行百年史編集室［1984］でも言及がない。
9）1949年12月1日「外国為替及び外国貿易管理法」に基づき、外国為替管理が実施されたが、大蔵省は貿易と貿易外に分け外国為替予算を内部で編成して、為替管理を行っていた（伊藤［2009］第1章参照）。それと制度的には通底する。
10）大蔵省大臣官房文書課「河田大蔵大臣上奏用資料」1940年12月（旧大蔵省資料Z809-25-4）。
11）柴田［1999a］179-180頁。満洲国対華北収支については、満洲国内華北労働者の労務送金もしくは携帯帰国による支払超過が多額に達して、満洲国対華北域際収支を圧迫していたという側面がある。通商産業省［1971］267-275頁では商工省令の説明のみで、それに先行した関東州・満洲国側の制度に言及がない。
12）この経緯は柴田［1999a］第8章参照。中支那軍票交換用物資配給組合の設立と活動については、中村・高村・小林［1994］各章も参照。
13）輸出調整料の機能については柴田［1999a］466-470頁参照。日本国内の複数の輸出調整料、占領地における輸入調整料を吸収していた組織が紹介されている。
14）「外国為替管理法改正案審議ノ為ノ外国為替管理委員会幹事会報告書」1941年1月26日（日本銀行金融研究所資料）。旅行者が商社から旅費の立替払を受けるのは大阪のある種の商人に多いと説明しているが、その業種は不明。
15）日本銀行外国為替局「外国為替管理法改正ニ関スル件」1941年1月28日（日本銀行金融研究所資料）。「（第四次改正案）」は両方とも手書き追記。この資料によると26日と27日に連続して外国為替管理委員会幹事会が開催されたことになるが、26日は27日の誤りか、もしくはその逆の可能性がある。

16) 「外国為替管理法改正其後ノ状況」1941年2月上旬に日銀外国為替局作成のメモと推定（日本銀行金融研究所資料）。
17) 「外国為替管理法改正ニ就テ」1941年2月5日、日銀外国為替局作成と推定。なおこの文書では「外国為替管理法中改正法律案」が「閣議通過」としているが、すでに法制局との協議で法案名称を改正しており、正しくは「外国為替管理法改正法律案」である。
18) 『第76回帝国議会衆議院外国為替管理法改正法律案委員会議録』第1回、1941年2月10日、2頁。大蔵次官広瀬豊作の説明。
19) 外国為替管理委員会「外国為替管理委員会幹事会開催ノ件」1941年3月18日（日本銀行金融研究所資料）。
20) この延長上で、1941年7月28日大蔵省令「外国人関係取引取締規則」が公布された。これが通称「資産凍結令」である（柴田［2002a］第7章参照）。
21) 大蔵省為替局総務課1941年2月24日（日本銀行金融研究所資料）。「昭和十五年」とあるが修正した。
22) 日本銀行金融研究所資料。
23) 「外国為替管理法施行規則実施ニ関スル外国為替管理委員会幹事会報告書」1941年4月4日（日本銀行金融研究所資料）。
24) 日本銀行外国為替管理局総務課「四月七日外国為替管理委員会記録」1941年4月7日（日本銀行金融研究所資料）。
25) 「資産凍結令」の施行については柴田［2002a］第7章参照。
26) 「敵産管理法」に基づく敵産管理処分と国内外敵産運用を管理した1943年3月27日設置の特殊財産資金特別会計についても、柴田［2002a］第7章参照。
27) 大蔵省昭和財政史編集室［1963］436頁。1941年12月13日「大蔵省官制」改正、「商工省官制」改正ほか勅令により、商工省監理局を大蔵省に移管したことに伴う所管事務の交換の一環である。1937年度より専売局がアルコール部門も所管していたが、アルコール部門のみの移管では、商工省は監理局を渡すには不足だと主張し、また当時は為替局職員が貿易為替管理事務を商工省に出向いて作業していた状態にあったため、あわせてその業務も移転した（大蔵省大臣官房調査企画課［1987a］410頁）。当時の理財局企画課長迫水久常の回想。「軍需次官」岸信介と交渉したと説明しているが移管時期からみて整合せず、また商工次官在任1939年10月19日〜41年1月4日も同様に移管時期と対応しない。大蔵省側は1941年7月25日就任大蔵次官谷口恒二があたったとあり、岸の1941年10月18日商工大臣就任当初の交渉のようである。なお1942年4月に専売局特別会計から燃料局酒精部特別会計が分離設置され、1943年4月に石油専売も所管する燃料局特別会計に改組された（大

蔵省昭和財政史編集室［1959］306頁）。
28) 中央儲備銀行券と対日固定相場については、柴田［1999a］第11章参照。中央儲備銀行設立については中央儲備銀行駐東京弁事処［1942］も参照。
29) 日満商事株式会社は1936年10月1日に準特殊会社の日満商事股份有限公司として設立、1938年5月に日満商事株式会社に商号変更、1939年12月26日「日満商事株式会社法」公布で、特殊会社に移行（柴田［2011b］）。同社の対日貿易調整については、柴田［2002a］第6章。なお満洲国内では、1942年5月5日設置、経済平衡資金勘定、1943年10月11日より法人化した経済平衡資金が所管し、同資金にかかる価格差損益は満洲国内で処理されていた（柴田［1999a］第5章参照）。
30) 為替交易調整特別会計と交易営団の設立、その占領地貿易の調整業務については柴田［2002a］第6章参照。そのほか占領地物価騰貴と貿易調整については、柴田［1999a］第13章、海南島の対日貿易調整については柴田［2008a］第8章を参照。
31) 交易営団設立で、既存の省庁別・地域別の調整料受払機関が整理統合されたが、それでも交易営団と平行して、朝鮮交易株式会社（1944年2月15日合併改組）、台湾重要物資営団（1944年1月22日律令「台湾重要物資営団令」により2月設立）、日本肥料株式会社（1940年7月22日設立）および日本飼料統制株式会社（1943年10月設立）が、価格差損失支払資金借入枠を与えられ、価格調整を続けていた。なお朝鮮交易は朝鮮貿易振興株式会社（1941年2月10日設立、対南方貿易調整）を朝鮮東亜貿易株式会社（1941年4月2日設立、対円域貿易調整）が合併商号変更（柴田［1999a］470頁）、東洋経済新報社京城支局『大陸会社年鑑』1942年版、93頁、朝鮮銀行史研究会［1987］632頁、『大陸東洋経済』第7号、1944年3月1日）。日本飼料統制は1938年4月設立飼料配給株式会社を改組。
32) 海南島の対日貿易調整機関として設置された海南交易公社とその活動については、柴田［2008］第8章参照。そのほか香港については、1944年9月1日設立認可の香港交易公社が、1944年11月16日に海南交易公社と同様に調整料の受け払い機関として位置づけられた（柴田［2008a］441-443頁）。

おわりに

1932年「資金逃避防止法」の公布で、満洲事変期の金輸出再禁止に伴う円相場下落に対処し、大蔵省は外国為替の長期資金に対する法的管理に乗り出した。さらに1933年にドイツ等に倣い「外国為替管理法」公布で、大蔵省は商工省に

先駆けて外国為替管理から強力な輸入貿易統制権限を獲得していた。1937年の軍事予算の大膨張に対応して輸入を調整する必要が発生し、「外国為替管理法」に基づき輸入為替許可制を導入した。ただし無為替取引等で抜け道はかなり残されていた。1937年の輸入急増に直面した大蔵省・商工省は輸入許可の圧力を強め、戦時体制における必需品に優先順位をつけながら、輸入削減に努めた。それは賀屋・吉野三原則に沿ったものでもある。個別事業者が品目別輸入に為替割当で選別されていった。軍需に直結する自動車関係の機械等輸入の優先順位は高く、関係する法人による輸入許可に対して割当が与えられた。従来の政府の横浜正金銀行を通じた外貨割当のマクロベースの解説にとどまらず、個別許可で対応したそのミクロの為替割当の積み上げでも当該事象を解説できることを確認できた。日中戦争勃発とともに1937年9月に「外国為替管理法」改正と「輸出入品等ニ関スル臨時措置ニ関スル件」の公布で為替管理と貿易統制が一段と強化された。

特に貿易統制において商工省が権限を主張するため、輸入については大蔵省の為替許可と商工省の輸入許可の二重の統制下に置かれることとなり、統制現場で両者の調整が講じられた。外国為替の制約から貿易をみる大蔵省と、国内物資需給から貿易をみる商工省の立場の違いから来る所管権限による軋轢は避けがたく、調整に苦慮したため、為替管理の風穴を開ける方策が模索されていた。大蔵省は為替局の権限と組織の拡大で行政組織的に対応し、商工省は当初の内局・貿易局のみならず、臨時物資調整局を設置し、貿易のみならず物資総動員の行政的担い手として権限の急拡大を図った。

輸入超過が常態化しているため、政府の海外払資金にも圧迫が加えられ、1938年度では満洲事件費の大幅圧縮で対応する策を取った。政策調整である程度の政府海外支出の圧縮は可能であった。大蔵省は産金動員と金塊現送で為替を補充しつつ、四半期ごとに為替予算を編成し、為替資金繰りを調整していた。日銀も手持ち外貨で外国為替基金を設置し、国内為替銀行に貸し付けて外貨不足の苦しい状況を支えていた。1940年に関満支向貿易で商工省が調整料による実質為替相場の調整に乗り出し、1941年「外国為替管理法」全部改正により、

戦時統制法規は新たな段階に進んだ。それでも日本の戦時為替管理体制は外国為替の全額政府集中といった制度にまで踏み込まなかった。個別為替割当による輸入許可制度がほぼ円滑に運営されていると判断されていたためと思われる。同年7月の資産凍結の応酬で、同法が駆使された。以後は政府系貿易統制機関を通じた直接的貿易統制に移行したため、為替取引を通じた貿易統制は、その役割を縮小した。

　商工省に先んじて「外国為替管理法」を制定した大蔵省は、その法律の持つ為替割当が強力な輸入統制と機能させたことで、貿易に対して強力な権限を持った。1937年9月以降の戦時統制法規の多数の制定を見ても、為替管理からする統制の中にあって、商工省は大蔵省との間で多くの権限調整を必要とした。商工省としては「輸出入品等ニ関スル臨時措置法」による統制のみならず、強力な物資動員の調整官署を設置し、人事や組織で権限拡張を試みたが、「外国為替管理法」による大蔵省の貿易統制権限に風穴を開けるのは、政府による直接貿易介入に移行する1940年の調整料の導入とその拡大である。1941年「外国為替管理法」全部改正とその後の国際情勢は、為替割当による貿易統制から、占領地との間の交易統制に伴う資金操作の業務へと移行させた。

第3章　戦時資金割当──「臨時資金調整法」と「銀行等資金運用令」の施行を中心に──

はじめに

　1937年7月の盧溝橋事件で日中戦争が勃発し、日本経済は戦時統制を採用する。効率的に軍需産業に生産要素を投入させるには、政府による直接的な介入は不可避である。政府による施策により軍需産業に資材・資金・労働力・技術等を優先的に投入させる体制が構築される。生産要素の動員において最も容易なものが、資金動員と貿易による選別である。日本の戦時統制経済において、最初に着手されたのが外国為替割当・輸入割当による統制であった。さらに1937年9月8日公布「臨時資金調整法」に基づき設備資金統制が導入された。統制対象者が限定される資金割当は統制が容易である。対象者は銀行等の限られた金融業態で、すでに免許制に移行している銀行はとりわけ統制が容易である。また所管官庁も大蔵省と商工省にほぼ限定されており、しかも資金供給先の軍需産業のほとんどは商工省所管にあり、また証券業・保険業は商工省所管であり、統制官庁として着手しやすい分野であった。資金統制はさらに強化され、1939年4月1日総動員勅令「会社利益配当及資金融通令」により会社資金調達に対して新たな統制枠組みが導入され、その後、この勅令を一層強化した1940年10月16日総動員勅令「銀行等資金運用令」により、運転資金全般にも統制が拡大した。この戦時統制経済の段階的な強化についてはすでによく知られている。

　従来の資金統制に言及するものとして、マクロベースの資金割当に関心が集中してきた[1]。それが日本の戦時期の産業構造に深く関わるからである。また

1940年の金融行政再編論議を分析の対象とした、金融制度史的研究も新たな研究の方向を示した（伊藤［1983］、［1984］）。戦時期の金融統制体制のあり方を検討することで、統制の有効性や戦後への連続的な把握も可能となる（山崎［1991a］）。資料発掘に基づいた金融統制会を中心とした政策展開の意味づけも行われてきた（山崎［1991a］）。とりわけ戦時期の金融制度全般を把握したうえで、個別業態の取引の分析が可能となってきた[2]。これまでも「臨時資金調整法」の制定経緯について、経済統制法制の導入全般の中で『美濃部洋次文書』を使って中村［1989］が分析を加えており説得的である。また同法施行について、1件別融資割当の紹介も試みられるようになってきたが、まだ事例としては限られている（麻島［1998］）。そのほか大蔵省と日本銀行で編纂された行政史が制度解説として有用である[3]。同法施行の資金配分機能について詳細な研究があるが（岡崎［1995］）、ほかの研究と同様に1942年までのデータしか発掘できていない。銀行からの融資先の紹介としては、戦時設備資金供給の中枢を担った日本興業銀行［1957a］の融資業種・融資先の紹介は詳細かつ有用である。さらに資料発掘により興銀の融資先を分析した麻島［1988］が詳細である。「臨時資金調整法」と「銀行等資金運用令」の施行の解明を試みた研究もある（柴田［2008a］）。特に戦時金融金庫については、新たな資料発掘で業務の実態を解明が行われた（山崎［2009b］）。資金割当は最も古典的かつ一般的な手法であり、東アジアにおいても満洲国、華北そして重慶に立て籠もった国民政府でも実施したが、その制度と内実がある程度明らかになっており[4]、比較史的分析も可能となってきた。本章は、柴田［2008a］の対象時期をアジア太平洋戦争期まで拡張し、両法令に関連する金融統計をできるだけ延長し、戦時期全体を通じた分析に耐えるよう整理して紹介したうえで検討を加える。それにより日本の戦時資金統制の一端を明らかにしようとするものである。さらに1945年までの資金割当の大枠の把握を行い、あわせて政府の意向を受けた興銀と戦金の融資と重ね合わせることで、「臨時資金調整法」と「銀行等資金運用令」による資金統制と特殊金融機関の関係が明瞭になるはずである。そのほか命令融資と軍需手形を統計的に解説し、さらに戦金の設立と資料に基づき再確認し、

その融資実態を先行研究を取り込み位置づけを図る。

1) 原［1967］が先駆的業績である。資料発掘が幅広く行われるようになり、山崎［1986］、［1991a］、［1991b］、岡崎［1995］が主要な業績である。
2) 伊牟田［1991a］の金融制度論的アプローチによる個別金融機関分析が参考になる。
3) 大蔵省昭和財政史編集室［1957］、日本銀行百年史編集室［1983］がある。
4) 満洲国の業種別資金割当については、柴田［1999a］第3章、華北の企業別等の資金割当については柴田［1998］とそれを取り込んだ柴田［1999a］第10章、重慶国民政府における中央中国交通中国農民四行聯合弁事総処による企業別資金割当については柴田［2006］参照。

第1節 「臨時資金統制法」体制の出現

1．「臨時資金調整法」の公布

1937年7月7日日中戦争勃発により、日本の経済体制は戦時へと移行するが、その前に大蔵省内では金融統制の検討を開始していた。すでに外国為替については、1933年3月29日公布「外国為替管理法」施行で、為替割当制度が導入され、輸入貿易統制に着手していたが、さらに1936年二・二六事件で大蔵大臣高橋是清暗殺と、3月9日発足広田弘毅内閣の大蔵大臣馬場鍈一就任による大蔵省幹部の大幅な人事異動で、軍の発言権が強まり、統制の強化を主張する意見も大蔵省内に表れ始めていた。金融統制については、1937年前半頃に、大蔵省銀行局が金融統制案を省議に諮り、これに対し統制の基準、資金統制の誘導先等が曖昧な提案であるとして、理財局長賀屋興宣（1936年5月30日～37年2月2日在任）は反対して潰したという[1]。賀屋が反撃したのは、銀行局に対する理財局側の金融統制の主導権をめぐる対抗という面もありうる。これについては銀行局の立案文書の傍証が必要であるが、これが事実であるならば賀屋・吉

野三原則をまとめる前から、銀行局内にも金融統制を主張する官僚がいたことになり、興味深い。

　1937年6月4日第1次近衛内閣発足とともに、財政経済三原則、別名賀屋・吉野三原則が声明され、貿易収支・財政・国内資金に関し統制的手法を導入することが鮮明となっていた。この三原則は大蔵次官賀屋興宣（1937年2月2日～6月5日在任）が理財局金融課長迫水久常に筆記整理させて取りまとめさせたもので、この原則の採用を、賀屋が1937年6月4日発足の第1次近衛内閣入閣の条件とした（賀屋［1976］91-98頁）。それが戦争勃発により本格化する。近衛内閣の発足で、賀屋・吉野三原則が国策として採用されると、金融統制の法制化に向けて大蔵省・商工省は作業を急いだ。金融統制については、「臨時資金調整法」公布として実現する。日中戦争勃発前に資金統制の構想はすでにできており、7月7日に日中戦争が起きなければ、別の形の法律になっていた可能性もある[2]。

　日中戦争勃発で、状況は激変した。そして統制法令の制定が急がれた。日中戦争への対処策を定めるため、9月4日召集第72回帝国議会で資金統制法規を導入する方針が固まった。理財局長賀屋が理財局金融課に「資金統制のための根拠法規を作れ」と命じた。市中の資金は銀行を中心に動くが、全面的に統制する手段として、銀行貸出、株式および社債によって動く資金をすべて統制し、資金を調整し一定の方向に流すという方向で、条文が練られたという[3]。

　1937年8月19日付の大蔵省理財局金融課「資金統制ニ関スル件」がまとめられている[4]。今のところ日中戦争勃発後の同課作成の金融統制方針を明示した残存する最も早期の文書のようである。この文書によると、資金統制は事業の新設・拡張のための資金（長期資金）を対象とし、運転資金は原則として含まれない、統制法規として別紙の「投資調整法（仮称）」を制定する、なるべく当事者の自主的統制に委ねる等が打ち出されていたが、金融機関の資金運用の適用外、すなわち運転資金供給については、既存の監督体系で対処するとした。その別紙として位置づけられている、同日作成理財局金融課「投資調整法案」によると[5]、資本金1百万円以上の会社を設置する場合、また同百万円以上の

会社の未払込資本金徴収、増資、合併をする場合、1年を通じて同一者が社債等の合計50万円以上発行する場合および金融機関から10万円以上6カ月を超える借入を行う場合には政府の許可を得る等の、長期資金の政府による許可制導入による統制方針を明らかにしていた。この立案は、会社に対する資金調達統制である。大蔵省内で会社資金調整を理財局、興業債券と銀行資金調整を銀行局が担当するとの、ある程度の業務分担がなされていた[6]。一連の大蔵省側の文書をまとめる理財局金融課は日中戦争勃発前の1937年5月4日に新設された。設置当初の課長は大蔵省の統制官僚の代表となる迫水久常であり、同課は日中戦争期国内資金統制の中心に立ち、大蔵省の統制経済を担当する辣腕官僚を集めつつ拡大していった。

先の立案を踏まえてやはり理財局金融課は1937年8月21日に「臨時資金適合法」をまとめている[7]。それは「投資調整法案」を下書きとしているが、「北支事件ニ際シ」と時期を限定したため、「臨時」が付されている。これにより特定戦争体制に適用時期を限定した法律として取りまとめられることになる。また法律対象が資本金10万円以上として、ほぼ「投資調整法案」と同様の統制方針が盛り込まれているが、この文書に手書きで「十万円」のうえに「五」が追加され、「五十」万円以上の企業が統制の対象と想定されていた。

他方、この法律検討案が商工省に回付されたが、その法制化により資金割当が行われる業種の重要性を反映して、1937年8月21日に商工省工務局（局長小島新一（1936年10月7日～38年7月23日在任））はこの融資割当の重点産業を明示している[8]。それによると金属精錬業（アルミニウム・マグネシウム）、機械器具工業（銃砲・弾丸及兵器類製造業、航空機製造業、自動車製造業、造船業、工作機械製造業、精密機械製造用工具及計測器製造業、採鉱選鉱及精錬機械器具製造業、化学工業用機械製造業）、化学工業（硫安製造業、パルプ製造業、タンニンエキス製造業、発火物製造業、ヒマシ油製造業、製革業、研磨材料及研磨用品製造業、工業薬品製造業、硝酸製造業、硫酸製造業、曹達灰製造業、苛性曹達製造業、ベンゾール類製造業）を列記していた。これらは兵器製造や関連軍需品の製造にかかる産業であり、商工省ははやくも重点産業を主

張することで法律による融資割当の優遇を求め始めていた。

この段階では、法律案のタイトルから「統制」の語句が消去されていた。本来は「資金統制法」が法律名称として相応しかったが、立憲民政党代議士町田忠治（1934年7月8日～36年3月9日商工大臣、1936年2月27日～3月9日兼大蔵大臣）が、「統制」の語が相応しくないとして名称変更を求めた。また経済財政三原則のような統制的手法の採用を明確に国策として掲げた政府、そしてそれを強く背中を押す軍部に対する国民の恐怖感が時代の不安感を醸成しており、「資金統制法」とせずに「調整法」という語に変えることによって、世間のおびえた空気を緩和しようとしたという[9]。

その後、日付が付されていないが、内容から判断して大蔵省理財局金融課が8月21日案の後に作成したとみられる「事業資金ノ調整ニ関スル件（未定稿）」がまとめられている[10]。事業資金調整手法として、金融機関の自治的調整組織を結成させて、資金供給を調整させ、また事業法人を統制する手法として一定の資本金（空欄）以上の会社設立については大蔵大臣及商工大臣の許可を受ける、未払込資本金徴収、増資、合併または目的の変更についても同様とする、事業資金調整機関として大蔵省に「臨時資金調整委員会」を設置し、事業設備の新設、拡張等を認め、資金供給の適否の標準を定める、会社新設・増資の許可等の事務は日本銀行にあたらせる等が列記されており、大蔵省・商工省共管の資金統制法規としてまとめられていた。この案は大蔵省側の立案であり、これに「臨時資金調整委員会」については大蔵大臣・商工大臣の共管を要求する書き込みがあり、商工省側が省益に関わる権限を主張している。同じ頃作成と思われる「事業資金調整要綱」では[11]、前の文書の要点のみまとめたものであるが、主務大臣を明記せずに「政府」とし、主管の権限争いを表面化させていない。なお理財局の金融統制の立案に対して、銀行局は貸出案件1件別に大蔵省が許可を行うのは煩わしいとして、理財局の提案と対立したため、法律の建前として、銀行貸出については許可を必要とするが、一定の条件に該当する金融機関については事実上許可を必要としないという対処方針を打ち出し、それが金融機関の自治的調整組織を創出させることになった[12]。

その後、理財局金融課試案の「臨時事業資金調整法案」として法文化された[13]。それによると第１条に「本法ハ昭和十二年七月発生シタル事件ノ推移ニ慮リ国内資金ノ使用ヲ調整シ其ノ需給ノ適合ニ資スルコトヲ目的トス」と、目的が掲げられており、第２条で銀行等金融機関は命令により、事業設備の新設、拡張改良に関する貸付または有価証券応募・引受・募集取扱をなすときは政府の許可を受ける、第３条で金融機関以外のもので有価証券の引受・募集等を取り扱うものは政府の許可を受ける、第４条に自治的組織で調整を行うときは政府の命令により上記の許可を適用しない、第５条に資本金（空白）万円以上の会社設立については政府の許可を受ける、第６条に資本金（空白）万円以上の会社は、未払込資本金徴収、増資、合併、目的変更等について政府の許可を受ける、そのほか事務は日銀に任せる、調査審議のため大蔵省に「臨時資金計画委員会」を置くとした。この法案には所管省は明示がないが「委員会」を設置する大蔵省となる。そのほか「融資審査委員会」を置く等が規定されていた。この法案は８月30日の手書き日付のある「臨時資金調整法案」で改訂され、法案の名称も修正された。また第１条は「本法ハ今回ノ事変ノ推移ニ慮リ」に修正されていた。また第２条として、金融機関とそれ以外の機関の統制を同じ条文に取り込み、先の資本金額が空欄になっていた部分が、「命令ノ定ムル金額以上ノ資本ノ会社」に修正し、法律では明示せず、下位の法令に委ねる方針とし、調査審議のため「臨時資金調整委員会」を、また資金供給に関し重要なものについて適否を決定する「臨時資金審査委員会」を設置する等と改められたが、いずれも大蔵省に設置とは明示していない。そのほか金資金については興業債券への運用を認め、興銀は５億円を限り制限を越えて債券を発行でき、政府が元利保証を与える等の債券条項を付け加えた[14]。この案が実現する法律に近づいており、省議決定案に近いものと推定できる[15]。ただしさらに翌日の同名の法案で検討を重ねられ、多数の書き込みが残されており、商工省側の意見が盛り込まれている。「臨時資金調整法案」に「事業」を再度追加しようという書き込みも見られ、また第１条に「支那事変ニ関聯シ」等と修正する提案の書き込みもなされていた[16]。日本勧業銀行の小口貯蓄債券増発枠の規定に比べ、

金資金によるより多額の興銀債引受条項が付されていたため、興銀資金調達は格段に優遇されていた。

結局これらの修正意見を踏まえて、9月1日に法制局に持ち込まれたのは「臨時資金調整法案」であり[17]、第1条に「本法ハ支那事変ニ関聯シ物資及資金ノ需給ノ適合ニ資スル為国内資金ノ使用ヲ調整スルヲ目的トス」と修正されており、また重要事項の調査審議のため「臨時事業資金調整委員会」を置くと定めており、修正が施されていた。それ以外の部分については大蔵省側もさほど妥協していない。そして決定案では、「臨時資金調整委員会」と「臨時資金審査委員会」を置くと修正されていた[18]。こうして法案は法制局審査を経て、9月2日に閣議決定、4日に第72回帝国議会に臨時軍事費予算案等とともに提案され、可決を受け、1937年9月10日に「臨時資金調整法」が公布された。この立法作業の間に、政府元利保証を付した興銀債増発による興銀融資増大について、銀行局長入間野武が興銀副総裁河上弘一を大蔵省に呼んで、興銀債発行による政府保証融資の導入趣旨を説明すると、政府保証付興銀債の発行とそれに伴う融資業務の拡張となるため、河上はこの制度導入を歓迎した[19]。

2．「臨時資金調整法」の調整方針

「臨時資金調整法」は1937年9月15日に第11条を施行し、臨時資金調整委員会の設置を規定し、9月16日に「臨時資金調整委員会官制」公布施行で、同日に臨時資金調整委員会が設置された。会長総理大臣、副会長大蔵大臣・商工大臣、委員内閣任命の両院議員、民間学識経験者、関係各省官吏等で40人以内とし、法律の施行方針を定めるものとした。9月22日に第1回委員会を開催し、「事業資金調整標準に関する件」と「事業資金調整標準」を決定し、同月27日に残る全文が施行となった。臨時資金調整委員会が決定した方針に沿って、資金調整を開始した。これとは別に同年9月27日勅令「臨時資金審査委員会官制」が公布され、同日に臨時資金審査委員会が設置された。会長日銀総裁、内閣任命関係各省官吏および日銀職員とし6名以内とした（大蔵省昭和財政史編集室［1957b］70-71頁）。臨時資金審査委員会は個別の大口融資審査等を行うもの

である。そして臨時資金審査委員会の下に幹事会が置かれ、日銀資金調整局のほか大蔵省、農林省、商工省、鉄道省等から幹事を送り込み、実際の許認可権限は幹事会が掌握していたという[20]。そのため幹事会の個別所管権限は大きなものであった。

　法律の下位法令である勅令「臨時資金調整法施行令」が公布されるが、大蔵省理財局金融課試案と記された勅令検討案が残っている[21]。日付はないが、「臨時資金調整法」公布前の案文である。その試案によると、金融機関は事業設備の新設、拡張、改良の資金10万円以上の貸付、貸付金が予算時10万円を超える事業設備の新設、拡張、改良のための資金の3万円以上の貸付を行うときには大蔵大臣の許可を受ける、一回の発行額10万円以上の社債、外国債・外国株式等の取得について大蔵大臣の許可を受ける、資本金50万円以上の株式会社、出資額50万円以上の合名会社と合資会社等について大蔵大臣と商工大臣の認可を受ける、設立を許可された会社の第2回以降の株式払込、予算10万円を超える事業設備新設、拡張、改良等について大蔵大臣と商工大臣の許可を受ける等が規定されており、資本金50万円の会社設立要件が明示されていた。

　この検討が行われ、法律施行後の1937年9月24日勅令「臨時資金調整法施行令」として公布された（施行9月27日）。公布された施行令では金額10万円以上の融資等と会社設立50万円以上の規制対象がそのまま採用されているが、さらに次の重要産業については未払込資本金全額徴収以前に増資を可能とした。航空機製造事業、金属工業機械製造事業、兵器及兵器部分品製造事業、鋼船製造事業、製鉄事業、産金事業、石炭礦業、石油鉱業・石油精製業および石油輸入業が指定された。

　自治的調整組織に任せる形をとるため、その調整基準が必要であり、「臨時資金調整標準」が策定されることになる。当初の理財局金融課の1937年9月3日の案では[22]、産業の融資別優先順位として、6段階に分けており、A1甲、A1乙、A2、B、C、Dの順とした。この順位の説明として、A1は国防産業および基礎産業中生産設備の不足により需要激増が予想され、融資が特に必要なものとし、そのうち甲は時局に鑑み融資を優先的に考慮する、乙は国策上奨

励しなければならない事業で融資の必要が甲に次ぐものとした。Ａ２は国防産業および基礎産業中、融資の必要がＡに次ぐものとし、Ｂは輸出促進または輸入防圧のため、融資を必要とする産業とし、Ｃは融資の必要のない産業、Ｄは融資を抑制すべき産業と判定した。この基準で細目分類されている個別産業ごとに優先順位が付されている。例えば紡織工業では24業種に分類されているが、ほとんどＣかＤであった。他方、金属工業は兵器生産に直結するような鉄、亜鉛、鉛、アルミ等についてはＡ１の甲か乙、Ａ２の分類が多いが、金属板製品のような産業はＣが多い。機械器具工業では電気機械器具等でＡ２、農業用機械器具等でＣ、工作機械・化学工業用機械装置製造業等はＡ１に分類されていた。鉱工業以外の醸造業はＣかＤで、農林水産畜産業はほとんどＣであった。このように兵器産業や軍需産業との関連で優先順位が付されており、これによる優先順位を付した資金割当が考慮されていた。

　この立案が商工省等と協議を経て修正され、1937年９月「事業資金調整標準ニ関スル件」により優先順位設定の方針が示された。それによると優先順位の６段階は甲イ、甲ロ、乙イ、乙ロ、乙ハ、丙の順とした。そのうちの甲イは、生産力拡充計画並兵器製造業及航空機製造業、甲ロは、生産力拡充計画及軍需に密接な関係のある産業、乙は甲と丙に属しない産業で場合により事業設備の新設、拡張または改良の必要のあるもので、事業の性質によりイ、ロ、ハに分ける、丙は、生産力過剰の産業、奢侈的その他当不要の産業、以上に分類された。そして他の省庁の意見を踏まえて、同時に「臨時資金調整法ニ基ク事業資金調整標準」として決定され、施行令より先の９月21日に、臨時資金調整委員会が決定し公表した。

　ただしこの優先順位の序列づけも、大蔵省と他省庁との折衝で順位の調整が可能であったようである。理財局金融課が資金調整標準の順位づけ作業を進めている過程で、農林省蚕糸局長吉田清二が理財局金融課長迫水久常に怒鳴り込んで、蚕糸業は重要産業であり丙とするのはけしからんと強く主張した。この抗議を受けた迫水は、面倒だから乙に昇格させたという。他方、絹糸紡績業は丙のまま据え置かれた[23]。これは法律を所管する大蔵省への影響力があれば、

優先順位についてはある程度の裁量の余地があったことを告げるものであろう。

こうして法律公布前に法律適用業種について、大蔵省は業種別認可基準を発表し、融資割当の実施の内容を具体的に示していた。理財局金融課はこの序列づけの作業を2週間ほどで仕上げたという[24]。そして同月中に自治的資金調整準則を公表し、「自治的」に資金調整を実施するように求めた。これに応じて9月17日に65銀行により東京地方銀行自治的資金調整団が結成され、そのほか日銀本支店管轄区域別に自治的資金調整団が結成された。そのほか農工銀行については農工銀行同盟会、産業組合中央金庫および信用組合聯合会については産業組合金融統制団、貯蓄銀行については全国貯蓄銀行協会、信託会社については信託協会、証券引受業については資金自治調整証券団、生命保険会社については生命保険会社協会、損害保険会社については大日本火災保険協会がそれぞれ自治的資金調整団体として位置付けられた（大蔵省昭和財政史編集室［1957b］77頁）。

3.「臨時資金調整法」の施行体制

大蔵省の「臨時資金調整法」の当初の担当部署は法律制定にあたった理財局金融課であった。ただし「臨時資金調整法」は第5条で個別融資審査案件を行うことになっているが、理財局金融課に、1件別悉皆融資審査をするほどの人員を抱えているわけではなく、個別融資審査は日銀に任せることとなった。1937年9月27日の「臨時資金調整法」の本格施行に伴い、この資金割当を担当するため、同日に日銀は資金調整局を設置した。同局が個別融資審査を担当するため、市中銀行と銀行を経由した資金供給先に対して強力な統制権限を獲得した。臨時資金調整標準には業種しか記載がないため、個別申請企業については、日銀が実質的に1件別融資の許認可権限を有した。同年10月で32名であった資金調整局の担当者がその後の業務増大に伴い、1939年12月で58名となっていたが、さらに1940年12月16日に後述のように「銀行等資金運用令」が公布施行されるに伴い、運転資金統制業務の1件別融資審査も日銀資金調整局が担当することとなり、1941年12月では104名にまで増大していた[25]。大蔵省理財局

金融課と日銀調整局が「臨時資金調整法」による設備資金、社債発行・株式発行増資に対して強力な許認可権限を与えられた。統制の網を搔い潜る業者が現れる。大蔵省理財局金融課と日銀資金調整局の資金割当審査担当職員が、会社設立、増資、事業設備拡張に伴う申請で、10社を超える業者から請託を受け、収賄で逮捕され東京検事局により公判に付されるという事件まで起きた[26]。統制権限強化の中で、施行する側の強大な裁量権に対し、個別利害を反映させようとする企業は少なくない。統制強化の中で発生する贈収賄といった負の裏面は常に発生する可能性を持っていた。

　その後、1938年8月15日「臨時資金調整法施行令」改正施行で、要許可限度10万円以上を5万円以上に引き下げ、自治的調整の範囲を圧縮し、会社設立・合併・未払込資本金徴収等の認可企業を公称資本金50万円以上から同20万円以上までに適用対象企業の枠を拡張した。これによりそれまで許可限度内で調達していた資金を絞り込み、資本金を50万円未満で抑え統制回避を図っていた企業が統制の標的となった。

　1939年12月7日に資金調整強化を決定した。これは同年9月1日欧州大戦勃発の事態に対処したもので、自治的調整範囲の縮小と事業資金調整標準の変更を行った。この決定は同月15日に実施された。さらに1940年5月16日に日銀は地方自治調整銀行団の軍需産業に対する貸出を、軍部当局の承認したものを除き抑制する旨の通達を出し、別枠選別融資により一段と軍需企業への割当を強めた。また7月9日に大蔵省は資金統制強化のため、金融機関に対し四半期ごとに貸出残高を報告させるとの決定を行い、さらに8月3日には、主要銀行に対して6カ月ごとの預金貸出等の見込報告を行わせる旨通牒した。

　大蔵省の「臨時資金調整法」の所管は、1940年12月18日に理財局に新設された資金調整課に移り（課長宇川春景）、その後1941年7月16日設立の会社部資金調整課に移管された（課長船山正吉、10月29日より加藤八郎）。理財局金融課は1940年12月18日に企画課となり（大蔵省百年史編集室 [1969b] 82-83頁）、迫水久常がそのまま企画院第一部第一課長兼務で企画課長を続け、金融政策全般に影響力を残した。銀行局では1937年5月4日設立の調査課が金融統制を担

当したが、興銀債発行は特別銀行課の所管であり、そのほか普通行課も「銀行法」の規定する銀行業務を監督していた[27]。これらの権限の関係については不詳の部分がある。商工省では1937年5月1日に統制局金融課を設置した（課長猪熊信二（兼務）、1938年12月28日より松田太郎）。統制局は1939年6月15日に廃止され、1939年6月16日設置の総務局生産拡充課に移され（課長岡松成太郎、1940年8月31日より橋井真、1941年5月15日より山本高行）、「臨時資金調整法」と「会社利益配当及資金融通令」の所管業務を担当した。その後、1941年1月21日に商工省総務局に資金調整課が新設され（課長橋井真（兼務）、1941年4月12日より山本高行、5月15日より辻邦生（兼務））、「臨時資金調整法」等の資金調整業務を所管したが、同年9月3日に資金課に改称した（課長辻邦生）（産業政策史研究所［1981］）。

1) 賀屋［1976］77頁。1937年日中戦争勃発前の銀行局の資金統制案については文書が残っていないため、傍証できない。賀屋興宣の職歴は、大蔵省百年史編集室［1969b］72頁。当時銀行局に長く勤務した星野喜代治（1935年9月4日銀行局普通銀行課長、1936年3月14日同局特別銀行課長、1936年11月25日同局検査課長、1938年7月20日大蔵省退官）の回想録には、普通銀行課長時代は1県1行主義の銀行合併も終了したため平穏で、特別銀行課長は特殊銀行管理と、1936年3月31日から退官するまで大蔵大臣秘書官を兼務したため多忙だったとの記載となっているが（星野［1967］43-45頁）、金融統制法規導入に言及がない。1937年5月4日に就任する銀行局長入間野武雄の回想にも、この日中戦争勃発前の金融統制案に関する明確な言及はない（大蔵省大臣官房調査企画課［1978a］477-478頁）。立案されたとしたら、入間野の銀行局長就任前に検討された案のようである。なお後日銀行業の金融統制の業務を所管する銀行局調査課は1937年5月4日設立であり（大蔵省百年史編集室［1969a］152頁）、同課設立前の立案となろう。
2) 大蔵省大臣官房調査企画課［1978a］31-32頁。当時大蔵大臣賀屋興宣の回想。ただし導入の時期がいくらか遅くなっても同様の統制を行う法規を作ったはずと説明している。
3) 大蔵省大臣官房調査企画課［1978a］453頁。当時理財局金融課長迫水久常の回想。
4) 東京大学図書館蔵『美濃部洋次文書』マイクロフィルム版（以下『美濃部洋次文書』と略記）2034。これについて中村［1987］でも細かな紹介がある。麻島［1998］

では、制定過程の資料発掘は行われず、大蔵省行政史の解説の再述の域を出ていない。
5）『美濃部洋次文書』2305。
6）大蔵省大臣官房調査企画課［1978a］477-478頁。当時銀行局長入間野武雄の回想。この制度設計の中で、後日、戦金として結実することになる「金融会社」設立も検討されたようである。
7）『美濃部洋次文書』2306。
8）商工省工務局「融資上特ニ考慮スベキ工業」1937年8月21日（『美濃部洋次文書』2307）。商工省側は工務局工政課（課長美濃部洋次（1937年7月13日〜38年5月9日在任））が担当したようである（産業政策史研究所［1981］）。後年、没後の美濃部洋次を巡る座談会で、迫水久常は美濃部と共同で「臨時資金調整法」制定を担当して上手くいったと思っていると回想している（日本評論社［1954］346頁）。二人は学生時期より昵懇のため、法案確定間際まで、両者間で調整が可能であったと見られる。
9）大蔵省大臣官房調査企画課［1978a］20-21頁。当時の大蔵大臣賀屋興宣の回想。大臣歴任者代議士の意向を入れたことになる。
10）『美濃部洋次文書』2435。中村［1989］は9月21日前の案文と想定しているようである。
11）『美濃部洋次文書』2434。
12）大蔵省大臣官房調査企画課［1978a］453頁。当時、理財局金融課長迫水久常の回想。
13）『美濃部洋次文書』2311。
14）『美濃部洋次文書』2313。1937年8月25日設置の金資金特別会計と同特別会計の歳入歳出外資金の金資金の制度と金資金による興銀債引受については、柴田［2002a］第4章参照。
15）「臨時資金調整法案」1937年8月31日付手書き（『美濃部洋次文書』2314）。金資金の運用については柴田［2002］第4章参照。
16）「8月下旬に資金調整に関する省議が開かれた」との当時の銀行局長入間野武雄の回想から（大蔵省大臣官房調査企画課［1978a］477頁）、それに該当しよう。大蔵大臣賀屋興宣は8月14日から15日にかけて第2次上海事変の善後措置の会議が続き、大蔵大臣官邸に戻って、15日中に「臨時資金調整法」を決定したとの説明があるが（大蔵省大臣官房調査企画課［1978a］24頁）、省議決定は法案検討過程からそれより遅いと見られる。中村［1987］でも典拠資料群に「省議案」等の語句を見出せていない。省議決定案と日付を今のところ特定できていない。なお第

第 3 章　戦時資金割当　139

2 次上海事変は1937年 8 月 9 日勃発、11月まで戦闘が続いた。
17)　『美濃部洋次文書』2361。「一二、九、一　於法制局」の書き込み。
18)　「臨時資金調整法案（決定案）」日付なし、1937年 9 月 2 日以降と推定（『美濃部洋次文書』2317)。「（決定案）」は手書き書き込み。
19)　大蔵省大臣官房調査企画課［1978a］478頁。当時銀行局長入間野武の回想。
20)　大蔵省大臣官房調査企画課［1978a］455-456頁。当時理財局金融課長迫水久常の回想。責任は大蔵大臣ではなく臨時資金審査委員会会長の日銀総裁が持ち、各省から送り込まれた職員が掌握する幹事会が実際の権限を行使した形になっていたという。
21)　「臨時資金調整法施行令案（大蔵省理財局金融課試案）」日付なし（『美濃部洋次文書』2325)。
22)　大蔵省理財局金融課「資金調整ノ標準ニ関スル参考資料」1937年 9 月 3 日（『美濃部洋次文書』2323)。
23)　大蔵省大臣官房調査企画課［1978a］454-455頁。吉田清二の肩書きを「大日本蚕糸会会長」としているが、1938年 5 月 9 日～41年 5 月 3 日の間、農林省蚕糸局長在任。所管業種の融資優先順位を高めるために大蔵省に交渉に来たものと思われる。吉田は蚕糸局長を辞して1941年 5 月 7 日設立の日本蚕糸統制株式会社の副社長に就任する（森本［1949］附録 2 - 3 頁)。社長に昇格後、財団法人大日本蚕糸会会頭に就任する。
24)　大蔵省大臣官房調査企画課［1978a］454頁。当時の理財局金融課長迫水久常の回想。「臨時資金調整標準」は、法律的根拠がないまま大蔵省と日銀がこの基準に沿って調整しろという通達を出したにすぎない状況であり、後日振り返ると法律にしなければ効果がなかったようだとの当事者の評価がなされている。
25)　日本銀行『日本銀行沿革史』第 3 集第17巻「資金調整」68-69頁。
26)　『朝日新聞』1941年 7 月26日。同時に企画院職員 1 名も逮捕された。
27)　銀行局が銀行保険局に改組される1943年11月 1 日までの日中戦争勃発後の調査課長は、1937年 5 月 4 日広瀬経一、1938年 6 月 8 日船山正吉、1940年12月18日～41年 5 月10日吉村成一、1941年10月29日船山正吉、特別銀行課長は、1937年 6 月11日山際正道、1941年 8 月30日櫛田光男、普通銀行課長は、1936年 4 月18日小宮陽、1938年 6 月11日岸喜二雄、1940年 5 月25日浜田徳海、1942年10月29日船山正吉であった（大蔵省百年史編集室［1969b］73、84頁)。

第2節 「臨時資金調整法」の施行

1.「臨時資金調整法」による資金割当の概観

　自治的調整が中心の日中戦争期における資金割当を紹介しよう。1937年9月10日公布「臨時資金調整法」が、同月15日に第11条のみ施行され、さらに同月27日より全文施行となり、融資統制が導入された。設備資金統制に関する統計はいくつも公開されている。大蔵省の編纂した事業史にも10点を超える統計が掲載されている（大蔵省昭和財政史編集室［1957］95-107頁）。大蔵省事業史の多くの統計は百万円単位の暦年もしくは会計年により集計されている。ただし多くは1941年度末で掲載を止めている。本章では統計を日本敗戦まで接続を試みている。ただし大蔵省統計が財政統計と連動させるため、年度統計として編集しているものが多いのに対し、日銀統計では銀行等の決算が6月・12月で1943年12月まで続いたため歴年統計が多く、単純に接合できないが、敗戦時の累計が集計されている統計については、1937年から1945年までの接続を試みた。

　申請・認可の件数・金額の統計は1944年まで見出せる（表3-1）。この歴年統計によると、1943年までほぼ増大を続けており、申請に対する許認可の比率は高い。また臨時資金審査委員会に付議される案件の比率は、1937年は低かったが、1939年に5割を越え、1941年には6割を越えており、同委員会の審査活動は多忙なものであったといえよう。統制は表面上導入されたものの、それまでの資金調達を勘案し、再融資はそのまま承認する等の、統制による過大なインパクトを避けたということが明らかである。また採択率と承認金額比率はほぼ一定であり、小口案件の採択が低いとはいえないようである。つまり多くの設備資金は、一部自制して不要な申請を提出しなかったということも十分にありうるが、それでも事実上は黙認されたということができる。それであれば「臨時資金調整標準」のような物々しい優先順位の設定がどれだけ有効であったかはなんともいえないが、申請を自制させるアナウンスメント効果だけは十

分に見られたはずである。
市中の資金繰り状態により
いつでも優先順位表に基づ
き、劣位に置かれている案
件は却下されるという状況
に置かれつつ、事業法人は
設備資金の銀行融資もしく
は証券発行を申請して、そ
の承認を得たうえで資金調
達を続けたことになる。

設備資金供給で認可を得
た申請事項別の会計年度統

表3-1 「臨時資金調整法」申請処理

(単位：件、百万円)

年度	申請		許可		臨時資金審査委員会付議	
	件数	金額	件数	金額	件数	金額
1937	1,709	3,102	1,678	3,056	783	2,444
38	2,910	4,600	2,832	4,523	1,032	3,697
39	4,436	6,184	3,926	5,782	2,392	5,575
40	5,084	7,338	4,080	6,598	3,080	6,343
41	5,352	8,347	4,312	7,833	3,687	4,266
42	6,248	8,109	5,482	7,824	4,997	5,192
43	8,771	15,051	8,305	14,814	6,712	10,657
44	4,394	5,935	4,199	5,849	3,186	3,559
累計	38,904	58,667	34,814	56,280	25,869	41,733

注：1937年度は9月～12月末、1944年度は9月末まで。
出所：日本銀行百年史編纂委員会［1984］295頁。

計では（表3-2）、事業設備、株式払込、資本増加、会社設立、会社合併、社債募集、目的変更に分類されているが、目的変更のみ件数統計で、ほかは金額の併記がある。金額としては事業設備が1937年度では1,050百万円で最多額であるが、以後はその比率は低下し、1938年度では資本増加が1,568百万円、1939年度では株式払込が1,383百万円、資本増加が1,296百万円、会社合併が1,266百万円となり、このうち株式払込・資本増加は自社および関係会社の増資もしくは未払込資本金徴収に応じたものである。1941年度には会社合併が3,228百万円に達し、戦時の企業合同と企業整備による不急産業の強制的な廃業を反映している[1]。

次に、自治的資金調整による金融機関事業資金貸付を紹介しよう（表3-3）。銀行による融資割当は1937年度280百万円、1938年度1,166百万円、1940年度2,163百万円へと増大したが、1941年度では1,922百万円へといくらか減少している。この金額は表3-2の「事業設備」項目の許認可金額と合致せず、1938年度以降、大幅に上回っている。そのため株式振込・増資引受・会社設立を名目とした資金も、金融機関事業設備資金貸出に含まれているとみられる。融資先の業種は当然ながら工業が突出して多額であり、ほぼ過半を占めていた。工

表 3-2 「臨時資金調整法」

申請事項	1937年度 件数	1937年度 金額	1938年度 件数	1938年度 金額	1939年度 件数	1939年度 金額	1940年度 件数	1940年度 金額	1941年度 件数	1941年度 金額
事業設備	845	1,050,157	808	583,685	1,534	833,769	1,957	767,354	2,308	1,096,050
株式払込	414	401,044	903	856,952	949	1,383,989	751	1,402,225	498	934,403
資本増加	198	774,066	422	1,568,638	479	1,296,454	449	1,662,260	463	1,576,520
会社設立	120	467,165	238	874,740	316	994,806	240	563,310	487	988,263
会社合併	30	363,997	89	632,104	86	1,266,976	122	2,186,878	134	3,228,233
社債募集	—	—	7	6,950	7	6,450	9	15,700	7	9,450
目的変更	71		365		555		552		415	
合　計	1,678	3,056,429	2,832	4,523,069	3,926	5,782,444	4,080	6,597,727	4,312	7,832,919

注：1945年度は4〜9月。
出所：日本銀行『日本銀行沿革史』第4集第18巻「戦時統制」7-12頁、大蔵省金融局「第89回帝国議会参考書」1945

表 3-3 金融機関事業設備資金貸付事業別

(単位：百万円)

	1937年度	38年度	39年度	40年度	41年度	1937〜41年度累計	うち銀行分	42・43年度	44年度	45年度	累計
鉱業	33	175	297	230	244	1,069	927	2,854	711	236	4,870
工業	163	699	921	1,062	1,267	4,462	3,873	21,068	7,423	2,290	35,243
農林業	0	1	2	6	3	12	11	156	49	132	349
水産業	4	22	4	3	3	37	32	151	15	55	258
交通業	59	135	129	289	245	928	829	4,253	854	126	6,161
商業	7	54	12	59	8	142	136	320	38	11	511
雑業	4	17	85	293	25	446	372	301	64	22	833
その他	10	62	138	220	117	556	454	423	34	18	1,031
合計	280	1,166	1,590	2,163	1,911	7,651	6,634	29,526	9,192	2,893	49,260

注：1945年度は4〜9月。
出所：日本銀行『日本銀行沿革史』第3集第17巻「資金調整」、大蔵省金融局「第89回帝国議会参考書」1945年11月（旧大蔵省資料 Z389-9）。

業は日中戦争期で銀行融資割当額の最多額を占め、1940年度で1,062百万円、1941年度で1,267百万円であり、1941年度までの累計で60%をやや下回っていた。銀行以外の資金調達も存在するため、銀行業への依存率は業種によりやや異なる。農林業・水産業は銀行依存率が高く、他方、工業と雑業は低い。大手製造業者は株式・社債発行による直接金融の資金調達が可能である。この金融機関の貸付が融資割当の際の調整標準を適用される。優先順位の高い甲イに分類された業種は1942年3月累計で、7,651百万円のうち4,765百万円、甲合計で5,419

による許認可件数・金額

(単位：件、千円)

1942年度		1943年度		1944年度		1945年度		累　計	
件数	金額	件数	金額	件数	金額	件数	金額	件数	金額
2,691	1,894,091	4,253	5,071,129	3,879	3,728,218	1,457	2,243,818	12,671	19,950,110
536	1,029,504	580	1,725,139	481	1,326,230	70	216,151	5,540	10,168,920
747	2,267,667	1,281	3,577,550	1,664	4,219,591	388	1,219,981	7,364	20,836,428
875	1,221,223	978	1,361,149	988	1,185,697	183	277,898	5,238	9,095,523
178	1,405,086	349	3,067,045	324	1,906,412	83	865,661	1,652	16,599,915
4	6,500	6	12,312	1	2,000	—	—	42	60,362
451		858		699		138		4,712	
5,482	7,824,071	8,305	14,814,324	8,036	12,368,148	2,319	4,823,509	47,219	76,711,262

年11月（旧大蔵省資料 Z389-9）。

表3-4　金融機関事業資金貸付調整標準別

(単位：百万円)

	1937年9～12月	1938年	1939年	1940年	1941年	1937年9月～42年3月	銀行分
甲イ	142	709	1,057	1,152	1,330	4,768	4,158
甲ロ	58	104	52	194	183	651	591
甲計	200	813	1,109	1,346	1,513	5,419	4,749
乙イ	54	125	150	54	117	544	481
乙ロ	11	11	192	345	22	881	723
乙ハ	2	45	24	41	40	162	134
乙計	67	280	366	440	359	1,587	1,338
丙	12	73	114	377	39	645	547
合計	279	1,166	1,589	2,163	1,911	7,651	6,634

出所：前掲『日本銀行沿革史』第3集第17巻「資金調整」20頁

百万円であり、ほぼ優先順位の高い業種に資金が集中していたといえる（表3-4）。他方、丙に分類される業種は1940年で10％を超えているが、それ以外の年では取るに足りない金額となっている。当然ながら優先順位の高い業種に分類されることが、銀行融資を受ける企業にとっては重要であった。この融資割当のうち銀行の引き受けたのは1942年3月累計で6,634百万円である。この銀行等融資の資金が貸し付けられた後に、企業ですべてが事業設備に投入されたわけではない。改めて金融機関事業設備資金貸付と表3-2を比較すると、

表3-5　金融機関事業

	1937年9～12月	うち銀行	1938年1～3月	うち銀行	1938年4～6月	うち銀行	1938年7～9月	うち銀行	1939年1～3月
甲イ	142,057	118,922	147,159	128,050	202,900	178,265	136,174	117,469	170,048
甲ロ	58,556	49,256	26,047	23,587	25,234	22,055	26,407	25,137	8,959
甲計	200,613	168,178	173,206	151,637	228,134	200,321	162,580	142,605	179,007
乙イ	53,864	46,317	28,496	21,927	27,864	27,664	33,957	30,018	35,433
乙ロ	11,545	8,946	17,921	9,908	42,424	28,903	16,232	12,084	15,371
乙ハ	1,739	1,374	6,558	3,862	6,546	4,051	7,073	5,052	3,618
乙計	67,148	56,637	52,975	35,697	76,835	54,041	57,262	47,154	54,422
丙	11,895	7,147	11,576	10,346	25,536	20,451	14,247	12,017	6,740
合計	279,659	231,965	237,757	197,680	330,506	274,814	234,090	201,776	240,168

出所：臨時資金調整委員会「昭和十二年中臨時資金調整法施行状況」1938年1月（外務省記録 E.1.1.0.7-4）、同「昭四月至六月臨時資金調整法施行状況」1938年7月（外務省記録 E.1.1.0.7-4）。

表3-6　社債発行

（単位：百万円）

年度	本邦会社債	満洲関係債	中国関係債	合計
1940	795	859	285	1,939
41	1,632	810	354	2,796
42	1,421	792	400	2,613
43	2,047	443	512	3,003
44	2,568	359	584	3,511
45	1,220	282	90	1,592

注：1）1942年度以降本邦会社債に営団債を含む。
　　2）満洲関係債に満洲国債を含む。
出所：前掲「第89回帝国議会参考書」。

「事業設備」資金分類では、1938年で583百万円に対し、銀行等融資は1,166百万円であり、株式払込・資本増加等に充当された部分がかなりのものであったことを告げる。以後も同様である。そのため銀行融資が直接に設備調達に回った比率は50％程度の年が多く、1940年には3分の1程度に低下している。そのほか調整標準別資金融資の統計では、年度ごとでもかなりの変動があることが確認できる。未集計の四半期統計があるため、欠落している時期が多いが、1937年9～12月期から1940年1～3月期までの四半期を集計すると（表3-5）、年度初めが多く、ほかの時期が圧縮されている傾向が見出せる。これは年度当初の申請が多く、それに融資承認を与えたといえようが、年度後半になると通年資金計画等の影響で資金散布を圧縮したものかもしれない。この点については四半期計画の資金供給

資金貸付調整標準別

(単位:千円、百万円)

1939年4～6月	うち銀行	1940年1～3月	うち銀行	1939年	1940年	1941年	1937年9月～42年3月 累計	うち銀行
200,412	163,857	209,546	181,870	1,057	1,152	1,330	4,768	4,158
15,816	14,742	35,908	33,618	52	194	183	651	591
216,228	178,599	245,454	215,488	1,109	1,346	1,513	5,419	4,749
34,815	33,404	11,579	9,984	150	54	117	544	481
43,358	30,827	14,325	11,173	192	345	22	881	723
5,456	4,538	4,878	4,528	24	41	40	162	134
83,629	68,769	30,782	25,685	366	440	359	1,587	1,338
15,486	8,468	83,778	71,438	114	377	39	645	547
515,342	255,837	360,014	312,611	1,589	2,163	1,911	7,651	6,634

和十三年自一月至三月臨時資金調整法施行状況」1938年4月 (外務省記録 E.1.1.0.7-4)、同「昭和十三年自

の統計を整備して、政府の四半期別国庫収支統計等と付き合わせて分析する必要がある[2]。

　そのほか国債以外の日本の資本市場における債券発行に対する規制がある。「臨時資金調整法」により規制された中で発行された社債類の趨勢を見ると (表3-6)、1940年度で合計1,939百万円、内訳は本邦会社債795百万円、満洲関係債859百万円、中国関係債285百万円で、満洲関係債には満洲国債を含む。国内債より国外関係債が多く、資金調整で優遇されていたことは注目される。中国関係債には北支那振興株式会社 (1938年11月7日設立、本店東京、政府出資特殊法人) と中支那振興株式会社 (1938年11月7日設立、本店上海、政府出資特殊法人) の発行債券がほとんどを占める[3]。その後も日本社債発行市場で発行高は増大した。1941年度の2,796百万円となり、内訳は本邦会社債1,632百万円、満洲関係債810百万円、中国関係債354百万円である。満洲投資には満洲国法人に対する株式払込でも多額の直接投資が行われており、満洲国公社債発行のみに依存するわけではないが、対満投資の減退で満洲国側にとって少なからぬ打撃となった。他方、北支那開発と中支那振興は債券引受が主たる資金調達であり、政府の支援でほぼそれに全面的に依存しており、これらに対し大蔵省預金

部資金のほか巨額の民間資金の動員で支援した[4]。民間資金誘導先に対して、債券発行主体を勘案し「臨時資金調整法」に基づき起債調整を続けた。

2．個別融資先の実態

次に融資先企業を点検しよう。民需産業の代表の繊維製造と、海上輸送力を維持するための造船について、1件別統計で紹介する。繊維産業では、1937年9月で乙イもしくはロに概ね属している人造繊維製造及人造繊維紡織の事例を紹介する（表3-7）。人造繊維産業は造船産業よりも優先順位が低いが、紡績業と異なり原料綿花輸入にさほど依存しない産業との位置づけで、優先順位は紡績業よりも上に位置していた[5]。1938年1月商工省調査であり、1937年末までの審査案件のうち許可額の大きな順に並べたものである。最多は新日本レイヨン株式会社（1937年9月設立）の17,350千円、次いで東洋絹織株式会社（1936年7月設立）の12,012千円、以下、新興人絹株式会社（1933年8月設立）、帝国人造絹糸株式会社（1918年6月設立）、昭和人絹株式会社（1934年8月設立）、東邦人造繊維株式会社（1934年6月設立）、太陽レーヨン株式会社（1934年1月設立）の人造繊維専業が上位に並び、さらに東洋紡績株式会社、日東紡績株式会社等の、大手の紡績業者が人造繊維部門設備投資で融資を得ていた。許可額合計174百万円に対し、削減額は12百万円で、7％程度が減額査定されただけであった。全額承認された案件は多いが、他方、全額承認を受けなかったのは1件のみである[6]。そのため減額案件はあるものの、乙イ、ロの業種であってもかなり緩やかに融資が認められていたといえよう。

次に海運業の造船融資を紹介する[7]。造船は甲ロに分類される。金額の多額となる輸送用機械の造船融資の1938年度資金調整による許可額の統計が残っている。海運事業者が融資申請を行い、銀行等から借り入れ、それを造船会社に支払うという資金連関となっている（表3-8）。最多額の資金割当を受けたのは、最大船舶運航業者の日本郵船株式会社で、同社は客船3隻、貨物船2隻の建造で、62百万円の資金割当を受けた。発注造船会社は三菱重工業株式会社、株式会社播磨造船所および株式会社川崎造船所であった。この表に列記されて

表3-7 「臨時資金調整法」許可の人造繊維製造及人造繊維紡織設備

(単位:トン、錘、台、千円)

企業名	スフ製造設備 日産トン	スフ紡織設備 精紡機錘	スフ紡織設備 織機台	所要資金 許可額	所要資金 削減額
新日本レイヨン㈱	30	94,080	—	17,350	650
東洋絹織㈱	30	50,400	748	12,012	—
新興人絹㈱	25	26,832	—	8,670	82
帝国人造絹糸㈱	10	—	—	8,654	1,566
昭和人絹㈱	11.5	—	—	8,257	245
東邦人造繊維㈱	22.5	50,000	—	8,245	440
太陽レーヨン㈱	—	80,000	1,224	6,639	158
東洋紡績㈱	25	—	—	6,555	—
日東紡績㈱	10	78,600	192	6,280	—
福島人絹㈱	20	—	—	6,019	—
日本繊維工業㈱	—	54,288	—	5,940	60
倉敷絹織㈱	35	—	—	5,826	1,502
酒伊繊維工業㈱	—	50,400	—	5,427	—
内海紡織㈱	—	40,000	1,175	4,600	—
富士織機工業㈱	2	—	—	4,408	—
東洋レーヨン㈱	—	50,176	750	4,060	—
日出紡織㈱	16	31,360	—	4,020	—
呉羽紡績㈱	—	60,480	—	3,871	61
富士瓦斯紡績㈱	—	60,460	—	3,470	160
日本人造繊維㈱	5	21,920	300	3,082	—
明正紡織㈱	—	50,600	—	2,900	—
明正レーヨン㈱	12.5	—	—	2,700	—
大町紡績㈱	—	45,260	920	2,577	45
日本光棉紡績㈱	—	25,600	—	2,500	—
出雲製織㈱	12.8	—	—	2,500	—
東京人造絹糸㈱	30	0	—	2,485	—
日本ヴルツ絹糸㈱	5	30,000	—	2,408	876
豊科紡績㈱	—	44,752	494	2,350	58
東洋紡織㈱	—	25,088	442	2,000	—
日本レイヨン㈱	15	—	—	1,817	3,088
近江絹糸紡績㈱	—	28,224	—	1,762	48
日清レーヨン㈱	9	—	—	1,541	—
㈱服部商店	—	19,016	—	1,524	—
新潟人絹㈱	6.7	—	—	1,500	—
大日本紡績㈱	—	35,840	360	1,383	—
昭光紡績㈱	—	26,880	—	1,270	82
日本人造羊毛㈱	6.5	—	—	1,200	—
福島紡績㈱	—	27,720	—	1,092	—
紡機製造㈱	10	—	—	1,062	—
その他10件				4,736	
合 計	359	1,279,480	7,889	174,692	12,945

注:1) 1百万円以上の許可を得た会社を掲載。
　　2:合計外に豊田光棉紡織㈱850千円がある。

出所:商工省工務局「臨時資金調整法ニ依リ許可セラレタル人造繊維製造及人造繊維紡織設備」
　　1938年1月(『美濃部洋次文書』2493)。

表3-8　1938年中「臨時資金調整法」許可済造船計画

(単位：千円)

融資割当会社名	船舶	所要資金	造船所
日本郵船㈱	客3、貨2	62,332	三菱重工業、播磨造船所、川崎造船所
極洋捕鯨㈱	捕10	12,263	川崎造船所、鶴見製鉄造船、播磨造船所
日清汽船㈱	貨客5、貨2、艀11、曳9	11,685	上海江南船渠、浪速船渠ほか
川崎汽船㈱	貨4	8,091	川崎造船所、鶴見製鉄造船
日東鉱業汽船㈱（日東炭業㈱）	貨2、油2	7,740	占部造船、川崎造船所、名村造船所
五洋商船㈱	貨2	7,344	川崎造船所
大阪商船㈱	貨4	4,210	浦賀船渠、川南工業
辰馬汽船㈱	貨2	4,200	三菱重工業、川南工業
明治海運㈱	貨2	3,893	玉造船所
飯野汽船㈱	貨2	3,350	川南工業、鶴見製鉄造船
三菱商事㈱	貨2	3,300	三菱重工業
辰馬㈾	貨2	3,250	三菱重工業
浅野物産㈱	油1	3,118	川崎造船所
日産汽船㈱	貨2	2,985	川南工業
近海郵船㈱	貨2、艀6、曳2	2,948	川南工業、三菱重工業、函館船渠
日之出汽船㈱	貨2	2,930	鶴見製鉄造船
栃木商事㈱	貨2	2,047	自社工場
三光汽船㈱（三光海運㈱）	貨6	2,010	中田造船所、遠藤造船所、強力造船所
三共海運㈱	貨6	1,900	三菱重工業、占部造船
会陽汽船㈱	貨1	1,750	播磨造船所
神陽汽船㈱	貨1	1,700	播磨造船所
鏑木汽船㈱	貨1	1,677	播磨造船所
武庫汽船㈱	貨1	1,500	三菱重工業
山下汽船㈱	貨1	1,385	浦賀船渠
日の丸汽船㈱（日本食塩回送㈱）	貨1	1,217	三菱重工業
東和汽船㈱	貨1	1,150	浪速船渠
㈱岡崎本店	貨1	1,130	浪速船渠
北海道炭礦汽船㈱（北立汽船㈱）	貨1	1,100	鶴見製鉄造船
大家商事㈱	貨1	1,015	玉造船所
大洋捕鯨㈱	捕2	960	函館船渠
池田商事㈱	貨1	950	向島船渠
東亜鉱業汽船㈱	貨1	940	大阪造船所
阿波国共同汽船㈱	貨客1	895	玉造船所
蓬莱タンカー㈱	油1	880	鶴見製鉄造船
東亜貿易㈱（㈱荒田商会）	貨1	850	川南工業
興運汽船㈱（東海汽船㈱）	貨1	770	三菱重工業
東北振興水産㈱	漁8	610	小柳造船所、井上造船所、島脇造船所
丸辰海運㈱	貨1	550	占部造船
川崎造船所㈱	曳2	540	川崎造船所
その他17社		4,296	
合　計		175,481	

注：1）貨は貨物船、客は客船、貨客は貨客船、捕は捕鯨船、漁は漁船、曳は曳船、艀は艀船、油は油槽船。
　　2）（ ）内は系列会社で、事実上一体で造船発注。日東炭業は1938年9月に日東鉱業汽船に吸収合併。
出所：「昭和十三年中臨時資金調整法許可済造船計画調」（『美濃部洋次文書』516）。

いる船舶運航業者は1件のみ申請している事例のほか、多額の案件を持つ日本郵船のように複数の申請を行っている事業者もある。以下、極洋捕鯨株式会社（1937年9月3日設立）12,263千円、日清汽船株式会社（1907年3月25日設立）11,685千円、川崎汽船株式会社8,091千円、日東鉱業汽船株式会社（1937年3月設立）7,740千円、五洋商船株式会社（1937年6月設立）7,344千円、大阪商船株式会社4,210千円等が並んでいた。上位の企業は船舶の建造規模が大きく、複数の建造を発注しているが、下位になると貨物船1隻の発注が多い。さらにその下位になると漁船・曳船・艀船の発注となる。1938年度に総計175百万円の融資割当が行われた。発注先は大手の三菱重工業、播磨造船所、川崎造船所のほか、鶴見製鉄造船株式会社（1920年3月設立、浅野系）、川南工業株式会社（1936年9月設立）、函館船渠株式会社（1896年11月設立）、浦賀船渠株式会社（1897年6月設立）等が並んでいるが、珍しいところでは、日清汽船の発注先の上海江南船渠もあり、軍管理下で操業する同船渠に造船を依頼していた[8]。これらの造船の発注先は、上位10社で発注額の7割を占めており、その建造発注先は前記の大手3社と中堅の数社に限られていた[9]。なおこれらの船舶運航事業者のうち日清汽船は1939年8月5日の東亜海運株式会社設立で解散し[10]、そのほかも敗戦まで操業できずに統合される事業者も少なくなかった。

　以上は海運を中心とした船舶建造に関する融資割当の紹介であるが、兵器産業と軍需産業は、船舶のような輸送用機械を含む機械器具工業が業種として最も多いため、ほかの機械器具の業種の類似統計を発掘することで、一段と特定企業への融資割当が明らかになるはずである[11]。

1) 企業整備については先行研究も多く、業種別・企業整備担当機関別にまで検討が進んでいる。さしあたり渡辺［1996］、柴田［2003］、山崎［2006］を参照。
2) 国庫収支については、柴田［2002a］第1章で、1939年以降の四半期実績で統計を取りまとめた。
3) 満洲関係債のほか、北支那開発と中支那振興両社の社債発行については、日本興業銀行『全国公社債明細表』各年版参照。両社設立とその後の活動については柴田［2008a］第4章参照。

4） 預金部資金の支援については、柴田［2002a］第3章、大蔵省昭和財政史編集室［1962］参照。
5） 日中戦争期の化学繊維産業については日本化学繊維協会［1974］第2編第1章参照。
6） 商工省工務局「臨時資金調整法ニ依リ許可セラレタル人造繊維製造及人造繊維紡績設備」1938年1月（『美濃部洋次文書』2493）。
7） 日中戦争期の造船業については、さしあたり山崎［2005］参照。輸送力重視のアジア太平洋戦争期に一段と造船が重視された。
8） 江南船渠は上海最大の造船所であり、三菱重工業が操業の受命をしていた。三菱重工業の受命事業については、三菱重工業［1956］参照。華中占領地における日系企業の受命体制については、柴田［2008a］第2章参照。
9） 「昭和十三年中臨時資金調整法許可済造船計画調」（『美濃部洋次文書』516）。
10） 日清汽船については日清汽船［1941］参照。東亜海運への統合については、閉鎖機関整理委員会［1954］も参照。
11） 岡崎［1995］では財閥系銀行の大口融資先を紹介し、また麻島［1998］でも1件別融資先を紹介しており、本章とは別の分野の承認を受けた融資先統計として有用である。

第3節 「銀行等資金運用令」の公布と施行

1.「会社利益配当及資金融通令」に基づく命令融資の導入

「臨時資金調整法」による自治的資金調整という手段で、大蔵省・日銀調整局の1件別許認可体制による資金割当が実施されていたが、このような手段は微温的であるとして、戦時経済が拡大する中で、より強力な統制法令の導入が要請される。「国家総動員法」第11条に基づく、「会社利益配当及資金融通令」が公布されることになる。その過程で、配当統制が実業界に与える影響を懸念した大蔵大臣池田成彬と、陸軍省ほかとの激しい軋轢が閣議で表面化した。この制定に関わる配当統制については第6章に譲り、ここでは「臨時資金調整法」と「会社利益配当及資金融通令」が規定する命令融資の関係を検討しよう。「臨

時資金調整法」による資金誘導は、命令融資に比べてはるかに微温的な資金統制である。配当統制と命令融資については、国家総動員審議会で1938年12月22日に制定方針が承認されていたが、1939年1月15日に平沼騏一郎内閣の発足で、大蔵大臣も石渡荘太郎に代わり、そのまま配当統制と命令融資の総動員勅令の公布が遅延していた。

1939年2月6日に第74回帝国議会衆議院予算委員会第三分科会で第一議員倶楽部永山忠則は、大蔵大臣石渡荘太郎に対し以下のような質疑を行った。命令融資の総動員勅令は制定しても、命令融資を発動せずに、「臨時資金調整法」で目的を概ね達することができ、同時に興銀の融資拡充で対処できるとの見解が新聞報道されていた状況に対し、永山は、「臨時資金調整法」のような消極的なものは十分な効果がない。同法を徹底的に強化する考えがあるなら、むしろ命令融資を発動したほうが、罰則規定等があるため効果的であり、それが真の戦時金融統制機構の整備となると主張していた。さらに興銀にとどまらず幅広い命令融資を発動する意思があるかと質した。これに対し、石渡は現在の情勢では、興銀への命令融資で足りる、すべての銀行に対して命令融資を行うつもりはないと答弁した[1]。この永山のような、「臨時資金調整法」では金融統制は生ぬるいという意見はその後も続いたと見られる。ただし総動員勅令に委ねてしまえば、帝国議会ではその条文に対する介入権限を失うことになる。

1939年4月1日に総動員勅令「会社利益配当及資金融通令」が公布された。この勅令によると、大蔵大臣は生産拡充資金その他時局に緊要な産業資金の供給を円滑ならしむるため、必要があると認める場合には興銀に対し資金の融通または有価証券の応募、引受もしくは買入を命ずることができると規定し(第12条)、興銀に対する命令融資を制度化した。この命令融資導入の趣旨は、「臨時資金調整法」が必要でない方面に資金が流れ出るのを防ぐ堰を作ったものであるが、必要な方面にどれだけ資金が流れるかについては保証できない。そのためこの勅令により、同法と相俟って資金が不要不急の方面に流れ出るのを堰き止めるとともに、積極的に必要な方面に必要なだけの資金を注ぎ込む仕組みを作ることができる。また興銀を利用するのは、この種の業務に習熟しており、

発行限度を法律改正で拡大すれば資金調達に困ることがないと認められるからであるとの説明がなされていた[2]。

命令融資を審査するため、1939年5月2日に「資金融通審査委員会官制」公布施行で、同日に資金融通審査委員会が設置された。そして同委員会に幹事会が設置され、個別案件の事前調整にあたった。命令融資制度の創出により個別企業への政府の直接選別資金割当が導入された。これは「臨時資金調整法」による資金割当の自治的調整体制に風穴を開けるものであった。命令融資の発動に伴い興銀の資金繰りが苦しくなるため、その資金支援として「臨時資金調整法」を改正し、興銀の資金調達のための興銀債発行限度枠を拡大し、命令融資に政府補償も付与したが、当然ながら興銀もこの枠組みを歓迎して受け入れた。

「銀行等資金運用令」に切り替わる前の「会社利益配当及資金融通令」に基づき、命令融資が発動される。興銀の社史に掲載されている1940年12月までの命令融資対象企業と融資命令額の統計が整理されているため、概略を紹介する[3]。ただし命令融資は融資実行額とは異なり、実施されない場合もあり、命令額を下回る場合もある。融資命令額のみを掲げると、すべて実行したかの過大評価に陥りやすいが、傾向はある程度判明する。興銀命令融資額によれば命令融資は1939年で6件、合計117百万円、1940年で10件、合計294百万円であった。個別企業としては、中島飛行機株式会社が突出して多額であり、1939年80百万円、1940年145百万円であり、1939年では68％、1940年では49％が集中して供給されていた。もちろん命令融資発動前から興銀は多額の通常融資で中島飛行機に資金供給を続けてきた。そのほか財閥系・新興企業集団系の軍需会社に多額の命令融資が実施された。そのほか1940年末までには財閥系・新興企業集団系以外のその他の企業群にも融資されており、命令融資が軍需以外にもなされたことが確認できる。1940年末までの非軍需企業への融資で注目できるものとして、帝国蚕糸株式会社、国民更生金庫への融資命令も行われた。ただし後述のように、更生金庫への融資は実行されなかった。

2．「銀行等資金運用令」の公布と資金割当の概観

「国家総動員法」第11条の適用により、1940年9月30日国家総動員審議会で承認されて、1940年10月19日に「銀行等資金運用令」が総動員勅令として公布された。この制定経緯については資料的に必ずしも明らかにはなっていない。大蔵省行政史では「臨時資金調整法」が強化されたことで流動資金の報告を求める体制となり、その延長上で総動員勅令として公布されたとの位置づけがなされている（大蔵省昭和財政史編集室 [1957] 89-90頁）。同令は一部について10月20日、残る大部分について1941年1月1日施行となる。同令と同時に公布されたのが「会社経理統制令」であり、従来の1939年3月31日「会社利益配当及資金融通令」と1940年10月16日「会社職員給与臨時措置令」の両総動員勅令を統合して、会社経理の全面的な統制に乗り出した。あわせて運転資金統制にも乗り出したという側面があるため[4]、この両方の総動員勅令の施行で、大蔵省による民間企業に対する新たな資金割当と企業財務による統制の段階の到達として位置づけられよう。

「銀行等資金運用令」の条文を簡単に紹介すると、銀行、信託会社、保険会社等の資金の運用に関する命令を定める、主務大臣は資金の運用を適正にさせるため、運用計画の変更を命じ、運用方法を指定することができる、金融機関が貸付を行うときには主務大臣の許可を受ける、証券引受業者とビルブローカーも貸付、割引を行うときには主務大臣の許可を受ける、重要案件については臨時資金審査委員会の議を経る、大蔵大臣は生産力拡充資金その他必要な資金の供給が必要と認めるときは銀行に対して融資、有価証券応募、引受、買入を命令することができる、大蔵大臣がこの命令を行うときには資金融通審査委員会の議を経る、この命令融資に伴う銀行の損失は政府補償を行う等が定められた。こうして大蔵省に広範な資金統制権限が与えられた。なおこの資金融通審査委員会は先述のように、1940年11月9日「資金融通審査委員会官制」公布施行により、同日再置されたものであり、「銀行等資金融通令」による流動資金統制の強化の体制に即したものであった。同時に公布された「会社経理統制

令」の公布と施行に伴う会社経理審査委員会の設置による審査体制強化と平行していた。

「銀行等資金運用令」の所管は大蔵省銀行局であり、同時に公布された「会社経理統制令」を所管する理財局とともに、金融統制権限は一段と強化された。これに対する反発も発生する。1940年10月に陸軍省軍務局調査班「陸軍省軍務局の立案に係る金融機構改善案」が作成されていた。同案によれば、通貨、信用、為替に関する官庁として「金融監督局」を置き、既存大蔵省銀行局、為替局、理財局ならびにその他各省に散在する金融関係事務を「金融監督局」に廃合するとの方針を打ち出しており、生命保険業も監督の対象に取り込むものとしていた[5]。ただしこの陸軍省軍務局案では、1942年12月に大蔵省移管が実現する損害保険と証券業を除外しており、所管する金融業の範囲がやや狭いものとなっている。陸軍省は大蔵省の金融部門組織に手を突っ込むような提案を行ったことで、大蔵省は金融行政権限に対して重大な挑戦を受けた。当然ながら大蔵省では強い反発を表明し、現有機構でも十分金融統制が機能していると主張した。他方で、大蔵省は予算編成権の内閣移管論でも挑戦を受けており、組織防衛のため陸軍省・企画院に対し強く反発し、このような改組提案を潰した。

「銀行等資金運用令」の施行で運転資金も統制の対象に入ったが、同令では運転資金のみならず設備資金も統制の対象とし、さらにその他の資金も同様に統制を加えた。ここでは「銀行等資金運用令」の統計的な紹介を行う。1941年1月1日より同令に基づく許認可事務が開始された。同月からの申請処理の件数がわかる（表3-9）。1942年3月まで日銀資金調整局は毎月2千件から6千件の事務処理をこなしていた。累計58,057件に達している。勿論その中には申請取り下げも一部含まれており、その累計310件となっている。他方、緊急貸出を承認した案件も合計41件みられた。この申請案件のうち重要案件について資金融通審査委員会に付議したものがあるが、累計965件にすぎず、1.6％ほどである。他方、付議省略した案件もある。件数では省略案件が月によっては上回ることもあった。設備資金審査と異なり、小額の融資案件も多数殺到したため、このような扱いとなっている。そのうち不許可扱いは僅かに累計31件にす

第3章　戦時資金割当　155

表3-9　「銀行等資金運用令」許可申請処理

(単位：件、百万円)

年　月	申請件数	取下件数	緊急貸出件数	処理件数	申請処理 委員会付議	内訳 同付議省略	不許可	処理金額
1941.1〜2	5,213	2	23	5,187	159	96	1	—
41.3	3,207	12	5	3,190	48	53	5	—
41.4	2,352	10	3	2,339	57	51	1	2,650
41.5	2,022	10	1	2,011	59	37	2	—
41.6	2,442	22	1	2,419	60	63	1	—
41.7	2,214	14	1	2,199	49	49	—	850
41.8	2,730	9	—	2,721	155	48	1	1,300
41.9	4,096	16	—	4,080	114	85	4	1,500
41.10	4,122	26	—	4,096	55	84	2	1,200
41.11	3,468	18	2	3,448	53	不明	5	1,000
41.12	5,858	26	2	5,857	43	不明	2	1,800
42.1	4,620	32	1	4,587	32	不明	1	1,250
42.2	4,517	40	—	4,477	30	不明	3	1,350
42.3	6,035	45	1	5,989	21	不明	2	1,800
42.4	5,134	27	1	5,106	30	不明	1	1,650
計	58,057	310	41	57,706	965	不明	31	16,350

注：1941年4月処理金額は4〜6月合計。
出所：前掲『日本銀行沿革史』第3集第17巻「資金調整」355-356頁。

ぎない。これにより概ね申請どおりに認められたことが判明する。1941年4月以降の処理金額は16,350百万円に達する。

「銀行等資金運用令」の申請事項別分類を眺めると（表3-10）、1941年1月から1942年4月までが判明するが、貸付限度超過申請が累計26,344件で多額であり、個別企業に設定された融資限度枠を上回る融資申請が多数見られたことがわかる。次いで企業の設定された融資限度の枠の引き上げを求める基準設定増額申請15,342件、同様に手形の割引限度の上限引き上げの超過の承認を求める割引限度超過申請11,051件、特殊用途資金貸付3,980件等となっている。これを見る限り、通常ベースの個別企業に設定され融資上限等の枠内の融資・割引等の金融取引は個別申請の適用外に置かれたことがわかる。特殊用途資金とは、個別企業に予め設定された融資枠等とは異なる範疇の資金であるが件数は多くない。同資金は1942年1月累計で、旧債償還資金569件、転貸資金177件、

表3-10 「銀行等資金運用令」許可申請処理案件事項別内訳

(単位:件)

年　月	貸付限度超過申請	割引限度超過申請	基準設定増額申請	特殊用途資金貸付	当座貸越契約	その他	計
1941.1～3	2,400	507	4,907	347	159	57	8,377
41.4～6	2,969	831	2,684	402	156	27	6,769
41.7～9	4,159	1,085	3,056	509	106	13	9,000
41.10～12	6,399	2,979	2,423	1,399	97	35	13,401
42.1～3	7,864	4,156	1,901	975	118	39	15,053
42.4	2,553	1,493	671	318	63	8	5,106
計	26,344	11,051	15,342	3,980	699	179	57,706

注：特殊用途資金貸付の1941年9月か10月で30件不足。当座貸越契約とその他の1941年9月・10月の数値不祥、両月合計は皆無ではない。
出所：前掲『日本銀行沿革史』第3集第17巻「資金調整」357頁。

株式買入払込資金257件、その他268件となっている[6]。

　日銀資金調整局に限度枠引き上げや超過の申請を行うのは、事業法人に資金を供給する金融機関であるが、その金融機関別の貸出残高を見ると（表3-11）、1940年12月から1941年9月までの推移がわかる。1940年12月で合計14,688百万円、うち銀行12,148百万円、そのうち普通銀行9,154百万円、さらにそのうちの7大普通銀行が6,683百万円であった。この7大銀行には特殊銀行、とりわけ戦時金融で大活躍した興銀を含まない。7大銀行（三井銀行・三菱銀行・安田銀行・第一銀行・住友銀行・第百銀行・三和銀行）と特殊銀行で全体の7割を上回っていた。その傾向は1941年9月期でも続いた。

　「銀行等資金運用令」の貸出使途は運転資金に限らず、設備資金を含むと説明したが、その残高を眺めると（表3-12）、1940年12月で設備資金3,453百万円、運転資金8,100百万円、その他3,134百万円となっている。運転資金が設備資金の2倍以上であるが、その後も融資残高の上昇とともに運転資金が膨らんでいった。ここで規制を受ける設備資金は「臨時資金調整法」の適用枠外の企業である。設備資金は主として「臨時資金調整法」に基づく融資審査で融資されるため、残高は固定的である。設備資金が30億円を超える多額に達したのは、「臨時資金調整法」による申請ではなく、機械設備の短期資金による調達を「銀行

表3-11 「銀行等資金運用令」融資金融機関別貸出残高

(単位：百万円)

	1940.12	1941.3	1941.6	1941.9	施行以来増減
普通銀行	9,154	9,000	9,333	9,316	162
7大銀行	6,683	6,503	6,916	6,881	198
その他銀行	2,471	2,497	2,417	2,434	-37
特別銀行	2,977	2,896	3,018	3,302	325
うち興銀	1,888	1,886	2,007	2,221	333
貯蓄銀行	15	16	14	14	-1
小計	12,148	11,912	12,367	12,633	485
信託会社	1,458	1,407	1,539	1,538	80
ビルブローカー証券業者	219	230	199	167	-52
産業組合中央金庫	190	171	153	129	-61
道府県信用組合聯合会	66	69	53	54	-12
商工組合中央金庫	42	40	40	62	20
保険会社	565	660	721	643	78
拓殖会社	—	22	25	39	39
合　計	14,688	14,511	15,102	15,268	580

注：1）7大銀行とは三井銀行、三菱銀行、安田銀行、第一銀行、第百銀行、住友銀行および三和銀行。
　　2）1941年の3時点でその他項目が欠落しているようである。
出所：前掲『日本銀行沿革史』第3集第17巻「資金調整」364頁。

等資金運用令」の認可申請に回して認められた事例を含むためで、そのまま短期資金による調達として短期の貸出の継続を続けていたためと思われる。ただし「銀行等資金運用令」の趣旨からして設備資金調達に適したものではない。

表3-12 「銀行等資金運用令」資金使途別貸出残高

(単位：百万円)

	設備資金	運転資金	その他	合計
1940.12	3,453	8,100	3,134	14,688
41.6	3,609	7,780	3,712	15,102
41.12	3,818	9,170	4,255	17,245
42.3	3,900	8,927	4,273	17,102
43.12	6,393	14,403	6,896	27,692
44.12	10,741	26,824	8,607	46,172

出所：前掲『日本銀行沿革史』第3集第17巻「資金調整」361頁、前掲「第89回帝国議会参考書」。

「銀行等資金運用令」による融資先業種別残高を見ると（表3-13）、1940年12月で当然ながら工業が多額であり、総額14,688百万円のうち6,292百万円を占めていた。多くは運転資金である。次いで商業2,042百万円である。この傾向はその後も続き、工業のウエイトがじわじわと上昇していった。むしろ商業

表3-13 「銀行等資金運用令」年末貸出残高

(単位：百万円)

業　種	1940.12	1941.12	1942.12	1943.12	1944.12	設備	運転	その他
鉱業	865	1,189	1,297	1,625	2,115	1,074	625	416
工業	6,292	7,573	9,035	12,938	23,855	6,061	15,816	1,978
農林業	103	117	128	142	212	74	104	34
水産業	152	132	215	240	353	89	203	61
交通業	978	1,054	1,185	1,522	2,022	1,230	465	327
商業	2,042	2,656	3,270	5,185	5,603	102	4,204	1,297
雑業	1,962	2,137	2,084	2,380	3,515	235	1,080	2,200
その他事業及施設	838	982	955	2,097	4,324	1,485	2,258	581
その他	1,453	1,401	1,896	1,563	2,173	391	69	1,713
合　計	14,688	17,245	20,068	27,692	46,172	10,741	26,824	8,607

注：その他事業及施設には銀行・保険・信託・取引所・ビルブローカー・証券業を含む。
出所：前掲『日本銀行沿革史』第3集第17巻「資金調整」362頁、第4集第18巻「資金調整」252-253頁、前掲「第89回帝国議会参考書」。

のウエイトが低下し、戦時における商業活動の低迷が反映していよう。工業の中のさらに業種分類を行うと（表3-14）、1940年12月で機械器具1,855百万円、紡織1,183百万円、金属998百万円、化学966百万円と並んでいたが、1941年12月で機械器具2,648百万円、金属1,286百万円、化学1,207百万円、紡織1,102百万円の順となり、繊維産業への資金割当は押さえつけられた。他方、機械器具・金属・化学の兵器産業と軍需産業に直結する業種では増大しており、とりわけ機械器具工業が優先された。用途別分類も別になされている（表3-15）。1941年3・4月のみの集計ではあるが、3月で合計1,267百万円の貸出が行われ、そのうち新規が1,006百万円、貸出高内訳は商品原料仕入543百万円と商業手形荷為替手形割引104百万円が多額であるが、それ以外にも株式払込85百万円、配当給与84百万円と続き、株式買入34百万円もある。こうした通常の事業者の仕入金融と決済に関する資金供給とは異なる有価証券取得払込は長期資金としての性格を見出せる。返済は仕入金融とは異なり、別の長期債務か内部資金で償還しなければ、実質的な長期債務となる。こうした資金も「銀行等資金運用令」の統制下で供給されていた。これは「臨時資金調整法」による株式取得・

払込等の規制と重複している。増資・会社設立等について「臨時資金調整法」で統制していたが、資金投入する際の銀行等からの資金調達について、「銀行等資金運用令」が統制した。現実には、「臨時資金調整法」で設備資金調達の許可を受け、借入金を実現し、その返済のため株式払込徴収や増資を行う場合には、同法と「銀行等資金運用令」により申請を却下するのは困難である。短期の借入金を「銀行等資金運用令」により認めて貰い資金繰りをつける事例が多数発生した。

3．「銀行等資金運用令」の個別資金割当

表3-14 「銀行等資金運用令」による工業貸出残高

(単位：百万円)

業種	1940.12	1941.12	1942.12	1943.12	1944.9
金属	998	1,286	1,466	1,839	2,779
機械器具	1,855	2,648	3,301	5,629	11,026
化学	966	1,207	1,514	2,122	2,997
窯業	140	169	212	260	224
紡織	1,183	1,102	1,144	1,625	2,307
食品	266	277	359	408	374
電気瓦斯	701	709	826	757	642
その他	177	172	209	295	417
合計	6,292	7,573	9,035	12,935	20,766

出所：前掲『日本銀行沿革史』第3集第17巻「資金調整」363頁、同第4集第18巻「戦時統制」252-273頁。

表3-15 「銀行等資金運用令」用途別貸出

(単位：百万円)

用途	1941年3月中 貸出高	うち新規	4月上旬 新規
商品原料仕入	543	741	89
公社債買入	15	10	1
株式買入	34	25	22
株式払込	85	74	44
配当給与	84	60	6
商業手形荷為替手形割引	104	—	5
その他	398	96	35
合計	1,267	1,006	208

注：1941年3月新規の商品原料仕入は空欄のため、合計から試算したがそこには商業手形荷為替手形割引を含む。
出所：前掲『日本銀行沿革史』第3集第17巻「資金調整」399頁。

「銀行等資金運用令」に基づく個別資金割当を紹介しよう。一部の業種の運転資金供給については、シンジケートが組成され、参加金融機関に供給資金を割り振って、資金需要に応じさせていた。その事例として証券業者に対する金融機関のシンジケートがある。有価証券引受業者は1938年3月31日「有価証券引受業法」により、業態に法的基盤が与えられ、発行市場を担当した。特に証券の引受、応募、買付で資金を必要とするが、これらの有価証券引受業者はそのため設備資金ではなく運転資金として調達する。戦時期の多額の国債・社

表3-16 「銀行等資金運用令」施行前の証券業者に対するシンジケート団協同融資額

(単位:千円)

	興銀分担額	他社分担額	共同融資総額
日興証券㈱	980	4,653	5,634
山一証券㈱	2,596	5,087	7,683
野村証券㈱	1,663	4,571	6,234
藤本ビルブローカー証券㈱	1,608	3,889	5,498
小池証券㈱	1,239	3,306	4,545
共同証券㈱	659	1,270	1,930
川島屋証券㈱	556	1,047	1,603
合　計	9,302	23,824	33,127

注:シンジケート団メンバーは興銀、横浜正金銀行、朝鮮銀行、台湾銀行、野村銀行、東海銀行、神戸銀行、三井信託、安田信託。
出所:前掲『日本銀行沿革史』第3集第17巻「資金調整」381頁。

債・外債・株式の発行の中で、証券元引受を行う事業者は操業規模が拡大していった。それに伴い資金調達も増大した。「銀行等資金運用令」の適用としての証券会社への資金供給シンジケートによる共同融資枠組みの1941年3月末の統計が残っている。それらの運転資金調達で大手証券業者の日興証券株式会社(1920年6月16日設立、興銀系)5,634千円、山一証券株式会社7,683千円、野村証券株式会社6,234千円、藤本ビルブローカー証券株式会社(1906年10月16日設立、1933年1月1日商号変更設立)5,498千円、小池証券株式会社(1930年2月21日設立)4,545千円、共同証券株式会社(1928年8月25日設立)1,930千円、川島屋証券株式会社(1939年2月24日設立)1,603千円の枠で資金供給を得た(表3-16)。これらは大手証券会社で引受業務を担当するため、調達資金規模が大きく、このような枠組みで資金を得ざるをえなかった。この資金割当のうち、興銀分とその他6銀行と2信託会社に分けられていたが、前者が総額9,302千円で、35%ほどを引き受けていた。日興証券は1944年4月に川島屋証券と合併し遠山元一の経営に移るが、それより前の時期において興銀の同行系列への分担割合が低い理由は、別枠で日興証券に資金支援を行っていたことも反映していると思われる[7]。このような業種や大手事業法人への資金枠組

表3-17　財閥借入金（1940年3・4月報告分）

（単位：千円）

	金額	貸出金融機関	使　途	期　限	貸出日
三井(名)	3,000	三井信託	納税	3カ月	3.20
	3,000	三井銀行	同	同	3.23
	10,000	同	三井鉱山㈱払込	2カ月	4.16
	7,250	三井信託	同	同	4.16
㈱三菱社	1,000	三菱銀行	日本製鉄㈱他払込	9カ月	4.1
	1,500	同	三菱地所㈱払込	8カ月半	4.18（切替）
㈱住友本社	2,600	住友銀行	給与寄付金	9カ月強	3.18～3.25（切替）
	3,000	同	社員預り金返済	4月4日まで	3.30
	100	同	諸給与	3カ月	3.14
	1,500	同	諸払	同	3.29
	3,500	住友信託	住友金属工業㈱払込	同	4.1
	3,500	住友銀行	同	同	4.1
住友一族	337	同	住友化学工業㈱払込	同	3.1
	1,497	同	住友金属工業㈱払込	同	4.1
(名)安田保善社	2,962	安田銀行	払込	1カ年	3.31（切替）
	3,700	安田生命保険	旧債返還	3カ月	4.1
浅野同族	2,048	日本昼夜銀行	㈱鶴見製鉄造船払込	1カ年	4.1
	1,870	安田銀行	同	同	4.1
計	52,364				
うち切替	7,062				

注：商号が簡略化されているものを修正した。
出所：前掲『日本銀行沿革史』第3集第17巻「資金調整」394-395頁。

みが個別になされた。

財閥本社等への銀行融資についても「銀行等資金運用令」の適用を受けており、その1941年3・4月の概要を知ることができる。財閥本社は株式取得、従業員給与支払、納税等の名目で、系列銀行から資金調達を行っていた（表3-17）。特に子会社の株式払込資金が多額を占めていて注目できる。そのほか同様に経営権取得のための株式買収資金の1941年3・4月の大口が明らかになっている。それを簡略に紹介しよう。日東汽船鉱業株式会社による大日本炭礦株式会社（1916年12月設立）の株式1,200千円を共同信託会社（1927年7月設立、三和銀行系）から借り入れて買収し、また日本タンカー株式会社（1926年6月設立）の株式を、安田銀行、藤本ビルブローカー証券等から9,500千円を借り

表3-18 「銀行等資金運用令」大口株式払込資金

(単位:千円)

借入者	金融機関	払込株式	金額	
(1941年3月)				
宇治電証券㈱	興銀ほか	宇治川電気㈱	8,334	払込26,875千円
山陽電鉄㈱	第一銀行、神戸銀行	同	1,300	
豊田自動織機㈱	三井銀行	豊田製鋼㈱	4,597	設立5,100千円
北電興業㈱	三井信託ほか	大日本電力㈱	3,650	払込10,693千円
㈱清水組	第一銀行	㈱満洲清水組	3,830	設立5,000千円
㈱西松組	安田銀行	㈱満洲西松組	1,500	設立1,500千円
㈱大林組	三井銀行	㈱満洲大林組	1,500	設立5,000千円
日本窒素肥料㈱	住友銀行、野村信託	吉林人造石油㈱	3,000	払込10,000千円、うち日本窒素肥料分3,000千円
中山悦治	三和銀行	㈱中山製鋼所	3,100	設立5,000千円
松本源三郎	住友銀行、十五銀行	㈲東京螺子製作所	3,500	増資3,600千円
花田卯造	第百銀行	飯野商事㈱	1,890	払込1,890千円
小計			36,701	
(1941年4月)				
興南殖産㈲	三菱銀行ほか、安田信託ほか	日本窒素肥料㈱	7,900	払込27,500千円
三井(名)	三井銀行、三井信託	三井鉱山㈱	17,250	払込25,000千円
山下(名)	三和銀行	山下汽船㈱	7,000	払込7,339千円
日満鉱業㈱	藤本ビルブローカー証券㈱	満洲鉛鉱㈱	3,050	増資6,500千円(国内3,250千円)
浅野同族	安田銀行、日本昼夜銀行	鶴見製鉄造船㈱	3,918	払込6,500千円
㈱住友本社及一族	住友銀行	住友金属工業㈱	4,496	払込25,000千円
東電証券㈱	三井銀行、三井信託	小田原急行鉄道㈱	2,000	払込7,500千円
小計			45,614	

注: 1) 法人名が簡略されているものを修正した。
　　2) 中山悦治は中山製鋼所社長、松本源三郎は東京螺子製作所代表社員、花田卯造は飯野商事専務取締役。
出所: 前掲『日本銀行沿革史』第3集第17巻「資金調整」398-399頁、飯野海運[1959]、帝国興信所『帝国銀行会社要録』1942年版。

入れて買収した。その他金額の張るものとしては、長谷川太郎吉(満洲煙草株式会社(1934年12月24日設立、本店奉天)社長)が、安田銀行、野村銀行、野村信託株式会社(1920年3月設立)から計9,981千円を借り入れて、満洲東亜煙草株式会社(1936年10月25日設立、本店奉天)の株式を買収していた[8]。買収資金以外にも株式払込、会社設立、増資のための大口資金供給が行われている。1940年3・4月のみではあるが、3月11件、4月7件を列記できる(表3-18)。この中では三井合名会社による三井鉱山株式会社払込17,250千円が最

も多額であり、表3-17と合致する。次いで宇治電証券株式会社（1935年6月設立）による宇治川電気株式会社（1906年10月設立）の株式払込の8,334千円、興南殖産合資会社（1931年10月設立、本店咸州郡興南邑、資本金5百万円、代表社員野口遵）による日本窒素肥料株式会社の株式払込7,900千円と続いていた[9]。それ以下に並んでいる案件として、製鋼業が注目される。国外では満洲法人設立や増資のための払込の件数が多いのも特徴である。株式会社清水組に1940年3月29日株式会社満洲清水組（本店新京）設立にあたっての3,830千円、同様に株式会社西松組の1940年4月11日株式会社満洲西松組設立、株式会社大林組の1940年3月25日株式会社満洲大林組（本店奉天）設立、日窒の吉林人造石油株式会社（1939年9月4日設立）、日満鉱業株式会社（1919年5月設立、本店東京、日本法人）の満洲鉛鉱株式会社（1935年6月19日、本店奉天、当初満鉄と折半出資、のち満洲重工業開発株式会社系）払込がそれに該当し、満洲投資がまだ衰えない状況を反映していた[10]。

　以上のように「銀行等資金運用令」で不急産業への運転資金割当を圧縮し、緊要産業の兵器産業と軍需産業に多額の運転資金を供給する体制が、ほぼ政府の予想したとおりに実現した。その効果は歴然としている。また統制を受けた資金には設備資金を含むが、その資金規模は「臨時資金調整法」で統制された設備資金融資残高に比べれば限られた範囲であった。「銀行等資金運用令」の統制した資金供給には、財閥の大口資金調達、買収目的の株式取得、投資先の株式払込にも多額の資金投入が見られた。そこには満洲投資も含まれていたことも確認できた。

1）　『第74回帝国議会衆議院予算委員会第三分科会議録』第3回、1939年2月6日、17-18頁。あわせて永山忠則は配当統制の総動員勅令の制定を急ぐように強く求めていた（第6章参照）。
2）　迫水［1939a］4-5頁。当時理財局金融課長迫水久常の説明。
3）　麻島［1985］47-48頁。日本興業銀行［1957a］所載金額は融資命令額であり、実行されないものも含まれているが、麻島［1985］はそれを調整していない。また財閥系・新興コンツェルン系と「それ以外」に区分しているが、ディーゼル自

動車工業株式会社（いすゞ自動車株式会社の前身）が前者・日産系に、東京自動車工業株式会社が後者に分類されているが、後者が1941年4月に前者に商号変更しただけであり、理解に苦しむ。そのほか「それ以外」の企業に鯛生産業株式会社と東亜鉱工株式会社が並列しているが、前者が1944年6月に後者に商号変更しているだけであり、調整が必要である。そのため麻島［1985］の表を再掲できない。
4）「会社経理統制令」とその前の「会社利益配当及資金融通令」と「会社職員給与臨時措置例」については、第6章および柴田［1992b］参照。
5）日本銀行調査局［1981］323-324頁。なお原文では「為替局」を「外国為替局」とし、日銀の同名組織と表記で混同しており、行政組織認識において荒さが見られる。本章では大蔵省金融行政の再編論を正面から論ずる余裕がないが、1940年金融新体制論議の中で展開された金融行政の「金融監理局」移管論については、企画院と日銀の主張をも視野に入れて分析を加えた伊藤［1983］が有用である。
6）前掲『日本銀行沿革史』第3集第17巻「資金調整」359頁。
7）敗戦時で日興証券に対し興銀は64,716千円の融資残高を残しており、系列証券会社を資金的に支援していた（日本興業銀行［1957a］596頁）。
8）前掲『日本銀行沿革史』第3集第17巻「資金調整」396-397頁。満洲煙草と満洲東亜煙草については、柴田［2009a］参照。
9）会社設立等については、帝国興信所『帝国銀行会社要録』1939年版、1942年版を参照。日窒系投資会社の興南殖産については大塩［1989］が詳しい。
10）満洲の日系土木建設業については吉川［2007］、満洲の化学工業については須永［2007］、日満鉱業と満洲鉛鉱については柴田［2009e］、満業系関係会社については柴田［2007c］、満鉄系関係会社については花井［2007］、柴田［2011b］参照。満洲法人の設立年月等については大連商工会議所『満洲銀行会社年鑑』1942年版、参照。

第4節　アジア太平洋戦争期の資金割当

1．自治的資金調整廃止・統制強化案の検討

「臨時資金調整法」はアジア太平洋戦争期にも有力な設備資金割当として続いた。同法の所管は大蔵省と商工省であり、両省で所管の権限争いが常に発生

していた。アジア太平洋戦争勃発前の1941年7月14日商工省特別室金融班「金融緊急対策要綱」では、「臨時資金調整法」の改正を提案していた。その内容は、敷地面積、建坪および使用労務者数による制限の追加、そして特に注目するべきは資本金20万円の限度を5万円程度に引き下げを掲げていた。20万円の現行限度では、資本金19万5千円等の金額の会社の設立による脱法、違法行為が少なくないためそれを防止する、資本金30万円以下の会社については要許可限度を3万円程度に引き下げる。自治的資金調整を廃止し、業種のみの貸付限度を区分し、技術・資材関係等を考慮する。これを金融機関の力量不足のため判断できない。金融機関以外に資金調達できる業者とそうでない業者との間に不公平があり、借入金で設備投資を行い、その後返済のため払込、増資を申請する場合には抑制することは事実上困難で、二重の資金調整をする行わざるをえない現状にあるとして、さらなる統制の強化を主張していた。また臨時資金審査委員会を拡充し、中央委員会と地方委員会にわけ、地方委員会では中央委員会の方針に沿って迅速に処理する体制に移行するべきであると主張していた[1]。従来の融資審査体制を強化するとの方針とともに、技術・資材関係を考慮することで、商工省の意向をより強く反映させることが可能となり、また地方委員会では個別業種の意見が強まるため、大蔵省の権限が後退することもありえるものであった。これは商工省が「臨時資金調整法」を専管すると主張しているに等しいものである。同様の主張を掲げて、臨時資金審査委員会で大蔵省と衝突することも見られたはずである。

　こうした商工省側の強力な統制権限の主張に対し、大蔵省では当然ながら反発していた。1941年12月8日開戦に伴い、大蔵省は「非常金融対策要綱」を発表して、金融業を戦争に対応させた。その後、1942年8月頃に大蔵省は「臨時資金調整法」を大蔵省専管とするべきだとの文書をまとめている[2]。理由として、①産業資金の統制は国内資金総合統制の一環であり、財政金融の主管省の大蔵省の専管とすべきである、②同法は国内資金の使用調整を目的とするものであり、金融所管の大蔵省専管とすべきである、③産業資金の統制は、当該産業所管省の専管に任せると、産業資金の使用が各省の割拠主義に陥り、資金の

総合統制を損なう恐れが多い、④資材の所管省庁別に専管とする場合にも、産業資金の統一を欠いた割拠主義に陥る、と主張し、大蔵省専管に移すとしても、必要な資材、電力、輸送力等については、現行の臨時資金審査委員会を存続させ調整させると主張していた。こうして商工省の「臨時資金調整法」に対する所管権限を強める動きに対抗し、むしろ大蔵省専管が相応しいとの議論を展開していた。ただしその内容は商工省の主張のような、具体的な統制強化の提案がなく、大蔵省側が防戦に努めざるをえなかった。同じ文書では、商工組合中央金庫の金融機関としての性格が強まっており、大蔵省専管が相応しい、また更生金庫は金融機関としては十分大きく、商工省と大蔵省との協議の廃止、すなわち商工省の事実上の専管への移行は不可能である等の主張も盛り込んでおり、商工省に対する多面的な反撃を加えていた。

　以上のような大蔵省と商工省との「臨時資金調整法」をめぐる軋轢が表面化しており、両省の利害を調整するのが難しく、そのため同法および「臨時資金調整法施行令」については、法律の施行方針に直接関わる改正提案はなされなかった。同法の条文は、興銀債発行上限拡張等の、法律施行方針とは離れた案件のみが優先されて改正された。

　そのほか「臨時資金調整法」に基づく自治的調整については、かねてより統制強化の主張の中で、大蔵省内でも廃止論が強く主張されていた。1942年8月に大蔵省会社部は、1941年12月12日に総動員勅令「企業許可令」が公布され、工業規制地域ならびに工場建設地域の設定等がなされたため、事業資金の調整を強化し、統制を一元化するため、自治的調整はこの際廃止するべきだと提案していた[3]。自治的調整を廃止すると、それにより命令融資に資金割当が大きく傾斜することになるが、自治的調整により割り当てられている小口融資案件の資金供給を廃止することは現実的に不可能である。多数に上る小口案件を日銀資金調整局と金融機関統制団体に任せるしか手はなかった。

　そのほか1944年2月14日に空襲に伴う工場疎開等にかかる「臨時資金調整法」改正がなされた。この改正により、土地建物その他売却代金・補償金その他金銭債務のうち、命令の定めるものに対して支払われた金銭処分に関し必要

な命令を行い、またはこの金銭債務について1943年6月26日「企業整備資金措置法」に規定する方法その他の方法で決済させることを命ずることができる等の、工場疎開に伴う借入・資産譲渡収入の処理が、企業整備に伴う資金浮動化阻止策と同様の扱いを受けることとなった。

2．「臨時資金調整法」と「銀行等資金運用令」の施行

　1942年以降の「臨時資金調整法」の施行状況を点検する。暦年集計では、1942年申請件数・金額は1941年より増大し、6,248件、8,109百万円、許可5,482件、7,824百万円となっていたが（表3-1）、さらに1943年に増大して申請8,771件、金額15,051百万円、許可8,305件、14,814百万円となった。1943年で件数と金額はピークをつける。1943年では許可率は日中戦争期よりも上昇している。この許可のうち臨時資金審査委員会付議件数は6,712件、10,657百万円となり、同委員会への付議と許可の決定に関わる比率も上昇していた。金額で7割ほどが同委員会の審査対象となっていた。1944年には9月までしか判明しないが、申請4,394件、5,935百万円、許可4,199件、5,849百万円で、暦年ベースとしては件数・金額ともに減少していた。小口の非軍需関係も含む自治的資金調整による許可に圧迫を加えろとの意見も多く、さらに資金の傾斜配分が強められて、金融機関の預金の増大分に対する国債消化以外の自由度が低下したと読めるかもしれない。その許可件数・金額の使途を点検すると（表3-2）、日中戦争期と異なるのは株式払込・増資の比率が低下し、事業設備として銀行等からの借入による資金調達の比重が高まり、1943年度では5,071百万円となり、総額14,814百万円の3割以上を占めた。ただし増資による資金調達も1944年度までは順調に続いていた。会社合併は戦時企業統合を表しており、1940年度から1943年度まで高水準で続いていた。1944年度になると事業設備3,728百万円に低下したが、増資は4,219百万円へ前年度を上回った。個別融資を圧迫しつつ、設備資金を必要とする大手事業法人の払い込みは優遇されたといえよう。1945年度は敗色の中で4～9月の半年に限定されるが、事業設備2,243百万円を維持しており、半年で前年度を上回るペースの資金散布がなされた。これは敗戦

直後の巨額資金散布を暗示している。この割当業種としては、日中戦争期には6割ほどが工業に注がれたが（表3-3）、その比率がさらに上昇し、1942・43年度で7割へ、さらに1944年度で8割に上昇していた。追い詰められた資金動員の中にあっても、軍需品生産に邁進する製造業に強く傾斜していたといえよう。

起債では国内関係債券に一段と資金割当を強めた（表3-6）。小口融資と異なり大口案件のため、統制は容易である。起債統制で本邦会社債は1942年度1,421百万円から1944年度2,568百万円へと増大し、他方、満洲関係債はすでに1941年度には対前年減少を始めて810百万円に止まった。中国関係債は1942年度の354百万円から1944年度の584百万への増大と辿ったが、本邦会社債の比率は上昇し、1942年の5割以上から、1944年度の7割以上にまで上昇した。本邦会社債には1942年度以降、営団債を含み事業債発行が一段と増大する。産業整備営団（1941年12月26日設立、政府出資特殊法人）等の巨大資産負債規模を抱える政府系事業が出現したため、これらの債券発行が急増し、本邦会社債における政府系機関の発行が増大するのが特徴である。国内起債市場は一部国外銘柄以外には国内法人に集中していった。1945年度には国外銘柄は情報不足や国外資金移動への圧迫、占領地インフレによる固定相場を通じた投資効果の急減等で、一段と起債が困難になっていた。

次に1942年以降の「銀行等資金運用令」による設備資金と運転資金の貸出残高を点検しよう。1942年以降においても当初に認められたものがそのまま継続し、さらにその残高は増大していった（表3-12）。1941年12月「銀行等資金運用令」による貸出許可の残高は、設備資金3,818百万円、運転資金9,170百万円が、1942年3月3,900百万円、8,927百万円に止まっていたものが、1943年12月で6,393百万円、14,403百万円へと急増した。「臨時資金調整法」による資金割当許可も1943年に急増したが、「銀行等資金運用令」に基づく資金割当も同様であった。さらに1944年12月でも設備資金10,741百万円、運転資金26,824百万円へと6割ほどの増額を示していた。そのため資金統制を強める方針は打ち出されていたものの、大口融資案件が多額に発生したため、残高を抑えることは

不可能であった。これらの資金使途を見ると（表3-13）、工業が最多で、しかも1941年12月の7,573百万円から急増し、1944年12月には23,855百万円へと3.7倍増を示した。これに対しほかの鉱業・農林業・交通業・商業では2倍程度の伸びしかなく、製造業に短期資金を集中投入していた。1944年12月の工業の内訳は設備資金6,061百万円、運転資金15,816百万円で、運転資金に傾注している。製造業の内訳は（表3-14）、1941年12月期の機械器具2,648百万円、金属1,286百万円、化学1,207百万円、紡織1,102百万円、総計7,573百万円であったが、その後は兵器産業に直結する3業種のうち特に機械器具が急増し、1944年9月期で11,026百万円にまで4倍以上の増大を見せた。金属も2,779百万円、化学も2,997百万円と増大を辿った。合計で20,766百万円となっており、資金割当総額の増大の5割以上が機械器具の主として兵器・軍需品に充当された。このように「銀行等資金運用令」による貸出の資金誘導は設備資金・運転資金で製造業に傾注され、とりわけ機械器具を中心とし、周辺の兵器・軍需品生産に直結する・金属・化学の業種に集中的に銀行投融資を振り向けさせたといえよう。

なお大蔵省理財局企画課は1942年11月1日に金融課に名称が戻り（課長森永貞一郎）、1944年8月17日に証券課（課長森永貞一郎）に改称した。会社部が臨時的組織であったため、1942年11月1日に廃止され理財局資金調整課に戻り（課長渡辺武）、1944年6月10日に資金統制課と改称し（課長渡辺武）、1945年5月19日に理財局と銀行保険局が合併して金融局となり、同局資金統制課で所管業務が続いた（課長伊原隆）（大蔵省百年史編集室［1969b］82-85頁）。商工省では、1942年6月17日に企業局の新設で同局資金課に資金調整業務が移管され（課長辻邦生、1942年12月10日より石原武夫）、1943年11月1日軍需省設置で企業局は廃止された（産業政策史研究所［1981］）。

3．日本興業銀行の命令融資・軍需手形引受

1941年以降の興銀命令融資をまとめて紹介しよう。命令融資の事業別融資残高は、1941年末の713百万円から、1942年末1,130百万円、1943年9月1,294百万円、1944年9月2,097百万円、1945年8月15日3,903百万円へと増大した（表

表 3-19　命令融資残高事業別

(単位：千円)

	1941.12	1942.12	1943.9	1944.9	1945.8.15
工業	576,494	897,697	1,037,494	1,897,106	3,724,419
金属	11,830	15,120	47,173	99,490	210,571
航空機	408,150	602,770	714,130	1,324,000	2,912,143
その他機械	80,344	109,744	99,014	183,420	196,466
化学	76,170	170,063	177,176	290,196	373,434
その他	—	—	—	—	31,805
交通	8,297	11,685	13,579	4,709	—
鉱業	73,030	163,566	180,630	156,720	99,043
農林水産	6,500	6,500	6,500	4,000	4,437
商業	—	26,310	26,310	—	—
その他	49,074	24,310	29,860	35,210	75,210
合　計	713,395	1,130,070	1,294,374	2,097,746	3,903,109

出所：日本興業銀行［1957a］603頁。

3-19）。内訳は工業が多く、しかも後になるほど比重が高くなっていった。とりわけ航空機製造業への命令融資割当は突出していた。それに次いで化学工業と金属工業の順である。他の産業では鉱業が化学工業をいくらか下回る規模で増大していた。個別企業割当を1943年2月末現在の命令額・融資額・残高で検証しよう（表3-20）。1942年3月末時点で1事業者別に名寄せして集計した。商号変更や事業分離、合併等がこの間になされているため、命令融資枠が与えられた時点と、1943年2月時点で商号変更しているものが少なくない。1943年2月末では、興銀に対し71口、51事業者の累計2,060百万円の命令融資枠が与えられ、累計1,240百万円の融資が実行され、その残高は1,151百万円という状況であった。命令融資割当には航空機製造業、化学工業、金属工業、鉱業が多数並んでいる。金額で突出しているのは中島飛行機であり、1943年2月累計で405百万円の命令を受け、その全額を融資した。長期融資であり全額が未償還のままで、さらに敗戦まで423百万円の追加命令を受けている。中島飛行機は格段に優遇されていた事例である。興銀は中島飛行機に対しては、命令融資前から資金支援を行っていたが、命令融資でも同社が政府から破格の扱いを受け、それを興銀が支えた。中島飛行機と異なり、ほかの命令融資については命令融

表3-20 命令融資状況（1943年2月末現在と追加命令額）

(単位：千円)

融資先	命令額	融資額	現在残高	追加命令額	備 考
（日本興業銀行分）					
中島飛行機㈱	405,000	405,000	405,000	423,300	1・2・3次口、追加2件
昭和飛行機工業㈱	22,500	19,000	13,000	—	同、1937.6設立
日本光学工業㈱	136,700	56,000	46,000	11,000	1～4次口、追加3件
日本飛行機㈱	10,000	6,500	6,500	8,000	1・2次口、1934.10設立
ヂーゼル自動車工業㈱	21,000	21,000	4,400	—	1・2次口、1941.4東京自動車工業㈱が商号変更、日野重工業に肩代わり
日野重工業㈱	—	—	15,100	—	1・2次口
帝国船舶㈱	16,000	7,440	2,800	—	外船購入口・外船備入口、1940.7設立
帝国蚕糸㈱	50,000	25,500	—	—	1・2次口、1927.10設立
日本曹達㈱	86,000	64,224	64,224	98,400	1・2次口、追加2件
大江山ニッケル工業㈱・日本冶金工業㈱	39,600	24,000	24,000	42,000	1・2次口、1940.12設立、1943.12日本冶金工業㈱に合併
川西航空機㈱	200,000	79,500	68,250	100,000	同、1928.11設立
日本化成工業㈱	16,040	16,040	16,040	—	同、1944.5三菱化成工業㈱に商号変更
東満洲産業㈱	23,860	23,860	23,860	11,500	同、追加2件、1938.3.29設立
日本国際航空工業㈱	60,000	32,280	32,280	100,000	1・2次口、1941.7設立
帝国石油㈱	75,000	71,100	67,300	—	旧日本石油口・旧太平洋石油口
林兼商店㈱	6,500	6,500	6,500	—	
㈶金銀製品商聯盟	3,000	4,570	450	—	極度、1939.7設立、1943.12㈳金銀運営会に改組
日本油化工業㈱	5,000	3,200	2,200	—	1938.1設立
国民更生金庫	20,000	—	—	—	
興亜石油㈱	21,000	15,900	15,900	18,518	1941.5東洋商工石油㈱が商号変更
日本海運㈱	10,000	8,520	7,504	—	1936.4設立
理研重工業㈱	32,000	30,794	30,794	60,000	1934.3設立
㈴昭信商会	500	—	—	—	1938.4設立
石川島航空工業㈱	24,000	3,600	3,600	—	1941.8㈱東京石川島造船所から分立
戦時金融金庫	300,000	46,700	26,310	—	極度、旧日本協同証券口
愛知時計電機㈱	56,000	38,300	38,300	33,000	1898.2設立、1943.2設立の愛知航空機㈱に肩代わり、追加2件
昭和産業㈱	11,000	11,000	11,000	—	1936.2設立
日本電気冶金㈱	10,000	9,190	9,190	—	1935.12設立
南日本化学工業㈱	10,000	6,800	6,800	4,000	1939.10設立
日立航空機㈱	150,000	31,000	31,000	60,000	1939.5設立
渡辺鉄工所㈱	35,000	15,800	15,800	70,000	1943.10九州飛行機㈱に商号変更
北日本鉱業㈱	3,000	3,000	3,000	12,200	1921.9設立
保土ヶ谷化学工業㈱	9,500	9,500	9,500	4,200	追加3件、1916.12設立
岩手炭礦鉄道	3,000	2,846	2,846	2,230	1921.5設立
大倉鉱業㈱	40,000	40,000	40,000	—	1917.12設立
日窒燃料工業㈱	60,000	50,000	50,000	80,000	1941.7設立
ヂーゼル機器㈱	6,000	3,430	3,430	—	1939.7設立
台湾有機合成㈱	1,300	80	80	—	1941.3設立
日本ニッケル㈱	10,000	5,930	5,930	10,000	1936.11設立
大産鉱業㈲	5,500	4,020	4,020	—	1941.8設立
高森鉱山㈱	1,300	1,300	1,300	—	1938.2設立

融資先	命令額	融資額	現在残高	追加命令額	備考
中外鉱業㈱	5,500	3,350	3,350	8,600	1932.5設立
㈱東亜鉄工所	1,700	1,700	1,700	—	1928.8設立
大川目鉱業㈱	1,000	822	822	2,500	1942.4設立
㈱東亜製作所	400	400	400	—	1937.3設立
日本タングステン㈱	1,500	1,059	1,059	750	1939.4設立
日満鉱業㈱	12,000	10,800	10,800	—	1919.5設立
山下汽船㈱	6,480	2,592	2,592	—	
日本タンニン工業㈱	1,000	850	850	—	1939.12設立
日窒ゴム工業㈱	6,500	500	500	11,000	1942.9設立
鯛生産業㈱	11,150	6,080	6,080	34,300	1918.6設立、1944.6東亜鉱工㈱に改称
東邦炭礦㈱	17,970	9,032	9,032	—	1919.10設立
(1943.1末累計71口)	2,060,500	1,240,609	1,151,393	—	
㈱宮田製作所				11,900	1934.1設立
東亜特殊製鋼㈱				25,000	1938.11設立、追加2件
日本鋼管㈱				100,000	
関東工業				20,000	追加2件
九州兵器㈱				6,000	1943.10渡辺鉄工所から分離設立
立川飛行機㈱				55,000	1924.11設立
興銀分追加命令額				1,423,398	
(北洋漁業資金)					
北海道拓殖銀行	18,000	17,500	6,602		極度
第一銀行	6,660	6,370	1,002		同
安田銀行	6,580	6,485	1,572		同
北海道銀行	4,110	4,070	1,043		同
第十二銀行	3,130	3,090	1,090		同、1943.7.27北陸銀行に統合
第五十九銀行	340	340	311		同、1943.10.1青森銀行に統合改組
小計	38,820	37,855	11,620		
(日本勧業銀行分)					
岡本工業㈱	13,200	9,900	9,900		1919.3設立
勧銀分1口	13,200	9,900	9,900		
(横浜正金銀行分)					
中華民国国民政府	35,000	15,238	15,238		
中央儲備銀行	30,000	21,436	21,436		
中華民国国民政府	6,000	2,839	2,839		放送関係
同	2,300	—	—		中央農機具関係
小計	73,300	39,513	39,513		
総計77口	2,185,820	1,327,877	1,212,426		

注：1）北洋漁業資金は融資銀行の命令額と融資額および残高。
　　2）命令額は1942年末累計、追加命令額は1943年1月以降。
　　3）関東工業は日本興業銀行［1957a］にも掲載があるが、該当法人が見あたらない。関東電化工業㈱（1938年9月設立、資本金4百万円払込、金属マグネシウム、苛性ソーダ製造）の誤記と推定。
出所：「命令融資状況調」1943年2月末現在、大蔵省銀行局作成と推定（旧大蔵省資料Z809-18-1）、日本興業銀行［1957a］、［1957b］、北陸銀行［1964］、青森銀行［1968］、柴田［2002a］、［2010b］、帝国興信所『帝国銀行会社要録』1942年版、1943年版、東京興信所『銀行会社要録』1941年版。

資枠全額が執行されている事例は少ない。命令枠を得た後に、具体的な資金使途が固まり次第、融資を実行するような事例が多いようである。その際には興銀の手元資金繰りと調整することになる。命令枠を融資実行額と同じものと想定すると、命令融資の過大評価に陥る。ただし中島飛行機のように全体の4割近い巨額命令融資利枠を与えられ、それを全額執行するため、執行率はある程度維持されることになる。それでも命令融資枠を消化せずに終わった事例は少なくない。

　命令枠の大きな戦金は旧日本協同証券株式会社の株価安定策のための資金として、極度を設定したものであり、非軍需産業ではあるが大蔵省の強い配慮がある（第4章参照）。川西航空機株式会社の命令融資枠200百万円のうちの融資額は79百万円で、一部償還されて1943年2月で68百万円に減少している。日立航空機株式会社も150百万円の命令融資枠を得たが、31百万円のみ実行されたにすぎない。ほかにも航空機製造業として、日本国際航空工業株式会社、石川島航空工業株式会社、立川飛行機株式会社が並んでいた。財閥系では三菱系の大手光学機器製造業の日本光学工業株式会社が136百万円の命令融資枠を得て、56百万円の融資実行を見た。軍需産業に直結する財閥系企業は、財閥系銀行からの資金調達で不足する場合には、興銀からの命令融資枠に依存できた。短期資金の融資として帝国蚕糸株式会社は50百万円の命令枠を得て、25百万円の融資を受け、全額を1943年2月末までに償還していた。極端な事例では更生金庫は20百万円の命令融資枠を与えられたが、1943年2月まで融資実行はなされなかった[4]。命令融資には兵器製造と直結しない財団法人金銀製品商聯盟や東満洲産業株式会社（1938年3月29日設立、本店東京）のような事例もある。前者は大蔵省の対市中金塊売却・買上操作のため資金繰りをつけたものであり[5]、後者は対満洲投資の窓口会社への資金支援である[6]。

　以上から興銀命令融資が飛行機製造を中心とした軍需産業に多額に資金を誘導していたことが確認できた。残高が膨らむため、融資先の負担軽減の配慮が必要になる。当初から命令融資の金利は年5％で契約されていた。融資先の金利負担軽減を図るため、1943年3月27日資金融通審査委員会で、30百万円以上

表 3-21　主要金融機関等融資残高

(単位：百万円)

	日本興業銀行	戦時金融公庫	三井銀行 (帝国銀行)	第一銀行	三菱銀行	安田銀行	住友銀行	三和銀行
1941.12	2,783	—	1,155	1,564	1,148	1,695	1,912	1,666
42.12	3,811	22	1,348	1,777	1,309	2,034	2,147	2,159
43. 6	4,493	…	3,449	—	2,613	2,402	2,424	2,453
44. 3	6,050	999	4,800	—	3,229	3,244	3,326	3,095
45. 3	12,153	2,903	8,672	—	6,844	5,771	5,762	5,445
45. 9	14,696	3,736	14,355	—	9,203	10,997	8,109	6,973

注：帝国銀行は1943年3月27日に三井銀行と第一銀行の合併で設立。
出所：富士銀行［1952］200頁、日本興業銀行［1953a］578頁。

80百万円以下を4.8％に、80百万円以上を4.6％として現行の融資案件の金利を引き下げ、また新規融資についてもこの金利を適用するとした[7]。さらに命令融資の期限を1943年3月7日までとしていたが、同日の資金融通審査委員会で打ち切り時期については大蔵大臣が追って指示するものとし、無期限に延長した[8]。

　このように命令融資の制度が拡張する中で、興銀は既得権限を拡張し続けてきた。他方、命令融資の対象銀行を拡大することには既得権限が損なわれるため、興銀は反対していた。興銀のプレゼンスの高まりに対する同業者の反発も少なからず見られるため、対象銀行の拡大が実現する。1942年3月24日に資金融通審査委員会は勧銀も命令融資の対象とした。勧銀は1942年上期から命令融資を開始し、敗戦時の命令融資残高は112百万円、うち設備資金94百万円という規模の取引であった[9]。1943年2月末で、興銀以外の命令融資案件は、北洋漁業資金として北海道拓殖銀行以下5銀行の合計38百万円の枠で、37百万円の融資が実現していた。また勧銀の岡本工業株式会社1件のみ13百万円の命令枠で9百万円の融資を実行した。横浜正金銀行の華中・中華民国国民政府（南京）に対する3億円借款供与枠組みの兵器借款、農具借款ほかの3件の合計73百万円の命令枠のうち39百万円が実行されていた[10]。1943年3月以降にその他の銀行の命令融資が新たに付け加えられるが、金額が乏しいまま終わり、ほぼ興銀

からの融資で終始したといえよう。ただし命令融資導入前からの興銀の軍需産業への積極的な関わりの中では、命令融資のウエイトは低いものであった（表3-21）。興銀の融資残高は1941年12月2,783百万円から1945年9月14,696百万円に急増を続けており、この中に命令融資が含まれているが、2割から3割ほどである。そのため命令融資の過大評価は慎しむべきであるが、航空機製造に代表される特定軍需産業にとって、命令融資スキームは政府のお墨付きを得たうえで供給される資金となるため、魅力的なものであった。後述のような軍需融資指定金融機関制度の導入で、興銀と財閥系大手都市銀行に資金を集中的に集めて、僅か300社の軍需産業等の会社に資金割当を行う体制にシフトするが、これは銀行融資制度の全面的な命令融資への転換ともいえるものとなった。

「銀行等資金運用令」による資金割当は、従来の命令融資以外にも新たな戦時の特殊融資分野を創出した。すなわち1941年7月15日同令改正第7条により、新たに有価証券の買入、債務引受、債務保証が追加された。これにより同年8月23日資金融通審査委員会決議で、興銀に対する産業貸出の回収緩和に関する資金融通または債務保証命令を発した。この制度は前払または概算払に換え、軍需会社が運転資金を調達するため手形を振り出し際に、支払を保証し、その手形の割引と金融機関売買を可能とした。軍需会社が興銀を支払人とする手形を振り出し、それに軍の出納官等が特定のスタンプを捺印し、それを興銀が引き受けるという制度であった。この軍需手形は期限前でも興銀が割引くため幅広く利用されることになる（大蔵省昭和財政史編集室［1959］246頁）。興銀は「銀行等資金運用令」第7条に基づき1941年8月25日に融資命令を受け、9月15日より軍需手形引受を開始した（日本興業銀行［1957］469頁）。この資金取引に伴い、興銀の資金枠の拡大が必要となるが、これより先1941年3月3日「臨時資金調整法」改正により興銀債発効枠が拡大されていた。1942年3月と11月に興銀引受枠を拡大し合計13億円となっていた。軍需手形引受状況を見ると、1941年下期引受高399百万円、残高326百万円、1942年上期引受高313百万円、残高335百万円と、順調に利用されていた（表3-22）。

1942年2月18日法律「会計法戦時特例」が公布され、同特例第1条で軍の需

表3-22 軍需手形引受決済状況

(単位:千円)

期　間	引受高	決済高	引受累計	決済累計	残　高
1941年下期	399,793	72,922	399,793	72,922	326,871
42年上期	313,269	304,808	713,062	377,730	335,332
下期	263,240	276,318	976,302	654,048	322,254
43年上期	72,823	238,855	1,049,125	892,903	156,222
2月末	…	…	1,009,686	710,306	299,379
陸軍	…	…	955,191	674,159	281,032
海軍	…	…	54,495	36,147	18,347
9月期	65,387	104,130	1,114,512	997,033	117,479
44年3月期	288,363	170,065	1,402,875	1,167,098	235,777
9月期	164,497	158,202	1,576,372	1,325,300	242,072
45年3月期	271,319	202,923	1,838,691	1,528,223	310,468
9月期	139,519	110,071	1,978,210	1,638,294	339,916

出所:日本興業銀行［1957］602頁、「軍需手形月別処理状況」1943年2月末現在、大蔵省銀行局作成と推定（旧大蔵省資料Z809-18-11）。

要その他緊急な場合には、新たに前払金または概算払に変えて手形保証をすることができると規定し、同年7月24日より陸海軍の手形保証制度が導入された。同特例第1条で、従来の前金払または概算払に換え政府が手形の保証をすることができるとし[11]、本来、軍需手形引受制度は、手形保証制度の導入でこの制度に移行するべきものであった。しかし軍需手形引受制度に対しては十分な利用が見られないため、大蔵省は同制度と平行して軍需手形保証制度を導入する方針とした。そのため軍需手形引受の期間の延長が必要となり、1943年3月27日の資金融通審査委員会幹事会で、興銀に対する命令融資期間を延長し、1944年3月までとし、興銀保証引受額を総額13億円から19億円に6億円を増枠した（陸軍関係5億円、海軍関係1億円）[12]。実際の資金取引の現場では軍需手形保証制度の使い勝手が悪く、敬遠されたようであり、軍需手形引受制度を主に利用したといわれている。そのため軍需手形引受は1944年3月期で引受高288百万円、残高235百万円、1945年3月期で引受高271百万円、残高310百万円と、利用はさほど減らなかった。興銀は敗戦まで軍需引受手形を引き受け続けた[13]。

4．戦時金融金庫の設立

戦時金融金庫の設立経緯については、すでに多くの資料を吟味してかなり判明している[14]。戦金設立をめぐって、かなり長い期間にわたり大蔵省・商工省で立案とその見送りが繰り返されており、さらに既存の興銀の融資権限の縮小を伴うための反発も見られたが、ここでは日中戦争期に遡及して、戦金設立についてさらに資料で補強しよう。最初は日中戦争勃発直後に、金融統制が必要なため、「金融会社」を設立して、金融を円滑にする必要があるとの意見が大蔵省内で見られた[15]。1937年8月下旬に「臨時資金調整法」制定に向けて、省議決定されたあたりで、「金融会社」設立案は当面は沙汰止みとなった。その後、1937年9月10日「臨時資金調整法」公布で、設備資金統制が開始され、さらに同法改正で興銀債券発行枠が拡大され、当面は興銀融資枠の拡大で乗り切る方針となった。

その後、1938年に「日本興業金融株式会社設立要綱案」と「帝国興業金融株式会社設立要綱案」が提案されている[16]。両案とも日付が付されていないが、前者には「昨年以来時局ノ変転」とあり、日中戦争勃発の翌年である。興銀利用を提案しているため、とみられる。前者では、目下の生産力拡充すべき産業、あるいは中国占領地事業等の採算が確実でない事業のため、一般金融機関が関わることは不適当であり、この種の事業に対して特殊の政府援助による金融機関の設立が必要である、また帝国議会の予算または予算外国庫負担の協賛を経ることなく政府を代位する機関とする必要があると主張し、日銀・興銀の利用や特別会計による政府直営よりも相応しいと判断していた。また後者では、「帝国興業金融株式会社」の設立目的は、生産力拡充資金、華北・華中における経済開発事業資金、中国における日本人事業の復興に必要な資金、政府支払の延引による民間製造業者の困難の救済等に必要な資金の融通を行うものとし、特別の法律に基づき、資本金を2億円とし半額政府出資とする、民間出資は国債シンジケート加盟銀行等に出資させる、総裁は興銀総裁を充当し、本店を当分の間興銀に置き、事務を興銀職員に代行させる、業務は5年以内の貸付、社

債・株式の応募、引受または買入、手形割引等とし、限度20億円の政府貸付金と払込資本金の10倍限度の社債発行を認めるとの制度設計をしていた。融資対象範囲は中国占領地まで含む壮大なもので、しかも資金規模も巨額であり、株式の買入を業務に含ませており、株式の流通市場における介入も可能となっていた。参考資料として付されている文書に含まれる「米国、戦時金融会社要綱」があり、この立案の先例としてアメリカの戦時金融会社の事例を紹介していた[17]。アメリカの戦時金融会社は1918年4月5日「戦時金融会社法」で設立された。同社は第1次大戦期アメリカの軍需品工業に対する金融上の援助を与えることを目的としたが、戦後も目的を変更してそのまま存続し、農業信用、輸出促進にまで手を広げていた。このアメリカの事例が「帝国興業金融」案でかなり参考にされているといえよう。ところがこの大蔵省で検討された新たな戦時金融機関の設立の提案が、「臨時資金調整法」の制度の充実の中で沙汰止みとなった。この大蔵省の立案では、組織は事実上興銀を利用するものであり、店舗と人材では独立の組織ではなく、そうであれば興銀の融資業務の拡張で対応できるとの反論が可能である。

　結局この時点では、必要性がまだ乏しく、仮に設立しても準備に時間を要し、そのほか融資事務に長けた人材を欠く等の反対意見が多く、興銀利用案で進む方針となった。興銀が資金力強化のため、1939年2月6日に4倍増資して、資本金2億円となり、興銀債の発行枠もあわせて拡大し対応する体制となった。しかしさらに政府は興銀の戦時融資への関わりを求め、1939年4月1日公布総動員勅令「会社利益配当及資金融通令」に基づき、同年5月8日に興銀に命令融資を引き受けさせ、興銀を動員した政府損失補償を付す戦時融資スキームが開始された（日本興業銀行［1957a］465-466頁）。そのため特殊の戦時金融機関は当面必要なくなり、興銀の命令融資が急増していった。これに対する市中銀行の反発が当然ながら発生した。

　興銀をそのまま使って、軍需金融の政府保証については最後に政府が責任を持てばよい、株式市場介入も興銀を使えばよいとする当時の大蔵省の主流派の意見が維持された結果である。他方、企画院側は興銀・勧銀では不十分で、新

たな金融機関を設置する必要があると主張し、そのほか新たな金融機関に株式市場の操作も担当させるという方針を抱えていたと見られる。それを拒否する大蔵次官広瀬豊作は企画院に対し強く対抗する姿勢を続けた。企画院は戦時特殊金融機関設立のみならず、予算編成権を大蔵省から内閣に移転することも主張していたため、大蔵省としても強く反発していた[18]。ところが第3次近衛内閣大蔵大臣（1941年7月18日～10月18日）に第2次近衛内閣無任所国務大臣から横滑りして就任した小倉正恒は、直ちに大蔵次官広瀬に辞表提出を求めて解任した。その理由として小倉の「抱懐している金融政策が実行できないからだ」と説明した[19]。そして小倉の意向で戦時金融機関設立構想が大蔵省でも進められることとなった。ただし第3次近衛内閣は短命に終わり、同年10月18日に小倉は閣外に去ったが、設立構想案は後述のように続き、実現する。

　その後の戦時統制経済の拡張と戦時資金供給の増大の中で、商工省でも戦時金融機関の必要性を認めていた。その具体的提案として、1941年7月21日に産業整備営団（1941年12月26日設立）として実現する提案と一体で検討された。商工省特別生産班「戦時産業営団（仮称）ニ関スル件（素案）」がまとめられたが[20]、あわせて同案の「戦時産業営団」の設立案と平行して検討されている「戦時産業振興株式会社」案があり、同社が「戦時産業営団」にも出資・債券引受等で支援する枠組みが想定されていた[21]。この「戦時産業振興株式会社」は興銀とは別の戦時融資機関と位置づけられていた。7月21日商工省監理局が日本協同証券株式会社の強化策として、政府出資、社債の日銀引受、同社への日銀もしくは興銀の命令融資による資金支援、株式流通市場の買介入等も検討しており[22]、株式市場介入策としても検討されていた。さらに同年10月1日に商工省特別室「戦時産業振興財団設立要綱（案）」がまとめられ[23]、事業設備貸与・売買、緊要産業従事者への投資・融資、債務引受または保証を行うという、先の2機関の業務を概ね統合した機関の設立案に改訂し、同月10日には「戦時産業振興財団法案」として法案化されていた[24]。商工省主導で「財団」の形態の新たな戦時金融機関設立に向かう構えを見せた。

　商工省の立案で組織ができ上がると、大蔵省の金融業への介入権限が後退す

るため、これに対抗して大蔵省は対案作成に動いていた。1941年10月18日発足東条内閣に大蔵大臣賀屋興宣が就任し、戦時金融機関設立構想の検討を大蔵省でも進めた。すでに日米開戦となった同年12月後半頃作成と思われる文書に、公債その他有価証券の価格維持の機関として、かつ新興産業等への資金供給のための特殊金融機関「仮称国家総動員金庫」を政府・金融機関の共同出資で設立するとの提案が見られた[25]。ただし「国家総動員金庫」の組織・業務の制度設計の詳細は不明である。また同年12月24日には大蔵省会社部で「戦時金融営団（仮称）設立ノ必要ニ付テ（未定稿）」をまとめている[26]。会社部長田中豊が会社部経理統制課長伊原隆と同課の石野信一を中心にこの案を立案させた[27]。この案によると営利性を離れた産業資金計画に即応する金融業務を担う機関を設立する必要があるとし、また「産業設備営団法」の立案と平行して提案し、産業設備営団の設立構想の中から、金融業務を切り離し、「戦時金融営団」に担当させるものとした。出資については目下のところ適当な機関がなく、融資についても興銀への命令融資のみであり、興銀以外に拡張する際の実施機関を必要とするとした。また会社部は同日の「戦時金融営団（仮称）設立要綱素案（未定稿）」で「戦時金融営団」の設立を具体的に提案している[28]。その新組織は全額政府出資とし、日本協同証券を統合する、興銀の臨時資金融通部を吸収する、政府保証債券発行で資金調達する等が掲げられていた。もとより商工省所管の産業設備営団（1941年11月25日「産業設備営団法」により同年12月26日設立）に担当させる予定の金融業務については、大蔵省、特に銀行局と、業界利権を奪われかねない興銀は反対であり[29]、会社部長田中豊が商工次官椎名悦三郎（1941年10月21日～43年10月8日在任）に交渉し、産業設備営団が金融業務への参入を行わないことで了承を得たほか、法制局が新設する金融機関を大蔵省・商工省の共管にするべきだと主張していたため、法制局長官森山鋭一（1941年10月18日～44年7月22日在任）に交渉し、その主張を止めてもらい、法制局の意見をつけずに閣議に提出することになり、大蔵省専管の金融機関の設立が固まった（昭和大蔵省外史刊行会［1969］530頁）。

　これらの検討を経て第79回帝国議会の協賛を得て、1942年2月20日「戦時金

融金庫法」が公布された。こうして「戦時ニ際シ生産拡充及産業再編成等ノ為必要ナル資金ニシテ他ノ金融機関等ヨリ供給ヲ受クルコト困難ナルモノヲ供給シ併セテ有価証券ノ市価安定ヲ図ルコトヲ目的」として、同年4月18日に戦時金融金庫が設立された[30]。資本金300百万円、半額払込の特殊法人である。戦金は設立と同時に日本協同証券の資産負債と業務を吸収した。当初の総裁小倉正恒、副総裁大野龍太（元大蔵次官（1939年1月6日～40年7月22日））である。小倉は大蔵大臣として戦金設立の旗を振り、退任後にさらに財閥代表として総裁の座について、「抱懐している金融政策」を、身を以て実践する立場に立った。1944年3月4日に小倉の後任として大野が総裁に昇格し、副総裁後任に岡田才一（前日銀理事（1937年9月10日～44年4月15日））が任命され、ともに1945年9月30日閉鎖まで在任した。政府3分の2の出資で、政府出資特別会計の現金出資100百万円、残りを民間が出資して発足した[31]。戦金への民間出資は、日本協同証券出資分の戦金株への転換50百万円、残りを銀行、生命保険、信託銀行等民間金融機関が引き受けた。民間出資は興銀のほか、三井銀行、三菱銀行、安田銀行、住友銀行等である。

戦金の内部組織として、新規融資審査と貸出を行う融資部、重要企業の株式取得を行う投資部、日本協同証券の事業を継承して株式売買を行う証券部および戦金債の発行等を行う総務部がそれぞれ分掌した。また戦金は本店のみの店舗のため、国内では興銀・勧銀・北海道拓殖銀行、国外では台湾銀行（台湾）、朝鮮殖産銀行（朝鮮）、朝鮮銀行（関東州）、満洲興業銀行（満洲国）が代理店となり、融資審査・実行の窓口となっていたという（山崎［2009b］15-16頁）。

5．戦時金融金庫の資金割当

戦金の貸借対照表を点検すると、1943年3月期で未払込資本金150千円が残り、証書貸付297百万円で、ほかに株式122百万円を抱えていた。旧日本協同証券の証券資産を承継したため、当初から多額の株式を抱え込んでいた。負債では社債310百万円と旧日本協同証券承継債務としての借入金等がある。1943年5月13日に戦金に対する融資団が結成され、地方銀行・保険会社等の資金を統合し

て戦金に貸付金もしくは社債引受により資金供給を強めた。もちろん大蔵省の指導である。戦金は戦金債発行を急増させて、1944年3月期には戦金債1,050百万円、借入金325百万円に達し、手形貸付989百万円、株式485百万円へと資産を膨らませていた。ただしこの期の戦金の融資先の内訳は断片的にしかわからない[32]。

戦金は預金金融機関ではないため、戦金の資金調達に政府が強力な支援する必要がある。その一つが未払込資本金徴収で、1944年度に政府出資特別会計から現金出資193千円、交付公債出資99,807千円の政府出資を見た。民間から残りを現金徴収した。戦金は未払込資本金を徴収したことで、1944年3月期から1945年3月期で、戦金の資本金と資産の交付公債が両建てで増大した[33]。1945年3月期に全額払込となると、戦金の民間株式として、興銀9,770千円、日本証券取引所7,581千円、以下、帝国銀行6,105千円、三菱銀行6,000千円、三和銀行3,400千円、安田銀行3,350千円、住友銀行3,017千円の保有が並んでいた（閉鎖機関整理委員会［1954］512頁、東京証券取引所［1972］65頁）。日証の出資は、日本協同証券に対する各取引所出資が戦金株式に切り換えられていたものが、1943年7月1日日証設立に伴い、日証保有株に転じたものである（第4章参照）。戦金は払込資本金の10倍まで戦金債の発行が可能であり、戦金債発行残高を急増させた。戦金債発行残高は1945年3月期で2,998百万円に増大した。それに伴い戦金債発行余力が乏しくなった。増資で発行枠を増やすより、法定枠を拡大するほうが戦金債発行残高を拡張しやすいため、1945年4月16日法律改正で、戦金債発行枠は払込資本金の30倍に拡張された。その後の戦金債発行増大で、閉鎖後は3,773百万円の戦金債発行債務を抱えていた（表3-23）。戦金を全面支援する大蔵省は、預金部資金で多額の戦金債を購入し、1943年3月期で99百万円、1944年3月期で239百万円、1945年3月期で808百万円、1945年敗戦後閉鎖時で1,107百万円の戦金債を保有し（大蔵省昭和財政史編集室［1962］統計28-29頁）、戦金債発行残高の3分の1ほどを抱え込んでいた。預金部資金を含む戦金資金支援のため、先述のように1943年5月13日に戦金に対する融資団が結成され、戦金に優先的に資金供給する体制が構築された。戦金

表3-23 戦時金融金庫貸借対照表

(単位：千円)

	1943.3期	1944.3期	1945.3期	閉鎖日	1945.9別数値
(資産)					
未払込資本金	150,000	150,000	—	—	
社債元利前渡金	—	8,485	35,846	93,972	
割引社債	144	4,026	3,456	2,578	
社債発行費	—	4,070	11,573	11,573	
証書貸付	8,531	9,945	28,760	39,637	
手形貸付	297,497	989,214	2,874,476	3,667,270	貸出計3,074百万円
国債	73,010	30,872	130,698	130,698	131百万円
株式	122,367	485,040	853,791	932,580	1,533百万円
出資証券	—	688	1,027	1,047	
外国証券	2,356	4,217	9,940	62,261	
現金預金	15,329	13,003	17,293	17,815	
代理勘定	—	1,150	2,904	10,041	
家具什器	40	101	78	78	
仮払金	1,113	1,538	7,467	696,632	
政府補償	—	2,895	12,115	—	
損失金	—	—	—	43,354	
合計	670,391	1,705,249	3,989,430	5,709,542	5,634百万円
(負債)					
資本金	300,000	300,000	300,000	300,000	
準備金	250	—	—	—	
社債	310,000	1,050,052	2,998,938	3,773,938	3,751百万円
借入金	53,754	325,059	591,000	1,488,000	1,577百万円
特別借入金(封鎖預金)		11,003	25,643	41,165	
雑勘定	3,608	16,635	69,417	106,438	
利益金	2,778	2,500	4,431	—	
合計	670,391	1,705,249	3,989,430	5,709,542	5,634百万円

出所：閉鎖機関整理委員会［1954］523-524頁、大蔵省昭和財政史編集室［1957b］323頁。

への銀行・預金部資金による資金支援は1945年9月20日時点で（表3-24）、1,488百万円のうち、日銀539百万円、次いで後述の資金統合銀行443百万円、預金部資金300百万円であり、この3大口借入先からでほぼ3分の2を占めていた。以下、台湾銀行30百万円、帝国銀行27百万円、三菱銀行25百万円、朝鮮銀行20百万円等と続いていた。日銀・預金部資金が多額に支援したほか、地方銀行や保険会社から資金動員した統銀の多額資金供給も注目できよう。特定大

表3-24 戦時金融金庫敗戦時借入先
（1945年9月20日現在）
(単位：千円)

借入先銀行等	
日本銀行	539,000
大蔵省預金部資金	300,000
朝鮮銀行	20,000
台湾銀行	30,000
北海道拓殖銀行	10,000
資金統合銀行	443,000
帝国銀行	27,392
三菱銀行	25,180
日本興業銀行	10,130
安田銀行	19,206
日本勧業銀行	9,990
住友銀行	14,914
三和銀行	14,914
野村銀行	8,630
東海銀行	8,630
神戸銀行	7,014
合　計	1,488,000

注：典拠では「大蔵省預金部」となっているが、官制上の預金部はすでに消滅しているため、表記を調整した。
出所：山崎［2009b］32頁。

口融資先に資金動員するという目標を与えられた統銀は十分に機能したといえよう。統銀から借り入れた資金で個別融資先の選別を戦金が担当したことになる。

1944年1月17日に軍需融資指定金融機関制度が導入され、軍需会社と融資取引銀行が決定された。その指定基準は、主に過去5年間の取引実績等を基準としているため（日本興業銀行［1957a］589頁）、設立後、日の浅い戦金にとっては決定的に不利であり、すでに融資取引が確定した市場に戦金が割り込むのは困難であった。そのため第1次指定では、中央工業株式会社（帝国銀行と協同）、住友通信工業株式会社（住友銀行と協同）、池貝自動車製造株式会社（1937年8月設立、三菱銀行と協同）、三井造船株式会社（帝国銀行、中国銀行と協同）、昭和電工株式会社（安田銀行と協同）、株式会社池貝鉄工所（三菱銀行と協同）、東洋工業株式会社（芸備銀行と協同）、不二越鋼材工業株式会社（北陸銀行と協同）、三井木船建造株式会社（1943年3月設立、帝国銀行と協同）の9社と、第2次指定で鐘淵燃料工業株式会社（1943年4月20日設立、戦金のみ）の合計10社にすぎず、興銀の累計162社に比べ、僅少に止まっていた（日本興業銀行［1957a］590-592頁）。逆に興銀が1937年9月「臨時資金調整法」公布後に、同法に支援され、軍需産業に対しいかに深くに食い込んでいったかを確認できよう。

戦金の1945年9月29日現在における貸出先一覧が残っており、一般設備運転資金、重要工場疎開資金、工場経理（生活）資金、災害復旧資金、「兵器等製造事業特別助成法」（1942年2月13日公布）による設備資金、工作機械前受資金、

木船譲受資金、木造船建造資金に分類され、合計598件が掲載されている（閉鎖機関整理委員会［1954］513-523頁）。総計3,660百万円のうち、一般設備運転資金が件数・金額とも最も多く3,169百万円、次いで「兵器等製造事業特別助成法」による設備資金306百万円、木造船譲受資金125百万円と続いた。ほとんどが一般設備運転資金である。重要工場疎開資金には、「臨時資金調整法」に基づく工場疎開の資産譲渡決済に伴うものが含まれているとみられる（第7章参照）。この一覧には商号の誤記・誤植等が多く、それらを補正して名寄せした集計を試みた[34]。これらを名寄せして貸出残高を集計すると（表3-25）、最多は三菱重工業株式会社300百万円、以下、住友金属工業株式会社250百万円、朝鮮電工株式会社（1943年11月27日設立、昭和電工系）225百万円、日本製鉄株式会社（政府出資特殊法人）127百万円、不二越鋼材工業株式会社（大建産業株式会社系）127百万円、朝鮮電業株式会社（1943年8月2日設立、日窒系、1943年3月制令により既存電力業者を統合した朝鮮総督府出資の特殊法人）100百万円で[35]、上位6社が100百万円を下回らず、これだけで合計1,129百万円となっていた。上位6社で閉鎖時点手形貸出3,667百万円の30％を占める規模であった。このうち戦金指定軍需会社は不二越鋼材工業のみであった。朝鮮電工が昭和電工の子会社である関係から多額に貸し込んだものと見られる。さらに20百万円を下回らない34社にまで広げると、日窒系、住友系が多い。そのほか日本鋼管系や神戸製鋼系、あるいは松下系ほか有力兵器・素材・機械製造会社が並んでいた。住友系が多いのは、初代総裁に小倉が就任したことによる融資斡旋の結果と推定できる。短期資金を調達する樺太石炭統制株式会社や交易営団が戦金から多額を借り入れているのも[36]、ほかからの調達枠が苦しいためか、大蔵省の融資斡旋がなされた結果である。日窒系が多いのは、同社の指定銀行、興銀・朝鮮銀行・三和銀行・住友銀行からの資金調達では不足し、そこに戦金が上乗せしたものといえよう。戦金の指定会社として住友通信工業86百万円、鐘淵工業株式会社75百万円、中央工業39百万の3社が名を連ねていた[37]。財閥系や新興企業集団系の有力企業の融資枠に上乗せする形で戦金が資金供給を行った。戦金は興銀に資金調達を依存できない財閥系やその他系列企

表3-25　戦時金融金庫大口融資先（閉鎖時）

(単位：千円)

資金枠	本店	融資先	件数	金額	備考
一般	東京	三菱重工業㈱	1	300,000	三菱系
一般	大阪	住友金属工業㈱	2	250,000	住友系
一般	朝鮮	朝鮮電工㈱	1	225,350	1943.11.27設立、昭和電工系
一般	東京	日本製鉄㈱	1	127,500	政府出資特殊法人
一般	富山	不二越鋼材工業㈱	4	129,200	1928.12設立、大建産業系
一般・工作機械	朝鮮	朝鮮電業㈱	1	100,000	1943.8.2設立、日窒系
(上位6社計)				1,132,050	
一般	東京	住友通信工業㈱	1	86,250	住友系
一般	樺太	樺太石炭統制㈱	1	83,935	樺太開発㈱出資、1940.11樺太石炭㈱設立、1942.4以後に商号変更
一般・兵器	東京	鐘淵工業㈱	3	75,816	
一般	東京	交易営団	1	73,000	1943.6.8設立、政府出資特殊法人
一般	東京	朝日軽金属㈱	2	64,000	1943.11朝鮮理研金属㈱設立、1944.8.30商号変更
一般・兵器	大阪	日窒化学工業㈱	3	61,900	1931.5設立、日窒系
一般・兵器	大阪	住友化学工業㈱	3	60,700	住友系
一般・重要		㈱萱場製作所	3	60,500	1935.3設立
一般	兵庫	神鋼兵器工業㈱	1	60,000	1944.1設立、神戸製鋼系
一般・兵器	大阪	日本窒素肥料㈱	2	60,000	
一般・兵器	兵庫	㈱神戸製鋼所	2	45,000	
一般	東京	三菱商事㈱	1	42,110	三菱系
一般	大阪	松下飛行機㈱	2	40,000	1943.10設立、松下系
一般	東京	中央工業㈱	5	39,100	1928.4設立、大倉系
一般	東京	丸善石油㈱	2	31,480	1933.11設立
一般	東京	北海道炭素工業㈱	2	31,240	1944.1設立
一般	朝鮮	朝鮮電業製鉄㈱	1	28,500	1944.5.2設立、日窒系
一般	東京	三井物産㈱	1	26,037	三井系
一般	大阪	㈱久保田鉄工所	4	26,000	
一般	東京	日本鋼管鉱業㈱	1	25,800	1944.4設立、日本鋼管系
一般	神奈川	日本造船㈱	1	25,390	1943.8設立
一般	青島	東華大油工廠	2	25,000	
一般	朝鮮	㈱朝鮮機械製作所	1	24,500	1937.6.4設立、日本鋼管系
一般	東京	浅野セメント㈱	2	23,310	浅野系
一般	東京	日本アルミニウム㈱	1	22,988	1935.6設立
一般・兵器	東京	関東電化工業㈱	9	22,912	1938.9設立
一般	大阪	寿屋㈱	4	22,396	
工場経理	大阪	住友金属工業㈱	1	20,000	住友系
一般	東京	日本油化工業㈱	1	20,000	1938.1設立
(上位35社計)				2,342,053	
兵器	静岡	宇久須鉱業	1	19,600	1943年設立
一般	大阪	富士造機㈱	3	18,441	1944.8設立
一般・工場経理	東京	帝国特殊製鋼㈱	2	17,840	1934.4日本ステンレス㈱設立、1943.12商号変更
一般	神奈川	日本カーボン㈱	1	17,643	1915.12設立

資金枠	本店	融資先	件数	金額	備考
一般	東 京	国産軽銀工業㈱	2	17,388	1937. 3 設立
兵器	東 京	日産化学工業㈱	2	17,343	1921. 4 設立
兵器	大 阪	帝国人造絹糸㈱	2	17,000	1918. 6 設立
一般	東 京	東亜航空電機㈱	3	16,034	1942. 6 設立
一般	神奈川	佐藤繁次郎	3	15,959	
一般	熊 本	島田㈾	2	15,840	1931. 3 設立、海南島伐木製材煉瓦事業
一般・債務	大 阪	松下航空工業㈱	5	15,426	1935.12設立、松下系
一般・木船	東 京	山下近海機船㈱	2	14,830	1943. 9 設立、山下系
一般	東 京	㈶理化学研究所	11	14,562	1917. 3 設立
一般	東 京	沖電気㈱	1	14,330	安田系
一般・工場経理	東 京	三重工業㈱	2	14,180	1943. 9 設立
一般	大 阪	日本航空機材㈱	1	14,096	1926. 3 日本レイヨン㈱設立、1943. 6 商号変更
一般	大 阪	㈱日本鋳鋼所	1	12,446	1916. 8 設立
一般	大 阪	大阪アルミニウム製作所	1	12,000	1918. 5 設立、自営業
一般	大 阪	三興醸成燃料㈱	2	12,000	1937.10設立、大建産業系
一般	愛 媛	住友機械工業㈱	1	12,000	1940. 9 設立、住友系
一般	大 阪	㈱播磨造船所	2	12,000	
一般・木船	東 京	日産近海機船㈱	2	11,793	1943. 5 設立、日産系
一般	東 京	㈱北辰電機製作所	1	11,500	1934. 3 設立
一般	東 京	理研特殊製鉄㈱	1	11,260	1938.10設立、理研系
兵器	東 京	日本曹達㈱	1	11,000	
兵器	東 京	㈱江戸川工業所	5	10,900	1933. 8 設立
一般	新 潟	津上製作所	2	10,800	1937. 3 設立、安宅系、1945. 2 ㈱津上安宅製作所を商号変更
一般	東 京	安立電気㈱	1	10,500	
一般	兵 庫	山下汽船㈱	1	10,025	1931. 3 設立
一般	大 阪	大阪商船㈱	1	10,000	
兵器	東 京	昭和電工㈱	1	10,000	
一般	福 岡	大刀洗航空機㈱	1	10,000	1937.12設立
一般	上 海	東亜電化工業㈱	1	10,000	1943.12.30設立、日本火薬製造系
一般・重要	東 京	東京機器工業㈱	2	10,000	1937. 7 設立
一般	朝 鮮	北西鉄山㈱	1	10,000	1944年頃設立
(上位70社計)				2,828,657	

注：1）原資料では、樺太石炭統制は樺太石炭、日本航空機材は「日本航空機械」、理研特殊鋼は「理研特殊製鉄」、安立電気は「安達電気」、三興醸成燃料は「三興醸成燃料」、播磨造船所は「播磨製鋼所」、関東電化工業は3件のうち1件「関東電気工業」。

2）商号変更は戦金設立後のものに限定。

出所：閉鎖機関整理委員会［1954］、日本興業銀行［1957b］、持株会社整理委員会［1951b］、鐘紡［1988］、昭和電工［1977］、帝国興信所『帝国銀行会社要録』1942年版、1943年版、東京興信所『銀行会社要録』1942年版、東洋経済新報社『大陸会社便覧』1943年版、山崎［2009a］、柴田［2008a］、［2010a］、東京大学経済学部図書館蔵『証券処理調整協議会資料』「企業別資料編」索引、2007年、外務省管理局経済部南方課「海南島関係会社一覧表」1946年４月（外務省記録海Ｉ.2.1-23）、「期待される朝鮮の電気製鉄」（『大陸東洋経済』第34号、1945年５月15日）、朝鮮電業株式会社『第１回営業報告書』1943年９月期。

業の資金繰りを緩和した。財閥系銀行は興銀中心の戦時軍需融資体制に予てから反発しており、戦金新設で新たな資金枠の拡張となるため、興銀中心の戦時金融体制に風穴を開けたいとする財閥系企業家の立場の意向の反映と見ることもできよう。戦金は財閥系大手事業法人や、中島飛行機系を除く新興企業集団系企業に集中的に資金投入したものの、あくまで副次的な役回り、すなわちメインバンクになれない立場での資金供給であった。それでも戦金の融資枠拡大により戦時金融においてプレゼンスを高めていた興銀のウエイトを低下させ、あわせて融資先の拡大を実現させることが可能との期待がありえたと思われる。

戦金貸出先上位35社にまで広げると、合計2,342百万円に達し、手形貸付総額の63％に達しており、上位35社に著しい集中が見られる。さらに100百万円を下回らない上位70社で累計すると、2,828百万円となり、手形貸付合計の76％を占めた。36位から70位までの融資先にも兵器生産に必須の有力素材・機械製造業者が多く、主として財閥系銀行に依存できない企業が並んでいた。戦金指定会社として昭和電工10百万円を見出す。中には自営業者や海南島受命事業の島田合資会社への資金支援も含んでいた[38]。以上から、戦金は多数の融資先を広げたものの、金額的には上位70社にほぼ傾注した資金供給を行っていたといえよう。

興銀とは別の融資方針に依存した戦金の資金供給は財閥系企業への資金割当も含むものであった。興銀は非財閥系企業、とりわけ中島飛行機を筆頭とする新興企業集団系企業に傾斜したが、財閥系企業にも二番手融資として戦金が上乗せする体制となった。そのほかかなりの非財閥系の兵器・軍需品生産に直結する有力な素材・機械製造業に優先的に割り当てた。リスク管理として興銀が低リスク企業、戦金が高リスク企業への資金供給を行うという、融資先分野の区分は、戦金設立時に方針として採用された[39]。資金供給の実行ベースでは、興銀と激しく競合しないように、財閥系、素材・機械系に重点的に配分したとはいえ、日産系・日窒系・その他有力事業法人系等へも重点融資先として位置づけたため、完全な分断は不可能であり、競合は避けられなかった。興銀と戦金で融資先市場をある程度区分することで、現実にリスク管理ができたかとい

えば、結果としては、敗戦という事態をどのように評価するかに関わるため即断はできない。興銀は中島飛行機と一体化して戦争リスクを大きく抱え込んだのはよく知られており、先述のように命令融資の突出した資金供給先であった。中島飛行機は敗戦とともに真っ先に解体の標的に晒される事業者である。戦金は興銀が手を出さなかった小口一般資金供給や木船譲渡や木船建造にまで手を広げたとはいえ、兵器・軍需生産を底上げするという目的から見れば副次的な業者であり、それらへの戦金融資は総額の中では小額に止まった。戦金に発生しうる損失に対して政府補償金が法律で規定されており、1944年度と1945年度に合計15百万円の補償金の交付を受けていることからも、戦金の抱え込んだリスクは小さくはないが、他方、敗戦後に興銀も、1946年10月19日「戦時補償特別措置税法」により、政府戦時補償打ち切りによる中島飛行機以下、有力軍需産業への巨額融資損失が表面化し、新旧勘定分離を経て1946年10月19日「金融機関再建整備法」に基づく巨額の損失処理負担に直面することになる。

　大蔵省が注力した戦金を通じた資金割当も、現実には大きく先行していた興銀に追いつくことはできなかった。戦金設立時期が遅く、すでに有力軍需産業は興銀と大手銀行に抱え込まれており、軍需融資指定融資先は、戦金がようやく規模拡大に乗り出す頃には固まってしまっており、割り込む余地はなかった。そのため1945年でも興銀融資の25％程度に止まり（表3-21）、興銀の抱え込んだ有力事業法人融資体制に風穴を大きくあけることはできなかった。また財閥系銀行の規模にも追いつかなかった。特に戦金が預金金融機関でなく、預金・貸出の乗数的な肥大化という銀行信用創出メカニズムの埒外に置かれているため、政府の強力な資金支援がなされない限り、戦金の資金割当の拡大に伴う資金調達にも窮する要因が当初から埋め込まれていた。また戦金は軍需融資指定企業の割当件数は興銀に比べ僅かであり、興銀の有力な対抗業者にはなれず、興銀の既得権益が保持されたままとなった。そのため戦金の融資に過大な評価を与えるのは慎むべきである。それでも僅か3年半の短期間で大蔵省の強力な支援を受け、36億円も新たに貸し込む戦金の創出は、非財閥系企業で興銀との取引が乏しい企業、零細なため興銀に相手にされなかった企業、財閥系でさら

に資金調達を上乗せしたい企業にとっては、魅力的な資金調達口として機能したのも事実である。

6．その他の大口資金割当スキーム

　戦金設立後に大規模銀行合同が実施された。これは1942年5月16日「金融事業整備令」公布施行による金融機関等整理淘汰を規定し、金融機関の合併を促迫した。三和銀行、東海銀行の合併成立、1942年12月28日に三菱銀行・第百銀行の合併を発表し、同月31日に安田銀行と日本昼夜銀行の合併が発表された。さらに1943年3月27日に三井銀行と第一銀行が合併し、帝国銀行となった。その後も1944年9月18日に勧銀が残存5農工銀行を吸収合併し、既存の5貯蓄銀行の合同で1945年5月13日に日本貯蓄銀行が設立された。合併によるコスト縮減、銀行員等の人員削減、他方、運用資金規模の拡大が実現した。

　1941年8月20日に興銀が中心となり有力11銀行で、時局共同融資団を結成し、さらに同年11月に5信託銀行も参加した（日本興業銀行［1957a］459頁、三井銀行［1957］763頁）。1942年4月18日「金融統制団体令」公布施行で、5月23日に全国金融統制会が設立された。あわせて時局共同融資団の業務は吸収され、解散した。時局緊急産業向けの融資として、全国金融統制会の斡旋による共同融資が実施されてきたが、この方式は融資手続が煩雑で、融資分担額、利子率についても問題が発生し、円滑に融資しにくい状態となった。これを打開するため、1943年10月31日に「軍需会社法」が公布され、この法律により重要軍需会社を指定して、これら会社に生産責任を負わせ、他方、各種統制法令の適用を排除し利益保証を与え、同時に軍需融資指定金融機関制度を導入した（三井銀行［1957］426頁）。1944年1月16日に軍需融資指定金融機関制度による第1次指定150社、同年4月25日に第2次指定424社、12月23日に第2次追加指定109社が公表された。これら軍需会社に融資担当金融機関を指定した。軍需融資は1社1行に限定されたが、大規模会社については共同担当、あるいは協力融資団が結成された。その後1945年1月27日公布総動員勅令「軍需充足会社令」、2月16日公布「軍需金融等特別措置法」（3月23日施行）により、先に指定を

受けた軍需会社のみならず、運輸・倉庫・配電会社等にも指定を拡大適用した。その結果、軍需指定会社とその後の適用会社で銀行融資の大部分を占めるようになった（三井銀行［1957］428頁）。

　そのほか地方銀行の資金運用難打開策が1930年代から検討され、戦時体制の深化の中で余裕資金の共同運用組織として、1945年3月27日に共同融資銀行が設立された。共同融資銀行は4月1日に開業し、地方銀行の余裕資金を預託金・借入金などの形式でプールし、都市部で一括して、大手銀行への貸し出しや有価証券投資に当てたが、大手軍需産業やほかの事業法人への単独融資開拓は認められなかった[40]。他方、地方銀行のみならず、生命保険会社や農林中央金庫も多額の余裕金を抱えており、大蔵省銀行保険局と日銀は、共同融資銀行構想とはまったく別に、全金融機関を出資者とする資金プール機関の設立構想検討していた[41]。結局、共同融資銀行をその傘下に収め、資金調達担当機関と位置づける新たな資金の統合運用の銀行が設立される。共同融資銀行の設立を認めたのは、地方銀行の余裕資金を束ねさせ、それを丸ごと統合運用機関に委ねさせる組織として使うためとの評価が成り立つ。ただし第86回帝国議会が1945年3月25日に閉会し、議会が開かれていないため、個別設置法に基づく特殊法人の金庫設立が不可能であった。資金統合運用の組織設立を急いだため、やむなく普通銀行形態にしたようである[42]。余裕資金を期待された農林中金は資金統合銀行への預託等運用を喜ばなかった。農林中金は預金先が固定されることに対しては、銀行とは業態が異なるため個別の法律が必要であり、政府の一存で運用するにもかかわらず損失補償規定がない、との理由で反対していた[43]。この反対は認められず、5月8日に「銀行法」に基づく資金統合銀行が設立された。資本金50百万円全額払込で、日銀38,010千円、以下、農林中金、大手都市銀行、特殊銀行、庶民金庫、大手信託会社、生命保険中央会、地方銀行が出資した。統銀は本店を日銀本店に置き、職員は日銀職員の兼務で、無報酬で統銀の業務にあたり、まさに日銀の別働隊であり、取締役会長谷口恒二（日銀副総裁、前大蔵次官）が就任した[44]。こうして統銀は規模を拡大した大口資金融通へと体制を強めた。

先述した農林中金が独自かつ容易に多額余裕資金運用を行うことは不可能で、統銀体制に呑み込まれていった。それを納得した理由として預託金利がある。預託金利4.3～4.5％は統銀の運用利回り4.0～4.2％を上回るという、金利逆転状況が発生しており、それによる損失を政府が負担することとなっていた。そのため農林中金も統銀に預託し、1945年8月15日で304百万円、その後閉鎖時までに749百万円へと増大させた[45]。統銀は日銀借入金、共同融資銀行や農林中金預託金等で多額の資金を集めたが、他方、5大銀行は実質的な貸出超過を理由として、その他の金融機関は預金増加量が僅かだという理由で、資金吸収を期待できなかった（農林中央金庫［1956a］352頁）。実際に統銀から融資を受ける銀行・戦金は預託皆無となり、資金の取手に特化していた。こうして統銀は集めた資金を、軍需融資指定金融機関に統合融資をした。1945年9月29日現在でその総額5,931百万円に達した。内訳は興銀2,163百万円、帝国銀行1,343百万円、安田銀行1,401百万円、戦金443百万円、横浜正金銀行243百万円、住友銀行218百万円、三菱銀行118百万円であった（閉鎖機関整理委員会［1954］508頁）。この総額は1945年末軍需融資総額26,849百万の21.3％に達する巨額であったと評価されている（本間［1992］529-530頁）。また国策特殊法人への融資として、産設951百万円、日本鉄鋼原料統制株式会社（1940年7月設立）463百万円、金属配給統制株式会社（1944年2月1日設立）266百万円、日本織物統制株式会社（1944年1月15日設立）169百万円、日証165百万円、中央食糧営団（1942年9月1日設立）155百万円、日本木材株式会社（1941年2月5日設立）128百万円、鉄鋼統制会（1941年4月26日設立）120百万円等が並んでいた[46]。また保有社債では興銀債496百万円、産設債60百万円、満鉄債49百万円、戦金債41百万円、朝鮮電業債36百万円等と続き、一部の大手軍需会社債も保有した。以上から統銀の運用先は興銀と大手銀行のほかは戦金等の国策法人が中心で、純民間向けは一部の社債取得による支援がなされたにとまり、個別民間事業法人への融資先の開拓は認められなかった[47]。

　設立された統銀は地方銀行の余裕金やその他余裕金を取り込んで、大手金融機関と一部政府系戦時企業に運用する手段となった。これらは「臨時資金調整

法」の規定した自治的資金調整とは大きく離れた、個別政府指定事業者への大規模資金投入策となっていた。先述の命令融資や個別大口軍需企業融資に傾斜したまま敗戦を迎える。敗色濃厚な戦時末期において、軍需産業や戦時国策企業の支援策として、資金を大口にまとめ上げた傾斜資金割当以外に妙手はなかった。以上の戦時資金動員の結果、資金供給に占めるウエイトは一段と興銀と大手銀行および戦金に集中していった。1945年3月には興銀が融資残高12,153百万円、次いで帝国銀行8,672百万円、三菱銀行6,844百万円、以下安田銀行、住友銀行、三和銀行が50億円台で並び、これらの大手銀行と戦金2,903百万円との間には大きな開きが認められた。政府・日銀が戦時金融の担い手として最後まで興銀を支援続けたが、同時に、興銀より規模は劣るが、戦金・その他大手銀行を通じた軍需産業等への資金供給をも支援し続けていた。

1) 商工省「特別室立案事項」1941年12月（原・山崎［1996］617-720頁）。自治的調整の金額上限を甲ノ（イ）で1件金融機関50万円、日銀扱300万円、それより下位の業種はさらにそれを下回る金額に制限を加えることも提案していた。商工省特別室については同1-2頁。

2) 「各省共管事項協議事項ニ関スル意見（主トシテ商工省関係）」1942年8月下旬と推定（旧大蔵省資料Z809-25-5）。この文書の草案の同綴同名文書に付け加えられている提出した各局等の記載した日付から推定。

3) 「昭和十八年度ニ於テ実施スルヲ要スル重要政策事項」1942年8月20日（旧大蔵省資料Z809-25-4）。各局から寄せられた政策提案のうち、会社部が1942年8月18日に提案した文書。

4) 麻島［1988］は非軍事企業への命令融資の代表の一つとして、更生金庫を掲げているが、実際には同金庫は同金庫債券発行により資金を依存し、消化にあたって勧銀の支援を受けていた。また勧銀との間で「企業整備資金措置法」に基づく帳簿上の巨額債権債務関係が構築された（第7章参照）。企業整備に充当する資金の必要から、同金庫への命令融資も大蔵省・商工省の配慮であろう。勧銀との取引については日本勧業銀行［1953］685-688頁。

5) 金銀製品商聯盟とその後継組織の社団法人金銀運営会の役割については、柴田［2002a］第3章参照。

6) 朝鮮事業の延長で満洲国投資に参入する東満洲産業の特異な事業展開については、

柴田［2010b］参照。

7）「資金融通審査委員会幹事会議案（仮題）」1943年3月24日（旧大蔵省資料Z809-18-11）。

8）同前。すでに1941年12月8日開催の資金融通審査委員会であらかじめ了解を得ていた。

9）日本勧業銀行［1953］726-727頁。戦時の勧銀を検討した池上［1991］には勧銀命令融資の解説がない。

10）政治借款の色合いの濃い汪政権（国民政府（南京））3億円借款については柴田［1986］参照。

11）大蔵省昭和財政史編集室［1959］238-246頁。「会計法戦時特例」は平時の主要財政法規である「会計法」（1889年2月11日）をそのまま残し、戦時の場合の恒久的会計法規として制定された。両軍の支出等で使いやすい、すなわち予算執行統制を緩めた支出を規定したため、前払・概算払より緩い軍需手形保証制度まで拡張する。

12）前掲「資金融通審査委員会幹事会議案（仮題）」。

13）日本興業銀行［1957a］602頁。軍需手形引受制度との比較が必要であるが、今のところ軍需手形保証制度の取引金額の統計は見出せない。

14）伊藤［1984］、伊牟田［1996b］参照。他方、山崎［2009b］では、戦金旧蔵資料を点検しているが、設立に関する資料発掘はなされていない。閉鎖機関に残る多くの資料は設立後の業務に関わるものが中心となり、設立検討経緯を告げる資料の多くは法律制定を所管する官庁等に残るものであり、戦金についても同様といえよう。

15）大蔵省大臣官房調査企画課［1978a］477-478頁。当時銀行局長入間野武雄の回想。

16）『美濃部洋次文書』2399、同2400。

17）「参考資料」（『美濃部洋次文書』2402）。そのほか1932年1月22日アメリカの「復興金融会社法」により設立された復興金融会社等も紹介されていた。

18）1942年10月30日まで企画院第一部第一課長を兼務する理財局企画課長迫水久常（1942年10月30日より総務局長）は1942年度・1943年度の予算編成に際し、予算編成権の内閣、すなわち企画院移管を主張したため、大蔵省内で批判された。主計局予算決算課長植木庚子郎（1942年6月27日より主計局長）が、「企画院の肩を持つ」迫水は怪しからんと批判し、激突したという（大蔵省大臣官房調査企画課［1978a］409頁）。迫水の説明では、1942年11月1日総務局長に就任後も、1943年度予算編成においても予算編成権の内閣移管を主張したことになるが、立場上難しく、1942年度予算に限定した主張と思われる。予算編成権の内閣移管問題は戦

後も複数回浮上する。
19) 大蔵省大臣官房調査企画課［1978a］159、169-170頁。この経緯は山際正道伝記刊行会［1979］293-294頁でも引用されているが、他方、小倉正恒伝記編纂会［1965］には大蔵次官広瀬豊作を排除した経緯の記載がない。広瀬が企画院側の意見に同調していなかったため、大臣を小倉正恒に換えて広瀬を切り捨て、戦時金融機関設立の実現に走ったふしがあると、広瀬は後年述懐している（大蔵省大臣官房調査企画課［1978a］170頁）。
20) 『美濃部洋次文書』3638。以下の商工省側の提案の経緯については、柴田［2003］と本書第7章で紹介しており参照。
21) 『美濃部洋次文書』3639。
22) 商工省監理局「有価証券取引ニ対スル戦時緊急対策要綱」1941年7月21日（『美濃部洋次文書』3652）。第4章第2節参照。
23) 『美濃部洋次文書』6509。伊牟田［1996b］263頁でも、典拠不明で商工省側の「戦時産業振興財団要綱」の提案がなされたと紹介がある。『美濃部洋次文書』を参照したと思われるが記されていない。
24) 『美濃部洋次文書』6511。
25) 「各局の当面の重要施策」（仮題）日付なし。（旧大蔵省資料Z809-25-2）。伊藤［1983］69-70頁でも、1940年6月作成文書で「銀行資金共同金庫」案等と並び理財局試案の「国家総動員金庫」を紹介している。
26) 旧大蔵省資料Z809-18-3。
27) 昭和大蔵省外史刊行会［1969］529頁では、1942年1月4日に大蔵大臣賀屋興宣が会社部長田中豊に戦時金融機関設立の立案を求めた後に着手したかの説明になっているが、商工省の立案が先行したため、大蔵省側でも対抗上1941年12月には着手していた。
28) 旧大蔵省資料Z809-18-3。産設設立については、第7章参照。
29) 大蔵省大臣官房調査企画課［1978b］267頁。当時会社部長田中豊の回想。興銀臨時資金融通部は1939年4月1日「会社利益配当及資金融通令」公布により、興銀命令融資が制度化されるにおよび、その担当部署として4月4日に興銀副総裁を部長として設置された（日本興業銀行［1957a］465-466、501頁）。
30) 大規模の戦時金融機関設立にあたり、立法担当者会社部長田中豊が民間金融機関関係者等を集め説明を行った。その質疑応答で、興銀命令融資との関係、産設との関係、戦金損失の処理、出資と融資の重点の置き方等について、大蔵省の方針を示していた（田中［1942］）。
31) 政府出資特別会計は1940年3月27日「政府出資特別会計法」により同年4月1

日設立。政府出資特別会計については、柴田［2002a］第3章参照。

32) 戦金の残存資料を点検した山崎［2009b］でも閉鎖時点前の大口融資先、例えば三菱重工業や日窒、昭和電工、住友金属工業等の取引内容の調査は不十分である。中規模事業者の株式引受・融資事例を紹介しているが、それらをハイリスク企業に位置づけ、戦金が融資・出資の資金負担を引き受けたというリスク管理論だけで戦金融資を概括できるとは思えない。山崎［2009b］が紹介する戦金取引相手の事例は、興銀の有力融資先に比べあまりに微額にすぎる。また戦金は軍需企業指定金融機関として獲得できた指定件数は興銀と比べものにならない僅かなものであり、戦金の融資残高が1945年9月でも興銀の25％程度に終わり、興銀以外の大手銀行の融資残高にもはるかに及ばなかったため、融資からみた戦金の過大評価は慎む必要がある。戦金の真骨頂は大手銀行が放置するしかなかった株式市場の崩落を阻止したことにあろう（第4章参照）。

33) 1940年度設立の政府出資特別会計出資と交付公債出資については、柴田［2002a］第3章参照。交付公債残高については、大蔵省理財局『国債統計年報』1949年版、参照。

34) 商号が省略されているものも多数含まれており、調整を施した。1944年以降、敗戦までに新設・商号変更した企業については存在を確認できていない事例も多い。融資先に自営業も含まれている。金額にも誤記・誤植が含まれているようであり、合計が合致しない。大蔵省昭和財政史編集室［1957b］319頁でも、同様に名寄せして大口16法人の融資額を列記しているが、法人名は1946年4月までの商号変更が反映しているため、住友金属工業が扶桑金属工業、住友通信工業が日本電気、鐘淵工業が鐘淵紡績、住友化学工業が日新化学工業、神鋼兵器工業が振興工業、萱場製作所が萱場産業、日窒化学工業が旭化成工業（「工業」が欠落）に修正されている。

35) 日本製鉄については日本製鉄［1959］、朝鮮電工については昭和電工［1977］、朝鮮電業については大塩［1989］参照。山崎［2009b］73-75頁で朝鮮電工を「設立準備中」とし、設立を確認できていない。

36) 樺太石炭統制は原資料では「樺太石炭」。樺太石炭株式会社（1940年11月設立）は1943年5月に樺太に「石炭配給統制法」（1940年4月8日公布）が施行され、増資後に樺太石炭統制株式会社に商号変更したため、修正している（柴田［2010a］77頁）。

37) 戦金の単独指定の鐘淵燃料工業に対する融資残高は見出せない。同社に対する融資残高が皆無とは思えないため、鐘淵工業の「兵器等製造事業特別助成法」枠の61,316千万円（閉鎖機関整理委員会［1954］520頁）が鐘淵燃料工業の枠かもし

第 3 章　戦時資金割当　197

38)　島田合資の海南島における活動については柴田 [2008a] 第 8 章・第10章参照。島田合資は海南島事業で海軍に認められ、1942年10月31日に受命し南ボルネオの事業にも参入する（疋田編 [1995] 付表 2、770頁）。

39)　伊牟田 [1992b] 以後、山崎 [2009b] までこの主張がなされてきたが、資金供給方針と現実の敗戦時融資先の実態は異なる。

40)　日本銀行百年史編集室 [1984] 345頁。共同融資銀行の営業の内容と、1930年代に遡及した地方銀行の都市部における運用先拡張の模索は本間 [1992] が詳しい。

41)　銀行保険局では「保険会社と地方銀行、中央銀行の共同融資の件、資金統合銀行のことを考えた」（大蔵省大臣官房調査企画課 [1978a] 417頁）。当時銀行保険局長迫水久常の回想。迫水は1945年 4 月 7 日鈴木貫太郎内閣発足で、内閣書記官長に就任し、統銀設立前に総理官邸に去った。大蔵省が農林中金余裕金の存在に着目していたことについては、同126頁。当時大蔵大臣広瀬豊作の回想。他方、日本銀行百年史編集室 [1984] 345頁では、設立にあたり「本行が中心となって」との記載があり、日銀出資・日銀貸出・職員動員による強力な支援策を当初から考慮していたようである。

42)　第86回帝国議会が1945年 3 月25日に会期を終えた。3 月27日共同融資銀行設立頃には統銀設立案が検討されていたと思われる（大蔵省大臣官房調査企画課 [1978a] 126頁）。当時庶民金庫理事長で統銀監査役に就任する青木得三の回想。

43)　農林中央金庫 [1956a] 351頁。農林中金は1944年末116百万円の現金・預け金を抱え、1945年 6 月に338百万円、8 月に1,267百万円に増大する状況にあった（農林中央金庫 [1956a] 341頁）。

44)　閉鎖機関整理委員会 [1954] 506頁。日銀副総裁谷口恒二は1945年 5 月に戦災で死亡するが、8 月 4 日まで在職していた（日本銀行百年史編集委員会 [1986] 445頁）。

45)　農林中央金庫 [1956a] 351-352頁。参加金融機関は毎月預金増加額から国債消化目標額を控除した残額の40％を責任口として預託する、さらにそれを超える任意口の預託も行うものとされていた。

46)　設立年月日は閉鎖機関整理委員会 [1954]、日本興業銀行 [1957b] 参照。金属配給統制は1942年 2 月 1 日設立日本金属配給株式会社を1943年10月18日「統制会社令」により改組、日本織物統制は1943年10月30日設立繊維統制会の「統制会社令」による改組。日証への融資は、当初は戦金が担当するはずであったが、戦金の資金繰りが苦しく、統銀が融資することになった（閉鎖機関整理委員会 [1954] 507頁）。

47) 閉鎖機関整理委員会［1954］508-509頁。運用先についても本間［1992］528-530頁でも解説がある。

おわりに

　日中戦争期の融資割当は「臨時資金調整法」による設備資金統制で着手された。同法の制定過程で大蔵省理財局金融課が開戦直前から立法化に着手していた。それによると当初は投資調整による長期資金統制を検討しており、運転資金を除外し、なるべく自治的調整に委ねるという方針を固めた。商工省との法案制定案文の修正要求の応酬があり、法案の名前を含み数度にわたり修正された。この間に商工省は優先順位を与える重点産業をはやくも主張していた。そして「臨時資金調整法」として公布を見た。さらに同法施行令の公布と、融資の優先順位を示した調整標準が固まり、融資割当の法体制が確立した。自治的資金調整という枠組みで、日銀調整局の融資審査を経る資金割当が実施された。この法律に対処し、資本金50万円以下の法人の設立が多数見られたため、20万円への引き下げが行われている。施行の内容を見ると、申請案件に対して、不許可案件は乏しく、資金借り入れ側の自主規制とかなり緩めの融資割当が行われた。その傾向は1941年まで持続する。個別産業としては工業への傾斜、とりわけ航空機製造を中心とする機械器具工業に優先的に割り当てた。そのため当初の目的は概ね達したと見なせる。個別企業については1937年の人造繊維産業と1938年までの海運業の1件別融資割当の承認について紹介できた。有力大手に多額の資金が供給されたことが確認できる。この時期では緩めの査定と見られる。また「会社利益配当及資金融通令」により命令融資が制度化され、興銀が担当したが、さらに1940年に「銀行等資金運用令」で一段と強化された。同令に基づく設備資金の割当も無視できない金額である。業種は工業、次いで商業が他を圧していた。個別企業への割当としては、証券会社、財閥本社、株式払込について特定時期の特徴を得ることができた。特に命令融資では航空機産業、化学工業、金属工業、鉱業に優先割当が行われ、とりわけ中島飛行機が突

出して優遇された。そのほか軍需手形保証も興銀が命令融資の一環として引き受けていた。この両法令以外の資金割当枠組みが、アジア太平洋戦争期に銀行合併を伴いつつ強化された。最終的には軍需融資指定金融機関制度により、興銀を中心とした大手銀行の事実上の命令融資に近い体制に移行した。この制度の中で戦金は端役にすぎなかった。

　大蔵省が商工省の金融会社設立案に対抗して戦金を設立した。戦金設立を興銀は反対したが、相対的にリスクの高い事業者への融資、興銀がすでに有力軍需産業に巨額を貸し込み、また財閥系銀行も財閥系有力軍需産業に貸し込んでおり、大蔵省の強い監督下に置かれた戦金が有力軍需産業のメインバンクの地位を確保することはできず、よくてジョイントの軍需融資に止まった。戦金が多額に貸し込んだ事業法人は有力財閥系企業や政府系企業であり、融資金額ベースで上位70社ほどへ8割ほどを貸し込んでいた。これらの法人はほとんどが有力事業法人である。そのため相対的にハイリスクへの事業者への資金を投入したというこれまでの評価とは、三菱重工業を筆頭とする大口貸出先からは読み取れない。木船建造等の沿岸用船舶の建設資金のような、興銀の貸出先とはなりえないリスクの高い事業への貸出件数はかなりのものであるが、金額ベースでは小額に終わった。その戦金の資金も、預金部資金、日銀、統銀等の国内資金動員で投入したものであり、大手銀行による融資動員と並び、特定軍需産業等への資金動員は多面的に行われたことを告げるものである。

第4章　戦時株式流通市場への介入

はじめに

　戦時における資金統制は融資割当を中心として、多岐にわたる施策が導入された。貯蓄動員としての小額国債発行消化や預貯金運動、銀行統合を伴う金融機関の規模追及による効率的貯蓄吸収と国債消化、設備資金と流動資金の割当制度の導入、社債発行統制、株式発行統制、価格統制等が行われた。戦時期の株式市場統制としては、マクロベースの株式市場を通じた資金調達、すなわち新株発行・増資・払込による資金調達が論点となるが、株式市場は社債市場と異なり、株式価格の維持を前提に株式発行・払込が成り立つため、株価対策は戦時統制の中でも不可欠である。もちろん社債市場においても社債の流通価格から流通金利を算定し、その社債への発行金利への連動を検討することも可能であるが、この時期の社債発行市場では満期まで保有が前提の取得であり、流通市場はさほど大きなものではなかった。株式市場は流通市場における活発な取引による価格形成が発行の前提となる。そのため株式市場統制においては、発行による資金調達のみならず市場価格の統制が必要となる。株式市場における資金調達は、銀行等の預金吸収機関から供給される多額設備資金割当等の選別融資に比べ、金額的に副次的な規模と判断できるため、これまでさほど注目されてこなかった。

　さて株式の発行市場統制としては、「臨時資金調整法」（1937年9月10日）による株式引受・応募・払込に関わる設備資金統制、さらには「銀行等資金運用令」（1940年12月19日総動員勅令）による株式引受・払込・取得に関わる設備

資金統制と運転資金統制がそれに該当しよう(第3章参照)。日本の戦時金融統制の研究はこれまでも充実しているが、株式流通市場介入に言及するものは少ない。本章と密接に関連する先行研究として、リスクの高い産業への設備資金供給を行うと同時に株価介入を行った戦時金融金庫の分析があり、その前史をなす日本協同証券株式会社の設立とともに、その業務の外観を与えられている(伊牟田[1996b])。日本協同証券の経営に責任を持つ位置に立った日本興業銀行の社史が資料として有用である(日本興業銀行[1957a])。所管した行政の側からの政策史としては、証券業が1941年12月に商工省から大蔵省に移管されたこともあり、旧通商産業省と旧大蔵省のまとめた行政史にも記述は限られている[1]。日本協同証券設立前から戦金・日本証券取引所まで続く株式価格維持案の解明を試みた研究もある(柴田[2007f])。さらに戦金一次資料を駆使して正面から扱う研究も現れ(山崎[2009b])、研究水準が引き上げられつつある。

　本章では、戦時における株式流通市場における価格維持策を検討する。価格維持策として政府が自己勘定で直接に株式売買することで株価介入を行うことはないため、民間の発意による企業か、あるいは国策を踏まえた企業にそれを任せることになる。その担当者として日本協同証券と、それを吸収合併した戦金が着目される。その他の事業史としては閉鎖機関指定を受けた戦金の解説が有用である(閉鎖機関整理委員会[1954])。さらに各地の株式取引所を統合した日証が戦金の担当した株式買上策を承継したことが知られている[2]。これら以外にも日本協同証券設立前に規模の小さな株価介入会社が出現し、限られた資金力ではあるがそれを担当した。それらについてもある程度の解説は行われている[3]。そのほか取引所と証券会社の社史も株式介入機関への出資や関係者の説明で参考になる[4]。本章では特に小規模の株価介入会社にまで視野に入れて、流通市場から試みた株式市場統制を描くことを目標とする。株式流通市場の介入についても、売買される株式は発行市場で発行されたものが売買の対象となることから、発行市場にも業者行政と銘柄等で言及を与える。また株式売買業者に対する業者行政からの視点も避けては通れない。すなわち中小有価証

券取引業者は株式・国債の流通市場で操業しており、それら事業者は戦時企業整備の一環としての淘汰の荒波に直面したことを政策文書から跡づけよう。本章では柴田［2007f］を大幅に補強し、株式流通市場の価格安定策を幅広く捉え、特に価格介入における戦金と日証の活動についてさらに詳細に解説を加え、あわせ株式評価価格の統制や業者行政まで視野に入れて分析する。すなわち本章は株式の流通市場統制の制度と介入機構の全般を対象とする。

1） 大蔵省昭和財政史編集室［1957b］。このシリーズには証券業の巻が欠落している。通商産業省［1980］が内国商業の一環として証券業を扱っているが、内容が1920年代前半で終わっている。
2） 閉鎖機関整理委員会［1954］。日証に関連する資料として、日本証券経済研究所［2005］がある。
3） 戦金に至る株価介入機関については、大阪証券業協会［1951］、東京証券取引所［1974］等で解説が与えられている。生保証券株式会社については生命保険協会［1978］が参考になる。そのほか麻島［1991］も言及しているが運用内容の紹介はない。
4） 証券取引所と証券会社の事業史は充実しているが、さしあたり日興証券［1954］、山一証券［1958］、大和証券［1963］、大阪証券取引所［1964］、野村証券［1966］、東京証券取引所［1974］、内外証券［1990］等の解説が参考になる。

第1節　日中戦争期の株式流通市場介入の開始

1．満洲事変期の株式市場の活況

1878年5月15日創業の株式会社東京株式取引所（東株）は、日本の株式流通市場の中心に立ち（東京証券取引所［1974］7頁）、そのほか同年6月17日に株式会社大阪株式取引所（大株）も設立免許を得て操業を続けていた。そのほかの株式取引所の設立が続くが、東株と大株が有力な株式取引所として多くの取引員を集めていた。1893年3月4日「取引所法」は株式取引所のみならず米

表4-1　東京株式取引所株価指数（1921年1月＝100）

	総指数	鉱業	繊維工業	製造工業	金属工業	機械工業	化学工業	取引所
1929.1	104.5	60.8	107.3	53.6				122.5
30.1	71.1	38.0	35.0	41.7				86.4
31.1	53.0	33.9	39.4	29.3				87.7
32.1	72.7	47.7	57.3	36.4				130.8
33.1	103.7	112.9	73.3	64.5				154.0
34.1	122.5	158.5	78.3	74.5				142.4
35.1	117.0	132.5	72.9	70.2				112.0
36.1	124.6	125.1	75.8	76.2				122.9
37.1	144.6	144.9	90.4	90.2				122.4
38.1	164.0	167.0	85.9		216.7	157.9	128.9	130.8
39.1	139.8	143.4	70.4		185.5	133.8	103.1	95.7
40.1	189.2	169.1	100.6		212.5	186	126.4	119
41.1	145.9	117.7	79.9		155.2	157.6	87.7	86.8
42.1	173.3	134.1	83.0		169.7	175.9	97.8	110.6
43.1	204.5	137.5	96.7		177.4	230.3	119.8	79.9

出所：東京証券取引所［1974］43、62、65頁。

穀等の取引も扱う取引所すべてを規制するものであり[1]、日本国内に多数の取引所が存在し、その中でも株式取引のみを行う取引所も多数見られた。取引所の所管官庁は1881年4月7日に大蔵省から農商務省に移されていた（東京証券取引所［1974］791頁）。株式取引所は株式流通のみならず1920年9月20日に国債流通市場も引き受けた（東京証券取引所［1974］48頁）。さらに1925年4月1日に商工省が分離すると、株式取引は同省商務局取引課が所管した（産業政策史研究所［1981］46頁）。東株を中心とした株式取引所は、実物取引よりは、清算取引を主要な業務としており、特に当所株を上場しており、それが代表的な売買銘柄となっていた。東株は1924年6月2日に短期清算取引を開始したが、その取引は繰り延べを続ける差金取引にほかならず、当所株の短期清算取引に大きく傾斜した市場を形成した。そのため例えば当所株売買は1929年には短期清算取引全体の4割を上回っていた（東京証券取引所［1974］45頁）。こうした株式市場を投機的取引が渦巻く市場と見なすものが多かった。

　東株を中心とした株式流通市場は、1929年10月の世界恐慌の波及で、株式取引が急減して株価急落に直面した。1929年1月東京株式取引所株価総指数

表4-2　東京株式取引所株式売買高

(単位：千株)

年	長期清算取引 売買高	長期清算取引 受渡高	短期清算取引 売買高	短期清算取引 受渡高	実物取引 売買高	合計
1930	31,442	3,601	30,167	7,582	4,732	66,341
31	25,471	3,466	45,683	8,168	3,744	74,898
32	41,928	6,359	54,627	11,463	7,106	103,661
33	50,823	10,128	60,605	11,974	7,588	119,016
34	49,956	9,686	53,470	9,413	9,861	113,287
35	33,811	6,439	59,606	10,007	6,741	100,158
36	44,693	8,168	53,576	10,930	10,084	108,353
37	56,219	9,947	86,970	16,011	12,636	155,825
38	29,364	6,070	58,130	8,961	8,565	96,059
39	34,496	6,141	60,209	8,251	20,915	115,620
40	38,201	7,036	67,958	7,310	15,116	121,275
41	31,436	5,078	59,114	7,224	17,220	107,770
42	69,410	10,403	68,864	10,555	37,679	175,953
43.1～6	33,991	5,238	16,329	3,082	19,808	70,128

出所：東京証券取引所［1974］44、66頁。

（1921年1月＝100）で104.5が1930年1月に71.1に下落し（表4-1）、1931年1月に53.0へとさらに下落したが、満洲事変後に回復し、1933年1月には103.7と1929年1月水準を回復した。鉱業が112.9と1929年1月の60.8から大きく伸びており、管理通貨制移行後の日本銀行による金買入価格引き上げが金鉱業に投資を呼び込んでいた。次に取引高で見ると、長期清算取引売買高は1930年の31百万株から1931年の25百万株に下落したが、1932年には41百万株、1933年50百万株へと盛り返した（表4-2）。その後はやや低迷する。短期清算取引売買高は、ほぼ長期清算取引を上回る規模で推移した。他方、実需取引は1931年3百万株の底を経て、1934年に9百万株へと大きく伸びており、実需取引が長期清算取引の受渡高を超える水準に達した。日本の株式取引所は清算取引が中心の世界であったが、資本主義の根幹をなす株式の新規発行による資金調達を経た、流通市場の維持は不可欠である。1930年代初頭で投機的清算取引から次第に実需取引に移行しつつあった。

　商工省は1933年6月9日に取引所制度調査委員会を設置し、制度改革の検討

に着手していた。他方、投機的市場を改組する検討が大蔵省でも行われており、その試案が1936年7月21日付新聞で当所株を廃止する等の取引所改組問題として報道された[2]。その提案が株式市場に衝撃を与えた。大蔵省側の取引所改組は、商工省の改組の検討にも影響を与えたが、同年9月12日に商工大臣小川郷太郎（1936年3月28日〜37年2月2日）は取引所改革法案の提出延期を表明した。その結果、市場が好感し株価の回復をみた（野村証券［1976］資料209頁）。大蔵省側が取引所改組提案を実現するためには、商工省の所管業種を共管に移す必要があり、短期的に実現は難しく、この提案は棚上げとなった。大蔵省が1930年代前半には証券業を所管業種に移す検討を開始していたのは注目できよう。

　株式流通市場では株価が恒常的に変動し、その急落は発行市場を凍結させてしまうが、資本市場全体の機能維持のため流通市場の価格維持が必要とされ、証券業者は日中戦争勃発前から各種手段で対処していた[3]。株価下落のたびに株式取引所関係者が政府や日本銀行に陳情する事態が珍しくないが、満洲事変期以後の株式市場梃入れを概観しておこう。

　生命保険会社は資産運用として多額の株式を保有する有力な機関投資家と位置づけられていたが、保有株価の暴落は生命保険会社の資産運用を毀損する。そのため生命保険会社としても株価維持のため施策を投入せざるをえない。その対策として、1930年10月7日に生保証券株式会社が設立された。これが第1次生保証券と呼ばれる。同社の資本金50百万円払込（社長原邦造（愛国生命保険株式会社（1896年12月9日設立）社長）、本店東京）で、生命保険会社32社の出資により、株式の買い支えに乗り出した[4]。また興銀は東株取引員に718万円の救済融資を実行した。すなわち一般取引員61名に各10万円、短期取引員54名に各2万円の融資を実行し、株価低迷期の資金繰りをつけた。さらに1931年9月18日満洲事変で東株の市場は暴落した。これに対して野村銀行は東株取引員に対し株式暴落救済資金約350万円の融資を決定し、同年10月3日に実行した（東京証券取引所［1974］810頁）。これにより東株取引員は苦しい一時期を凌ぐことができた。

満洲事変後の1931年12月13日の犬養毅内閣発足ともに、大蔵大臣高橋是清は金輸出再禁止を断行した。これに伴い物価反騰が期待されたため、株式市場は熱狂的に歓迎し、株価は急反騰した。東株は取引の整理のため、同年12月14日から17日までの間、立ち会い停止をするほどの取引が見られた。1932年1月の第1次上海事変勃発で、軍需銘柄を中心に買い注文が殺到したが、その後は、事変の拡大を懸念して低落するという一進一退の状況が続いた。同年の五・一五事件で株式市場はやや軟化したが、後期高橋財政による積極財政と低金利政策で、株価は上昇を続けた。その後、1933年2月の国際連盟脱退や3月のアメリカの金本位制離脱等で、一時的に反落したが、輸出の増大、企業生産の増大と業績好調を反映して株式市場は活況を呈した。そのため生保証券による買い支えは不要となり、同社は1933年2月7日に解散した。以後の類似業務は同日に設立された生命保険会社による生保シンジケートの生保投資団が担当することとなった（生命保険協会［1978］247頁）。生保投資団は山陽電鉄社債引受、東洋レーヨン新株・日本曹達新株の引受を行った[5]。1934年10月28日に政府が臨時利得税創設を公表したため[6]、株式取引は急落した。これに対して11月8日に東株首脳・各組合委員長は大蔵省・商工省・日銀・興銀に非常融資を陳情した。これに対して興銀は11月13日に株式市場安定資金として30百万円の融資を決定し、同月15日に商工省から認可を得た。興銀による融資実行前に、株式市況が好転し、同月21日に興銀融資不要を東株が通告し、融資は実現しなかった（東京証券取引所［1974］812頁）。

株価対策として生命保険会社の保有株式の肩代わりを行う生保証券株式会社が1935年8月16日に生命保険各社の出資により設置された。これが第2次生保証券と呼ばれる。本店東京、資本金5百万円、全額払込である。徴兵保険業者も出資に加わっていた。取締役会長曄道文芸（愛国生命保険株式会社社長）である[7]。ただし商工省の意向では、生保証券は、生命保険会社保有有価証券が値下がりした際に防止するだけの消極的な位置づけとされた（第一生命保険［1958］375頁）。同社の当初の目的は、公社債株式引受売買および募集・金銭貸付であったが、戦時統制経済の強化の中で、特別有価証券勘定を設置し、生

命保険会社の持株の買受による介入を担当するものとなった[8]。それにより生命保険会社の保有株式の売却による値崩れを防止できた。

　1936年の二・二六事件は株式市場に打撃を与え、東株は半月の立会い停止を余儀なくされた。その後、1936年3月9日発足の広田弘毅内閣大蔵大臣馬場鍈一の軍事費増大方針により財政膨張が株式市場で好感され、株式取引は活況を示し、その後の1937年2月2日発足林銑十郎内閣でも同様の状況が続いた。特に満洲事変期の株式公開・増資が注目される。この時期に株式新規公開および増資に踏み切った会社のうち主要なものは、1933年1月日本鉱業株公開150千株、7月満洲電信電話株新設公開180千株、8月南満洲鉄道増資新株1,200千株、昭和肥料株公開80千株、東洋高圧工業公開株75千株、10月日立製作所株公開100千株、東洋レーヨン株公開100千株、1934年3月日本曹達増資新株40千株、7月浅野小倉製鋼株公開50千株、8月三菱重工業株公開400千株、10月日本鉱業増資新株100千株、といった銘柄である[9]。世上「財閥転向」と言われた三井財閥系有力企業の東洋高圧工業株や東洋レーヨン株等の株式公開が行われ、そのほか日本産業株式会社系、日本曹達株式会社系等の新興企業集団系有力企業と、満洲国樹立後の満洲景気の中で満洲銘柄が、公開もしくは増資で発行市場を賑わせ、それらの銘柄が東株に上場し、流通市場の厚みを一段と増していった。東株上場銘柄は1931年末の1,065銘柄、上場資本金総9,387百万円、長期清算取引4,661百万円、実物取引4,725百万円から、1942年末の1,086銘柄、上場資本金総額23,101百万円、長期清算取引9,050百万円、実物取引14,050百万円となり、上場銘柄数はいくらか増えているだけであるが、この間に上場資本金は急増を続け（東京証券取引所［1974］61頁）、とりわけ実物取引の上場金額が大きく伸びており、投機市場から投資市場への株式市場の性格変化が見て取れる。しかも新規株式公開・増資等で、公募・売り出しの取引が急増し、その中で有力な証券業者が株式売買で急速に実力をつけていった。

2．株式市場の法規制と証券業者行政

　1937年7月7日の盧溝橋事件により勃発した日中戦争の中で、日本の統制経

済は全面展開するが、この戦時経済への移行に伴い、同年9月8日公布「臨時資金調整法」により包括的な設備資金統制が導入された。同法では銀行融資のほか、有価証券の応募・引受・募集を統制の対象とした。そのため株式の応募・引受・募集について、大蔵省が資金割当の優先順位を業種別等で決定したうえで、日本銀行資金調整局（1937年9月27日設立）により同法に基づく1件別審査が行われることとなった。ただし市場で流通する株式について同法は統制の対象外としており、同法で株式の発行市場統制を通じた流通市場への供給管理により、株価維持が図られるとの前提で資金統制が着手された。発行市場については「臨時資金調整法」により企業資金調達について統制を加えることができたが、国債・社債を引き受ける投資家が債券の満期償還まで保有することを前提として取得するのに対し、株式の償還等は例外的である。発行市場で引き受けた投資家・事業法人等は株価を見て流通市場で転売して差益を得ることも頻繁に行われるため、株価上昇あるいは下落が常に発生する市場であった。発行市場の資金統制に対応し、同年12月には日興証券株式会社（1920年6月16日設立、興銀系）・野村証券株式会社（1925年12月1日設立）・山一証券株式会社（1926年10月27日設立）・小池証券株式会社（1930年2月21日設立）・藤本ビルブローカー証券株式会社（1906年10月16日設立、1933年1月1日商号変更設立）の5社が、法律の体制に沿った資金自治調整証券団を結成した[10]。

他方、株式取引を業とするものに対する法規制として、「取引所法」により、取引所の市場参加者がかねてより規定されており、一定の資格を得た法人・個人が認められた。証券業者行政は商工省商務局取引課が主に担当していた。取引参加者の場外取引も多く、場外取引を営む現物商には委託者保護に欠ける点が多々見られた。それを打開するため、先述のように1933年に商工省に取引所制度調査委員会を設置して、検討を開始した。各団体からの答申を集約し、具体的改善策の作成に取り掛かった。しかし日中戦争勃発で同調査会は最終案を提出することなく、1940年10月に廃止となった（東京証券取引所［1974］70-71頁）。

商工省商務局の作成した文書と思われる1937年12月27日「有価証券業取締法

案」が検討されている[11]。これによると有価証券業者とは取引所外で有価証券売買を行う銀行・信託業以外の業者であり、これらは商工大臣の免許を受けるとし、免許制による業者行政の強化を図った。この免許制への移行は、多くの問題を抱えている零細な場外取引に従事する現物商の取り締まりが主要な目的であった。この案の検討を経て、第73回帝国議会に上程し、協賛を経て、1938年3月29日に「有価証券業取締法」が公布された（7月1日施行）。それまでの「取引所法」に基づく取引業者の規定を大幅に改め、有価証券取引業者は免許制に移行した。免許を申請した業者は全国で2,500名を超えたが、第1次認可で213名が免許を得た。そのうち160名余が全国の取引所の取引員であった。

　あわせて1938年3月31日に「有価証券引受業法」も公布された（7月1日施行）。従来から社債等の起債にあたっては、「銀行法」に基づく銀行、「信託業法」に基づく信託会社のほか、法的規定が不備のまま証券引受業者が認められていたが、戦時期の社債等の発行増大の趨勢で、証券引受業者にも法的規定を与える必要があり、この法律が制定された。有価証券引受業者は資本金2百万円以上の商工省から免許を得た株式会社に限定された。証券引受業者の規模を拡大させ、安定した引受業者のみが行えるようにした。この法律で規程する有価証券には株式は含まれていない。証券引受業者と有価証券取引業者の業者行政が整備され、戦時証券業統制が一段と強化された。特に有価証券引受業は免許制となったことで、同年10月1日に日興証券、野村証券、山一証券、藤本ビルブローカー証券、小池証券、株式会社川島屋商店（1920年4月11日設立）、共同証券株式会社（1928年8月25日設立）、日本勧業証券株式会社（1922年12月14日設立）の8社が引受業者の免許を取得した。その後、1939年2月24日に川島屋証券株式会社が川島屋商店の公社債株式の引受募集ならびに販売業務を承継して設立され、有価証券引受業者免許を取得し、川島屋商店は引受業務を廃止した[12]。こうして債券発行市場においては有力大手証券業者が有価証券引受業者として引き受ける体制が構築された。そして同年12月14日に証券業者の同業団体として、証券引受会社協会が設立された（東京証券取引所［1974］815頁）。有価証券引受業者は株式の元引受を主たる業務とするのではなく、社債等債券

表4-3　株式公募・売出

(単位：千株、千円)

年	新設 株数	新設 金額	増資 株数	増資 金額	公開売り出し 株数	公開売り出し 金額	合計 株数	合計 金額
1932	150	1,988	—	—	—	—	150	1,988
33	762	11,132	1,367	19,875	725	41,193	2,854	72,200
34	686	12,031	428	21,326	1,155	69,237	2,269	102,593
35	251	3,288	310	4,064	150	8,903	711	16,254
36	405	5,288	424	7,392	409	19,232	1,238	31,911
37	610	8,645	634	16,490	860	36,188	2,104	61,323
38	775	10,850	601	8,721	1,042	45,321	2,418	64,892
39	1,151	24,050	515	6,438	1,875	76,340	3,541	106,828
40	70	1,379	100	1,250	779	50,582	949	53,211

注：1940年は1～11月。
出所：東京証券取引所［1974］57頁。

市場の元引受に傾注した[13]）。

　有価証券引受業者が発行市場のみならず、流通市場においても活躍した。1932年から1940年までの株式の公募・売出をみると、1939年106百万円でピークをつけるが、1937年61百万円、1938年64百万円を大きく上回っていた。特に公開売出が76百万円という規模に達しており、設備資金の株式公開により調達する企業が、過去最高の1934年を上回った（表4-3）。ただし公募・売出への有価証券引受業者の関わりは微々たるものであった。1940年上期からの有価証券引受業者の引受と売買の取引が判明する（表4-4）。公社債引受では1940年通年で1,393百万円の引受に参加した。株式引受市場では1940年上期募集引受142千株、下期129千株、1941年上期57千株の取引を見た。また売出は1940年上期153千株、1941年上期28千株となっている。募集・引受や売出しが実現しない期もあり、有価証券引受業者の株式発行市場におけるプレゼンスは低いものであり、公社債市場の活躍のほうがはるかに規模が大きかった。ただし流通市場取引においては、規模を拡大した大手業者として、以前に増して取引高が増えたといえよう。1940年上期で有価証券合計9,351百万円の売買を示し、そのうち国債3,427百万円に次いで、株式2,846百万円の取引をみた。しかし同年下

表4-4　有価証券引受業者引受及売買高（委託売買を含む）

(単位：千円)

証　券	1940年上期	1940下期	1941年上期	1941下期	1942年上期	1942下期
(引受)						
公社債引受	789,980	603,330	548,749	509,580	609,386	542,655
総額及一部引受	131,812	45,235	61,885	19,458	81,070	106,760
元請負高	106,000	61,650	19,000	11,000	89,970	—
下請負高	552,168	496,445	467,864	479,122	438,346	435,895
公社債募集及売出扱高	25,194	34,400	104,148	126,972	276,668	189,904
株式募集引受	142	129	57	—	—	—
株式売出	153	—	28	—	85	14
(売買(委託売買を含む))						
国債	3,427,423	2,769,910	3,218,472	3,038,162	3,871,032	3,368,339
日銀引受国債売捌高	330,031	481,322	483,748	613,410	866,805	914,519
地方債	156,502	156,132	157,047	100,668	101,958	100,917
社債	2,266,710	1,661,138	1,837,827	1,560,123	2,033,340	1,673,756
外国証券	655,195	342,094	365,619	270,187	343,075	373,313
株式	2,846,131	1,640,149	1,571,872	1,324,867	3,801,335	4,814,286
合　計	9,351,961	6,569,423	7,150,837	6,294,007	10,150,740	10,330,611

注：証券引受会社の決算期により、上期は前年12月より5月、下期は6月より11月。
出所：大蔵省監理局「第82回帝国議会参考書」1943年6月（旧大蔵省資料 Z382-5）

期では株価低迷もあり株式取引は1,640百万円に下落し、その後も1941年上期1,571百万円、下期1,324百万円に低迷した。それでも株式流通市場における大手事業者として、プレゼンスを高めていた。有価証券引受業者全体の主要資産負債構成をみると（表4-5）、1940年下期総資産688百万円、うち有価証券311百万円で、公社債を控除した95百万円がほぼ株式と見られる。短期取引を通じた資金調達と資金供給が行われていた。その後の株価低迷で総資産が1941年下期で570百万円に減少したが、他方、小規模有価証券取引業者の廃業が進む中で、一段と大手の有価証券引受業者の立場が強まったはずである。特にこの間の長期清算取引売買高から読み取れる業種と銘柄の変化を検討しよう（表4-6）。1932～35年間と、1936～39年間を比較すると、売買高で鉱業の急増、造船業・化学工業の急増が読み取れる。他方、電力と食料品が減少していた。主要銘柄としては、日本鉱業、日本石油、日立製作所、日本曹達が大きく伸び、他方、

表4-5　有価証券引受会社主要勘定

(単位：千円)

	1940年下期末	1941年上期末	1941年下期末	1942年上期末	1942年下期末
有価証券	311,023	269,928	285,397	282,120	327,340
内公社債	215,458	155,035	174,063	187,483	265,736
諸貸出金	299,147	284,167	217,154	193,854	184,869
内コールローン	37,593	56,902	51,685	42,275	42,050
諸借入金	553,770	484,850	445,616	413,777	450,959
内コールマネー	191,076	183,230	186,038	215,550	221,697
借入有価証券	48,140	42,239	40,294	50,356	62,015
内国債	41,456	36,300	34,910	36,275	42,277
資産総額	688,118	617,531	570,848	560,542	614,252

出所：前掲「第82回帝国議会参考書」。

表4-6　東京株式取引所長期清算取引業種・主要銘柄売買高

(単位：千株)

年	業種別売買高										
	取引所	交通業	電力	鉱業	石油	紡績	食料品	金属鉄鋼	機械造船	化学工業	窯業	その他	総売買高
1932~35	22,844	8,422	21,274	5,523	4,232	16,813	25,079	30,033	5,337	12,594	7,822	16,541	176,519
1936~39	19,365	10,170	11,032	13,473	6,354	18,981	13,387	26,227	12,167	19,045	4,581	9,985	164,774
1940~43.6	12,285	10,042	2,732	15,408	4,104	19,978	7,939	22,698	35,797	20,460	5,135	16,453	173,039

年	主要銘柄
	東株	日本郵船	東京電灯	日本鉱業	日本石油	鐘淵紡績	日本産業	日本鋼管	日立製作所	日本曹達	10銘柄合計	その他	総売買高
1932~35	18,419	2,345	9,899	2,067	3,241	3,615	12,902	7,441	809	254	60,992	115,527	176,519
1936~39	17,414	3,316	6,036	5,012	4,618	3,551	10,825	7,579	3,025	4,926	66,302	98,472	164,774
1940~43.6	11,273	3,744	740	3,364	2,177	4,465	1,627	3,686	4,449	4,896	40,421	132,618	173,039

出所：東京証券取引所［1974］67頁。

東京電灯が減少し、鐘淵紡績も伸び悩んでいた。

「有価証券業取締法」と「有価証券引受業法」の施行と戦時統制経済の強化の中で、業者行政が強化されることになる。すなわち保険業を所管していた商工省保険局（1935年5月8日設置）と証券業者行政部門が統合され、1939年6月16日に商工省監理局の設置となり（局長牧楯雄、1940年8月24日より辻謹吾、1941年1月21日より長谷川公一）、監理局取引課が証券取引を所管した。その後1941年4月11日に取引課が廃止され、監理局総務課が4月12日に商政課に改

称して、同課が主に証券業者行政を担当した[14]。この間に戦時統制経済の強化が続き、株式取引を中心とする有価証券業者の淘汰が進んだ。

1941年前半には日本を取り巻く国際環境が一段と悪化し、開戦含みの状況となり、政府内部でその場合の株価対策が問題とされた。そこで同年7月21日に商工省監理局は「有価証券取引ニ対スル戦時緊急対策案要綱」をまとめ、方針を検討している[15]。それによると、緊急事態発生の場合には、重要産業の株価が低落し民心を動揺させるが、その対策として証券取引所の閉鎖は相応しくなく、必要な措置として株価に対する梃入れの強化のため、後述の日本協同証券の機構拡充が必要であり、同社を「国家総動員法」第18条の規程により統制会社とする、売買証拠金の大幅引き上げにより思惑取引の抑制、金融機関・大手株主の売却抑制、その他立会時間制限、値幅制限、売買数量制限、上場銘柄制限、最低価格の設定が手段として取りうるが、最後は市場の閉鎖も視野に入れていた。

3．小規模法人による株式流通市場介入

日中戦争勃発後、株式市場への介入、株価低迷を阻止するための特定企業を通じた株価対策が実施される。その組織としてすでに存在する生保証券のみならず、ほかの組織が創出される。ただし当初は民間資金による規模も限られたものであった。その最初の株価梃子入れ組織が導入される。1937年8月末から9月初旬に株価が暴落し、その対策が必要となった。「臨時資金調整法」について東株理事長杉野喜精（前山一証券社長）、大株理事長柴山鷲雄、東京商工会議所会頭藤山愛一郎、大阪商工会議所会頭安宅弥吉が、株価下落局面の資金繰りのため銀行局長入間野武雄（1937年5月4日〜40年5月25日在任）に陳情した。入間野が、興銀から融資することについて、大蔵大臣賀屋興宣から了承を得て、それを発表したという[16]。同じ頃、徳田昂平（株式会社徳田商会（1918年5月26日設立、本店東京）社長）、藍沢弥八（株式会社藍沢商店（1933年10月3日設立、本店東京）代表取締役）ほか東株の主要な取引員が大蔵大臣賀屋興宣に、「株価調整資金」のようなものを政府から提供してほしいと陳情し、

第4章　戦時株式流通市場への介入　215

賀屋はいくらでも出すと表明したという[17]）。

　興銀資金の供給というアナウンスメント効果で、株価は一時的に持ち直したものの、結局、東株取引員を中心に、株価安定策に従事する会社が設立される。すなわち「事変の拡大と極端なる金融梗塞とによる市場の不安はますます諸株の低落を甚しからめ此侭に放置せんか市場の動揺は勿論一般財界に不詳なる影響を及ぼすべきは明らかなるところにして（中略）如斯憂慮すべき市場情勢に直面し吾等（東株関係者──引用者）は此侭黙視する事を得ず、ここに有志相諮り証券投資会社を設立」して、難局を打開するものとしたとの設立趣旨により、株価対策に出動する機関として、1937年9月8日に大日本証券投資株式会社が設置された（本店東京）。社長徳田昂平、資本金20百万円、第1回払込8百万円で、取引員組合、東株代行株式会社（1927年8月8日設立、東株の短期取引代受渡調節機関）、東株共栄株式会社（1933年11月21日設立、1938年3月28日解散）および東株が半額を引き受け、残りを取引員有志と一般投資家が引き受けた。当初の払込の8百万円を頭金として株式を買入、それを担保に銀行から40～50百万円の資金を調達する計画を立てたという。同社は株式買出動を行ったが、日中戦争開戦当初の戦局で「興亜相場」が出現したため、1938年初にかけて株式市況は好転し、価格維持策が不要となり、大日本証券投資は1938年4月22日に解散した[18]。今のところ、大日本証券投資の介入の資金調達の実態や購入銘柄・購入額の内実は明らかではない。

　先述の生保証券も積極的に株式を購入した。その貸借対照表を点検すると（表4-7）、1938年11月期で保有有価証券2,142千円を保有していたが、その後、1940年11月期でも2,596千円でとまっており、生命保険会社保有株の積極的な買い注文を入れているわけではなかった。1941年11月期に借入金44,440千円で特別有価証券勘定44,139千円の証券を保有したが、これは生命保険会社からの借入金による株式下落局面の買入と思われる。

　その後、1938年4月1日公布「国家総動員法」が5月5日施行となり、同法第11条に配当統制が盛り込まれていたことから、それを懸念して株価が下落した。その後、1939年には株価は軍需景気の中で持ち直し、9月1日欧州大戦勃

表4-7 生保証券貸借対照表

(単位：千円)

	1938.11期	1939.11期	1940.11期	1941.11期	1942.11期
(資　産)					
未払込資本金	2,500	2,500	2,500	—	—
現金預金	365	238	186	348	969
貸付金	75	18	15	—	450
有価証券	2,142	2,470	2,596	4,996	4,300
特別有価証券勘定	—	—	—	44,139	—
合　計	5,083	5,227	5,298	49,485	5,722
(負　債)					
資本金	5,000	5,000	5,000	5,000	5,000
法定積立金	11	14	25	34	34
諸税引当金	—	45	30	—	270
仮受金	—	—	—	—	13
借入金	—	—	75	44,440	—
当期利益金	72	168	168	11	403
合　計	5,084	5,227	5,298	49,485	5,722

注：資産の雑勘定1千円ほどを省略した。
出所：生保証券株式会社『第8回事業報告書』1942年11月期、帝国興信所『帝国銀行会社要録』1939年版、1940年版、1941年版、1942年版。

発で、さらに活況を呈した。しかし1940年になり国際情勢が悪化し、同年4月22日に陸軍が「軍需品ニ関スル適正利潤率算定要綱」を発表して、企業の利益制限を導入する方針が採用されることとなったため（第6章参照）、株価が再度下落した。戦時体制下の株価下落を懸念した証券市場関係者の中で、株価対策を求めることになる。7月11日に、東株は大蔵省・商工省に株価低落対策について善処を求めた（東京証券取引所［1974］816頁）。同月23日に東株関係者が両省に対し、株価低落防止のための日本証券投資会社の設立を要請したというが（東京証券取引所［1974］）816頁）、これは同年6月1日に東株一般取引員組合委員長に就任していた藍沢弥八が設立に向けて、大蔵省ほかに対し根回しを開始したことを指すようである。藍沢は大蔵省に隠然とした影響力を有する元大蔵大臣勝田主計を訪問し、株価維持の提案を持ちかけた。藍沢は、「臨時資金調整法」の規制があるため、公称資本金50万円未満、つまり払込12万5

千円までの会社しか自由に設立できないが、資本金4、5千万円の会社を作り、その会社を使って株価介入したい、政府から許可と協力を得るため、勝田を通じて大蔵大臣に相談したいと懇願した。この藍沢の提案を受けて勝田は、第2次近衛文麿内閣大蔵大臣河田烈（1940年7月22日〜41年7月18日在任）、大蔵次官広瀬豊作（1940年7月22日〜41年7月25日在任、勝田の女婿）に紹介すると約束した。この筋の面談のアレンジは必ずしも上首尾ではなかったようであるが、その後、藍沢は大蔵省で大臣、次官ほかに計画を説明する機会を持った。藍沢は資金を財閥、保険会社、信託会社、銀行、証券会社等から調達するとして、大蔵省から承認を得た。三井合名会社と三菱合資会社から各35千円、第一銀行から10千円等の出資を募るものとした[19]。この株式市場介入会社設立提案が7月31日に商工省・大蔵省から設立認可を得た。これが歓迎されて株式市況が好転した（東京証券取引所［1974］816頁、大阪証券業協会［1950］330-331頁）。

　1940年9月3日に日本証券投資株式会社が設立された。資本金20百万円、半額払込、本店東京、会長小布施新三郎（小布施商店（個人経営）店主、小布施合資会社（1920年5月設立）代表社員）、社長藍沢弥八である[20]。設立期間5年とし、大日本証券投資よりは長い活動を予定した。日本証券投資への興銀の出資は行われず、東京株式取引所取引員組合の出資による株価対策の一環として設立された（日本興業銀行［1957］490頁）。日本証券投資のほかの役員は、1941年12月期で、専務取締役上田厚吉（東株代行取締役）、取締役藤山愛一郎（大日本製糖株式会社社長）、遠山元一（株式会社川島屋商店社長）、玉塚栄次郎（株式会社玉塚商店（1919年3月5日設立、本店東京）社長）等がならび、藤山以外には東京の株式市場の有力者であった[21]。

　日本証券投資の払込資本金10百万円のみでは株式市場への多額介入をするにはさほど威力はない。あわせて借入金にも依存した。同社の第1回払込の半額で国債を取得した。そのほか同社は必要な資金を株式梃入れ資金として興銀から借り入れて、株価下落局面で主力株式の買介入を行った[22]。1940年暮頃から株式相場が下落し、取引所関係者が大蔵省に陳情した。そこで陳情を受けた大

蔵次官広瀬豊作が第一生命保険相互会社社長石坂泰三を呼び、生命保険業界に株式50百万円ほどの買上を依頼した。それでも効果がなければ大蔵省預金部資金で興銀債を引き受けて興銀に買い支えさせるという方針で臨んだ[23]。生命保険側がこの依頼を受け入れ、日本証券投資は1940年12月26日に生保証券と協力して買い上げるとの方針決定し（日興証券［1970b］66頁）、両社が分担して買い上げた。日本証券投資の活動は、後述の日本協同証券に株価梃入れ業務を移譲する1941年3月までの期間に限られており、1941年5月期貸借対照表はすでに日本協同証券に保有株式を譲渡しているため、途中の買入資金の調達状況は判明しない。一方、生保証券は生命保険会社から未払込資本金を徴収し、借入金を行い、株式梃子入れ策を積極化した。1941年11月期で44,440千円の借入金債務を形成し、有価証券4,996千円、特別有価証券勘定44,139百万円の証券を保有するに至った。日本証券投資の資金により市場介入で購入した銘柄は、日本協同証券に承継されたことで、後述のように明らかになっている。ただし日本証券投資の資金力と購入した株式時価からみて、株価維持にさほど効果は見られなかったようである[24]。

　日本証券投資は株式の買介入を行ったが、売介入は行わなかった。同社の保有株式が後に日本協同証券に譲渡されることになるが、その譲渡銘柄が確認できるため、紹介しよう（表4-8）。日本証券投資が転売しなかったとして、合計87,575株、取得額6,783千円であった。このうち取得額の大きな株式として、新旧銘柄合計して列記すると、帝国人造絹糸新株701千円、鐘淵紡績株668千円、大阪商船新株590千円、日本郵船株459千円、旭硝子株429千円、浦賀船渠株283千円、三菱重工業株257千円、三菱鉱業株252千円、日満亜麻紡織株231千円、小倉製鋼株220千円と続き、伝統的な優良企業と軍需産業が並んでいた。この10社銘柄の新旧株式取得合計は3,878千円となり、取得総額の57％に達し、特定企業の株式取得は明瞭である。上場株式を平均的に購入したわけではなく、軍需銘柄の値下がり率の高い大型株を中心に購入したものといえよう。日本証券投資の払込資本金は10百万円のため、その範囲内で取得したようである。そのほか国債も設立時に取得して、1941年12月期で4,755千円を保有しており[25]、

表 4-8 日本協同証券の株式買付売却

(単位:株、千円)

銘 柄	買付 長期・短期取引小計 株数	金額	日本証券投資肩代わり 株数	金額	合計 株数	金額	売却 枚数	金額
鐘淵紡績*	112,040	11,604	5,150	668	117,190	12,272	70,610	8,766
日本郵船*	103,270	7,864	5,340	459	108,610	8,324	57,650	5,731
日本鉱業	118,830	6,053	500	29	119,330	6,083	—	—
大阪商船*	52,170	3,840	7,810	590	59,980	4,531	32,530	3,012
日立製作所*	37,000	2,263	200	13	37,200	2,276	4,940	385
東京電灯	44,150	2,243	290	16	44,440	2,259	33,000	1,996
日本水産	43,330	1,752	4,210	196	47,540	1,948	9,770	519
帝国人造絹糸*	13,320	1,211	7,110	701	20,430	1,913	15,660	1,658
満洲重工業開発	33,920	1,801	—	—	33,920	1,801	—	—
東洋紡績	11,080	1,706	—	—	11,080	1,706	6,730	1,147
日本石油*	25,920	1,530	2,880	137	28,800	1,668	5,320	425
三菱鉱業*	16,570	1,337	3,100	252	19,670	1,589	—	—
日本窒素肥料*	20,580	1,313	5,480	253	26,060	1,566	—	—
日本鋼管	25,430	1,460	70	4	25,500	1,465	4,230	333
日清紡績	17,260	1,347	330	28	17,590	1,375	6,000	539
富士瓦斯紡績*	26,950	1,248	950	49	27,900	1,296	10,950	624
三菱重工業	9,840	721	3,320	257	13,160	978	2,000	184
日本レーヨン	17,840	962	—	—	17,840	962	7,370	448
大日本紡績*	8,140	775	—	—	8,140	775	4,000	409
神戸製鋼所	10,000	641	1,580	116	11,580	758	2,000	160
浦賀船渠	5,180	460	2,980	283	8,161	744	—	—
池貝鉄工所	7,840	572	1,210	100	9,050	672	—	—
日満亜麻紡織	6,520	417	3,130	231	9,650	649	2,000	155
大同製鋼*	11,700	604	670	41	12,370	645	—	—
新潟鉄工所*	6,120	426	3,395	210	9,515	637	—	—
三菱電機*	3,670	361	1,940	203	5,610	564	—	—
日本油脂**	10,980	536	500	29	11,480	565	1,610	106
東洋レーヨン*	5,520	388	2,000	158	7,500	547	6,000	471
東洋汽船*	4,680	369	1,680	144	6,360	513	4,000	372
古河電気工業	5,690	481	—	—	5,690	481	—	—
帝国繊維*	4,610	337	1,690	139	6,300	477	2,000	183
大日本製糖*	6,210	456	—	—	6,210	456	1,100	10
旭硝子	30	3	3,410	429	3,440	432	810	107
東京石川島造船所**	2,910	183	3,525	188	6,435	371	—	—
王子製紙	4,350	366	—	—	4,350	366	—	—
大東紡績	7,560	311	—	—	7,560	311	2,950	125
小倉製鋼*	980	44	4,210	220	5,190	264	—	—
北海道炭礦汽船	3,150	212	580	44	3,730	257	—	—

銘柄	買付 長期・短期取引小計 株数	金額	日本証券投資肩代わり 株数	金額	合計 株数	金額	売却 枚数	金額
南満洲鉄道	3,430	229	—	—	3,430	229	3,410	225
昭和電工*	4,380	214	—	—	4,380	214	—	—
日魯漁業*	3,380	213	—	—	3,380	213	3,000	234
呉羽紡績	3,000	186	—	—	3,000	186	2,000	126
浅野セメント**	4,210	181	—	—	4,210	181	2,000	111
日産汽船	2,470	162	—	—	2,470	162	830	74
東京製綱	150	13	1,540	140	1,690	153	—	—
日東紡績	1,960	132	150	11	2,110	144	—	—
日本精工	190	14	1,530	127	1,720	141	—	—
東京人造絹糸	2,550	127	200	11	2,750	139	—	—
塩水港製糖*	1,490	69	1,160	66	2,650	136	2,000	135
大日本麦酒新株	4,270	132	—	—	4,270	132	4,000	162
高周波重工業	2,920	131	—	—	2,920	131	2,200	106
日本特殊鋼管	2,670	127	—	—	2,670	127	—	—
電気化学工業	—	—	2,190	126	2,190	126	—	—
磐城炭礦*	4,640	122	—	—	4,640	122	1,570	29
日本砂鉄	2,270	113	—	—	2,270	113	—	—
10万円以下合計	27,460	1,171	1,565	96	29,025	1,267	6,660	283
合計	916,760	61,559	87,575	6,783	1,004,335	68,343	320,900	29,364

注：1）大日本製糖と同新株が2回出現するが理由不明。
　　2）法人名を正式のものに一部調整した。
　　3）*は新株と旧株の合計、**は第二新株と旧株の合計。
出所：日本興業銀行「臨時資金調整法中改正法律案関係資料」1942年1月（旧大蔵省資料Z379-37）。

　これと株式取得を合計すると11百万円をいくらか上回る規模となる。不足分を興銀からの借入金でまかなったことになる。

　株式を協同証券に譲渡した後の1941年5月期の日本証券投資の総資産20,468千円、うち未払込資本金10百万円と国債4,700千円、預金4,461千円、貸付金1,250千円等で[26]、預金は株式譲渡により発生した手持資金である。日本証券投資は、日本協同証券に株式を肩代わりさせたことで、事業が縮小したが、そのまま存続した。日本証券投資は1941年7月4日に大蔵省に会社存続を願い出て、7月23日に承認を受けた。この日本協同証券の株式肩代わりにより、日本証券投資の資金需要が急減したため、1941年7月25日に同社は資本金を半額減

資して10百万円（半額払込、200千株）とし、それにあわせ定款の目的を9月2日に変更し、証券特殊金融業務、すなわち株価低落のため増資困難な場合等に株式担保金融を行う業態に転換し、翌日に承認を受けた。同年11月1日より株式特殊金融業に着手した。こうして日本証券投資は目的を変更し延命した[27]。1941年11月期では、同社は資産項目の株式59百万円の増大をみており、この間の株式の買い介入がわかる。その資金調達として、37百万円の借入を行っていた。この借入先は興銀と思われる。同年12月末で保有国債4,755千円のほか貸付金1,147千円となっており、これが株式特殊金融業務に該当する。事業法人等の株式取得への資金供給を行うことで延命を図ることができた。その資金として借入金817千円が計上されている[28]。

4．日本協同証券の設立

日本証券投資の資力では買い支えることができる株式に制約があるため、株価低迷を打開することはできず、さらに大規模組織に改組される。それが日本協同証券株式会社である。1941年1月6日に藍沢弥八は東京株式取引所取引員組合委員長として、日銀・興銀に新しい株価維持機関の設立を要請した（東京証券業協会［1971］27頁）。これは大蔵省が株価維持の効果をある程度認め、「会社の規模をもっと大きくしろ」、「興銀を中心に」との指示を出したため（日本経済新聞社［1980］407頁）、それを藍沢が受けてこの要請を行ったと見られる（東京証券業協会［1971］27頁）。他方、1月8日に生保証券社長曄道文芸は、政府に株価維持対策の採用を申し入れていた（東京証券取引所［1974］817頁）。興銀は「日本証券株式会社（仮称）設立要綱案」を提案し、それを1月24日に全国金融協議会は可決し、設立を急いだ。その案によると、官庁の支援により「日本証券株式会社」を設立するとし、目的は公社債および株式の売買とし、資本金50百万円とし半額で発足する、出資は興銀、市中銀行、信託会社、生保証券、東京および大阪その他各地取引所ならびに取引員組合、有価証券引受会社、主要事業会社に縁故募集をする、代表取締役は興銀副総裁の兼職とする、必要がある場合には興銀に対する融資命令で資金を供給する等との方針を固め

た（大阪証券業協会［1951］335-336頁）。そして2月7日には商工省が東株理事長副島千八と大株理事長柴山鷲雄および取引員組合代表に対して、株価安定のため、新会社設立に協力するよう要請した。興銀は2月上旬には新設予定会社の商号を変更し、「日本協同証券株式会社設立要綱」を決定し、その方針を東株取引員組合は承認し、12日には東株も承認し、2月13日に全国の株式取引所と取引員組合代表は日本協同証券の株式20万株の引受を決定した（東京証券取引所［1974］817頁）。

「日本協同証券株式会社設立趣意書」によれば「生産力拡充ニ支障ナカラシムル為メニ公債、社債及株式ノ市価ヲ維持シ以テ財界ノ安定ヲ計リ時局ニ資スル目的」で設立し[29]、その設立要項によれば、業務を公債、社債および株式に対する投資とその付帯業務とし、資本金50百万円、1百万株とし、株式応募先は、興銀、生保証券、東京・大阪その他各地取引所ならびに取引組合、証券引受会社、主要事業会社その他縁故者とし、経営については、日銀、興銀、株式取引所および全国金融協議会関係者その他民間適任者で評議員会を組織し、諮問機関とするほか政府と緊密に連絡するものとした。またその資金調達については、銀行および信託会社は興銀と協力して資金支援するものとし、必要がある場合には興銀に「国家総動員法」第11条に基づく命令融資を引き受けさせるものとした。この日本協同証券の発起人総代井坂孝（横浜火災海上保険株式会社社長、東京瓦斯株式会社社長、日本工業倶楽部理事長等を歴任）で、そのほか発起人には平沼騏一郎内閣（1939年1月5日～8月30日）で商工大臣・拓務大臣を務めた八田嘉明、監督官庁系として東株取引所理事長副島千八（元商工省商務局長）、資金で密接な関係を持つ興銀総裁河上弘一、同副総裁荒井誠一郎（元大蔵省銀行局長）のほか、財閥からは三井総元方専務理事向井忠晴、三菱商事株式会社会長船田一雄、住友合資会社総理事小倉正恒、合名会社安田保善社森広蔵、類似の株価介入業者からは生保証券社長曄道文芸、証券業界からは藍沢弥八のほか野村徳七（野村合名会社出資社員）、柴山鷲雄（大阪証券取引所理事長、野村系）、黒川福三郎（株式会社黒川商店（1918年10月18日設立、本店大阪）社長）、木下茂（山一証券株式会社社長）の名も並んでいた。この

発起人一覧をみるだけでも興銀を先頭に財閥系企業も株式引受に協力し、東京のみならず大阪の証券業者が積極的に支援し、それを大蔵省と商工省が監督するという体制がとられると想定できよう。この日本協同証券株式会社創立事務所は興銀内に置かれていた[30]。この設立趣意書と設立要項からもわかるように、日本協同証券設立案では、興銀が資金を支援を表明し、藍沢が証券業界を動員し、大蔵省・商工省が選定と財閥の参加を取りつけ、全面的に支援した。

政府と業界の支持を得て、1941年3月31日に日本協同証券株式会社が東京に設立され、翌日より営業を開始した[31]。先の設立要項どおりに資本金50百万円、半額払込である。同社の株主構成を点検すると、314名、1百万株のうち、5千株以上の株主は42名、合計683,200株となる。上位株主は興銀155,900株、生保証券100,000株、以下、東株42,900株、大株39,900株、東株一般取引員組合29,900株、大株取引員組合20,900株であり、以下、銀行、財閥系企業、証券会社、東株の周辺業者、株式会社名古屋株式取引所、株式を公開し

表4-9 日本協同証券の主要株主

(単位：株)

株　主	持　株
日本興業銀行	155,900
生保証券㈱	100,000
㈱東京株式取引所	42,900
㈱大阪株式取引所	39,900
東京株式取引所一般取引員組合	29,900
大阪株式取引所取引員組合	20,900
三井物産㈱	14,900
東京株式取引所実物取引員組合	11,900
三和銀行	10,000
住友銀行	10,000
第一銀行	10,000
第百銀行	10,000
野村合(名)	10,000
三井銀行	10,000
三井鉱山㈱	10,000
三菱銀行	10,000
安田銀行	10,000
川島屋証券㈱	9,900
共同証券㈱	9,900
小池証券㈱	9,900
日興証券㈱	9,900
野村証券㈱	9,900
藤本ビルブローカー証券㈱	9,900
山一証券㈱	9,900
住友金属工業㈱	8,000
三菱重工業㈱	8,000
山口合(資)	8,000
㈱名古屋取引所	7,400
名古屋株式取引所短期取引組合	7,300
三菱鉱業㈱	7,000
㈱住友本社	6,000
大阪株式取引所実物取引員組合	5,900
住友信託㈱	5,000
日本製鉄㈱	5,000
日本窒素肥料㈱	5,000
古河電気工業㈱	5,000
三井信託㈱	5,000
三菱信託㈱	5,000
南満洲鉄道㈱	5,000
安田信託㈱	5,000
(名)安田保善社	5,000
山下汽船㈱	5,000
総計314名	1,000,000
5千株以上、42名	683,200
3千株以上、90名	839,700

出所：日本協同証券株式会社『第1回営業報告書』1941年5月期。

ている大手事業法人が並んでいた。南満洲鉄道株式会社が名を連ねているのは興銀が社債を発行している特殊会社に引受を求めたためといえよう（表4－9）。

日本協同証券は事務所を興銀本店に置き、社長は元興銀理事小竹茂（1933年2月6日～40年1月31日在任、前日本曹達株式会社副社長）が就任し、興銀副総裁兼務はなされなかったが、興銀が深く関わり、社長のほか常務取締役計3名を送り込んだ（日本興業銀行［1957a］491頁）。そのほか取締役に井坂孝、藤山愛一郎等が並んでいた。設立事務から設立後の社長、常務取締役3名および実務担当者数名を興銀から派遣し、資金供給に至るまで、全面的に興銀が支えた[32]。実質的には興銀の分身といえる関係であった。藍沢弥八は同社の役員就任を薦められたが断った（日本経済新聞社［1980］408頁）。興銀が筆頭出資者に名を連ねていたが、先述の生保証券も出資しており、密接な資本関係を形成し、生保証券の保有証券を日本協同証券に肩代わりさせる予定であった。それ以外には株価に関わる直接の利害関係者の東京、大阪、名古屋の取引所とその取引員組合である。日本協同証券の定款では諮問機関を規定していないが[33]、同社の運営方針について大蔵省・商工省の関係者と密接な連絡を取り、諮問機関の評議員会でも同社の運営方針について意見を交わした。その結果、同社業務として、株価を適正価格水準に安定させ、生産力拡充資金の円滑化を図ることを第1の目標とし、逐次営業範囲を拡大して所定の目的を果たすこととした[34]。つまり株式の価格安定が当面の最大の目標として設定されたといえよう。日本協同証券は日本証券投資が基礎になっており、日本証券投資の保有株式を日本協同証券が引き継いだため、日本証券投資が倍額増資したのと同じだと、藍沢は見ていたが（日本経済新聞社［1980］408頁）、興銀が全面的な資金支援をする体制に移行したのであり、単なる倍額増資とは異なる。

5．日本協同証券の株式流通市場介入の開始

日本協同証券は活動を開始したものの、1941年5月期の総資産50百万円、国債17百万円、株式6百万円で、まだ事業規模が拡大していない（表4－10）。その後、日本協同証券は先の設立目的に沿って、日本証券投資の保有株式の肩代

交渉を行い、同社保有株式を取得した。そのほか生保証券の所有株式の肩代わりも考慮していたが、折衝中のまま続いた。当座の余裕金18百万円はとりあえず3.5％利回りの国債に運用した。日本証券投資の肩代わりは日本協同証券設立時点での合意に基づくものであり、政府がそれを後押ししたはずである。日本証券投資から肩代わりした株式は先述のように、鐘淵紡績株ほか48銘柄、合計86,555

表4-10 日本協同証券貸借対照表

(単位：千円)

	1941.5期	1941.11期	1942.3期
(資　産)			
未払込資本金	25,000	25,000	25,000
現金預金勘定	444	997	790
国債	17,640	980	22,540
株式	6,781	59,796	79,706
営業用地建物什器勘定	4	25	37
雑勘定	154	274	236
合　計	50,024	87,073	128,310
(負　債)			
資本金	50,000	50,000	50,000
諸積立金		10	32
借入金		37,000	69,849
雑勘定	6	21	6,375
繰越利益金		7	20
当期利益金	17	34	2,033
合　計	50,024	87,073	128,310

注：1942年3月期は3月20日打切決算。
出所：日本協同証券株式会社『営業報告書』(各期)。

株である[35]。これは表4-8の日本協同証券肩代わり株式を若干下回るが、それでも肩代わりされた株式は先述した銘柄といえる。さらに日本協同証券は新規の追加購入を行っている。日本協同証券の資金力は日本証券投資よりはるかに強化されているため、市中で多額の株式を購入して買い支えることが可能となった[36]。

　1941年後半の日蘭印会商決裂、1941年6月22日の独ソ開戦による衝撃で、翌日日本協同証券は初めての買出動を行った[37]。この買出動は東京の市場だけで実施したようであり、大阪の証券業者がこれに不満を持ち、理財局金融課長迫水久常が大阪に来た際に、黒川商店社長黒川福三郎、草川商事株式会社（1920年12月設立）社長草川求馬ほか大阪の証券業者代表が、大阪の証券業者にも買注問を出してほしいと陳情し、内諾を得た[38]。さらに南部仏印進駐に伴い、7月25日アメリカ・イギリスは対日報復措置としての資産凍結を発動し、株価は独ソ開戦前に比較して、11％の下落を見せた。株価梃子入れ策として、大蔵省

は日本協同証券に対する資金援助を声明し、買入出動の資金として、1941年7月26日に総動員勅令「会社利益配当及資金融通令」により、興銀に対する極度300百万円の命令融資を発動した[39]。日本協同証券は興銀から59百万円を借り入れ、株式購入資金に充当した。その残高は1941年11月末で37百万円となっていた。この買出動の結果、鐘淵紡績株式ほか109銘柄、888,300株を取得し、保有株式払込にも資金を充当した[40]。8月の株価挺入れでは大阪の業者も呼び込まれた（大阪証券業協会［1950］546頁）。そのほか後述のように、同年8月30日に総動員勅令「株式価格統制令」が発動され、株価の下値制限を加えた。これは先の株式最低価格を統制する方針が具体化したものである。さらに同年12月15日の同令改正で、上値制限も課した。実際にはこの株式価格統制に抵触するような値動きは発生しなかったが、株式取引にあたってはこの価格統制令が価格乱高下に対する抑止効果を持った。

　この結果、日本協同証券は1941年11月で916千株、61百万円の株式を取得した（表4-8）。これは日本証券投資の買入株式の9倍に達し、日本協同証券は独自資金調達で多額の株式の買い支えを行ったといえよう。買入銘柄を新旧合計で紹介すると、鐘淵紡績株11,604千円、日本郵船株7,864千円、日本鉱業株6,053千円、大阪商船株3,840千円、日立製作所株2,263千円、東京電灯株2,243千円、満洲重工業開発株1,801千円、日本水産株1,752千円、東洋紡績株1,706千円、日本石油株1,530千円と続いた。上位10位以下にも、日本鋼管株1,460千円、日清紡績株1,347千円、三菱鉱業株1,337千円、日本窒素肥料株1,313千円、富士瓦斯紡績株1,246千円、帝国人造絹糸株1,211千円等の有力企業の株式が並んでいた。上位10社の合計で40,656千円となり、日本協同証券の独自取得株式合計の66％を占めており、日本協同証券はこれらの代表的な大型株を買い支え、暴落を阻止していた。他方、日本協同証券は株価反騰局面で、買い支えた株式を売却している。それにより利益を計上できた。1941年12月までに売却した株式の内訳は、39社の株式320千株、合計売却額29,364千円となっており、その内訳は、長期清算取引銘柄112千株、9,291千円、短期清算取引銘柄208千株、20,072千円であった。売却した銘柄は、金額の多いものから鐘淵紡績70千株、

8,766千円、日本郵船57千株、5,731千円、大阪商船32千株、3,012千円、東京電灯33千株、1,996千円、帝国人造絹糸15千株、1,658千円、東洋紡績6千株、1,147千円等であり[41]、この大型株で75％を占めていた。なおこの株式取得のほか、金額は少ないが、株式引受と払込が8銘柄、49千株、802千円でなされた（日本興業銀行［1957a］491頁）。

　1941年7月21日商工省監理局「有価証券取引ニ対スル戦時緊急対策要綱」で掲げられていた日本協同証券の強化策として、同文書に「日本協同証券会社案要綱A（粗案）」が付されており[42]、それによると、同社を「国家総動員法」第18条により半官半民の統制会社に切替え、資本金1億円に増資し、政府が半額を出資する、同社払込資本金の一定倍率の社債で資金調達を行わせ、必要な場合にはそれを日銀に引受させ、さらに「国家総動員法」第11条による日銀または興銀に対し命令融資を行わせ、同社に有価証券の買入で市場介入を行わせる等が盛り込まれていた。これは後述の戦時金融金庫の有価証券市場介入体制とほぼ同様の内容となる（第3章）。

1) 東株は1877年12月28日設立免許。大蔵省は設立免許日を設立日とする。1878年5月4日太政官布告「株式取引所条例」に準拠して東株等が設立された。同条例が「取引所法」に改められた。
2) 『朝日新聞』1936年7月21日。アメリカの資本市場に詳しい理財局国債課長小原正樹が、日本の取引所を投機市場から投資市場へと改組する方針をまとめ、当所株廃止を含む大胆な試案を新聞に掲載させたが、小原は責任を取らされて大蔵省を去る（大蔵省大臣官房調査企画課［1978a］193-195頁）。当時理財局長広瀬豊作の回想。
3) 満洲事変前の株式市場介入として次のような対策が採られた。1916年12月の株価急落で立会いを停止した東株の要請を受けた日銀が興銀に指示し、興銀が中心となりほかの銀行と組んで、東京市場で5百万円、大阪市場で6百万円の救済融資を実行した。また1920年3月第1次大戦後の株式市場の崩落で、東株では立会停止となり、各地取引所が日銀に陳情する事態となり、やはり興銀が中心となって銀行団を編成し、東株に50百万円を限度とする融資のスキームを設定し、救済融資を行って切り抜けた（日本興業銀行［1954a］191-194頁）。そのほか生命保険会社が機関投資家として成熟し、株式取得で第1次大戦期に急速にプレゼンスを

高めていた。生命保険会社の機関投資家としての位置づけについては志村［1969］76-82頁が詳しい。

4) 生命保険協会［1978］。本書第5章第1節参照。愛国生命保険設立については、『保険年鑑』1937年版。

5) 第一生命保険［1958］374頁。ほかに大手事業法人への貸付も行っている（第5章）。

6) 『東京朝日新聞』10月29日。

7) 生命保険協会［1978］182-183頁。麻島［1991］にも第1次、第2次の生保証券について解説がある。本書第5章も参照。

8) 生保証券株式会社『第8回事業報告書』1942年11月期。会長曄道文芸は1942年5月14日設立の生命保険統制会会長職に就いたため、6月19日に退任し、後任に渡辺省二（三井生命保険株式会社社長）が就任した。生保証券の特別有価証券勘定の設置年月は未詳だが、1941年12月以降である。

9) 東京証券取引所［1974］57-58頁。満洲電信電話株式会社は1933年8月31日設立、本店新京、日満条約により規定、昭和肥料株式会社は1928年10月設立、森・味の素系、浅野小倉製鋼株式会社は1918年12月設立、浅野系。

10) 東京証券取引所［1974］814頁。設立年月日については日興証券［1954］、山一証券［1958］、野村証券［1966］、大和証券［1963］も参照。その後、川島屋商店、共同証券、日本勧業証券の3社が加わり8社となった。

11) 東京大学総合図書館蔵『美濃部洋次文書』マイクロフィルム版（以下『美濃部洋次文書』と略記）2285）。この文書の日付に手書きで1938年1月27日の修正あり。

12) 日興証券［1954］658-659頁、日本勧業角丸証券［1988］468-469頁。東京現物団を形成していた株式会社山叶商会（1918年3月15日設立）・株式会社玉塚商店（1919年3月5日設立）・株式会社角丸商会（1917年12月14日設立）・川島屋商店の4社が公社債引受を専業とする共同証券を設立。

13) 1938年の増資・新規上場募集総額2,834百万円のうち、野村証券・山一証券・藤本ビルブローカー証券3社合計で1.4％にすぎず、1939年4,199百万円の0.7％、1940年4,206百万円の0.2％と僅かな部分のみ引き受けたにすぎなかった（大和証券［1963］151頁）。

14) 商工省の組織変遷は、産業政策研究所［1981］参照。

15) 『美濃部洋次文書』3652。

16) 大蔵省大臣官房調査企画課［1978a］478-479頁。当時銀行局長入間野武雄の回想。石渡荘太郎伝記編纂会［1954］218頁。

17) 賀屋［1976］105-106頁。1億円を出してほしいとの陳情に、10億円出そうと大

蔵大臣賀屋興宣は返答したとあり（賀屋［1976］105頁）、当時の株価介入資金枠としては巨額すぎる金額のため、後日談の水増しされた金額であろう。また政府資金供給のスキームが明示されていない。この賀屋への陳情と入間野への陳情が同じ業界人グループによるものかもしれないが、今のところ共通の人物の確認が取れない。

18) 東京証券業協会［1971］24-25頁。「日銀、興銀」からの借入と記載があるが（同26頁）、日銀借入はなされなかったと見られる。日本興業銀行［1957a］の株式市場対策の資金融資先一覧に大日本証券投資は見出せないため、興銀融資が実現したかについてはさらなる傍証を必要とする。興銀融資については麻島［1988］も参照。社長の徳田昂平は1945年11月20日に日本証券取引所総裁となり、1947年4月16日に同取引所の解散後、同年9月17日に証券取引委員会委員長に就任し（東京証券取引所［1974］823-826頁）、証券市場の規制の側から関わり続けた。戦時体制期の徳田昂平の活躍については内外証券［1990］57-78頁参照。なお徳田商会は1937年6月21日に徳田証券株式会社に商号変更し、戦後1949年7月1日に徳田証券の営業権ほか資産を内外徳田証券株式会社に譲渡して消滅した（内外証券［1990］88-100頁）。東株代行は1943年8月25日に東京証券株式会社（社長徳田昂平）に商号変更し、さらに1949年12月20日に日本証券金融株式会社に商号変更した（日本証券金融［1962］46頁）。なお東株共栄が東京証券金融株式会社を設立し、同社を東株が吸収合併し、東株共栄が東株増資新株を入札にかけて資金調達し、東株取引員の間で行われていた不健全な取引（「マラソン取引」と呼称）処理に充当した経緯については東京証券取引所［1974］71-72、812-814頁参照。

19) 東京証券業協会［1971］25-26頁。戦後、藍沢商店は1948年10月に藍沢証券株式会社となる。藍沢弥八については日本経済新聞社［1980］、東京証券取引所［1974］参照。藍沢は戦後、東京証券取引所理事長に就任した（1957年9月26日〜61年4月27日在任）。

20) 日興証券［1970b］65頁。小布施新三郎と小布施商店（1944年4月小布施証券株式会社に改組）については、中央証券［1984］参照。小布施合資設立年月については帝国興信所『帝国銀行会社要録』1940年版、東京138頁。

21) 日本証券投資株式会社『第3期営業報告書』1941年12月期、8-9頁。証券業者設立日は日興証券［1970b］、山一証券［1958］等を参照。玉塚商店は1944年3月に玉塚証券株式会社に商号変更した（新日本証券［1977］18-19頁）。玉塚栄次郎は後日、東京証券取引所理事長に就任した（1955年3月30日〜57年9月26日在任）。

22) 日本興業銀行［1957a］462頁で日本証券投資への株式挺入資金の記載あり。東京証券業協会［1971］26頁で、「日銀、興銀」からの借入を同26頁で記しているが、

やはり日銀からの借入はなされなかったと見られる。
23) 大蔵省大臣官房調査企画課［1978a］222頁。当時大蔵次官広瀬豊作の回想。
24) 東京証券業協会［1971］でも、藍沢弥八が苦労して設立した日本証券投資の活動に対して、実際には「日本証券投資は、藍沢のいうほど株価をささえる成果を上げていなかった」（27頁）との評価を下している。
25) 前掲日本証券投資『第3期営業報告書』5頁。
26) 帝国興信所『帝国銀行会社要録』1941年版、東京486頁。
27) 前掲日本証券投資『第3期営業報告書』2－4頁。
28) 同前1－5頁、大阪証券業協会［1950］331頁。日本証券投資はその後、満洲投資証券株式会社・社団法人日産会・株式会社日産等により、株式が買い集められ、満投保有肩代わりを行うことで対満洲国資金支援する投資会社に転換した（柴田［2007g］40頁）。
29) 「日本協同証券株式会社設立趣意書」日付なし、1941年3月頃と推定（外務省記録E94）。
30) 「日本協同証券株式会社設立要項」1941年3月頃と推定（外務省記録E94）。黒川商店設立年月は山一証券［1958］附録43頁。なお東洋拓殖株式会社も満鉄と同様に、興銀から株式引受の慫慂を受け、多額事業債を発行している特殊会社の立場と日本協同証券設立の国策性から、3千株を半額払込75千円で購入した（「東拓ノ日本協同証券株式会社株式買入ニ関スル件」1941年4月8日拓務省決裁（外務省記録E94））。
31) 日本協同証券株式会社『第1期営業報告書』1941年5月期、2頁。
32) 日本興業銀行［1957a］490-491頁、帝国興信所『帝国銀行会社要録』1942年版、東京298頁。
33) 『日本協同証券株式会社定款』。
34) 前掲日本協同証券『第1期営業報告書』2頁。
35) 同前2、7頁。
36) 日本協同証券の買い注文の判断は、藍沢弥八が同社の肩書きのないまま関わり、藍沢の判断で大量売り注文があれば、買い向かうという方針を採り、大蔵次官広瀬豊作もそれを支持したという（日本経済新聞社［1980］407-409頁）。東京証券業協会［1971］27-28頁もこの自伝を孫引きしている。日本協同証券が肩書きのない藍沢に大口投資判断をすべて任せ、藍沢が大蔵次官に電話で毎回事後報告をしていたというが、自伝にありがちな、自己の活躍の誇張と思われる部分があり、留保が必要であろう。
37) 日本協同証券株式会社『第2期営業報告書』1941年11月期、3頁。

38) 大阪証券業協会［1950］546頁。「黒川」、「草川」となっている記述の商号と社長名は、『帝国銀行会社要録』1942年版で補充した。
39) 日本興業銀行［1957a］491頁。これとは別に同年に、命令融資とは異なる株式市場対策として株式挺入資金を日本協同証券が興銀から受けているが（日本興業銀行［1957］462頁）、これは日本証券投資からの株式肩代わり資金の融資と思われる。
40) 前掲日本協同証券『第2期営業報告書』3、9-10頁。
41) 日本興業銀行「臨時資金調整法中改正法律案関係資料」1942年1月（旧大蔵省資料Z379-37）。
42) 『美濃部洋次文書』3652。

第3節　株式評価調整と証券取引業者整備

1.「株式価格統制令」と「会社所有株式評価臨時措置令」の公布

　1941年7月23日南部仏印進駐により、7月25日にアメリカ政府は対日資産凍結を発動し、それにイギリス、オランダ等が追随した。日本も対抗して「外国為替管理法」（1941年4月11日公布）に基づき、同年7月28日大蔵省令「外国人関係取引取締規則」を公布即日施行し、対アメリカ資産凍結で対抗した。さらにイギリス、オランダほかの諸国と資産凍結の応酬がなされ、事実上、経済的な全面戦争状態に突入した。そして凍結資産の管理を経て、1941年12月開戦後、1941年12月23日「敵産管理法」公布施行で、交戦国凍結資産の敵産処理に移行する（柴田［2002a］第7章参照）。
　こうした政治状況の中で株価が動揺した。株価下落に対し市場介入を加えたのみならず、株価下落が企業財務に及ぼす影響を調整策の導入が検討される。先述の1941年7月21日商工省監理局「有価証券取引ニ対スル戦時緊急対策要綱」には「有価証券ノ最低価格設定ニ関スル勅令案要綱B（粗案）」が付されており、そこには、「国家総動員法」第19条による有価証券の最低価格の設定を検討し、さらに証券取引所閉鎖の場合における公定価格制度導入のため「有

価証券価格ノ公定ニ関スル勅令案要綱C（粗案）」もまとめられており[1]、証券市場への株価介入から、究極の全面統制までの方策が視野に入れられていた。この方針は、すでに商工省特別室金融班の作成した「金融緊急対策要綱」の中の「有価証券対対策」に盛り込まれており[2]、戦争による有価証券の価格変動に対し、下落しても配当率に変化がなければ前期時価まで評価額に調整を加え、さらに主務大臣の指定証券にはさらに緩和するというものであった。こういった商工省の方針が「国家総動員法」第18条に基づく株価統制等の政策として提案され、1941年8月11日の国家総動員審議会で決定を見て、同月30日に「株式価格統制令」と「会社所有株式評価臨時措置令」を公布施行することで実現する。

「株式価格統制令」によれば、株価が著しく下落した場合には、商工省の判断で、株式の銘柄を指定し、その株式の最低価格を決定し、その最低価格未満の価格では取引をさせないことにより、株価の安定を行うというものであった。その最低価格の決定方法は、一定期日の取引所相場を基準とする、そしてこの最低価格決定後にはそれ以下では取引ができなくなるというものであった[3]。この勅令は個別銘柄の最低価格を政府が決定するというものであるが、民間会社株式の最低価格を決定することはむずかしく、結局一度も発動されなかった。さらに日米開戦後の1941年12月15日に株価高騰がみられたため、「株式価格統制令」を改正し、上限価格を設定することも可能となった。ただしこの上限価格設定も実施に移されることはなかった。敗戦まで下限価格と上限価格の指定は一度も実施されずに終わった。

他方、「会社所有株式評価臨時措置令」によれば、株価の下落により生ずる法人所有株式の評価損を、1年間の時限措置として、「商法」の規定の例外規定として、時価を超えて直前事業年度末の価格で評価できることとした。主管は理財局金融課である。当初はこの勅令は、1942年8月29日までに終了する事業年度の法人に適用された。この勅令利用状況を見ると、証券業者を除く事業法人では（表4-11）、1942年上期を終えた時点で、東京本社の資本金5百万円以上で払込資金に対し30％以上の株式を保有する三菱鉱業株式会社、北海道

炭礦汽船株式会社、日本鋼管株式会社、日本曹達株式会社の4社、東京以外の本社の主要法人で、払込資本金の30％以上50％未満の証券を保有する株式会社白木屋、東京麻糸紡績株式会社（1916年12月設立）、磐城セメント株式会社、大日本製糖株式会社、共同印刷株式会社、日本

表4-11 「会社所有株式評価臨時措置令」利用事業法人（本店東京）

(単位：千円、％)

会社名	払込資本金	年配当率	年　　期
（払込資本金対50％以上）			
三菱鉱業㈱	203,700	10	1941下
北海道炭礦汽船㈱	110,250	8	1941下
日本鋼管㈱	170,013	10	1941下、1942上
日本曹達㈱	123,000	0	1941下
（30％以上50％未満）			
㈱白木屋	10,000	7	1941下
東京麻糸紡績㈱	5,000	10	1942上
磐城セメント㈱	18,000	8	1941下、1942上
大日本製糖㈱	85,000	11	1941下
共同印刷㈱	3,000	10	1941下
日本石油㈱	111,000	8	1941下、1942上

出所：「会社所有株式評価臨時措置令適用会社利用状況調」（旧大蔵省資料Z539-159）、「会社所有株式評価臨時措置令適用会社利用状況調」（旧大蔵省資料Z539-159）。

石油株式会社の6社が適用を受けた。もちろんその他の払込資本金に対し高率の株式を保有する事業法人で申請していない企業も多かった。例えば、払込資本金5百万円以上で払込資本金に対し50％以上の有価証券保有するが、この「会社所有株式評価臨時措置令」を利用しない法人として、関東配電株式会社、王子製紙株式会社、株式会社日立製作所、三井物産株式会社、三井鉱山株式会社、東京芝浦電気株式会社、日本郵船株式会社、三菱商事株式会社、鐘淵紡績株式会社、浅野セメント株式会社、日本水産株式会社、理研工業株式会社、古河電気工業株式会社等の有力法人が並んでおり、適用を受けない企業が多数派であった[4]。

　そのほか証券会社の保有株式価格が下落により評価損が発生するため、大手から中小まで多数の業者が適用を申請した（表4-12）。そのうち東株所員の山一証券、川島屋商店、日興証券、共同証券、川島屋証券と、大株所員の株式会社黒川商店、株式会社大阪屋商店（1917年12月18日設立）、藤本ビルブローカー証券株式会社ほか20社が適用を受けた。

表4-12 「会社所有株式評価措置令」適用証券会社

(単位：株)

適用法人	適用期	適用銘柄数	株　数	備　考
(東京株式取引所会員)				
山一証券㈱	1941下	337	376,494	1926.10.27設立
同	1942上	485	425,540	
㈱川島屋商店	1941下	25	233,480	1920.4.11設立
日興証券㈱	1942上	1	18,300	1920.6.16設立
共同証券㈱	1941下	44	34,545	1928.8.25設立
川島屋証券㈱	同	2	29,800	1939.2.24設立
小計		894	1,118,159	
(大阪株式取引所会員)				
㈱黒川商店	1941下	39	41,919	1918.10.18設立
武田証券㈱	同	78	6,002	1934.2設立
江口証券㈱	同	18	1,990	1933.2.22設立
第一証券㈱	同	55	9,767	1922.8設立、1943.12.28野村証券に吸収
大株代行㈱	同	10	7,510	1933.9.19設立、1943.12.5大阪代行証券に商号変更
大神証券㈱	同	18	2,048	1935.10設立
㈱大阪屋商店	同	250	122,138	1917.12.18設立、1943.1.21大阪屋証券に商号変更
福田条商事㈱	同	121	15,608	1921.5設立、1943.10福田証券㈱に商号変更
㈱伊藤商店	同	112	20,741	1914.2.1伊藤銀三商店設立、1931.2㈱に、1944.8伊藤銀証券㈱に商号変更
㈱加賀商店	同	181	42,872	1926.11設立
岩本証券㈱	同	29	13,310	1933.12設立
㈱松永商店	同	1	1,650	1932.7設立
㈱香川商店	同	29	7,310	1933.1設立
三協証券㈱	同	32	16,889	1933.8設立
㈱絵野商店	同	1	3,500	1934.4設立
㈱大塚商店	同	8	2,990	1937.9設立
㈱小川商店	同	17	51,663	1927.7設立
㈱金田商店	同	68	27,619	1934.5設立、金田証券㈱に商号変更
新井証券㈱	同	37	1,623	1927.10設立
朝田証券㈱	同	3	900	1936.2設立
㈱大谷商店	同	54	10,454	1935.12設立
㈱村西商店	同	21	6,690	1938.3設立
藤本ビルブローカー証券㈱	同	58	245,603	1942.7.1藤本証券㈱に商号変更
小計		1,240	660,996	
総　計		2,134	1,776,155	

注：株式小計・総計銘柄は延べ銘柄数。
出：大蔵省会社部「会社所有株式評価臨時措置令ノ適用期間延長ニ関スル件参考資料」1942年8月（旧大蔵省資料539-159)、日興証券［1954］、山一証券［1958］、大和証券［1963］、大阪証券取引所［1964］、野村証券［1966］、コスモ証券［1989］、帝国興信所『帝国銀行会社要録』1937、1938、1939、1940、1942、1943年版。

その後一部に「会社所有株式評価臨時措置令」の延長不要との意見も見られたが、1941年12月アジア太平洋戦争勃発で、株式市場も株価変動に晒されたため、株価変動は予想しがたく、この勅令により株価下落の際に、法人の決算を容易にし、株価安定に寄与すると

表4-13　有価証券引受業者各社業況（1942年下期）

(単位：千円)

社　名	資本金	公社債引受	公社債募集及売出	証券売買
山一証券㈱	10,000	98,155	31,288	2,783,099
野村証券㈱	10,000	99,622	34,010	2,327,831
藤本証券㈱	10,000	95,486	30,533	1,855,330
日興証券㈱	10,000	88,719	35,135	1,723,252
小池証券㈱	5,000	77,891	26,819	828,522
川島屋証券㈱	5,000	33,159	9,746	449,123
共同証券㈱	3,000	45,373	7,012	247,127
日本勧業証券㈱	3,000	4,250	15,361	116,329
合　計	56,000	542,655	189,904	10,330,613

注：1942年下期（1942年6月～11月期）。
出所：前掲『第82回帝国議会参考書』。

ろが少なくないとして延長されることとなり[5]、1942年8月26日に1年延長された。すでに日本協同証券が後述のように戦時金融金庫へ吸収合併されて、戦金を通じた株式応募引受けや買入・株価調節等の対策がなされる体制に移っていたが、戦局の推移等による株価下落の可能性が続くため、1943年9月8日にさらに1年延長され、その後1944年8月30日にも1年年長された。株式取引所等が1943年6月30日に日本証券取引所に統合されて消滅し、日証による株価維持も続けられたが、日本敗戦後の1945年9月1日にも「会社所有株式評価臨時措置令」は最後の1年間延長がなされた。

2．証券取引業者整備

証券業の監督は商工省監理局が担当してきたが、保険・証券は金融であり、金融行政を大蔵省が一括して所管するとの方針で、すでに1941年7月11日閣議決定「財政金融基本方策要綱」の中で、大蔵省の所管業種ではない証券業についても、「有価証券ノ取引ヲ円滑ナラシメ」、「有価証券業務ニ関スル監督ヲ一層厳重ニス」と主張しており、この段階で積極的に有価証券業務、法制的には「取引所法」ほかを、大蔵省の所管に移す意図を固めていた[6]。1941年12月12日に同監理局が廃止され、翌日に大蔵省監理局が新設され、証券・保険の業務

が大蔵省に移管された。移管後の証券業は同局監理課が所管した。商工省監理局長長谷川公一がそのまま大蔵省監理局長に移った。その後、1942年10月14日より相馬敏夫、1943年7月1日より長谷川安次郎が就任した。監理局は1943年11月1日に廃止され、証券業務は理財局金融課（課長森永貞一郎）ほかに移され、1944年8月17日に理財局証券課となった（課長森永貞一郎、1944年11月14日より内田常雄）。さらに1945年5月19日に理財局と銀行保険局が廃止され、金融局が新設され、同局保険証券課（課長吉村成一）が証券行政を所管し、そのまま敗戦を迎える[7]。

既存の「有価証券業取締法」と「有価証券引受業法」に基づき、有価証券業者と有価証券引受業者が規定されて、後者は証券引受会社協会を結成して業界調整を図っていたが、1942年4月18日総動員勅令「金融統制団体令」に基づき、統制会設立が命じられ、1942年5月12日に証券引受会社統制会に改組した（理事長西村淳一郎）[8]。

証券引受業者の活動を見ると、1942年では株式売出に通年99千株の取引を見たが、やはり低迷していた。募集引受は皆無であった。株式の売買は1941年12月開戦後の株価急騰が幸いし、1942年上期で3,801百万円、下期が4,814百万円へと増大し、取引額を増やしていた。（表4-4）。1942年下期末総資産は614百万円のうち有価証券327百万円、公社債265百万円を控除した61百万円ほどが株式と見られた（表4-5）。株式の資産保有比率は、活況の中で流通市場に放出することで低下した。有力業者のみが免許交付を受けたが、業者間格差は明瞭である。1942年下期の公社債引受で山一証券、野村証券、藤本証券がいずれも90百万円を上回り、同募集及売出でもさらに日興証券を含む4社で30百万円を越えていた。証券売買でも山一証券と野村証券が20億円を超過し、藤本証券と日興証券が1億円を超過していた。他方、公社債引受、同募集売出と証券売買で上位企業の半分に達しない下位企業の川島屋証券、共同証券、日本勧業証券も存在しており（表4-13）、それらのいくつは企業整備の中で淘汰は必至となる。

先の業者行政の両法律は1943年3月11日に改正され、大蔵省の統制権限を強

化した。また後述の「日本証券取引所法」に基づき、1943年3月26日「有価証券取引委員会官制」により同日に有価証券取引委員会（会長大蔵大臣）が、有価証券売買市場取引の方法等の重要事項を調査審議するものとして設置された。そこで証券業整備が検討された。

表4-14　取引所取引員整備

（単位：業者）

	1943.10.10				1944.6.30			
	1種	2種	3種	合計	1種	2種	3種	合計
東　京	117	89	21	5	115	58	6	2	66
大　阪	135	73	54	4	131	42	11	1	54
名古屋	—	—	53	—	53	—	24	—	24
京　都	—	—	34	—	34	—	15	—	15
福　岡	—	—	24	—	24	—	12	—	12
神　戸	—	—	19	—	19	—	17	—	17
横　浜	—	—	14	—	14	—	5	—	5
広　島	—	—	19	—	19	—	14	—	14
新　潟	—	—	13	—	13	—	8	—	10
長　崎	—	—	12	—	12				
長　岡	—	—	7	—	7				
合　計	476	162	270	9	441	100	114	3	217

注：長崎と長岡の取引所の取引僅少のため、1944年3月末で廃止。
出所：東京証券業協会［1951］。

　1943年で日本証券取引所の取引員は全市場を通じて、441事業者が操業していた（うち東京115、大阪131、名古屋53、京都34等）。大蔵省は1943年10月19日に「取引員業整備実施要綱」と「取引員統制組合結成要綱」を発表した。これにより取引員業の企業整備を実施する方針を打ち出した。その処理にあたっては同年6月26日「企業整備資金措置法」による転廃業に伴う資金措置で対処するものとした（第7章参照）。この整備方針に沿って、1944年6月までに取引員業者は全国で217業者（うち東京66、大阪54、名古屋24、京都15等）に整理された（表4-14）。この過程で自営業者の法人化、法人取引員の合併による規模拡大が続いた。またこの方針に沿って、各地の取引員組合は取引員統制組合と改称した（東京証券取引所［1974］820頁）。証券業の取引員は1944年6月21日に取引員統制会を設立し（理事長井坂孝）、さらに1945年6月1日に証券引受会社統制会と統合し、証券統制会が発足した（東京証券取引所［1974］820-821頁）。

　大蔵省監理局は有価証券業者に対する企業整備を促進しようとした。1942年

末頃で、有価証券業者は取引員および証券引受業者を除き、全国に2千件を超え、個人営業の弱小業者が多く、しかも投機的取引に関わっていた[9]。1943年9月9日に「有価証券業整備要綱（案）」をまとめ、有価証券業者整備の実施に向かって動いた[10]。その内容は、素質向上、資力信用の強化、機能の発揮、転廃業業者の緊要産業部門への転用が謳われていた。具体的整備の方針として転廃業に応じない証券業者免許の更新をせず、後述の「日本証券取引所法」に基づく取引員の資格限定を行い、業者整理を実施するとした。さらに有価証券業者の転廃業にあたり、既存有価証券業者の営業資産を国民更生金庫（1941年3月6日「国民更生金庫法」に基づく特殊法人、1941年6月28日設立）等が承継する場合の評価基準も定め[11]、更生金庫がその受け皿と想定されていた[12]。またこの有価証券業者整備の調査審議機関として、大蔵次官を委員長とする「有価証券業整備委員会（仮称）」を設立し、処理方針を確定するものとした[13]。その後、この実現に向け動いていたところ、同年10月30日に行政整理の一環で大蔵省監理局が廃止となり、証券業者行政の部署は理財局金融課に引き継がれ、業務は縮小された。そのため証券業整備を強力に推進するとの上記の方針を実施すべき部署が弱体化し、「有価証券業整備委員会」は設置されなかった。それでも有価証券業整備は強力に実行された。有価証券業者は1943年9月で第1種（取扱証券に限定のない業者）1,879、第2種（債券および額面39円以下の国債のみ取り扱う業者）168および第3種（国債売捌業者でこの時点では百貨店のみ）65、合計2,107業者が操業していた。この第1種と第2種合計のうち資本金20万円以上は108業者しかなく、それ以外は百貨店を除き零細業者であった[14]。その後の自主廃業等で業者数は減少を辿っていたが、同年12月17日に大蔵省は「有価証券業整備要綱」を発表し、同月10日現在の業者1,964名の8割を整理する方針を打ち出した（東京証券取引所［1974］820頁）。この有価証券業整備で多数の業者が廃業に追い込まれ、400業者ほどに整理された（東京証券取引所［1951］）。業者数の急減は零細業者の人的ネットワークで近隣資産家に株式を売り込む力量の低下を余儀なくさせる。それまでの零細業者の人海戦術で一定の証券が捌けていたものが、その消化先の市場の縮小をもたらした。

有価証券引受業者は株式の引受よりは公社債の引受に注力し、株式は上場後の売買手数料取得に注力した。本章では株価維持に傾注したため、発行市場の仔細は分析を除外したため、別途の検討を経た解説が必要である。暫定的な評価として、有価証券業者で規模拡大を追及した業者が株式の中小資産家への売り込みを強めたはずであるが、淘汰された多数の零細有価証券業者の顧客を丸ごと抱えることはできず、個人投資家への追加的な株式の消化は全体として鈍くなり、株価の上値を重くしたと想定できる。

　他方、有価証券引受業者も自主的に統合を選択した。すなわち、1943年9月30日に山一証券と小池証券が合併し、山一証券が新設され、また10月1日には川島屋証券が川島屋商店を吸収合併し、12月20日には日興証券が共同証券を吸収合併し、同月27日に藤本証券と日本信託銀行（1920年3月設立）の合併により大和証券株式会社が新設され、さらに1944年3月31日に日興証券と川島屋証券が合併し、日興証券株式会社が新設された。合併を選択しなかったのは野村証券のみであった。これにより有価証券引受業免許業者は8社から5社に淘汰された（東京証券取引所［1974］80-81、820頁）。そのほか先述のように規模で下位にある取引所取引員の整備とともに、有価証券取引業者の合併・淘汰も多数発生した。こうして証券業者が法人化し、さらに合併・増資により延命するか、それとも廃業するかを強く迫られたことで、証券取引に関わる事業者数は急減した。

1) 『美濃部洋次文書』3652。
2) 商工省「特別室立案事項」1941年12月（原・山崎編［1996］727-728頁）。
3) 商工省監理局長商政課長石田裕次郎の『東洋経済』での説明（山一証券［1956］303頁）。
4) 「会社所有株式評価臨時措置令利用状況調」大蔵省会社部作成と推定（旧大蔵省資料 Z539-159）、「会社所有株式評価臨時措置令利用状況調(2)」同（旧大蔵省資料 Z539-159）。これらの法人は、1941年上期から1942年上期で、1期もしくは2期の適用を受けた。
5) 大蔵省会社部「会社所有株式評価臨時措置令ノ適用期間延長ニ関スル件」1942年8月6日（旧大蔵省資料 Z538-159）。

6) 1930年代前半に取引所改革等として理財局の一部で証券業の大蔵省への移管が模索されていたが、戦時経済統制の強化の中で、閣議決定「財政金融基本方策要綱」に盛り込んだことで、商工省でも問題視していた。提案者の当時の理財局企画課長迫水久常は証券業務と保険業務を大蔵省に移すべきであり、「いつかはとってやろうと決心を固めて」おり、同要綱に商工省所管の証券業務を書き込んで、大蔵省に移管する時期を狙っていたと説明している（大蔵省大臣官房調査企画課 [1978a] 408-410頁）。
7) 大蔵省百年史編集室 [1969b]。大蔵省監理局設置と交換で、1943年度より専売局所管のアルコール専売事業が商工所所管の燃料局酒精部特別会計に切り離された。商工省監理局の大蔵省移管については、第2章外国為替管理事務の移管も参照。
8) 東京証券取引所 [1974] 818頁。西村淳一郎は大蔵省理財局国債課長、満洲国経済部次長、満洲硫安工業株式会社理事長を歴任。この経歴は大蔵省百年史編集室 [1972] 131-132頁参照。
9) 大蔵省監理局監理課「有価証券業者ノ現状」1943年9月9日（旧大蔵省資料Z809-20-10）。
10) 旧大蔵省資料Z809-20-10。
11) 大蔵省監理局管理課「有価証券業者ノ資産評価基準（案）」1943年9月9日（旧大蔵省資料Z809-20-10）。
12) 更生金庫による企業整備資金措置については、山崎 [2006a] が詳しい。
13) 大蔵省監理局監理課「有価証券業整備委員会官制（案）」1943年9月9日（旧大蔵省資料Z809-20-10）。
14) 大蔵省監理局監理課「有価証券業者ノ現状」1943年9月9日（旧大蔵省資料Z809-20-10）。

第4節　アジア太平洋戦争期の株式市場介入

1．日本協同証券による株式市場介入の継続

1941年12月アジア太平洋戦争勃発後の株式の投機的取引で株価が急騰した。株価騰勢に対処して、大蔵省は1942年1月23日に「所得税法」を改正し清算取引所得税を新設し[1)]、7月には生命保険会社への株式売り出動の要請を行い、

11月には増資新株割当制限などを行った。これらの結果、1月後半には騰勢は収まり、2月には逆に繊維株を中心に低落した。この間、日本協同証券は、株価騰貴に対して1941年12月中旬に最初の売出動を行い、さらに1942年1月も株価の騰勢が衰えないため、売り出動を続けた。そして、合計42百万円の株式売却額を計上し、他方、買入株式193万円があり、そのほか生保証券の所有株式4,413万円の肩代わりによる受け渡しを受け、また保有株式に対し38万円の増資株式払込も行った[2]。この間、生保証券の保有株式の譲渡価格は642万円の値上がり益が発生していたが、日本協同証券の株価維持の趣旨に支援するものとして、生保証券は取得価額4,413万円で譲渡した[3]。日本協同証券設立時から生保証券の保有株式の譲渡が予定されており、ここまでその実施が遅れた理由は不明だが、生保証券の保有株式の評価益が発生したため、取得価額譲渡をめぐり意見が割れたのかもしれない。この生保証券からの肩代わりについては、やはり命令融資による興銀からの資金調達が行われた。1942年2月末で、興銀は日本協同証券に対する命令融資極度300百万円、融資実行額46,700千円、回収額20,390千円、残高26,310千円、借入余力273,690千円という状況であり、巨額借り入れ枠が与えられていた。この命令融資の期限は1943年3月7日となっていたが、同年3月27日資金融通審査委員会で当面の期限を設定しないこととなった。そのためこの興銀からの借入金残高はそのまま戦金が引き継いだ[4]。

　日本協同証券の売介入を肩代わりによる取得が上回るため、1942年3月期末の借入金残高は69,849千円に増大し、保有株式79,706千円、国債22,540千円に増大していた。その結果、税引前利益8,395千円を計上した。2,033千円は税金引当金を控除した額で、配当は1株1.35円とし、年5％程とした[5]。日本協同証券は大蔵省の指令に従い、株式市場介入を行ったが、資金調達としては当初の株式払込のほか、興銀からの命令融資による借入金にほぼ依存したといえよう。先述の生保証券は日本協同証券への株式譲渡のほか、特別有価証券勘定が保有する株式も生命保険会社に株価上昇局面で売り戻して処理したようである。この結果、資産負債を圧縮し、1942年11月期で総資産5,722千円となっていたが（表4-7）、さらに事業を縮小し、1943年1月に解散した（生命保険協会

[1978]年表)。日本協同証券は後述の戦金の設立が決定されると、1942年3月14日株主総会で戦金に吸収されることを決議し、同月20日で打ち切り決算を行った。日本協同証券は1942年3月20日期の売り介入により発生した多額売却益により、期末で2,033千円の当期利益を計上した。

2．証券投資信託による株式消化

証券流通市場の安定化のため、小規模の機関に株式を安定的に消化する方途が多々導入された。例えば1942年5月1日に全国無尽中央会は庶民金庫との間に証券投資預金制度を新設し、預金による証券投資促進策を講じていた[6]。また1941年に証券投資信託が新たな金融商品として大蔵省より認可を受け、敗戦までかなりの有価証券の安定消化に寄与した。これらの証券投資策が株式流通市場における安定消化の機能を果たしたため、戦金の活動を紹介する前に、それらを紹介しておこう。

1922年4月21日公布「信託業法」(1923年1月1日施行)後、有価証券の安定的消化方法して、証券投資信託の設立が課題とされたが、大蔵省は「信託業法」上の証券投資信託の商品化には否定的な意見を持ち続けていたため、実現しなかった。日中戦争勃発直後の1937年7月17日に藤本ビルブローカー証券は、イギリスのユニット・トラストを手本とした、「民法」上の任意組合として藤本有価証券投資組合を結成した。同投資組合は1口500円の出資の組合員を募集し、10万円単位として1組合を結成し、出資金を有価証券投資で運用した。そのため内容は証券投資信託に近いものであった。1940年7月まで、藤本有価証券投資組合は投資資金の受け皿として資金を集め、127組合、12.7百万円を結成した。しかしこの投資組合の運用が「信託業法」上の合同運用信託に類似している等の批判を受け、1940年6月25日に大蔵省は藤本ビルブローカー証券に対し有価証券投資組合の中止を命令した。そして同年7月5日を最後として同社は募集を停止した。累計12.7百万円の資金を集め、その投資有価証券は国債1,362千円、公社債515千円、株式129銘柄149千株となっている。国債公社債合計を総額から控除した金額10,823千円が概ね株式取得に投じられたと見ら

れるが、実際には株価値上がり局面で一部を売却して利益分配したという。1942年11月10日現在の解散組合資産総額は640万円であった[7]。そのほか株式を安定的に消化する小規模の類似の方途として、1938年6月27日に東株取引員組合が、株式投資組合を設立したとの記述もあるが（東京証券取引所［1974］815頁）、詳細は不明である。

　1940年後半からの株価低迷の中で、日本協同証券の活動や先述の1941年8月30日「株式価格統制令」の公布等がなされ、その中で株価対策として証券投資信託が有効と見られた。藤本ビルブローカー証券は先の有価証券投資組合新規設定停止後、投資信託参入の検討をしていた（大和証券［1963］152-153頁）。他方、信託業界では信託協会が中心となり、住友信託株式会社・三菱信託株式会社・三井信託株式会社、安田信託株式会社、三和信託株式会社、野村信託株式会社および第一信託株式会社の出資により、投資信託委託専門の委託者として「興亜証券株式会社」を設立し、受託者は、上記7信託会社が共同受託機関となる、信託期間は10年、投資内容は株式5割とする案を検討していた。大蔵省は投資信託の必要を認めながらも、両業界のいずれの提案を認可するかで検討を続けていた。結局信託業界の提案の「興亜証券」設立は大蔵省の認めるところとならなかった（住友信託銀行［1976］567-568頁）。

　証券業者では野村証券が1941年8月に証券投資信託への単独参入の意志を固め、野村合名会社理事会で承認を得た。そして10月23日に投資信託認可申請書を大蔵省に提出し、11月14日に正式認可を得た（野村証券［1976］217頁）。先の藤本ビルブローカー証券は系列の信託会社を持たず、受託業者設定で苦慮したが、野村証券は系列の信託会社を保有していたため、証券投資信託の商品化が承認されると野村証券が先行した[8]。野村証券が申請した証券投資信託のスキームでは、委託者は野村証券、受託者は野村信託である。こうしてユニット型の証券投資信託が商品として登場することとなった。その商品設計の特徴として投資の信託財産のうち国債は1割以上、株式比率は7割以下とし、株式の半額以上は東株と大株の上場株とする、1銘柄への投資は2割以下とする、信託期間は3年もしくは5年とし、途中解約を認めず、損失の2割を補償すると

いう特約が規定されていた。そして1941年11月19日に証券投資信託の販売が開始された。国債・預金金利の低位安定の中で、収益分配率4.5％を目標としたため、高率利回りが期待できる証券投資信託に人気が殺到し、同月中の短期間で1,750万円を完売した（野村証券［1976］218-219頁）。

　野村証券による新たな金融商品が法的認知を得たため、野村証券を除く有価証券引受業者5社（山一証券、藤本ビルブローカー証券、川島屋証券、小池証券、共同証券）が、証券投資信託の開始を信託統制会に求めた。大蔵省は「興亜証券」設立に換え、横浜にある日加信託株式会社（資本金1百万円）を信託統制会と証券引受会社統制会に買収させ、同社を証券投資信託の受託専業会社に改組させるとの方針を示した[9]。その結果、大蔵省の斡旋で1942年5月20日に全国の信託統制会会員の20社の共同出資により日加信託の株式の4分の1を、また残り4分の3を三井銀行、三菱銀行、住友銀行、安田銀行および三和銀行の5社が均等で買収し、6月20日に投資信託受託専門の日本投資信託株式会社に商号変更した。日本投資信託の資本金1百万円払込、社長伊庭謙造（元藤本ビルブローカー証券広島支店支配人））のほか、各信託業界から取締役等を派遣した（三井信託銀行［1955］232頁、大和証券［1963］153頁、住友信託銀行［1976］568-569頁）。日本投資信託を受託機関とし、1942年8月24日に藤本証券株式会社、山一証券、小池証券、川島屋証券、共同証券の5社が証券投資信託の免許を取得し、各社が委託者となり、9月から投資信託業務に参入し販売を開始した[10]。

　1942年に各社合計で6,470万円を販売し、その勢いは止まらず、1943年10,400万円へと増大した。先行した野村証券を追ってほかの有価証券引受業者も追随したが、1943年5月累計127.7百万円の設定額に対して、野村証券が74百万円であり、過半を組成していた。次いで藤本証券19百万円、山一証券17.2百万円、川島屋証券9.5百万円、小池証券5百万円、共同証券3百万円という状況で[11]、市場が立ち上がって日が浅いため、下位の委託会社の設定額は限られていた。1944年で総計27,780万円の証券投資信託の販売実績を見た。なお有価証券の当初の株式組込比率は、野村証券の1941年11月28日時点では株式69.8％であっ

たが、1942年7月末では株式53％へと低下した。さらにそれ以降について株式組込比率は70〜75％となっていた（証券投資信託協会［1966］7頁）。そのため発売した証券投資信託の7割近い株式が組み入れられて、株式の安定消化に寄与したといえよう。1945年8月までの累計は52,850万円に達した（表4-15）。そのうち証券投資信託の販売実績でも先行した野村証券のプレゼンスが高いまま推移した。なお貯蓄増強に邁進するため普通銀行の信託業兼営が認められ、

表4-15　証券投資信託設定額

(単位：万円)

年	合　計	うち野村証券
1937〜40	1,270	—
41	1,750	1,750
42	6,470	4,150
43	10,400	4,100
44	27,780	11,500
45	6,450	3,500
累　計	52,850	25,000

注：1）1937〜40年は藤本有価証券投資組合の設定。
　　2）1945年は1〜8月。
　　3：累計は1941年以降。
出所：東京証券取引所［1974］69頁、野村証券［1971］190-221頁。

野村銀行は1944年8月28日に野村信託を吸収合併し野村銀行が委託者となっている（野村証券［1976］219頁）。こうして多額の証券投資信託が販売されることで、市中流通株が吸収され、それが株価安定に寄与した。

3．戦時金融金庫の株式流通市場介入

　戦時金融金庫は1942年2月20日公布「戦時金融金庫法」により、同年4月18日に設立された。公称資本金300百万円半額払込、政府出資法人であるが、民間銀行等からも出資を受け入れた（第3章第4節参照）。戦金は設立と同時に日本協同証券を吸収合併したとはいえ、当初は直接的な株式市場介入に着手しなかった。戦金は個別設置法に基づく特殊金融機関として設立されたため、預金部資金の引受等による戦金債発行により資金調達を行うことで、日本協同証券に比べ資金調達においてはるかに有利な立場にあった。戦金は設立後、日本協同証券の保有株式を承継したのみならず、多数の軍需関係企業への融資に応じており、1943年3月期の総資産670百万円、手形貸付297百万円という規模に膨らんでいた（第3章表3-22）。

　戦金の株式保有は1943年3月期の122百万円から1944年3月期の485百万円へと増大しており（表3-23）、この間も戦金は株式取得を続けた。保有株式の未

表4-16 戦時金融金庫と日本証券取引所の市場介入による株式購入

(単位:千株、千円)

	戦時金融金庫		日本証券取引所		合　計	
	株　数	金　額	株　数	金　額	株　数	金　額
東京・清算	1,795	109,622	349	21,999	2,144	131,621
実物	10,279	527,161	3,109	158,507	13,388	685,668
計	12,074	636,783	3,459	180,506	15,533	817,289
大阪・清算	600	38,440	341	24,971	942	63,412
実物	4,374	213,511	1,743	85,120	6,118	298,631
計	4,975	251,951	2,085	110,092	7,060	362,043
合計・清算	2,395	148,062	691	46,971	3,086	195,033
実物	14,657	740,671	4,853	243,627	19,507	984,299
合　計	17,049	888,734	5,544	290,598	22,593	1,179,332

注:1)戦金は1944年7月1日～45年6月20日、日証は1945年7月2日～8月27日。
　　2)東京証券取引所[1974]82頁でも同様の表が掲載されているが、数値に微差がある。
出所:大蔵省金融局「第89回帝国議会参考書」1945年11月(旧大蔵省資料Z389-9)。

払込資本金徴収に応じたのみならず、株式発行への応募や会社増資の引受による取得が続き、戦金の株式保有残高は増大した。さらに戦金は大蔵省理財局の株価介入方針に沿って日本協同証券と同様に流通株の取得による株式流通市場への大規模な直接介入に乗り出す[12]。戦金は日本の敗色に連動した株式市場における軟調に直面して、1944年7月1日より株式の市場買介入に着手した。戦金は東株と大株の清算取引と実物取引の両面で、株式の買介入を行った。市場では反対取引は行わず、戦金の自己資金による市場からの買い上げを続けた。1944年3月期の保有株式は485百万円であったが、同年12月には買介入により699百万円に増大していた[13]。さらに1945年3月期では853百万円へと増大を辿った。この間の1944年8月末現在の戦金保有株式のうちで、株主名簿第1位から第3位に並んでいた銘柄が判明する。第1位に列するのは戦金保有株数順に東京石川島造船所、日本鍛工、鐘淵工業、東洋工業、不二越鋼材工業、日本電気冶金、荏原製作所、日本砂鉄鋼業、鉄鋼社、小松製作所、日本電波機械の11銘柄、第2位に列するのは、神戸製鋼所、函館船渠、浅野重工業、朝比奈鉄工所、揖斐川電気工業の5銘柄、第3位に列するのは、池貝鉄工所、新潟鉄工所、

第4章　戦時株式流通市場への介入　247

表4-17　戦時金融金庫買付株式市場内比率

(単位：千株、％、千円、円)

期　間	清算取引 出来高	戦金買入	戦金比率	戦金買入額	平均単価	実物取引 出来高	戦金買入	戦金比率	戦金買入額	平均単価
(東京・大阪両市場)										
市場再開(3.17)以降3月末	2,854	568	19.9	36,587	64.3	4,264	3,602	84.5	176,022	48.9
4月1日以降4月末	4,954	222	4.5	14,104	63.5	5,048	2,137	42.3	100,952	47.3
5月1日以降5月末	3,655	233	6.4	13,107	56.2	4,918	2,684	54.6	128,586	47.9
累　計	11,463	1,024	9.0	63,798	62.3	14,231	8,424	59.2	405,560	48.1
(東京市場)										
市場再開(3.17)以降3月末	1,885	410	21.7	25,551	62.2	3,019	2,727	90.3	132,724	48.7
4月1日以降4月末	2,434	151	6.2	8,952	59.1	2,135	1,367	64.0	68,293	49.9
5月1日以降5月末	1,757	163	12.0	8,590	52.6	2,174	1,501	69.1	70,525	46.7
累　計	6,077	725	11.9	43,093	59.4	7,329	5,596	76.4	271,542	48.5
(大阪市場)										
市場再開(3.17)以降3月末	968	158	16.4	11,036	69.7	1,245	874	70.2	43,298	49.5
4月1日以降4月末	2,520	70	2.8	5,152	72.9	2,912	769	26.4	32,659	42.4
5月1日以降5月末	1,897	69	3.7	4,517	64.9	2,743	1,183	43.1	58,061	49.1
累　計	5,386	298	5.5	20,705	69.5	6,902	2,827	40.9	134,018	47.6

出所：「戦金買付株式比率調（東京・大阪両市場）」(旧大蔵省資料Z511-293-2)、大蔵省金融局保険証券課「戦金買付株式調（東京・大阪両市場）」(旧大蔵省資料Z511-293-2)。

　大隈鉄工所、小松製作所の4銘柄であった[14]。僅か2年半ほどで、戦時の既存有力企業20社の大株主にのし上がっていた。

　1945年3月10日東京大空襲で16日まで臨時休会となったが、大蔵省は戦金に対し3月9日の価格で無制限買い支えを命令した。そのため17日からの戦金の買入で株価は反発した。さらに5月1日に戦金は株価梃入れ価格を引き上げた。その結果、株価は反発した。この戦金の市中流通株買介入は1945年6月20日まで続いた（東京証券取引所［1974］821頁）。この間に戦金は清算取引市場で148百万円、実物取引市場で740百万円、合計17,049千株、888百万円という巨額の株式を市場で買い集めた（表4-16）。これは日本協同証券が買介入した61

表4-18 株価指数 (1921年1月=100)

(単位：指数)

月	1942	1943	1944	1945
1	1,733	2,045	2,108	2,152
2	1,738	2,127	2,114	2,051
3	1,733	2,129	2,029	1,932
4	1,756	2,103	1,999	2,063
5	1,809	2,156	1,953	2,051
6	1,883	2,173	1,980	…
7	1,900	2,216	1,873	…
8	1,873	2,194	1,854	…
9	1,959	2,172	1,911	
10	2,031	2,176	2,096	
11	2,127	2,124	2,178	
12	2,027	2,075	2,143	
年平均	1,881	2,141	2,020	

注：年平均は算術平均。
出所：前掲「第89回帝国議会参考書」。

百万円の14倍という巨額である。1945年ではすでに日本各地が空襲に曝され、敗色は歴然としており、その中で戦金は株価暴落リスクを引き受けて、株式市場における介入を続けていたといえよう。特に東京大空襲後の1945年3月17日に日証の取引再開後、5月末までの戦金の株式買介入と市場における比率が判明する（表4-17）。清算取引合計で11,463千株の出来高のうち、戦金買入は1,024千株に対し63,798千円を投じたが出来高全体の9％にすぎない。ただし東京では11.9％で大阪の5.5％より高率であり、戦金のプレゼンスが高い。それでも清算取引では戦金の買介入は限定的なものであった。それは株価変動局面の売買差金利鞘を狙って投機的資金が集まる清算取引の性格から、当然といえた。ただし日証設立後に大蔵省は清算取引に圧迫を加えていたため、取引高は減少していた。他方、実物取引では、出来高合計14,231千株のうち戦金の買介入は8,424千株、59.2％であり、これに405,560千円を投じた。戦金の買介入の比率は3月で84.5％に達しており、ほぼ戦金のみが買注文を出し続けていた状態といえよう。その後も4月で42.3％、5月で54.6％という比率であり、実物取引は戦金により買い支えられていた。市場としては大阪市場より東京市場における買介入がはるかに多額で、戦金が買介入に投じた資金は東京で271百万円、76.4％、大阪で134百万円、40.9％であった。規模の大きな東京市場で機関投資家や個人の狼狽売りが殺到したということを示すものであろう。この戦金が買い入れを続けたことにより、株価は急落を免れた。1943年平均株価指数2,141が、1944年平均2,020で、1945年になっても5月で2,051という水準で支えられていた（表4-18）。これはまさに戦金の巨額株式買い支えによる効果といえよう。

表4-19 戦時金融金庫保有株式銘柄（1万株以上且つ100万円以上）

(単位：千株、千円)

銘　柄	株　数	代　金	銘　柄	株　数	代　金
（軍需株）			（民需株）		
三菱重工業	490	41,967	関東配電	527	21,856
神戸製鋼所	511	38,543	鐘淵工業	294	19,936
東京芝浦電気	593	36,809	三井本社	12	14,008
日立製作所	1,006	36,730	日本窒素肥料	194	10,520
日本鋼管	495	29,088	昭和電工	607	8,975
日本鉱業	822	26,717	日本曹達	195	8,749
川崎重工業	654	24,011	三菱化成工業	110	8,292
大日本兵器	192	14,986	東京瓦斯	144	7,257
不二越鋼材工業	193	14,892	東京製綱	42	6,612
日本精工	164	14,234	日本海洋	108	5,141
三菱鉱業	157	12,914	第二帝国人絹	38	4,760
新潟鉄工所	193	12,690	帝国繊維	70	4,354
東洋ベアリング製造	110	12,419	東京急行電鉄	80	3,974
東京石川島造船所	148	11,543	保土ヶ谷化学工業	105	3,944
住友金属工業	143	10,928	王子製紙	43	3,740
三菱電機	114	10,234	東海電極製造	55	3,713
日本石油(株)	174	9,745	中部配電	85	3,702
日本アルミニウム	132	9,300	日本カーボン	67	3,563
大同製鋼	131	8,660	大阪商船	45	3,540
古河電気工業	90	8,518	日魯漁業	48	2,562
荏原製作所	162	8,353	東洋紡績	56	2,489
帝国石油	203	8,243	日産化学工業	48	2,264
日本砂鉄鋼業	126	7,659	日本発送電	46	2,255
函館船渠	90	6,966	住友化学工業	31	2,168
愛知航空機	82	6,780	大日本麦酒	37	2,092
北海道炭礦汽船	104	6,614	京成電鉄	24	1,959
日本光学工業	73	6,403	大建産業	36	1,800
日本特殊製鋼	82	6,397	日電興業	34	1,669
池貝鉄工所	98	5,725	相模鉄道	20	1,660
小松製作所	91	5,662	九電化	34	1,649
日本軽金属	97	5,028	秋本	33	1,601
浦賀船渠	63	4,911	小西六	18	1,526
愛知時計電機	53	4,757	日清紡績	18	1,487
日本電気冶金	62	4,714	特殊陶業	19	1,344
日本製鉄	78	4,431	帝国銀行	18	1,290
日本製鋼所	47	4,420	昭和農産化学工業	18	1,229
昭和石油	81	4,284	電気化学工業	18	1,192
住友通信工業	77	4,180	品川白煉炭	19	1,143
三菱製鋼	55	4,156	凸版印刷	15	1,134
日本自動車工業	74	4,144	富士フイルム・新	20	1,099
日本冶金工業	103	3,789	日本証券取引所	19	1,012
住友電気工業	45	3,428	百万円以下小計	362	19,754
立川飛行機	34	3,295	小計	3,812	203,013
島津製作所	83	3,249	1万株以下小計	829	34,886
日本ピストンリング	54	3,159	民需株合計	4,641	237,899
大日本機械工業	85	3,094	（外地株）		
大隈鉄工所	31	3,064	満洲重工業開発	254	11,622
昭和飛行機工業	94	2,848	台湾製糖	90	6,970
岡本工作機械製作所	42	2,826	台湾電力	118	6,273
東京鍛工所	38	2,724	日糖興業	108	5,195
寿重工業	58	2,656	満洲セメント	102	5,030
豊和電工	58	2,656	朝鮮電業	110	7,251
三井軽金属	69	2,647	明治製糖	58	4,651
小島機械製作所	32	2,629	日本高周波工業	68	3,606
日本ニッケル	91	2,615	中華煙草	27	3,375
日本国際航空工業	75	2,607	小林鉱業	39	2,467
日本特殊鋼管	63	2,575	南海鉱業	53	1,889
理研工業(株)	67	2,386	南満洲鉄道	26	1,732

銘　柄	株　数	代　金	銘　柄	株　数	代　金
（軍需株）			（外地株）		
日本電波機械	39	2,339	*塩水港製糖*	43	1,674
鐘淵デーゼル工業	64	2,288	南満鉱業	37	1,571
三菱化工機	29	2,278	南洋興発	39	1,507
トヨタ自動車工業	33	2,209	台湾銀行	10	1,468
東洋ベアリング製造・新	88	2,208	*満蒙毛織*	30	1,358
古河鉱業	43	2,181	大連機械製作所	38	1,315
日本火薬製造	25	2,081	台湾興業	29	1,300
石産金属工業	50	2,064	満洲煙草	19	1,216
富士電機製造	26	1,958	満洲工廠	23	1,146
丸善石油	36	1,954	朝鮮火薬製造	23	1,146
浅野重工業	40	1,908	北支那開発	61	1,134
日本金属工業	46	1,824	百万円以下小計	173	7,043
汽車製造	24	1,772	小計	1,578	81,839
日本油機製造	37	1,748	１万株以下小計	242	9,625
朝比奈鉄工所	22	1,692	外地株合計	1,820	91,464
日本鍛工	30	1,684	総　計	18,033	1,020,417
日本車輛製造	17	1,652			
日本精工所	65	1,627			
国産電機	33	1,617			
石原産業	31	1,581			
東亜鉱工㈱	44	1,520			
東洋工業	18	1,511			
久保田鉄工所	17	1,502			
日本気化器	47	1,498			
石井鉄工所	33	1,414			
日本航空機材	29	1,381			
東京無線電機	24	1,378			
栗本鉄工所	16	1,317			
萱場製作所	19	1,298			
東都製鋼	26	1,277			
日本化工	25	1,256			
日東化学工業	26	1,221			
大宮航空工業	45	1,202			
日本バルプ製造	27	1,189			
沖電気	18	1,176			
日産農林工業	23	1,124			
帝国鉱業開発・新	53	1,113			
川崎航空機工業	13	1,072			
桜田機械	20	1,058			
川南工業	13	1,038			
大阪金属工業	15	1,025			
百万円以下小計	131	32,892			
小計	10,892	649,129			
１万株以下小計	680	41,925			
軍需株合計	11,572	691,054			

注：1）1945年3月31日以降の大阪市場買付株式を含まず。
　　2）イタリックは旧株と新株の合計。
　　3）法人の略称等を補正した。
　　4）朝鮮電業旧株が2回掲載されており（3,903千円と3,248千円）、一方が朝鮮電工㈱出資の可能性があるが、合計した。
　　5）大連機械製作所は原資料では「大連機材」。
　　6）「九電化」、「秋本」は該当法人不明。
　　7）「南海鉱業」は南海航空工業㈱（山崎［2009b］で出資説明あり、閉鎖機関整理委員会［1954］で融資該当あり）と推定できるが、そのまま掲載した。
　　8）「日本海洋」は日本海洋漁業統制㈱（閉鎖機関整理委員会［1954］で融資割当あり）と推定できるが、そのまま掲載した。
出所：「戦金買付株数調　自十七．四．十八至二十．六．三十」、大蔵省金融局保険証券課作成と推定（旧大蔵省資料 Z511-293-2）。

次に戦金が買い支えた銘柄を点検しよう（表4-19）。1942年4月16日から1945年6月30日までに戦金が取得した株式が判明する。この表には1945年3月31日以降に大阪市場で取得した2,091千株、100,389千円分を含んでいない。取得株は軍需株・民需株・外地株に分類されているが、最大の保有銘柄は代表的な軍需会社の三菱重工業株490千株41,967千円である。次いで神戸製鋼株38,543千円、東京芝浦製作所株36,809千円、日立製作所株29,644千円、日本鋼管株29,088株、日本鉱業株26,717千円、川崎重工業株24,011千円、大日本兵器株14,986千円と大型軍需株が続いた。軍需株合計11,572千株、691,054千円を保有していた。1万株以上でかつ1百万円以上の銘柄だけで100社近い会社が並んでいた。民需株では関東配電株21,856千円、鐘淵工業株19,936千円、三井本社株14,008千円等、41銘柄が確認できる。軍需株ほどではないが民需株合計4,641千株、237,899千円に達していた。そのほか外地株として満洲重工業開発株254千株、11,622千円等、23銘柄が確認できる。外地株合計で1,820千株、91,464千円に止まっており、戦金は国内銘柄を中心に買い支えた。その結果、操業開始後僅か3年で総計18,033千株、1,020百万円の巨額を保有するに至った。戦金の持株比率が上昇し、40％を超えた日本冷蔵、30％を越えた日本郵船のような銘柄も発生した[15]。

戦金の買介入取引は1945年7月1日より日証に移行し、停止したが、この間の戦金の株式の買介入により戦金保有株式は増大した。戦金の貸借対照表を点検すると（表3-23）、1945年3月期の保有株式853百万円に急増していたところが、さらに1945年敗戦後閉鎖時点9月で932百万円へと80百万円ほど増大していた。この保有株式の増大を見ると、1943年3月期からの増大幅は447百万円に止まり、戦金の市場介入した888百万円とかなりの乖離がある。この数値は株式介入した数値が整理される前のようであり、別数値の総資産5,634百万円、株式保有1,533百万円が実態を表している[16]。戦金銘柄合計1,020百万円は1945年3月31日以降の大阪市場取引取得株と戦金投資部保有株式も含まれていない。この両者の合計が1,533百万円との差の集計欠落分と想定できよう。

4. 日本証券取引所の設立

　1941年12月13日に商工省監理局が大蔵省に移管された。大蔵省はかねてより投機的な場としての取引所から、投資の場としての取引所に改組が必要と見ていた。各地の取引所の営業期間の満了が近づいており、それを期に取引所の改組を大蔵省は企画した。1942年11月1日に理財局が会社部を吸収し、理財局長に昇格した田中豊は株式取引所改革を下命されたため、官房企画課長森永貞一郎を金融課長に配置換えし、取引所改革の立案を担当させた。森永は理財局金融課時代に課長迫水久常の下で株式取引所行政についても調査研究していた。理財局金融課の立案で、1942年12月16日に「日本有価証券取引所（仮称）法案」が閣議決定をみた（東京証券業協会［1971］35頁）。同日に大蔵省談話を発表し、株式取引所は株式取引の中枢をなす機関として投機を排除し、適正な株価を形成し、それを安定させることに意義があり、従来の取引所の機能では不十分なため、改正を加え、新たな取引所に改組するというものであった（東京証券業協会［1971］35-36頁）。この法案について、総務局長迫水久常（1942年11月1日～43年11月5日在任）は、1942年7月11日閣議決定「財政金融基本方策要綱」の有価証券の価格の適正および安定と業務の監督を一層厳重にするとの方針に沿ったもので、当所株取引に傾斜した既存の取引所では公共性から問題であり、この現状を打開するため、「日本有価証券取引所」を設立するとの趣旨を説明している。ただし株価安定策を条文で規定したが、戦金が担当している株価安定業務を直ちに「日本有価証券取引所」に移行するかについては明言を避けていた[17]。戦金の株価調節業務が円滑に行われているため、状況を見たうえで取引所の業務に移行する含みとなった。

　法律の名称が「日本証券取引所法案」に修正されたが、それ以外にはほぼ修正なく、1943年1月29日に第81回帝国議会衆議院日本証券取引所法案外四件委員会に付託され、設立する組織の構想を詳細に示した。要点は、①清算取引は東京と大阪に限定するが、実物取引は既設11取引所のほか必要があれば増設する、②取引方法の詳細は新設する有価証券取引委員会に諮問して研究する、③

戦金と新設の日本証券取引所による株価操作については、主として戦金を活用し、特殊の場合に限って日本証券取引所に操作を行わせる、④上場制度は、清算取引・実物取引とも許可制を導入し、新規上場ないし上場廃止に命令を与える等であった。株価操作に戦金がすでに着手しているため、業務が既得利権化しており、当面は戦金に任せる方針で臨んだといえよう。帝国議会の協賛を得て「日本証券取引所法」が1943年3月11日に公布された。そして当所株の代表銘柄の東株の株式は3月末に上場廃止となり、4月には全国の当所株の売買が禁止された。日証の売買取引方法等を調査審議する大蔵大臣の諮問機関として、3月26日「有価証券取引委員会官制」が公布され、即日、有価証券取引委員会が設置された（会長大蔵大臣）。

既存の各地の株式取引所を廃して、1943年7月1日に特殊法人の日本証券取引所が設立された。本店東京、資本金50百万円払込、1百万株で、大阪に大株に換え支所を置いた。総裁の人選で大蔵大臣賀屋興宣は大蔵大臣経験者の池田成彬と結城豊太郎に相談し、井坂孝（前日本協同証券取締役）に依頼することに決した。井坂は日本協同証券の設立発起人代表であり、同社の役員を引き受けており、日証の総裁に適任であった。井坂はそれ以外にも多数の役職についており、日証総裁就任にあたり、外の役職を退任せざるをえないため、所得面から就任に難色を示したが、賀屋がようやく説得したという（昭和大蔵省外史刊行会［1969］517頁）。副総裁は副島千八（東京担当）と原邦道（大阪支所担当、大蔵省出身、前対満事務局次長、日本製鉄株式会社副社長）で、商工省・大蔵省の出身者で固めた。「日本証券取引所法」第5条で政府は50百万円を限り政府が出資することができると規定した。設立の際に政府出資特別会計は1943年6月25日に政府出資として交付公債37.5百万円（額面）、交付価格36,338千円を日証に交付し、あわせて現金出資11,042千円も行い、政府出資合計47,380千円となっている[18]。その他の当初の日証の株主は興銀126千株、生保証券100千株のほか、東株42,900株、大株40千株、株式仲買人組合（東京）30千株、同（大阪）21千株、三井物産14,900株、現物仲買人組合（東京）12千株であり、株主に銀行と証券会社等が並んでいた[19]。

各地の株式取引所が解散するため、当所株は暴落した。日証に既存の東株の取引所の資産を引き継ぐに際し、資産評価はその株価で行われることになり、その金額が膨れ上がるのを恐れた大蔵省は、妥当な水準まで東株の株価を引き下げる調整を行ったとされる。大蔵大臣賀屋の意向を受けて、総務局長迫水久常がそれ担当し、東株の株価調整を迫水の剛腕で処理したという[20]。それにより日証は廉価に東株の資産を承継することができた。こうして日証設立とともに、既存の東株、大株、名古屋株式取引所等が廃止となった[21]。東京に日証の本所、大阪に支所が設置され、この両所のみ長期清算取引が可能であったが、それ以外の地方の名古屋、京都、神戸、博多、広島、長崎、新潟、長岡の各取引所は立会所に転換し、実物取引のみが許された。これにより長期清算証券取引を担当する取引所は日証の東京と大阪の立会場のみとなり、東京・大阪への売買集中が進んだ。ただし日証の当初の業務は売買集中管理のみである。その後、長崎と長岡の立会所が、売買取引僅少を理由に1944年3月に廃止された。先述の戦金の株式買い支え取引が日証を通じて行われた。投機的取引の市場であった株式短期清算取引は同年8月31日に廃止されたが、東京・大阪を除く地方の取引所では長期清算取引も廃止された。日証の出資証券は当所証券として10月20日に実物市場に上場した[22]。日証への政府支援は政府出資と後述の預金部資金による貸出のみならず、損失補償のための補給金が交付された。1944年度で3,330千円、1945年度で3,260千円、累計6,590千円の交付を受けて、操業上発生した損失をこの範囲で補填できた（大蔵省昭和財政史編集室［1963］統計54-55頁）。

5．日本証券取引所の株式流通市場介入

　日証設立時には、株式流通市場介入について戦金との役割分担で、戦金を優先するとの方針が取られていたが、さらに戦局の悪化の中で、株価安定業務を戦金から日証に移管させる方針が検討された。1945年5月1日の大蔵省の局長会議に提出された、「当面ノ重要施策ニ関スル件」で[23]、各局の方針が示されているが、理財局資金統制課の案件として、戦金から日証への株価介入担当の

移管とあわせて清算取引廃止が方針として提案されており、それが6月26日「株式価格安定ニ関スル業務ヲ戦時金融金庫ヨリ日本証券取引所ニ移管スルノ件（案）」で方針として示されていた（日本証券経済研究所［2005］1061頁）。それによると戦金の株式買付は多額に上り、戦金の株式買付部門の人員では取得株式の整理等の処理は困難となっており、株式事務に練達した日証を活用し、株式市場閉鎖の場合における株式換金・価格維持機関への転換も考慮し、7月1日清算取引立会中止とともに、日証をして、戦金の指値で市場買付を行わせるものとし、それに伴う日証の機構に調整を加えるものとした[24]。こうして日証は1945年6月30日に大蔵省より、有価証券の価格安定のため有価証券市場における売買取引を行わせるとの命令を受け、株式買支業務に着手することとなった。

株価介入を行う前の日証の資産構成を検討しておくと（表4-20）、1945年3月期で総資産424百万円、うち固定資産勘定95百万円、所有有価証券94百万円、保管有価証券勘定115百万円等となっており、保管有価証券勘定は取引所

表4-20　日本証券取引所1945年3月期貸借対照表

（単位：千円）

項　目	金　額
（資産）	
固定資産勘定	95,184
所有有価証券勘定	94,206
納税準備金勘定	1,412
預け金及税金勘定	34,938
未収入金勘定	4,568
保管有価証券勘定	115,822
取引員貸勘定	66,555
雑勘定	11,840
	424,525
合　計	424,629
（負債）	
資本金勘定	200,000
納税積立金勘定	1,412
借用金勘定	2,000
未払金勘定	17,024
諸預り勘定	640
営業保証勘定	37,402
売買証拠金勘定	81,650
諸保証金勘定	1,370
取引員借勘定	71,940
引当金勘定	679
雑勘定	338
当年度剰余金	10,168
	424,623
合　計	424,629

出所：前掲「第89回帝国議会参考書」。

としての売買にかかる、負債項目の営業保証勘定と売買証拠金勘定等との関係で発生しているものである。所有有価証券勘定の中身として、1945年1月末の日証の資産構成が判明する。株式21百万円、国債66百万円、社債5百万円等で合計93百万円となっている[25]。このうちの国債は政府出資特別会計からの出資を受けた交付公債37.5百万円で過半を占めていた。株式銘柄は不明であるが、流通市場介入に全面的に肩入れをする前であるため小額に止まっていた。日証

表4-21　日本証券取引所有価証券売買取引事業特別会計

	1946年3月末		1946年6月19日
(資産)		(資産)	
所有有価証券勘定	185,273	前渡金及仮払金	14,770
諸預け金及現金勘定	310	国債	55
雑勘定	79,380	株式	248,091
在外資産勘定	25,797	未払込株対照勘定	924
本年度損失金	8,127	不換価証券	1,047
合計	298,889	在外証券	26,673
		欠損金	10,811
(負債)		合計	302,375
借用金勘定	292,980		
未払金勘定	5,420	(負債)	
別途会計勘定	488	一般債務	302,375
合計	298,889		
		合計	302,375

出所：日本証券経済研究所［2005］1068頁、閉鎖機関整理委員会［1954］530頁。

の当所証券も売買の対象となっており、それを取得している可能性もある。

日証は1945年6月30日に株式市場介入を行うため有価証券売買取引事業特別会計を開設した。7月1日に長期清算取引中止を実施したうえで、3月9日現在の株価で東京・大阪の両市場において、短期清算取引と実物取引で、7月2日より同特別会計が買付を開始した。所要資金は資金統合銀行（1945年5月12日設立）より調達し[26]、その後は預金部資金からも資金調達を行った。預金部資金は1945年度に300百万円を貸し付けている。時期は不明であるが同年度中に200百万円を回収し、1946年3月期で残高100百万円となっていた（大蔵省昭和財政史編集室［1962］統計32-33頁）。日証の流動資金が余剰となったため、預金部資金に返済したようである。日証による株式買い支えの意義は、資金繰りや買入後の株式処理で困難をきたしていた戦金に代わり、資金支援を受けて3月9日の株価で株式流通市場の維持を図ったことにあり、日本の敗色濃厚の中で大量の売り注文が殺到した状況で、日証は買い向かった。1945年8月9日のソ連の対日宣戦布告で大蔵省は同日に日証に立会休止を命令し、8月10日に全国の取引を休会し、日証の流通株式買介入取引は終了した（閉鎖機関整理委員会［1954］529頁）。その間の市場介入により、日証は5,544千株、290,598千

円の株を取得した。うち実物取引は4,853千株、243,627千円であった。日証のこの間の買介入取引は、先述の戦金のほぼ11カ月間の市場介入により取得した株式価額の3割を超えており、僅か2カ月足らずで日本の敗戦含みの株価下落を、ほぼ1法人で買い支え続けたといえよう。

　敗戦後の1946年3月末の日証有価証券売買取引事業特別会計の所有有価証券は185百万円、他方、株式買入のための資金調達としての借用金は292百万円に達していた（表4-21）。日証の株式取得額290百万円に比べ格段に少額のため他勘定に保有株式が含まれている。この資金調達で日証が取得した株式の銘柄は全部門に及んだ。1945年12月6日に同事業会計は封鎖された。その後の「閉鎖機関令」により、1946年6月19日に日証有価証券売買取引事業特別会計は閉鎖機関指定を受けて閉鎖された。株式簿価248百万円のほか他勘定にも含まれている。1946年7月15日現在の時期の保有株式簿価は、内地株4,952千株、262,032千円、外地株265千株、13,833千円であり、銘柄はとりわけ造機が大半を占めていたという（閉鎖機関整理委員会［1954］529頁）。国内銘柄の一部は売却処分された。同年6月19日現在の内地株の銘柄の詳細は今のところ不詳であるが、特殊清算で処理された内地企業の不換価株として東拓株1,047千円等があり、外地株としては、満業株、満鉄株が含まれており、これらが中心であったが、内地株には敗色の中で暴落必至の軍需株も多数含まれていると思われる。

1) 1942年1月23日「所得税法」改正で導入。税率は、分類所得税として、清算取引による差益所得に対し、10万円以下25％、10万円以上30万円以下40％、30万円以上55％。背景については大蔵省昭和財政史編集室［1957］第4章参照。
2) 日本協同証券株式会社『第3期営業報告書』1942年3月期、5-9頁。
3) 前掲生保証券『第8回事業報告書』。
4) 「命令融資状況調」1943年2月末（旧大蔵省資料Z809-18-11）。興銀命令融資については第3章参照。
5) 前掲日本協同証券『第3期営業報告書』2-3頁。
6) 東京証券取引所［1974］818頁。全国無尽中央会は1938年9月26日に全国無尽集会所を改組して社団法人として設立、1942年5月13日無尽統制会設立で6月10日

解散（全国相互銀行協会 [1971] 資料編103-104頁）。庶民金庫は1938年4月1日「庶民金庫法」による設置。庶民金庫については渋谷 [1991] 参照。

7）　大和証券 [1963] 142-143頁。藤本ビルブローカー証券より先の投資信託設定の動きについては、大和証券 [1963] 137頁参照。

8）　大和証券 [1963] 152-153頁。投資信託を規定した法律がないため、「信託業法」により、証券引受会社を委託者、信託会社を受託者として、両社間で有価証券投資を目的とした特定金銭信託契約を結び、委託者は当初受益者となり、受益権を均等に分割した受益証券を一般投資家に譲渡するという形式を採用した。有価証券投資信託の法整備は1951年6月4日「証券投資信託法」によってなされる。

9）　三井信託銀行 [1955] 232頁。日加信託は1920年12月に神戸に設立されたカナダ移民のための信託機関であったが、神戸所在の信託会社の合同に参加しなかったため、横浜に移転させられて、細々と営業を続けていたが、日加信託もこのスキームの中で同時に整理させるというものであった（住友信託銀行 [1976] 568頁）。

10）　東京証券取引所 [1974] 69、818頁。藤本ビルブローカー証券は1942年7月1日に藤本証券株式会社に商号変更した。

11）　大蔵省監理局「第82回帝国議会参考書」1943年6月（旧大蔵省資料 Z382-10）。

12）　山崎 [2009b] 42-47頁で、1943年10月から1945年3月までの大蔵省理財局金融課、1944年8月17日より同証券課の戦金に対する株価維持策が紹介されており、参考になる。

13）　大蔵省金融局保険証券課「主要金融機関等株式其ノ他有価証券所有額調」1945年9月6日（旧大蔵省資料 Z511-293-2）。

14）　「戦時金融金庫の業況」（『大陸東洋経済』第38号、1945年7月15号）。20銘柄のうち鉄興社株と揖斐川電気工業株は保有額に少なく、表4-19の大口銘柄に記載されない。

15）　伊牟田 [1991b] 267頁で持株会社整理委員会 [1951b] の財閥等保有戦金株式を整理して、保有比率の上位22社のリストを作成している。1945年3月以降の投売りが殺到した値崩れ銘柄が結果として戦金高率保有となった銘柄が含まれている。

16）　1945年9月別数値に国債131百万円があるため、日本興業銀行 [1957a] 518頁の有価証券総額1,663百万円と平仄があう。山崎 [2009b] では1945年閉鎖時点貸借対照表で株式932百万円を採用しており、別数値を掲示していない。山崎 [2009b] の説明の株式買支出動は1943年度までで終わっており、その後に急増する証券部による巨額株式買支の説明が与えられていない。閉鎖機関整理委員会 [1954] 523-524頁を利用した株式保有高932百万円の数値を調整しないと株式保有の減少となり説明が混濁する。

17) 迫水［1943a］2-11、23頁。迫水久常は1942年11月1日に企画院第一部第一課長兼第二課長（兼務大蔵省理財局企画課長）から大蔵省総務局長に昇進し、同時に金融・証券を担当していた大臣官房企画課（課長森永貞一郎）の業務を総務局企画課に移し（課長野田卯一）、理財局金融課を再置し（課長森永貞一郎）、証券業を両課で担当したようである。なお総務局設置は戦時期官庁の一種の流行ではかの省でも導入されたが、まとまった仕事はなく文書課と会計課だけでよいのだとの評価を迫水は下している（大蔵省大臣官房調査企画課［1978a］409頁）。

18) 前掲『国債統計年報』1949年版、大蔵省昭和財政史編集室［1962］統計52-53頁。原邦道の経歴については、大蔵省百年史編纂室［1973］141頁参照。なお副総裁原邦道は1944年10月1日に退任し、野村合名総務理事・野村銀行社長に転出し、10月27日に坂薫（元商工省商務局取引課長、東株専務理事（1936年7月10日～43年6月30日））が副総裁に就任した。坂薫の経歴については産業政策史研究所［1981］と東京証券取引所［1974］参照。

19) 川島屋証券、共同証券、小池証券、三和銀行、住友銀行、第一銀行、第百銀行、日興証券、野村合名会社、野村証券、藤本証券、三井銀行、三菱銀行、安田銀行、山一証券が各10千株を引き受けた（閉鎖機関整理委員会［1954］529-530頁）。そのほか「日本証券取引所定款」（日本証券経済研究所［2005］962-967頁）参照。

20) 昭和大蔵省外史刊行会［1969］517-518頁。迫水久常の経歴は大蔵省百年史編集室［1973］81頁参照。

21) 日証設立にあたり、東京に本所、大阪に支所を置く以外の支所を設置しない方針を採用したため、名古屋株式取引所が支所としての延命を求めて強く大蔵省に陳情したが、認められなかった。日本証券経済研究所［2005］に存続を求める陳情が多数紹介されている。朝鮮では株式会社朝鮮取引所（1932年1月10日設立）が操業していたが（東洋経済新報社『大陸会社便覧』1943年版、12頁）、1943年7月1日制令「朝鮮証券取引所令」により朝鮮総督府出資の朝鮮証券取引所が1943年7月31日に設立され（朝鮮証券取引所『第1回業務報告書』1944年3月期、1-5頁）、同取引所のみ日証への事業統合の対象外とされた。

22) 東京証券取引所［1974］820頁。1943年5月7日に大蔵省は東京・大阪以外の国内各地取引所の清算取引を8月末で廃止すると通達した（東京証券取引所［1974］819頁）。

23) 旧大蔵省資料Z809-25-2。

24) 大阪証券取引所［1950］355頁は、空襲による連絡切断のため、戦金に換え各地の日証の取引所に買い出動を代行させたと、解説している。

25) 前掲「主要金融機関等株式其ノ他有価証券所有額調」。

26) 日本証券経済研究所 [2005] 1061-1062頁。1945年5月12日設立の民間銀行出資による普通銀行の資金統合銀行については閉鎖機関整理委員会 [1954]、本間 [1991] のほか第3章参照。

おわりに

　戦時統制経済の目標と、投資家の判断による株式売買と、その結果としての市場価格は必ずしも整合しない。そのため戦時統制経済においても、株式価格への直接的な統制は困難な面がある。本章で、株式市場介入制度の変遷に関わる政策的背景をある程度明らかにし、その制度の導入と実態の解明を行った。株式価格に対しては、市場の判断に配慮しつつも政府以外の組織が資金を得て市場で購入することで買い支えるという手段を採用した。日中戦争期においては、小規模な大日本証券投資、日本証券投資や生保証券のような機関で着手された。その効果をある程度有効と見た大蔵省は、さらに規模を拡大して興銀資金を潤沢に投入できる日本協同証券を設置して、多額の介入に踏み切らせた。特に1941年12月アジア太平洋戦争開戦後の株価下落局面の買い支えで効果を示した。同社は有力企業の銘柄を中心に買い向かった。日本協同証券により1942年2月まで株価は維持された。

　他方、有価証券業者への政府の統制により企業整備が推し進められ、地方の零細業者は淘汰され続けた。この間、証券投資信託が商品化され、市中流通株式の安定的な受け皿となった。さらに1942年に戦金が設立されたことで日本協同証券は解散しその業務は戦金に取り込まれた。そして戦金は株式に資金を投入して株式市場の活性化に努めたが、さらに1944年からは巨額の買介入に踏み込み、とりわけ1945年3月東京大空襲後の株式を市中で買い上げることで、敗色の濃厚な日本の株式市場を支えた。戦金が買い支えた株式が下落したままとなったことに対する評価では褒貶ありうるが、政府は株式市場閉鎖方針を打ち出せなかったため、流通市場の維持と株価下落局面の買い支えにより、戦金の損失を回避しにくいとはいえ、戦金に買い続けさせる以外に妙手がなかった。

戦金が買い向かったのは大型軍需株が中心で、そのほか民需株と外地株をも買い支えた。戦金の融資割当は、興銀や他の大手銀行に一部政府補償を付せば代替させることは可能であるが、戦金の株価維持の買い支えは民間銀行経営としては不可能である。戦金の株式流通市場の崩壊を支えた役割は、日本の金融市場において戦金による軍需会社への融資割当よりもはるかに意義のあるものであった。さらにその介入業務は1943年に設立された日証に1945年6月より委ねられた。日証設立で、既存の株式取引所は消滅させられ、取引所体制が改組された。敗戦直前の株式相場の崩落状況の中で、日証がかなりの買介入をみせたまま、8月9日のソ連対日参戦で日本敗戦は決定的となり、日証は買介入を停止した。この間の株式価格の市場介入を通じて、日本の株式市場は何とか維持されたといえよう。そのほか株式価格下限統制と株式価格下落に伴う財務調整も、総動員勅令で制度化した。これにより株価下落の危機を回避する手立てを導入したが、株式価格下限統制は現実には発動されることはなかった。他方、既存の証券業者は、証券業者整備で大規模に淘汰された。それにより弱小証券取引業者は消滅させられ、上位企業の合併が進み、大手証券業者へと上昇してゆく会社も複数見られた。

　1945年3月以降の株価下落は、すでに敗戦を見越した悲観的な投売りの側面が大きく、債券市場より流動化した株式流通市場の崩壊が始まったと見なせる。政府は統制経済を強化しつつも資本主義を廃止する意図はなく、資本主義の根幹をなす株式市場を維持せざるをえない。その役回りを得たのが当初の日本協同証券であり、それを改組拡大した戦金が引き継ぎ、その後を継いだのが日証であった。株式市場が崩壊の淵にあり、大規模流通市場介入が可能な組織はそれを目的に設立された戦金と日証しかなかった。そこに大蔵省は預金部資金・日銀・統金・地方銀行から資金を集中して支援した。

第5章　保険会社の戦時資産運用

はじめに

　戦時期の資金動員として、銀行等の預金金融機関の貯蓄動員は、地域や職域に貯蓄組織を設立し、政策的に貯蓄の必要性を訴求することで比較的容易に成果を見出せるため、実際に多方面で行われてきた。非預金金融機関においても貯蓄動員が可能な業態がある。それが保険業であり、保険料として保険を販売した顧客から徴収することで、運用可能な資産を増大させ、保険事故に備え蓄積する。とりわけ長期保険が中心の生命保険において、保険料率にも影響を受けるが、保険を巧みに販売することで、保険料を蓄えそれに見合う資産を蓄積し運用することができる。損害保険は一般に1年以内の短期保険が中心であり、保険料の多額の積み上げを行うには事業規模拡大が必要である。ほかの保険会社の再保険に回すことでリスクを回避しつつ、保険契約を維持するという業態であり、そのため資産規模を膨らませることができる損害保険会社は限られていた。それでも戦時における保険会社の資金運用は有力な金融業務であり、その運用資産は増大を続けた。特に生命保険業はすでに第1次大戦期に有力な機関投資家としての役割を獲得し、株式・債券の大口保有者として存在意義を高めていた。本章では1937年以降の保険会社の資金運用の分析を行うが、資産規模を膨らませることができた操業環境と政府の政策もあわせて検討することで、戦時資産運用の方針と実態を明らかにしたい。生命保険と損害保険で、運用資産規模で大きな幅がある。総額で後者は前者の1割程度にとどまるため、国内貯蓄動員という意味では規模は小さいまま止まった。損害保険会社の貯蓄動員

の対象としての意義が相対的に乏しいため、本章では資産規模とその運用についても言及するが、その金額的紹介に止めよう。

これまでの戦時期における保険の資金運用として、先行研究は多くない。有力な関連研究として、杉山［1983］が1930年代から日中戦争勃発前の時期の財閥系生命保険会社の株式・社債の運用を紹介し、機関投資家として有力な存在であったことを確認している。さらに、麻島［1991］は1941年までの大手12社の生命保険会社の資金運用の内容を、膨大な分量で統計紹介を行っている[1]。有力な統計資料群であるが、残念ながら戦時体制が強化される1942年以降の時期については、資料的制約からか紹介がない。武田［2009］は、同様に大手8社に限定した生命保険会社の資産運用を検討し[2]、株式を業種別に分類・整理して紹介しているが、1942年までの運用先の分析で終わっている。横山［2000］は1930年代生命保険会社の効率性を規模との相関性で検証した。損害保険については、資金運用の検討はこれまでなされていない。損害保険会社の社史でその内容がある程度明らかになる程度である。保険業界全体の統計が1940年まで作成されている。1941年以降の保険会社の全体的な統計情報の開示がほぼ停止し、統計的に不明の時期があるため、本章は1941年以降の統計の発掘と紹介で、既存研究の統計的空白を埋めることも課題とする。保険行政が1941年12月に商工省から大蔵省に移管されるため、行政のまとめた行政史にも戦時保険の記述は乏しく[3]、1945年までの昭和期の大蔵省行政史では保険行政の記載が皆無に近い。業界団体の事業史が資料紹介として有用である[4]。多数の保険会社の社史が刊行されている。これらは資料として利用しよう。本章では新たな統計発掘により、貯蓄増強の一環としての保険の位置づけの強化という保険業の政策史的意義を確認しつつ、1937年以降の時期の生命保険・損害保険会社の資産運用を精査する。とりわけ生命保険については料率や運用方針等に踏み込んで、操業実態を通じた資産の増大とその政策的背景を把握したうえで資金運用を明らかにすることを課題とする。

1) 麻島［1991］は、四大財閥系の4社、三井生命保険株式会社、明治生命保険相

互会社、住友生命保険株式会社、安田生命保険株式会社、その他の財閥系の 4 社、日本生命保険株式会社（山口系）、帝国生命保険株式会社（古河系）、日華生命保険株式会社（川崎系）、大同生命保険株式会社（広岡系）、非財閥系の 4 社、千代田生命保険株式会社、第一生命保険相互会社、仁寿生命保険株式会社、愛国生命保険株式会社の、12社の資産運用を詳細に紹介したうえで、分析を行った。
2) 武田［2009］は麻島［1991］よりやや狭く、4 大生保、すなわち日本生命保険、第一生命保険、千代田生命保険、帝国生命保険と、財閥系 4 社、すなわち明治生命保険、三井生命保険、住友生命保険、安田生命保険を主として分析の対象としている。
3) 商工省の行政史として通商産業省［1980］がまとめられているが、1937年以降の保険業の記述は皆無である。他方、大蔵省の編集した行政史でも（大蔵省昭和財政史編集室［1957b］）でも1940年「保険業法」全文改正の言及すらない。
4) 業界団体事業史として、生命保険協会［1978］と日本損害保険協会［1989］が詳しい。

第 1 節　日中戦争期保険会社の資産運用

1．満洲事変期の生命保険業と資産運用

　1900年 3 月22日公布「保険業法」で、生命保険と損害保険に分野を分け、それぞれについて保険商品のあり方を規定した。生命保険では通常の死亡・生存保険と徴兵保険に業態が分かれていた。他方、損害保険は海上保険と火災保険のみならず、資本主義の拡大とともに運送保険・旅行傷害保険等の新たな保険商品が増えていったが、損害保険は船舶・積荷の海上保険と火災保険に代表される陸上の財産損害保険に市場が大きく分かれていた。生命保険は生命表による死亡リスク見積もりが必要であるが、1931年以前の日本では従来のイギリスの死亡表や「日本三会社生命表」が採用されていた。日本の現状に即した生命表の必要性が痛感され、商工省が1927年より予算計上して作成に取りかかり、1931年 3 月に「商工省日本経験生命表」が公表され、標準死亡表として利用さ

れる体制となり[1]、生命保険業の主要な計算インフラがようやく整備された。生命保険業界団体として死亡・生存保険の生命保険業者は1908年12月7日に社団法人生命保険会社協会を設立し、その後、徴兵保険4社は1932年3月29日に生命保険会社協会に加盟した[2]。また損害保険業者は遅れて1941年7月21日に社団法人日本損害保険協会を設立した（日本損害保険協会［1989］69頁）。

保険業の所管は「保険業法」公布時から農商務省が所管していたが、1925年4月1日に商工省が分離すると同省商務局保険課が担当した。同課は1927年5月26日に保険部として独立し、生命保険課と損害保険課がそれぞれ生命保険と損害保険の業者行政を担当した。第2次若槻礼次郎内閣（1931年4月14日〜12月13日）の行政整理の一環として、商工省保険部の事務を大蔵省銀行局に移管することを検討した。これに生命保険会社は反対し、損害保険会社も火災保険事業の現状等から商工省への存置を要望した。生命保険協会は反対する文書を1931年10月に提出しているが、それによればこの行政整理は、行財政上何ら効果はなく、保険業の発展に遺憾の点が多い、特に「保険業は金融業に非ず」と主張した（生命保険協会［1978］263-265頁）。生命保険を危険分散のための互助制度のようなものと理解しており、生命保険業者の資産運用と保険契約者への配当は金融ではないとする意見は時代相を反映して興味深い[3]。その後、1935年5月8日に商工省保険部は保険局に改組された[4]。

1929年10月に始まった世界恐慌の日本への波及に伴い、株価暴落は生命保険の資産運用に大きな打撃を与え、各社は決算処理に苦慮した。生命保険会社は株価暴落の防止の対処を要請された。1930年6月27日に大蔵大臣井上準之助が生命保険会社代表者を招いた懇談会で、株式投資を推奨した。この提案に乗って、生命保険会社32社が出資に参加して、1930年10月7日に生保証券株式会社が設立された（第1次生保証券）。取締役会長に原邦造（愛国生命保険株式会社（1896年12月9日設立）社長）が就任した。生保証券は営業範囲を株式の所有売買ならびにこれに付帯する業務に限ることとした。取締役および監査役は各社社長級によって構成された（生命保険協会［1978］182-183頁）。1933年2月7日に生保証券は株価回復により目的を達成したため解散した。その清算に

よる残余財産分配額は1,385万円で、他に陸海両軍に偵察機1機を献納した（東京生命保険［1970］129頁）。

生保証券解散後、1933年4月に有志の生命保険各社で生保シンジケートを結成する方針を固め、同年7月に「生保シンジケート要綱」を決定した。①生保シンジケートは生命・徴兵保険各社の共同投資をなすものとする、②加入会社は共同投資に別段の義務を負わない等とした。7月7日にシンジケートに16社が新規加盟し、合計32社による投資組織となり、生保投資団が7月14日に発足した。幹事会社は愛国生命保険であった[5]。生保投資団の運用先として、日本鋼管株式会社、日本産業株式会社、南満洲鉄道株式会社への貸付金、山陽電鉄社債引受、東洋レーヨン新株・日本曹達新株の引受が確認されている。1934年11月に政府が「臨時利得税法案」を発表すると、株式市場が動揺し、東京株式取引所が生保投資団に株式暴落のための買い注文を入れるように要請してきたが、生保証券のような共同投資はできなかった（第一生命保険［1958］374-375頁）。

生保投資団の活動が積極化するとその機構上の不備が目立つようになり、他方、低金利のため生保会社は貸出不振となり、株式投資に関心を持たざるをえなくなり、再び生保証券の設立が要請されるに至った。1934年末から企画が進められ、1935年1月には、日本生命保険株式会社、第一生命保険相互会社、千代田生命保険株式会社、明治生命保険相互会社、帝国生命保険株式会社、安田生命保険株式会社、第一徴兵保険株式会社、愛国生命保険および東洋生命保険株式会社（1900年10月3日設立）の9社が創立準備委員となり、矢野恒太（第一生命保険会長）を委員長とし、7月15日生保投資団例会で定款、各社引受株式決定等を経て、8月16日に生保証券株式会社を設立した（第二次生保証券、取締役会長曄道文芸（愛国生命保険社長））。生保証券は資本金5百万円、目的として、株式売買および付帯業務のほか、株券以外の有価証券の応募、引受、買入、株式公社債の払込または元利金もしくは配当金支払の取扱、貸付金および金融の仲介を追加した。本店は生命保険会社協会に置いた。生保証券設立と同時に生保投資団は解散した[6]。生命保険各社の余裕資金を持ち寄って、生保

証券に運用を任せ、同社が株式を買い支え、各出資生命保険会社に配当するという役割を負った。生保証券に株式取得を任せることで個別生命保険会社はリスクを軽減できた。ただし生保証券の資産運用の内容、つまり取得した株式銘柄等については明らかではない。この第二次生保証券は1943年1月まで存続し、戦時の生命保険会社の資金の共同運用機関として活動した。

　国内における標準下体者の生命保険の再保険の消化を円滑に行うことは難しく、そのため国内における再保険専業の会社が設置される。普通生命保険と標準下体保険の再保険を業務とし、12月3日に協栄生命再保険株式会社が生命保険各社の出資により設立され、1935年10月25日に商工省から認可を得た（生命保険協会［1978］243頁、協栄生命保険［1963］15-17頁）。同社の本店東京、資本金2百万円、4分の1払込、社長田中弟稲（日本生命保険常務取締役）である。出資比率は日本生命保険、千代田生命保険、帝国生命保険各4,100株、第一生命保険、明治生命保険各4,000株、安田生命保険1,900株、大同生命保険株式会社、三井生命保険株式会社各1,700株、住友生命保険株式会社1,400株、日清生命保険株式会社（1907年1月26日設立）、仁寿生命保険株式会社（1896年9月28日設立）各1,200株、日華生命保険株式会社（1914年8月29日設立）、野村生命保険株式会社（1895年2月19日設立）、愛国生命保険、昭和生命保険株式会社（1919年8月10日設立）各1,100株、ほか12社の生命保険会社が出資した[7]。協栄生命再保険への徴兵保険業者の出資はなされなかった。これにより国内で再保険の消化が難しい標準下体者に対する保険の国内再保険の消化が制度化された。

2．日中戦争期の保険業者行政と「保険業法」改正

　1937年6月4日成立の第1次近衛文麿内閣は「保険社会省」新設を決定し、同省に「保険院」を設置して、簡易保険事業および生命保険監督業務を移管し、健康保険と一括事務を行わせることを提案した。生命保険会社協会は、7月22日に「生命保険の監督事項移管反対意見」を提出した。資産運用等については商工省、大蔵省および新省の共管とし、事業の適正を図るため、新たに参与制

度を設置して民間代表者をこれに当てるとの提案を行っている。「保険社会省」設置予算が1937年8月6日に帝国議会の協賛を得て、新省は1937年10月設立に向けて準備が進められたが、日中戦争の戦線が拡大していったため一時見送りとなった。その後、12月13日枢密院の審査で新省の名称に強い反対意見が噴出した。そのほか「保険院」が現業と監督を行うことの弊害について、1920年5月15日設立の鉄道省の先例を挙げて反対が強く表明された。結局12月24日閣議で近衛内閣は方針を修正して厚生省に改称、監督については大部分が商工省に残ることとなり、12月29日枢密院本会議で最終決定した。生命保険会社監督行政のうち、財産運用および保険料率に関する事項は商工省、大蔵省、厚生省3省の共管とする方針が固まった。簡易保険移管に反対していた逓信省は妥協して厚生省への移管を受け入れたところ、生命保険の厚生省移管が中止となったため、逓信省は再度反対に回ったが、原案どおりに簡易保険局の厚生省移管が決定した[8]。そして厚生省は1938年1月11日設置され、外局の保険院を置いた。あわせて同月12日公布勅令「生命保険会社ノ監督ニ関スル件」で、財産運用および保険料率等は商工省、大蔵省、厚生省の共管とし、被保険者保健施設は商工省、厚生省の共管とすると規定した。これに伴い同年2月より大蔵省銀行局調査課（1937年5月4日設置）が、生命保険会社の資金運用等を監督する体制となった（大蔵省百年史編集室［1969a］152頁、同［1969b］84頁）。保険は金融ではないとの意見は、生命保険会社の資金運用については撤回したことになる。

　1900年3月22日「保険業法」は古い法律で、現状にそぐわない点が多々見られた。1933年3月15日「保険業法」改正で株式会社と相互会社の保険契約の包括移転を可能としていたため（生命保険協会［1978］172頁）、合併・整理の枠組みは整っていたが、商工省保険局は「保険業法」を統制経済に適合するように、政府の権限強化として改める必要性を認め、法律改正の検討を開始した。1937年11月2日「保険業法改正調査委員会官制」により、保険業法改正調査委員会が発足し、改正法案の検討に着手し、その成果として「保険業法」の抜本改正を提案した。そして「保険業法改正案」が第74帝国議会に提案され、協賛

を得て、1939年3月29日公布「保険業法」となった（生命保険協会［1978］280-283頁）。同法により、株式会社のほか相互会社の業態を規定していたが、戦時色の濃い規定が多く、保険業に対する行政の監督権限の強化がなされた。例えば、政府が必要と判断すればいつでも新契約・投資への拘束命令や、強制移転の命令が可能であり、また株式会社から相互会社への転換が簡易化された。

「保険業法」の施行にあわせ所管行政体制が強化される。1939年6月15日に商工省保険局を廃止し、翌日、保険業と取引所を所管する商工省監理局を設置した（局長牧楢雄、1940年8月24日より辻謹吾、1941年1月21日より長谷川公一）。監理局には総務課、生命保険課、損害保険課等が配置された。さらに1940年6月1日に監理局に戦時保険課が新設され、国営戦争損害保険等の業務を所管した。国営再保険の業務は拡大するため、同課の業務も拡大を続けた。他方、戦時体制の拡大に伴い、損害保険課の業務は縮小し、1941年4月11日に廃止され、翌日、生命保険課と統合した保険課となった[9]。

「保険業法」施行後の最初の合併として、1940年7月20日に野村生命保険が仁壽生命保険と合併契約し、吸収した。その合併の公表にあたり商工省監理局長牧楢雄から合併を歓迎するとの談話が発表されたが、その中には「保険会社の公共性に鑑み、場合によりては将来に向かって契約者の利益をさらに増加し、また一層確実に保全するため、合併、包括移転などの方法を講じ、延いては業界の健全なる発展に資することも望ましい」との表明がなされていた（東京生命保険［1970］168-169頁）。監理局としては合併、包括移転により生命保険業界の事業者規模の拡大、効率性の増大を期待していた。また「保険業法」が規定する強制移転の監督権限の初行使が、1941年1月11日に実施された。すなわち商工省は株式会社藤田組系の富士生命保険株式会社（1909年3月3日設立）の業務を、日本生命保険の管理下に移す命令を行った[10]。

3．生命保険の配当引き下げと料率統制

日中戦争勃発後に、商工省保険局は生命保険会社の運用利回率の長期的維持を懸念し、契約者配当率引き下げに動いた。1937年9月1日、商工省保険局長

後藤保清は、生命保険協会役員会で、保険契約配当の将来を慮り、一般契約者に安心を与えるため、各社共同して配当率引き下げを必要とする旨を表明した。この研究のため特に開設した協会アクチャリー部委員会で保険局生命保険課長山口喬ほかは、配当率は確定配当に準じた計算方法により、各社の状況に照らし、将来の配当の永続性を確保しうるまでこれを引き下げざるをえないと説明した。これに対して保険各社は、現在の配当率を維持することが必ずしも困難な状況ではないが、この際の処置として各社共同して現在の配当率を引き下げることに反対はしない。しかし従来の予想配当の計算方法の変更を強制されるのは反対すると、9月7日に保険局長後藤に口頭上申した。その後、これに対して9月14日に保険局より、年3.5％以上の毎年配当を行う明治生命保険、帝国生命保険、日本生命保険、大同生命保険、第一生命保険、千代田生命保険、住友生命保険、三井生命保険の8社に対して、申合せにより2割の引き下げを行い、その剰余金は契約者配当準備金として積み立てる、その実行は第一生命保険の8月決算の総会の決議より開始するとし、8社で共同声明するように提案した。8社は協議のうえ、引き下げ幅を1割とし、8社に限定せず他社も考慮に入れさせるものとし、同月21日に保険局に陳情した。こうして商工省保険局は1937年9月22日「配当率引下に関する協定要綱」を決定した。内容は、①引き下げすべき保険種類として、3分5厘以上の毎年配当をなすもの、②協定に参加すべき会社として先述の8社、③引き下げ程度として、最小限度現行配当率の1割を一度に引き下げる、④実行時期として、本協定は1937年11月における第一生命保険の社員総代会から適用する、⑤協定参加会社は9月末までに共同声明をなすものとした[11]。そして同年10月15日に生命保険会社協会は保険契約者配当率引下申合協議会決議を行い、「当協会加盟会社は商工省の慫慂、時局の現状並に低金利の趨勢に鑑み保険契約毎年配当の率を次期以後従前に比し1割以上引き下げることを申し合わせ」た（生命保険協会［1978］307頁）。

　日中戦争の拡大、生命保険事業の運用利回り低下、戦死者に対する保険金支払い、有価証券値下がり等で、生命保険会社の1938年度決算の悪化が見込まれたため、第2回保険契約配当の引き下げがなされた。すなわち1938年9月22日

生命保険会社協会は、商工省より要請を受けて、保険契約毎年配当率を次期以後現行のものに比し1割以上引き下げることを申し合わせ、この配当方針は1943年度決算まで続いた（生命保険協会［1978］308-309頁）。

　日中戦争勃発で死亡率の上昇が予想されたが、それに対して、生命保険会社協会は1937年7月26日に政府の意向を受けて、「今回の北支事変に関して、特別保険料を徴収することは、時期尚早とみむ」との決議を行い、死亡率上昇に対し保険料引き上げを見送った。そのため保険料上乗せが不可能となった。その後、1941年12月開戦後もこの決議を継続したまま、特別保険料の徴収を行わなかった。保険事故率に見合う保険料率の設定が行われなくなったため、以後の生命保険会社の経営に大打撃を与えるものとなった（日本生命保険［1963］110頁）。

4．戦時保険商品と再保険体制

　徴兵保険は、召集動員がかけられると契約者が急増して、保険料収入が急増したが、大量に引き受けた国債保有の利回3.5%を契約予定利率が上回り、また入営率が上昇したため徴兵保険の経理は年々圧迫された（富国生命保険［1981］51頁）。入営率一定を前提に徴兵保険の商品設計がなされていたため、入営率の上昇で徴兵保険会社は近い将来、保険料で保険金支払に支障が生ずる恐れがあり、操業期間が長い会社ほど脅威となっていた。商工省監理局は徴兵保険の直面する事態を打開させるため、1940年11月25日に徴兵保険4社に対して、口頭で「速やかに徴兵保険構成上の根本的改革を考究し、新たな発想のもとに具体的方策を確立すること」を求め、新種の徴兵保険の立案を命じた。これに対し4社が会合を持ち協議したものの、成案がまとまらなかった。そのため商工省監理局は、1941年9月1日を期して従来の徴兵保険にかわる新種の徴兵保険を発売するよう指示した。この間、商工省監理局は後述のように、徴兵保険の廃止も検討していた。徴兵保険各社は、先の商工省の指示原案に基づき、同一約款に基づく新種保険の商品を設計した。これにより開発された商品が割増金付徴兵保険である。この保険商品が9月1日より発売となった。その商品設計

は、入営率を想定せず（従来は30％）、実際の入営率に応じて割増金を支払う、不入営者に保険金の8割を支払う（従来は10割）、予定利回りを4～4.5％から3.5％に引き下げて対処する、付加保険料は各社任意としたが、それ以外には4社共通の商品設計とした。こうして予定利率3.5％とし、従来の徴兵保険の4.5％の保険料率を下回ることとなった。この発売に伴い従来の徴兵保険の新規発売は停止された。そのため徴兵保険4社はまったく同じ商品を販売することとなった[12]。

　生命保険業界では再保険消化としてすでに標準下体保険については協栄生命再保険が設立されており、同社に再保険を出再することで処理される体制となっていたが、実際には同社への出再保険は乏しい。1941年12月期でも、協栄生命再保険の総資産2,973千円のうち、保険準備金は僅かに883千円に止まっており、最大資産項目は未払資本金1.5百万円という状況であった[13]。設立趣旨が標準下体保険の再保険を国内で消化するというものであり、標準下体保険の元受保険市場そのものが大きくないため、協栄生命再保険に出再する必要性は乏しかった。

　国内における損害保険の再保険消化が難しく、国外への出再は国際収支に負荷をかけるとみられた。実際には1937年上期で損害保険収支は支払超過となっていたため（柴田［2002a］197-198頁）、大蔵省が保険収支の国外への支出超過を好まず、損害再保険の国内消化体制の構築に向かう。最初は国内における海上再保険のプール制の拡大から着手した（日本損害保険協会［1981］、同［1989］参照）。専業再保険会社として、1940年10月15日に東亜火災海上再保険株式会社が設立された。本店東京、資本金50百万円、4分の1払込、社長飯沼剛一（帝国海上保険株式会社社長）である。出資は東京海上保険株式会社155千株、帝国海上保険68千株、日産火災海上保険株式会社50千株、住友海上火災保険株式会社50千株、横浜火災海上保険株式会社30千株、千代田火災海上保険株式会社10千株等と続いた（東亜火災海上再保険［1968］15-26頁）。同社設立とともに、既存の損害再保険会社は整理された。同社と協栄生命再保険との違いは、すでに1940年3月30日公布の「損害保険国営再保険法」と「損害保険国営再保険特

表 5-1　生命保険契約高

(単位：千件、百万円)

年度	死亡保険 新契約 件数	死亡保険 新契約 保険金額	死亡保険 年末現在 件数	死亡保険 年末現在 保険金額	生存保険 新契約高 件数	生存保険 新契約高 金額	生存保険 年末契約残高 件数	生存保険 年末契約残高 金額	徴兵保険 新契約高 件数	徴兵保険 新契約高 金額	徴兵保険 年末現在契約 件数	徴兵保険 年末現在契約 金額
1936	*1,637*	*2,800*							347	262	1749	1207
37	1,628	3,026	9,602	14,836	174	131	620	473	381	300	1,974	1,297
38	1,985	3,709	10,886	17,376	224	182	781	601	500	426	2,294	1,683
39	2,513	4,980	12,963	21,205	295	261	1,016	819	679	630	2,822	2,173
40	3,011	6,591	15,116	26,232	416	414	1,345	1,149	915	1,004	3,517	2,950
41	2,978	7,186	17,084	31,374	484	541	1,687	1,539	794	962	4,033	3,579
42	2,649	7,827	18,704	36,805	540	703	2,044	2,019	524	704	4,278	3,946
43	3,169	10,817	20,835	44,858	487	786	2,250	2,571	455	647	4,516	4,279
44	3,392	17,012	23,855	61,242	235	718	2,331	2,954	238	479	4,447	4,411

注：イタリックは死亡保険と生存保険の合計。
出所：大蔵省監理局「第79回帝国議会参考書」1942年1月（旧大蔵省資料 Z379-67）、大蔵省金融局「第89回帝国議会参考書」1945年11月。

別会計法」により、1940年度より設置の損害保険国営再保険特別会計に東亜火災海上再保険が契約した損害保険を、さらに特別会計に再保険する戦時損害保険体制の中に組み込まれた組織であったという点である[14]。損害保険がこのような体制となったのは、多額損害保険事故が発生した場合に国内再保険市場が狭隘なため、戦争保険をも消化しなければならない損害保険業界では政府の支援なしでは成り立たないという事情があり、ほかの国でも採用の前例があった。また日本でも第1次大戦期の戦争損害保険の政府支援の歴史を有していた[15]。損害保険の国営再保険体制が構築されると、損害保険市場の総枠は拡大するものの、民間の独自市場が圧迫を受ける。元受保険料は増大するものの、再保険料の支払もあわせて増大することになる。政府の過剰介入を損害保険業界は恐れていたが、次第に政府の保険市場への介入領域が、戦争被害の増大とともに拡大することになる。

次に保険契約状況を紹介しよう。生命保険では1937年7月日中戦争勃発後から死亡保険で新規契約を獲得し、その保険金契約額が増大していった（表5-

表5-2 死亡保険契約と戦死保険金

年度	年末契約高	年度内総死亡	年度内戦死支払		戦死支払に対する責任準備金	経過契約高対戦死支払割合	経過契約高対普通死亡支払割合
				危険保険金額			
	百万円	百万円	千円	件数	千円	千円	千分の1	千分の1
1937	14,837	130	13,763	10,123	12,754	1,009	0.99	8.34
38	17,377	171	32,294	24,222	29,381	2,913	1.99	8.59
39	21,206	186	26,057	19,210	23,836	2,221	1.34	8.25
40	26,263	214	24,760	18,217	22,713	2,047	1.04	7.93
41	31,374	228	20,095	14,219	18,336	1,739	0.68	7.19
42	36,805	310	55,752	36,472	50,294	5,457	1.63	7.42
43	44,859	400	91,785	38,878	52,911	9,199	2.24	7.49
44	61,242	549	146,156	…	…	14,803	2.74	7.56

注：1）1937年度は1937年7～12月。
　　2）1943年支払戦死保険金件数と危険保険金額は1～9月
出所：大蔵省銀行保険局「第84回帝国議会用想定質問応答」1944年1月（旧大蔵省資料Z384-22）、前掲「第89回帝国議会参考書」。

1）。それは保険料収入の増大をも意味するものである。年末現在死亡保険件数は1937年9百万件、保険金額14,836百万円から1941年末の17百万件、31,374百万円へと増大を辿った。他方、生存保険の契約は死亡保険の1割以下であった。この間、1938年3月31日改正公布、4月1日施行の「相続税法」改正がなされた。5千円を超える死亡保険金に対し課税を開始したが[16]、税率が低いため、影響は軽微であった。日中戦争期の貯蓄奨励運動と連動した生命保険への加入奨励で、さしたる契約圧縮要因にはならなかったと見られる。徴兵保険は予備役動員が始まると契約者が増大した。新規保険契約は1940年で915千件、1,004百万円とピークを打った。年末契約高では、1937年1,749千件、1,297百万円から、1941年4,033千件、3,579百万円へと増大した。この間、保険料収入が増大している。このうち死亡保険契約に対する普通死亡と戦死死亡の比率を見ると（表5-2）、日中戦争の戦線拡大は見られるが、戦死支払割合は1937年の千分の0.99から1938年に千分の1.99に上昇したものの、その後契約高が増大したため比率は低下し、1941年には0.68にまで低下していた。他方、普通死亡支払事故に対する支払は1937年の千分の8.34から1938年の8.59にやはり上昇を

表5-3 徴兵保険契約高と支払状況

(単位:千円、%)

年度	満期契約高	保険金支払事由発生契約高	実際入営率	支払超過額
1935	10,012	2,518	25.1	-445
36	11,653	2,959	25.4	-352
37	11,747	3,929	33.4	89
38	13,362	6,137	45.9	974
39	17,255	11,134	64.5	3,086
40	18,582	12,419	66.8	3,772
41	21,066	13,723	65.1	4,166
42	28,377	21,445	75.6	7,394
43	28,554	21,522	76.3	7,135
44	38,130	34,247	89.8	11,400

注:1944年支払い超過額は( )数値となっているため、概算見積と思われる。
出所:前掲「第89回帝国議会参考書」。

見たものの、その後低下し、1941年には千分の7.19にまで低下していた。保険契約高増大が大きく寄与していた。それでも戦死支払に対する責任準備金は戦死支払の1割もなく、生命保険会社の支払準備金全体の中で負担していたといえよう。特に戦時に契約件数が増大した徴兵保険では、入営率の上昇とともに保険金支払事由発生契約件数が増大した。1935年入営率は25.1%であり、満期契約高10百万円に対し、保険金支払事由契約高は2,518千円であったところが、1937年の日中戦争勃発による契約高増大と、入営率上昇、保険金支払い事由発生契約高増大で、徴兵保険全体で支払い超過に転じた(表5-3)。その後の実際入営率は1940年の66.8%、1941年の65.1%と高止まりし、保険金支払事由契約高は1940年12百万円、1941年13百万円へと増大した。保険料率の引き上げがなされなかったため、その結果支払超過は1941年の4百万円へと増大し、徴兵保険は苦しい運営を迫られていた。特に早期に徴兵保険契約を開始した社歴の長い会社ほど支払負担が増大した。

次に損害保険会社の状況を紹介する。損害保険業も戦時リスクの増大で、保険料収入が増大した(表5-4)。1937年で140百万円の保険料収入が、1940年には315百万円へと大きく膨れ上がっていた。1941年には396百万円に達している。資産保有高の増大とともに、受取利息は1937年の26百万円から、1941年には46百万円に増大していた。他方、支払保険金も保険事故の増大で、1937年の49百万円から1939年の79百万円、1940年の131百万円、1941年の139百万円へと増大を続けた。保険料収入に比べ事業費はそれほど伸びない。そのため利益の

表5-4 損害保険会社主要収入支出
(単位：千円)

年度	保険料	諸利息	保険金	事業費
1937	140,787	26,751	49,777	60,411
38	165,364	33,051	63,337	68,696
39	225,249	41,098	79,818	85,431
40	315,262	40,550	131,894	106,090
41	396,641	46,248	139,396	128,957
42	438,835	35,962	173,770	115,052
43	521,993	40,460	244,485	142,867
44	784,368	37,583	295,691	192,893

出所：前掲「第89回帝国議会参考書」。

表5-5 損害保険会社損益調
(単位：千円)

年度	火災保険	海上保険	総体
1937	5,031	5,910	42,749
38	10,579	-1,482	32,369
39	463	-4,010	33,963
40	-6,807	17,455	40,539
41	3,872	4,979	46,924
42	24,700	2,250	57,694
43	37,907	-13,016	60,813
44	50,962	5,047	65,531

出所：前掲「第89回帝国議会参考書」。

出る損害保険取引が多くの保険商品で見られた。損害保険全体の損益を点検すると（表5-5）、1937年では火災保険、海上保険とも利益を計上していたが、1938年、1939年と海上保険では損失を計上しており、1940年には火災保険で損失を計上した。そのため戦時の保険料収入増大に対し、損害保険総体の利益としては、1937年の42百万円が1938年の32百万円に減少し、その後増大するものの、1937年利益総額を上回るのは1941年となる。そのため戦時損害保険業界は事業規模が大きくなったものの、保険事故の増大と再保険契約等で正味保険料が押えられるため、十分な利益を得ることができなかった。

5．保険会社の資産運用

1937年9月10日「臨時資金調整法」公布施行で、生命保険会社は生命保険協会を中心に、同法の運用に関して自治的調整を行う体制となった。1937年9月16日に生命保険、損害保険連合の官民懇談会後、協会会員会社は「臨時資金調整法」の運用に関し、政府の指示に従い、資金運用等に関し自治的に調整をして時局に善処することを決議し、同月17日に、生命保険会社の申し合わせを行った。その方針として、加盟保険会社は事業に関する設備の新設、拡張もしくは改良に関する資金の貸付または有価証券の応募もしくは引受を行うにあたり「臨時資金調整法」の趣旨を体し、政府の指示に従い互いに相協力してその実

行の万全を期すというものであった（生命保険協会［1978］313頁）。さらに生命保険会社協会は商工省から同法第3条の自治的調整をなす団体の認定を取得した。生命保険会社は積極的に「臨時資金調整法」体制の金融統制に参加したといえよう（生命保険協会［1978］312頁）。その結果、同法により、生命保険会社の投資先は拘束された。国債消化については後述するが、生命保険会社の資金運用先は、民需産業から軍需産業へ強く傾斜していった。

1938年4月19日閣議申合「国民貯蓄奨励に関する件」で貯蓄奨励方針を決定した。今後発行する巨額国債の消化を図り、必要な生産力拡充資金の供給を円滑にするためには、資本の蓄積を図る必要がある。そのため次の方針で国民の貯蓄奨励を行うものとした。①日中戦争勃発前に比し所得の増加したものに対しては、従来に比しその生計を膨張させることなく、原則としてその増加所得の全部をできるだけ貯蓄に向かわせる、②貯蓄の方法は確実なるものならばいかなる方法によるも可とする、③各種金融機関に集積する貯蓄ならびに国債公社債等に対する直接投資額として大体今後1年間に増加を要する国民貯蓄額は約80億円程度を目標とする、ただし政府資金散布その他経済状況等により適当の斟酌を加える等とした（生命保険協会［1978］310-311頁）。この国民貯蓄奨励の旗振りのため、1938年4月19日に大蔵省の外局として国民貯蓄奨励局が設置（長官大蔵次官兼務）された（大蔵省百年史編集室［1969b］88頁）。

当初は国民貯蓄奨励局による貯蓄組合の設置では、生命保険料払込にあたり貯蓄組合貯金の引出制限を受けていたが、その後、「生命保険会社をして積極的に保険加入の勧誘をなさしむるものとす」と追加され、貯蓄組合貯金の引出による保険料払込に充当可能となった。この国民貯蓄奨励局の生命保険業界に対する判断の変更を受けて、生命保険業界は「国民貯蓄は保険から」とキャンペーンに打って出た（日本生命保険［1963］103頁）。生命保険会社としても生命保険会社協会が中心になり国債消化を推進した。国債消化のためにも、保険契約目標額設定による契約増大に努めた。1939年度全社目標額は増加契約50億円とし、1940年度は65億円とし、1941年度は90億円とした（生命保険協会［1978］312頁）。戦時貯蓄奨励運動の中で、毎年目標額が上乗せされていった。

表5-6　生命保険会社資産運用

(単位：千円)

資　産	1936.12	1937.12	1938.12	1939.12	1940.12	1941.6	1941.12	1942.12
現金	843	807	1,207	1,049	1,180	496	1,719	2,385
郵便振替貯金	2,083	2,208	2,380	3,430	3,821	3,590	4,517	13,674
銀行預金	227,375	191,160	208,051	210,952	207,521	165,930	239,857	226,550
金銭信託	41,419	34,230	34,126	37,223	41,857	50,000	53,172	56,524
貸付金	669,972	765,381	791,684	854,095	966,027	1,060,593	1,171,383	1,208,645
有価証券	1,681,221	1,936,107	2,235,504	2,709,313	3,291,752	3,801,176	4,021,805	5,113,023
信託有価証券	53,765	104,148	153,496	187,781	219,162	196,779	166,406	166,285
不動産	137,605	142,743	145,220	161,229	170,898	173,148	176,891	170,665
その他	36,028	44,427	64,445	41,863	55,469	66,868	70,768	72,094
合　計	2,850,266	3,221,211	3,636,113	4,206,935	4,957,687	5,518,581	5,906,518	7,029,844

注：1）未払込資本金・基金を除外した総資産。
　　2）1936年12月期に不突合あり。
出所：前掲「第79回帝国議会参考書」、大蔵省監理局「第82回帝国議会参考書」1943年6月（旧大蔵省資料Z382-5）。

　次に生命保険会社の資産運用を点検しよう。1936年末生命保険会社の未払込資本金・基金を除外した総資産は2,850百万円であり、そのうち有価証券1,681百万円、貸付金669百万円で、以下、預金227百万円、不動産137百万円等という構成であった（表5-6）。それが日中戦争勃発後の保険契約の積極的な積み上げで、総資産は1937年末で3,221百万円、1938年末3,636百万円、1940年末4,957百万円、1941年末5,906百万円へと増大を辿った。この間の資産運用は1941年末で有価証券が大きく伸び4,021百万円へと増大しており、総資産の7割近くまで上昇していた。貸付金は1,171百万円に膨らんでいたが、総資産の2割を下回る規模である。

　すでに満洲事変期の国債増発とその消化のため生命保険資金が着目され、1937年初頭から国債保有強化要請が課題となっていた。同年7月の日中戦争勃発で、生命保険の国債保有機関としての地位強化が決定的となった。1937年7月28日に次の申し合わせを行って、商工省保険局長後藤保清宛に提出して国債消化に協力した。すなわち前年末保有国債の総額が7％以下のものはそれに達するように努める、責任準備金の増加についてはその4分の1を国債に振り向ける、ただし各社の個別事情で実行困難な場合もあるとした。この方針に同意

表5-7　生命保険会社保有有価証券内訳

(単位：千円、百万円)

証　券	1937.12期	1938.12期	1939.12期	1940.12期	1941.12期	1942.12期	1943.3期	1944.3期	1945.3期
国債	210,605	318,997	501,791	754,246	1,201,773	1,808,361	2,150	2,893	3,710
外貨国債	58,856	48,880	49,972	63,358	9,390	8,775	—	—	—
地方債	76,727	78,348	76,372	77,171	71,069	86,079	—	—	—
社債	639,541	672,762	746,980	834,892	937,989	1,001,670	1,012	995	1,074
株式	924,721	1,080,723	1,256,736	1,432,679	1,529,597	1,789,222	1,864	2,216	2,374
外国債	8,187	8,174	19,270	30,622	33,125	36,469	—	—	—
その他外国証券	16,380	26,631	57,210	94,252	236,329	361,103	440	533	634
その他	1,090	989	982	4,532	2,532	21,344	117	124	145
合　計	1,936,107	2,235,504	2,709,313	3,291,752	4,021,805	5,113,023	5,582	6,761	7,936

注：1）原資料では1938.12期国債が518,997千円となっているが、1939.12期を上回り、また合計と合致しないため、合致する額に修正した。
　　2）1943.3期以降、その他外国証券に外貨国債、外国国債を含み、その他に地方債を含む。
　　3）1943.3期より単位百万円。
出所：前掲「第82回帝国議会参考書」、前掲「第89回帝国議会参考書」。

した12社、すなわち明治生命保険、住友生命保険、安田生命保険、帝国生命保険、第一徴兵保険、愛国生命保険、千代田生命保険、第一生命保険、富国徴兵保険、三井生命保険、日本生命保険および大同生命保険のみで、生命保険総資産28億5千万円のうち22億3千万円を保有していた（生命保険協会［1978］301-302頁）。

　その後も国債保有の申し合わせを行い、年々目標を定めて実行した。1938年については、年始資産の1割に未達の会社は同年中に1割に達することとし、1938年中の増加資産に対し約3分の1まで買い入れることとした。また1939年については、増加資産の3分の1以上を買い入れることとし、日本生命保険等17社は増加資産の4割程度まで増加するものとした。1940年については1939年と同様とした。1941年については17社を通じて増加資産の5割を目標とし、各社は少なくともその4割を保有するものとした（生命保険協会［1978］302-303頁）。

　生命保険会社の有価証券保有内訳を紹介すると（表5-7）、保有有価証券の増大の中で、国債の消化が業界として重点目標とされ、国債の比重が増大していった。そのため1937年12月期で株式は924百万円と、有価証券の5割近い比

率で、他方国債は210百万円で、社債の639百万円よりも少なかった。株式保有はその後も増大を続け、1941年12月期には1,532百万円に達したものの、国債が1,201百万円へと急上昇していた。戦時国策法人等の社債発行の増大で、生命保険会社も多額の消化を続け、保有額は増えていたが、国債保有高は1941年12月期社債937百万円を上回った。さらに1942年12月期には国債1,808百万円が株式1,789百万円を上回り、最多の保有証券となっていた。

　生命保険各社は国策を背景に設立された会社の株式を積極的に購入した。1938・39年には北支那開発株式会社（1938年11月7日設立）、中支那振興株式会社（同日設立）、日本発送電株式会社（1939年4月1日設立）、北海道人造石油株式会社（1939年5月29日設立、本店豊原、1937年8月10日「人造石油事業法」により設置）、帝国鉱業開発株式会社（1939年8月10日設立）、帝国燃料興業株式会社（1938年1月19日設立、北海道人造石油へも出資する）、満洲投資証券株式会社（1941年6月2日設立、本店新京）、その他の国策会社の株式取得が活発となり、これらの会社への出資に生命保険協会が斡旋したという[17]。政府が生命保険協会に株式消化を求めたはずである。有力な生命保険会社の株式の保有銘柄を紹介しよう。麻島［1991］の生命保険12社の保有銘柄一覧表を使い[18]、1937年末から1941年末の生命保険12社の保有銘柄を名寄せして、1941年末で簿価で5百万円以上となるものを列記した（表5-8）。12社合計の株式への資産運用が一覧できる。これによれば1941年度末で、王子製紙55,313千円、東京芝浦電気42,634千円、三菱鉱業40,593千円、三菱重工業36,345千円、満洲投資証券36,160千円、東邦電力33,217千円と続いていた。これらのうち兵器産業の代表の三菱重工業や素材大手の三菱鉱業、電気機械大手の東京芝浦電気が上位に並んでおり、軍需産業銘柄の代表といえよう。これより下位に位置する電力・ガスに代表される公益事業以外では、日本製鉄22,493千円、日立製作所25,982千円、日本窒素肥料19,434千円、日本鋼管17,878千円、住友金属工業14,367千円、東洋高圧工業10,824千円等の、軍需産業銘柄も多額に保有していた。製紙・繊維・電力・ガス・製糖といった従来からの有力銘柄のみならず、戦時期に軍需産業株に投資先を移していったことがわかる。満投株式については、三井生命

表5-8　生命保険12社保有主要株式銘柄・保有高

(単位：千円)

株式銘柄	1937	1938	1939	1940	1941
王子製紙	31,798	34,862	34,583	29,128	55,313
東京芝浦電気	4,282	6,132	15,597	30,412	42,634
三菱鉱業	19,104	22,797	32,437	31,365	40,593
三菱重工業	11,167	11,850	19,689	33,232	36,345
満洲投資証券	—	—	—	1,462	36,160
東邦電力	26,236	28,490	32,291	30,631	33,217
東京電灯	27,427	31,545	34,664	26,176	28,611
日立製作所	10,068	13,341	17,043	19,605	25,982
三菱社	—	—	—	19,114	25,865
鐘淵紡績	29,909	23,043	23,346	24,431	23,522
東京瓦斯	16,530	17,591	22,168	20,336	22,886
日本製鉄	4,588	8,040	12,723	15,503	22,493
北海道炭礦汽船	8,117	13,168	16,919	15,688	19,736
日本窒素肥料	5,298	6,860	7,272	9,230	19,434
日本鋼管	2,394	9,110	15,923	13,454	17,878
日本電力	19,214	18,271	17,881	16,889	15,973
大日本製糖	11,376	12,043	13,228	13,095	15,899
住友金属工業	5,706	8,583	10,958	12,885	14,367
南満洲鉄道	10,616	11,147	10,459	12,018	12,516
東洋紡績	13,355	13,327	12,569	15,345	11,772
明治製糖	9,392	10,347	10,347	7,845	11,449
旭硝子	6,238	9,208	10,198	18,804	11,239
東洋高圧工業	5,764	9,414	9,541	10,017	10,824
横浜正金銀行	11,002	11,109	11,344	10,177	10,639
日本鉱業	5,038	6,658	15,923	9,465	10,491
大日本紡績	7,771	8,965	9,706	6,562	10,238
日本製鋼所	360	744	3,234	11,993	9,790
東信電気	6,638	7,279	9,257	15,710	9,445
大日本麦酒	9,786	9,619	9,880	9,484	8,875
古河電気工業	2,503	3,291	4,461	7,784	8,330
台湾電力	2,922	3,008	4,656	3,929	8,329
台湾製糖	7,586	7,502	7,389	7,160	7,641
第百銀行	3,200	3,573	3,573	6,282	7,172
東京横浜電気鉄道	4,931	5,731	6,588	7,606	7,084
昭和電工	—	—	6,418	8,220	6,779
汽車製造	1,300	2,471	4,414	4,560	6,245
東京海上火災保険	7,286	6,987	7,343	10,505	6,168
住友電気工業	4,203	4,739	5,607	9,513	6,009
安田銀行	5,034	5,253	5,900	5,900	5,900
三菱銀行	5,533	5,591	5,717	11,065	5,815

注：1）1941年保有高で降順。
　　2）東京芝浦電気は合併前の時期の芝浦製作所と東京電気を合計している。
　　3）東京横浜電気鉄道は蒲田電鉄が吸収合併する前の時期の両社を合計している。
　　4）住友電気工業は住友電線製造所の銘柄の時期を含む。
出所：麻島 [1991]。

保険5,500千円、住友生命保険2,000千円、安田生命保険4,500千円、日本生命保険14,000千円、大同生命保険2,400千円、第一生命保険5,760千円、愛国生命保険2,000千円、合計36,160千円の保有を紹介している[19]。これらのうち特に満投は日本の生命保険業界と密接な関係を有した。同社は公称資本金4億円の満洲国特殊会社であるが、資本金の98％は日本の生命保険会社の出資である[20]。満投は日本産業株式会社の満洲移駐に伴う満洲重工業開発株式会社の保有する日本国内会社株式の消化策として設立され、生命保険資金の対満洲投資の受け皿となった。

さらに資産の内訳と総資産利回りをみると

（表5-9）、1937年の運用資産利回りは5.31％であったが、1938年5.34％にやや上昇したものの、その後低下を続け、1941年には5.00％にまで落ちた。1937年の運用内訳は、国債8.2％、貸付金23.8％、株式28.7％という構成であった。戦時国債の増発の中で、先述のように生命保険各社は国債保有を積極化したため、国債の保有比率が上昇し、1941年には20.6％にまで上昇していた。他方、

表5-9　生命保険会社資産運用利回り

(単位：％)

年度	総資産利回り	運用資産利回り	運用資産比率 国債	運用資産比率 貸付金	運用資産比率 株式
1937	5.25	5.31	8.2	23.8	28.7
38	5.25	5.34	10.0	21.8	…
39	5.11	5.19	13.1	20.3	…
40	5.09	5.15	16.4	19.5	…
41	4.94	5.00	20.6	19.8	…
42	4.86	4.92	…	17.2	…
43	4.76	4.81	…	…	…
44	4.16	4.23	33.9	14.9	21.7

出所：前掲『第82回帝国議会参考書』、前掲『第89回帝国議会参考書』、前掲『第79回帝国議会参考書』、生命保険協会［1978］。

貸付金は1941年には19.8％にまで低下していた。一般に国債利回りは3.5％近傍であり、これは有力株の配当率をかなり下回り、また貸付金金利をも下回るため、国債への運用比率が上昇すると、株式の比率が相対的に低下し、また先述のように運用資産全体の貸付金比率も低下したため、運用利回りは低下せざるをえない。他方、契約者配当を2回にわたり引き下げたものの、保険料を引き上げていないため、運用利回りの低下は生命保険会社の営業を苦しい局面に追い込んでゆく。それを契約の増大、すなわち貯蓄増強の中で保険料収入を増大させつつ、営業の効率性を引き上げることで対処するしかなかった。そのため利回りの高い株式保有・貸付金に運用を傾斜したいところであるが、戦時貯蓄動員の中で、国債保有へと駆り立てられているため、全体の利回りの低下を防げなかったといえよう。

　日中戦争期に損害保険会社は「臨時資金調整法」より資金調整を自主的に行う調整団体として、大日本火災保険協会が認定され、同会に概ね損害保険会社が加盟していた[21]。以下、日中戦争期の損害保険会社の資産運用を点検しよう（表5-10）。損害保険全体でも資産総額は生命保険に比べ小額であるが、1936年12月期の運用資産総額518百万円から、1941年12月の928百万円へと増大を辿ったが、生命保険会社総資産の6分の1以下である。運用資産の内容は、有価

表5-10　損害保険会社資産運用

(単位：千円)

資　産	1936.12	1937.12	1938.12	1939.12	1940.12	1941.6	1941.12	1942.12
現金	301	275	276	463	354	1,277	622	605
郵便振替貯金	954	1,033	1,276	1,576	1,925	1,652	2,306	2,153
銀行預金	115,131	121,991	131,957	164,708	162,601	189,017	209,930	221,568
金銭信託	18,119	19,118	19,921	21,516	21,769	23,763	24,375	26,602
貸付金	23,237	28,706	24,637	18,544	17,584	19,549	19,859	18,301
有価証券	272,530	296,078	319,611	354,325	406,057	437,024	456,759	555,249
信託有価証券	1,639	1,990	3,565	6,105	6,401	7,463	7,499	10,164
不動産	23,979	24,410	26,850	27,135	27,177	27,043	29,386	30,767
その他	63,055	71,788	74,241	108,404	182,576	224,548	177,911	212,675
合　計	518,944	565,389	602,333	702,777	826,444	931,336	928,647	1,078,084

注：未払込資本金・基金を除外した総資産。
出所：前掲「第79回帝国議会参考書」、前掲「第82回帝国議会参考書」。

表5-11　損害保険会社有価証券保有残高

(単位：千円、百万円)

有価証券	1937.12期	1938.12期	1939.12期	1940.12期	1941.12期	1942.12期	1943.3期	1944.3期	1945.3期
国債	19,805	31,423	48,967	70,620	101,978	144,780	183	245	307
外貨国債	10,693	9,826	10,478	9,890	9,340	9,320	—	—	—
地方債	1,929	1,872	1,788	1,128	1,017	978	—	—	—
社債	20,856	26,755	33,438	41,033	63,970	75,500	77	69	74
株式	164,343	176,569	196,473	231,743	243,391	286,604	296	313	319
外国国債	48,350	45,056	36,203	28,593	24,014	23,585	—	—	—
その他外国証券	30,102	28,111	26,878	22,755	12,756	13,412	37	40	42
その他	—	—	99	295	295	1,070	2	9	23
合　計	296,078	319,611	354,325	406,057	456,759	555,249	595	676	765

注1：1943.3期以降、単位百万円。
注2：1943.3期以降、その他外国証券に外貨国債、外国国債を含み、その他に地方債を含む。
出所：前掲「第82回帝国議会参考書」、前掲「第89回帝国議会参考書」。

　証券が過半を占め、以下、銀行預金が続き、保険契約が生命保険と異なり1年以内の短期契約が中心のため、貸付金の比率は生命保険の運用に比べ格段に低い。損害保険会社の運用は短期が中心であった。また保険事故の発生に備え多額預金を維持し支払い準備に当てていた。そのため資産規模は生命保険会社総額の6分の1以下の規模であったが、有価証券運用では、1941年末でも9分の1程度である。戦時の損害保険料収入の増大で有価証券投資の運用資産が増大

したとはいえ、生命保険会社のそれに比べ増額は限られたものであった。また損害保険会社の有価証券保有は（表5-11）、1937年12月期で株式164百万円、外国国債48百万円、その他外国証券30百万円、社債20百万円で、国債は僅かに19百万円であったが、国債の消化促進策が取られたため、国債保有は1941年12月期で101百万円に増大し、株式243百万円に次ぐ有価証券資産となっていた。損害保険会社の保険契約は短期のため、生命保険会社よりも当然ながら短期資産の運用が選好され、流通市場で売買される株式が利回りと流動性からみて相応しいものであった。

1) 生命保険協会［1978］202-204頁。「日本三会社生命表」とは、1911年9月に公表された明治生命保険・帝国生命保険・日本生命保険3社の死亡経験に基づく死亡表であり、イギリス系生命保険表を利用する会社も見られたが、この死亡表を利用する会社も増大した（生命保険協会［1978］202頁、日本生命保険［1953］657頁）。

2) 生命保険協会［1978］175頁。徴兵保険4社とは、第一徴兵保険相互会社（1898年2月15日設立、徴兵保険株式会社を1924年12月24日に商号変更認可）、日本徴兵保険株式会社（1911年9月20日設立）、国華徴兵保険株式会社（1922年7月1日設立）および富国徴兵保険相互会社（1923年9月8日設立、根津系）である。設立年月日は商工省監理局『保険年鑑』1938年度「甲・内国会社」4-9頁に依拠。東邦生命保険［1952］331頁で第一徴兵保険の設立を2月22日とするが、1253頁で2月29日。

3) 生命保険協会の意見書の内容は、監督官庁の商工省保険部の意向を踏まえた文書とみて、割り引いて評価する必要がある。生命保険業の資金運用体制が社内組織として未熟のまま、1930年頃まで続いていたとの麻島［1991］1088頁と武田［2009］52-53頁の指摘は、「保険は金融業に非ず」と主張する生命保険経営者の発想において通底するものであろう。1930年代になるまで生命保険は基本的には互助であり機関投資家としての評価が一方でなされるものの、資金の積極的な運用は重要視されていなかった。これは生命保険会社資金運用の時代相を示すものである。

4) 商工省保険局に従来の生命保険課と損害保険課に加え、1936年10月15日に総務課が新設され3課体制となった（産業政策史研究所［1981］）。

5) 第一生命保険［1958］374頁、山一証券［1958］年表79-81頁、協栄生命保険［1963］

525頁、生命保険協会 [1978] 247頁。第一生命保険 [1958] 374頁では加盟会社16社としている。第2次生保証券の資産運用としての株価維持策については、第4章参照。

6) 生命保険協会 [1978] 247-248頁、商工省保険部『保険年鑑』1933年版、甲・内国会社（前編）、4-5頁。東洋生命保険は1936年12月24日に帝国生命保険に包括移転した（協栄生命保険 [1963] 528頁）。

7) 協栄生命再保険株式会社『第3回営業報告書』1937年13月期、47-48頁。生命保険会社設立年月日は、商工省監理局『保険年鑑』1939年版、甲・内国会社、2-11頁。

8) 生命保険協会 [1978] 266-270頁。1942年11月1日に保険院は内局の厚生省保険局と通信省簡易保険局に分割されたが、後者は1943年10月31日に運輸通信省外局の通信院に移管された。

9) 商工省監理局生命保険課長は山口喬（総務課長兼務）、1939年12月4日より三木秋義（兼務）、1940年2月5日より天日光一、同年9月30日より楢原勉、損害保険課長は三木秋義、1940年11月4日より楢原勉（兼務）、戦時保険課長は木下忍、保険課長は楢原勉（産業政策史研究所 [1981] 49頁）。

10) 日本生命保険 [1963] 128頁、前掲『保険年鑑』1938年版、甲・内国会社（前編）6-7頁。株式会社藤田組は1937年3月に藤田鉱業株式会社と合資会社藤田組が合併して設立。日本生命の保険の管理下に置かれた富士生命保険は、1942年4月に保有契約の包括移転を合意し、同年6月に契約を日本生命保険に移し、解散した（日本生命保険 [1963] 128-129頁）。

11) 配当率引き下げの要綱に対して、8社は10月中旬に共同声明を遅らせ、8社に限らず他の社の加入を認めるように商工省保険局に求め、10月8日には商工省保険局は8社以外の各社にも、配当率引き下げの申合せに相乗りを認め、申合わせ発表を遅らせるよう通知した（生命保険協会 [1978] 305-306頁）。

12) 富国生命保険 [1981] 52-53頁、大蔵省銀行保険局「第84回帝国議会用想定質問応答」1944年1月（旧大蔵省資料Z384-22）。

13) 協栄生命再保険株式会社『第6回事業報告書』1941年12月期、25-26頁。

14) 国内の海上保険の再保険プール制度と戦時海上保険補償制度の再導入と損害保険国営再保険特別会計設置による政府の全面的な支援体制の推移については、柴田 [2002a] 第5章参照。

15) 第1次大戦期の海上戦争保険の日本政府の介入については、柴田 [2009b] 参照。

16) 大蔵省昭和財政史編集室 [1957] 430-434頁。1938年3月31日「相続税法」改正の前の1936年9月に広田弘毅内閣でも課税が提案されたが、生命保険会社協会の反対と内閣総辞職で、導入が見送られていた（生命保険協会 [1978] 270-273頁）。

17) 生命保険協会［1978］313頁。北支那開発・中支那振興については柴田［2008a］第4・5・6章参照。日本発送電については、日本発送電株式会社解散記念事業委員会［1954］参照。満投については柴田［2007c］参照。帝国鉱業開発については帝国鉱業開発［1970］参照。帝国燃料興業の子会社の樺太人造石油については柴田［2010a］参照。
18) 麻島［1991］第7章。大手12社以外の生命保険会社の株式保有もあるため、ここで紹介する株式保有額は生命保険業界全体の保有額ではない。
19) 麻島［1991］第7章。1941年末で4社の満投株式保有が確認できない。保有したと思われるが、その他の数値に含む場合もありえる。
20) 前掲「第84回帝国議会用想定質問応答」。
21) 1937年12月末で48社中、41社が加盟していた（臨時資金調整委員会「昭和12年中臨時資金調整法施行状況」1938年1月（外務省記録 E.1.1.0-7-4））。

第2節　アジア太平洋戦争期保険会社の資産運用

1．戦時保険業対策と所管行政

　1941年7月の南部仏印進駐に伴うアメリカ・イギリス等との資産凍結の応酬により、物理的な戦争が日程に乗り始めて、商工省監理局は開戦を見越した戦時対策方針をまとめている。1941年7月28日商工省監理局「戦時保険対策要綱」がそれである[1]。この文書によると、民営保険においては、すでに採用されている戦時海上保険の国営再保険のようなものがなく、一般に戦争による損害を補填することができないため、国民生活に脅威をもたらすものとなる。そのため対策を樹立する必要がある。この対策を実施に移すにあたっては、保険事業の整備合理化の徹底は必要である。具体的な対策の要点として以下の3点が掲げられている。①戦時陸上損害国営保険制度の創設により、陸上物件、すなわち店舗・工場・鉄道・船渠・埠頭・住宅等に対し政府が保険を提供する、保険契約は短期の軽便なものとする、事務を損害保険会社に扱わせ、これを損害保険国営再保険特別会計で経理する、開戦と同時に実施に移す。②戦時生命保険

に対する対策として、出征者や戦争被害者に対し保険金の支払を確保するため、開戦と同時に低率で一律の戦時保険料を徴収する、保険会社から死亡事故に対し保険金を支払わせ、戦争保険料をプールした資金から保険金を支払った責任準備金との差額を保険会社に交付する、必要な場合には戦争事故の保険金の支払に制限を加える、この対策を開戦と同時に採用し勅令で対処する。③保険事業の整備合理化措置として、外国保険会社に対する営業禁止・財産凍結等の処理を行う、国内保険会社を整理する、保険会社の統制組織の改組を行う、徴兵保険を廃止する、具体的には新契約を停止し既存契約を生存保険に転換するか返還解約するかを選択させる、この措置も開戦と同時に実施するものとした。このように損害保険国営再保険特別会計の対象の海上保険から陸上保険への拡張と、生命保険の一律戦時保険料により戦争死亡事故の保険金財源に充当し、不足については政府が補填し、保険業を整理合理化するとし、その中には徴兵保険の廃止も含まれていた。

　これらを所管する行政組織が再編される。1941年12月5日閣議は保険行政と取引所行政をともに大蔵省に移管することを決定した。それに伴い、12月13日、大蔵省・商工省の官制の一部改正が行われ、商工省監理局は廃止と同時に局長以下の職員がそのまま大蔵省監理局に切り替えられたが（局長長谷川公一、1942年10月14日より相馬敏夫、1943年7月1日より長谷川安次郎）、同局に保険課と戦時保険課が置かれ、戦時保険行政を担当した[2]。この行政機構改革に対し、12月14日に大蔵大臣賀屋興宣より談話が出された。それによれば保険、取引所等に関する行政は、金融問題に重点を置き金融統制実施の見地からこの業態を他の金融行政と一元化することを適当と認めたものであり、保険会社は近時その契約高は著しい増加を示しており、その蓄積運用する資金の総額は相当の巨額に上るため、その金融機関としての重要性はきわめて大なるものとなったのであり、国家の総資金の中で戦争目的の達成のため最も有効に利用することが要請されるというものであった（生命保険協会［1978］292頁）。生命保険会社協会もかつてのような大蔵省移管への反対運動を起こす意欲はなかった。すでに生命保険会社の運用資産が巨額化する中で、政府の資金計画に組み込ま

れており、保険は金融ではないという論理は到底通用しない時代となっていた。保険行政の商工省からの移管に伴い、先述の1938年勅令により、商工省、大蔵省および厚生省の共管となっていたものが、見直しの対象となる。保険院が廃止の方向で行政改革案が進行しているため、1942年8月頃には大蔵省監理局で厚生省に打診して、大蔵省専管の業種に切り替わることについて内諾を得ていた3)。そして1942年11月1日に1938年の共管の勅令を廃止し、生命保険業は大蔵省専管の業種となり、同時に保険院も廃止となった。その後、1943年11月1日に監理局が廃止となり銀行保険局に改組された（局長山際正道、1944年11月1日より迫水久常、1945年5月19日より式村義雄）。さらに1945年5月19日に銀行保険局は廃止となり、同日に金融局が設置され（局長式村義雄）、同局の保険証券課が置かれ4)、そこで保険行政が行われた。

　銀行等金融機関全般に関わるが、1943年3月12日に「銀行等ノ事務ノ簡素化ニ関スル法律」が公布され、従来金融機関の年度期間が6月・12月を期末としてきたが、政府資金計画に対応させるために、政府の会計年度に合致させ、1944年3月期に1～3月で臨時決算させ、そのまま4～3月年度決算に移行させた。これに伴い保険業者は年度の切り替えのための臨時決算を行った。

　1942年4月18日総動員勅令「金融統制団体令」により、金融業の業態別の統制団体の設立が方針として打ち出された。大蔵省監理局の方針に沿って、1942年5月14日に生命保険統制会（理事長曄道文芸（愛国生命保険社長））が、また10月15日に損害保険統制会（理事長長谷川公一）が設立された。これに伴い生命保険会社協会は生命保険集会所に改称し、日本損害保険協会は損害保険統制会に吸収された（生命保険協会［1971］347-348頁、日本損害保険協会［1989］98-99頁）。

　商工省による弱小生命保険業者の整理合同方針の報道が1941年11月14日付で『河北新報』ほか地方紙に掲載され、これに生命保険業関係者はかなりの衝撃を受けた。その内容は①生命保険業界の現状から適正規模を保有契約高10億円におく、②整理合同は有力会社による弱小会社合併の方式を取る、単なる経営権の移動は原則として許可しない、④普通生命保険業者は12、13社程度に、徴

兵保険は1社に統合するというものであった。複数の地方新聞に同様の記事が見られた。ところが商工省監理局生命保険課長楢原は11月22日に、新聞で報道されるような方法による整理統合はまったく考慮していないという談話を出して否定した（日産生命保険［1989］119頁）。これは商工省関係者が意向を地方新聞に漏らして掲載させたものである。以後、この統合策が徴兵保険を除き実現する。1941年7月資産凍結後の生命保険会社の統合を紹介すると、1941年10月13日に野村生命保険は日清生命保険を合併、12月3日に日華生命保険は福徳生命保険株式会社（1902年2月22日設立）と国華生命保険を合併し第百生命徴兵保険株式会社に改称、12月26日に第一生命保険が昭和生命保険の包括移転を受け、1942年7月1日に帝国生命保険が前川生命保険株式会社（1894年4月9日設立）を合併、9月1日に明治生命保険が福寿生命保険株式会社（1908年8月16日設立）を合併、10月30日に日産生命保険は片倉生命保険株式会社（1921年9月25日）を合併、1943年7月1日に明治生命保険が有隣生命保険株式会社（1894年3月15日設立）を合併、1945年3月26日に日本生命保険が愛国生命保険の包括移転を受けた。このように下位にある規模の小さな生命保険会社が吸収合併されて消滅していった[5]。生命保険会社の合併は多数の産業で平行して強行された企業整備の一環でもあり、これらの合併の背中を押したのが、1942年5月16日総動員勅令「金融事業整備令」であった。この合併により生命保険業界の寡占が進行する。1940年の徴兵保険を除外した24社の生命保険契約総額は1,200百万円であるが、この時点の生命保険契約額のハーフィンダール指数は、0.205であり[6]、1936年指数0.102（横山［2007］107頁）よりも大きく上昇した。1940年末時点の生命保険会社の戦時統合の進展を読み取れる[7]。以後も合併・契約包括譲渡が続くため、この指数は1944年末まで上昇を続けたはずである。同様に戦時に損害保険会社が多数統合され、業者は急減した[8]。

　生命保険会社全体としての総資産額が減少したわけではなく、経営単位の規模拡大が実現した。他方、役員総数が大幅に減少し、総務部門も総体として縮小し経費が大幅に圧縮された。1940年10月19日「会社経理統制令」により、会社の配当・給与・経費等に対し厳しい規制が課され（第6章参照）、自己資本

の充実が求められており、内部留保の積み上げが進んだはずである。生命保険会社と同様に、全体として損保保険会社の総資産が減少したわけではなく、個別事業者の資産規模が増大した。

2．戦時保険商品の導入

　生命保険会社は新たな戦時金融商品を販売した。保険契約者の診察を担当する医師不足に伴い、1943年3月に無審査の興亜保険を各社が発売した。大蔵省の生命保険の貯蓄強化として、同年3月に受取人に対する国債の購入、年金加入の奨励のほか、具体策の検討を求めた。これに対し生命保険統制会の検討を経て、生命保険各社は同年5月4日に無審査保険を導入したのと同時に、5年満期の貯蓄保険として一時払いの報国保険の発売を行った。ただし報国保険はまったく売れなかった。なお興亜保険は最高保険金を1945年5月に3千円から5千円に引き上げている[9]。

　先の「戦時保険対策要綱」に沿って、戦時特有の損害保険商品が拡大する。それが陸上における戦争損害保険の販売である。すなわち開戦直後の1941年12月19日「戦時保険臨時措置法」公布、1942年1月26日施行により、陸上戦争損害保険制度が導入された。これに対しては既存損害保険会社は国営損害保険が市場を独占するのではとの危惧を表明していた。この戦争保険は、政府指定の損害保険会社に契約を申し込むことで戦争保険契約が成立し、保険会社の戦争保険金支払額や、それに伴う借入金利子の合計が戦争保険会社の収入金および利子等の合計額を上回る場合には、政府がその差額を保険会社に補填し、越えない場合にはその差額を政府に納付するものとした[10]。

　戦闘員のみならず非戦闘員をも戦争死亡保険の対象になった。戦争傷害保険を実施するという方針となり、制度設計の過程では、大蔵省監理局は生命保険業者寄りと損害保険業者寄りの立案で揺れたが、1943年3月4日公布「戦争死亡傷害保険法」（4月1日施行）、により戦争死亡傷害保険が導入された。この戦争死亡傷害保険の財政負担は一般会計で行われた[11]。陸上人的被害についても戦争保険で対処することとなった。これにより従来は損害保険業界のみが参

入していた旅行傷害保険・船員傷害保険に生命保険会社が参入した。いわば戦争保険体制の中で、第三分野に対し両業態が相乗りで参入する体制となった。

　先の陸上戦争損害保険の導入後に、現実に日本に空爆が頻発すると、物的被害が急増したため、より強力な政府介入が必要となり、1944年2月15日公布「戦時特殊損害保険法」4月25日施行により、「戦争保険臨時措置法」を廃止した。この新たな戦時特殊損害保険は、保険料率を政府が定め、保険会社が戦争保険または地震保険で損失を生じた際には、政府がその損失を補償し、また保険会社が利益を得た場合にはその利益を政府に納付するものとした。さらに1945年2月12日公布「損害保険中央会法」により、政府全額出資特殊法人の損害保険中央会が4月1日に設置され、既存の損害保険国営再保険特別会計を廃止してその業務を吸収し、普通保険の再保険、戦時特殊損害保険のほか東亜火災海上再保険の再保険業務も吸収し、敗戦直前の損害保険を支えた。東亜火災海上再保険は東亜火災海上保険株式会社に商号変更し、中国占領地の元受保険業務に参入した[12]。

　なお先の「戦時保険対策要綱」で、徴兵保険の廃止を提案していたが、徴兵保険業者が直ちに死亡保険に業態転換するのは困難であった。先述のように徴兵保険各社は1941年8月に従来の徴兵保険の募集を中止し、9月に入営率の激増を反映した新たな割増金付徴兵保険を売り出した。この新商品を販売したものの、やはり徴兵保険の収支繰りが悪化して収益では苦しい局面に立たされていた。結局、そのまま徴兵保険は廃止されずに敗戦まで続いた。

　アジア太平洋戦争期の保険契約状況を点検すると（表5－1）、戦時下の貯蓄奨励の中で保険も貯蓄と位置づけられ、死亡保険・生存保険ともに増大した。1943年には新契約が1940年の過去最高を上回り3,169千件に達し、さらに1944年には3,392千件に伸びた。これに伴い保険契約額が増大し、年末保険契約は1941年の17,084千件から1944年の23,855千件にまで増大した。保険契約金額も31,374百万円から61,242百万円へと増大を辿った。生存保険は1944年には契約高は死亡保険の1割ほどにまで増大していたが、契約金額は5％程度である。徴兵保険の新規契約は1940年のピークを過ぎて減少を辿った。契約額が引き上

げられていったため、年末契約額は1941年の3,579百万円から1944年の4,411百万円まで増大していた。アジア太平洋戦争期の戦死者の増大に伴い、戦死死亡保険金の支払が増大した（表5-2）。死亡保険金支払は1941年の20百万円から1942年の55百万円、1943年の91百万円、1944年の146百万円へと急増を辿った。そのため経過契約高に対する戦死支払の割合は、1941年の1000分の0.68から1944年の2.74へと急上昇した。他方、普通保険死亡支払は1000分の7を上回る水準であり、通常死亡の3分の1程度の戦死による保険金支払となった。戦争死亡関係保険金支払負担は、保険会社により負担の重さが異なるが、例えば日本生命保険では死亡保険支払に占める戦争死亡関係保険金支払負担は1940年で37,450千円の13.9％、5,216千円であったものが、1944年度で総額100,508千円の33.9％、34,153千円に達した[13]。徴兵保険ではさらに収支が悪化し（表5-3）、1941年が4百万円の支払超過であったものが、入営率のさらなる上昇により保険金支払い事由発生契約が増えたため、1944年では11百万円の支払超過という状態にあった。

　こうした生命保険業者の苦境に配慮して、1945年2月12日に「損害保険中央会法」と同時に「生命保険中央会法」を公布し、4月1日に全額政府出資で生命保険中央会を設立した（理事長広瀬豊作、4月6日辞任し大蔵大臣就任、4月28日川越丈雄（元大蔵次官））。生命保険中央会は4月1日以降に戦争死亡再保険を引き受けた。生命保険中央会が再保険を引き受け、同会の支払財源に不足する場合には政府が補償する体制となった。同時に協栄生命再保険の再保険業務を吸収し、協栄生命再保険は協栄生命保険株式会社に商号変更し、元受保険会社に転換した[14]。

3. 保険会社の資産運用

　生命保険の運用状況を点検すると、1942年末には未払込資本金・基金を控除した総資産が7,029百万円へと増大しており（表5-6）、貯蓄奨励の中で生命保険の資産運用高も増大していたが、その運用資産利回りは1941年の5.00％から1944年の4.23％へと低下を辿った（表5-9）。この間、国債保有比率が33.9

表5-12　生命保険会社資産

(単位：百万円)

年　月	株　式	社　債	外国有価証券	国　債	その他有価証券	小　計	その他資産	合　計
1942. 3	1,601	965	317	1,474	82	4,439	1,651	6,090
43. 3	1,863	1,012	440	2,150	117	5,582	1,710	7,292
44. 3	2,216	995	533	2,893	124	6,761	1,886	8,647
45. 3	2,374	1,073	634	3,710	145	7,936	3,012	10,948

注：その他資産には未払込資本金を含まず。
出所：前掲「第89回帝国議会参考書」。

％にまで上昇していた。運用資産を点検すると（表5-12）、1942年3月期で、総資産6,090百万円のうち、株式1,601百万円、国債1,474百万円であり、株式が最大の運用資産であったが、1944年3月期に国債が2,893百万円、株式2,216百万円、社債995百万円という順で、国債が最大比率33.9％にまで上昇した。他方、貸付金比率は14.9％にまで低下していた。株式保有は21.7％であり、貸付金よりは高い水準を維持した。それでも運用資産構成から運用利回りの低下は避けることができなかった。この有価証券の資産額は簿価である。その後も国債の増大は続き、生命保険各社の貯蓄奨励の中で蓄えた生命保険料と運用により、1945年3月期に総資産計10,948百万円にまで増大した。生命保険会社は有力な金融機関へと拡大を続けたといえよう。1945年3月で国債3,710百万円、株式2,374百万円という規模であった。この両者で総資産の6割近くを占めていた。外国有価証券とは満洲国債等である。社債は株式と異なり、満期償還が発生するため、年度によっては減少することがありうる。

　生命保険会社の株式に対する機関投資家としての重要な位置づけが認められたため、保険会社が従前から保有する株式配当に対する分類所得税の税率に対しては、1938年3月31日公布「臨時租税措置法」で、「所得税法」（1940年3月29日公布）第21条の税率10％を6％に軽減されていた。戦時大増税の中で1942年2月23日に「臨時租税措置法」が改正された。本則税率が15％と規定されたが、生命保険会社に対しては10％に軽減していた[15]。

　1942年11月1日に国民貯蓄奨励局は内局の国民貯蓄局に改組された（局長氏

家武)が、同局は敗戦まで戦時貯蓄奨励を続けた[16]。生命保険会社については、1942年度は増加資産14億円とし、新契約150億円を目標とし、1943年度は増加資産15億円とし、新契約160億円を目標とした。1944年度は増加資産18.5億円とし、新契約220億円を目標とした。こうして毎年目標額を上乗せしていった。1945年度は増加資産19億円とし、新契約230億円としたが、年度途中で敗戦となる（生命保険協会［1978］312頁）。この契約目標により総資産を拡大させることになるが、それによる国債保有増加が日中戦争期から生命保険会社の目標となり、1942年には増加資産の大体6割を標準として買い入れるものとし、1943年には1942年度と同様とした。1944年には1943年度末資産の3％と増加資産の46％、44％、42％あるいは40％（会社別指定）を合計した額を目標とした。1943年度以降は目標額を都道府県別に設定し、1945年度には各社別に割当がなされた。（生命保険協会［1978］302-303頁）。

国策法人への融資斡旋として、生命保険会社は戦時金融金庫債券の引受のほか、その他の機関への巨額の貸付を行った。生命保険統制会が斡旋した融資として、戦金239百万円、南方開発金庫20百万円、北支那開発120百万円、産業設備営団90百万円という巨額の事例があり、また中支那振興に対しては、インフレの激しい華中から日本への送金規制で、華中に滞留している収入保険料その他の増加資金を充当した。これら国策法人への融資に対しては、1940年2月以来、生命保険会社協会・生命保険統制会は一括して無担保貸付の認可を得てきたが、1945年3月にはその無担保貸付枠を総資産の20分の1以内から10分の1以内にまで広げることについて大蔵省から了解を得て、各社に無担保融資を実行させた[17]。

1943年における大手生命保険会社の最大の株式保有銘柄は満投であり、生命保険会社の満投株式取得の払込金額は、1943年12月1日現在で347,147千円である[18]。同社に対し満洲国は設立後10年間は年5％配当を保証し、また株主の請求により、設立10年後、1年を限り払込資本金額で株式を買い上げるという特典が付されていた。同社に対する貸付金額は136,365千円あり、このうち32,084千円は、生命保険会社の保有していた外貨債券を満投に売却し、その代

表5-13　生命保険会社含み資産

(単位：千円)

| 年　次 | 諸準備金（会社所有勘定） ||| 繰越金 | 有価証券含み益 ||| 合　計 |
	法　定	任　意	その他	小　計		公社債	株　式	小　計	
1942年度末	9,743	55,520	2,649	67,912	8,618	29,463	511,307	540,770	617,300
44年度末	10,522	56,848	3,999	71,369	5,853	27,640	269,991	297,631	374,853

出所：前掲「第89回帝国議会参考書」。

金43,869千円を同社に対する貸付金に振り替えたものの未償還額である[19]。

　1943年10月31日「軍需会社法」が公布され、指定軍需会社に対し政府は支援を行うため、1944年1月「軍需融資指定金融機関制度」を公表した。指定軍需会社に対し担当銀行を指定し、資金供給の円滑化を図るものであったが、指定金融機関の資金不足を補うため、ほかの金融機関は軍需融資協力団を結成し、それに支援することになった。その軍需融資協力団に生命保険会社も参加を求められた。生命保険統制会ではその具体化について1944年2月以降、検討を続け、7月5日に「生命保険会社軍需協力要綱（仮案）」を作成している。それによれば生命保険会社は興銀の主担軍需会社より、興銀が選定したものについて、生命保険統制会の斡旋により、興銀に対するそれぞれの「特別軍需融資協力団」を組織するというものであった。しかしこの協力組織は実現しなかった。戦局の悪化により、この軍需融資制度では運営効率が不十分であり、1945年5月12日に資金統合銀行が設立され、地方銀行等の余裕資金を軍需産業に供給する体制が出現したため、この統銀に対し、第一生命保険ほか9社で合計10,580千円の融資を行った[20]。統銀が地方銀行や生命保険会社等の金融機関から資金の供給を受け、同行からまとまった資金が個別軍需産業等に供給された（第3章参照）。

　生命保険会社も運用利回りが低下したため、経営には苦慮したが、それでも長期にわたる資産運用のため、含み益が発生しており、それを吐き出しながら資産を調整することで全面的な赤字決算に陥らずに済む。ただし含み益が株価下落に連動して縮小することになる。1942年度末の生命保険会社の赤字処理に

回せる財源として、会社所有勘定の諸準備金で67百万円、利益繰越金8百万円のほか有価証券含み益で540百万円があり、多額の含み益が発生しているため、合計617百万円という額に達していた（表5-13）。1944

表5-14　損害保険契約高

（単位：千件、百万円）

年　次	火災保険		海上保険		その他保険	
	件数	金額	件数	金額	件数	金額
1941末	6,973	55,403	336	6,641	340	2,401
42末	7,764	66,039	321	8,016	360	2,612
43末	7,781	82,085	297	9,709	293	3,110
44.8末	7,107	108,739	166	9,023	172	2,294

出所：前掲「第89回帝国議会参考書」。

年末には、その有価証券含み益が297百万円に減少し、準備金・繰越金との合計が374百万円にまで低下した。これは株価下落が生命保険会社の経営を圧迫してきていたことを告げるものである。この株式価格はその後、低迷するが、流通株式市場を戦金が買い支えているためなんとか含み損に転落せずに維持されていた。株価が暴落するままに任せれば、生命保険会社の含み益は含み損に逆転し、民営企業としての事業が崩壊する瀬戸際に立つことになる。これは多額の株式を保有している金融機関に共通する資産運用の危機の顕在化であった。

　さらに損害保険会社の契約と運用状況を点検しよう。戦時の損害リスクの上昇に伴い、損害保険需要が増大し、火災保険契約額は1941年末の55,403百万円から、1944年8月末の108,739百万円に増大した（表5-14）。同様に海上保険契約額は6,641百万円から9,023百万円に増大した。ただし1943年末に比べ海上保険はむしろ減少した。特に海上輸送の危険が急増したため、船舶運航件数が減少し、契約件数の減少となった。保険事故の増大が不可避の状況に追い詰められた損害保険会社は、1942年度末で保険事故への備えとして見込める準備金と有価証券含み益で、392百万円と見られていたが（表5-15）、1944年度末でも485百万円を維持し、そのうち諸準備金、大火危険準備金、責任準備金が中心であり、保有有価証券の含み益が余裕金の大半を占める生命保険に比べ、有価証券含み益は限られていた。株価暴落が発生しても、含み益に依存していないため諸準備金等で維持できるが、それでも含み損が多額に発生すれば、痛手を受ける。さらに陸上戦争被害が拡大すると、損害保険会社の自己勘定分は収

表 5-15　損害保険会社余裕額

(単位：百万円)

年度末	有価証券含み益	大火危険準備金	責任準備金	諸準備金	当年度再保準備金	次年度繰越金	合計
1942	14	95	67	166	32	18	392
44	38	133	65	196	40	13	485

出所：前掲「第89回帝国議会参考書」。

支悪化を防ぐのはむずかしい状況にあった。

　特に敗戦直前の損害保険会社の貸借対照表は急変した。1944年2月15日公布「戦時特殊損害保険法」に基づく戦争被害保険金支払いで1件3千円を越える部分については、「臨時資金調整法」に基づき、資金の浮動化阻止のため特殊決済を必要とした。特殊預金として振り込む支払保険金について、保険会社は事前に銀行と契約して政府補償を受けるまでの繋ぎとして、見合融資を受ける仕組みとなっていた。1945年3月東京大空襲後の戦争被害の急増に伴い、この見合融資も急増した。例えば1945年9月末の帝国銀行総貸出143億円中、大正海上火災保険、東京海上火災保険等14社に対する貸出は41億円、約3割に達する巨額となり（三井銀行［1957］429頁）、損害保険会社は多額の見合融資の負債を抱え込んでいたまま敗戦を迎えた。

1)　東京大学総合図書館蔵『美濃部洋次文書』マイクロフィルム版、3651。
2)　大蔵省監理局保険課長楢原勉、1942年4月7日に河野通一、1943年3月23日に吉村成一、同戦時保険課長木下忍、1942年9月7日村岡信勝。
3)　「各省共管事項協議事項ニ関スル意見（主トシテ商工省関係）」日付なし（旧大蔵省資料Z809-25-5）。同綴の同名草案には「（監理課）」の記載あり、また別頁の「監理課」以外の作成文書には1942年8月下旬の記載があり、これらから1942年8月作成と推定。
4)　1943年11月1日銀行保険局保険課長吉村成一、1945年5月19日金融局保険証券課長吉村成一。
5)　日本生命保険［1953］、保険研究所［1980］、商工省監理局［1978］年表、明治生命保険［1955］、協栄生命保険［1963］、第百生命保険［1985］等を参照。日産生命は1940年10月15日に株式会社日産が太平生命保険株式会社を買収して商号変

更した（日本生命保険［1989］104頁）。商工省監理局『保険年鑑』1939年版、甲・内国会社、2-9頁。
6) 商工省監理局『保険年鑑』1940年版、甲・内国会社、1942年、2-3頁。25社が掲げられているが、仁寿生命保険の年末現在高皆無となっており、24社で集計した。
7) 横山［2007］で生命保険会社規模拡大による経営の効率性が検証されている。
8) 個別損害保険会社の合併等の事例の紹介を省略した。東京海上火災保険［1964］、東亜火災海上再保険［1968］、保険研究所［1980］、安田火災海上保険［1990］等、いくつも合併に言及するものがある。
9) 生命保険協会［1978］366-367頁、同年表。ほかに小児保険と団体保険も無審査保険として開始した（前掲「第84回帝国議会用想定質問応答」）。
10) 陸上戦争保険については、柴田［2002a］215-217頁が詳しい。
11) 戦争死亡傷害保険制度の導入と施行についても柴田［2002a］218-221頁参照。
12) 戦時特殊損害保険と損害保険中央会の業務についても、柴田［2002a］221-223、243-246頁参照。損害保険中央会については、閉鎖機関整理委員会［1954］も参照。
13) 日本生命保険［1963］140頁で負担の重さの事例の紹介がある。戦死公報を受けてから支払い請求がなされるため、死亡保険金支払はさらにそれより遅れ、敗戦後も戦争死亡保険の支払いは続いた。日本生命保険では1937年から1948年3月末までの死亡保険支払総額1,164,372千円のうち、戦争関係死亡保険支払額は42.2％の492,412千円（内再保険分182,861千円）という負担となっていた。
14) 生命保険中央会については協栄生命保険［1963］と閉鎖機関整理委員会［1954］を参照。
15) 背景については大蔵省昭和財政史編集室［1957］651-654頁。
16) 大蔵省百年史編集室［1969b］88頁。国民貯蓄局は1946年2月2日に金融局が銀行局に改組される際に吸収された。
17) 生命保険協会［1978］352-353頁。中央儲備銀行券の乱発によりインフレの激化した華中からの対日送金規制については、柴田［1999a］第13章参照。
18) 1942年・1943年の満投の株式取得と外貨債券処理による株式への転換スキームもあり、先述の1941年の生命保険7社合計36百万円から、1943年末に各社合計374百万円へと保有額が大幅に伸びていた。
19) 前掲「第84回帝国議会用想定質問応答」。なお外貨債関係の貸付金を同社株式払込に振替で充当するときには、別にこれと同額の資金を満投に貸し付けることとなっていた。日本国内における満投の保有株式の、満投・日産系の会社に転換した後の日本証券投資株式会社による消化については、柴田［2007g］40頁参照。
20) 生命保険協会［1978］353-354頁。軍需融資指定金融機関制度については、日本

興業銀行［1957a］581-604頁参照。統銀については第3章および閉鎖機関整理委員会［1954］参照。

おわりに

　生命保険は第1次大戦期に機関投資家として株式投資では有力な地位を確保していた。国内再保険市場が狭隘なため、再保険専業会社として協栄生命保険が各社の出資で設立されたが、標準下体保険に市場が限定されていた。株価下落局面では生命保険会社の出資で設立した生保証券で株価梃入れを行い、株式流通市場への強い関係を持っていた。1937年7月日中戦争勃発後、戦時生命保険は銃後の安定に必要であり、伝統的な普通死亡保険と徴兵保険がむしろ開戦後に売れ行きがよくなった。そのため保険料収入は増大した。保険は商工省所管で金融というよりは互助組織のような発想で理解されていたが、戦時貯蓄動員の中で、自治的資金調整団体を結成することで、積極的に貯蓄動員に参加した。それにより毎年度契約高が増大し、その蓄えられた保険料が国債購入や国策系企業の株式購入や社債購入に当てられた。このため一段と生命保険は機関投資家としての立場を強めていった。ただし死亡事故の増大、徴兵動員による支払の増大で、保険収支は苦しくなっていった。それでも保険料率を引き上げることなく続けた。そのため徴兵保険は長期的に営業が苦しいと見込まれて、1941年には商工省監理局で徴兵保険新規契約停止まで想定していた。生命保険の保険料蓄積で戦時長期資金運用の位置づけが高まり、その中で保険業は大蔵省に取引所とともに移管された。

　アジア太平洋戦争期には死亡事故の増大等で新たな金融商品が導入された。徴兵保険の各社均一の保険や、損害保険との相乗りの戦病死保険が開発されたが、新たな戦時保険商品には大蔵省の介入が一段と強化されていった。そのうえ生命保険各社が企業整備の一環として統合が進められ、会社数は急減した。それでも総資産の減少は見られず、1944年まで増大を続けた。これは生命保険業界が注力した貯蓄動員の結果である。しかし保有有価証券のうち国債の比率

が上昇し、利回りの低下に直面した。含み益さえ株価下落で消尽する可能性が顕在化したまま敗戦を迎えた。

　他方、損害保険は1930年代後半の国内再保険消化のため、プール制の導入から東亜火災海上再保険の設立に向かい、さらに損害保険国営再保険特別会計の設置により、政府が再保険を引き受けることで支える体制が構築された。アジア太平洋戦争勃発後は、戦争被害が拡大するため、国営再保険市場が一段と拡大し、純粋の民間損害保険市場は縮小を余儀なくされた。戦災被害を最終的に政府が支える体制で戦時を乗り切るしかなかった。損害保険会社も保険料収入が増大したが、短期契約が多いため、保険会社の資産負債規模は生命保険会社ほど急増することはなかった。損害保険会社も戦時統合が推し進められたが、総資産の減少は見られず、無視しえない規模の金融資産運用の事業者になっていた。1945年4月より生命保険中央会と損害保険中央会に再保険が集約された。生命保険と損害保険の各社は国債と株式保有の比率が上昇し、利回りの低下と株価下落で含み益が消滅する可能性が顕在化したまま敗戦を迎えた。そのため保険業界全体として、株価維持は含み資産維持として操業上不可欠であった。

第6章　戦時会社経理統制

はじめに

　1937年7月日中戦争勃発後の戦時経済統制として、物資統制・労務統制・物価統制と並び、金融統制が展開された。そのうち金融統制は、1937年9月10日公布の「臨時資金調整法」の施行で、設備資金融資と民間企業証券発行市場に統制の網をかけ、不急産業から軍需および軍需関連産業に資金誘導を図った。しかしこの中心的金融統制法規は、あくまで金融機関からの設備資金供給と民間証券発行市場を統制するものであり、企業の自己金融すなわち諸積立金等の内部留保や償却引当等は統制の対象外であった。同様に企業の経費支出も統制の対象外であった。この領域への統制の拡大は企業の自発性を圧殺しかねないため、導入に抵抗があるが、それが実現する。それが本章の課題の経理統制である。これにより企業の配当統制、すなわち利益金処分とそれに連動する自己金融や損益計算の次元にまで踏み込んで、配当・償却・報酬・給与その他の経費に規制を加えた。したがって広義の企業金融から見れば、「臨時資金調整法」および、1940年10月1日総動員勅令「銀行等資金運用令」による運転資金統制と同時に公布された「会社経理統制令」による経理統制体制は、相補的に企業資金に統制を加えたとの位置づけが可能となる。

　戦時期の統制経済については、その全体の外観がすでに与えられている。その中で資金統制や企業整備までが位置づけられているが（中村［1974］、中村・原［1970］、中村・原［1972］）、本章と関連するものとして、企業利益統制としての「国家総動員法」第11条に基づく「会社利益配当及資金融通令」の導入

過程が精査されている[1]。個別企業側の経理統制の施行として鈴木［2007］が三井財閥の事例を紹介している。企業統制としての企業整備と原価計算・利潤統制に着目する研究も行われた（桜井［1982］）。会計制度史の一環として黒沢［1990］が会計学上の原価計算システムの日本への適用の中で戦時陸軍・海軍の原価計算準則を位置づけており、その延長で久保田［2008］も会計制度史から、経理統制の導入前史として商工省の財務諸表準則および陸軍軍需品経理統制に注目し、検討を加えている[2]。ただしいずれも、財務諸表準則のみに関心が傾注し、「会社経理統制令」を主たる課題とはせず、経理統制の実態にはまったく関心がない。国策を背景に展開された経理統制法令の制定と、その施行についての検討は未だ乏しい[3]。所管した大蔵省を中心とした政策展開として跡づけたのは、柴田［1992b］のみである。

　本章は経理統制体制の中心的法規である「会社経理統制令」とその他の法令制定経緯を、その前史をなす総動員勅令の「会社配当及資金融通令」と「会社職員給与臨時措置令」の制定と施行をも視野に入れ、一貫した統制体系の拡大強化というプロセスを可能な限り明らかにし、その運用を検討することで、企業財務全般に及んだ会社経理統制に接近しようとするものである。この検討を通じて、戦時期企業の資金統制と平行した経理統制に対する新たな視野が開かれよう。そのほか配当統制に代表される統制の一方で、選別的業種支援としての減価償却にも大蔵省が意を注いだ点もあわせて言及しよう。本章は柴田［1992b］の不備を改め、補強して再構成するものである。

　不急産業の廃棄と重要産業への設備転換を押し進める企業整備に関しては、企業経理統制の一環でもあるが、本章では利益・配当・給与賞与・その他経費・減価償却を中心として分析するため、除外する。企業整備を強行したことに伴う転換廃業資金の供給に伴う会社経理に対する政府介入としての企業整備資金措置の分析は、企業整備と1943年7月1日「企業整備資金措置法」に基づくその政策として、第7章でまとめて解説を与える。また株価下落によるキャピタルロスの発生を回避させるため、簿価との価格乖離の発生を圧縮させる個別銘柄の株式価格下限設定を表明した1941年8月30日「株式価格統制令」と、

株価変動に伴う評価額処理のための同日「会社所有株式価格臨時措置令」による保有株式時価調整も、企業経理統制の一環ではあるが、株式市場における価格介入策の一環として、すでに第4章で分析を加えてある。そのため本章では企業整備資金措置と株式価格統制および会社所有株式評価措置については重複を避け、除外した。

1) 伊牟田［1963］で紹介があり、それが伊牟田［2002］にも採録されている。
2) 黒沢［1990］では、陸軍軍需品工場事業場原価計算準則に会計学者が動員され、その延長上で日本の戦後会計学が位置づけられるため、高い評価を与えている。久保田［2001］とこれを拡張した久保田［2006］でほぼ同様の構成となっており、商工省の財務諸表準則と陸軍省の軍需品経理統制の延長で「会社経理統制令」を位置づける。それが企業会計制度史では黒沢［1990］以来の定説のようであり、会計学者が深く関わった企業財務基準の戦後への連続性を重視しているように読める。他方、「会社経理統制令」では会計学者の動員はなされず、大蔵省の経済統制官僚により制定されたため、関心と評価がやや低いようである。配当統制に始まり給与統制に拡大し、それが「会社経理統制令」として拡張のうえ全面展開し、さらに固定資産減価償却の強制にまで進むものと捉える本章とは、久保田［2006］等の着眼点が大きく異なる。
3) 例えば財閥系企業の企業財務については、麻島［1986］がある。その他国策企業の研究や個別法人の経営史的研究も多いがここでは省略した。

第1節　配当統制論と軍需産業への税務支援策

1．満洲事変期の高率配当復活

　満洲事変期に軍需産業の景気が急速な回復をみせ、軍需会社の利益率が上昇し、その結果、10％を越える配当を行う企業が珍しくなかった。ただし「商法」（1899年3月9日公布）では、利益金処分における配当に対する上限は特段規定していない。利益金処分で唯一規定されているのは、利益の法定積立金への

組入れのみであり、それ以外の利益金処分は「所得税法」(1920年7月31日公布)の規定による法人税納付を除けば、内部留保・役員賞与・配当のいずれにも経営者の判断で、調整を加えることができ、株主総会に提案し、その承認を受けて実施することになる。そのため企業間の配当性向は大きく異なり、株主に対して高率配当を実施する企業も珍しくない。

特に満洲事変期の景気の回復に伴い高率配当が有力企業で多数見られるようになっていた。その状況を確認しよう。1931年上期と1935年下期の比較で、有力軍需会社20社の企業利益率と配当率の比較を行う(表6-1)。1931年上期では富士電機製造株式会社・株式会社芝浦製作所・株式会社東京石川島造船所・株式会社川崎造船所等が欠損で無配という苦しい状況にあった。この4社を含み利益が乏しい三菱重工業株式会社等9社が無配にあった。そのため株価も額面を大きく割り込んだまま低迷していた。配当率で最高は日本火薬製造株式会社の10%であり、日本曹達株式会社の8%が続いていた。それ以外の有配会社の配当率は6%止まりであった。ところが満洲事変景気で軍需産業が活気付くと利益率が上がり、全社とも利益を計上し、しかも全社とも配当を行った。最高は株式会社日立製作所、日本電気工業株式会社、日本曹達の12%、国産工業株式会社、株式会社新潟鉄工所、株式会社池貝鉄工所、日本火薬製造が10%という水準で、好調な営業成績を残した。それに伴い株価も上昇し、1935年下期株価の確認できる19社中、15社が額面価格を上回っていた。

もちろん軍需産業のみが高率配当に復活したわけではなく、伝統的な繊維産業や食品産業のような有力大手民需産業も1935年上期には回復していた。それも確認しよう。株式公開している代表的企業として鐘淵紡績株式会社は、1935年上期で払込資本金利益率19.96%、自己資本利益率9.19%で配当率年25%という傑出した高率配当を行っていた(表6-2)。そのほか東洋紡績株式会社18%、帝国人造絹糸株式会社15%等の年12%以上の高率配当会社20社が並んでいる。この中では資本金規模の小さな東京火災保険株式会社のように、払込資本利益率60.04%、自己資本利益率20.28%と、利益急増を反映し、15%配当を計上した例もあるが、他方、払込資本金が最も多額の日本鉱業株式会社でも、

表6-1　軍需産業利益率配当率（1931年上期・1935年下期比較）

(単位：％、円)

会社名	1931上期 利益率	1931上期 配当率	1931上期 最高株価	1935下期 利益率	1935下期 配当率	1935下期 最高株価
㈱日立製作所	5.60	3	…	41.10	12	111.5
富士電機製造㈱	欠損	無配	4.10	32.80	7	44.5
古河電気工業㈱	7.90	6	…	19.60	8	68.8
㈱芝浦製作所	欠損	無配	18.15	28.60	8	80.2
国産工業㈱	7.90	5	39.80	24.00	10	85.9
㈱新潟鉄工所	8.05	3.4	22.80	36.56	10	95.8
日本電気工業㈱	…	無配	…	21.50	12	92.0
㈱池貝鉄工所	5.18	3	…	40.20	10	82.0
東京製綱㈱	5.70	5	30.70	32.30	8	75.7
東京瓦斯電気工業㈱	欠損	無配	4.50	10.80	5	51.0
三菱重工業㈱	0.50	無配	…	13.60	7	79.5
㈱東京石川島造船所	欠損	無配	7.50	29.40	8	69.5
浦賀船渠㈱	6.90	無配	20.00	22.50	8	67.5
函館船渠㈱	4.10	3	…	11.10	5	39.5
㈱川崎造船所	欠損	無配	4.80	8.00	1	33.5
日本曹達㈱	19.60	8	…	34.40	12	82.5
帝国火薬工業㈱	4.60	3.2	6.20	7.80	4	22.5
日本火薬製造㈱	19.90	10	…	30.80	10	…
帝国製麻㈱	0.60	無配	18.90	21.50	7	52.9
日本石油㈱	10.80	4	46.50	17.80	5	51.6

注：1）富士電機製造のみ1株45円払込、ほか50円払込。
　　2）1935年下期で特別配当、古河電気工業、芝浦製作所、東京製綱各2％、日本火薬製造5％、川崎造船所優先配当5％。
出所：長谷川［1937］141-142頁。

払込資本金利益率10.82％、自己資本金利益率10.39％であり、14％配当を計上しており、産金増産等で急速に利益が回復していた。直接的な軍需産業のみならず、幅広い産業の回復と配当増大が見られていた。ただし配当が高率か低率かについては、相対的なものである。超優良企業で資本の効率運用や、製品の売値が第三者国間の戦争による過大な需要といった外在的要因で急騰することで、第1次大戦期には空前の高利益により年25％といった配当を行った企業もある。一国別・産業別の配当性向も時代によりかなり違いがあるため、特定時期の国内平均配当率と比較して高率か低率かを判定するしかない[1]。

表6-2 優力企業利益率配当率（1935年上期）

(単位：%、千円)

企業名	配当率	払込資本金	自己資本	利益	利益率 対払込資本金	利益率 対自己資本
鐘淵紡績㈱	25	39,063	75,535	7,220	19.96	9.19
日清紡績㈱	12	19,750	27,225	1,732	9.00	6.36
東洋紡績㈱	18	55,975	113,519	6,223	11.11	5.48
帝国人造絹糸㈱	15	28,500	35,288	3,156	11.07	8.94
倉敷絹織㈱	14	25,000	28,006	2,885	11.54	10.22
東洋レーヨン㈱	12	20,000	25,575	2,187	10.93	8.55
大日本製糖㈱	12	56,332	75,904	4,087	7.25	5.38
台湾製糖㈱	12	43,080	67,540	4,915	11.40	7.27
明治製糖㈱	12	39,200	56,654	5,276	13.45	9.31
日本鉱業㈱	14	96,750	100,730	10,469	10.82	10.39
大連取引所信託㈱	13	4,125	4,885	441	10.69	9.02
㈱日立製作所	12	20,000	26,573	2,680	13.40	10.08
日本電気工業㈱	12	12,500	12,945	1,096	8.76	8.04
九州採炭㈱	12	6,750	9,196	750	11.11	8.15
三菱鉱業㈱	12	74,973	86,296	6,547	8.73	7.58
日本鋼管㈱	17	18,430	27,936	4,549	24.68	16.24
㈱浅野小倉製鋼所	12	7,500	8,426	1,213	16.17	14.39
東京火災保険㈱	15	2,500	7,400	1,501	60.04	20.28
日本曹達㈱	12	5,200	1,689	951	18.48	12.49
大日本麦酒㈱	12	59,800	82,931	5,389	9.01	6.49

注：1）商号の短縮や誤りを修正した。九州採炭は原資料では「九州炭礦」。
　　2）浅野小倉製鋼所は1936.12に小倉製鋼㈱に商号変更。
出所：長谷川［1937］103頁。

2．配当統制論議

　満洲事変後の満洲国樹立と対満洲投資の急増や、後期高橋財政による時局匡救費による財政支出等で景気回復が進み、1935年には企業収益も回復してきた。それに伴い企業配当も上昇していた。他方、長期化した恐慌による農村の疲弊は激しく、既存体制の打倒を狙った1932年五・一五事件が国内を震撼させた。失業者が溢れている中で利益を独占する財閥への非難が強まり、1933年7月24日に三井合名会社保有の王子製紙株式約10万株を生保投資団に売却し、以後も財閥保有株式の公開が進められ、いわゆる「財閥転向」がみられるような状況

になっていた[2]。

　軍備増強予算要求の中で、1935年度予算編成作業が行われ、財源調達のため第67回帝国議会に「臨時利得税法案」が提案された。同案に対し立憲民政党衆議院議員中島弥団次が、臨時利得の算定基準とする1930・31年に比べ、1934・35年の配当は著しく増加しており、提案された新税は配当所得を課税の対象外としているのは疑問であり、課税の対象とすべきとの意見を表明した[3]。その後も有力企業の高率配当が続くため、社会的批判が鬱積し、それが第69回帝国議会でも問題となった。1936年5月16日に衆議院昭和十一年度一般会計歳出ノ財源ニ充ツル為公債発行ニ関スル法律案委員会議で、社会大衆党川村保太郎が大蔵大臣馬場鍈一に質疑し、配当を制限し企業の積立金に振り向けさせ、それで公債を購入させるような考えはないかと質した。これに対し馬場は配当を一定程度にまで制限するようなことは考えていないと答弁した。続いて立憲政友会武田徳三郎の質疑で、実際に大蔵省は特殊銀行や一部の政府出資法人の配当制限を行っており、一般の企業に対しても、法的に配当制限を行ったほうが企業家に水準を示すものとなり適当ではないかと質した。これに対して馬場は一般企業に対しては配当制限を行うつもりはないと答弁した[4]。議会内左翼と伝統的保守派からの配当制限の提案がなされたといえるが、これは高率配当に対する反感という世相の風潮を反映していた。しかも配当課税ではなく、大蔵省が直接に制限を行えという提案がなされた点が注目されよう。

　配当を政府が法的に制限する手法として、すでにドイツとイタリアに先例があり、その配当制限の制度が反資本家的発想の深まる日本にも波及するのは時間がかからなかった。世界恐慌の波及で経済が混迷し政府の財源不足に苦慮して、国債消化に全力を挙げていたナチス・ドイツ政府は配当統制に踏み切った。ドイツでは1933年1月にヒトラーが全権を獲得した後の1934年12月4日「資本会社の利益配当に関する法律」(Das Gesetz über dir Gewinnverteilung bei Kapitalgesellschaften) 公布によりドイツ国内の会社は年配当率6％を上限とする、前年度に6％以上の配当をした会社は8％を越えない限り同率まで配当できる、利益配当を控除した超過残余利益金を金割引銀行に預け入れ、同銀行

はそれで国債を購入する、というものであった[5]。次にイタリアでは1935年8月28日の法律で、会社の配当率を年6％以下もしくは過去3年間の平均率以下に3年間制限し、それ以上の超過余剰利益を政府証券に投資させるものとした（長谷川［1937］13-14頁）。ドイツ・イタリアのいずれの施策も、公益が私益に優先するという全体主義の思想を反映させたものである。なおイタリアでは配当統制導入後に、時限立法を延長せず1936年に配当制限の法律を廃止した[6]。日本においても法的に配当統制の導入が不可能ではなく、資本主義においてそれを実施する法制の適否が問題となる。すなわち資本主義の根幹をなす株式公開会社の株式配当統制による圧迫を、どこまで資本家側が妥協しつつ受け入れることができるかという課題に直面する。世界恐慌の打撃を受けた1930年代前半の日本社会の一部には、配当統制を妥当な選択として受け入れる素地が見られた。その部分的な表明として、先の第69回帝国議会における大蔵大臣馬場に対する社会大衆党と政友会からの質疑として現れていた。同様の配当統制の主張は日中戦争期にも続くことになる。

3．軍需会社への税務処理支援策

戦時財政収入確保のため、1938年3月31日「支那事変特別税法」で利益配当特別税が導入され、7％を超える配当に10％の税率で課税し、あわせて臨時利得税に上乗せして課税して、配当と企業の収益課税を強めた（大蔵省昭和財政史編集室［1957a］458-461頁）。配当を税源として課税の対象とする動きとは対照的に、後述の配当統制が採用される前に、軍需産業に対しては税務処理上の支援が行われる。日中戦争勃発後、軍需生産に拍車をかけることになったが、軍需産業に対して生産増大を要請している政府としてその支援が必要である。とりわけ軍需産業に有利な配慮がなされた。工作機械等の輸入にかかる外国為替割当は有効であり、これはすでに1933年3月29日公布「外国為替管理法」に基づき実施されていた（第2章参照）。さらに1937年9月8日「臨時資金調整法」等による融資順位の設定による優先資金割当や、同日公布法律「輸出入品等ニ関スル臨時措置ニ関スル件」による輸入財の優先割当といったこれらの政

策についてはここでは言及を省略し（第3章参照）、企業財務に直結した論点のみを紹介しよう。

軍需産業を所管業種として抱える商工省が、兵器増産のための工作機械産業へ優遇措置を導入した。戦時の兵器増産のためその生産ラインに投入される工作機械が総動員されるが、連続操業や昼夜操業等で磨耗も激しいものとなる。そのため工作機械に対しては政府が特別の優遇措置を施した。それが1938年3月30日公布「工作機械製造業法」である。同年7月9日勅令「工作機械製造業法施行令」によると、工作機械とは切削研削用金属工作機械を製造するものを指す。工作機械製造業を営もうとするものは政府の許可を必要とするとし、政府規制が強化された産業であった。1941年3月で商工省より21社が許可を得ていた。その会社は日立工作機械株式会社、株式会社池貝鉄工所、株式会社新潟鉄工所、東京瓦斯電気工業株式会社（1910年8月設立）、株式会社大隈鉄工所、三菱電機株式会社、大日本兵器株式会社等である[7]。工作機械製造業は政府の強い監督下に置かれたが、「工作機械製造業法」により多くの特典を与えられた。所得税および営業収益税の免除、輸入税の免除、全額払込前増資、「商法」の規定を超えた払込資本金の2倍を限度とする社債募集枠のほか、工作機械製造業のみに与えられた強制減価償却と不足分の政府補給がそれである。この工作機械製造業は一定規格、すなわち土地を除く設備価額5百万円以上の新設または増設設備については、完成後5年以内に6割まで強制償却を行わせ、資金が不足する場合には政府が補給する仕組みであった。しかも強制償却は払込資本金6％以下から25％以上までの6階層に分け、15％から80％まで事業利益率に連動させる制度となっていた（長谷川［1942a］228-233頁）。こうして工作機械産業において先行的に利益率に連動した強制償却が制度化された。

戦時体制への移行に伴う重要産業の企業財務への支援は、法令制定を不要とする分野では先行的に実施された。大蔵省が実際に対処してきた事例として税務処理上の調整がある。大蔵省主税局は1918年より税法上の固定資産の耐用年数を定め、それを各地税務監督局と税務署に通達し、税務会計上の処理の基準として適用させてきた。さらに戦時体制になり、主税局は内規で耐用年数表を

調整することで軍需産業を支援した。すなわち1938年6月10日に主税局は時局産業の適用される耐用年数の改正を通牒した。

　この耐用年数表の改訂の内容は、1937年7月1日以後の新設、拡張または進水にかかる時局産業の固定資産に対して減価償却耐用年数の短縮を行うとした。指定日以前の新設、拡張にかかる固定資産であっても、時局の生産増大のため深夜作業、昼夜2交替作業等のため使用が激しいものについては、時局産業並みにし、それ以外の産業に対しても同様に2割以内の増加償却を是認するとした。時局産業の範疇には、金属鉱業、石炭礦業、石油鉱業、製鉄業、非鉄金属精錬業、軽金属製造業、鋼船製造業、原動機製造業、金属機械製造業、化学工業用機械製造業、自動車および部品製造業、鉄道用および軌道用車輛製造業、航空機および部品製造業、兵器および部品製造業、硫酸製造業、代用液体燃料製造業、石油精製業、人造石油製造業等が列記されていた。これらの産業のうち指定時以後の導入機械については、概ね現行の4分の3もしくは3分の2に短縮された。指定時以前についても2割以内の増加償却を行った。この措置は各地税務監督局および税務署を通じて税務処理として実施されることとなった（山下［1939］263-268頁）。この対処により、当該産業にとっては耐用年数の圧縮により単年度償却額が引き上げられたため、その分が損金算入の増大となり、その結果、法人利益が圧縮されることになり税負担が軽減される。これは1927年大蔵省主税局通牒で税務監督局・税務署が減価償却の基準として採用していた耐用年数表で掲げてある特定産業を、選別して短縮化を図ったことになる。これにより耐用年数を短縮された軍需産業は税負担を軽減され、それが企業財務を強化させることで、後の高率配当を実現する一つの要因となった。そのため大蔵省・商工省は一方で軍需産業を支援しつつ、他方で、高率配当抑制という両義的な政策課題に直面することになる。そして大蔵省が選択するのは、後述のように配当抑制、多額役員報酬抑制、高額給与抑制といった、利益金処分や損益計算書上の経理統制による締めつけとなる。

　こうした法令制定・改正に基づかない小手先の処理では、軍需産業の生産底上げにはもちろん限界がある。予算措置としての補助金交付も有力な手段であ

り、また政府の軍需財の買い上げ価格の引き上げによる納入企業の生産促進も可能である。しかし現実には政府の予算制約式からみれば、財源が限られていることから、調達価格の引き上げによる安易な大盤振る舞いは難しい。兵器・軍需財の調達を増加させつつ、物価に与える影響を阻止し、他方、軍需産業の高利益を投資に回させるには、企業財務に対する法的規制しか手立ては見出せなかった。

1) 同一地域の同一産業でも、法人国籍により配当率が大きく異なる場合がありうる。第1次大戦期には、例えば栽培ゴムの需要の急増によりゴム栽培会社はかなりの配当を出した。日本法人の株式会社馬来護謨公司（1912年10月10日設立）は1917年9月期年25%、日新護謨株式会社（1913年5月設立、古河系）も1917年4月期年25%（特別配当13%を含む）の配当を行っている。他方、イギリス系ゴム栽培業者のアングロ・マレー社は1916年85%、クアラ・セランゴール社は同年150%、高率配当で知られていたセランゴール社は同年216%と破格の配当を行っており、日本企業と配当性向の決定的な違いが見られる（柴田［2005］72-73頁、103-106頁）。
2) 満洲事変期日本のマクロ経済構造の概観は、さしあたり橋本［1984］参照。経済政策については三和［2003］参照。
3) 『第67回帝国議会衆議院議事速記録』第8号、1935年1月29日、135頁。「臨時利得税法」は1935年3月29日に公布された。課税事業年度所得から1931年以前の2年間の平均事業年度所得を控除した臨時利得に課税するものであるため、景気の谷底状態の1931年以前の2年間と、満洲事変景気の盛り上がりを見せる1935年とでは経済状況が異なりすぎることに、反発が強かった。法案制定経緯については大蔵省昭和財政史編集室［1957a］301-314頁。
4) 『第69回帝国議会衆議院昭和十一年度一般会計歳出ノ財源ニ充ツル為公債発行ニ関スル法律案委員会議録』第4号、1936年5月16日。この議論については長谷川［1937］で紹介がある。
5) 長谷川［1937］5-9頁。金割引銀行とは1924年にドイツに設立され、商取引従事者に対する外国為替の供給を主要業務とする銀行である。1933年6月「外貨債整理法」により対外元利支払に制限を課した際に、金割引銀行は非居住者債権者の在独償却資産マルク勘定をディスカウントで買い取る業務も担当していた（塚本［1964］223-223頁）。
6) 『第74回帝国議会衆議院予算委員第三分科会議録』第3回、1939年2月6日、16頁。

大蔵大臣石渡荘太郎の答弁。
7）　その他に、21社とは日立工作機株式会社（1939年5月設立）、株式会社池貝鉄工所（1906年6月設立）、株式会社新潟鉄工所（1910年6月設立）、三菱電機株式会社（1921年1月設立）、株式会社東京機械製作所（1916年2月設立）、東洋精機株式会社（1937年2月設立）、株式会社大隈鉄工所（1918年7月設立）、トヨタ自動車工業株式会社（1937年8月27日設立）、株式会社唐津鉄工所（1916年1月設立）、株式会社篠原機械製作所（1941年12月設立）、株式会社大阪若山鉄工所（1934年7月設立）、大阪製鎖造機株式会社（1916年9月25日設立）、株式会社岡本工作機械製作所（1935年6月設立）、国産精機株式会社（1936年7月設立）、大阪機工株式会社（1915年10月設立）、株式会社昌運工作所（1938年3月設立）、理研工作機械株式会社（1938年4月設立）、長岡鉄工所（自営業）、株式会社津上安宅製作所（1937年3月設立）、大日本兵器株式会社（1938年7月設立）、芝浦工作機械株式会社（1938年12月設立）、株式会社荏原製作所（1920年5月設立）が指定された（通商産業省［1971］452-453頁）。長谷川［1941a］227頁にも掲載があるが、1941年3月より前の時点であり、掲載企業名も統合再編される前のものが並んでいる。設立は帝国興信所『帝国銀行会社要録』1937、1940、1942年版参照。戦時工作機械については、沢井実［1984a］・［1984b］が詳しい。1941年12月に日立工作機・国産精機・篠原機械を統合し、日立精機株式会社が設立された。この戦時工作機械の統合については山下［2002］が詳しい。東洋製機は1942年5月1日に三井精機工業株式会社に商号変更（三井文庫［2001］477頁）。

第2節　「会社利益配当及資金融通令」と「職員給与臨時措置令」の経理統制

1.　「会社利益配当及資金融通令」の公布

　第1次近衛文麿内閣はすでに1938年1月17日に「生産力拡充計画要綱」を閣議決定し、3月17日に生産力拡充委員会を内閣に設置し（会長企画院総裁瀧正雄（1937年12月25日～39年1月11日在任））、生産力拡充に全力を傾ける体制を構築しつつあり、生産力拡充は誰も逆らいがたい錦の御旗になった。

1938年4月1日「国家総動員法」が公布され、同法に基づき、同年5月4日「国家総動員審議会官制」により、翌日に国家総動員審議会が設置された。同審議会で承認を受けて公布される勅令は、総動員勅令として強力に日本経済を規制するものとなった。同法第6条に基づく最初の総動員勅令として、同年8月23日に「医療関係者職業能力申告令」と「学校卒業者使用制限令」が公布され、技術系学卒技能者の雇用に統制をかけた。特に「国家総動員法」第6条に基づく労務統制が先行した。また1939年1月7日に「国民職業能力申告令」が公布され、職業上のスキルを申告させ労務動員の効率化を図った。さらに他の分野においても総務動員体制が強化される趨勢にあった。

　「国家総動員法」第11条では、戦時に国家総動員上必要があるときは勅令により会社の設立、資本の増加、合併、目的変更、社債の募集もしくは第2回目以降の株式払込に対し、制限もしくは禁止し、会社の利益金の処分、償却損その他経理に関し必要な命令をなし、または銀行、信託会社、保険会社その他勅令で指定するものに対し資金の運用に関し必要な命令を行うことができると規定していた。この条項の発動による配当統制の政府における議論は、第6条に基づく労務動員の発動に際し噴出する。

　1938年11月3日武漢陥落と同年11月3日の総理大臣近衛文麿の「東亜新秩序声明」により、中国との戦争は終わりの見えない拡大状態にあった。陸軍側が「国家総動員法」の全面適用を強く求めていた。同法発動計画が政府の意思決定検討の場としての五相会議に諮られた際に、大蔵大臣池田成彬（1938年5月26日〜39年1月5日在任）は、全面発動を求める陸軍大臣板垣征四郎に対し、資金と利益金処分を統制する第11条については「財界を刺激し産業を萎縮せしめる」と[1]、その発動を拒否する姿勢を示した。結局、池田の意見が受け入れられ、第11条を除外した発動計画が企画院で策定され、11月4日閣議に提出された。しかし大蔵大臣池田の病欠した閣議で、内務大臣末次信正（海軍大将）と厚生大臣木戸幸一が、すでに労働統制の第6条が先述のように発動されるにもかかわらず、資金統制と利益金処分統制が発動されないのは不合理だとして、激しく反対した。この内閣不一致を露呈した激論の噴出で、総理大臣近衛文麿

は次回閣議での議論の継続を望まず、両者間に円満解決を求めた[2]。結局同月8日の閣議でも池田成彬・末次信正の間で議論が戦わされたが、すでに五相会議で決着を見ている提案をそのまま踏襲する方針で、大蔵大臣池田は同日の記者会見で、「若し配当制限をすれば結局経済界は萎縮し延いては生産力拡充といふ重要な目標を阻害してしまふだろう」と[3]、第11条発動に強い反対の姿勢を維持した。池田は資金統制に関しても「臨時資金調整法」で十分対応できると見ていた。こうした資金・利益金処分への統制の拡大に対する拒絶反応は、大臣就任声明以来の池田の一貫した主張であり、池田個人の長年の三井銀行経営から得た確信から来るものであり、かつ企業家の意見を代弁していた。またこの時点では総動員法による経済統制強化に対し、政府中枢にいても公然と反対意見を表明できる情勢にあった。

しかしその翌日の新聞に、陸軍省情報部長佐藤賢了（1938年8月27日～12月10日在任）は、「生産力拡充の如きは固より今後最も努力すべき事なるもこの戦時態勢下に之を全く営利本位に立脚して考ふる如きは適当ではない」、「高率なる配当の如きは不振産業や戦死者の遺族等の事を考ふれば大いに戒心を要す」と[4]、大蔵大臣池田に対し強硬に反発し、第11条発動を強く促した。この衝撃により株式市況は暴落する影響を受け、大蔵省対陸軍省・内務省の第11条発動をめぐり政府内の意見の角逐は激しさを増した。大蔵省は五相会議の決定に悖ると強く陸軍省に抗議し、一応陸軍側が詫びを入れる形で納まったが[5]、実際には、第11条発動を執拗に求める陸軍省・内務省の意見は少なからぬ世論の支持を得ており、先の佐藤声明は資金・配当統制の実施を強く世間に提起するものであった。この第11条発動意見の攻勢の中で、大蔵大臣池田は不満であったが、大蔵省側は後退を余儀なくされた。大蔵省は陸軍省との折衝を続けた結果、1938年11月19日に、「現在年1割以上の配当をしている会社がさらに増配することはこの際適当ではないと認め、原則としてこれを抑制する」旨の大蔵省方針を出さざるをえなかった[6]。ただし資金統制については妥当な方法を検討中であるとした。これに対して陸軍省側も情報部長佐藤の「同意する」談話を発表することで、一応落着した[7]。こうして陸軍省・内務省の求める配当

統制は池田と大蔵省側の後退によって実現に向かった。経理統制の導入過程においては、陸軍省側の統制強化要求の前に、経理統制を所管する大蔵省側が妥協して要求を飲み、行政的対応措置をとるという力関係がその後も続くことになる。

　以上の「国家総動員法」に基づく統制法規として、1938年12月22日国家総動員審議会で、第6条関係の資金統制勅令案等と並び、「会社利益配当ノ制限等ニ関スル勅令案」が審議、承認された。しかし総動員勅令の公布は遅延し、大蔵大臣池田在任中には公布を見なかった。そのため大蔵省は故意に公布を遅延させているか、公布を見送るのではと訝る意見も見られた。1939年2月6日の第74回帝国議会衆議院予算委員会第三分科会で、第一議員倶楽部永山忠則は、総動員勅令公布の遅延の理由を質した。1939年1月5日発足の平沼騏一郎内閣大蔵大臣石渡荘太郎は、事務的理由で遅延しており、近く公布する見込みだと答弁したが、これに対し、永山はさらに、公布の遅延は社会的影響が大きい、現内閣は前内閣よりも自由主義へと後退しているという主張もあると攻撃し、一日も早い公布を求めた[8]。前大蔵大臣池田と陸軍側との角逐を経ているため、大蔵省は配当統制に逡巡しているとみるものは少なくなかったと見られる。ようやく1939年4月1日に「会社利益配当及資金融通令」が公布された（施行4月10日）。国家総動員審議会で承認後、公布まで3カ月を要したのは、大蔵大臣池田が本心では反対しているため、制定に乗り気でなく、池田在任中には大蔵省側と陸軍省側との間で、あるいは大蔵省内で、配当統制を実施するとしてもその統制の水準についての意見調整がまとまらなかったのではないかと思われる。

　「会社利益配当及資金融通令」は会社の利益金処分および銀行の資金運用についての統制を定めたものであり（第1条）、銀行の資金運用については、同令は大蔵省による日本興業銀行に対する特定企業への命令融資の根拠法令となる（第3章参照）。配当統制については、資本金20万円以上の会社は1938年11月30日以前の有配会社の場合にはその最終配当を基準とし、6％以上の場合には許可なく1％以上の増配が不可能となり、上限10％と定められ、それ以外は

合併や資本金20万円以上への規模拡大等の一部の場合を除外し、年6％とし（第2条・第3条）、これにより高率配当は抑制される。この配当抑制により留保される資金の使途に関しては、資産の償却と積立金に当てるように求めた（第7条）。以上の勅令の経理統制目標は主として配当制限であった。設立経緯からも反資本家的な配当制限措置という性格も見出せよう。だがこの勅令の公布により、法人利益は他の利益金処分、すなわち内部留保や償却に転化するように仕向けられる。特に内部留保に関しては、従来の「商法」の規定によれば、積立金は資本金の4分の1まで利益金の20分の1以上の積立義務が課せられていたにすぎないため、この勅令により「商法」の規定を超える内部留保と償却への充当を求めることができると規定していた。なお上限年配当率6％は先のドイツ・イタリアの配当制限導入の上限の6％と同等であるが、それを上回る場合の上限が10％に設定されており、これはドイツの超過配当率上限8％を上回る緩い率に設定されていた[10]。「会社利益配当及資金融通令」の配当制限は、ドイツの配当制限よりも微温的な措置であったといえよう。それは企業家側を代表する有力閣僚池田成彬のような立場の発言力が、まだ影響力を行使できる状況にあったことを告げるものであろう。

2．「会社利益配当及資金融通令」の配当統制

「会社利益配当及資金融通令」に基づく利益配当統制の執行にあたって、1939年4月10日に勅令「利益配当審査委員会官制」が公布され、大蔵省に利益配当審査委員会が設置された。委員長は大蔵次官大野龍太、1939年4月11日発足時の委員は、大蔵省主税局長大矢半次郎、理財局長相田岩夫、銀行局長入間野武雄のほか、陸軍主計中将石川半三郎、海軍主計中将武井大助、農林省経済更生部長石黒武重、商工省工務局長東栄二、同鉱山局長小金義照、電気庁（逓信省電気局を1939年4月1日改組）部長藤井崇治、鉄道省監督局長鈴木清秀のほか、民間有識者として津島寿一（元大蔵次官）と河上弘一（興銀副総裁）が並び[11]、主管する大蔵省の主導になるが、配当統制導入に対しては民間側からの反発が強かったこともあり、形だけではあれ、ある程度民間にも配慮した委

員構成となっていた。同委員会が勅令に基づく許可等のうち、重要なものを審議した。監督官庁は営業報告を求め、かつ検査も可能となった。4月12日勅令により、税務署長をして営業報告を徴し、必要なら税務署を動員した臨検検査で臨む体制が築かれた[12]。統制の執行については、個別事業法に規制される法人が各主務官庁に監督されるが、その他のこの勅令に該当する全法人が大蔵省の監督に服することとなった。同年4月11日に第1回利益配当審査委員会が開催され、「会社利益配当及資金融通令第二条、第三条又ハ第四条ニ基ク許可、認定又ハ指定ニ関スル方針」が決定され、公表された[13]。こうして「国家総動員法」体制下で、陸軍側の強力な要求を契機にして、大蔵省が主務官庁となる会社経理統制が、その統制権限は未だ強力ではないものの、その姿を現した。

なお大蔵省の主管部局は統制官僚の理財局金融課長迫水久常（1937年5月4日〜40年12月18日在任、企画課に改組、1942年11月1日まで在任、兼務で1940年12月18日〜41年7月16日理財局監査課長）が強力に指導しており、先に公布された「臨時資金調整法」のほかに、経理統制業務も兼担となり、大幅な業務拡張となった。外地に関しても、朝鮮・台湾・樺太・南洋群島についてこの勅令が施行され、朝鮮総督府・台湾総督府・樺太庁・南洋庁がそれぞれ所管した。ただし利益配当審査委員会の規定は外地では除外された。関東州については別の勅令が公布され、主管は在満洲国大使となった[14]。迫水が勅令制定責任者として民間企業関係者を集めて「会社利益配当及資金融通令」について解説した。利益配当制限と会社経理を適正に行わせることが、生産力拡充に必要資金供給させるとの趣旨の意義づけを与えていたが、最も詳しい説明を与えていたのは基準配当率とその適用についてであり、この点が勅令施行で多くの申請案件が発生すると見ていたようである（迫水［1939］7-24頁）。

利益配当統制の施行状況は、1939年4月10日から後述の「会社経理統制令」が施行される1940年10月19日までの期間について判明する（表6-3）。基準配当もしくは1割を上回る増配を申請した130件のうち、許可されたのは50件と38％にすぎず、高率配当に厳しく臨んだ。臨時増配申請291件、合併による基準配当率設定申請216件が件数で多いが、その許可・不許可は不詳である。お

表6-3　「会社利益配当及資金融通令」施行状況（1939年4月10日～40年10月19日）

(単位：件)

申請案件	処理件数合計	所管省庁			
		大蔵省	商工省	逓信省	鉄道省
増配に関する許可申請（許可）	50	43	6	1	—
増配に関する許可申請（不許可）	80	79	—	—	1
臨時増配認定申請	291	257	26	3	5
合併会社基準配当率認定申請	216	147	25	20	24
資本金20万円未満会社基準配当認定申請	92	81	1	—	10
基準配当率指定	26	20	6	—	—
合　計	755	627	64	24	40

出所：大蔵省理財局配当給与課「第76回帝国議会参考書」1940年12月（旧大蔵省資料Z376-47）。

そらく前者は増配申請同様に許可率が低く、後者は1割を上回らなければ許可されたのではないかと思われる。資本金20万円以下の該当法人92件の場合も同様である。ただし1939年末の全法人85.1千社のうち（表6-4）、資本金20万円以下の73.4千社に対して、施行期と決算期のズレを無視すれば、該当法人は僅か0.1％にすぎない。20万円以上法人の処理件数663件も該当法人11.7千社の僅か5％に止まり、利益配当統制が導入されてみたものの、その統制力はまだ限定的なものであった。基準配当率が6％以下であれば、6％までは許可なく増配できるため、これらの法人は申請を不要とする。中小法人で赤字決算は珍しくないため、無配法人も適用除外される。所管別では大蔵省が627件と格段に多く、その他の省の所管個別事業法等により利益配当に介入される法人は、商工省64社、鉄道省40社等となっており、限定されている。以上の利益配当統制はその緒についたものの、その統制規定は弱く、それは企業家に必要以上に恐怖心を植えつけず、しかもできれば実施したくなかった大蔵大臣池田・大蔵省の一部官僚と、ぜひとも配当統制を導入したかった陸軍省側との妥協の産物という性格が、該当件数に如実に現れている。そのほか高率配当に対する会社経理による圧迫のみならず、1940年3月29日「配当利子特別税法」により、所得税納税者の受取配当が年1割以上の者の配当所得に対し、1割を上回る部分に対し15％で課税した。

表6-4　会社規模分類

年度	20万円未満 社数	20万円未満 資本金	20～1,000万円 社数	20～1,000万円 資本金	1,000万円以上 社数	1,000万円以上 資本金	合計 社数	合計 資本金
1936	81,865	3,008	5,189	7,648	457	13,322	87,511	23,978
37	78,911	3,160	5,592	8,384	539	15,368	85,042	26,912
38	71,085	2,110	11,369	10,240	588	17,900	83,042	30,250
39	73,405	2,908	11,091	10,467	626	20,650	85,122	34,026
40	74,232	3,549	10,957	10,599	647	22,015	85,836	36,164
41	79,450	4,963	10,683	10,610	645	23,780	90,778	39,353
42	81,468	5,025	10,853	11,190	630	26,585	92,951	42,801
45	33,247	3,054	7,617	8,966	516	25,479	41,380	37,499

出所：商工省『会社統計表』。

　しかし中国占領体制の強化と仏領北部インドシナへの圧迫を強めつつ、占領地投資の拡大を続ける中では、国内総動員体制のさらなる強化を必至とするものである。陸軍の引き続く統制強化要求で、「会社利益配当及資金融通令」の微温的利益配当統制は、後述の「会社経理統制令」を機に、飛躍的強化を迎える。

3．「会社職員給与臨時措置令」の公布と施行

　1939年9月1日に欧州戦争が勃発し、物資不足を見越した物価騰貴が顕在化した。この物価騰貴は戦時統制経済の運営に重大な危機をもたらした。すなわち戦時統制経済の要諦は、低金利戦時国債により市中資金を吸収し、資金統制により軍需産業に資金を重点配分し、他方、不急産業には極力資金供給を制限し、さらに消費を圧迫し低物価政策を遂行する中で、戦時生産力の増強を図るというものである。そこに外在的衝撃により物価が急騰したため、統制経済のかかる連関が破綻する危惧が生じた。例えば物価騰貴に対しては、すでに発動されていた1937年8月3日公布施行の商工省令「暴利ヲ目的トスル物品ノ販売取締ニ関スル件」の拡大強化で臨まざるをえない。政府の対応としては、阿部信行内閣（1939年8月30日～40年1月16日）の大蔵大臣兼企画院総裁青木一男、農商務大臣伍堂卓雄および中央物価委員会委員長池田成彬の協議により、物価

対策の強化を決定するが、その際、伍堂は、「商品価格と一緒に賃金給料の停止も同時断行しなければ一般の企業採算を破る」と主張し[15]、ために商品価格構成要素の賃金給料のみならず、運賃・保険料等にまで統制が拡大することになる。具体的には、1939年9月19日に「価格等ノ統制ニ関スル勅令案要綱」・「賃金ノ臨時措置ニ関スル勅令案要綱」・「会社職員給与ノ臨時措置ニ関スル勅令案要綱」等を閣議決定し、「国家総動員法」第19条を発動し、1939年9月18日の価格に商品価格を固定し、さらに運賃・保管料・保険料・賃借料・加工賃・賃金および給料に関しても、第6条・第11条を発動し、その引き上げを禁止する方針を打ち出した[16]。

物価騰貴抑制法令としては、先述の「暴利ヲ目的トスル物品ノ売買取締ニ関スル件」を拡大強化した、1939年9月18日総動員勅令「価格等統制令」が中心法規であるが[17]、行論の関係で、ここでは給与統制に傾注して説明しよう。「国家総動員法」第6条では労務者の給与の制限の導入を規定しているが、労務者以外の給与制限については規定されていないとして、大蔵省では、結局同法第11条を根拠とする経理命令の一環として、労務者以外に給与統制の勅令を制定するしかなかったとの説明がなされていたが（迫水［1939］2-3頁）、一群の総動員勅令の制定は、所管法令の制定による所管権限の拡張という省庁間主導権争いの場でもあった。そして大蔵省理財局金融課で勅令案と取りまとめ、関係官協議の結果、既述の「利益配当及資金融通令」第7条・第8条に規定する経理命令とは別個に、「国家総動員法」第11条に基づく給料制限法令を制定し、会社から初任給と定期昇給規則を報告させ、昇給規則による以外の給料引き上げの禁止等を盛り込んだ先述の「会社職員給与ノ臨時措置ニ関スル勅令案要綱」が作成されていた。それが9月19日閣議決定を経て、同月27日国家総動員審議会で、この「会社職員給与ノ臨時措置ニ関スル勅令案要綱」は、価格・賃金・地代家賃・軍需品工場検査・電力調整の5勅令要綱と同時に審議され[18]、決定された。そして10月18日に「会社職員給与臨時措置令」を含む通称「9・18ストップ令」の勅令群が公布された（10月20日施行）。「会社職員給与臨時措置令」によれば、資本金20万円以上の会社職員を対象とし、この職員は役員と

社員よりなり、この社員とは「賃金臨時措置令」（1939年10月18日勅令）の規定する労務者以外の会社の業務に従事するものとされた（第3条）。給与には報酬・給料・手当て・賞与のみならず、交際費・機密費として支給されるものも含み（第4条）、1939年9月18日現在の給料手当支給準則の報告を求め、その準則の許可のない変更を認めず（第5条・第6条）、賞与は前年並みとする（第9条）等が定められた。この施行に関して、職員給与臨時措置調査委員会を設置し、諮問に応じさせるものとされた（第17条）。なお所管省庁は、個別事業法に規制される法人以外は「国家総動員法」第11条に基づく勅令のため、大蔵省となり、1940年10月19日まで有効として、給与統制に着手した。ただしこの勅令は資本金20万円以上の会社のホワイトカラーに限定され、20万円以下、会社以外の法人、組合、個人事業の従事者等、さらには官公吏については一切適用除外となっている。

　1939年10月21日公布勅令「職員給与臨時措置調査委員会官制」により、職員給与臨時措置調査委員会が設置された。会長大蔵次官大野龍太、委員として発足時の1939年10月23日現在で、先の利益配当審査委員と重複する委員の姓名を省略して列記すると、企画院五部長原口武夫、大蔵省主税局長、理財局長、陸軍主計中将、海軍主計中将、農林省経済更生部長井出正孝、商工省総務局長東栄二、逓信省管船局長伊勢谷次郎、鉄道省監督局長、厚生省労働局長藤原孝夫で、いずれも官僚が任命されており、ほかに臨時委員6名とも官僚であった[19]。船員と現業労働者の賃金が関連するため、逓信省と厚生省からも委員が送り込まれた。先述の利益配当審査委員会と異なり、民間からの意見を最初から排除し、参酌する方針ではなかった。1939年10月24日の第1回職員給与臨時措置調査委員会で、「会社職員給与臨時措置令第五条乃至第九条及第一一条ノ規定ニ依ル許可又ハ承認ニ関スル方針」が決定公表され、準則によらない給料手当ての増給や、支給許可の原則等の方針を決定した[20]。外地に対しても、利益配当統制と同様に、朝鮮・台湾・樺太・南洋群島にこの勅令が施行され、関東州には別の勅令が制定施行された[21]。

　こうして「国家総動員法」による統制法規の新たな展開の中で、「9・18ス

トップ令」の一環として、物価のみならず、役員・社員給与手当等の統制にまで拡大するに至った。ここで規定された社員の概念は、「商法」の規定する法人出資者を社員とする規定とは異なる。会社のホワイトカラーを対象としたものであった。「国家総動員法」第6条に基づき公布された労務動員勅令としては、すでに1939年3月31日の「従業者雇入制限令」と「賃金統制令」があり、前者は第6条で対象としている従業者を直接対象とした。後者は1911年3月29日公布「工場法」や1905年3月8日公布「鉱業法」等の規定する事業の労務者を統制の対象とした。これとは別に「国家総動員法」第11条の会社の利益金処分・償却その他経理に関する条項で、「会社職員給与臨時措置令」を公布して、給与統制を行わせるためにも、従業員・労務者とは別の法令上の概念を導入する必要があった。他方、世上すでに非現業の管理職・事務職のホワイトカラーの呼称「会社職員」を短縮して「社員」と称する例も多くみられ、それらを踏まえて、新たに会社から給与等を受け取る非現業の事務職員等を「社員」として位置づけたものと思われる。この「社員」の規定を導入した「会社臨時職員給与臨時措置令」と同時に公布された「賃金臨時措置令」では、労務者の範囲が具体的な業種を掲げて詳細に規定され、労務者と社員の厳密な区分が行われた。なお社員には、守衛・給仕・タイピスト等の補助的労働者は含まれていない[22]。先述の「従業者雇入制限令」は、その後1940年11月9日「従業者移動制限令」により廃止され、同令に引き継がれた。「賃金統制令」は1940年10月19日に全文改正され、「賃金臨時措置令」と並立した。そのほか船員については、「会社職員給与臨時措置令」の規定する高級船員と、「賃金臨時措置令」の規定する労務者たる船員を一括して統制するのが相応しいとして、同日に逓信省令「船員給与臨時措置規則」を公布し、単一の統制法規にまとめて統制を加えた。

　こうして公布された「会社職員給与臨時措置令」も、施行レヴェルでは解釈においてグレーの領域が発生する。同令施行前に民間関係者を集めた説明会の質疑応答で、臨時雇いは社員か、映画俳優は社員か、給与と給与でないものの境界は何か、給与手当・賞与の範囲は何かといった多数の質問が寄せられ、準則の設定とその変更許可の承認のあり方等が多岐にわたり問題となった（迫水

［1939b］67-132頁）。実際に申請して判断を大蔵省に仰ぐしかない事例も多数派生すると見込まれた。そのため職員給与臨時措置調査委員会が、1939年10月24日に、事務処理する会社について資本金1百万円未満のものは税務署に、5百万未満のものは税務監督局に、

表 6-5 「会社職員給与臨時措置令」施行状況

（単位：件）

申請案件	受付件数	承認件数
給料手当の準則承認	20	20
給料手当の準則認可	82	82
給料手当の準則認可準則変更認可	487	449
給料手当の支給許可	167	155
賞与の支給許可	912	809
臨時給与の支給許可	88	75
合　計	1,756	1,590

注：大蔵省理財局処理分のみ。ただし1940年1月15日〜6月20日の間を除外。
出所：大蔵省理財局配当給与課『第76回帝国議会参考書』1941年1月（旧大蔵省資料Z376-47）。

それぞれ承認、申請書の調査等の業務を担当させることとした[23]。

「会社職員給与臨時措置令」は「9・18ストップ令」の一環としての位置づけから、指定時水準への固定化に傾注するという性格が強く、恒常的統制法規とはなりえず、また給与引き下げや償却・内部留保への資金誘導という位置づけも見られない。この勅令の施行状況では、大蔵省理財局金融課が直接処理した案件のみが判明する（表6-5）。資本金5百万円以下の案件は税務署と税務監督局に委ねており、それを上回る規模の会社の案件のみ本省で処理した。この件数は実質7カ月の実績として、配当統制を格段に上回るものであり、また後述の「会社経理統制令」の1940年度（1940年10月〜41年3月）の給与・賞与等の申請件数から見ても、理財局所管分としては、統制対象はやや狭いものの遜色ないものであった。その処理内容は、受付1,756件のうち、承認1,590件で、そのうち賞与の支給許可809件、給料手当の準則認可準則変更認可449件、給料手当の支給許可155件となっており、不許可は乏しく、申請された増給は概ね認められた。特に賞与支給に関して許可となった案件が多い事情として、1940年5月に政府職員に対する年末賞与の繰上げ支給を認めたことから、それに連動して民間法人賞与増加申請が増大したためであろう[24]。これに伴う賞与増加は概ね許可されたはずである。その他の案件でも許可率が高いのは、「会社職員給与臨時措置令」による許可申請をする前に、強い自己規制が働き、予め不

許可となりそうな増給申請が行われなかったためである。これは「臨時資金調整法」に基づく設備資金許可申請と同様の状況である。しかし賃金・価格等全面凍結政策は、市中への財の供給量や企業実績の変動等のため、凍結水準からの乖離を必至とし、強い増給要因が顕在化していた。この給与統制は、その該当件数から見て、また物価・給与抑制政策の包括性から見ても、先の利益配当統制以上にその施行がもたらした衝撃は甚大であったと思われる。この給与統制により、役員・社員への支給水準が原則凍結されたとはいえ、「9・18ストップ令」は現実の物価騰貴の進行で、政策体系としての幾多の矛盾を抱え込む。その中で給与統制は継続させる必要がある。結局、全面的企業財務統制法規としての「会社経理統制令」にその役目を委譲することになる。

1) 『東京朝日新聞』1937年11月8日。この経緯は、伊牟田［1963］、中村・原［1972］、大蔵省百年史編纂室［1969a］、中村［1974］でも紹介されている。五相会議は1938年6月10日閣議で最高国策検討機関として設置決定、総理・外務・大蔵・陸軍・海軍各大臣により構成。
2) 『東京朝日新聞』1938年11月8日。総動員勅令発動の一括閣議請議を止め、第11条発動に関しても、個別に関係者の懇談で穏便にまとめることになった。
3) 『東京朝日新聞』1938年11月9日。池田成彬伝記刊行会［1962］でも池田成彬と内務大臣末次信正との激論が紹介されている。
4) 『東京朝日新聞』1938年11月10日。
5) 理財局金融課長迫水久常は大蔵大臣池田成彬の命令で、佐藤賢了発言に対し、陸軍省に抗議に行き（迫水久常［1964］132-133頁、大蔵省大臣官房調査企画課［1978a］459-460頁）、また書記官長風見章も陸軍省に抗議したため（矢部［1951］608-609頁）、陸軍次官東条英樹の引責まで検討されたという。石渡荘太郎伝記刊行会［1954］246-247頁も同じ説明をしている。
6) 『東京朝日新聞』1938年11月19日。
7) 『東京朝日新聞』1938年11月19日。「同意する」との声明を陸軍省から引き出したのも、迫水久常の折衝によるものであったと説明されている（大蔵省大臣官房調査企画課［1978a］460頁）。
8) 貴族院調査課『国家総動員法ニ基ク勅令要綱』1941年10月、18頁。
9) 『第74回帝国議会衆議院予算委員会第三分科会会議録』第3回、1939年2月6日、15頁。永山忠則は1940年に同郷同学の先達の陸軍大将末次信正が会長を務める東

亜建設国民連盟に加入しており（土屋［1986］113-114頁）、第1次近衛内閣期に配当制限の総動員勅令制定を強行に求めた末次に強く同調していたと見られる。
10) 日本におけるドイツの経済統制思想の受容のあり方については、柳沢治［2008］が詳しいが、個別統制手法のうち本章に関わる配当統制・経理統制についての日本の統制との比較はなされていない。日本の戦時統制経済の欧米との比較を試みた原［1995b］でも、主としてマクロ経済指標の検討を行うため、個別統制手法のあり方は検討されていない。
11) 内閣印刷局『官報』1939年4月11日、494頁。
12) 1939年4月12日勅令「税務署長ヲシテ会社利益配当及資金融通令ニ依ル事務ノ一部ヲ掌ラシムルノ件」。
13) 大蔵省理財局『会社利益配当制限会社職員給与制限ニ関スル法令』1940年、12-14頁。内閣印刷局『官報』1939年10月23日、744頁。
14) 「関東州利益配当令」1939年11月29日公布勅令。
15) 『東京朝日新聞』1939年9月20日。1938年4月22日「物価委員会令」により中央物価委員会が商工省に設置された（会長商工大臣）。1939年3月1日改正で組織を内閣に設置された中央物価対策委員会に拡大した際に、池田成彬が商工大臣八田嘉明の懇請で、それまでの商工大臣兼務の会長職に代わり、会長に就任し、政府の物価政策への実業界代表として参画したため、大蔵大臣歴任の大物実業界代表の取り込みにより、実業界側からの強い反対は未然に阻止された。中央物価対策委員会は「物価統制ノ大綱」等の策定にあたった（大蔵省昭和財政史編集室［1956］252、273-277頁）。日中戦争期物価政策は岡崎［1987］が詳しい。
16) 『東京朝日新聞』1939年9月20日。なお平沼騏一郎内閣（1939年1月5日〜8月30日）当時の陸軍大臣板垣征四郎は、閣議で陸軍の意向として全面的物価凍結を提案したことがあり、それ以来の陸軍側の考え方も、この制定に影響を与えたはずである。
17) 1916年農商務省令第20号の改正。この間の物価政策についてはさしあたり岡崎［1987］を参照。
18) 1939年10月16日に「電力調整令」、「地代家賃統制令」、「価格統制令」および「賃金臨時措置令」が公布となった（貴族院調査課［1941］18頁）。物価の強力な統制の事例としては、すでにナチス・ドイツ政府が1936年11月26日「価格引上禁止ニ関スル命令」により市中価格凍結を体系化しており、その後に強化していった（世界経済調査会［1942］46-52頁）。日本の価格凍結もナチス・ドイツの先例をある程度参照したものと思われるが、戦時価格統制を詳細に分析する岡崎［1987］ではドイツとの比較に言及しない。

19) 前掲『職員録』1940年2月1日現在、47頁。
20) 前掲『会社利益配当制限会社職員給与制限ニ関スル法令』34-37頁。迫水 [1939b] 173-180頁にも掲載されており、さらに11月27日委員会決定も紹介されている。
21) 「関東州会社職員給与臨時措置令」1940年5月1日公布勅令。
22) 1939年10月24日職員給与臨時措置調査委員会決定「会社職員給与臨時措置令ノ解釈ニ関スル件」(前掲『会社利益配当制限会社給与臨時制限ニ関スル法令』33頁)。なお「賃金統制令」・「従業者雇入制限令」・「賃金臨時措置令」の所管は厚生省 (1938年1月11日に内務省より分離して設置) である。
23) 1939年10月24日職員給与臨時措置調査委員会決定「会社職員給与臨時措置令ノ施行ニ関スル事務中税務監督局長又ハ税務署長ヲシテ取扱ハシムルモノノ範囲ニ関スル件」(迫水 [1939b] 180-181頁)。
24) 『東京朝日新聞』1940年6月1日。

第3節 「会社経理統制令」の公布

1. 「会社経理統制令」の公布

戦時会社経理統制として、先述の「会社利益配当及資金融通令」により、利益配当統制が導入されたが、利益配当統制は強力なものではなかった。他方、「会社職員給与臨時措置令」は給料・手当・賞与等の側から統制を加えたが、1年の時限勅令であり、統制の延長を視野に入れて、これらの統制法規を統合した、より強力な統制法規の制定が検討される。

会社利益・配当・給与賞与等を対象とする統一経理基準を求めて、陸軍は会計学者を動員して検討した結果[1]、1940年4月22日に、陸軍軍需業者に対し、陸軍統一経理準則の制定を公表した。すなわち「適正利潤率算定要領」等であり、同「要領」は、「主要軍需品ニ付キ其ノ調弁価格ヲ決定スル場合ニ於テ陸軍軍需品工場事業場原価計算要綱ニ基キ算定シタル原価ニ付加スベキ適正ナル販売利潤率ノ算定ニ関シ其ノ要領ヲ示ス。調弁価格ノ決定ニ当リテハ本要領ニヨリ算定セル販売利益率ニ対シ調弁上必要ナル考慮ヲ加フルモノトス」とし[2]、

原価計算を基礎に置いて調達価格を決定し、その際の利益率の基準を設定するとした。特に株式配当は過去3年の平均利回りを採用しているのが特徴である。すでに陸軍は1939年10月16日勅令「陸軍軍需品工場事業場検査令」(同年10月20日施行) と同日陸軍省令「陸軍軍需品工場事業場原価計算要綱」で、軍需産業の経理と原価計算の報告を聴取する制度を導入してきたが、その検証を経て原価計算を含めた適正利潤を制度化しようとしたものである。4月22日公表の「要領」と前年10月16日公布の「要綱」のほか軍需品工業に対する経営指導要綱等6件が4月22日伴せて公表された[3]。この対象業種は軍需工業に限定されているが、陸軍側からの会社経理、とりわけ利益配当への強力な統制方針の採用の表明であった。この公表を受けて、商工大臣藤原銀次郎 (1940年1月16日～7月22日在任) は、同月22日に軍需産業のみならず一般産業にも利潤統制を強化する必要があると主張した[4]。この陸軍軍需産業の利潤統制と適正利潤の要綱は7月1日に実施された。この陸軍側からの統制強化提案は、該当業界のみならず、実業界全般に衝撃を与えた。ただしその施行の現場では、細かな経理準則に準拠した計算処理の負担が膨大なものとなり、現場では混乱が多々発生し、実態は陸軍省の期待を大きく下回った状況にあったようである。こうした陸軍側からの軍需産業経理統制強化方針に対して、大蔵省は賛意を表明した[5]。すでに配当統制に着手していた大蔵省は、後戻りできないところに追い詰められ、大勢に引きずられる状況に陥りつつあった。この陸軍側からの経理統制強化方針にやや遅れて、大蔵省所管の一般法人対象の「会社経理統制令」へと帰結する。以下、同令の制定過程を検討しよう。

すでに配当と職員給与で着手した会社経理統制を、時局柄放棄するわけには行かず、大蔵省では「会社職員給与臨時措置令」を改正したうえで延長することも検討した[6]。単独延長を行う場合には、ほかの「9・18ストップ令」の勅令群との調整が課題となる。他方、延長とは別の方向の、先の陸軍の策定した軍需産業の適正利潤率統制に呼応する経理統制の検討が進行していた。大蔵省で経理統制策定の中心になったのは理財局金融課長迫水久常で、戦時資金統制を仕切る立場から、金融課の下村治・石野信一に命じて立案させた。特に前者

が経理統制令の制定に全面的に関与し、僅か2、3週間でまとめ上げたという[7]。金融課長迫水はこの経理統制令の案文を大蔵次官大野龍太（1939年1月6日〜40年7月22日在任）に提案し、省議決定するよう求めたが、採用されなかった（大蔵省大臣官房調査企画課［1978a］152頁）。陸軍側の意向も入れた戦時統制強化に邁進する迫水に対する反発が大蔵省内では見られたはずであり、これもその一例と見られる。

　1940年7月22日に企画院は「企業資金及経理統制要綱（試案）」を、その他の経済新体制の諸要綱とともにまとめている。この案は「臨時資金調整法」の適用範囲の拡大のほか、軍需産業以外にも利潤統制を拡大しようとするものであった。これらの立案は当時企画院に集結していた「革新官僚」がまとめたもので、そのうちの大蔵省主管の資金および経理統制については、金融課長迫水と気脈を通じ合う大蔵省からの出向者が担当していた[8]。会社経理統制の導入を求め、先に省議決定を見送られた案を、改めて大野龍太の後任の大蔵次官広瀬豊作（1940年7月22日〜41年7月25日在任）に持ち込み、重役報酬や配当等を制限し、資金を設備改善等に充当させるとの経理統制の趣旨を説明し、賛同を得た[9]。経理統制が他省庁の所管業種にわたる内容のため、大蔵省が各省の担当者を集めて説明したところ、一番多く発言し、注文をつけてきたのが陸海軍側であったという（大蔵省大臣官房調査企画課［1978a］152頁）。

　先述のように、商工省が手がけた「工作機械製造業法」と同様の発想を大蔵省も共有し、軍需産業に特別償却で優遇措置を与えていたが、1938年6月頃には両省は時局産業の企業利益を配当として社外流出させ消費に回させるよりは、固定資産償却に回させるのが相応しいとして、償却年数の短縮化を図るものとなった。商工省統制局財務管理委員会で、同省工務局で検討立案した償却年数短縮表の審議を行うこととなったが[10]、その後、商工省の作業が進まないまま停頓した。他方、実業界からの耐用年数圧縮の要望が第74回帝国議会で取り上げられた。1939年2月6日衆議院予算委員第三分科会議で、大蔵大臣石渡荘太郎（1939年1月5日〜8月30日在任）は、減価償却の短縮は全部にわたって行うものではなく、今日生産力拡充を必要とするものに対してのみ行うと言明し

た[11]。減価償却の短縮について選別的採用方針を大蔵省では検討していたが、結局、後述の「会社経理統制令」の公布後、固定資産の強制減価償却は同令により閣令で規定され、大手企業への悉皆的導入となる。

　この会社経理統制の勅令案の制定方針は、その制定を推進した金融課長迫水の後日談によれば、先に制定された経済統制法規の1933年3月29日公布「外国為替管理法」や「臨時資金調整法」が、包括的規制権限を規定しただけで、統制の詳細は勅令や省令に任せ、法令の運用面での細部は、前者は外国為替銀行に、後者は日本銀行に委ねることで処理する自治的調整に任せたのとは対照的に、統制内容全般について法令を細かく規定し、他の解釈を極力排除するものであった（大蔵省大臣官房調査企画課［1978a］466頁）。この経理統制の勅令案の草案は、1940年7月までにはほぼ完成していたが、同年6月20日の大蔵省の全焼で（昭和大蔵省外史刊行会［1969］年表27頁）、勅令案の多くの関連資料を焼失してしまった。そのため当初の案では、役員報酬に対し資本金規模別に制限を加える方針でいたところ、関連資料の焼失のため、方針を改め実績により総額に制限を加えることになった。社員平均昇給率に対しては、資本金規模別で150万円超4％から75万円未満10％までの4段階とする方針であったが、企業間の軋轢に配慮し、7％の一律昇給率にしたという。

　1940年11月8日の価格形成中央委員会で、理財局金融課長迫水久常が「会社経理統制令案」と同施行規則の趣旨説明を行ったが、この草案に対する意見として委員の石橋湛山（東洋経済新報社代表取締役）と千石興太郎（産業組合中央会会頭、貴族院議員）から、配当限度を10％として企業が勃興するか、あるいは高橋亀吉（経済評論家）から、設立直後の基準配当率6％で中小企業に資金が集まるか等の危惧が表明された[12]。会社経理統制の飛躍的強化により企業裁量権が大幅に圧縮されることに対し、実業の現場感覚を持つ立場からはかなりの不安が表明された。

　こうした検討を経て、1940年10月1日の国家総動員審議会の決定を受けて[13]、同月19日に「会社経理統制令」が公布され（10月20日施行）、あわせて「利益配当及資金融通令」と「職員給与臨時措置令」が廃止された[14]。同時に「銀行

等資金運用令」も公布施行されており、従来の「臨時資金調整法」が統制の対象とした設備資金のみならず、運転資金も同令により統制の対象に加えたため、この一連の総動員勅令の公布施行は、戦時統制経済の一段の拡大深化を告げるものである。

「会社経理統制令」によれば、「会社は国家目的達成のため国民経済に課せられたる責任を分担することを持って本義とし」(第1条)と、会社経営に対し国民経済への責任の分担を強く求めた。この条文から、統制経済に会社経営が服属させられるかの意図を読み取る会社経営者側は、危惧を以て政府の施策をみることになる。統制の具体的な施策として、利益配当率は資本金20万円以上の会社で自己資本の8％以上か、直前事業年度の配当率を越える場合には、主務大臣の許可を得るものとされた(第3条)。給与等の支給基準の詳細は閣令に委ねられた。この経理統制令でも、「会社職員給与臨時措置令」の社員概念を踏襲し、社員とは船員と「賃金統制令」で規定された労務者を除き、会社に雇用されているか、役員以外の継続して会社業務に従事している職員のほか顧問嘱託等と規定した(第9条)[15]。この勅令施行の同日に閣令「会社経理統制令施行規則」が公布された。そこでは自己資本として、払込資本金・退職積立金税金引当金を除外した諸積立金・時価発行株式差益積立金・合併減資差益積立金の日割平均の合計から、繰越欠損日割平均を控除したもののうち、前事業年度末固定資産償却累計額中、課税上損金に算入されていない金額で、税務署証明額を加算できるとしており、自己資本の定義が詳細に定められた。しかしこの自己資本の定義では、公表財務諸表では算定困難な項目が含まれており、税務署の審査を経ずして自己資本の確定ができないという難点がある。そのほか役員賞与の資本金規模別で20万円以下の会社10.45％から、5億円以上の会社1％まで、27段階に区分され、初任給も、学歴で帝国大学卒、官立大学卒、私立大学卒、高等商業学校卒、高等学校卒、師範学校卒、中学校卒、小学校卒等に10段階に区分され、昇給は7％を限度とし、社員賞与は基本給の4分の3以内とする等が定められた。こうして経理統制令の施行にあたり、企業の給与・賞与と利益金処分が厳格に統制される体制が確立した。これを上回る設定

にする場合には、個別に申請して例外を政府に認めてもらうしかない。

2.「会社経理統制令」の所管体制

　会社経理統制が格段に強化された「会社経理統制令」を所管するため、大蔵省に「会社経理部」を設置する勅令案がまとめられたが、枢密院の審議が間に合わないため見送られ、理財局金融課から分立して、1940年11月27日に理財局配当給与課（課長伊原隆）と監査課（課長迫水久常）が設置され、前者が配当と給与統制、後者が会社の経理監督を所管し、陣容も強化された（大蔵省百年史編集室［1969a］153-154頁、同［1969b］82-83頁）。その後、1941年度に金融統制と経理統制の業務の拡大に対応して、大蔵省に「会社局」の設置が検討されたが、やはり実現せず、それに換え1941年7月16日に新設された会社部に（部長山住克己、1941年12月3日まで、以後、1942年11月1日まで田中豊）、経理統制課を置き（課長伊原隆1941年7月16日～42年10月26日）、従来の理財局配当給与課と監査課の業務を承継させた[16]。「会社経理統制令」が所管する業務が、配当と給与の統制に止まらず、会社経理全般に及ぶため、経理統制課の名称となった。大蔵省会社部は臨時組織であったため、1942年11月1日の行政改革を機に廃止され、経理統制課は理財局に移され（課長磯野正俊、1943年5月5日より1944年4月6日まで吉田晴二）、さらに1944年8月17日の戦時行政機構簡素化の中で、理財局資金調整課と統合され、資金統制課となった（課長1945年5月19日まで渡辺武）。その後、1945年5月19日には理財局と銀行保険局（銀行局が1943年7月1日に監理局の保険業務を吸収して改組）が統合して金融局となり、同局資金統制課の所属となった（課長伊原隆、1945年9月20日に産業資金課に改称後も1946年2月2日まで在任）。

　経理統制は「臨時資金調整法」・「銀行等資金運用令」と並び、大蔵省の所管した国内経済統制の中心的業務であった。なお経理統制の対象となる多数の民間企業に対する文書処理には多くの負荷がかかるが、自己資本算定について、最初から税務署の判断を必要とする項目があり、大蔵省は「会社経理統制令」の施行にあたり、税務監督局（1941年7月16日に財務局に改称）と税務署を動

員して施行する方針を固めていた[17]。ただし1941年12月13日に商工省監理局の業務が大蔵省監理局として移管されたため、計理士業（1927年3月31日「計理士法」による資格職）も所管することになった。そのため1942年8月18日に会社部は1943年度に実施する重要政策の一つとして会社監査制度の強化のため、監査事務に関し金融機関の職員と計理士等を活用することを提案している[18]。財務局・税務署の職員のみでは、従来の徴税業務の負担もあり、企業会計に練達した計理士業界からの人員の補充が考慮されていた。

会社件数では個別事業法により規定される産業を多数抱える商工省が所管する法人件数が多いため、商工省にも会社経理統制を所管する部署が設置される。商工省では、「臨時資金調整法」と「会社利益配当及資金融通令」を統制局生産拡充課が所管していた（課長岡松成太郎、1940年8月31日より橋井真）[19]。「会社経理統制令」施行後、1941年1月21日に総務局経理統制課が設置されたが（課長神田邏、同年4月12日より辻邦生）、同時に設置された資金調整課と統合され、9月3日に資金課（課長辻邦生）に改称された。その後、1942年6月17日に総務局とは別に企業局が新設され（局長豊田雅孝）、企業局に資金課が移され（課長辻邦生、1942年12月10日より石原武夫）、経理統制はここで所管していた[20]。

「会社経理統制令」は1940年10月19日公布、翌日施行され、10月21日「会社経理審査委員会官制」により同日、会社経理審査委員会が設置された。この委員会の委員構成は、発足時の1940年10月22日現在で、会長大蔵次官谷口恒二、委員は企画院第五部長竹内徳治、大蔵省主税局長大矢半次郎、理財局長相田岩夫、銀行局長松隈秀雄、陸軍主計中将石川半三郎、海軍主計中将武井大助、農林省経済更生部長周東英雄、商工省総務局長椎名悦三郎、電気庁監督部長田倉八郎、鉄道省監督局長大山秀雄、厚生省労働局長持永義夫のほか、民間有識者として津島寿一（日銀副総裁）、荒井誠一郎（興銀副総裁、元大蔵省銀行局長）が並び、ほか2名の臨時委員も官僚であった[21]。委員構成から見て、大蔵省が取り仕切る組織といえたが、民間有識者を委員として選任しており、表面上は大蔵省の独走を阻止できる体制となっていた。ただし委員会の下に幹事会が設

置され、事実上この幹事会で省庁間事前調整がなされる体制となっており、大蔵省を中心とした一部の官僚ペースで運営された。

「会社経理統制令」の運用方針案の草案について、大蔵省が陸軍省に意見を求めたところ、この運用方針の決定の際に、陸軍側から、引当金の自己資本への加算や高率配当会社の企業分割等について意見が表明された[22]。特に強権的な企業分割のような措置をも辞さないとする強硬な意見が表明されたものの、会社経理統制体制の制度上、企業分割は不可能であり、別の法制を必要とする。

経理統制令の施行についての意見調整と諮問は、会社経理審査委員会があたり、1940年10月22日に第1回会社経理審査委員会が開催された（会長大蔵次官広瀬豊作）。そこで配当許可・合併会社配当指定・役員報酬賞与許可・社員昇給賞与手当許可等に関する「会社経理統制令ノ運用方針」を定めただけでなく、資本金10百万円以上の会社の許可・承認・処分・指定・命令・制限に関する事項を付議すると定められていた。ただし「会社経理統制令」第33条については、「臨時資金調整法」の補完規定のため、会社経理審査委員会ではなく、臨時資金審査委員会が所管した。また第1回会社経理審査委員会で、海軍側から軍需産業のような利益率の変動の激しい業種に対して、配慮がほしいとする意見が表明されていた[23]。この「会社経理統制令ノ運用方針」は、経理統制の運用徹底を考慮して公表された[24]。

10月25日に民間企業関係者のための「会社経理統制令」の説明会を開催し、理財局金融課長迫水久常が説明した。説明後の質疑応答で細かな解釈の説明に努めたが、第3条関係で税務上の経費否認金を固定資産償却の場合に限り自己資本加算を認めた理由は何か、第6条関係で強制積立命令の積立金として国債買入を指定するか、第11条関係で会社が役員に定額支給する交際費・機密費は報酬、賞与、雑給与のどれに該当するか、第12条関係で役員を増員した場合に報酬総額を増やせるか、第14条関係で、役員退職金に上限が設定されるか等の、幅広い質問が寄せられていた（迫水［1940］49-69頁）。「会社経理統制令」は2件の勅令を統合したのみならず、経理統制範囲を拡大したため、個別案件として大蔵省から承認を受けざるをえない場合がさらに増えたことになる。業界

に対しても説明会を開き周知徹底を図ったが、法令の細かな解釈の質問が続出し、経理統制を受ける側からの「会社経理統制令」条文の執行に対し少なからぬ懸念がみられたといえよう[25]。

なお1940年末で資本金10百万円以上の該当法人647社は、全法人の1％以下であるが、資本金総計の61％を占めており（表6-2）、大規模法人に経理統制を加えることで、利益や経費の大半を統制でき、それが設備投資や在庫投資に向かうものと期待された。資本金10百万円以下の中小法人のうち、個別事業法によらないものは大蔵省本省直轄とはせず、該当地域の税務監督局の監督下に置かれた。

1) 経営学の中西寅雄（東京大学経済学部教授）と会計学の長谷川安兵衛（早稲田大学商学部教授）が動員された（大蔵省大臣官房調査企画課［1977a］176頁）。長谷川［1937］は、ナチス・ドイツとファシズム・イタリアの株式配当統制を紹介し、日本における配当統制の議論を深める役回りを担っていた。その後、長谷川［1941a］で陸軍軍需会社利潤率統制等について詳細な解説を行っている。「陸軍軍需品工場事業場原価計算要綱」は中西が中心になって作成し、さらに1940年1月20日に「海軍軍需品工場事業場原価計算準則」も取りまとめたという（黒沢［1990］361、406-407頁）。これより先、会計学者の参画で、1937年11月に商工省臨時産業合理局財務委員会が1934年にまとめた「財務諸表準則」と、同統制局財務委員会が1937年11月にまとめた「製造原価計算準則」の延長上で、陸軍・海軍の原価計算準則が成り立っている（黒沢［1990］258-261頁）。
2) 長谷川［1941a］95-102頁で全文の紹介があり、解説が加えられている。
3) ほかの要綱として以下の陸軍示達が発せられた。「陸軍軍需品工場事業場原価監査要綱」、「陸軍軍需品工場事業場財務諸表準則」、「陸軍軍需品工場事業場財務監査要綱」、「経理及原価ニ関スル報告徴収要領」、「陸軍軍需工場事業場経営指導要綱」、および「会計監督報告要領」である（長谷川［1941a］94頁）。そのほか「業種別標準販売利益率算定基準表並同算定表」が付されたようである（『朝日新聞』1940年4月22日）。久保田［2008］108頁にも同様の説明があるが、典拠とした通商産業省［1964］434-435頁の説明も曖昧である。ここでは「要綱」等の名称を長谷川［1941a］に依拠した。陸軍側の適正利潤率による価格設定については、戦時物価政策から岡崎［1987］が解説している。
4) 『東京朝日新聞』1940年4月24日。

第 6 章　戦時会社経理統制　337

5) 『東京朝日新聞』1940年4月30日。
6) 『東京朝日新聞』1940年6月1日。
7) 大蔵省大臣官房調査企画課［1978a］466頁。立案者の下村治は1937年10月にアメリカ勤務から帰国して大蔵省理財局金融課に席を置き、資金面から戦時統制経済の企画立案に携わるが、その後、1941年7月に会社部に移り、翌年1月まで会社経理統制を所管することになる。後年大蔵省を代表する官庁エコノミストとして、また所得倍増計画立案の中心的プランナーとして名を馳せるが、会社経理統制についても、下村［1940］で国民経済概念から説き起こす、きわめて詳細な解説を加えている。下村の評伝の上久保［2008］では、下村［1940］を発掘できていない。
8) 中村・原［1972］88-89頁で的確な位置づけがある。同時期に企画院第五部長として活躍した原口武夫は1940年7月31日に大蔵省為替局長に戻る前に、1937年5月企画庁調査官、同年10月企画院財務部長を歴任し、3年以上にわたり企画庁・企画院で経済統制に従事していた。迫水久常も1941年11月に大蔵省理財局企画課長のまま企画院書記官兼大蔵書記官・企画院第一部第一課長となり、さらに翌年8〜10月の間は、同第一部第二課長も兼務し、他省庁に睨みの利く経済統制官僚として一段とプレゼンスを強めていた。原口の経歴については大蔵省百年史編集室［1973］142-143頁。
9) 二・二六事件後に総理秘書官から大蔵省理財局に戻った迫水久常に対し、理財局長広瀬豊作は迫水を「自由主義者の残党」として排撃し、仕事を与えず（大蔵省大臣官房調査企画課［1978a］405頁）、その後も両者の折り合いは悪いまま続いていたようである。日中戦争期には辣腕統制官僚として迫水が大蔵省を代表する「革新官僚」にのし上がり、「自由主義者の残党」とは誰も思わなくなった。経理統制導入については、次官広瀬も承認したため、案件によっては迫水の提案を認めることもありえた。広瀬は大蔵省内の反自由主義兼大東亜共栄圏論者のようであり、1941年12月開戦前の興亜奉公日に、各局長に対し、「南方撃つべし」との演説を行い、ほかの局長からひどいことをいう人物だと思われていた。広瀬を含む岳父勝田主計の周辺の人物の思考には勝田の影響があると見られていた（大蔵省大臣官房調査企画課［1978a］495-496頁。当時銀行局長の入間野武雄の回想）。その後、広瀬は占領した南方において南方総軍最高顧問として、2年半もその任にあたった。
10) 『中外商業新報』1938年6月20日。
11) 『第74回帝国議会衆議院予算委員第三分科会議録』第3回、1939年2月6日、17頁。この経緯については山下［1939］268-269頁で紹介がある。
12) 日本銀行調査局「「会社経理統制令」ニ付テ大蔵省迫水金融課長説明ノ要旨」

1940年11月8日（日本銀行調査局［1971b］193-195頁）。価格形成中央委員会は、従来の中央物価委員会に換えて、1940年4月1日「価格形成委員会官制」により商工省に設置された。低物価主義に基づく適正価格を迅速に形成するための諮問機関であった（大蔵省昭和財政史編集室［1956］333頁）。1945年3月10日廃止された。

13) 前掲『国家総動員法ニ基ク勅令要綱』20頁。
14) 「会社経理統制令」の法令解説として、山住［1941］、同［1942］参照。
15) 「賃金統制令」も1940年10月16日に全文改正され、労務者の規定を吸収した。同時に「船員給与統制令」も公布された。なお1943年10月〜44年3月に事業年度を終了した資本金5百万円以上の会社348社については、社員・役員等の数が判明する。役員4千人、社員263千人、船員63千人、労務者1,123千人となっており、社員1名あたりの労務者は4.25人であった（大蔵省理財局資金統制課企画係「昭和十八年度下期会社経理状況調」1945年1月21日（旧大蔵省資料Z809-17-2））。
16) 「大蔵省会社局臨時設置制制定閣議稟請ノ件」（旧大蔵省資料Z809-17-2）。制定された官制は、「大蔵省会社部臨時設置制」（1941年7月16日勅令）である。
17) 久保田［2008］で、経理統制に税務監督局と税務署を利用しない代替案として、会計学者の動員と計理士の動員案を比較検討しているが、計理士業が1941年12月13日に商工省から大蔵省に移管されるまでは、大蔵省が計理士に命令して動員をかけるのは相応しくなく、当面は税務監督局・税務署の動員以外の選択の余地はなかった。
18) 「昭和十八年度ニ於テ実施スルヲ要スル重要政策事項」1942年8月20日（旧大蔵省資料Z809-25-4）。各局からの提案を集めた文書のうちの会社部の1942年8月18日の提案文書。
19) 商工省統制局は1939年6月16日設立、1943年10月31日廃止。経理統制に携わるのは、1939年12月6日より局長心得・局長椎名悦三郎、1941年10月21日より神田鬐（産業政策史研究所［1981］54頁）。
20) 産業政策史研究所［1981］56-57頁。企業局は1943年10月31日に廃止された。
21) 内閣印刷局『官報』1940年10月22日、737頁。
22) 1940年10月21日の会社経理審査委員会幹事会で、「会社経理統制令第三条、第五条、第一二条、第一三条、第一九条又ハ第二一条ノ規定ニ基ク許可又ハ指定ニ関スル方針（案）」が提案され、それに対し「運用方針ニ関スル陸軍ノ意見」が表明された（旧大蔵省資料Z809-17-4）。
23) 大蔵省理財局「第一回会社経理審査委員会議事速記録」1940年10月（旧大蔵省資料Z809-17-4）。

24) 例えば、大蔵省会社部『会社経理統制令ニ関スル法令』1942年3月所収の、「会社経理統制令ノ運用方針」参照。
25) 1940年10月30日に東京銀行集会所・東京手形交換所・全国貯蓄銀行協会の主催する説明会で理財局配当給与課長伊原隆が説明したが、細かな解釈の質問が続いた（伊原［1940］43-66頁）。

第4節 「会社経理統制令」の施行と統制強化

1. 「会社経理統制令」の施行

「会社経理統制令」適用法人の所管省を点検すると（表6-6）、1941年12月17日現在で、資本金20万円以上の法人のほか、若干の役員・社員合計30人を超える法人を含む11,795社のうち、大蔵省専管だけで10,590社に達しており、次いで個別事業法による鉄道省所管585社、商工省所管407社等となっている。所管省別申請案件数で見ると（表6-7）、1940年10月20日から1941年末までの施行累計で、個別事業法に規制されない大蔵省所管法人の申請がやはり格段に多く、そのうちの大口案件の理財局会社部所管6,193件と小口案件の財務局所管15,598件のほか、銀行局1,799件が銀行業、監理局574件が保険・証券業を所管した。ただし大蔵省監理局は、1941年12月13日に保険・証券業を所管した商工省監理局を廃止して、翌日大蔵省に設置して、所管省庁を切り替えた[1]。こうして行政機構ごと大蔵省に移管されたことで、大蔵省の業務となった。大蔵省移管後の1941年12月13～31日の申請案件にしては件数が多いため、商工省監理局の時期の申請案件を含むものと思われる。大蔵省所管以外の法人の申請件数では、個別事業法に規制される事業を所管する商工省2,090件、鉄道省1,919件、逓信省1,036件の順であった。申請案件内訳は、社員給与賞与手当退職金関係が17,883件で最も多く、次いで役員報酬賞与退職金関係9,551件で、利益配当関係は少なく、すでに配当率は基準配当への引下げを実現している会社が多かったことを告げるものである。

表6-6 「会社経理統制令」適用法人所管別社数（1941年12月17日現在）
(単位：件)

省　庁	会社数	専管	共管
内閣特別法人	2	2	150
商工省	407	257	34
通信省	207	173	90
鉄道省	585	495	―
農林省特別法人	1	1	―
拓務省特別法人	3	3	―
大蔵省該当	10,590	10,590	―
合　計	11,795	11,521	274

出所：大蔵省会社部「第79帝国議会参考書」1942年1月（旧大蔵省資料 Z379-49）。

「会社経理統制令」の許可・承認件数は（表6-8）、1940年度で10月20日から1941年3月末までのため、期間が限られているが、9,640件の申請があり、1941年度で通年申請案件のため27,710件となった。申請の内訳は、1941年度では社員給与手当賞与等が5,640件で、その内訳は社員昇給許可申請1,709件、社員手当準則制定変更許可1,567件で、この2案件で過半を占めていた。利益配当許可は289件のみである。また役員報酬賞与給与等3,654件のうち役員報酬支給許可1,683、役員賞与支給許可669件で、この2案件で6割を超えていた。設定基準を上回る支給の承認を得た案件である。「会社経理統制令」が規制する企業の経費として社員給与案件は金額が多い。企業規模や操業環境で状況が異なり、それに伴う手当・昇給・退職金・初任給に関連する案件が多数申請された。役員案件としては報酬が多く、単年度業績変動で法定退職金を上回る支給を行う場合に個別申請で承認を受けたものがこの件数として現れている。1942年8月累計申請51,339件のうち、許可承認45,356件であり、88％が許可承認を受けた。社員給与手当等の案件で33,507件のうち30,497件、91％が許可承認となり、他方、役員報酬賞与等の案件で14,307件のうち11,993件、83％が許可承認となり、役員報酬賞与等は、該当者がもとより高額所得者が多いため、許可承認率がいくらか低く抑えられていた。利益配当は818件のうち637件、77％が許可承認となり、役員報酬賞与よりさらに押さえ込まれていた。

　経理統制項目の内訳を見ると、配当については、先の「会社利益配当及資金融通令」ですでに強い規制が加えられているが、自己資本配当比率の導入と「会社経理統制令」の運用強化で、さらに配当率引き下げが促進された。1941年12月までに416社のうち（表6-9）、346社が配当率引き下げに従った。その

第6章　戦時会社経理統制　341

表6-7　「会社経理統制令」施行所所管省庁別申請案件（1940年10月20日～42年8月31日）

（単位：件、上段1941年末累計、下段イタリック1942年8月末累計）

申請事項	大蔵省	理財局・会社部	財務局	銀行局	監理局	農林省	商工省	通信省	鉄道省	合計	内許可
利益配当関係	531	156	349	20	6	—	60	24	29	644	511
	682	*184*	*443*	*40*	*15*	—	*69*	*27*	*40*	*818*	*637*
役員報酬賞与退職金等	7,877	1,674	5,328	709	166	5	625	353	691	9,551	7,995
	11,804	*2,179*	*8,484*	*983*	*158*	*10*	*810*	*537*	*1,066*	*14,307*	*11,993*
社員給与賞与手当退職金等	14,789	3,496	9,921	985	357	40	1,306	620	1,158	17,883	15,910
	27,789	*5,012*	*20,644*	*1,524*	*609*	*72*	*2,023*	*993*	*2,230*	*33,507*	*30,497*
機密費関係	376	358	—	18	—	—	41	15	17	449	227
	1,090	*974*	—	*106*	*10*	—	*101*	*43*	*40*	*1,274*	*876*
寄付金等	554	449	—	62	43	—	48	21	23	646	611
	1,148	*959*	—	*120*	*69*	—	*112*	*44*	*48*	*1,352*	*1,277*
福利施設費等	67	60	—	5	2	—	10	3	1	81	76
	67	*60*	—	*5*	*2*	—	*10*	*3*	*1*	*81*	*76*
合計	24,164	6,193	15,598	1,799	574	45	2,090	1,036	1,919	29,254	25,330
	43,060	*9,768*	*29,571*	*2,778*	*943*	*82*	*3,125*	*1,647*	*3,425*	*51,339*	*45,356*
うち許可	37,965	8,686	25,722	2,627	930	82	3,001	1,511	2,797	45,356	

注：1）会社部は1941年7月16日に理財局から分立。
　　2）財務局は1941年7月15日まで税務監督局。
　　3）大蔵省監理局は1941年12月13日設置、保険、証券業を所管、商工省から移転。

出所：大蔵省会社部「第79回帝国議会参考書」1942年1月（旧大蔵省資料Z379-49）、大蔵省会社部「会社経理統制令施行状況調」1942年8月末（旧大蔵省資料Z539-159）。

表 6－8　[会社経理統制令] 申請案件（1940年10月20日～44年10月31日）

(単位：件)

申請案件	1940年度	1941年度	1942年8月末累計		1942年度	1943年度(10月末迄)	1943年10月累計		1943年度	1944年度(10月末迄)	総累計
				許可承認				許可承認			
利益配当許可	272	301	622	449	95	29	697	484	58	61	787
配当率指定	17	125	196	188	103	65	310	300	120	133	498
利益配当小計	289	426	818	637	198	94	1,007	784	178	194	1,285
役員報酬支給許可	1,683	4,216	7,648	6,956	4,166	2,576	12,641	11,414	4,684	2,847	17,596
役員賞与支給許可	669	1,124	2,067	1,498	560	253	2,606	1,833	474	396	3,223
役員退職金支給許可	252	1,006	1,675	1,589	926	544	2,728	2,557	1,152	733	4,069
役員退職金準則許可	484	301	853	730	358	83	1,226	1,071	150	73	1,366
役員臨時給与支給許可	121	326	569	473	280	158	885	735	345	212	1,409
役員報酬準則制定変更許可	445	760	1,495	747	637	367	2,209	1,326	646	592	3,080
役員報酬賞与給与等小計	3,654	7,733	14,307	11,993	6,927	3,981	22,295	18,936	7,451	4,853	30,743
社員昇給許可申請	1,709	3,915	6,614	5,967	2,487	1,532	9,643	8,530	2,867	1,319	12,297
社員手当準則制定変更許可	1,567	8,158	16,131	15,235	13,676	6,352	29,753	28,262	20,606	3,356	47,363
社員初任基本給料準則承認	349	599	1,016	765	210	107	1,265	966	188	122	1,466
社員初任基本給料支給許可	—	812	1,788	1,579	2,761	2,206	5,779	5,348	3,854	948	8,375
社員賞与支給許可	608	675	1,334	1,207	96	32	1,411	1,265	64	81	1,523
社員賞与経費支給許可	376	548	986	664	121	40	1,085	720	94	125	1,264
社員賞与支給方法承認	137	246	393	270	42	35	460	326	61	30	516
社員臨時給与支給許可	225	454	897	778	485	292	1,456	1,275	672	331	2,167
社員退職金準則制定変更許可	669	2,412	4,348	4,032	2,414	1,362	6,857	6,428	2,222	1,506	9,153
社員給与手当賞与等小計	5,640	17,819	33,507	30,497	22,292	11,958	57,709	53,120	30,628	7,818	84,124
寄付金等予定超過支出許可	57	1,009	1,352	1,277	1,349	624	3,038	2,870	2,842	229	5,485
寄付金等超過支出許可	—	—	—	—	—	—	—	—	—	541	541
寄付金等小計	57	1,009	1,352	1,277	1,349	624	3,038	2,870	2,842	770	6,026

第 6 章　戦時会社経理統制

機密費等基準月額承認	—	238	470	411	520	333	1,091	1,011	625	47	1,430
機密費等基準月額増額許可	—	419	625	367	625	190	1,234	787	337	57	1,438
機密費等基準月額超過支出許可	—	75	179	98	300	164	539	377	315	62	752
機密費等特別基準月額承認	—	—	—	—	—	—	—	—	—	116	116
機密費等小計	—	732	1,274	876	1,445	687	2,864	2,175	1,277	282	3,736
福利施設費予定超過支出許可	—	—	81	76	—	—	—	—	—	—	—
福利施設等小計	—	—	81	76	—	—	—	—	—	—	—
償却許可	—	—	—	—	31	72	103	92	155	34	220
固定資産除外承認	—	—	—	—	5	18	23	21	28	7	40
残存価額承認	—	—	—	—	—	1	1	—	3	—	3
特別耐用年数承認	—	—	—	—	3	7	10	5	14	10	27
残存耐用年数承認	—	—	—	—	8	39	47	35	131	58	197
耐用年数承認	—	—	—	—	11	11	22	19	20	6	37
償却方法承認	—	—	—	—	48	63	111	106	85	17	150
償却方法変更承認	—	—	—	—	6	22	28	25	53	11	70
減価償却等小計	—	—	—	—	112	233	345	303	489	143	744
広告宣伝費等特別基準月額承認	—	—	—	—	—	—	—	—	—	218	218
広告宣伝費等基準月額超過支出許可	—	—	—	—	—	—	—	—	—	55	55
広告宣伝費等小計	—	—	—	—	—	—	—	—	—	273	273
合　計	9,640	27,719	51,339	45,356	32,322	17,577	87,258	78,188	42,865	14,417	126,963

注：1）1943年度，1944年度で不突合がある。
　　2）1940年度は1940年10月20日〜41年3月31日。
　　3）1944年度は4月1日〜10月末。
　　4）各軍需監理部および各鉄道局において処理したものを含まず。
　　5）局の1945年度については，10月以降の償却規則関係処理件数を含む。
出所：大蔵省会社部「会社経理統制令施行状況調」1942年8月末（旧大蔵省資料Z539-159），大蔵省金融局「第89回帝国議会参考書」1945年11月（旧大蔵省資料Z539-9），また大阪財務局の1944年10月分，1945年2・3月分，東京財務局の1945年2・3月分，仙台財務局の1945年1月分を含む。（旧大蔵省資料Z389-9）。

表6-9 配当減少会社（1940年10月19日〜41年12月10日）

(単位：社、千円)

資本金規模	社数	配当不変	配当減少率別社数						減少配当額
			1％以下	2％以下	3％以下	4％以下	5％以下	5％以上	
1百万円以下	214	27	17	85	52	7	9	17	1,953
5百万円以下	106	22	11	54	12	5	2	—	2,168
10百万円以下	47	5	7	24	6	2	3	—	3,384
50百万円以下	34	7	11	14	—	1	1	—	3,796
1億円以下	6	4	1	1	—	—	—	—	608
1億円以上	9	5	2	2	—	—	—	—	4,050
合 計	416	70	49	180	70	15	15	17	15,959

出所：大蔵省会社部「第79回帝国議会参考書」1942年1月（旧大蔵省資料Z379-49）。

うち2％以下の減配が180件と最も多く、3％以下70件、1％以下49件と続いていた。他方、配当率不変とした会社も70社見られた。これによる配当の減少額は15百万円を超えた。その資本金規模別では、1億円以上の会社4社で4百万円を超える配当の減少となっている。次いで10百万円以上1億円以下の27社で3百万円を超える減少となっていた。10百万円以下でも3百万円を超える配当減少が見られ、大手・中堅企業にかなりの効果が見られた。この後の時期の配当引き下げも続いたはずである。配当減少の個別企業の事例を点検すると（表6-10）、当所株を含む、繊維・化学・金属・窯業・外地会社等の銘柄の配当率が並んでいるが、1940年下期から1942年上期にかけ多くの企業が配当率を引き下げた。中には無配に転落した会社もある。三菱系では三菱鉱業株が12％から10％へ、旭硝子株13％から12％へ、三菱商事株が12％から11％へ、三井系では小野田セメント製造株が10％から8％へ、北海道炭礦汽船株9％から8％へ、熱帯産業株が5％から無配へ、新興企業集団系では理研工業株が10％から無配へ、理研護謨工業株が8％から4％へ、ゴムを除く外地系では熱河開発株が8％から無配へ、満洲鋳物株が12％から10％へと、多くの優良企業の配当率は低下した。ただし南方ゴム栽培会社は、1941年7月資産凍結で操業困難に陥り、12月開戦後の南方占領体制で、自社栽培ゴム園の操業に復帰できず、多くは事業停頓状態にあった。熱帯産業株のほか南洋護謨株、馬来護謨公司株も同

表6-10 主要会社減配状況

(単位:％)

会　社	決算期月	配当率 1940下期	1941上期	1941下期	1942上期	備　考
東京人造絹糸㈱	5	7	8	—	—	1926.3設立
大東紡績	5	6	6	3	3	1896.2設立
日満亜麻紡織	2	9	9	8.6	8.6	1934.4設立、日本法人
東洋高圧工業㈱	3	9	9	8.5	8.5	
㈱大阪株式取引所	5	6	4.5	4	6	
㈱東京株式取引所	5	7	6	5.5	7.2	
北海道炭礦汽船㈱	5	9	9	8	8	1942上期以降、3・9月に変更
入山採炭㈱	5	8	8	6	7	1895.6設立
東邦炭礦㈱	3	5	5	—	—	1919.10設立
三菱鉱業㈱	3	12	11	10	10	
小倉製鋼㈱	4	9	8	7	7	
浅野セメント㈱	4	7	7	6	6	
秋田木材㈱	11	10	10	8	8	
東洋曹達工業㈱	6	10	8	6	6	
熱帯産業㈱	4	5	6	5	—	1915.5.1設立
スマトラ拓殖㈱	4	9	9	8	7	1919.3.25設立
旭硝子㈱	4	13	13	12	12	
三菱商事㈱	3	12	12	11	11	
日本生命保険㈱	12	23	23	20	20	
帝国生命保険㈱	12	23	23	20	20	
明治火災海上保険㈱	12	20	20	18	18	
北海道瓦斯㈱	6	8	9	8	8	
相模鉄道㈱	5	5	5	—	—	
南海鉄道㈱	3	10	10	9.5	10	
日本レイヨン㈱	5	10	10	9	6	
森永製菓㈱	3	8	9	8	8	
新望銅山㈱	5	8	8	5	—	1921.6設立
熱河開発㈱	3	8	8	—	—	1939.11.16設立、満洲国法人
九州採炭㈱	5	8	8	6	6	1935.3設立
早川石油㈱	6	9	9	8	8	
朝鮮石油㈱	4	9	9	7	9	1935.6設立、本店京城
㈱吾嬬製鋼所	5	8	8	7	7	1933.3設立
石産金属工業	5	7	6	—	—	1941.8第一製鋼㈱が商号変更
日亜製鋼㈱	3	12	12	11	10	1918.3設立
㈱中山製鋼所	3	10	10	8	8	
東洋鋼板㈱	5	9	6	—	—	1934.4.11設立
日本ステンレス㈱	3	8	8	5	5	1934.4設立
鋼板工業㈱	5	6	6	3	3	1937.1設立
満洲鋳物㈱	1	12	12	10	10	1937.10.20設立、満洲国法人
大日本機械工業㈱	5	9	9	7	7	1916.2設立

会　社	決算期月	配当率				備　考
		1940下期	1941上期	1941下期	1942上期	
理研工業㈱	2	10	8	3	—	1934.3設立理研重工業㈱が、1941.7商号変更
日本タイプライター㈱	4	13	11	10	11	1917.5設立
日満アルミニウム㈱	5	8	6	—	—	1932.10設立、日本法人
弘中商工㈱	5	9	9	8	—	1930.10.1設立、本店京城
東洋製罐㈱	4	10	10	8	8	
日本製錬㈱	5	8.5	9	8	8	1915.9設立
理研護謨工業㈱	5	8	8	6	4	1937.6設立
朝日化学肥料㈱	4	9	7	—	—	1935.8設立
徳山曹達㈱	4	8	8	6	4	
秩父セメント㈱	5	13	13	12	12	
小野田セメント製造㈱	5	10	10	8	8	
満洲セメント㈱	11	*8*	*8*	*5*	*5*	1934.5.11設立、満洲国法人
南洋護謨㈱	4	9	9	8	—	1911.2.15設立
㈱馬来護謨公司	3	8	9	8	—	1912.10.10設立
昭和護謨㈱	3	10	10	9	8	1937.6.1設立

注：1）イタリックは通年決算のみ、配当率は参考数値。
　　2）会社商号は依拠資料の誤りと省略されている部分を修正した。
出所：大蔵省会社部総務課「株式評価臨時措置令関係資料」1942年7月25日（旧大蔵省資料Z539-159）。原資料は東洋経済新報社『東洋経済統計月報』。日本興業銀行［1957b］、柴田［2005］、帝国興信所『帝国銀行会社要録』1940年版、1942年版、1943年版、大連商工会議所『満洲銀行会社年鑑』1942年版、東洋経済新報社『大陸会社便覧』1943年版。

様の状態にあったため[2]）、比較の対象としてはやや適格性を欠く事例である。

　とりわけ打撃が大きかったのは役員賞与と思われる。「会社経理統制令」で新たに、資本金別法定賞与率が設定されたため、それまでの巨額役員賞与を享受していた大手法人役員は、その所得に強い制限が設けられた。1939年上期で、法定賞与率を実際賞与率が上回っていたのは、資本金10百万円以上の法人のうち確認が取れているだけでで、87社中72社の事例があり、この多くが「会社経理統制令」に抵触していた。また会社定款で役員賞与率を定めている場合にも、利益に対する役員賞与率が法定賞与率の3倍以上という、突出した日魯漁業株式会社、浅野セメント株式会社、倉敷紡績株式会社、野村銀行のような例も見られた[3]）。「会社経理統制令施行規則」によれば、例えば資本金10百万〜15百万円の階層に属する野村銀行の場合、利益に対する法定賞与率は上限3.15％で

第6章 戦時会社経理統制 347

表6-11 役員賞与減少額（1940年10月19日〜41年12月10日）

(単位：百万円)

資本金	社数	法定賞与	前期賞与	決定賞与	賞与減少
1百万円以下	449	3	6	4	1
5百万円以下	288	7	9	7	2
10百万円以下	102	3	5	4	1
50百万円以下	188	8	13	11	2
1億円以下	42	3	5	4	1
1億円以上	37	7	11	9	2
合　計	1,106	28	48	39	9

出所：大蔵省会社部「第79回帝国議会参考書」1942年1月（旧大蔵省資料Z379-49）。

あり、1939年上期の同社賞与率11.7%というのは、破格の高率といえよう。同様に資本金30百万〜40百万円の階層にある日魯漁業は、1939年上期法定賞与率上限2.25%であったが、実際賞与率は8.93%であった。ほかにも役員賞与率を定款で規定していない日本郵船株式会社のような事例もあり、また定款で利益処分による支弁が明記されているものの、損益計算上の経費で支弁する台湾製糖株式会社や明治製糖株式会社のような事例も見られた（長谷川［1941b］138-151頁）。これらの企業に対し、「会社経理統制令」の施行で、役員賞与のみならず、利益金処分構成そのものが、経理統制令の基準に沿って見直され、平準化される契機となった。したがって高利益法人の役員に与えた打撃は少なからぬものがあった。ただし配当同様に、激変緩和措置が取られるため、個別審査を経て調整される。

　役員賞与に関する統制の実態とを点検しよう（表6-11）。1941年12月10日までの該当法人1,106社の前期賞与合計48百万円であり、50百万円以下の層の前期賞与率が高いため、凹凸が見られる。該当役員人数が不明のため、1人あたりの賞与額を示すことができないが、「会社経理統制令」により法定賞与合計28百万円の規準が与えられたため、個別審査を経て調整を加え、承認された賞与は39百万円に減額されている。役員賞与総額は配当総額に比べ格段に少ないが、受給該当者も株主とは比較にならない少人数に止まる。該当法人は「会社経理統制令」に沿って、自発的に賞与率を引き下げるか、会社経理審査委員会や

所管省で個別認可を受けるしかない。役員報酬も同様である。この役員賞与報酬統制の発動は、会社経営者の個人的所得動機を著しく減殺するものであった。こうして「会社経理統制令」による利益金処分の統一経理基準への強引な誘導が図られていった。その結果、同族支配会社の役員は賞与・報酬の減額のみならず、持株配当率削減で所得に激しく挟撃を受けたことになる。戦時期の同族外経営者の比率の増大がこれまでも指摘されてきたが（岡崎［1993］）、経済統制による企業体制への圧迫のほか、同族経営者への企業財務統制による収入面からの圧迫も一つの要因たりえよう。

　個別企業が運用方針の弾力的適用を受けるためには、個別認可を受けるしかなく、それは会社経理審査委員会で個別に認可されるが、毎月2回程度開催される委員会の下の幹事会で事実上個別認可が行われていた。幹事会は大蔵省理財局または会社部の担当課長ほか関連する他省庁の担当課長クラスで構成されていた。例えば、1941年1月10日の第11回幹事会では、社員賞与経費支出許可申請取扱内規や臨時給与許可方針等の議案のほか、愛国石油株式会社（1935年4月設立、本店東京）の配当率指定、北海道炭礦汽船株式会社（1889年11月設立）の役員退職金準則許可、東洋紡績株式会社の役員退職金支給許可、蓬莱殖産株式会社（1928年1月設立、本店東京）の社員臨時給与支給許可が案件として審議された[4]。幹事会で審議された会社の個別案件の多くは、事前に担当省庁により選別かつ事前調整されているためか、許可もしくは承認されるものが多い。

2.「会社経理統制令」体制の強化

　1940年10月20日に施行された「会社経理統制令」は、一部の特殊法人を除く資本金20万円以上の法人の会社経理に強い規制を与えた。法定給与、法定賞与等が閣令で規定され、それを上回る支給を行う場合には個別承認を得る必要がある。その申請の煩わしさや、不承認を受ける可能性もあるため、法定基準に沿わせた経理が採用されていくが、それでも日本で操業する株式会社の件数は多く、操業環境等の違いから、個別申請により法定基準を上回る支給等を求め

る事例も多数発生する。後述のように「会社経理統制令」が統制範囲を拡大するため、申請件数が増大するが、企業活動の個別条件の違いから、社員給与手当等や役員賞与等の法定外支給等に関し個別申請が続いた。「会社経理統制令」に基づく個別申請案件は同令の統制範囲の拡大とともに増大し、1942年度で32,322件、1943年度42,865件へと増大した（表6-8）。1944年度（10月末まで）も14,417件あるが、対前年度で7カ月合計では、申請件数は減少していた。1944年10月累計126,963件が処理された。1943年10月までの累計87,258件の申請に対する処理結果を検討すると、許可承認は78,188件で89％が許可承認を得た。許可承認率は1942年8月累計とほとんど変化がない。利益配当案件累計1,007件のうち許可承認784件で77％、役員報酬賞与等案件22,295件のうち、18,936件で84％、社員給与手当等案件57,709件のうち許可承認53,120件で92％であり、比率は1942年8月末累計とほとんど変化がない。「会社経理統制令」施行後に、ほとんどの企業が不許可にならないように申請案件を調整し、あるいは自主規制して申請を見送り経理統制の法定基準へ暗黙に服属した事例も多く見られたと思われる。

　こうして「会社経理統制令」により、配当・利益金処分・経費等が厳格な統制下に置かれ、社外流出を阻止されたものが、企業の減価償却や内部留保に誘導されることになる。特に規模の大きな企業に対する固定資産強制償却が実施に移される。以下で大手企業の固定資産減価償却の適用状況を点検する。資本金5百万円以上の法人で、「会社経理統制令」施行前の1940年4～9月事業年度終了法人620社の償却前固定資産10,677百万円のうち大蔵省主税局通達により584百万円、5.4％の償却のほか、それに製造業を中心に特別償却86百万円が上乗せされていた。実際の償却は479百万円、3.8％に特別償却71百万円の上乗せがあり、479百万円、4.49％の償却を行った（表6-12）。「会社経理統制令」施行後の1941年3～8月決算法人219社の固定資産26億円のうち、4.42％が償却されているが、当期償却率は微減した。決算法人の決算期・標本の規模・業種等の差異を無視すれば、1社あたりの償却前固定資産額が減少していた。

　特に固定資産償却促進のため、「会社経理統制令」第31条に関する固定資産

表6-12 固定資産償却状況

(単位:社、百万円、%)

業　種	1940.4～9決算法人							1941.3～8決算法人			
	社数	償却前固定資産	税務署是認範囲	同特別償却	会社計上額	同特別償却	償却額	当期償却率	社数	償却前資産	償却額	当期償却率
農林水産業	7	91	11	—	11	—	11	12.09	3	40	3	7.5
鉱業	46	1,031	50	5	41	3	44	4.27	21	414	11	2.66
製造業	317	4,744	276	38	257	33	290	6.11	137	1,653	79	4.60
金属	51	1,212	60	17	56	16	72	5.94				
機械	100	1,471	92	20	83	16	99	6.73				
紡績	60	954	51	—	46	—	46	4.82				
化学	52	644	51	—	28	—	28	4.35				
製紙	12	147	6	—	11	—	11	7.48				
食品	17	137	5	—	7	—	7	5.11				
その他	25	179	8	1	8	1	9	5.03				
電気ガス業	62	3,194	142	—	52	—	52	1.63	—	—	—	—
交通業	53	1,043	78	4	33	2	35	3.36	13	389	21	5.40
商業	35	367	19	1	22	—	22	5.99	22	73	3	4.11
銀行業	3	10	—	—	—	—	—	—				
雑業	51	297	6	—	7	—	7	2.36	23	80	3	3.75
合　計	620	10,677	584	86	408	71	479	4.49	219	2,649	117	4.42

出所:大蔵省会社部「第79回帝国議会参考書」1942年1月 (旧大蔵省資料Z379-49) ほか。

　減価償却を強制する閣令の施行について、1941年5月5日の大蔵省理財局配当給与課「会社経理統制令ニ基ク減価償却命令ニ関スル件」で検討を始めており、8月1日の「固定資産ノ償却ニ関スル閣令要綱案(未定稿)」や、同月15日の「固定資産減価償却準則案(未定稿)」で検討を続け[5]、固定資産減価償却の準則を練り上げて行った。

　固定資産減価償却の改定については、企業会計のみならず税務会計上の対処と重複するため、大蔵省主税局が1942年7月に経理統制・原価計算・税務計算についての統一の「固定資産耐用年数表」を決定・公表し、同年9月1日より採用した。この間、強制償却の成案がほぼでき上がったため、大蔵省会社部は統制会理事長会議を召集し、「会社経理統制令」に基づく強制償却の内容を説明し、実業界に協力を求めた。統制会理事長会議では大蔵省の要望に対して全面的に協力することを申し入れた[6]。そして最終的に1942年9月1日に「会社

経理統制令」第31条に基づき、閣令「会社固定資産償却規則」を定めた。これが固定資産償却の細則となり、「会社経理統制令」により大手企業に対する固定資産の強制償却が可能となった[7]。その導入の前から、企業再投資の確保、自己資金蓄積、原価計算への減価償却の算入、「会社経理統制令」の施行の充実等から、強制償却の必要性は認められていた。ただし償却不足の会社に強制償却を行わせると、配当率の引き下げとなることから株価が下落し、また原価計算に減価償却を計上すれば、公定価格は上昇する等の危惧がありえた。そのため強制償却の対象となる会社は、資本金5百万円以上の会社に限定し、また特別法人と清算法人を除外した。さしあたり強制償却の限度を耐用年数表の標準償却額の7割程度とした。特に償却不足の著しい業種には別の割合を定め、軍需品製造業のような標準償却額を原価に算入する会社については10割とした。さらにこの措置の実効性を確保するため、償却不足会社に対しては「会社経理統制令」による一定限度内自由増配を認めない等の措置を講ずることとなった[8]。残念ながら1941年9月期以降の決算期の資本金5百万円以上の固定資産原価償却の統計が見あたらないため、強制償却の効果を統計的に判定できないが、1941年8月までの決算法人よりは償却が進んだと見られよう。こうして強制減価償却は資本金百5万円以上の会社に対し、特別法人と清算法人を除き、全面的に導入され、工作機械製造業とほぼ同じ条件におかれた。ただし工作機械業界とは異なり、政府の償却不足の補助金の交付は行われない。また強制償却による配当率と原価計算への跳ね返りを危惧したため、徹底的に遂行されたものではなかった。

　こうして固定資産減価償却割当基準の設定により、配当・役員賞与・給与・その他経費等の節約分の減価償却への充当が実施された。ただしこの強制償却による「会社経理統制令」の申請件数は多くない。減価償却に関する承認案件は、1944年10月までの累計で744に止まるという状況であった。該当法人が資本金5百万円以上の大規模法人に限定されているのもその理由の一つである。そして大規模法人の減価償却に関連する「会社経理統制令」申請案件は、例外的な償却の承認申請が中心であり、「償却許可」220件、企業資産の残存耐用年

表6-13 払込資本金対利益率・配当率・内部留保率

(単位：％)

業　種	1940年上期 利益率	配当率	留保率	1940年下期 利益率	配当率	留保率	1942年上期 利益率	配当率	留保率	1943年上期 利益率	配当率	留保率
特殊銀行	15.0	8.6	40	16.0	8.6	44	15.6	8.7	42	16.1	8.7	44
普通銀行	14.3	6.6	50	15.3	6.7	53	18.0	7.1	54	19.1	7.2	57
貯蓄銀行	26.9	7.2	54	16.9	7.2	50	31.8	8.4	69	32.8	8.5	70
証券業	17.7	8.3	44	15.0	7.3	30	12.6	6.2	36	13.0	6.7	31
鉄道軌道業	8.0	6.3	17	8.7	6.4	19	9.1	6.7	18	10.2	7.6	23
海運業	21.8	7.1	67	25.6	8.1	69	15.9	7.5	46	14.0	7.2	43
紡績業	20.4	12.4	37	23.3	11.9	45	20.1	12.6	33	16.6	12.1	19
製糸業	23.5	9.5	56	16.9	9.5	41	14.7	7.7	43	17.9	7.7	54
人絹人造繊維業	13.4	10.4	19	12.0	9.1	20	10.6	7.7	24	7.6	5.5	23
鉱業	11.9	3.7	24	14.0	7.8	37	8.6	6.5	22	6.2	5.9	3
セメント業	9.8	8.0	16	10.7	8.2	19	7.5	6.3	10	7.5	5.8	18
化学工業	13.1	8.1	33	12.0	6.8	40	9.3	6.6	24	9.5	6.2	29
金属工業	15.1	8.4	40	14.0	7.2	43	13.2	7.2	41	13.3	7.4	40
製鉄業	15.8	8.2	47	14.0	7.8	41	12.3	7.6	35	10.0	6.9	28
機械器具業	19.8	8.7	52	19.3	8.5	50	15.8	8.1	43	14.9	8.3	39
造船業	12.6	6.9	43	12.2	6.8	35	15.7	6.5	55	17.3	6.9	56
製糖業	17.6	10.0	37	24.2	9.5	57	17.5	9.9	32	15.9	9.8	27
食品工業	23.0	9.4	52	24.3	8.2	61	13.7	7.3	40	13.4	7.3	40
商事業	21.1	11.0	43	21.2	9.2	48	20.2	9.8	43	18.4	9.6	38
総　合	13.6	8.1	37	14.1	7.7	41	13.0	7.6	37	12.2	7.4	35

注：鉱業の1942年上期からは金属鉱業のみ。
出所：前掲「第89回帝国議会参考書」。

　数の承認197件、償却方法の承認150件等が個別に審査された。「会社固定資産償却規則」と耐用年数表に基づく通常ベースの減価償却については、個別承認は特に必要とはしない。

　他方、「会社経理統制令」は、内部留保の充実を求めていた。払込資本金対内部留保率は、1940年上期から1943年上期の間に、1940年下期の41％をピークに、1943年上期の35％まで低下しており、払込資本金対利益率も同様に低下していた（表6-13）。利益率を業種別に見て、相対的に好調と判断できるのは、金融・紡績・食品産業であり、軍需関連では造船・機械器具が比較的よく、化学工業は不振産業に近い状態であった。製鉄業・セメント業も同様である。こ

れは戦時下の強い価格統制と、原材料・労働力等の入手難等によるものと思われる。他方、固定資産の乏しい金融業・食品産業は内部留保を積み増したが、金融業を除けば、1942年以降急速に強化される企業整備で、事業そのものが消滅を余儀なくされた事例も少なくないはずである。以上から戦時重点産業である軍需関連産業は、内部留保と固定資産減価償却においては、初期の目的が十分達成されたとはいえないが、全般的には配当率圧縮の効果は十分に読み取れる。他方、株式払込の増大が続くため、資本金対内部留保率の相対的伸び悩みとなるが、強引に推し進められた経理統制により、会社利益のかなりが内部留保と減価償却に振り向けられる契機を得たといえよう。

　そのほか経理統制の対象とされた役員退職金については、戦時国債の消化促進と、資金の浮動化防止のため、「会社経理統制令」第26条関係の「会社経理統制ノ運用方針」で、支給の際にその一部を国債・貯蓄債券または報国債券で支給するものとされ9)、統制されていた。しかしそれでは多額退職金を受給する場合には、債券支給以外の多額現金部分が統制外に漏出するため、1943年9月4日閣令省令「会社経理統制令第二六条及第三五条第一項ノ規定ニ依リ会社役員ノ退職金中一部国債支給等ニ関スル件」が公布され、役員退職金には分類所得税を控除した残額に対して、5万円以下の部分4割から30万円以上の部分10割までの4段階で国債による退職金支給が規定された。こうして役員退職金で国債を強制引受させることで、資金の浮動化阻止と国債消化が同時に実現された。ただしホワイトカラーの賃金総額に比べれば役員退職金額総計は僅少であり、施行は容易であるがこの措置の効果も限られたものであった。

　「会社経理統制令」の運用にあたっては、基本的に各法人一律適用で、特定業種や特定企業に対する誘導は法令上相応しいものではないが、一部優遇措置が採用された。価格報奨制度により生産性向上を実現した会社に対しては、社員給与報奨措置を、計画造船促進のため予定期日竣工した会社職員に特別手当の支給を、重点産業で下級職員が増大した場合には社員昇給の制限緩和措置を、それぞれ採用し、国策への貢献の到達度を判定したうえで、法令運用の弾力性を持たせる方針を固めた10)。そして1943年9月10日の会社経理審査委員会でそ

の運用方針が決定された。そのほか1943年4月2日には特別価格報奨を受けた会社の臨時配当増加を運用方針で認め[11]、増産へと会社を誘導した。さらに1944年3月9日「会社経理統制令」改正で、新たに広告宣伝費についても経理統制の対象とし、同年3月17日の会社経理審査委員会幹事会で運用方針を決定した[12]。広告費については1944年度のみ10月末までに、個別企業の特別基準月額承認と基準月額超過支出許可で計273件が審査にかけられていた（表6-8）。

「会社経理統制令」の主管大臣が大蔵大臣のほか個別業種についてはそれぞれ商工大臣・鉄道大臣・農林大臣等となっており、経理統制の一元的施行に関しては、各省との所管の関係で円滑を欠く面が認められた。そのため大蔵省では1943年8月頃に「会社経理統制令」の主管を大蔵大臣のみとする改正案を検討していた。特に商工省所管の法人からの申請件数が多く、共管省との調整を取ることで処理に手間取るため、大蔵省側が経理統制の一元化を求めて、商工省等の共管省の所管権限の排除を試みたものである[13]。しかし共管省の所管業界に対する監督権限の縮小に対する反発が当然に発生し、この改正は見送りとなった。

そのほか経理統制が大規模法人についても悉皆・均一に施行されていない点が問題とされた。1942年8月に会社部は、1943年度に実施する重要事項として、経理統制令適用範囲を、営団、統制会等の団体にも適応するとして、必要なら「国家総動員法」第11条を改正するとの提案していた[14]。すでに株式が公開されている政府出資法人・特殊法人、例えば巨大事業法人の南満洲鉄道株式会社や植民地投資会社の東洋拓殖株式会社、巨大特殊銀行の横浜正金銀行、植民地中央銀行の朝鮮銀行等は経理統制の対象とされた。他方、日中戦争勃発後に多数設立された特殊会社（日本産金振興株式会社、帝国燃料興業株式会社、帝国鉱業開発株式会社、北支那開発株式会社、中支那振興株式会社、樺太開発株式会社等）・営団（産業設備営団、重要物資管理営団、住宅営団、農地開発営団、中央食糧営団等）・特殊金融機関（国民更生金庫、戦時金融金庫、南方開発金庫等）の特殊法人を対象外とした。経理統制のあり方の均一性・悉皆性から、

経理統制対象外のこれらの大規模特殊法人に対する経理統制の拡大が検討された。しかしこれら特殊法人は戦時の特殊な要請により設立されたものであり、必ずしも利益追求で動いているわけではないため、また個別の設置・規制法規により政府からの補助金、配当・利益金処分等が規定されている事例が多く、その設立法規との調整も必要となるため、「会社経理統制令」の適用で難しい点が多く、結局戦時に設立されたこれら大規模特殊法人への経理統制の拡大は見送りとなった[15]。

　1945年3月10日東京大空襲とその後の株価急落阻止のため、戦金が株式の無制限買い支えに走る状況の中で、戦時統制の一段の強化が必要とされた。会社経理についても戦災の事後処理のため、後述の「会社経理特別措置令」の公布施行といった状況が進展した。会社経理統制全般においても対象企業の拡大が必要と判断されて、同年3月30日「会社経理統制令」は改正され、即日公布施行となった。内容は役員給与と社員給与および退職金の一部については、許可不要とした統制の緩和がなされる一方で、資本金20万円未満の会社にも同令を適用するというもので、「臨時資金調整法」が資金調整の対象外としていた資本金20万円未満の小規模法人にも、「会社経理統制令」の適用範囲が広がることとなり、会社経理統制の悉皆性は一段と高まったといえよう。そのほか強制合併等を伴う企業整備や戦災事後処理に対応した経理措置が必要となり、減資会社が増大したことに伴う利益金処分等の統制を強化する必要があり、こうした措置は経理統制の網目を部分的に縮小したものである。これで戦時期に設立された特殊法人・統制機関等を除外した会社形態の法人はすべて経理統制の対象に置かれた。資本金20万円未満の小規模法人については、大蔵省は各地の財務局で担当させた。空襲といった事態でなければ、経理統制による小規模法人への統一経理基準の適用と、税務調査による誘導は、無視しがたい効果を持つはずである。また他省庁の軍需省・農商省・運輸通信省（行政組織改組でいずれも1943年11月1日設立）も同様に出先組織で対応させることになったはずである。しかし他方、敗色の中で行政機構の弱体化が進むため、この統制強化の十分な効果は疑わしかった。そのため1945年5月1日の大蔵省の局長会議で提

案された「当面ノ重要施策ニ関スル件」には[16]、経理統制と会社固定資産償却関係事務を全面的に地方に委譲することについて各省と意見一致し、閣令改正に着手していた。特に軍需企業については、軍需省の提案した企業再整備と関連し、軍需企業の経理に対する特別の対策を検討中としていた。そのほか資本金20万円未満の会社に対する経理統制と協力工場に対する経理指導を開始するが、今後のあり方を研究中とし、零細法人に対する悉皆的統制は実行現場で多くの負荷が予想されるため、最初からおよび腰でいた。大蔵省本省と財務局・税務署を動員するだけではすでに対処不能と判断していたと見なせる。さらに疎開や戦災による混乱で、生産活動の縮小が進行する過程にあり、会社経理処理はますます難しくなっており、小規模法人が敗戦までの4カ月ほどで、経理統制に沿った財務情報の整理にどれだけ対応できたかははなはだ疑問である。

　1945年5月11日に「防衛生産体制ノ確立ニ関スル件」が閣議決定されたが[17]、それに応じて大蔵省でも6月8日に「現戦局ニ応ズル経理特別対策要綱」を公表した[18]。それによれば戦局の悪化の中で、特定企業が年5％配当、役員社員賞与、法定積立金、税金相当額の利益を維持できない場合には、政府が包括補償する、また年8％配当とその他同一項目の相当額の利益を計上して、さらに剰余金がある場合には、その一部を当該企業の留保金として積立て、残額を政府が収納する、この補償と収納は政府が特別会計で経理するというものであった。大蔵省所管の特別会計の新設には多くの準備を必要とし、時間不足もあり、さらに戦時行政整理の中で大蔵省の所管業務の肥大化に連なるこの措置は採用されなかった。その後の「会社経理統制令」の運用方針としては、7月15日の金融局資金統制課「会社経理統制令ノ運用ニ関スル件」によれば[19]、優良企業に対する運用方針の内示と、その範囲内における裁量権の包括許可を与え、配当は10％まで引き下げさせるが、申請書は所定の書式によらなくとも可とし、2省以上の共管の法人は主務省のみで処理する等の、統制緩和の方向が強く打ち出されていた。これは敗色の濃くなった政府の行政機構の対処力の後退と平行していた。しかし翌月には日本の無条件降伏受諾による敗戦となり、これらの統制緩和は敗戦後に実施されることとなった。

3. 外地における経理統制

1940年11月に「会社経理統制令」は施行と同時に外地、つまり朝鮮・台湾・樺太・南洋群島にそれぞれ適用された。関東州については1941年1月15日に別の勅令が公布されたが[20]、関東州内にある満洲国法人との関係で統制の対象範囲が問題となり、その点について折衝を重ねた結果、1941年6月に満洲国法人の関東州内支店等をすべて個別会社として取り扱い、それらを経理統制の対象とし、その資本金は本店資本金を以て当てるとの決定を見た[21]。

中国関内占領地、とりわけ華中の物価騰貴はすさまじく、それにより多額の利益を上げる日本の会社が多数見られた。華中占領地の日本企業はほぼ上海に集中していた。華中インフレの中で多数の企業の参入が続いた。日本法人が領事館に登記して操業する場合には、日本の会社法制が適用される[22]。上海における大蔵省の出先組織として支那国駐劄財務官事務所が1938年1月7日に中国占領地行政の重要性から再置され、それを通じて監督していた。1943年11月に上海地区に本店のある日本法人に対して全面的に経理統制が導入された[23]。上海においては、1942年11月1日大東亜省設置と同時に、在上海大使館事務所経済部が上海の日系企業を監督下に置き、会社経理統制を所管することになった。すでに1942年6月より「現地会社経理統制実施要綱」により利益金処分の認可制を導入していた。同要綱によれば、資本金10万円以上の法人を全面的に統制の対象とした。払込資本金に対する10％以上の配当については在上海大使館事務所の許可制とし、固定資産の減価償却基準を適用し、役員報酬については直前4事業年度のうちの最少額に限度を設定し、役員賞与の払込資本金規模については3.5％から7段階の11％までとする支給標準を設定する等を定めた。これらは日本国内法人と比較して、資本金規模を別とすれば、まだ締めつけは弱いものであった。それは日本側行政力の弱さ、例えば税務署を動員できない等の行政機構の弱さが反映していた。なお大蔵省の財務官事務所は興亜院華中連絡部、さらには1942年11月1日以降には在上海大使館事務所と権限調整しつつ、兼務発令で対処していたが[24]、重複行政との批判を受け、1943年3月24日に閉

鎖した。

　上海地区の現地法人への経理統制の波及は、旧植民地のみならず日本帝国全域における経理統制の導入を表明したものとして注目できる。この経理統制の延長上にあるのは、在外日本企業支店の経理統制である。これも上海地区において、1944年2月より、機密費と職員在勤手当に関し、実施が表明された。このうち機密費・広告宣伝費については、同年3月17日会社経理統制審査委員会幹事会で「会社経理統制運用方針」が決定された。また中国における在勤手当についても、1944年5月9日の会社経理審査委員会で「中華民国在勤手当等ニ関スル件」が決定された[25]。それは現地法人と日本法人支店との間に経理統制上の不均衡が発生したためである。しかし現実問題として、在上海日本法人本店および支店については、在上海大使館事務所と日本内の大蔵省との二重監督となり、しかも地理的にも離れており、円滑な監督・執行は望みがたいものであった。

　南方占領地についても、民間企業が軍受命企業として大量に参入した[26]。1943年以降の占領地物価騰貴により、地域別に物価騰貴率は異なるものの、これらの企業についても多額の利益を享受できた事例が少なくない。こうした南方占領地における日本企業の参入に伴う企業財務に対して、例えば経済活動が最も活発なマラヤとジャワについては、次の経理統制が施行された。マラヤでは馬来軍政監部（1943年4月設立、本部昭南）が、1943年8月20日に「民間企業給与統制令」、12月1日に「民間事業経理統制令」と「委託経営事業経理統制令」を公布し[27]、ジャワでは第16軍軍政監部（1942年7月設立、本部ジャカルタ）が、1944年5月23日に「爪哇事業経理統制令」（6月1日施行）と「爪哇委託経営事業経理統制令」（6月1日施行）を、また9月13日に「爪哇事業給与統制令」（10月1日施行）を、それぞれ公布し、占領地経理統制に着手した。ジャワの経理統制令についてはそれぞれ同日に運用方針も公布された[28]。こうした南方占領地における経理統制は、陸軍占領地域のみならず、経済活動が比較的活発でない海軍占領地域でも導入された。

1） 大蔵省百年史編集室［1969a］、［1969b］、［1973］、産業政策史研究所［1981］で、組織と人事を参照。商工省監理局長長谷川公一は1941年12月1日就任からそのまま大蔵省監理局長に横滑りし1942年10月14日まで在任。
2） 1942年以降の南方日系ゴム栽培会社の操業状況については、柴田［2005］第5章参照。
3） 法定賞与率の2倍を超えて賞与を支給していた会社として、東邦電力株式会社、三井物産株式会社、宇治川電気株式会社、日本石油株式会社、東洋紡績株式会社、大日本電力株式会社、三井銀行、大日本麦酒株式会社、阪神急行電鉄株式会社、株式会社東京株式取引所、小野田セメント製造株式会社、富士瓦斯紡績株式会社、日本毛織株式会社、帝国人造絹糸株式会社、東洋レーヨン株式会社、株式会社大阪株式取引所、東京自動車工業株式会社、三菱倉庫株式会社、磐城セメント株式会社、麒麟麦酒株式会社、日本製粉株式会社、三菱製紙株式会社、秩父セメント株式会社、高砂鉄工株式会社が並んでいた（資本金規模順）（長谷川［1941b］143頁）。商号を一部補正した。
4） 「会社経理審査委員会第十一回幹事会」（旧大蔵省資料 Z809-17-4）。
5） 旧大蔵省資料 Z809-17-3。
6） 『中外商業新報』1942年8月12日。
7） 法令の解説としては、伊原［1942b］参照。
8） 大蔵省理財局経理統制課「固定資産減価償却ノ一般的強制ニ関スル件」1942年5月13日（旧大蔵省資料 Z539-159）。
9） 同前。
10） 大蔵省理財局経理統制課「優良企業ノ経営等ニ対スル報償ニ関スル件（未定稿）」1942年5月5日（旧大蔵省資料 Z539-159）。この方針については、大蔵省会社部経理統制課「会社経理統制令運用方針改正ニ関スル件（未定稿）」1941年8月26日（旧大蔵省資料 Z809-17-3）と、同じ頃作成され、やはり会社部経理統制課作成と思われる「優良企業ノ経営者等ニ対スル報償ニ関スル件（未定稿）」（旧大蔵省資料 Z809-17-3）で検討が行われて以来、その実施の検討が続いた。それがようやく1943年の「会社経理統制令運用方針」の改正として実現したものであった（大蔵省金融局「会社経理統制令運用方針」1944年10月1日現在（旧大蔵省資料 Z511-606））。
11） 前掲「会社経理統制令運用方針」。
12） 同前。
13） 「各省共管事項協議事項ニ関スル意見（主トシテ商工省関係）」日付なし（旧大蔵省資料 Z809-25-5）。同綴同名文書に大蔵省各局等の所管事項の意見が列記さ

れているが、そのうちの複数文書に1943年8月下旬の日付があり、その頃の大蔵省理財局経理統制課作成と推定。大蔵省理財局経理統制課「会社経理統制令ノ主務大臣統一ニ関スル件」1943年8月31日（旧大蔵省資料 Z809-17-1）で、大蔵省は「臨時資金調整法」と「会社経理統制令」の一体的運用を強調しており、「会社経理統制令」の業種別他省庁共管を廃止し、大蔵省専管を主張した。これは1942年7月に商工省財務管理委員会がまとめた「戦時適正利潤算定要綱（試案）」で（日本銀行調査局［1973］268-270頁）、商工省所管の業種に適正利潤の独自規定を導入しようとしたことに反発した大蔵省側の、商工省の介入権限を排除しようとする対抗措置の検討と思われる。

14) 「昭和十八年度ニ於テ実施スルヲ要スル重要政策事項」1942年8月20日（旧大蔵省資料 Z809-25-4）。この提案の各局等の中の8月18日会社部提案文書。

15) 大蔵省理財局経理統制課「第84回帝国議会ニ於ケル想定質問応答資料」1944年4月（旧大蔵省資料 Z511-606）。戦時期に、設置法に政府の補助金交付条項が付され、さほど利益が期待されない事業に従事する多数の法律に基づく特殊法人が設立された。日中戦争勃発以降、1942年8月までに設置法が公布された特殊会社・営団・金庫として以下のものがある。日本産金振興は1938年3月29日公布「日本産金振興株式会社法」に基づく同年9月16日設立、帝国燃料興業は、1937年8月10日公布「帝国燃料興業株式会社法」に基づき1938年1月19日設立、北支那開発は1938年4月30日「北支那開発株式会社法」に基づき同年11月7日設立（本店東京）、中支那振興は1938年4月30日「中支那振興株式会社法」に基づき同年11月7日設立（本店上海）、樺太開発は1941年3月7日「樺太開発株式会社法」に基づき同年7月1日設立（本店豊原）、産業設備営団は1941年11月26日「産業設備営団法」に基づき同年12月26日設立、重要物資管理営団は1942年2月24日「重要物資管理営団法」に基づき同年4月設立、農地開発営団は1941年3月13日「農地開発法」に基づき同年5月15日設立、中央食糧営団は1942年2月21日「食糧管理法」に基づき同年9月1日設立、住宅営団は1941年3月7日「住宅営団法」に基づき同年5月1日設立、国民更生金庫は1941年3月6日「国民更生金庫法」に基づき同年6月28日設立、戦時金融金庫は1942年2月20日「戦時金融金庫法」に基づき同年4月18日設立、南方開発金庫は1942年2月20日「南方開発金庫法」に基づき同3月30日設立（本店東京）、であり、いずれも政府出資法人である。このほか多数の政府出資法人が1937年以降の戦時体制期に設立された。これらの法人件数は多く、また会社形態を採用していない法人も多く、その全体像を掌握するのは容易でない。これらの政府出資法人と法的性格については、大蔵省昭和財政史編集室［1962］により、政府出資特別会計からの出資法人として位置づけが可能である。政府出

資特別会計出資企業については柴田［2002a］第3章も参照。規模の大きな法人は敗戦後に閉鎖機関に指定されたため、閉鎖機関整理委員会［1954］で概ね把握できる。閉鎖機関指定以外では、帝国鉱業開発［1970］、帝国燃料興業株式会社『第1回営業報告書』1938年3月期、参照。その他の特に植民地特別会計による出資による法人設立も少なくないが列記を省略した。
16) 旧大蔵省資料 Z 809-25-2。
17) 旧大蔵省資料 Z 511-606。
18) 旧大蔵省資料 Z 511-601。
19) 同前。
20) 「関東州会社経理統制令」1941年1月15日勅令公布。この主管も在満洲国大使である。
21) 『鮮満支財界彙報』第6巻第8号、1941年7月、30-32頁。
22) アジア太平洋戦争期華中における日系企業参入増大については柴田［2008a］第6章参照。
23) 『鮮満支財界彙報』第8巻第1号、1943年12月、34-37頁。なお華中占領地物価騰貴等の状況については、さしあたり柴田［1999a］第13章参照。
24) 上海に経理統制が導入される時期の支那国駐劄財務官小原正樹（1941年7月16日〜43年3月24日在勤）は、1941年11月に興亜院華中連絡部第三局長を兼務し、大東亜省設置後は、1942年11月1日より在上海大使館事務所参事官を兼務し、大蔵省との権限調整を図った。小原の経歴は大蔵省百年史編集室［1973］参照。興亜院の機構については柴田［2002b］参照。
25) 『鮮満支財界彙報』第8巻第4号、1944年3月、45-46頁、前掲「会社経理統制令運用方針」。
26) 南方占領地における広範な委託経営事業すなわち受命事業については、疋田［1995］付表で一覧できる。
27) 馬来軍政監部『馬来公報』第22号、第61号（復刻、龍渓書舎、1990年）。
28) 爪哇軍政監部『治官報』第19号、第22号（復刻、龍渓書舎、1989年）。

第5節　「会社経理特別措置令」の公布

1943年6月1日閣議決定「戦力増強企業整備基本要綱」が発表され、工業を3種に分類し、第1種に該当する繊維産業を不急産業と位置づけ、急速な廃棄

と軍需産業への生産要素の集中投入策が導入されることとなった。すでに1930年代後半から戦時体制の中で不急産業の転廃業が進められてきたが、1943年後半に企業整備が多数の産業で全面的に実施された。それに伴い廃転業事業者の資産転売等による処理で、廃棄業者と取得業者、その資金調整を担当した政府・特殊金融機関・銀行等との間で資金調整が行われた（第7章参照）。企業整備を促進するため、1942年5月13日「企業整備令」と同月16日「金融事業整備令」が公布施行されたが、実際にはこの両方の総動員勅令は適用されなかった。それでも個別業界に対する強い心理的圧迫を加えることとなり、企業整備が急速に進展した。この企業整備に伴う資金処理として、1943年6月26日公布「企業整備資金措置法」により資金の浮動化を阻止した。この法律施行も大蔵省総務局企業整備課が所管し（1944年8月1日より金融局特殊決済課の所管）、特殊決済等の業務と不要資金の凍結措置は概ね1944年末には目処がついていた（第7章参照）。

　他方、1944年6月以降、中国方面からの空爆が始まり、さらに同年7月にサイパン島・グアム島陥落により、マリアナ海域からの空爆へと続き、日本は激しい空襲に晒されることとなった。同年11月24日東京初空襲後の日本の戦局悪化の中で、戦災に対処し疎開による事業廃棄・転業等が発生し、その処理も企業整備資金措置と同様に「臨時資金調整法」改正で特殊決済処理された（第7章参照）。こうした戦争被害に対処する会社経理措置が導入される。大蔵省理財局経理統制課は、1944年8月2日に「戦争災害時ニ於ケル会社経理統制令等ノ運用ニ関スル件」をまとめた[1]。そのうちの会社経理に関する措置としては、戦時特殊災害保険制度を活用し、固定資産償却強制を緩和し、資産評価益計上を是認し、任意準備金取崩制限を緩和し、損失金の資産への計上と漸次償却の繰延べを認め、損失補償または利益補償を行い、解散・合併・事業譲渡を積極的に指導し、戦時災害企業の給与支給を許可不要とし、応急的な機密費等の支出の限度外取扱を是認する等であった。ここで並べられているものは「会社経理統制令」の戦災会社に対する大幅な緩和策である。なお戦時特殊災害保険制度は、1944年2月15日「戦時特殊損害保険法」（4月25日施行）ですでに導入

されており、元受保険の民間損害保険会社の保険損益を政府に帰属させるというもので、所管は大蔵省銀行保険局であった（柴田［2002a］第5章参照）。この戦争災害を受けた企業の経理統制の運用に関する案は大蔵省内の検討で語句修正を受け、同月22日に「会社経理ニ関スル戦時災害対策」として、会社経理審査委員会幹事会で決定された[2]。

　戦災への会社経理対策のための新たな法令の制定に向けて、1944年2月24日に大蔵省理財局資金統制課で「戦時災害会社経理特別措置令（案）」が立案された[3]。それによれば、この措置令は、戦時災害を受けた会社に対し営業用固定資産の価格を、財産目録作成時の価格を超えない額とし、準備金の割合を引き下げまたは準備金を使用し、戦時災害による損金を資産に計上し、一定期間内に償却する、この措置は大蔵大臣および所管大臣の許可を受けるが、資本金20万円未満か、利益配当率が6％以下の直前事業年度の利益配当率を超えない場合は許可を不要とした。この案は同月26日に理財局資金統制課「会社経理特別措置令（第2次未定稿）」となり[4]、勅令案の名称が変わり、経理特別措置を行う際に許可不要の要件として、当該事業年度に利益配当を行えない場合が追加された。その後もこの勅令案の検討が続き、9月5日の「会社経理特別措置令（未定稿）」では[5]、この経理特別措置を行う会社は、「会社経理統制令」による資産の償却を行わずに済むこととなり、「会社経理統制令」との整合性を図った。さらに9月7日の理財局資金統制課「会社経理特別措置令（案）」では[6]、同令による許可、制限の解除等の重要なものは、会社経理審査委員会の議を経ることとし、該当会社の所管大臣を明らかにし、さらに外地にも適用する条項が追加された。こうして勅令案が固まり、10月21日の国家総動員審議会で「会社経理ノ特別措置ニ関スル勅令案要綱」が決定され、同年11月1日に総動員勅令「会社経理特別措置令」が公布施行された。この特別措置令に基づく許可に関する処分もしくは免除のうち、重要なものは会社経理審査委員会に付議された。主管は理財局資金統制課である。同令は朝鮮・台湾・樺太の植民地にも直接適用されたが、施行後、1945年4月6日勅令「関東州会社経理特別措置令」の公布により、関東州にも適用された。

「会社経理特別措置令」が施行されたものの、その施行の実態を告げる統計資料は見あたらない。同令施行前の試算では、固定資産評価換可能額は最大で100億円（固定資産の時価を帳簿価格の1.5倍と見た場合）ないし200億円（同2倍と見た場合）と、準備金取崩可能額は、任意準備金最大65億円、法定準備金最大24億円の合計89億円、固定資産償却緩和額は最高で半期につき9億円と、それぞれ見積もられていた[7]。この勅令の施行で、日本各地における空襲等の戦争被害を受けた法人に対する企業財務上の特別の対応を可能とした。

1) 旧大蔵省資料Z535-6。
2) 同前。
3) 同前。
4) 同前。
5) 同前。
6) 同前。
7) 「会社経理特別措置令参考資料」1944年9月20日（旧大蔵省資料Z535-7）。

おわりに

会社経理統制は配当統制から着手された。すでに満洲事変景気の盛り上がりの中で企業収益が増大し、配当が急速に復活していたが、世界恐慌の荒波が農村地帯を強打したため、反資本家的怨嗟が社会に蓄積され、二・二六事件として噴出したが、それを受けて配当制限の提案が帝国議会で行われるようになった。すでにドイツ・イタリアでは全体主義的思想の中で導入事例がみられた。さらに日中戦争勃発後の統制経済への移行の中で「国家総動員法」が施行されると、それに基づく総動員に着手されるが、労働統制に続いて利益配当統制へも拡張を提案する陸軍及び政治家と、それを資本主義を歪めるとする大蔵大臣池田成彬の立場の違いから論争になり、妥協する形で「会社利益配当及資金融通令」が池田退任後に公布施行された。これにより会社利益配当は年6％を上限とするとの基準が採用された。さらにホワイトカラー賃金抑制が「9・18ス

トップ令」の一環で「会社職員給与臨時措置令」公布で導入され、会社のホワイトカラーの賃金が抑制された。これらにより内部留保の増強が期待された。さらにこれらの統制を格段に強化するものとして「会社経理統制令」が公布された。これら一連の経理統制の導入と強化を強く推し進めたのが大蔵省理財局金融課であった。新たな統制法規により詳細な施行規準を設定し、資本金20万円以上の普通法人に対しては、自己資本基準による配当・給与のほか役員賞与・報酬・交際費等にまで統制が広がっていった。それによる内部留保の充実を求めた。これらの統制を担当したのが一般法人と銀行等を所管する大蔵省と個別事業法を所管する各省庁である。該当法人は承認された給与準則の変更や法令の基準の緩和等で1件別に申請して認可を得た。その施行状況を見ると不許可件数は限られており、ほとんどの企業が政府の基準に沿わせていた。その後、経理統制が強化され、社外流出を防いだ企業の資金により大規模企業の固定資産強制償却を実施させ、さらに個別企業への生産増強によるインセンティブを与えることまで行った。この経理統制は植民地・占領地にも適用された。

　1940年10月に施行された「会社経理統制令」は、下部法令に統制規定を詳細に規定した「臨時資金調整法」と異なり、日銀資金調整局にも一部窓口業務を委任したものの、概ね大蔵省と事業法を所管する各省が直接担当した。とりわけ主管の理財局は他省の所管に属さない多数の一般法人に対し税務監督局・財務局・税務署を動員して申請案件の処理を行わせた。経理統制により配当・給与・役員報酬・役員賞与・機密費等の各種の社外流出を締め上げ、他方、固定資産減価償却を促進し内部留保に振り向けさせることにより、企業の自己金融を強めさせようとした。この経理統制により、内部留保の増大等で、かなり効果を見たものの、自己資本比率の推移を見る限り、戦時重点産業は、その業態をむしろ停滞させたまま操業を続けていた。したがって「臨時資金調整法」とならびに「銀行等資金運用令」と並行的に企業資金統制に従事していた中で、この結果は政府にとってやや不本意なものに終わったかもしれない。他方、企業資金の社外流出を極力制限したことで、当該期の市中過剰流動性の抑止にかなり寄与しており、この面では有効性を発揮できたといえよう。さらに企業財

務の面から見ると、この経理統制の進展で、法人の企業財務の構成上の大枠が法制的に整備されたものとなった。例えば、自己資本等概念の明確化等がなされ、また経費と利益金処分が明確化され、これらの統制を通じて企業財務の執行基準が共通化されていった。しかもその他の経理統制として、会社保有株式価格評価や企業整備資金の管理にまで経理統制が拡大し（第4章と第7章参照）、統制はさらなる統制を拡大再生産するという事態が続いた。そのほか空襲等の戦争被害に対する会社経理特別措置も採用されたが、敗色が強まると、行政機構の弱体化とあいまって、経理統制は弛緩を始め、戦時統制経済の終焉が見越されていた。

第7章　戦時企業整備の施行と資金措置

はじめに

　1941年12月8日のアジア太平洋戦争勃発により、戦時経済政策の課題は輸入力重視から輸送力重視に決定的に転換するが、国内的にはさらなる資金・資材・労働力の軍需産業への集中的投入が行われる。戦時不要不急産業と政府が認定した産業への生産要素の投入を阻止し、軍需関係産業への生産要素のさらなる集中が実施された。特に1943年7月以降の戦力増強企業整備は政府の強権を以て遂行されたものである。追い詰められた日本の戦時経済は、不要不急と認定した産業を強制的に転廃業に追いやり、最も重視された航空機産業を中心とした軍需産業に生産要素を極限まで傾注しようとした[1]。この措置は強権を以て産業構造の転換を迫るものであった。
　この時期の不要不急産業とは金鉱業、繊維産業、食品産業のほか生産性の低い流通業・鉱工業等多岐にわたっていた。行政刊行物を除き（通商産業省［1964］、［1972］）、これまでの企業整備研究では、中小企業の独占的企業への系列化としての産業再編と繊維産業整備が重視されてきており、また中小企業整備については多数存在した中小企業、繊維産業とも重複する課題であった[2]。また個別産業としては非製造業部門の中小流通企業整備の研究がなされ（柳沢［2006］）、また日本石炭株式会社を通じた石炭産業の整備も検討されるようになった（山崎澄江［2006］）。特に中小企業整備の主要な担い手となった国民更生金庫について本格的な研究がなされるに至っている（山崎志郎［2006］）。産業設備営団の公企業制度史的分析もなされているが、設立された営団の事業の

内容の点検は一切行われていないため[3]、経済史との接点は乏しい。都市銀行が担った企業整備の事例の紹介も行われるようになってきた[4]。会社経理統制の各論として言及するものもあり（柴田［1992b］）、また金鉱業整備とからめて企業整備をまとめた研究もある（柴田［2002a］第4章）。さらに企業整備資金措置を中心とした企業整備の政策展開を、個別企業廃止と転業先企業にまで点検した研究がなされるに至っている（柴田［2003］）。そのほか企業整備を所管した商工省と大蔵省の事業史にも言及があり[5]、参考になるがそれらは資料として利用しよう。

　本章はこれらの繊維産業研究や中小企業研究の蓄積を踏まえたうえで、政府による企業整備政策の施行の実体を分析する。それにより政府の企業整備政策の意義を再定置し、経済政策としての立案・施行の側からの、いわば上からの強権的な企業整備として位置づけ、それにより戦時軍需産業の系列化や繊維産業の寡占の進行のみならず、特定産業を標的とした行政的な産業縮小政策として描くことができる。また本章では個別産業分析として、金鉱業と紡績業・蚕糸業の企業整備を各論的に取り扱っている。証券業整備は第4章で言及したため本章では省略した。これらに伴う事業転換と事業廃棄の摩擦の発生を極小化し、円滑に進めるため各種資金措置がなされた。あわせてこの資金的裏づけを視野に入れることで、大規模な産業構造の強権的な転換が、戦時という例外的な状況の中でもさしたる紛争を伴わずに進んだことを論証したい。本章は柴田［2003］の不備を改め、企業整備を補強し再論するものである。さらには戦時経済統制の各論として企業整備の側から補強を目指すものとなる。

1) 企業整備に言及する戦時統制経済論としては、古くは楫西［1951］で概説の一部としてまとまった記述がある。企業整備はその後の戦時統制経済研究の中で位置づけを与えられてきた。原［1976］、中村［1977］、同［1989b］、宮崎・伊藤［1989］、原［1995a］がある。

2) 戦時の系列化の変容を重視するものとして宮島［1988a］、同［1988b］、坂本［1990］、長島［1992］および植田［1995］がある。そのほか繊維産業の再編に着目する渡辺［1996］がある。

3） 魚住 [2009] の原型をなす魚住 [2006] も、本章の原型をなす柴田 [2003] と同じ『美濃部洋次文書』に含まれる資料群を利用して産業設備営団の設立過程を検討しているが、法制度に傾斜したアプローチのため、樹立された営団の経営実態についてはなんら関心がない。魚住 [2009] で説明する交易営団の設立背景についても、占領地インフレに対処した貿易統制機構の再編の一環として為替交易調整特別会計設置と連動して制度化されたことを無視しており、「交易営団法」制定にしか関心を寄せていない。魚住 [2009] の視野はやや狭すぎるといえよう。また交易営団の前身をなす重要物資営団についても、「重要物資管理営団の設立」なる項で、同公団の設立月さえ記載のないあいまいな記述になっており（魚住 [2009] 119頁）、「成立と展開」が同書の狙いではあるが、「設立と事業展開」は明瞭ではなく、設置法の「成立」過程しか関心がない。交易営団設立と同特別会計については柴田 [2000a] 第6章参照。また魚住 [2009] は植民地台湾・朝鮮・樺太・関東州に設立された営団、すなわち朝鮮重要物資営団、台湾重要物資営団、樺太食糧営団、関東州産業設備営団等をすべて無視している。それらを含む営団制度の全体像は見えてこない。
4） 植田 [1991] で東海銀行の事例が紹介されており有用である。
5） 企業整備資金措置については所管した大蔵省の事業史（大蔵省昭和財政史編集室 [1957]）で若干の言及が与えられるのみである。

第1節　「企業整備令」と「企業整備資金措置法」の公布

1．「企業整備令」の公布

　商工省は日中戦争期から自発的企業整備を要請し、不要不急産業と想定した繊維産業や流通業等に対して企業整備を推進してきた。企業整備という用語は採用されていないが、不要不急業種に対する資金的圧迫のみならず、新規開業についても事実上承認しない体制がとられた。資金的措置として、1937年9月10日「臨時資金調整法」における設備資金供給の優先順位を付した資金割当制も有効に機能したが、ここでは省略しよう（第3章参照）。行政命令的設備・製造規制として、例えば、1937年9月10日法律「輸出入品等ノ臨時措置ニ関ス

ル件」に基づき、1938年2月12日商工省令「繊維工業設備ニ関スル件」で繊維工業の設備新設が不可能となり、同年11月25日商工省令「毛織物製造制限規則」により毛織物製造にも設備制限を行い、また同年6月29日商工省令「綿製品ノ製造制限ニ関スル件」で、綿糸・綿織物・綿莫大小について、輸出用以外の製造を禁止した。こうして実質的に繊維産業は身動きが取れなくなり、自発的転廃業に向かわざるをえない環境となった。

その後、1940年1月26日の日米通商条約失効を経て、内外の情勢が緊迫を強め、7月22日発足の第2次近衛内閣により、国防国家方針の中で10月22日閣議決定「中小商工業ニ対スル対策」で存続困難な中小企業経営者・従業者を重要産業の労務者として動員する方針を打ち出した。また12月7日閣議決定「経済新体制確立要綱」が公表され、中小企業で維持困難なものは「自主的ニ整備統合」させるものとした。そして1941年1月12日商工次官通牒「中小商工業者ノ転廃業対策要綱」でその実施に移った（通商産業省［1964］467頁）。他方、商工省では同年10月に「繊維対策要綱」を決定し、繊維産業の生産機構の整備対策として、優秀な工場に操業を集中し、非能率工場を休止するという方針を打ち出した（通商産業省［1972］141-143頁）。この時期の経済新体制運動の高揚の中で、繊維産業では紡績業の企業統合が行われた。

その後、日本軍の南部仏印進駐に伴う報復措置として、1941年7月25日以降のアメリカ・イギリス・オランダ等の対日資産凍結と、その報復としての対英米蘭資産凍結による事実上の経済関係の途絶を経て、12月8日の開戦で戦時統制のさらなる強化が要請されるに至った。そこで商工省は開戦前から立案していた企業への強力な統制を打ち出す。それが1941年12月11日総動員勅令として公布された「企業許可令」である（12月12日施行）。「企業許可令」によれば企業の設立等については、事業の設備の新設、拡張または改良の制限および事業の開始または委託についてはこの勅令により（第1条）、企業の整備統制の基礎を確立することを目的とした。こうして「企業許可令」により鉱業1、工業203、商業238、交通業1、合計443の産業が指定され（通商産業省［1964］563頁）、自由な企業活動は封殺され、許可されない事業の新規開業は不可能となり、

既存企業も企業整備に追い詰められてゆくことになる[1]。

さらに政府からの企業整備促進の法令として、1942年 5 月13日総動員勅令「企業整備令」が公布された（ 5 月15日施行）。「企業整備令」によると、「国家総動員法」第16条ノ 2 の規定に基づく事業に属する設備または権利の譲渡その他の処分、出資、使用または移動に関する命令および同法第16条ノ 3 に規定する事業の委託、譲渡、廃止もしくは休止または法人の合併もしくは解散に関してはこの勅令によるものとする（第 1 条）、企業を整備しまたはそのため事業に属する設備もしくは権利の利用を有効ならしめることを目的とする（第 2 条）、とされた。この勅令により、商工大臣は上記の法人活動に対して、一般的に指定事業に対して命令できるのみならず、特定事業者に対しても命令することができるものとなった。この勅令公布と同時に「企業整備令運用方針」が発表された。そこでは必要がある場合にはこの勅令を発動するとし、また設備等資産の強制譲渡先として、国民更生金庫（1941年 6 月28日設立の特殊法人）と産業設備営団（1941年12月26日設立の特殊法人）等を指定した[2]。産設の設立経緯については後述する。この段階では政府が「企業整備令」に基づき、必要があれば企業整備に強権的に乗り出すというもので止まっていた。それが現実になるのは、戦力増強企業整備が打ち出され、それを円滑に推進するための、次の「企業整備資金措置法」の公布をみてからである。そのほか事業廃棄に伴い大量に発生すると見られる金属類の回収も合わせて課題となり、「金属回収令」（1941年 8 月30日勅令）により、政府は市中の金属の回収に乗り出した。さらに同令は企業整備体制の構築にあわせ、1943年 8 月12日に改正され、金属回収が強化された。ただし本章は金属回収政策とその施行を課題としていないため、金属回収については割愛する[3]。

2 ．「企業整備資金措置法」の公布

1943年 6 月 1 日閣議決定「戦力増強企業整備基本要綱」で、企業整備について新たな方針が打ち出された。それによると、従来の企業整備の趣旨を拡充し、新たな構想のもとに企業整備を実施するものとする。戦争遂行上必要な生産力

を軍需に即応した重点部門へ計画的に転活用し、戦力化するため各種生産要素を集約するとともに最大効率を発揮させる体制を整備する。特に企業系列の調整強化、生産機能の刷新向上を図り、生産性を向上させる。転用および回収の措置として、整備の実施にあたり工場および設備の転用ならびに金属類の回収を計画的に行うものとし、転廃業者および従業者については、その企業の資産設備は更生金庫または産設をして引き取らせ、転廃業者および廃休止企業の従業者は、軍需その他の重点部門に計画的に配置転換を行う。企業整備に関し必要な資金の供給は迅速円滑に行い、適当な財政負担の措置をなし、企業整備に伴う放出資金の浮動化防止に関し万全の対策を講ずるため所要の立法措置を取るものとした。特に工業部門については、労務の供出、金属類の回収または工場および設備の転用に寄与するものを第1種工業部門とし、航空機または兵器製造、造船その他軍需重工業、機械工業、液体燃料工業ならびにこれらに必要な重要素材工業等を第2種工業部門とし、これら第1種と第2種以外の工業部門を第3種工業部門と規定した[4]。第82回帝国議会に「企業整備資金措置法案」が提案された。その大蔵大臣賀屋興宣の提案理由説明によると、大規模企業整備の断行により発生する巨額資金の浮動購買力化を阻止する必要があり、現金の移動を伴わない決済方法を導入して、それを実現するための措置であると強調していた[5]。

　「企業整備資金措置法」は大蔵省所管の法律として、1943年6月26日に公布され、7月15日に施行された。同法によると、大東亜戦争に際し企業整備に関しその促進を図り、浮動購買力の発生を防止し、国家経済の秩序を維持することを目的とし（第1条）、政府は必要ありと認めた場合には廃止または休止した事業に属する設備、権利その他資産を保有または買収するものに対し、それにより生じた損失を補償しまたは補助金を交付することができる（第2条）、政府は必要の場合に補償金、土地建物、船舶、設備もしくは権利の買収代金の債務について全部もしくは一部の支払いに換え、政府特殊借入金または特殊預金または特殊金銭信託とすることを命令することができる（第3条）、金銭債務の決済として、①事業の全部または一部の譲渡、②事業に属する設備または

権利の全部または一部の譲渡または収容、③株式または出資の持分の譲渡、④その他勅令で定めたものについては債権者債務者とも命令により決済する（第4条）、その金銭債務決済は、①特殊預金、②特殊金銭信託、③債務者特殊借入金、④戦時金融金庫特殊借入金、⑤政府特殊借入金による（第5条）、というものであった。

　法律第5条で5とおりの金銭債務決済方法を用意していたが、企業整備資金措置を施行するにあたり、実際の資産買手は産設か更生金庫になる場合が多いと予想されており、決済金額を特殊預金もしくは特殊金銭信託として流動化を阻止するか、両機関の債務者特殊借入金として処理することになる。さらに戦金と政府特殊借入金まで決済スキームに取り込んでいるのは、産設や更生金庫以外の事業資産の買手で、売手がそのまま買手に対する債権として保有することを好まない場合に、戦金もしくは政府に申し出ることにより、買手に対し戦金もしくは政府に払い込ませ、債権者つまり売り手が戦金もしくは政府から特殊借入金の債務証書を取得することで処理するというものであった[6]。それにより一段と企業整備の決済資金処理が円滑に進むものと見られていた。当然ながら、戦金と政府による特殊借入金の金額が多額にならないと予測されていた。

1）　「企業許可令」については榎本［1942］がある。
2）　通商産業省［1964］568頁。財団法人国民更生金庫を改組して設立された特殊法人の更生金庫については閉鎖機関整理委員会［1954］と山崎［2006a］参照。
3）　通商産業省［1964］573-574頁で簡単な紹介があるが、金属回収の実績は不詳。
4）　野田［1943］429-432頁。「企業整備資金措置法」公布時で野田卯一は大蔵省総務局企画課長。
5）　『第82回帝国議会衆議院本会議記録』第1号、1943年6月16日。
6）　大蔵省総務局長迫水久常の1943年6月8日日本工業倶楽部での説明（迫水［1943b］16-17頁）。

第2節　企業整備施行の行政体制

1. 企業整備のための行政機構の充実

　企業整備のための政府の対応として予算措置があるが、それについては金鉱業整備と企業整備資金措置の中で言及するものとし、ここでは行政機構としての官庁組織および政府の事業を代行する特殊法人を紹介しよう。商工省は1930年代後半から中小企業整備に着手していたため、それを所管した転業対策部が1938年9月22日に設置され（部長塩谷狩野吉）、それが1939年6月16日に振興部に改組された（部長妹川武人、1940年8月24日より堀義臣、1941年10月21日より豊田雅孝）。振興部で商業については商業組合課、工業については、工業組合課が担当してきたが、1942年5月13日公布「企業整備令」を担当する行政機構として、振興部に換え、1942年6月17日に企業局（局長豊田雅孝）が設置され、同局に整備課が設置された。企業局は1943年10月31日まで企業整備を担当した[1]。そのほか個別業界として最大の企業整備の標的となる繊維産業については商工省繊維局（1939年6月16日設置、1942年4月4日～43年7月1日局長西川浩、10月31日まで山口喬）が個別企業整備の内容を精査した。金鉱業整備と石炭鉱業整備について商工省鉱産局（1939年6月16日設置）が、鉱山行政の中で所管したが、1942年11月1日に金属局設置で同局に承継された。また金属回収については1943年3月24日設置の商工省外局の金属回収本部（本部長難波経一）が所管した[2]。農林省所管業種で企業整備の標的とされる多数の蚕糸業については農林省蚕糸局（1927年5月25日設置）、油脂・砂糖等の食品については同省食品局（1941年1月21日設置）が所管していた。もちろんこの両省の所管物資のみならず、件数は少ないものの、その他の省の所管業種も企業整備の対象となる。

　企業整備にあたっては、軍需工場として転用可能なものについて、陸軍側と海軍側で激しい争奪が発生するが、それを調整するため、1943年6月29日に工

場等転用協議会（委員長商工次官）を設置し、工場の転用先を決定した（通商産業省［1964］572頁）。譲渡価格は「企業整備資金措置法」に基づき、「産業設備評価委員会官制」（1942年3月7日、1943年7月20日改正）により産業設備評価委員会（会長商工大臣）が設置され、企業整備に関し譲渡その他の処分を行う産業設備の評価を調査審議するものとし、後述の産設による買取評価額の決定を行った。また中小規模の転廃業者の資産評価にあたっては、「転廃業者資産評価委員会官制」（1941年2月8日、1943年7月20日改正）により、転廃業者資産評価中央委員会（会長商工大臣）と道府県ごとに転廃業者資産評価地方委員会（会長地方長官）を設置し、中小商工業者等の転廃業者が同業者団体等に対して譲渡する資産の評価に関して調査審議するものとし、更生金庫による買取評価額の決定を行った。

　その後1943年11月1日に商工省と農林省が軍需省と農商省に再編され、軍需省に旧商工省企業局と金属回収本部の事業を承継した企業整備本部が設置され（本部長難波経一、1944年6月10日より1945年6月5日廃止まで末永術）、同本部総務課・業務課で企業整備を主に担当した。1943年11月1日「企業整備本部分課規程」によると、企業整備の立案よりは回収に重点が置かれていた。また同時に設置された軍需省では、特に航空兵力の急速な増強が目標とされたため、外局の航空兵器総局が設置され、従来の陸軍航空本部と海軍航空本部の業務が吸収され、軍需省所管の下で総力を挙げて航空機増産のため設備・資金・労働力を投入し、あわせて企業整備を平行する体制となった。そして1943年10月31日「軍需会社法」により、1944年1月に航空機関係を中心に150社が第1回軍需会社の指定を受けた。1943年11月1日農商省には農林省蚕糸局と商工省繊維局を吸収した繊維局が設置された。同日に農商省所管の企業整備を推進するため、農林省総務局企業課を改組して、農商省総務局整備課が設置され、農商省繊維局の所管する民需繊維産業・蚕糸業、同省生活物資局（1943年11月1日設置）の所管する油脂・砂糖・肥料等の企業整備を担当した。その後1945年6月6日に軍需省企業整備本部は整備局（局長難波経一、1945年8月25日廃止まで）に改組された。内務省の所管業種では同省警保局経済保安課、厚生省の所管業

種では同省勤労局（1942年11月1日設置）動員第二課がそれぞれ担当した[3]。

　大蔵省では「企業整備資金措置法」の施行のため、1942年11月1日設置の大蔵省総務局（局長迫水久常、1943年11月5日〜44年11月1日廃止まで松田令輔）に1943年7月15日に企業整備課が設置された。その後、総務局の所掌事務縮小の中で、1944年8月17日に理財局特殊決済課が設置され、同時に総務局企業整備課は廃止された。この時点で大蔵省では企業整備を冠した担当課が消滅しており、ほぼ企業整備資金措置の大口案件は終了していたといえよう。以後は資金措置に伴う特殊預金金等の管理が主たる課題となった。その後、理財局特殊決済課は1945年3月17日に廃止され、所掌事務は国民貯蓄局計画課に承継された[4]。

2. 産業整備営団

　企業整備に伴い規模の大きな企業資産買収等に関わることになる産業設備営団の設立経緯をまとめて紹介しておこう。商工省は未稼働設備と遊休設備の整理活用および維持と、企業整理統合を促進する方針を固めた。1941年7月21日に商工省特別室生産班「戦時産業営団（仮称）ニ関スル件（素案）」がまとめられている[5]。商工省特別室は1941年7月に時局の緊急事態に対処すべき準備につき万全の措置をとる必要のある重要事項を準備するため、設置されたもので、室長は総務局総務課長神田邏（1940年8月24日〜41年11月8日在任、1941年10月21日〜43年9月28日総務局長）とし、その下に生産班、配給班、金融班、物価班を置いて、分担して立案した[6]。同案によると「戦時産業営団」を設置し、可及的能率的に緊要物資の生産をすることを目的とし、一定の生産量を維持または重要物資の生産量を増大するとともに、欠損を累積する場合には営団でなければ事業経営の見込みないものを引き受けるものとした。従来の増産命令による国庫からの損失補償、補助金交付や製品価格引き上げでは不十分であり、また別途構想されている「戦時産業振興株式会社」による設備貸与では不十分であるため、この新設営団が生産を引き受けるものとされた。政府出資は規定されておらず、出資証券と債券については「戦時産業振興株式会社」と特

殊金融機関が引き受けるものとした。特典としては資本金の5倍までの政府保証債券発行枠の設定等が謳われていた。こうして商工省は営団新設により設備を抱え込ませて重要物資の生産に従事させる方針を打ち出した。しかし出資財源の確保に難点がある。

　同年8月6日商工省特別室「戦時生産財団（仮称）ニ関スル件（案）」では、同一の設立趣旨の財団を設置し、その出資を現物出資に限定した[7]。これでは資金繰りが苦しくなるのは容易に予想できる。一方、平行して検討された同年8月7日商工省特別室「戦時設備利用財団（仮称）法（案）」が条文案としてまとめられた[8]。それによると戦時の未稼働設備および遊休設備の維持または整理を促進することを目的とし、政府は2億円を出資する、業務は未稼働設備および遊休設備を維持するものに対する資金融通、投資、債務引受または保証、未稼働設備および遊休設備の買取および処分等であり、資本金の10倍の政府保証債券の発行を可能とした。この案で「戦時産業振興株式会社」設立案は吸収された。あわせて商工省各局から同年7月末で回答のあった企業の整理統合の可能性と、未稼働設備及遊休設備の整理、活用および維持について素案を集約していた[9]。回答のあったアルミ製造業、繊維、石炭鉱業については、統合・事業所貸与もしくは譲渡の方針を示し、その残余事業資産については「戦時設備利用財団」ほかに買い取らせまたは資金融通等を行うものとした。この時点で商工省各局に「戦時設備利用財団」による廃棄設備の買取等の措置のあり方について十分に知れ渡っていたはずである。この集約を踏まえ、同年8月8日に商工省特別室生産班は「未動設備及遊休設備ノ整理、活用及維持ニ関スル件」で、不要な遊休設備に対し「戦時設備利用財団」が必要な資金を融通するか債務を引き受け、あるいはそのまま保有困難な場合には同「財団」が買収するとの方針を固めた[10]　商工省は「財団」形態の政府出資特殊法人の設立にこだわり続けていたが、「財団」形態の大規模特殊法人の前例がなく、法律制定までの間に財団法人の設立を先行させて事業に着手させ、法律制定後に特殊法人に改組させるという脈絡以外には[11]、設置法による「営団」形態の特殊法人の新設を上回る積極的な意義は見出せない。帝国議会の協賛を得る前に財団法人設

立を先行させ、法律で営団もしくは特殊会社の形態の特殊法人設立で、財団法人を吸収すれば目的を達成できるはずである。一連の検討案には商工省官僚の新たな特殊法人形態の創出へのこだわりが表れているのかもしれない。

　さらにその後、商工省特別室で作成されたと思われる1941年10月1日「戦時産業振興財団設立要綱（案）」がある[12]。目的は軍需産業、生産拡充産業その他国家緊要産業の運営を円滑にするため、未完成設備および遊休設備の活用を図る、政府は2億円を出資し、業務は事業設備の貸与または売買、緊要産業従事者への投資または融資、債務引受または保証をする等とした。この方針に沿って、商工省特別室は同年10月7日「戦時産業振興財団法要綱案」を[13]、また同月31日に「戦時産業振興財団法案」をまとめた[14]。これにより先の「戦時設備利用財団」案が法案として一段と整えられていた。この制度が導入され、商工省が設備産業への投資および融資に広範な業務権限を掌握することになると、大蔵省の設備金融部門権限の部分的な剥奪となる。そのため商工省の提案に大蔵省は激しく反発した。大蔵大臣賀屋興宣は商工省案に反対し、日本興業銀行も反対意見を有していたようである。大蔵省は閣議でこうした特殊金融機関は別に設立する必要があると主張し、商工省の提案から金融業を削除させた[15]。企業整備に関わる金融業としては、大蔵省所管の戦時金融金庫として結実する（第3章参照）。

　その結果、先の商工省提案が金融業を除外した「産業設備営団法案」となり、第77回議会で成立し、1941年11月26日公布「産業設備営団法」により12月26日に産業設備営団が設立された（当初資本金2億円、1945年6月6日に4億円に増資）。政府出資特別会計の全額出資（現金出資と交付公債）、総裁藤原銀次郎（1943年11月20日より広瀬久忠（前内務次官、厚生次官、内閣法制局長官）、1944年7月29日より副総裁金子喜代太（前浅野セメント株式会社専務取締役）の昇格）である[16]。産設の業務は、戦時の軍需産業、生産拡充計画産業その他国家緊要産業の設備にして、事業者において建設または維持することが困難なものを施設し、政府の指定した規格による船舶を建造し、ならびに産業設備にして未完成または遊休状態にあるものの活用を図ることを目的とし（第1条）、

その業務は国家緊要産業の設備にして事業者において建設または維持が困難なものの建設または買受、取得した設備の貸付、出資および譲渡、政府の指定した規格の船舶、船舶用機関および艤装品の製造、売渡し、未動遊休設備の売買および保有、未動遊休設備の活用に関する斡旋であり（第17条）、設備を買い受けた場合の売渡したものに対する代価の金銭または国債証券の処分に関し必要な指示をすることができる（第20条）というものであった。同営団が買い受ける設備の評価に関しては、先述の産業設備評価委員会が同日に設置された。

その後、企業整備による遊休設備の買上と活用のみならず、緊要設備の建設に着手した。さらに「産業設備営団法」は1942年6月2日に改正され、船舶建造および造船施設の建設業務にも事業を拡大した。

3．その他の企業整備に関わる特殊法人

中小商工業者の転廃業のため、暫定的に1940年12月2日に財団法人国民更生金庫が全国金融協議会からの財源を基金として設立された。さらに1941年3月6日「国民更生金庫法」に基づき、政府出資法人国民更生金庫が6月28日に改組され新たに設立された。資本金1億1百万円、全国金融統制会1百万円の出資のほかは政府の現金出資と交付公債出資がなされた（閉鎖機関整理委員会［1954］532頁）。理事長は大口喜六（元代議士、東京化学工業株式会社役員）、次いで栃内礼次（日本勧業銀行出身理事の昇格）であった。同法によると、更生金庫は時局の要請による転業または廃業をなす商工業者等の資産および負債の整理を促進することを目的とし（第2条）、これら転廃業者の資産の管理処分、資金の融通、債務引受または保証を業務とする（第17条）。その転廃業者資産評価のため、1941年2月20日に先述の転廃業者資産評価委員会が設置され、商工業者の転廃業の資産評価にあたった。さらに業務とする企業整備への資金調節のため、設置法は1942年2月23日、1943年6月25日に改正された。

以上の産設と更生金庫が転廃業者に対する資産買取とその評価額決定処理の窓口となることが規定されたが、そのほか企業整備では以下の特殊法人が特殊借入金や資産の買取により企業整備を促進するものとなった。すなわち戦金、

帝国鉱業開発株式会社および日本石炭株式会社がそれに該当する。戦金は先述のように商工省の提案に対抗して、1942年2月20日「戦時金融金庫法」に基づき、同年4月18日に設立された（第3章第4節参照）。資本金300百万円、政府3分の2出資（政府出資特別会計の現金出資）と3分の1民間出資、総裁小倉正恒（元住友合資総理事、元大蔵大臣）、副総裁大野龍太（元大蔵次官、1944年3月4日に総裁昇格）である。その業務は普通の金融機関からの融資ではリスクが高い借入先に対し戦時緊要の産業に各種資金を供給するほか、企業整備にあたっては、特殊決済に伴う転廃業者からの設備買取に伴う政府からの資金散布を戦金からの特殊借入金として処理することが規定された[17]。

　帝国鉱業開発株式会社は1939年4月12日「帝国鉱業開発株式会社法」に基づき、同年8月10日に設立された（社長菅礼之助、元古河合名会社理事）。政府出資法人で民間鉱山業者も出資している。政府保証債を発行し、大蔵省預金部資金も引き受けていた[18]。鉱業開発のため設立されたが、帝国鉱業開発は国内金鉱業整備の有力な担い手となる。帝国鉱業開発が政府の廃業金山の買収業務の代行業務を担当した。日本石炭株式会社は1940年4月8日「石炭配給統制法」に基づき、同年5月29日に設立された（会長松本健次郎）。半額政府出資、半額民間鉱山会社等（三菱鉱業株式会社・三井鉱山株式会社・北海道炭礦汽船株式会社・三井物産株式会社等）出資で、石炭増産の促進を担当してきたが、1943年以降の企業整備との関連業務では、1943年10月「石炭上部配給機構整備要綱」により従来の日本石炭を通じた産炭の産炭業者への売戻制から、日本石炭による買切制に移行し、産炭業者と一手販売業者を買収し、業務を日本石炭に取り込み（閉鎖機関整理委員会［1954］584-588頁）、廃坑となる石炭鉱山事業所を政府が買収する際の、政府側窓口業務を代行した。そのほか朝鮮における金鉱業整備については朝鮮総督府の1940年6月22日制令「朝鮮鉱業振興株式会社令」に基づき、1940年8月26日朝鮮鉱業振興株式会社が設立された（本店京城、社長萩原彦三（前朝鮮総督府文書課長、前拓務次官））。同社に朝鮮殖産銀行・朝鮮銀行・東洋拓殖株式会社・日鉄鉱業株式会社・株式会社住友本社・日本鉱業株式会社等が出資した[19]。同社が朝鮮総督府の金鉱業整備の代行を行

うが、それについては後述する。朝鮮における鉱業以外の企業整備については、1943年12月14日「朝鮮重要物資営団令」に基づき、朝鮮重要物資営団が設立され、朝鮮総督府特別会計出資で資本金10百万円で発足し、12月15日より朝鮮にも「企業整備資金措置法」が施行されたのに伴い、朝鮮における産設・更生金庫・交易営団等の類似事業と価格調整さらには金属回収も担当するものとされた[20]。また1944年1月22日律令「台湾重要物資営団令」により台湾重要物資営団（資本金4百万円、うち台湾総督府特別会計出資3百万円）が1944年1月に設立され、同様の業務を担当した。関東州には1944年7月26日「関東州産業整備営団令」により、同年10月11日に関東州産業整備営団が設立された[21]。

1) 産業政策史研究所［1981］56頁。1941年4月12日に商業組合課は商務課に、工業組合課は工務課にそれぞれ改称。企業局整備課長は1943年7月1日まで橋井真、10月31日まで小笠公韶。
2) 商工省・軍需省の組織と人事については、産業政策史研究所［1981］参照。
3) 農商省総務局整備課長小倉武一。商工省、軍需省と農商省の組織と人事については産業政策史研究所［1981］ほかを参照。
4) 大蔵省総務局企業整備課長内田常雄、理財局特殊決済課長内田常雄、1944年11月14日より西川三次、国民貯蓄局計画課長内藤敏男。大蔵省の組織と人事については、大蔵省百年史編集室［1969b］、同［1973］参照。
5) 東京大学総合図書館蔵『美濃部洋次文書』マイクロフィルム版（以下『美濃部洋次文書』）3629。
6) 商工省特別室は、商工省「特別室立案事項(1)」基本計画、1941年12月、という広範囲の企画書を取りまとめている（原・山崎［1996］）。設立経緯は原・山崎編［1995］2-3頁。商工省の人事については産業政策史研究所［1981］57頁。
7) 『美濃部洋次文書』3638。
8) 『美濃部洋次文書』3639。
9) 商工省特別室生産班「企業ノ整理統合ニ関スル件（各局回答）」1941年8月9日（『美濃部洋次文書』3636）、同「未動設備及遊休設備ノ整理、活用及維持ニ関スル件（各局回答）」1941年8月9日（『美濃部洋次文書』3644）。
10) 『美濃部洋次文書』3643。
11) 魚住［2009］110頁「戦時産業振興財団法案要綱」で、法律制定による「財団」設立前に財団法人を、明示はないが政府出捐で先行して設立するとの文書を紹介

している。魚住［2009］は営団以外に関心がないため、言及していないが、先述のように国民更生金庫が最初は財団法人として設立され、その後設置法律公布で、特殊法人に改組された事例があるため、商工省は参考にしたはずである。

12）『美濃部洋次文書』6509。
13）『美濃部洋次文書』6511。
14）『美濃部洋次文書』6508。
15）大蔵省大臣官房調査企画課［1978b］267頁。当時会社部長田中豊の回想。魚住［2009］110-111頁では、「戦時産業振興営団」の必要性を大蔵省も理解を示していたが、大蔵省は金融業については命令融資で対処できると見ていたため、大蔵省の意向を入れて金融業を削除した「産業設備営団法案」となったと説明している。大蔵省側の戦時金融機関設立構想が日中戦争期の早い時期からあり、興銀利用でしのいできたため実現しなかったが、商工省が先んじた設備金融に参入する特殊法人設立に、大蔵省は強い反対を示しており、それに対抗するために「戦時金融営団」等の設立案の検討を急ぎ、商工省の新設する営団から設備金融を削除させ、大蔵省所管の戦金設立が実現したという背景を（第3章参照）、理解できていない。魚住［2009］は大蔵省の商工省案に対する強烈な対抗関係が視野から欠落しているが、それは資料発掘範囲の狭さと、営団形態以外の特殊会社設立案の検討の弱さの帰結のようである。
16）閉鎖機関整理委員会［1954］547-549頁。政府出資特別会計は1940年3月26日「政府出資特別会計法」に基づき、同年4月1日設置（柴田［2002a］118-119頁）。
17）閉鎖機関整理委員会［1954］511頁。伊牟田［1991b］260-269頁で戦金設立までの複数の構想についてまとまった解説がある。
18）帝国鉱業開発［1970］参照。企業整備に関わった特殊法人への預金部資金の供給については柴田［2002a］第3章参照。
19）朝鮮鉱業振興設立については柴田［2002a］第3章。同社は払込資本金の5倍を限度として社債を発行することができた。設立年月日・出資者等については東洋経済新報社『大陸会社便覧』1943年版（復刻ゆまに書房）、33頁。
20）「内外経済要録」（『大陸東洋経済』第4号、1944年1月1日）47頁。
21）「重要日誌」（『大陸東洋経済』第23号、1944年11月1日）27頁。

第3節　金鉱業整備の施行

1．金鉱業整備方針

　日中戦争期に対外決済のための戦時産金政策が採用され、それに伴い、日本内地と植民地を通じて幅広く金山が開発された。それについてはすでにまとまった記述が与えられており、要約を省略しよう（柴田［2002a］第4章）。あわせて産金業の金資金特別会計の財源による淘汰が進行したが、さらにここでは金鉱業整備を正面から取り上げ解説しよう。1941年12月のアジア太平洋戦争勃発で産金の積極的な意義が低下したため、生産要素の投入の優先順位が低下し、その他の産業に鉱山設備と資金が集中されることとなる。それは産金業の淘汰を意味する。産金を所管した大蔵省理財局国庫課では、1941年8月5日に資産凍結後の情勢を踏まえて、「今後ニ於ケル産金政策ニ関ル件」を方針として検討した。今後の第三国からの金塊決済による輸入を試算したうえで、無理な産金増産策を目的とせず、産金の合理化を必要とするとし、新規金山開発とその他設備新設拡張は停止する、生産費の高い金山は休止し優良鉱山に集中する、日本産金振興株式会社をその休止と廃止の資金繰りで使うものとした[1]。日本産金振興株式会社は1938年3月29日「日本産金振興株式会社法」により同年9月16日に設置された官民出資の特殊法人で、産金業者に資金供給を行ってきた。ただしここでは産金の意義低下の中で積極的な金鉱業整備を打ち出しているわけではなく、日本産金振興の縮小に踏み込んでおらず、その延長上で大蔵省は日本産金振興を改組した「帝国金鉱業営団（仮称）」の設置を提案し、中小金山廃止を含む金鉱業への所管権限を維持しようとした[2]。しかし産金業の大幅縮小が不可欠となり、結局、金鉱業整備の政策として、1942年10月22日閣議決定「金鉱業及錫鉱業ノ整理ニ関スル件」が打ち出された[3]。この方針は本邦金鉱業及錫鉱業を整理しこれにより生ずる資材、労務、資金等の余剰を有効に活用する、1943年度政府金塊買上量は必要限度に止め、非能率鉱山を廃止する、

現在操業中の金山で所定期間内に廃止を申し出たものには補償を行う、補償の範囲は鉱区・坑道・土地建物・選鉱設備・精錬設備・運搬設備・動力設備等のうち買収処理を必要とするものとする、補償は日本産金振興に買い取らせることで処理する、それにより発生する損失は政府が補償する、補償買取をした金鉱山は廃鉱とする、というものであった。日本産金振興が金鉱業整備のために活用されることとなった。しかし同社は産金奨励という存在意義を失ったため、金鉱業整備で活躍の場を与えられることなく、1943年4月30日に先述の帝国鉱業開発に業務を承継し解散した（柴田［2002a］182頁）。

　銅鉱山では金塊をも産出する場合が多く、また戦時重要鉱産物生産を優先させるため、1943年1月12日閣議決定「金鉱業ノ整備ニ関スル件」で[4]、特定重要物資（銅・鉛・亜鉛・水銀・鉄・マンガン等）の生産を確保し、さらに金鉱業整備を強化することとし、資材・労務等の移転活用を勧める方針とした。そのため金鉱山では銅の精錬上必要な珪酸鉱として精錬所に搬出する金山、産金に付随して相当量の銅・鉛・亜鉛・アンチモニー等の産出する金山以外は、一部優良金山の休止を除き廃止する、廃止鉱山の全資産を帝国鉱業開発に補償制度として買い取らせる、廃止の際の資金繰りについては戦金を活用し資金を供給する、金山廃鉱に伴い鉱山街の商業者の失業については更生金庫により措置するものとした。この方針は植民地にも適用された。休廃止金山の資産評価については、1943年3月26日勅令「鉱業評価委員会官制」で鉱業評価委員会（会長商工大臣）が設置され、鉱業整備に伴い休廃止もしくは統合される資産の評価を調査審議することとなった。

2．金鉱業整備の施行

　金鉱業整備の実施内容を紹介しよう。不要となった金鉱業については、1943年に金鉱業整備計画が立案されていた。1941年産金量を基準とし、日本内地の金山746のうち廃止470、朝鮮金山1,201のうち廃止822、台湾を含み合計1,961金山のうち1,303金山を廃止するものとした。そのほか休止はするが閉山にはしない鉱山が、日本と朝鮮で17金山がある[5]。これら廃止対象金山の産金量は、

表7-1 金鉱業整備計画

(単位：kg)

	日本		朝鮮		台湾		合計	
	金山数	産金量	金山数	産金量	金山数	産金量	金山数	産金量
確保金山	270	10,201	369	7,037	1	2,235	640	19,473
休止保坑金山	6	4,405	11	6,864	—	—	17	11,269
一部縮小金山	—	—	—	—	1	885	1	885
廃止金山	470	6,831	822	10,237	11	16	1,303	17,084
合計	746	21,437	1,201	24,138	13	3,136	1,961	48,711

注：産金量は1941年における山元産金量を示し、純金量ではない。
出所：大蔵省外資局管理課「第82回帝国議会金鉱業整備関係参考書」1943年6月（旧大蔵省資料 Z382-9）。

表7-2 日本内地金鉱業整備に伴う借入金および補償見込額

(単位：千円)

算定根拠	金額	備考
鉱業権者借入額	895,337	
朝鮮所在金鉱山分借入金	39,990	朝鮮所在金鉱山の直接資金にして判明分
南方開発金庫借入金	3,400	南方開発金庫資金にして判明分
その他	3,537	1941年中産金量のない鉱山で確保鉱山分
小計	46,927	
日本内稼動金鉱山借入額	848,410	
整理金鉱業権者借入総額	185,250	1941年産金量20,548kgのため1g41円28.5銭につき廃止鉱山の産金量4,487kgにつき推算
整理金鉱山補償見込額	119,971	

出所：前掲「第82回帝国議会金鉱業整備関係参考書」。

1年で山元産金量にして17トンに達する。こうして日本・植民地を通じて、7割近い金山が採掘を停止するものとされた（表7-1）。

　日本内金鉱業整備に伴う補償金見込額は、日本内地の金鉱業整備の資金枠を推算するうえで意味を持つが、1943年6月頃の推計によれば、金鉱業権者の借入総額895百万円のうち日本内地分は848百万円である。金鉱業整備対象となる整理金鉱業権者借入金総額185百万円であり、そのうち整理金鉱山補償見込総額は119百万円と推計されていた（表7-2）。差額は鉱業者自己勘定で償還することになる。金鉱業整備は1943年度より本格化したが、金鉱業鉱山の整備対象として申込みが行われる。日本内地では1943年6月2日現在で補償買取対象

表7-3 金鉱業鉱山提供申込状況（1943年6月2日現在）

(単位：件)

財務局	補償買取対象金山	買取申込件数	うち全資産提供件数
札　幌	37	15	4
仙　台	216	71	49
東　京	65	31	20
大　阪	52	12	6
福　岡	106	40	19
合　計	476	169	98

注：朝鮮においては提供申し込み件数800件余（1943年5月30日現在）。
出所：前掲「第82回帝国議会金鉱業整備関係参考書」。

表7-4 金鉱業整備補償金見込額

(単位：千円)

	日　本	朝　鮮	合　計
鉱区坑道	43,811	88,779	132,590
土地建物	15,363	10,832	26,195
設備	52,160	44,271	96,431
流動資産	5,631	22,000	27,631
特別整理費	3,006	1,751	4,757
合　計	119,971	167,633	287,604

注：1943年6月現在。
出所：前掲「第82回帝国議会金鉱業整備関係参考書」。

金山として、全国で476金山、うち仙台財務局管内216件が多く、次いで福岡財務局106件と続き、東北と九州に集中していた。そのうち買取申込みは169件で、3分の1ほどが申込みを行い、そのうち全資産提供となる金鉱山は98鉱山であった（表7-3）。植民地朝鮮を含む金鉱業整備補償金見込額は、1943年6月で日本内地合計119百万円、朝鮮167百万円であり、零細鉱山を多数含む朝鮮の金鉱業整備は日本の金鉱山数を上回るものであったといえよう。日本では設備、朝鮮では鉱区坑道に対する補償見込額が大きかった（表7-4）。金鉱業整備の補償に伴う資産算定基準がまとめられている。大蔵省外資局管理課で策定したと思われる「政府ノ命令ニ基ク帝国鉱業開発株式会社金鉱業補償基準」によると、基準日を1943年3月31日とし、鉱区は産金量、土地・建物・流動資産は時価、設備は耐用年数を考慮して算定し、さらに休廃止に伴う休務手当・解雇手当の特別割増・軌条鉄管電線の撤去費用等は特別整理費として、別に補償基準を設定した。この1943年6月時点での補償金の支払は法人を解散させずに存続させ、補償金は原則として国債を交付し、その国債は登録させるか信託会社に信託させて流動化を封殺するものとした[6]。その後、1943年6月「企業整備資金措置法」公布とその施行後は、補償金の支払は後述の特殊決済に移行した。

表7-5　金鉱業整備のための歳出予算項目

(単位：千円)

	1943年度	1944年度	1945年度
一般会計軍需省所管	120,000	14,940	12,294
帝国鉱業開発損失補償金	100,000	10,640	7,426
金鉱業臨時措置費	20,000	—	—
休止金山保坑費補助	—	4,300	4,868
朝鮮総督府特別会計	120,000	21,517	232,217
朝鮮鉱業振興会社損失補償金	100,000	—	—
金鉱業臨時措置費	20,000	—	—
乾式精錬所生産費補助	—	3,000	2,400
金鉱業経費配当補助	—	6,729	—
金山整理に伴う損失、割増金見返融資補償	—	5,077	2,305
保坑金山保坑管理費補助	—	6,420	6,420
事務費等	—	289	—
金鉱業整備損失補償	—	—	221,092
台湾総督府特別会計	1,200	593	603
金鉱業臨時措置費	1,200	—	—
休止金山保坑管理費	—	593	603
合　計	241,200	37,051	245,115

注：1）1944年度、1945年度は金資金特別会計からの財源繰り入れによるもの。
　　2）1943年度は予算計上ではなく、予算外国庫負担契約額。
　　3）金鉱業臨時措置費は1943年度以降3カ年の負担枠。
　　4）1944年度に大蔵省所管違反申告者及検挙者給与650円がある。
出所：前掲「第82回帝国議会金鉱業整備関係参考書」、大蔵省外資局「第86回帝国議会局長用特別参考書」1945年1月（旧大蔵省資料）。

　金鉱業整備のための政府資金枠は、1943年度については予算外国庫負担契約額を上限として、日本内地については一般会計の負担で行われた（表7-5）。金鉱業整備の予算措置としては、1943年度の一般会計により金鉱業整備は一般会計軍需省所管で120百万円、うち帝国鉱業開発の損失補償金100百万円が資金枠として与えられた。また朝鮮総督府特別会計では120百万円があり、その内訳は朝鮮鉱業振興損失補償金100百万円が中心であった。朝鮮鉱業振興は、日本国内における帝国鉱業開発の損失補償業務と棲み分けていた。当初は朝鮮における金鉱業整備事業も帝国鉱業開発が担当していたが、1943年9月30日に朝鮮鉱業振興が帝国鉱業開発より朝鮮における金鉱業整備の事業を譲り受け、休廃金山に対する補償および労力ならびに設備資材の転用を担当した。朝鮮鉱業

振興は朝鮮における金鉱業整備の窓口業務を担当した。1944年3月期で朝鮮鉱業振興が担当した金鉱業整備事業における補償要求鉱山1,582件、補償決定鉱山899件、補償金支払額511件、106,062千円であった[7]。これらの資金枠によって日本・植民地を通じた金鉱業整備が強行された。予算措置では資金枠は多額についていたものの、金塊の産出を停止した金山の評価額は高くなく、これほど多額の資金を必要とはしなかった。1944年度では金資金特別会計から一般会計・朝鮮総督府特別会計への財源繰り入れが行われ[8]、それにより金鉱業整備が行われた。その繰入財源予算は、1944年度で一般会計軍需省所管14百万円、うち帝国鉱業開発10百万円、朝鮮総督府特別会計21百万円、朝鮮鉱業振興への補償金としては計上されず、個別費目として計上され、そのうち金山整理に伴う損失、割増金見返融資補償5百万円がある。さらに1945年度では、金資金会計からの金鉱業整備予算枠は245百万円に膨れ上がり、その内訳は朝鮮総督府会計232百万円で、そのうち金鉱業整備損失補償221百万円に跳ね上がった。朝鮮における金鉱業整備は日本より遅れ、1945年度に損失補償して処理される見込であったようである。

　これらの整備対象の金鉱山に対しては、金鉱業整備を促進するために金鉱業整備資金の前貸しが行われた。1943年6月2日現在で、合計27件、1,358千円にすぎなかった。その金額が多い地域は、福岡財務局管内で8件、991千円、札幌財務局管内で4件231千円である[9]。前貸しを行うことは、企業整備に伴う資金の整備前の流動性供給となり、戦時過剰流動性の発生の恐れがありうるため、企業整備資金措置の趣旨から、多額の前貸しは行われるものではなかった。

1）　旧大蔵省資料Z809-30-5。
2）　「昭和十八年度ニ於テ実施スルヲ要スル重要政策事項」1942年8月20日（旧大蔵省資料Z804-25-4）。
3）　大蔵省外資局管理課「第82回帝国議会金鉱業整備関係参考書」1943年6月（旧大蔵省資料Z382-9）。
4）　同前。

5）　日本国内で休止となった金山は1943年6月時点で、株式会社住友本社（1937年3月設立）の鴻ノ舞、千歳鉱山株式会社（1936年10月設立、中島系）の千歳、土肥金山株式会社（1917年8月設立）静岡の縄地、鯛生産業株式会社（1918年6月設立）の鯛生、薩摩興業株式会社（1936年12月設立）の山ケ野、三井鉱山の串木野である（「休止保坑金山措置要綱」（前掲「第82回帝国議会金鉱業整備関係参考書」）。設立年月については帝国興信所『帝国銀行会社要録』1942年版参照。

6）　前掲「第82回帝国議会金鉱業整備関係参考書」。この別紙に「特別整理費補償基準」が付されている。

7）　朝鮮鉱業振興株式会社『第7期営業報告書』1944年3月期、7頁。

8）　金資金特別会計から一般会計・朝鮮総督府特別会計への繰入は金鉱業整備のみならず、それ以前の産金奨励補助金財源の繰入として行われていた（柴田［2002a］154-156頁）。

9）　前掲「第82回帝国議会金鉱業整備関係参考書」。原資料では税務監督局。1941年7月16日に財務局に改組。

第4節　製造業整備

1.「自発的」企業整備

　1943年7月以降の戦力増強企業整備が強行される前に、繊維産業を中心にいわば「自発的」企業整備が行われてきた。1941年8月に商工省繊維局は大日本紡績聯合会に対して、全紡績設備をA操業・B休止・C閉鎖に3区分し、Cクラスの予備工場の重要産業部門への転換を求め、その結果、2,282千錘、707千トンの紡績機が供出された。この設備買受は産設が担当した[1]。1942年2月に商工省は人絹・スフ設備の2割供出を求め、さらに操業・休止・廃棄工場の指定を行い、1942年末までに人絹9工場、スフ19工場、兼営を除外し合計22工場を操業工場として指定し、残る26工場は休止または転換工場となり、廃棄工場から屑鉄を供出させた。産設が買い取った屑鉄は、人絹工場16千トン、スフ工場13千トンであった[2]。織物工場に対しては、1941年末から工業組合聯合会

別に休止工場の指定を行わせた。その例として、1941年12月13日綿スフ工業組合聯合会「綿スフ織物集中生産実施要綱」がある。これにより企業合同を促進し生産させ、合同企業は織機台数5割削減するものとなった。しかし基準台数に達しなかったため、1942年5月に商工省繊維局通牒により、6月末までに合同を完了しない業者には原糸の配給を停止する旨表明した。この措置により織物工場の休止工場指定が行われたが、織機供出は翌年に持ち越された（通商産業省［1972］215-217頁）。

1942年3月10日閣議決定「中小商工業者ノ整理統合及転業転換促進ニ関スル件」により、従来、企業整備を通じて転職失業者をできるだけ発生させないようにしてきた中小企業維持方針を放棄し、中小企業の整理統合と、戦時の生産力増強が必要とされる部門への労働力の移転を強力に推進するものとした。そしてこの閣議決定の方針に沿って、各業種別の企業整備要綱を作成するものとした。そのほか中小商工業者再編と労働力の移転の実施のため、4月1日に企画院に中小商工業者再編成委員会が設置された。小売業については4月22日閣議決定「小売業整備要綱」により、小売業の整備を促進するものとした。これらの小売業を含む中小商工業者の労働力の再配置を必要とする者は総計711千人と推定されており、その多くについて、1943年3月頃には整備を終了したという（通商産業省［1964］568-569頁）。

このように商工省の業界団体を通じた限りなく命令に近い「自発的」企業整備が繊維産業を中心に行われてきたが、さらに1943年7月以降に実施された戦力増強企業整備は対象業種を指定して激しく事業廃止もしくは転業を迫るものであった。経済官庁の当該業界に対する戦時ならではの強権の行使となり、標的となる業界にとっては事業存亡の危機となった。また先述の金属回収があわせて実施された。それが1943年7月以降の企業整備の特徴といえるが、ここでは企業整備の解説に傾注しよう。

2．戦力増強企業整備

先述の1943年6月1日閣議決定により戦力増強企業整備が打ち出され、同年

7月9日に企画院臨時生産増強委員会決定（委員長企画院総裁）「戦力増強企業整備実施進捗ニ関スル件」により[3]、企業整備は第1種工業部門で先に着手するものとし、第1種工業を7月中に個別の整備要領を示す甲号業種と、8、9月に示す乙業種にわけ、また第3種工業部門については7～9月に整備要領を示すものとした。また6月1日閣議決定「企業整備ニ伴フ工場等転用ニ関スル措置要綱」により工場等の転用方針が打ち出されており、それに基づき同年7月16日工場等転用協議会決定「工場等転用ニ関スル実施要領」により工場等転用協議会の処理方針をまとめた[4]。そして個別業種の企業整備の実施のため、1943年8月に商工省・農林省は業種別通牒を発し、戦力増強企業整備を実施に移した。

　各業種を通じた、具体的な企業整備方針は、工場を操業・保有・転用に区分し、操業工場は整備後の操業度を70％程度とする、転用工場は優先的に供出する、転用工場の優秀設備は保有する、廃止工場は屑鉄にする、というものであった（通商産業省［1964］231頁）。企業整備にあたっては、不要不急製造業整備として第1種・第3種の業種については転廃業を促進するものとしたが、この第1種・第3種の区別は産業分類に則ったものではない。他方、第2種は航空機産業や機械工業のような業種で、その整備計画は当初は商工省、1943年11月以降は軍需省本省のそれぞれの所管部局で計画を立てるが、その整備の内容は当然ながら、当初の方針では大規模なものではない。第1種と第3種の分類は、金属回収の量、労働力供出の量によって企業整備のため便宜上分けられたものであり、そのため当初の第1種・第3種の分類が変更された業種もある。しかし不急不要製造業の整備では第1種工業部門が最大の規模であり、繊維工業・化学工業の一部、金属工業の一部、食品工業の一部で59業種が予定されていた。第3種工業部門は板ガラス、漆精製業等25業種が指定され、1943年12月ですでに整備要綱に基づき整備に着手した業種は8業種あり、さらに苦汁製品、珪酸曹達、配合肥料等について業種別整備要綱を決定する見込であった[5]。

　他方、民間において企業整備措置を受け入れる窓口として、日本経済聯盟会に時局対策調査委員会（委員長斯波孝四郎（前三菱重工業株式会社会長））が

表7-6　企業整備該当工業業種（第1種工業部門甲号）

	総　数	操　業	保　有	転　用	廃　止
（商工省所管）					
絹スフ紡績業					
企業数	43	14	—	—	29
工場数	268	87	—	145	36
生産能力（千錘）	11,146	5,016	3,075		2,920
梳毛紡績業					
企業数	7	7	—	—	—
工場数	54	18	—	24	12
生産能力（千錘）	1,416	607.2	564.8	—	244
紡毛紡績業					
企業数	19	19	—	—	—
工場数	144	74	18	4	48
生産能力（台）	719	588	80	—	51
絹糸紡績業					
企業数	11	8	—	—	3
工場数	26	14	—	—	12
生産能力（錘）絹紡	393,420	236,052	98,355	—	59,013
紬糸	36,300	36,300	—	—	—
人絹製造業					
企業数	14	5	—	9	—
工場数	30	7	—	23	—
生産能力（日産 kg）	584,268	138,760	104,606	340,902	—
スフ製造業					
企業数	21	11	—	10	—
工場数	43	15	—	28	—
生産能力（日産 kg）	959,309	486,908	—	472,400	—
綿スフ織物製造業					
工場数	7,257	4,857	—	—	2,400
生産能力（千台）	332	133	66	—	133
絹人絹織物製造業					
工場数	113,689	51,160	17,053	—	45,476
生産能力（台）力織機	355,547	159,996	53,332	—	142,219
手織機	151,473	68,163	22,721	—	60,589
毛織物製造業					
工場数	2,212	—	—	—	—
生産能力（台）四巾	19,173	11,315	5,502	—	2,356
二巾	10,247	—	—	—	10,247
織物染色業					
工場数	814	514	—	—	300
生産能力（セット）	222	88	34	—	100
繊維雑品染色業					
工場数	4,609	2,760	—	—	1,845
生産能力（平方ヤード）	268,128	134,000	26,000	—	108,128
亜鉛鉄板製造業					
企業数	16	9	1	—	6
工場数	17	9	1	—	7
生産能力（月トン）	35,460	18,773	2,086	—	14,601
リードワイヤ製造業					
企業数	32	10	—	—	22
工場数	32	10	—	—	22
生産能力（月トン）	119	75	—	—	44
鉛管鉛板製造業					

	総　数	操　業	保　有	転　用	廃　止
企業数	12	1	—	—	11
工場数	12	2	—	—	10
生産能力（年トン）	48,870	8,880	6,900	—	33,090
減磨金製造業					
企業数	25	4	—	—	21
工場数	27	6	—	—	21
生産能力（年トン）	5,630	3,890	—	—	1,740
耐火煉瓦製造業					
企業数	187	79	—	—	108
工場数	217	112	—	—	105
生産能力（年トン）	1,927,350	1,734,220	—	—	193,110
研削材製造業					
企業数	20	15	—	—	5
工場数	20	15	—	—	50
生産能力（年トン）	43,570	38,170	—	—	5,400
（農林省所管）					
グルタミン酸ソーダ製造業					
企業数	19	9	—	1	11
工場数	24	12	—	1	12
生産能力（月産トン）	310	43	—	265	2
精製糖製造業					
企業数	3	—	—	3	—
工場数	3	—	—	3	—
生産能力（トン）	264,000	—	—	264,000	—
機械製糸業					
企業数	370	41	—	102	132
工場数	543	243	—	155	145
生産能力（釜）	99,005	42,595	8,000	38,862	9,548
蚕種製造業					
企業数	103	28	—	—	—
工場数	157	124	—	—	33
生産能力（kg）	81,700	70,000	—	—	11,700
繭短繊維製造業					
企業数	97	18	—	2	32
工場数	119	82	—	2	35
生産能力（台）繰繭機	3,300	3,226	—	74	—
開繭機（繭を原料）	243	229	—	14	—
（副蚕糸を原料）	335	121	—	—	214
油脂製造業					
企業数	942	—	—	—	—
工場数	957	—	—	—	—
生産能力（トン）	1,143,648	1,010,726	—	—	132,922
（大蔵省所管）					
麦酒製造業					
企業数	4				
工場数	15				
生産能力（年千石）	1,700				

注：1）麦酒製造業は整備内容未定。
　　2）綿スフ紡績業の生産能力、毛織物製造業生産能力、グルタミン酸ソーダ工場数・生産能力、機械製糸業企業数、繭短繊維製造業企業数に不突合がある。

出所：企画院臨時生産増強委員会決定「第1種工業部門甲号業種ノ整備割合表」1943年7月26日（東京大学総合図書館蔵『美濃部洋次文書』マイクロフィルム版（以下『美濃部洋次文書』）1046）。

すでに設置されていたが、さらに1943年7月に企業整備委員会（委員長竹内可吉（前商工次官、前企画院総裁））も設置され、官庁側に対しこの委員会を通じて部会ごとに意思表明する機会を持った。その事例として、例えば1943年12月2日の企業整備に関する官庁との懇談会では、企業整備本部長難波経一による説明を受け、これに対して企業整備委員会委員で一般的な論点を担当する第1部会長の石川一郎（日産化学工業株式会社社長）は「企業整備ノ計画及ビ実施並ビニ整備後ノ措置ニ関スル希望」を、また第1種工業および第3種工業を担当する同第2部会委員長辛島浅彦（東洋レーヨン株式会社前会長）は「第1種及ビ第3種工業部門等ノ企業整備ニ関スル意見」を表明した。これらにより実業界側は、企業整備の実施過程における個別意思決定に参加する機会を求めた[6]。この回答として、例えば企業整備本部長難波は、旧金属回収本部と旧商工省企業局の時期と同様に、企業整備本部にも民間から参与として参加する機会を開く等の、実業界側の要望を一部でも受け入れる方針を示していた[7]。他にも実業界側から企業整備方針への提言や政策調整の場を設定する要望や提案が多く出されているが、紙幅の都合で省略する。

　戦力増強企業整備で特に重点が置かれた第1種工業部門の整備対象業種については、1943年7月26日時点の臨時生産増強委員会の決定によれば（表7-6）、商工省、農林省および大蔵省の所管業種が掲げられている。ただし整備内容が確定していない業種もあり、この計画が最終案ではない。これによると商工省所管では、繊維・染色・金属加工の産業が整備の主たる対象である。廃止の対象となった業種としては、綿スフ織物製造業では2,400工場が廃止、4,857工場が操業となった。絹人絹織物製造業では45,476工場が廃止、17,053工場が保有となり、操業は4割にも満たなかった。繊維雑品染色業は廃止1,845工場、操業2,760工場で、操業は6割ほど、生産能力で半減した。転用が中心の業種は人絹製造業23工場が転用で操業7工場となり、生産能力は4分の1にも満たない水準に引き下げられるものとなった。スフ製造業も同様で28工場が転用され、生産能力は半減するものとされた。金属加工業の亜鉛鉄板製造業でも生産能力は半減し、鉛管鉛板製造業では10工場廃止、2工場のみ操業となり、2割の水

準に淘汰されるものとされた。農林省所管では、グルタミン酸曹達製造業の転用1工場の規模が大きく、生産能力は14％程度に低下するものとなった。精製糖製造業では3工場がすべて転用の対象となった。機械製糸業では廃止145工場、転用155工場で、操業は243工場となり、生産能力は5割を下回った。このように多数の業種で廃止もしくは転用の方針が打ち出され、廃止の場合にはスクラップによる金属回収が目的とされた。また転用の場合には、人絹・スフ生産の工場機械やグルタミン酸曹達の機械は比較的容易に別の産業の用途に充当できるため、軍需関係工場への自社経営のままの転換もしくは他社工場等への移転がなされるものとされた。保有は操業停止により、最終処分を繰り延べしたものといえよう。

3．戦力増強企業整備の施行

　企業整備のあり方として、整備対象業種の統制会宛てに、業種別整備要領を商工次官通牒もしくは農林次官通牒等として命令した。それにより各統制会が企業を指定した。あるいは地方長官を通じて零細事業主の整備を行わせた。1943年7月に織物製造業、8月5日綿スフ統制会宛商工次官通牒による綿スフ紡績業、同月19日羊毛統制会宛通牒「梳毛紡績業整備要領」、「紡毛紡績業整備要領」、同年9月人絹絹統制会宛通牒「人絹スフ製造業整備要綱」で具体的な業種向けの整備方針が固められた。その後も10月に織物加工業及繊維雑品染色整理業が、12月に撚糸業と紡績業兼営織物製造業が企業整備の実施を強制された。これらの通牒のいずれも、現有設備の一定能力を操業設備能力とし特定工場を指定する、操業および保有工場を除いた設備は廃棄し産設に供出させる、これらの「要領」の整備手続き完了は1943年9月もしくは10月とされ[8]、企業整備が急がれた。これは中央と地方の二段階で指定することになる。企業規模が大きな場合には中央で指定するが、零細個人事業者等については、商工次官通牒等に基づき地方長官が指定した。また資産規模が大きく、残有資産の転用が可能であれば、指定企業の資産については、陸軍の陸軍航空本部、陸軍造兵廠、陸軍火薬廠、陸軍被服廠、陸軍製絨所等、海軍の海軍航空本部、海軍艦政本部

表7-7 府県別企業整備件数

(単位：件)

	商工省		農林省		合計
	転用計画	決定予定	転用計画	決定予定	
愛 知	33	22	17	5	77
大 阪	31	28	—	17	76
三 重	11	13	4	18	46
兵 庫	15	20	4	6	45
長 野	1	4	33	—	38
東 京	14	12	9	2	37
岐 阜	14	10	4	1	29
静 岡	10	7	7	2	26
岡 山	10	7	3	1	21
京 都	5	7	6	—	18
群 馬	3	4	11	—	18
埼 玉	3	—	8	5	16
神奈川	2	2	3	7	14
福 島	3	4	7	—	14
その他	35	41	52	4	132
合 計	190	181	168	68	607

注：10件以上の整備対象事業所を有する府県。
出所：「工場転用ニ関スル資料（商工省関係）」1943年7月（『美濃部洋次文書』1048、「第一種工業部門甲号業種中中央官庁ニテ整備区分ヲ為スベキ工場名一覧表」1943年7月（『美濃部洋次文書』1047）、「工場転用ニ関スル資料（農林省関係）」1943年7月（『美濃部洋次文書』1049）。

等で転用先を決定する。その際に、陸軍造兵廠や陸軍被服廠、海軍艦政本部等の直接的な事業資産への転用以外には、個別企業への売却・譲渡・貸付・現物出資・賃貸として処分し、あるいは当該会社が転用先の事業としてその資産を保有したまま、企業が「自営」として指定される場合もある。「自営」の指定を受けると、従来の民需生産から軍需関連製造に品目を転換するだけで、そのまま事業を継続できた。1943年11月1日軍需省設置後については、陸軍航空本部と海軍航空本部の業務は同省航空兵器総局が引き継いでいる。地方指定の中小・零細企業の設備資産の多くはスクラップの対象とされ、軍需省設置前では金属回収本部、軍需省設置後は企業整備本部、1945年6月6日以後は同省整備局でスクラップ後の処理方針が固めた。ただし大規模工場の転廃業と異なり、地方零細工場の金属回収とその移動に伴うコストは少なくないはずであり、円滑に金属回収とその転用が行われなかった事例も多いようである。

企業整備の実施は地域性が強く現れる。1943年7月時点の商工省所管の繊維業6業種・農林省所管の蚕糸業・油脂製造業・肥料業のみを集計して地域別の特徴を点検すると（表7-7）、件数で愛知の77件、大阪76件が特に多く、以下、三重、兵庫、長野、東京、岐阜、静岡、岡山と続いた。愛知・大阪は繊維関係

の事業所が多数集まっており、繊維産業が多い兵庫・三重・岐阜も同様である。長野は農林省所管の蚕糸業に強く特化しており、ほぼ蚕糸業の廃業件数が現れており、群馬もその傾向がある。そのため紡績業の大手事業者が集中する地域と、繊維関係中小企業の集まる地域のみならず、零細業者が集中していた蚕糸業者の多い県で、廃業と金属回収の標的となり、企業整備対象工場が集中していた。

次に商工省所管繊維産業大手事業者の企業整備を点検しよう（表7-8）。1942年7月時点における、商工省所管の綿スフ紡績・梳毛紡績・人絹スフ紡績・綿スフ織物・毛織物・絹人絹織物の主要繊維6業種を見ると、最大の企業整備対象業者は東洋紡績株式会社と鐘淵紡績株式会社で56件、以下大日本紡績株式会社37件、倉敷紡績株式会社・呉羽紡績株式会社各19件と続き、10件を上回る日本毛織株式会社（1896年12月3日設立）まで、11社の累計272件だけで全体の73％を占めていた。東洋紡績と鐘淵紡績は紡績部門と織布部門で多数の事業所を抱えており、それが企業整備の対象となった。件数が1桁の企業の中には、東洋レーヨン株式会社や日本レイヨン株式会社（1926年3月設立）のように人絹スフ紡績を中心とした企業整備の事業の例もあり、また近江絹糸紡績株式会社（1917年8月設立）と京都織物株式会社（1887年5月5日設立）は絹人絹織物に特化していたが、いずれも民需産業のため、企業整備の対象とされた。農林省所管の企業整備対象事業者は（表7-9）、ほとんど蚕糸産業で、片倉製糸紡績株式会社（1920年3月23日設立）21件、郡是製糸株式会社（1896年8月設立）12件、鐘淵紡績9件が大手である。それ以下の事業者への集中度は高くない。養蚕地域の多数の小規模蚕糸業者が企業整備の対象とされた。蚕糸業以外では製油業の件数がいくらか多いだけである。

これらの企業整備対象事業者は本業の紡績・織布・製糸の事業資産の強制廃棄・操業停止が行われたため、本業では立ち行かなくなる。大手の東洋紡績は関連会社で多角化を進め、中国占領地でも手広く事業を展開しており、大日本紡績も東洋紡績ほどの規模ではないが、多角化と中国事業にも注力していた。同様に中国事業を手広く展開していた内外綿も、国外の操業多角化で延命が可

398

表7-8　企業整備対象企業の大手事業者

(単位:件)

	綿スフ紡績	梳毛紡績	人絹スフ紡績	綿スフ織物	毛織物	絹人絹織物	合計	備考
東洋紡績㈱	24	4	2	16	4	6	56	
鐘淵紡績㈱	18	6	2	13	7	10	56	1944.2.1鐘淵工業㈱に改組
大日本紡績㈱	14	2	1	11	7	2	37	
倉敷紡績㈱	10	3	1	5	—	—	19	1944.1.25倉敷工業㈱に商号変更
呉羽紡績㈱	8	—	3	7	—	1	19	1944.9.12大建産業㈱に吸収
富士瓦斯紡績㈱	8	—	1	5	—	2	16	
大和紡績㈱	8	—	2	5	—	—	15	1944.1.1大和工業㈱に商号変更
福島紡績㈱	10	—	—	4	—	—	14	1944.3.1敷島紡績㈱に合併改組
中央紡績㈱	7	—	—	7	—	—	14	1943.6.21トヨタ自動車工業㈱に吸収
日清紡績㈱	6	—	—	8	—	—	14	
日本毛織㈱	—	5	1	—	6	—	12	
興亜紡績㈱	5	—	—	5	—	—	10	
東洋レーヨン㈱	—	3	3	2	3	—	8	1944.3大東工業㈱に商号変更
大東紡織㈱	—	—	—	2	—	3	8	
朝日紡績㈱	6	—	—	1	—	—	7	1944.3.1敷島紡績㈱に合併改組
近江絹糸紡績㈱	—	—	—	—	—	6	6	
京都織物㈱	—	—	—	—	—	4	4	1944.6.23京都工業㈱に商号変更
帝国撚糸織物	1	—	—	1	—	2	4	
日本レイヨン㈱	—	—	2	2	—	—	4	1943.6日本航空機材㈱に商号変更
内外綿㈱	2	—	—	1	—	—	3	
その他	17	1	9	—	—	9	45	
総計	141	24	25	106	26	45	371	

注:1) 下段イタリックは商工省で決定予定の事業所で、転業先未定。
　　2) 3件以上の事業所の整備企業を列記。

出所:前掲「工場転用ニ関スル改資料(商工省関係)」(『美濃部洋次文書』)、前掲「第一種工業部門甲号業種中央官庁ニ於テ整備区分ラ為スベキ工場名一覧表」、日本興業銀行[1957b]、「工場転用二関スル改資料(商工省関係)」[1958]、郡是製糸[1960]、呉羽紡績[1960]、敷島紡績[1968]、京都織物[1969]、伊藤忠商事[1969]、大和紡績[1971]、鐘紡[1988]。

能であった。鐘淵紡績は国内外事業も手広く展開していたが、鐘淵実業株式会社と1944年2月1日に合併し、鐘淵工業株式会社に商号変更した。1944年になり列記したそのほかの紡績・織布・製糸で商号変更に踏み切った事例は少なくない。倉敷紡績は倉敷工業株式会社、大東紡織は大東工業株式会社に、京都織物は京都工業株式会社に、大和紡績株式会社は大和工業株式会社、片倉製糸紡績は片倉工業株式会社に、郡是製糸は郡是工業株式会社に、神栄生糸株式会

表7-9 農林省所管企業整備対象企業

(単位:件)

整備対象企業	件数	備 考
(整備決定蚕糸業)		
片倉製糸紡績㈱	21	1943.10.30片倉工業㈱に商号変更
郡是製糸㈱	12	1943.4.30郡是工業㈱に商号変更
鐘淵紡績㈱	9	1944.2.1鐘淵工業㈱に商号変更
㈱笠原組	3	1932.11設立
交水製糸㈱	3	
神栄生糸㈱	3	1943.5 神栄企業㈱に商号変更
日本レイヨン㈱	3	1943.6 日本航空機材㈱に商号変更
丸興製糸㈱	3	1931.3設立
その他	111	
合計	168	
(企業整備予定)		
熊沢製油㈱	3	1942.3設立
昭和産業㈱	3	1939.6設立
その他	62	
合 計	68	
総 計	236	

注:1) 丸興製糸の1件にはその他6名との一体となった事業所がある。
2) 蚕糸業等合計に農林省所管で整備が決定した缶詰3件と肥料1件を含む。
3) 3件以上の事業所の整備が決定した事業者を列記した。
4) 昭和産業の製油業2件、肥料業1件。
出所:前掲「第一種工業部門甲号業種中中央官庁ニ於テ整備区分ヲ為スベキ工場名一覧表」、前掲「工場転用ニ関スル資料(農林省関係)」、片倉工業[1951]、日本興業銀行[1957b]、郡是製糸[1960]、鐘紡[1988]。帝国興信所『帝国銀行会社要録』1943年版。

社は神栄企業株式会社にそれぞれ商号変更し、脱繊維での生き残りを模索した。日本レイヨンは1943年6月に日本航空機材株式会社に商号変更し、航空機増産体制の中で生き残りを図った。呉羽紡紡績は1944年9月12日に大建産業株式会社設立で統合された[9]。福島紡績と朝日紡績は1944年3月1日に合併して敷島紡績株式会社となり、事業規模の維持を図った。中央紡績株式会社は1943年6月にトヨタ自動車工業株式会社に吸収合併された。同じ商号のまま敗戦まで事業を継続できた大手事業者は、むしろ少数派であった。企業整備で追い詰められて、従来の本業だけでは延命が難しくなり、脱本業・脱繊維を標榜せざるを得なかった状況が如実に現れている。

表7-10 企業整備の関係官庁
(単位:件)

(陸軍)	
陸軍航空本部	115
陸軍兵器本部	19
陸軍造兵廠	43
陸軍被服廠	19
陸軍製絨所	4
陸軍	21
小計	221
(海軍)	
海軍航空本部	93
海軍艦政本部	20
海軍需品局	1
海軍	22
小計	136
(その他)	
海務院	4
商工省	1
農林省	1
内務省	1
その他	1
小計	5
総　計	354

注:1) 陸海軍6件、陸海軍航空本部6件を分割。
　　2) 海軍および海務院1件、陸軍および海務院1件を分割。
　　3) 海軍艦航1件を分活。
　　4) 総計からは重複を排除。
出所:前掲「工場転用ニ関スル資料(商工省関係)」、前掲「工場転用ニ関スル資料(農林省関係)」。

1943年7月に商工省と農林省の企業整備により転用が指令され、その事業が確認できるものが354件あり(表7-10)、それを集計することにより所管部局と転用先企業を確認しよう[10]。ただし原資料には、「陸軍」、「海軍」、「陸海軍」、「陸海軍航空」のような大雑把な転業所管部署の分類となっているものがあり、それをある程度細分化した。例えばそのうち転業先の事業主が、「被服」や「大阪造兵」であればそれぞれが被服廠、造兵廠と推定し、あるいは転換先事業の航空機産業から、航空本部として再分類したものがある。そのため原資料の情報を補正している。また複数にまたがる、「陸軍及海務院」のような事例は分割して加算した。合計はデータ件数総計354を採用しているため、陸軍・海軍・その他の小計の合計と一致しない。その集計表によると、最大の転用先は陸軍航空本部の115件で、次いで海軍航空本部93件となっている。この両者に関わる多数の企業整備が行われたことがわかる。最も重視された航空機関係では両軍でほぼ拮抗し、両航空本部への事業資産の集中転用がなされたといえよう。そのうちの有力な事業所について陸軍もしくは海軍の航空本部で、激しい奪い合いになったはずである。そうした事態を調整したのが工場等転用協議会であった。それ以外の転用関係の部署では、陸軍造兵廠43件がある。そこには大阪造兵廠に関わる事業転換が多数含まれている。そのほか海軍艦政本部・陸軍兵器本部・陸軍被服廠が多い。航空機関係以外では陸軍の件数が多い。その他の省庁は僅かである。

次に5件以上の転用先が確認できる繊維産業の事業者を検討する（表7-11）。各地に工場を持つ鐘淵紡績は32件の転用先が確認でき、その転業対象は海軍航空隊、陸軍造兵廠のような直接転換のほか、川西航空機株式会社（1928年11月設立）、日本国際航空工業株式会社（1941年7月設立、鐘淵紡績系）3件のような航空機生産に直結したものが目立つ。それ以外には三菱重工業株式会社長崎兵器工場のような兵器産業、三井化学工業株式会社（1941年4月設立）、松下無線株式会社（1935年12月設立）のような軍需関係産業がある。特徴的なのが鐘淵紡績の関係会社への転換である。鐘淵ディーゼル株式会社（1942年12月設立）、鐘淵金属工業株式会社（1943年10月設立）、鐘淵油脂工業株式会社（1943年5月設立）が含まれ、関係会社に事業を移したことになる。さらに自営7件が含まれており、繊維生産から軍需生産に自社工場ラインを転換したことを意味する。東洋紡績も30件と多く、陸軍兵器本部2件、海軍軍需局2件、海軍航空工廠のような軍直営に移したものがあり、また三菱航空機株式会社（1920年5月設立、1928年3月三菱内燃機製造株式会社を改称）、川崎航空工業株式会社のような航空機生産に直結する事業所転換があり、また三菱重工業、住友金属工業株式会社、東洋ゴム加工株式会社（1939年2月設立）、東邦重工業株式会社（1939年5月設立、東邦電力株式会社系）、株式会社日本製鋼所（1907年11月設立）等の軍需産業が並んでいた。自営は1件のみである。片倉製糸紡績の事例でも自営5件を含むが、それ以外の事業は軍工廠への転換のほか航空機産業を含む軍需産業への転換がなされた。以下の事例でも軍関係への転換を含むものが多いほか、航空機産業への転換が中心であった[11]。転換処理のあり方では、商工省所管のみ判明する。譲渡・売却のような資産所有権を放棄する例もあるが、鐘淵紡績の場合には確認できる14件のうち賃貸11件で、主に賃貸で処理した。東洋紡績は17件のうち売却が8件、譲渡1件で所有権を放棄した事業所が多いが、それでも賃貸3件、下請1件、現物出資4件で、所有権を放棄していない事業所も多いといえる。この傾向は下位の紡績会社でも同様で、事業所の売却や譲渡のみで企業整備に対応したものではなかった。これは敗戦後の繊維工場への逆転換の可能性を残すものである。当該紡績業会社は敗戦後に

表7-11 企業整備対象企業の転換事業と処理方式

(単位：件)

整備対象企業	転換先の事業	処理内容	備考
鐘淵紡績32 (未定2)	海軍航空隊、陸軍造兵廠、陸軍金属工業(株)、三井化学工業(株)、松下無線(株)、鐘淵ディーゼル工業(株)、鐘淵工業(株)(2)、鐘淵金属工業(株)(4)、鐘淵油脂工場、川西航空機(株)、三菱重工業長崎兵器工場、日華工業(株)、日本タイヤ(株)、日本高周波重工業(株)、日本国際航空工業(株)(3)、日本電気(株)、(株)梅田機械製作所、名古屋合板(株)(2)、自営(7)	譲渡2、売却1、賃貸11	鐘淵油脂工業1943.5設立、鐘淵ディーゼル工業1942.12設立
東洋紡績30 (不明1)	陸軍兵器本部(2)、海軍軍需局(3)、海軍航空工廠、三菱工業(株)、同三菱航空機工場、住友金属工業(株)、川崎航空機(株)、樺井化学工業、東洋ゴム化工(株)、東洋合成化工(株)、東洋機械鋼所、横浜護謨製鋼(3)、(株)日吉製作所、譽工業、日本ゴム(株)、(株)日本製綱所、自営	譲渡3、売却8、賃貸3、下請1、現物出資4	樺井化学工業不明、譽工業不明
片倉製糸紡績21 (未定1)	陸軍被服廠、(株)岩手鉄工所、三稜工場、(株)三見蝶子製作所、三菱工業(株)、三菱航空機工場、三菱電機(株)、(株)神戸製鋼所、石川島芝浦タービン(株)、(株)千葉製作所、川崎航空機製作所、(株)大刀洗製作所、東京芝浦電気(株)、日本機械工業(株)、日本小型飛行機工業、立川飛行機(株)、自営(5)		1937.8設立(株)岩手鉄工所、1939.3日本小型飛行機(株)設立
大日本紡績17 (未定2)	陸軍被服廠、陸軍兵器補給廠、海軍艦政本部、海軍航空本部(2)、井沢銃砲(株)、(株)若山鉄工所、住友通信工業(株)、川崎航空機工業(株)、東亜金属工業(株)、東洋ベアリング製造(株)、撰斐川電気工業(株)、自営	売却6、賃貸3、協力工場1	
倉敷紡績13	陸軍兵器本部、海軍航空本部、大日本麦酒(株)、(株)愛知精機製作所、(株)置場製作所、中国アミノ酸三菱工業(株)、同三菱航空機工場(2)、倉敷航空機工業(株)、(株)東京飛行機製作所、日本アルミニウム(株)	売却4、賃貸2、協力工場4	中国アミノ酸不明、1935.6日本精機(株)設立、1943.3倉敷航空機工業(株)に商号変更、1944.8倉敷(株)に吸収合併、1936.3(株)東京飛行機製作所設立、1944.5倉敷飛行機(株)に商号変更
郡是製糸12	海軍火薬廠、愛知航空機(株)、三菱電機(株)、川崎航空機工業(株)、川崎造機(株)、電元社、東洋電機製造(株)、自営(5)		
呉羽紡績11	陸軍兵器本部、川崎航空機工業(株)、中島飛行機(株)(2)、大日本工業(株)、(株)洋行機工業、上安宅製作所、東京航空計器(株)、自営(2)	売却4、賃貸1、共同経営1、現物出資1	1937.3東京航空計器(株)設立

第7章　戦時企業整備の施行と資金措置

	転用先事業（注1）	処分形態	備考
福島紡績10	海軍艦政本部、三菱電機㈱、川崎航空機工業㈱、㈱第二精工舎、中島飛行機㈱、㈱鳥津製作所、㈱特殊工作所（2）、日本特殊陶業㈱、日本輪業ゴム㈱	売却4、賃貸3、協力工場2	特殊工作所、1933.8㈲で設立、1940.9㈱転換、1944.3㈱特殊航空兵器に商号変更、1945.1㈱特殊産業に商号変更
富士瓦斯紡績9	海軍航空本部（2）、三菱発動機、住友金属工業㈱、川崎重工業㈱、東京芝浦電気㈱、東京通信機㈱、日本アルミニウム㈱、㈱北辰電機製作所	売却5、譲渡2、現物出資1	1928.9明昭電機㈱設立、1938.11東洋通信機㈱に商号変更
大和紡績8	海軍、三菱発動機、三菱電機㈱、山添発条㈱、住友金属工業㈱、大日本電線㈱、日本アルミニウム㈱、日本国際航空工業㈱	売却5、協力工場2	
中央紡績7	東京芝浦電気㈱、㈱大阪アルミニューム製作所、東京無線電機㈱、㈱那須アルミニューム製造所、トヨタ自動車㈱、㈱豊田自動織機製作所、自営	売却3、現物出資2	
日清紡績6	陸軍被服廠、陸軍兵器本部、三菱重工業㈱、同兵器工業㈱、曙工業㈱、自営	売却1、賃貸1、協力工場1	1936.1曙石綿工業㈱、1944.5曙兵器工業㈱に商号変更
朝日紡績5	紋服廠・海務院、近江航空工業㈱、大阪金属工業㈱、立川飛行機㈱、自営	譲渡1、協力工場2	1943.7近江航空工業㈱設立
興亜紡績5	三鷹航空工業㈱、住友金属工業㈱、中島飛行機㈱（2）、日本国際航空工業㈱	売却1	1937.3三鷹航空工業㈱設立
日本毛織5	㈱川西西機械製作所（2）、三菱航空金属鉱業㈱、川西航空機㈱、中島飛行機		
日本レイヨン5	海軍航空本部、陸軍兵器本部、石川島飛行機㈱、福田軽飛行機㈱、中島飛行機		1939.10福田軽飛行機㈱設立

注：1）転用先事業が5件以上確認できるもの。
2）（　）は複数の転用工場が確認できるもの。
3）鐘淵紡績の転用実業の1件は鐘淵通信工業と共同。
4）大日本紡績の海軍艦隊本部は海務院と共同。
5）日清紡績の陸軍兵器本部は宿舎処分、工場は日化工。
6）日本レイヨンの工場転用先事業は（商工省関係）、前掲「工場転用ニ関スル資料（農林省関係）」、日本興業銀行［1957b］、帝国興信所『帝国銀行会社要録』1942、1943年版、東京大学経済学部図書館蔵『証券処理調整協議会資料』「企業別資料編」（収録附属書）2007年。

出所：前掲「工場転用ニ関スル資料（商工省関係）」、前掲「工場転用ニ関スル資料（農林省関係）」、日本興業銀行［1957b］、帝国興信所『帝国銀行会社要録』1942、1943年版、東京大学経済学部図書館蔵『証券処理調整協議会資料』「企業別資料編」（収録附属書）2007年。

軍需生産を停止するが、工場の所有権が手元にあれば、直ちに民需生産に復活できるはずである。

　1943年8月以降の戦力増強企業整備の通牒により企業合同が促迫された結果、綿紡績会社は同年初の53社から10社に統合された。綿紡績の戦力増強企業整備により、45％を操業、29％を保有、26％を廃棄供出と決定している。梳毛紡績でも全設備の46％を操業、37％を保有、17％を廃棄（屑鉄8千トン）とし、紡毛設備では82％を操業、12％を保有、6％を廃棄（屑鉄1.1千トン）とした（通商産業省［1972］231-232頁）。1943年7月以降、企業整備の業種別整備要綱の発表が続き、それに伴い企業整備が進んだ。1944年春までに、残存民需産業および雑工業として分類されている第1種と第3種工業は大規模事業所から中小・零細事業所まで、128,191工場になり、企業整備前の243,572工場の53％に縮小したという（小山［1972］290頁）。

　さらに1943年10月には、当初に保有設備と区分したものも移設・転用見込のあるものを除き、屑鉄とすることになり、業種別に通牒を発し、保有設備の廃棄を促進した。これが1943年度第2次供出といわれる。また第1種工業部門の企業整備が進捗したため、1944年には第3種工業部門と第2種工業部門の整備を推進することとなる。第3種工業部門については、1943年11月に玉糸及座繰生糸製造業、1944年2月に洋傘統制組合、1944年2月に製綿工業が企業整備の対象となった。農商省繊維局所管の商業部門として1944年5月、繊維製品末端配給機構、生糸配給機構、繊維雑品配給機構がそれぞれ企業整備の通牒を発せられ、整備対象業種となった（通商産業省［1972］238-239頁）。しかし短期間の企業整備の実施には相当な無理があり、それについて例えば貴族院調査会企業整備調査委員会は1944年1月に、工場転用の徹底を欠き成績不振の現状にあり、また中央で直接扱う第1種・第3種工業整備が地方の実情に合致せず企業整備が円滑に行ないため、地方長官に権限を委譲する必要がある、重要産業に自家転換を希望する場合も迅速な転換が困難であり十分検討する必要がある、転用工場設備の評価基準未決定のものがあり、またその手続きは煩瑣であり簡易迅速化が必要である、転用撤去設備が長期に放置されるものも少なくない、

整備途中に政府の方針の変更で関係業者が困惑したこともある、等の多くの実行上の難点を指摘していた[12]。

さらに政府は1944年1月18日閣議決定「第二種工業部門企業整備措置要綱」と、2月15日「機械工業等整備要綱」により、軍需工業の生産機構の整備確立を重視して、企業整備を行った。政府は有力な軍需産業の基本工場を政府発注工場に指定し、それに協力工場と集団利用工場を配置し、基本工場を核に企業系列を整備し、日本全国の工場を東部・西部・九州の地区別に編成した。その後の戦局が悪化する中で、軍需産業のさらなる重点的生産体制を築くため、1945年5月11日閣議決定「生産体制ノ確立要綱」で、軍需生産防衛を目的とし重要軍需品生産効率を最大限に引き上げるため、企業整備を再度強化し、要確保工場の指定を行うものとされたが、敗戦までにさしたる効果がなく終わった（通商産業省［1964］572-573頁）。

1) 通商産業省［1972］210-211頁。1942年5月11日に産業設備営団買受評価基準が規定された。大日本紡績聯合会は1942年10月14日に解散し、東亜繊維工業会となった。
2) 通商産業省［1972］212-214頁。ただし1942年10月1日現在で、26工場中20工場が原料不足で自主的に休止もしくは重要産業部門に転換していた。
3) 『美濃部洋次文書』1045。
4) 『美濃部洋次文書』1050。
5) 企業整備本部長難波経一の説明（日本経済聯盟会『企業整備に関する官民懇談会速記録』1944年2月、3-8頁）。
6) 同前7-24頁。
7) 同前24-36頁。
8) 通商産業省［1972］231-233頁、233頁。231頁の説明と238頁の通牒列記とで、微妙に日付が異なる。繊維産業の統制会としては、羊毛統制会（1942年9月20日設置）、麻統制会（9月25日設置）、人絹絹統制会（10月2日設置）、綿スフ統制会（10月5日設置）、があったが、1943年9月21日閣議決定で、統合され、繊維統制会となった。
9) 大建産業は三興株式会社（1941年9月16日伊藤忠商事株式会社、株式会社丸紅商店、株式会社岸本商店合併で設立）、呉羽紡績、大同貿易株式会社が合併して設

立された。
10) 転用先の多数の法人名が見出せるが、その存在を帝国興信所『帝国銀行会社要録』1940年版、1942年版、1943年版および持株会社整理委員会［1951a］、［1951b］、紡績会社社史等で確認できるもののみ採録した。不明の事業者については不明件数を示した。
11) 戦時総動員における航空機産業の意義と設備・原材料等の集中投入については、山崎［1995］が詳細である。
12) 貴族院調査会企業整備調査委員会「戦力増強企業整備ニ付テ」1944年1月（『美濃部洋次文書』1074）。同一趣旨の同「戦力増強企業整備ニ関スル調査報告」1944年1月20日（『美濃部洋次文書』1073）もある。

第5節　企業整備資金措置

1．企業整備資金措置の方針

　「企業整備資金措置法」に基づき1943年7月15日「企業整備資金委員会官制」により企業整備資金委員会が同日に設置された。会長大蔵大臣で、以下、各省庁から次官と局長級委員40名が選任された。企業整備の該当する企業が全産業にわたるため、各省庁から委員が送り込まれていた。同委員会は大蔵大臣の監督に属し、関係各大臣の諮問に応じて「企業整備資金措置法」の施行に関する重要事項の調査審議をするものとされた。第1回委員会で名前を連ねているのは、会長大蔵大臣賀屋興宣と現役文官・武官21名がおり、うち大蔵省から次官・局長で5名、商工省から金属回収本部長を含み局長級4名、陸軍海軍からはそれぞれ2名、それ以外の農林省、逓信省、鉄道省、厚生省から1名が選出されていた。残る民間有識者の19名も元官僚・実業界代表等であった[1]。この委員構成で民間からの意向をくみ上げる体制となっていたが、現実には個別業種の利害が所管官庁の意向と相反する場合には、戦時の要請との政府方針の下で、業界側の要望の表明が困難なこともありえたと思われる。
　企業整備資金委員会で企業整備資金措置の方針を決定するものとされており、

1943年7月17日に第1回企業整備資金委員会が開催された。そこでは法律の趣旨説明のほか、「企業整備資金措置法運用方針」が提案された（大蔵省総務局企業整備課［1943］7-15頁）。その趣旨説明が大蔵省総務局長迫水久常より行われている。その長文の同運用方針の説明によると、特殊決済を導入するにあたり、資金の例外的現金化となる特殊決済免除の許可制と既存債務と譲渡代金との相殺の許可制を実施する、特殊決済の方法の選択は原則自由とするが、更生金庫を債務者とする場合には特殊預金・特殊金銭信託および国民更生金庫特殊借入金のみに限定する、特殊預金は期限前払戻しを、特殊金銭信託は期限前解除を認めるが、金融機関に対する特殊決済債権の期限前の処分は金融機関に対する譲渡または質入により行わせ、特殊決済債権を金融機関に集中させる、また会社の営業譲渡は認めるが会社解散を極力阻止する、企業整備の結果特別経理の許可をする場合には当該会社の配当率に制限を加えた許可制を敷く、とした。そのほかいくつもの措置方針が列記されており、これらによって企業整備に伴う資金の浮動化を阻止するものとした。そして同日に「企業整備資金措置法運用方針大綱」が答申された（大蔵省総務局企業整備課［1943］15-27頁）。さらに実施規定として、1943年8月9日次官会議決定「企業整備資金措置法第三条ニ依ル政府ノ買収代金ノ特殊決済取扱要領」で、政府の買収する物件について特殊決済の方法によるものとしては、会社に属する土地建物・船舶・設備または権利等を対象とし、個人についても同様とした（野田［1943］446-447頁）。

企業整備資金措置は植民地にも遅れて適用される。1943年12月15日勅令「企業整備資金措置法ヲ朝鮮ニ施行スルノ件」により朝鮮へ、1944年3月4日勅令「企業整備資金措置法ノ一部ヲ台湾ニ施行スルノ件」により台湾に、遅れて1945年5月19日勅令「関東州企業整備資金措置令」により関東州にそれぞれ適用された。なお関東州にはこれより先の1943年12月15日勅令「関東州企業整備令」が公布されているが、国内の「企業整備令」と同様に発動されていない。通常の企業整備に伴う資金措置のみに対応した。

2．企業整備資金措置の施行

　特殊決済としては「企業整備資金措置法」に基づくもののほか、1944年2月15日改正「臨時資金調整法」に基づくものがある。政府特殊借入金・特殊預金・特殊金銭信託・債務者特殊借入金・戦時金融金庫特殊借入金のいずれかで決済されるが、その実行条件は、1943年7月13日大蔵省告示で決定された。政府特殊借入金金利年3.65％、10年、特殊預金3.8％、5年、特殊金銭信託3.8％、5年、債務者特殊借入金（政府保証産業設備営団特殊借入金・政府保証国民更生金庫特殊借入金）4.3％、10年、戦時金融金庫特殊借入金4.3％、10年、であった。債務者特殊借入金にはその他金融機関がありえるため、その場合の金利はその都度定めるものとした。国債による処理は設定されておらず、「企業整備資金措置法」施行前の金鉱業整備で実施された交付公債による政府補償金支給は、同法に基づく特殊決済に全面的に移行した。

　戦力増強企業整備による製造業の企業整備資金措置については（表7-12）、一般企業整備所要資金4,300百万円、うち廃止事業の資産引受または買取3,412百万円が8割ほどを占めていた。一般企業整備への財政負担は2,457百万円、うち廃止事業の資産引受または買取に2,225百万円を支出するものとした。ただし第81回議会の予算計上44百万円、第82回議会予算計上153百万円で、これらの財源は廃止事業からの資産引受と買取を負担するものではない。転業に伴う従業者の生活支援という社会政策的費目として計上された。企業整備に伴う廃業資産買取は予算外国庫契約による負担枠が設定されていた。それは第81議会で1,015百万円、第82議会で1,223百万円の枠が確保され、これを上限として政府が一般会計で負担するものとなった。実際の企業整備に伴う政府現金支出がどれだけ膨らむかについては、特殊決済を導入するため見積もることが困難であり、また政府歳出規模を拡張することが困難なため、このような措置をとった。これらの資金枠で戦力増強企業整備が急速に進展した。

　企業整備による政府の巨額資金散布の結果としての流動性の急増の抑止策として、企業整備資金措置が実施される。その実態を紹介しよう。1944年11月現

表7-12　1943年度に実施する企業整備に伴う資金所要額および財政負担額調

(単位：千円)

	所要資金	財政負担	予算計上額 81議会	予算計上額 82議会	予算外契約額 81議会	予算外契約額 82議会
金鉱業整備	139,970	120,000	—	—	120,000	—
廃止金鉱業資産買取	119,970	100,000	—	—	100,000	—
休止金山保坑補助	20,000	20,000	—	—	20,000	—
石炭鉱業整備	242,500	42,477	29,821	—	12,656	—
廃止炭鉱資産買取	20,000	6,815	6,815	—	—	—
炭鉱統合	222,500	35,662	23,006	—	12,656	—
一般企業整備	4,300,921	2,457,160	14,571	153,479	1,015,360	1,223,750
廃止事業の資産引受又は買取	3,412,121	2,225,360	—	—	1,015,360	1,210,000
休止事業資産保有補助	13,750	13,120	—	—	—	13,750
転廃業主に対する共助金						
実績補償共助金	589,000	—	—	—	—	—
生活援護共助金	162,506	94,506	4,140	90,366	—	—
廃休止工場等の従業者の生活援護費及休業手当補助	59,200	59,200	4,974	54,226	—	—
政府出資						
国民更生金庫出資払込（交付公債）	50,000	50,000	—	—	—	—
勤労訓練施設等補助	9,340	9,340	3,024	6,316	—	—
官庁事務費等	5,004	5,004	2,433	2,571	—	—
合計	4,683,391	2,619,637	44,392	153,479	1,148,016	1,223,750

注：財政負担の一般企業整備で630千円合致せず。
出所：大蔵省「企業整備資金措置の説明」1943年8月、88-89頁。

在では、「企業整備資金措置法」に基づく特殊決済累計では合計4,032百万円となっており、そのうち特殊預金3,661百万円が巨額で、以下特殊金銭信託188百万円、債務者特殊借入金151百万円と続き、戦時金融金庫特殊借入金と政府特殊借入金による特殊決済は小額であった。特殊決済の大部分は特殊預金により決済された。設備の買い手が売り手（転廃業者）に直接現金を交付せず、政府指定銀行に売り手名義の特殊預金勘定を設定し、それに買い手が振り込む制度であり、その預金の移動には厳重に制限が付された。買い手に資金が不足する場合には、その銀行に対し政府の融資命令が発せられ、この融資、すなわち見合融資によって生じた銀行の損失に対して政府補償が与えられた（日本興業銀

表7-13　法令別特殊決済累計（1944年11月累計）

(単位：千円)

	企業整備資金措置法	臨時資金調整法	合　計
特殊預金	3,661,633	290,484	3,952,117
特殊金銭信託	188,888	15,985	204,873
債務者特殊借入金	151,832	—	151,832
戦時金融金庫特殊借入金	24,142	—	24,142
政府特殊借入金	5,806	332,477	338,283
合　計	4,032,301	638,946	4,671,247

出所：大蔵省理財局特殊決済課「第86回議会特殊決済特別参考書」1945年1月（旧大蔵省資料 Z386-3)。

行［1957］523頁）。またこの時点での「臨時資金調整法」に基づく特殊決済累計は638百万円に止まり、その内訳は特殊預金290百万円、政府特殊借入金332百万円等となっていた（表7-13)。「臨時資金調整法」による特殊決済は、企業整備を対象としたものではなく、戦争被害の拡大に伴う建物強制疎開、戦争保険支払、地震保険支払、その他等にも適用されたため、戦局の悪化と大規模地震の発生により見合融資はその後も巨額に膨らんでいった。1944年11月時点の特殊決済の地方別状況を見ると、東京が77,384口、1,514百万円で最も多額で38％を占め、次いで大阪25,268口、684百万円、愛知15,764口、251百万円、兵庫11,409口、196百万円、京都16,615口、185百万円と続き、各地の企業が企業整備による特殊決済の対象となっていた（表7-14）。

特殊決済を実施する際に企業と特殊決済の主体の関係は、先述のように資産買取による特殊決済の窓口機関が設置されたことにより、その事業が代行されるため、すべて政府と直接に行うわけではない。その整備対象企業の特殊決済の相手は、更生金庫が1,222百万円と最も大きく、産設382百万円と続き、政府355百万円である。そのほか政府の地方公共団体経由に疎開関係の決済がある。その他が2,247百万円と多額であり、民間相互の取引による特殊決済が中心であろう（表7-15)。特殊決済を担当した更生金庫の処分引受額は、戦力増強企業整備が開始された1943年以降、急増し329百万円、その処分価額100百万円で差損229百万円、1944年で処分物件引受価額539百万円、処分価額122百万円、

表7-14 特殊決済地方別状況（1944年11月末累計）
(単位：口数、千円)

道府県	特殊口数	決済額金額	うち特殊口数	預金金額
東京	77,384	1,514,041	74,972	1,013,207
大阪	25,268	684,923	24,825	614,367
愛知	15,764	251,757	15,712	224,966
兵庫	11,409	196,030	11,360	187,791
京都	16,615	185,480	16,508	177,306
福岡	7,370	97,657	7,293	85,796
福井	2,259	90,864	2,254	89,790
神奈川	5,737	75,263	5,715	67,988
石川	2,887	57,626	2,887	57,626
長野	5,999	55,433	5,990	55,169
群馬	3,184	52,681	3,180	51,726
その他	96,866	620,892	96,587	600,298
合計	270,742	3,882,653	267,283	3,226,033

注：1）特殊決済合計が50百万円以上の府県を採録した。
2）東京の特殊金銭信託72,015千円、特殊借入金145,684千円。
3）戦時金融金庫特殊借入金10,596千円、政府特殊借入金272,539千円。
出所：前掲「第86回議会特殊決済特別参考書」。

表7-15 特殊決済の担当別特殊決済累計
(単位：千円)

	特殊決済額
政府	355,760
地方公共団体	287,469
国民更生金庫	1,222,526
産業設備営団	382,740
帝国鉱業開発㈱	116,976
日本石炭㈱	57,876
その他	2,247,900
合計	4,671,247

注：1）政府の都府県に対する疎開事業補助費は303,451千円。
2）地方公共団体は疎開関係による決済額。
出所：前掲「第86回議会特殊決済特別参考書」。

差損417百万円、1945年処分物件引受価額1,188百万円、処分価額160百万円、処分差損額1,027百万円へと累増を辿った。更生金庫に対する政府補償額もまた多額となった（表7-16）。処分物件引受により、個別案件の引受金融機関との間に特殊預金とその見返の特殊借入金が発生する。政府の金銭債務別の特殊決済を見ると、1944年11月末累計で、355百万円のうち、政府特殊借入金332百万円でほとんどを占め、所管別では内務省が多く、地方長官が所管した地方の零細工場のスクラップ関係と思われる。海軍省所管の金額が多いのは海軍関係の買収案件が多かったことを指すものと思われる。特殊預金・特殊金銭信託は小額であった（表7-17）。特殊預金と特殊金銭信託の取扱金融機関については、1943年7月13日大蔵省告示で特殊銀行を含む全国の73銀行、8信託会社が指定された。その後取扱信託会社が増え、12信託会社が取り扱った。銀行扱いの特殊預金では金額的に多額のものとしては、日本勧業銀行506百万円、安田銀行

表7-16　国民更生金庫引受資産処分状況

(単位：千円)

年度	処分物件引受価額	同処分価額	処分差損額	損失割合	国庫損失補償額
1941	5,108	1,294	3,814	74.6	162
42	63,947	14,424	49,522	77.4	28,365
43	329,630	100,339	229,291	69.5	143,568
44	539,946	122,035	417,911	77.3	284,052
45	1,188,026	160,719	1,027,307	86.4	1,301,626
46	304,323	27,576	276,747	90.9	66,845

注：1941年度は1941年7月22日〜42年3月31日、1946年度は1946年4月1日〜8月10日。
出所：閉鎖機関整理委員会［1954］533、539頁。

表7-17　政府の金銭債務別特殊決済（1944年11月末累計）

(単位：千円)

	政府特殊借入金		特殊預金		特殊金銭信託		合　計	
	件数	金額	件数	金額	件数	金額	件数	金額
内務省	20	303,451	―	―	―	―	20	303,451
大蔵省	―	―	2	3,446	―	―	2	3,446
陸軍省	―	―	10	5,213	1	252	11	5,465
海軍省	4	29,026	5	7,417	2	1,243	11	37,686
農商省	1	256	1	425	―	―	2	681
運輸通信省	―	―	27	3,763	20	1,268	47	5,031
合　計	25	332,733	45	20,264	23	2,763	93	355,760
前月末	19	297,451	41	17,236	21	2,732	81	317,419

出所：前掲「第82議会特殊決済特別参考書」。

460百万円、帝国銀行384百万円、三菱銀行263百万円、三和銀行252百万円、住友銀行250百万円、東海銀行136百万円、興銀108百万円、野村銀行104百万円等である。金銭信託は各社合計142百万円にすぎない（表7-18）。この銀行の取り扱った特殊預金は、勧銀が最も多いが、それは更生金庫との取引が多額に上ったからである。勧銀は更生金庫債券引受団の幹事銀行を勤め、二代目理事長を送り込み、資金のみならず人材でも更生金庫を強く支援していた。そのため同金庫が引き受けた中小商工業者の転廃業推進に伴う金融資産負債関係は勧銀が最も多額となった。勧銀の更生金庫への貸出残高は、1944年3月期で130百万円、1945年9月期で561百万円に達したが、その大部分は「企業整備資金措

第7章　戦時企業整備の施行と資金措置　413

置法」により特殊預金に見合った帳簿上の取引がなされたもので、現実の貸出がなされたわけではない。更生金庫は特殊決済により見合借入金勘定が勧銀からの特殊決済貸出として債務計上される。更生金庫の特殊決済より発生した見合借入金は1944年3月期に303百万円、1946年3月期で1,857百万円に達しており（日本勧業銀行［1953］688-689頁）、このうちの勧銀からの債務が先述の金額となる。

特殊決済として処理された企業整備に伴う資産売却資金等は、制限を受けながらも流動化が認められる。その特殊決済資金の免除と資金化では、特殊決済免除が合計1,301百万円で最も多額で、その内訳は借入金返済476百万円、増資または新会社株式払込411百万円、事業資金134百万円が多く、その他の期限前払戻解除合計697百万円は借入金返済493百万円が中心で、譲渡合計507百万円も借入金返

表7-18　金融機関別特殊預金および特殊金銭信託取扱状況（1944年11月累計）

(単位：千円)

金融機関	口　数	金　額
（銀行）		
日本勧業銀行	99,973	506,662
安田銀行	32,381	460,021
帝国銀行	10,097	384,965
三菱銀行	9,157	263,067
三和銀行	12,888	252,147
住友銀行	10,867	250,978
東海銀行	10,770	136,459
日本興業銀行	118	108,907
野村銀行	6,583	104,368
福井銀行	1,822	81,333
神戸銀行	5,753	45,866
横浜正金銀行	932	45,846
北陸銀行	5,686	37,935
北海道拓殖銀行	6,782	37,006
八十二銀行	3,165	35,122
足利銀行	2,024	34,659
埼玉銀行	3,092	32,056
北国銀行	834	31,830
丹和銀行	1,394	29,138
横浜興信銀行	3,118	23,240
十七銀行	2,267	23,178
静岡銀行	3,331	20,747
伊予合同銀行	1,830	19,309
中国銀行	2,657	16,869
山口銀行	949	16,145
播州銀行	870	15,663
駿河銀行	1,083	15,191
芸備銀行	1,649	14,150
山梨中央銀行	1,280	12,884
台湾銀行	44	12,482
その他	23,887	157,688
合計	267,283	3,226,033
（信託会社）		
三井信託	732	32,456
三菱信託	530	23,102
野村銀行	156	20,367
住友信託	584	20,002
安田信託	572	19,094
三和信託	454	16,518
その他	126	10,822
信託合計	3,154	142,363
総　計	270,437	3,368,396

注：10百万円以上の金融機関を採録。
出所：前掲「第86回議会特殊決済特別参考書」。

表7-19 特殊決済資金の免除ならびに資金化の使途別（1944年11月末）

(単位：千円)

資金使途別	特殊決済免除	期限前払戻解除	譲　渡	担保差入
現物出資に換える増資または新会社株式払込	411,293	8,444	675	292
借入金返済	476,641	493,277	291,846	13,340
金融機関へ	205,463	429,938	223,195	12,269
債務者との旧債務の相殺	135,108	—	—	—
その他	136,070	63,339	68,651	1,071
株式取得	73,427	18,888	9,887	3,224
事業資金	134,686	66,270	10,631	12,229
社債等購入	17,734	—	—	—
退職手当・給与支払	23,535	11,570	1,231	—
株主分配・出資払戻	50,923	—	—	—
手付金と相殺	10,087	92	—	—
租税・公課納付	23,535	27,598	1	832
所有株式払込	38,624	24,729	—	1,220
設備撤去移転	4,919	—	—	—
生活費・転業資金	1,973	2,672	109	1
代替住宅購入費	4,169	—	—	—
寄付および献金	1,256	—	—	—
その他	29,003	44,333	193,569	5,350
合計	1,301,815	697,873	507,948	36,488
1944年10月末	1,243,663	635,154	489,808	35,261

注：特殊決済免除合計に微差あり。
出所：前掲「第86回議会特殊決済特別参考書」。

済が中心であった（表7-19）。企業整備の対象となった当事者にとっても、資産処理に伴う負債圧縮は必要であり、借入金返済にかかる資金解除は政府としても認めざるをえなかった。1943年7月～44年11月の期間で、特殊決済4,671百万円のうち払戻・解除788百万円をみたが、そのほか特殊決済に伴う資金不足の買い手に対し、譲り受け資産を事実上の担保とした政府融通命令による見合融資が行われており、融資累計2,138百万円でうち見合融資2,044百万円であり、多額の見合い融資が企業整備で機能していたといえよう（表7-20）。

敗戦後の特殊決済預金の動きの全貌を把握することはできないが、部分的な情報として、1945年11月10日現在の政府特殊借入金について判明する。それによると企業整備資金措置による特殊決済預金の積み上げがほぼ一巡し、それ以

第 7 章　戦時企業整備の施行と資金措置　415

表 7-20　決済方法別特殊決済状況 (1943年7月15日〜44年11月30日)

(単位：千円)

	特殊決済			見合融資		
	累　計	払戻・解除	末残高	累　計	回収額	末残高
特殊預金	3,952,117	426,084	3,226,033	2,044,615	258,107	1,786,508
特殊金銭信託	204,873	62,510	142,363	74,979	4,106	70,873
債務者特殊借入金	151,832	—	151,832	—	—	—
戦時金融金庫特殊借入金	24,142	—	24,142	18,488	—	18,488
政府特殊借入金	338,283	—	338,283	—	—	—
合計	4,671,247	788,594	3,882,653	2,138,082	262,213	1,875,869
1944年10月末累計・残高	4,353,768	716,224	3,637,544	1,900,292	210,277	1,690,015

出所：前掲「第86議会特殊決済特別参考書」。

表 7-21　政府特殊借入金残高 (1945年11月10日現在)

(単位：件、千円)

	件数	金額
「企業整備資金措置法」第 3 条	1	8,263
同第10条	2	5,550
「臨時資金調整法施行令」第 9 条ノ 6	301	2,901,927
立木関係	41	997
疎開事業関係	82	1,533,651
船舶関係	92	1,196,729
国民更生金庫	1	51,567
物件購入関係	85	118,983
合　計	304	2,915,741

出所：大蔵省金融局「第89回帝国議会参考書」1945年11月 (旧大蔵省資料 Z389-9)。

外の「臨時資金調整法」による企業の疎開等により発生した特殊決済預金も含んでいる。企業整備資金措置によるものは、1944年11月累計 5 百万円を超え、残高で13百万円に達していた。他方、「臨時資金調整法」によるものは1944年11月累計332百万円から残高2,901百万円に急激に増大していた。「臨時資金調整法」による政府特殊借入金の内訳で多額のものは疎開事業関係1,533百万円、船舶関係1,196百万円である (表 7-21)。これらの項目で特殊決済預金が増大した。いずれも1944年11月時点の残高を上回っており、それゆえその他の特殊決済項目も概ね増大を辿っていたといえる。特殊決済を担当した特殊法人の敗戦後の特殊決済残高をみると、産設が特殊預金振込資金借入額 (46行) 568,573千円、特殊金銭信託振込資金借入額 (8社) 23,023千円、産業設備営団特殊借入金32百万円、合計623,596千円である (閉鎖機関整理委員会［1954］548頁)。また更生金庫の敗戦後の特殊

借入金残高は、特殊預金見合借入金1,525,437千円、特殊借入金46,121千円、合計1,572,558千円であった（閉鎖機関整理委員会［1954］535頁）。戦金の特殊借入金残高は1944年3月末11,003千円、1945年3月末25,643千円、さらに閉鎖された1945年9月30日には41,165千円に増大していた（閉鎖機関整理委員会［1954］524頁）。

　日本敗戦直後の政府の戦時補償に関する巨額支払いが見られた。その支出は臨時軍事費特別会計からのものが巨額に達したが（大蔵省財政史室［1980］第4章、柴田［2002a］第1章）、その際に特殊決済資金についてもかなりの預金解除が行われたと見られるため、戦後インフレ加速要因の一因をなしたといえよう。

1）　大蔵省総務局企業整備課『企業整備資金委員会第一回会議議事録』1943年7月、1-3頁。これ以外に臨時委員42名が指名されていた。

おわりに

　日中戦争期の戦時体制強化の中で、「臨時資金調整法」の資金割当により、不急不要産業は優先順位において、著しく不利な立場に置かれた。企業整備政策として1930年代後半の中小企業の不要不急産業に属するものを統合する案が見られた。戦時体制の中では不要不急産業の存立意義は低下し、その淘汰が政府方針として採用される。実際には企業整備の強行は自由企業体制を強権的に部分消滅させることに等しく、1941年12月開戦後の戦時体制の一段の強化の中で採用された。先行的に「自発的」企業整備を行った後、1942年閣議決定「戦力増強企業整備要綱」で企業整備が強権的な政策として打ち出され、「企業整備令」で実施することとなり、その円滑な実施のための資金措置として、1943年「企業整備資金措置法」が公布され、企業整備を促進するものとなった。また企業整備実施に伴う事業資産負債処理のため、産設や更生金庫等の特殊法人が設立された。あるいは既存の特殊法人にその業務を追加された。こうして企

業整備計画が実施に移された。

　本章では、金鉱業整備と不要不急製造業整備の施行内容を紹介した。前者は金山廃休止を目的とし、日本内地のみならず、有力な金山を多数抱えていた植民地朝鮮でも大規模に実施された。そしてその金鉱山休廃止のための多額の資金が散布された。また国内の不要不急工業に対しても同様の措置が行われた。国内の金鉱業設備には帝国鉱業開発が、また朝鮮では朝鮮鉱業振興がその業務にあたった。不要不急工業は商工省所管の繊維産業、一部金属素材産業、農林省所管の、蚕糸業、食品産業であり、これらの事業者の多数の工場が転廃業を促迫された。とりわけ多数の大規模事業所を保有する紡績業・織布業の、企業整備の標的となった事業資産の移転規模は大きなものであった。この企業整備の事業所処理では転廃業のみならず賃貸・現物出資・協力工場がかなりの件数で見出され、これは日本敗戦後に工場資産の回収を可能とするものである。本章を通じ、金鉱業、繊維工業、蚕糸業が中心であるが、政府の企業整備政策全般をある程度把握することができた。巨額の事業資産移転が発生する企業整備に伴い、附随する資金の浮動化を「企業整備資金措置法」で巧妙に阻止し、特殊決済させた。その際に、多数の中小企業整備に伴う特殊決済で、更生金庫が大活躍した。これらの特殊決済に伴う資金の移転は特殊預金、特殊金銭信託、政府特殊借入金等として、当面の資金の流動化を阻止された。一部資金解除により、別事業参入等に投入は認められたが、その流動化を認められた資金枠は限定されたものであった。そのため特殊決済による資金流動化阻止という目標は概ね達成されたといえよう。そのほか「臨時資金調整法」に基づく工場疎開でも同様の措置が取られた。

　企業整備の結果、不急産業の縮小、軍需会社の拡大が短期間で急速に進展した。これに伴い合併淘汰を余儀なくされた事業者も多く、また不急産業の代表の繊維産業では脱繊維の商号変更で延命を図る事例も見られた。一部の大手紡績業者は、子会社の軍需会社を設立し、そこに事業資産を多く移転して実質的な資産の保有を続ける例も見られた。そのため、軍需系子会社を含む事業資産の賃借・現物出資・協力工場における操業で、敗戦後の本業への早期復帰を可

能とさせる素地を確保していたといえよう。

終　章　戦時金融統制の終焉と結語

第1節　戦時金融統制の終焉と戦後金融統制

　1945年8月15日無条件降伏後、9月2日降伏文書調印で連合国総司令部が日本で間接統治を開始し、以後、1952年4月28日サンフランシスコ講和条約の発効により独立が回復する間は、連合国総司令部の日本占領方針のもとで日本の経済政策が実施されたため、戦時統制に続き、新たな戦後統制経済が出現した。それは戦後のハイパーインフレーションに直面した日本経済が統制で乗り切るしかなかったことを告げるものであるが、戦後政治史の概観は省略し（大蔵省財政史室［1976b］参照）、以下、戦後の戦時金融統制体制の解体と、本書で言及した制度の延長上に発生した新たな経済統制を概観しよう。
　戦時統制法制は大胆に廃止されたが、そのまま廃止されずに改正を経て存続したものもある。本書で言及したもののうち、対外金融取引は「外国為替管理法」に基づき、1945年10月15日大蔵省令第88号「金、銀、有価証券等ノ輸出入等ニ関スル金融取引ノ取締ニ関スル件」で事実上、大蔵省の厳重管理下に置かれた。戦後貿易と為替が連合国総司令部の管理下に置かれたため、「輸出入品等ニ関スル臨時措置ニ関スル法律」も1945年12月21日「石油業法外十三法律廃止法律」により廃止され、対外為替関係はひとまず切断された。対外決済として1945年12月22日「貿易資金設置ニ関スル法律」で貿易資金が設置され、さらに1946年11月13日「貿易資金特別会計法」により貿易資金特別会計が設置され、新たな決済体制が占領下で創出される（伊藤［2009］第1章参照）。さらに1949年12月1日「外国為替及び外国貿易管理法」の制定により、「外国為替管

理法」は廃止され、新たな為替と貿易の管理体制が確立した。

　戦後に抑えられていた需要が急増し、他方、統制が緩み、また敗戦直後に多額財政資金が散布されたため、高率のインフレーションが発生した。それに対抗して次々に強力な施策が導入された。従来の「価格統制令」に換え、1946年3月3日にポツダム勅令「物価統制令」を公布して、安定価格帯政策や補助金政策等を行い、また2月17日「金融緊急措置令」と「日本銀行券預入令」により、預金封鎖と新円切り替えを強行し、さらに10月19日「戦時補償特別措置法」により戦時補償を戦時補償特別税として課税して打ち切り、11月12日「財産税法」により高率の資産課税で個人資産を国庫に移した[1]。それでも一方で資金需要にある程度応じ続けるため、1949年度のドッジ・プランの始動まで戦後インフレーションを押さえつけることはできなかった。

　日本敗戦後も戦時統制法令が戦後行政に移行するまで続いた。「臨時資金調整法」は大蔵省金融局資金統制課（1945年5月19日設立、9月20日産業資金課に改称、1946年2月2日廃止）の所管で続けられた。戦後の資金割当制度として持続した。戦後インフレに対処するには、戦時と類似した統制手法を駆使せざるをえなかった。そのため「臨時資金調整法」の廃止は遅れ、戦後金融統制でそのまま援用されていたが、1948年4月7日「臨時資金調整法を廃止する法律」で廃止された。「軍需金融等特別措置法」は1946年5月24日ポツダム勅令で「銀行等特例法」に改称されて、そのまま融資規制の法律として高度成長期後まで続いたが、1981年6月1日法律で「銀行法」の施行に伴い廃止された。同法は本書で言及した戦時金融統制法規の中で、戦後もそのまま長く延命した事例である。1945年12月20日「国家総動員法及戦時緊急措置法廃止法律」により「国家総動員法」は廃止され、同法に基づく総動員勅令はすべて実効性を失い、「銀行等資金運用令」も同日に実効性を喪失した。

　「取引所法」は1948年4月13日「証券取引法」（5月13日施行）に伴い「商品取引所法」に改称し、証券取引所の規定を削除して商品取引のみ扱う取引所を規定する法律に改められたが、1950年8月5日の同名の「商品取引所法」により廃止された。証券業者を規定した「有価証券業取締法」および「有価証引

受業者法」は、敗戦後もその規制法規として存続していたが、「証券取引法」施行で廃止された。「株式価格統制令」と「会社保有株式臨時措置令」は「国家総動員法」廃止で、実効性を喪失した。保険業では、「保険業法」がそのまま改正されつつ、生命保険業と損害保険業を規定した。

「会社経理特別措置令」は「国家総動員法」廃止で実効性を喪失したが、敗戦となっても「会社経理統制令」はすぐには廃止されず、戦後の経理統制体制が微弱ながらも続いた。その経緯を一瞥しておこう。敗戦後、1945年9月3日の大蔵省の状況認識は、「戦時経済諸統制ノ改廃ニ関スル方針」に示されている[2]。それによれば、戦後の軍需産業の民需産業への転換に対応するため、経理統制は速やかに全廃するのが相応しいというものであった。こうした時局認識の中で、9月20日の大蔵省金融局資金統制課の作成と思われる「会社経理統制令ノ適用免除ニ関スル件（案）」によれば[3]、特に指定した企業以外には、「会社経理統制令」の適用免除を行い、「自立的」規制準則を必要に応じて発表するに止めるものとした。こうした統制緩和の方向は、従来の総動員勅令に基づく統制法規では対処しきれないという認識に基づくと思われる。「臨時資金調整法」体制の自治的調整に類似する制度が想定されていたようである。しかしこれらの戦時統制法規は、当然ながら連合国総司令部に忌むべきものとされ、同年12月20日の「国家総動員法」廃止により、「会社経理統制令」は1946年1月15日に改正が行われた後に、実効性を喪失した。「企業整備令」と「金融事業整備令」も「国家総動員法」廃止で実効性を喪失した。また「企業整備資金措置法」は1946年10月19日の「企業再建整備法」と「金融機関再建整備法」が同年10月29日施行となり、翌30日「企業整備資金措置法を廃止する等の法律」で廃止された。

他方、戦後の経理統制が着手される。すなわち1946年4月26日の「会社配当等禁止制限令」により利益配当統制が開始された。同令はポツダム勅令であり、位置づけは総動員勅令と近似するものであったが、翌年12月16日公布「会社利益配当等臨時措置法」により廃止され、利益配当統制業務は同法に引き継がれた。その後、戦後経理統制の緩和の中で、同法は1951年11月24日に廃止された。

以後の会社利益については、配当引当金を超える配当決定およびおよび借入金による配当支払を禁止し、「商法」以上に厳格な配当制限が行われたが、戦後統制経済の段階的緩和の中で、1951年11月24日法律で廃止され（島崎［1968］）、配当統制はほぼ消滅した。

戦後の企業財務の特殊問題として企業再建整備がある。1946年8月11日現在の資本金20万円以上の会社の資産負債を新旧分離して、敗戦後に発生した不良資産負債を処理する1946年8月15日公布「会社経理応急措置法」で、指定日すなわち1946年8月11日における新旧資産に分離された。さらに1946年10月19日公布「企業再建整備法」により、8月11日指定時を基準に新旧勘定分離後の旧勘定資産負債処理を債権者の優先順位を付した負担で処理した[4]。金融機関については、1946年8月15日公布「金融機関経理応急措置法」と1946年10月19日公布「金融機関再建整備法」により、同様に新旧勘定分離を行い、旧勘定の不良債権が処理された。これにより金融業を除き5千社を超える企業財務の処理がなされた。その企業財務統制の運用も、所管省庁が大蔵省であり、従来の会社経理統制の運用の蓄積が十分に活用された。戦後経理統制も戦時経理統制の経験を引き継いだものであった。

戦時国策機関・植民地機関等の閉鎖機関による特殊清算のみならず、戦後の企業に関連する多くの課題の処理が必要となった。インフレ対策と企業戦時利得回収のための1946年10月19日公布「戦時補償特別措置法」（10月30日施行）の戦時補償の打ち切り、1946年11月12日公布「財産税法」による高率の個人資産課税、1946年2月27日公布施行ポツダム勅令の「金融緊急措置令」と「日本銀行券預入令」による預金封鎖と新円切り替え、さらには中間賠償3割即時取立て、在外財産放棄、事業法人と金融機関の再建整備等により、膨大な戦後処理に直面した。

戦時の統制機関は閉鎖機関指定、在外会社指定、財閥解体、特別経理会社指定等により活動停止とその資産負債処理が行われた。本書に関わるこれら機関を中心に、戦後の廃止・清算を概観しよう。1945年9月30日連合国総司令部覚書で植民地開発と戦時統制の組織が一挙に活動を停止させられた。植民地開発

機関の南満洲鉄道株式会社・東洋拓殖株式会社・満洲重工業開発株式会社・満洲投資証券株式会社・北支那開発株式会社・中支那振興株式会社・台湾銀行・朝鮮銀行・南方開発金庫・外資金庫等の大規模占領地・植民地開発会社のほか、国内を主たる事業基盤として活動してきた、戦時金融金庫・資金統合銀行・全国金融統制会・日本証券取引所所有有価証券売買事業特別会計は事業を停止させられた[5]。さらに1946年3月8日にポツダム勅令「閉鎖機関令」と「閉鎖機関整理委員会令」により閉鎖機関に指定され、特殊清算されることとなった。そのほか多数の戦時経済統制機関が閉鎖機関に指定された。特殊清算とは国内資産負債を先行して清算処理することからこの用語が与えられている。1946年4月4日日満商事株式会社、12月18日産業設備営団、1947年1月16日国民更生金庫、2月20日交易営団、5月8日東亜海運株式会社、5月24日日本雑貨交易統制株式会社、鉱石配給統制株式会社、6月2日本石炭株式会社、石油配給株式会社、6月10日日本金属株式会社（1946年10月「統制会社令」廃止に伴い金属配給統制株式会社が商号変更）、7月15日日本肥料株式会社、7月18日日本木材株式会社、8月26日鉄鋼統制会、9月22日生命保険中央会と損害保険中央会、10月1日日本織物株式会社（日本織物統制株式会社が商号変更）、1948年3月16日中央食糧営団、8月2日本蚕糸統制株式会社がそれぞれ閉鎖機関に指定されて閉鎖され、特殊清算に従事した。閉鎖機関として1,000件を超える機関が指定を受けており、それについては閉鎖機関整理委員会の事業史で概要を知ることができるが（閉鎖機関整理委員会［1954］）、同委員会解散後も清算業務が続いていた法人については不明のことが多い。ここで列記した閉鎖機関のほとんどはその後、特殊清算を結了して清算後財産の流動化が認められたか、あるいは指定解除となった。

　清算処理についても言及しておこう。閉鎖機関指定法人は設置法廃止後も、結了するまで特殊清算が続いたものが少なくない。全国金融統制会は1946年6月に、損害保険中央会は1950年10月23日に、生命保険中央会は1953年5月18日に清算結了となった。中央食糧営団は1953年10月13日に清算結了となったが、その後、清算復活と清算を繰り返し、最終的に1963年2月27日に清算結了とな

った。日本織物は1954年2月26日に指定解除となった。石油配給は1954年5月24日に、日本雑貨交易統制は1954年7月1日に、鉱石配給統制は1954年7月21日に、日本木材は1954年9月17日に、更生金庫は1955年4月28日に、日本石炭は1956年10月19日に、満投は1956年10月24日に、鉄鋼統制会は1957年1月11日に、日満商事は1957年3月30日に、満鉄は1957年4月13日に、統銀は1957年7月3日に、満業は1957年8月1日に、中支那振興は1957年11月20日に、日本蚕糸統制は1957年11月25日に清算結了となった。日本肥料は1958年1月13日に指定解除となった。東拓は1958年3月3日に、北支那開発は1958年4月8日に、東亜海運は1960年10月27日に、それぞれ清算結了となった。日証有価証券売買事業特別会計は、1957年2月4日に特殊清算結了となったが、残余財産の発見で特殊清算の復活と結了を繰り返し、1963年4月1日に最終的に特殊清算結了となった。日本金属は1959年8月15日に指定解除となった。そのほか産設は1961年11月13日に、特殊清算結了となった。戦金と交易営団は担当した事業範囲が広く、多数の取引先を抱えていたため特殊清算が長引き、1975年9月29日にそれぞれ清算結了となった[6]。列記した閉鎖機関のうち、南方開発金庫と外資金庫は清算未了のままである。

　閉鎖機関の特殊清算結了と設置法廃止とが、時期的に一致しない事例は多い。交易営団の設置法は1946年6月20日に、産設の設置法は同年10月21日に、それぞれ廃止されたが、その後も長期間にわたり、特殊清算を続けてようやく結了となった。他方、更生金庫と戦金の特殊清算の結了後も、そのまま両機関の設置法が廃止されずに残っていたが、1999年12月22日「中央省庁等改革関係法施行法」で、その他の実効性の喪失していた法律とともに、一括して廃止された。

　そのほか閉鎖機関に指定されなかったが企業整備に関わった機関として、帝国鉱業開発株式会社は、1946年5月25日に1945年11月24日「会社ノ解散ノ制限等ノ件」により制限会社に指定され、同年8月11日より1946年8月15日「会社経理応急措置法」による特別経理会社となり、同年12月9日に1946年4月19日「持株会社整理委員会令」による持株会社に指定され、さらに1948年2月7日に1947年12月18日「過度経済力集中排除法」の適用会社に指定された（翌年1

月21日に同法の指定解除)。こうした込み入った企業処理を経て1949年12月31日に「企業再建整備法」による企業再建整備計画が認可され、1950年4月1日に解散し、清算となったが、その事業は新勘定を基礎に引き継いだ第二会社で継続された[7]。帝国燃料興業株式会社も同様に特別経理会社として、戦後処理を行ったが、2011年1月現在で整理未了である。

　本書で言及した外地企業の戦後処理についても紹介しておこう。朝鮮鉱業振興株式会社は1949年8月1日ポツダム政令「旧日本占領地に本店を有する会社の本邦内にある財産の整理に関する政令」で、同日に在外会社に指定され、特殊整理に移行したが、特殊整理未了のままである[8]。同社のほか朝鮮電業株式会社・朝鮮電業製鉄株式会社・朝鮮電工株式会社・株式会社朝鮮機械製作所・台湾有機合成株式会社・樺太石炭統制株式会社・樺太食糧営団も同時に在外会社に指定され、遅れて1959年8月20日に関東州産業設備営団も指定され、それぞれ特殊整理を終えた[9]。他方、在外会社にも指定されず、そのまま消滅した法人として、本書で言及したものに限定しても、朝鮮重要物資営団、台湾重要物資営団、朝鮮交易株式会社、海南交易公社、香港交易公社、東亜電化工業株式会社、北西鉄山株式会社等があり、いまだこれらの全体像を把握できていない。

　閉鎖機関に指定されなかったが、従来から金融債発行を行ってきた特殊銀行等についても制度が見直された。「日本興業銀行法」・「日本勧業銀行法」が1950年3月31日「日本勧業銀行法等を廃止する法律」により、廃止され、日本勧業銀行は「銀行法」に基づく普通銀行に転換した。他方、日本興業銀行の長期資金供給機能が戦後も必要と判断され、1950年3月31日「銀行等の債券発行等に関する法律」によりそのまま興銀は金融債発行が認められ、1952年6月12日「長期信用銀行法」により、興銀は同法の規定を受けて長期信用銀行に改組された。勧銀は米国対日援助見返資金特別会計の優先株式の引受により北海道拓殖銀行、商工組合中央金庫等とともに金融債発行を行い、長期資金供給を行ったが、この優先株式は各行等の利益で買戻償却した。勧銀と北海道拓殖銀行は金融債発行を最終的に停止し普通銀行に完全に転換した。庶民金庫と恩給金

庫は1949年5月2日「国民金融公庫法」により設置法が廃止され、残余業務が同年6月1日設立の国民金融公庫に承継された[10]。他方、連合国総司令部による占領下で、戦後経済統制が実施される。新たな資金供給体制として1946年10月8日公布「復興金融金庫法」に基づく復興金融金庫が1947年1月25日に開業し、占領下に設備金融供給の中心的役割を担った。復興金融委員会による選別融資で、傾斜生産方式に伴う石炭増産、鉄鋼増産に向けて資金・資財の集中投入を支援し、戦時期経済統制とまったく同様の特定産業への生産要素の集中動員を行った。ただし戦後のハイパーインフレの中で、物価体系が崩壊するため、戦後統制経済に多くのひずみを発生させた。

　取引所が閉鎖されていたため、証券取引は取引業者が場外で集団立会取引を行っていた。日証は操業停止のまま存続したが、総裁井坂孝は1945年10月に退任し、後任として11月20日徳田昂平（前東京取引員統制組合理事長）が、また副総裁には1945年11月29日に望月乙彦（望月商店株式会社社長、前日証取締役）が就任した[11]。日証は1947年3月28日「日本証券取引所の解散等に関する法律」により、「日本証券取引所法」は廃止され、同年4月16日に解散した（東京証券取引所［1974］825頁）。株式取引所は「証券取引法」が施行されても閉鎖されたままであり、証券業者は円滑な株式取引の場が必要として、取引所再開を強く求めた。取引所が東京証券取引所、大阪証券取引所等として再開されるのは1949年5月である[12]。

　敗戦後は軍需産業が業務を停止するため、その工場設備が再度繊維産業や食品産業として復活する。また鐘淵紡績株式会社や倉敷紡績株式会社のような企業は、グループの多角化を急速に進め、企業整備の対象になっても、グループ内の別の産業に事実上転換したものも少なくないため、敗戦後には設備保持や原料調達に苦慮するものの、平和産業として比較的容易に元の業態に復帰できた[13]。製造業の非軍事化過程で、軍需産業に集中的に投入されていた機械設備が、非軍需産業の中の、技術とノウハウの蓄積のある繊維産業へ重点的に再投入されたものといえるかもしれない。しかも転廃業の対象外となった生産性の高い工場を中心に再起した繊維産業は強力な競争力を有した。そのため日本の

製造業の脱繊維産業という事態は戦時企業整備では貫徹できずに、戦後の繊維産業復活となる。短期で消滅させられた産業は短期での復活もまた可能であったといえよう。

1) 戦後物価政策については、大蔵省財政史室［1980］「物価」、金融緊急措置については、大蔵省財政史室［1976a］、戦時補償打切りと財産税については、大蔵省財政史室［1977］を参照。
2) 旧大蔵省資料 Z511-606。
3) 同前。
4) 企業再建整備については、大蔵省財政史室［1983b］「企業財務」参照。なお同書では、企業再建整備しか扱われておらず、戦後利益配当統制等への言及がなく、戦時経理統制からの連続を考慮する見地からは、不満が残る。
5) 植民地・占領地金融機関の閉鎖と特殊清算の解説を省略するが、概要については柴田［1999a］終章参照。
6) 戦時経済統制機関等が閉鎖機関として指定されたことで、そのまま指定後の処理については、未詳のまま放置するような著作は少なくない。例えば公企業制度史として営団等を描く魚住［2009］は、営団を主要課題としつつ、戦後の営団閉鎖時点で事後処理には言及なく、公団へと論点を大胆に移動させる。公企業制度史としては調査不足との論評をもありえよう。
7) 帝国鉱業開発の戦後処理については、帝国鉱業開発［1970］参照。
8) 在外会社の処理法制については、柴田［1997b］参照。朝鮮鉱業振興については、柴田［2002d］第4章、本書第7章参照。
9) 柴田［1997b］で在外会社の指定日順地域順一覧表を掲げ一括指定された組合法人を除き、地域別集計を試みている。
10) 興銀の金融債発行継続と長期信用銀行への転換および勧銀等の特殊銀行の普通銀行転換および庶民金庫と恩給金庫の解散と国民金融公庫の残余業務承継については、大蔵省財政史室［1983b］「金融制度」第4章参照。米国対日援助見返資金特別会計については大蔵省財政史室［1983b］「見返資金」参照。
11) 東京証券取引所［1974］823頁。望月商店については、帝国興信所『帝国銀行会社要録』1942年版参照。
12) この経緯については、大蔵省財政史室［1979］参照。
13) 例えば倉敷紡績（1944年1月25日に倉敷工業株式会社に商号変更したが、1946年3月23日に商号を元に戻した）の軍需転換等の11工場について、綿紡績・綿織

物等の工場への復元許可が1947年2月〜49年4月に与えられ、繊維産業に復帰した（倉敷紡績［1988］256-261頁）。同様に、鐘淵工業株式会社が1945年5月30日に、鐘淵紡績に商号を戻し、繊維産業に復帰した（鐘紡［1988］451頁）。

第2節　結　語

　1937年7月勃発の日中戦争で日本経済は全面的統制に移行したが、すでに満洲事変期に「外国為替管理法」による外国為替割当制度が導入されており、それが1937年度予算成立後に一挙に強化された。そのため第1次近衛文麿内閣発足当初から統制経済への移行を開始したといえよう。その発足直後の日中戦争勃発で、全面統制への移行が決定的となった。経済財政三原則は日中戦争開始の準備を行うものではなかったが、軍事力増強にあわせ対外収支、財政収支、国内生産力の調整を図るものであった。

　資金割当と貿易統制が先行した。外貨状況が日中戦争勃発前から悪化しており、それを補填するため日中戦争期に国内産金大量動員により輸入力を維持し、それにより蓄えられた外国為替で輸入の優先割当を実施した。企業一件別の割当が外国為替割当部署で実施された。その選別と金額については、事前に所管省庁に折衝がなされていたかは判明していないが、船舶建造にあたる大手事業者から、自動車等輸送用機械の部品の輸入商社まで、多岐にわたる業者の1件別申請を処理した。申請処理をある程度日銀に任せたが、大蔵省の職員が日銀で処理したものが多額にあり、ここが「臨時資金調整法」の1件別申請案件処理と異なるといえよう。特に「輸出入品等ニ関スル臨時措置法」を所管する商工省と所掌事務が競合するため、大蔵省と商工省の為替割当の判断ですり合わせが必要となり二元行政という側面を払拭できなかった。

　「臨時資金調整法」の制定経緯について関係資料の点検と関係者の回顧録等を付き合わせ、さらに明らかにすることができた。大蔵省理財局金融課が日中戦争勃発直前には立法化に動いていた。財政経済三原則に沿った立案であり、制定にあたっては、大蔵省と所管業種が広い商工省と権限調整がなされた。こ

の立法化に強力に指導したのが理財局金融課長迫水久常であった。その後同課から専担の理財局資金調整課の設立で資金割当の統制が一段と強化された。「臨時資金調整法」は臨時資金調整委員会の運用方針を受けて、勅令で施行規則による業種別優先順位を付したが、実際の銀行窓口融資の個別申請については、日銀資金調整局に任せた。日銀資金調整局任せの部分は銀行窓口の分のみであり、それ以外の株式・社債の発行市場については大蔵省理財局金融課が日銀資金調整局を経由して直接担当した。大口案件については臨時資金審査委員会が1件別審査を行い、同委員会幹事会が実質的権限を保持し、大蔵省ほかの官僚の直接の審査権限下に置いた。資金調整の各種案件の9割が承認されており、業界側の自制した申請となっていた。また運転資金を規制する「銀行等資金運用令」も1940年10月より施行となり、統制の範囲を広げたが、同様に日銀資金局が個別審査を担当した。

しかし自治的資金調整は1941年度で効果が低下したため、政府は特定金融機関経由の個別企業選別資金割当にシフトする。それが興銀による政府命令融資や戦金の融資である。「臨時資金調整法」と「銀行等資金運用令」による日銀資金調整局を通じた資金割当の枠外に設定された。また特定金融機関と提携した軍需企業融資制度の導入もそれに該当する。これにより選別融資の効果引き上げが期待された。この間、企業整備で中小事業者の淘汰と、同業者合併の進行で企業規模の拡大がみられ、特定企業選別資金割当は一段と効果を強めたといえよう。それに伴い、「臨時資金調整法」と「銀行等資金融通令」の申請件数は減少した。産業資金供給統計でも興銀・戦金・大手銀行による資金割当の比率が大きく上昇していた。

株式の流通市場にも介入が行われた。株式流通市場の価格維持がなされないと発行市場が崩壊するため、戦時期の株価への介入は不可避となった。政府がある程度介入した民間資金による株価介入はすでに経験済みであった。生保証券株式会社がそれに該当する。さらに有価証券取引業者が大日本証券投資株式会社、さらに日本証券投資株式会社を設立して、株価介入を行った。その効果を大蔵省がみとめ、一段と大規模に介入する体制に移行する。それが日本協同

証券株式会社の設置であり、資本金を超える資金投入にあたっては、興銀命令融資により追加的介入資金を補充して支援した。介入した株式銘柄は紡績会社に代表される大型株、軍需株が中心であった。資金規模が大きければある程度このような株式買い支えが可能であった。そのほか有価証券引受業者が新たな業態として法的に位置づけを与えられた。しかし株式発行市場ではプレゼンスは低いままであった。その後の有価証券業者整備で多数の零細証券業者が淘汰された。そのほか大手証券業者は証券投資信託の組成を開始し、資産保有者から積極的に資金を集め、株式を中心とした投資信託で株式を消化できた。アジア太平洋戦争勃発後には、日本協同証券が下落局面で買介入を行った。その後、1942年に戦金設立で日本協同証券の業務は吸収された。戦金が株価下落局面で買介入を続けた。株価下落に対しては政府が株価を固定する勅令まで公布されたが、実施されなかった。それでも企業保有株価調整策を一部の企業は採用して決算対策に利用した。とりわけ1945年3月の東京大空襲後は敗戦濃厚となり売り注文殺到で同年5月末まで戦金が全力で買い支えた。政府の命令で動く戦金以外には支えることができなかった。さらに戦金に代わり日証が6月から8月まで買い支えて、戦時金融統制による株式流通市場介入は終わった。資本主義のコアをなす株式市場の崩壊を支えることができたのは、最終的に政府の命令で動く政府出資法人しかありえなかった。それにより敗戦直前まで企業時価総額の崩落を阻止できた。

　保険業は日本の金融市場において周辺的な位置づけにあった。すでに株式の有力機関投資家として位置づけられていたが、生保証券等での資金運用で株式市場介入を行っていた。日中戦争勃発後の「臨時資金調整法」施行後、自治的資金調整団体の認定を受け、積極的に儲蓄動員と資金運用で政府の指示を忠実に従った。1930年代前半に、保険は金融ではないと主張した保険業界も日中戦争期の貯蓄動員の中で、自らの位置づけを体制に沿わせつつ、保険は金融との位置づけに切り替えられていった。毎年度生命保険契約の目標実現に奔走し、その蓄積した保険料で国債購入をはじめ、株式等の有価証券の取得を続けた。損害保険業は戦争被害の保険による資金補填に従事した。再保険市場の国内消

化のため、損害保険国営再保険特別会計が1940年度に設置され、再保険で政府が支えた。そのため損害保険市場は政府介入の比重が急上昇していった。アジア太平洋戦争期に生命保険会社は統合淘汰が進んだ。貯蓄奨励の中で保険料収入を増やし、国債・株式・社債の引受額を上乗せしていったが、保険金支払増大と利回り低下に直面し、苦しい経営となった。他方、損害保険業では戦争被害が陸上へと広がる中で、陸上戦争保険を政府が抱え込むことで戦争保険を販売した。そのほか生命保険と損害保険が相乗りする政府が最終的に引き受ける戦時傷害保険が販売され、第三分野の相乗り市場も広がった。政府介入の市場が一段と拡大したため、国営の分野拡大を損害保険業者は危惧していた。再保険や政府への損益帰属で損害保険の引受件数は増大し、資産運用額は増大したものの、生命保険会社の6分の1程度にとどまった。そのうち国債を中心に株式・社債の運用も増大した。

　戦時期の資金動員の中で、一方で将兵が戦地に送られているという状況の中で、軍需産業が高利益を計上し高率配当を配ることに反発が発生し、総動員勅令で株式配当抑制を行う方針が政府で検討された。これに対しては民間企業の立場を守る大蔵大臣池田成彬が激しく反対したが、妥協を迫られ1939年に会社利益配当統制が開始された。さらに会社ホワイトカラーの給与統制に波及した。給与統制が時限立法であったため、その失効の前に大蔵省は先手を打ち、全面的な経理統制に乗り出した。それが「会社経理統制令」である。これを強く推し進めたのが大蔵省の代表的統制官僚の理財局金融課長迫水久恒であった。配当・給与・役員賞与報酬等の政府の決定した基準を超える支給については、個別承認を受ける体制となったが、大蔵省が他の省庁の業態法で規定されていない一般法人すべてを所管した。「臨時資金調整法」施行と異なり、法令で細かな規定を設定したため、日銀に運用を丸投げするようなことはなく、政府が経理統制に直接関わった。1943年には統制の範囲がさらに拡大し、固定資産減価償却の促進策として使われた。ただし強制償却については大規模法人のみが適用を受けた。これにより配当抑制した内部留保を企業の固定資産償却に強制的に回わさせた。さらに日本の戦局悪化で、空襲等の被害に対する特別措置法の

公布で会社経理の対処策を開き、1945年には「会社経理統制令」の改正で20万円以下の零細企業も対象とするとしたが、他方、事務処理等の負担の軽減も進めた。敗戦直前に行政機関の執行範囲が縮小せざるをえず、零細企業に対する経理統制はほとんど実現しなかった。

　戦時体制の中で不急産業や零細企業は総体的に存在意義が乏しく、軍需生産に直結する産業への生産要素の集中投入として、資金のみならず設備・労働力の総動員を実現するため、不急産業と中小企業は廃棄される。これが企業整備である。すでに日中戦争期に流通業等で開始されていたが、アジア太平洋戦争期に戦力増強企業整備要綱が閣議決定されると、金鉱業、紡績業、その他繊維・食品産業が急速に縮小され、その設備等が他の産業に転用された。とりわけ多額設備を保有する繊維産業は標的となり、兵器や軍需品製造業に集中的に供出させられた。これによる設備移転により空爆が常態化するまでは、兵器や軍需品の生産にある程度の効果が見られたはずである。この設備移転に伴い設備等買収企業と譲渡企業が発生するが、その売買にあたり巨額資金が市中に放出されないように企業整備資金措置がとられた。特殊預金等として特殊決済処理させ、預金や金銭信託等として封鎖し、流動化を極力阻止した。この処理には更生金庫、産設が大きく関わった。資金の多額の浮動化を阻止していたが、戦災多発による企業の疎開にも資金措置が導入される事態となり、同様に資金の浮動化を阻止しつつ敗戦を迎えた。

　以上の各論を通じた総括を経て、全章を通じた総括を行おう。

①　金融統制は効率的に実施された。「外国為替管理法」、「臨時資金調整法」、「銀行等資金運用令」等で大蔵省中心の金融統制が体系化された。その中で理財局金融課・外国為替管理部門・銀行局・監理局、日銀資金調整局、商工省の所管部局が積極的に関わった。行政機構の政策の立案は国外の事例も参酌しつつ、迅速に行われた。とりわけ大蔵省・商工省等の統制官僚群が積極的に立案に関わった。「国家総動員法」体制下にあっては、通年で帝国議会の介入を受けずに新規の統制法令を制定できた。施行にあたっては、本省で処理できない小口案件は日銀や財務局等を動員した。

②　1937年に導入された「臨時資金調整法」による日銀資金調整局を通じた自治的資金調整から、1941年以降の戦時統合もしくは規模拡大した金融機関経由の選別融資へ移行がなされた。それに伴い債券発行枠の増大で資金力を得た興銀、特に興銀命令融資、財閥系・新興・中規模企業への戦金融資、統合を行うことで大規模化した大手銀行の融資に集中させた。さらに共同融資銀行・統銀に地方銀行・生命保険・農林中央金庫等の貯蓄が注ぎ込まれた。資金需要企業への資金動員のためにはこのような大規模金融機関等を通じた融資命令等により特定資金供給先に効率的に資金割当が行われた。日中戦争期とアジア太平洋戦争期の段差がみられ、為替割当は日中戦争のみ有効であり、アジア太平洋戦争期には為替管理から資金移動の直接統制に切り替わり、通説のように外貨残高による輸入力から船舶輸送量の輸入力への段差と対応している。

③　株式市場では、資金割当による発行市場資金割当から始まり、株式流通市場価格介入に拡大した。株式流通市場介入機関としては、民間機関の設立から政府支援で設立された日本協同証券により規模が拡大し、さらに特殊金融機関の戦金と日証本体による介入へと規模を飛躍的に拡大した。証券業整備と有価証券引受業者の規模拡大の中で証券の市中消化の効率性が期待された。さらに証券投資信託による株式消化を推し進めた。

④　保険会社統制は機関投資家としての役割を得ていたが、戦時期には保険料吸収機能の効率性から自治的資金調整体制に組み込まれ、政府の貯蓄動員の下属機関化した。それにより貯蓄機関として認知を受けた。戦時総動員の中で徴兵保険は存立困難に陥った。とりわけ生命保険では国債を中心として多額証券投資を行ったが、債券利回りが低いため、株式投資により収益維持を期待した。他方、損害保険では生命保険に比べ運用資産規模は小さなまま続いた。戦時損害保険商品多様化と銃後の安定策として政府介入が強化され、国営戦争保険の下請部門に縮小していった。

⑤　統制の拡大は戦時生産力増強の要請に対応し、資金の社外流出を阻止し、内部留保や固定資産償却に向かわせる。それが従来の税務会計による調整を

超えた会社経理統制であり、配当統制から着手され、給与・賞与抑制、さらには内部留保、固定資産償却強制へと進んだ。会社経理統制で配当・給与抑制で一部の特殊法人等企業を除き悉皆的統制が行われ、経理統制の網目は縮小を続けた。

⑥　企業整備により不急産業の淘汰と軍需産業の規模拡大がみられた。金融業では、銀行、証券会社、保険会社の合併による規模拡大が進んだ。繊維産業を中心とした企業整備の強行により、事業資産譲渡に伴う巨額の資金決済についても、企業整備資金措置による特殊決済処理で浮動化を防止したが、それも大蔵省が主導した。

⑦　戦時要請による金融統制の強化が段階的に進行した。資金調整対象企業の資本金の50万円以上から20万円以上に、経理統制の配当統制・給与統制から役員賞与、固定資産強制償却、20万円以下資本金法人まで、株式流通市場への介入も民間設立小規模介入会社から興銀全面支援の日本協同証券、さらに政府出資特殊法人の戦金と日証に介入規模が拡大した。敗戦が近づく空爆の常態化で戦時経済安定化に政策総動員が行われる。疎開への資金手当ての特殊決済、戦争保険の強化、株価の戦金・日証による介入がそれであり、多面的な施策を動員することでかろうじて日本国内の戦時金融体制が維持された。

⑧　1941年12月まで保険業・証券業の所管官庁は商工省であったが、段階的に保険業は大蔵省に移管され、証券業も日本協同証券による株式価格介入には大蔵省も強く肩入れしていた。日米開戦直後に保険・証券の所管が大蔵省に移管された。それは保険業・証券業が、戦時期の金融市場における重要な役割を担うなかで、両業種が金融業の一部であるとの認識の共有化が進み、大蔵省に移管したほうが金融統制の効率化が進むと理解されたことと無関係ではない。大蔵省は保険には銃後のセーフティー・ネットとしての役回りのほか、とりわけ生命保険業を資金動員の担い手として資金動員体制に組み込んだ。また証券業を所管に移して以後、大蔵省は全力をあげて株価対策に傾注した。すなわち戦金・日証の株価介入資金を預金部資金・日銀・統銀・保

険等の資金を総動員して支え、なんとか敗戦まで株式流通市場を崩壊させずに持ちこたえさせることができた。証券業が商工省所管のまま続いていれば、所管業種にかかわる官庁セクショナリズムが働くため、ここまで徹底した資金動員が成り立たなかった可能性もある。

⑨　戦時という例外的状況のなかで採用される経済政策に対し、その方針をめぐり、大蔵省内でも、官僚は一枚岩ではなかった。戦時という状況が、短期間で即効性のある政策の導入を要請するため、迫水久常のような辣腕統制官僚の独走を許す地盤を与えた。とりわけ新たな経済統制が導入された外国為替割当・資金割当・会社経理統制・企業整備資金措置等の行政分野でそれが顕著に現れた。他方、企画院と連携する迫水に対する激しい反発も省内では少なからず見られた。そのため戦時期のあるべき経済政策・財政金融政策の方向と到達手法をめぐり、迫水のような統制官僚と、それらと反撥する官僚との間で、少なからざる暗闘が繰り広げられていた。大蔵省で採用された経済政策でも、大臣以下所管する局課まで、常に一致した意見の上で導入されたわけではない。

最後に本書を振り返っても、未解明のまま残された課題があり、それを摘記して本書を閉じよう。戦時期の金融資産負債を概観したが、対外資産負債関係等で埋めるべき部分が多く、より妥当な統計に改善する必要がある。1939年以降の大蔵省の為替割当の細目の統計を見出せていない。また1938年までの発掘できた輸入品目と当該産業の範囲が狭すぎるため、さらなる資料調査でその欠落を埋める必要があろう。それにより幅広い品目において多数の法人が輸入為替を申請し、それに対して大蔵省・商工省が為替割当許可・輸入許可することで輸入貿易が成り立っていたことが明らかになろう。臨時資金調整の施行実態も同様に1939年以降の資金割当の個別割当統計の発掘が必要である。さらに「銀行等資金運用令」の運用の実態の1943年以降の時期を解明し、それと命令融資とをリンクさせた分析を加える必要がある。本書では解説を圧縮したが、1930年代発行市場の再検討が必要である。発行市場を満洲事変期と日中戦争期に分けて個別に検証する必要性がある。大日本証券投資や生保証券の保有株式

銘柄は不詳であり、とりわけ巨額の流通株の買支えに注力した日証取得銘柄が未解明となっている。これらの解明により、戦時株式市場介入の全体像を明らかにできる。生命保険の1942年以降と損害保険の株式保有や貸付金等の運用先の解明が必要である。経理統制の個別企業ベースの本省レヴェルの申請案件の検証と、固定資産償却強制の内実も点検する必要がある。企業整備の研究は急速に進展しつつあるが、それでもなお企業整備の業種を広げた分析が必要である。それにより資金措置の業種別分析が有効となろう。以上のように未解明のまま残された課題が少なくないが、このうちのいくつかは本書刊行後に、解明される日が来るはずである。

　最後に、政府による金融市場介入を再考しよう。政府の位置づけは、金融市場崩壊に直面した際の、最後の救済者として当面なくならない。他方、山崎［2009b］iii 頁は「今日ではその役割を終えつつあるようにも見える」と、市場介入する部門が概ね消滅しつつあると理解している。しかし現実は異なる。バブル経済が崩壊した1991年以降、株価低迷局面で、大蔵省は信託会社を通じて資金運用部資金で株式を取得させ、株価買い支えを行ったといわれている。また、1990年代後半には、銀行破綻が続いたが、巨額の国債発行（財源債と交付公債）により政府の財政支援を受け、預金保険機構（1971年4月1日「預金保険法」に基づき、1971年7月1日設立）は金融危機で大活躍した。同機構は破綻金融機関の資産負債を承継し、傷んだ資産負債関係を切り離して別法人に転換させ、あるいは資金贈与して健全金融機関に営業を譲渡し、不良債権整理のための別組織を通じ、不良債権の整理にも注力した。資産売却と銀行優先株式売却等の処理を経て、最終的に表面化した損失を税金で処理することになる（2011年1月時点で最終整理未了）。同機構に代表される預金金融機関維持機能の存在意義は、護送船団行政が消滅した行政体制の中では、銀行等決済システムを通じた連鎖破綻を防ぐために、なくなることはない。そして次の発動が十分ありうると予想されている。外国為替市場においても、円相場急騰局面で民間輸出産業関係者が政府に相場介入を強く要求したため、財務省は2010年9月にも総資産100兆円を超える外国為替資金特別会計歳入歳出外資金を操作し、

日銀に外国為替証券を引き受けさせることで日本円を調達し、巨額の円売りドル買いの相場介入に踏み切った。為替相場介入により同特別会計が為替差損を短期的に蒙る体制は今後も中長期的に続くと思われる。それは日本協同証券や戦金の株式市場の急落局面での買い支えと本質的な差はない。異なるのは表面化した損失の規模と処理の仕方、そして戦時か平時かという政治状況だけである。今後も政府の金融市場への直接介入が消滅することはないはずである。

戦時経済統制参考文献

奥付のあるものをアルファベット順に配列した。
社史等については会社名を最初に掲げた。必ずしも奥付と一致しないものがある。
一次資料と逐次刊行物を除外した。
各章で直接引用していないが執筆で参照したものも列記した。

青木一男［1959］『聖山随想』日本経済新聞社
─── ［1981］『わが九十年の生涯を顧みて』講談社
青森銀行［1968］『青森銀行史』
荒川祐吉［1990］『戦時統制と中央卸売市場』千倉書房
朝日生命保険相互会社［1968］『朝日生命八十年史』
─── ［1990］『朝日生命百年史』上
麻島昭一［1983］『戦間期住友財閥経営史』東京大学出版会
─── ［1986］『三菱財閥の金融構造』御茶の水書房
─── ［1988］「戦時体制下の興銀貸出」（『専修大学経営研究所報』第80号、1988年10月）
─── ［1991］『本邦生保資金運用史』日本経済評論社
─── ［1998］「戦時金融統制の一考察──臨時資金調整法の成立と初期の運用──」（『社会科学年報』第32号、1998年3月）
朝倉孝吉編［1980］『両大戦間における金融構造──地方銀行を中心として──』御茶の水書房
千代田生命保険相互会社［1955］『五十年史』
朝鮮銀行史研究会［1987］『朝鮮銀行史』東洋経済新報社
朝鮮金融組合聯合会［1944］『朝鮮金融組合聯合会十年史』
中央儲備銀行駐東京弁事処［1942］『中央儲備銀行概要』
中央証券株式会社［1984］『中央証券百年史』
第百生命保険相互会社［1985］『第百生命七十年史』
第一銀行［1958］『第一銀行史』下
第一生命保険相互会社［1958］『第一生命五十五年史』
─── ［1972］『第一生命七十年史』
─── ［2004］『第一生命百年史』
大日本電力株式会社［1940］『大日本電力二十年史』
大和紡績株式会社［1971］『大和紡績30年史』

大和銀行［1969］『大和銀行50年史』
大和証券株式会社［1963］『大和証券60年史』
江見康一ほか［1988］『貯蓄と通貨』東洋経済新報社
榎本謹吾［1942］『企業許可令の解説』新経済社
富士銀行［1952］『富士銀行七十年誌』
富国生命保険相互会社［1981］『富国生命五十五年史』
古川隆久［1988］「昭和一二年～一四年の企画院」（『史学雑誌』第97巻第10輯、1988年10月）
─── ［1992］『昭和戦中期の総合国策機関』吉川弘文館
─── ［2005］『昭和戦中期の議会と行政』吉川弘文館
後藤新一［1986］『日本短期金融市場発達史』日本経済評論社
郡是製糸株式会社［1960］『郡是製糸六十年史』
花井俊介［2007］「南満州鉄道系企業」（鈴木編［2007a］所収）
長谷川安兵衛［1937］『配当統制の研究』千倉書房
─── ［1941a］『株式会社読本』千倉書房
─── ［1941b］「経理統制と重役賞与」（日本学術振興会『公益性と営利性』日本評論社）
原朗［1967］「資金統制と産業金融──日華事変期における生産拡充政策の金融的側面──」（『土地制度史学』第34号、1967年1月）
─── ［1969］「日中戦争期の国際収支」（『社会経済史学』第34巻第6号、1969年3月）
─── ［1972a］「一九三〇年代の満州経済統制政策」（満州史研究会『日本帝国主義下の満州』御茶の水書房）
─── ［1972b］「日中戦争期の外貨政策」（1）（『経済学論集』第38巻第1号、1972年4月）
─── ［1972c］同、（2）（同、第38巻第2号、1972年7月）
─── ［1972d］同、（3）（同、第38巻第3号、1972年10月）
─── ［1972e］「日中戦争期の外国為替基金制度」（高橋幸一郎ほか編『市民社会の経済構造』有斐閣）
─── ［1976］「戦時統制経済の開始」（『日本歴史』第20巻、岩波書店）
─── ［1987］「太平洋戦争期の生産増強政策」（『年報・近代日本研究』9「戦時経済」山川出版社）
─── ［1989］「戦時統制」（中村編［1989a］所収）
─── ［1994］「経済総動員」（大石編［1994］所収］）
───編［1995a］『戦時経済──計画と市場──』東京大学出版会
─── ［1995b］「日本の戦時経済──国際比較の視点から──」（原編［1995a］所収）

原朗・山崎志郎編［1996］『生産力拡充計画資料』第6巻「商工省特別室立案事項」現代史料出版
─────編［2005］『戦時日本の経済再編成』日本経済評論社
原邦道［1974］『邦道随想録』
橋本寿朗［1984］『大恐慌期の日本資本主義』東京大学出版会
橋本寿朗・武田晴人［1985］『両大戦間期日本のカルテル』御茶の水書房
疋田康行編［1995］『「南方共栄圏」──戦時日本の東南アジア経済支配──』多賀出版
秦郁彦編［1981］『戦前期日本官僚制の制度・組織・人事』東京大学出版会
閉鎖機関整理委員会［1954］『閉鎖機関とその特殊清算』
広瀬豊作［1941］『財政金融基本要綱方策に就て』全国金融協議会
保険研究所［1980］『日本保険業史』「会社篇」上
─────［1982］同「会社編」下
北海道拓殖銀行［1971］『北海道拓殖銀行史』
北陸銀行［1964］『北陸銀行20年史』
本庄比佐子・内山雅生・久保亨編［2002］『興亜院と戦時中国調査』岩波書店
本間靖夫［1991］「共同融資銀行と資金統合銀行」（伊牟田編［1991a］所収）
星野喜代治［1967］『回想録』
伊原隆［1940］『会社経理統制令に就て』東京銀行集会所
─────［1942a］『戦時金融金庫に就て』日本工業倶楽部
─────［1942b］『会社固定資産償却規則解説』
─────［1944］『資金調整法の過去、現在及び将来』財政金融協会
飯野海運株式会社［1959］『飯野60年の歩み』
池田成彬述［1949］『財界回顧』三笠書房
─────［1949］『故人々人』世界の日本社
池田成彬伝記刊行会［1962］『池田成彬伝』
池上和夫［1991］「金融統制の進展と日本勧業銀行」（伊牟田編［1991a］所収）
池元有一［2006］「菓子製造業の企業整備」（原・山崎［2006］所収）
伊牟田敏充［1963］「戦時企業金融政策の展開とその限界」（『証券経済月報』第45号、1963年4月）
─────編［1991a］『戦時体制下の金融構造』日本評論社
─────［1991b］「日本興業銀行と戦時金融金庫」（伊牟田編［1991］所収）
─────［2002］『昭和金融恐慌の構造』経済産業調査会
石井寛治・杉山和雄編［2001］『金融危機と地方銀行──戦間期の分析──』東京大学出版会

石井寛治・原朗・武田晴人編［2008］『日本経済史』4「戦時・戦後期」東京大学出版会
石渡荘太郎伝記編纂会［1954］『石渡荘太郎』
石川島播磨重工業株式会社［1992］『石川島播磨重工業社史』「沿革・資料編」
伊藤忠商事株式会社［1969］『伊藤忠商事100年』
伊藤正直［1980］「日本銀行金買入法小論──管理通貨制移行と金政策覚書──」(『立命館経済学』第29巻第4号、1980年10月)
─── ［1989］『日本の対外金融と金融政策』名古屋大学出版会
─── ［1994］「財政・金融」(大石編［1994］所収)
─── ［2009］『戦後日本の対外金融──360円レートの成立と終焉──』名古屋大学出版会
伊藤修［1983］「戦時金融再編成──その争点と展開──」上（『金融経済』第203号、1983年12月）
─── ［1984］同、下（204号、1984年2月）
─── ［1995］『日本型金融の歴史的構造』東京大学出版会
上久保敏［2008］『下村治──「日本経済学」の実践者』日本経済評論社
鐘紡株式会社［1988］『鐘紡百年史』
金子文夫［1995］「対外経済膨張の構図」(原編［1995a］所収)
楫西光速［1951］『昭和財政史』東洋経済新報社
加瀬和俊［1995］「太平洋戦争期食料統制政策の一側面」(原編［1995a］所収)
片倉工業株式会社［1951］『片倉工業株式会社三十年誌』
「河田烈自叙伝」刊行会［1965］『河田烈自叙伝』
川口学［1999］「「革新官僚」の思想に関する一考察──毛里英於菟の思想を中心に──」(『一橋論叢』第121巻第6号、1999年6月)
賀屋興宣［1937］『銃後の財政経済』河出書房
─── ［1940］『転換期日本の財政と経済』朝日新聞社
─── ［1976］『戦前・戦後八十年』経済往来社
─── ［1979］『渦の中──賀屋興宣遺稿抄』
吉川容［2007］「請負労力供給業・不動産業」(鈴木編［2007a］所収)
金原賢之助［1940］『戦時世界経済の物価・通貨・為替』千倉書房
故馬場鍈一記念会［1945］『馬場鍈一伝』
小林英夫・柴田善雅［2007］「経済政策と企業法制」(鈴木編［2007］所収)
コスモ証券株式会社［1989］『コスモ証券70年史』
小山弘健［1972］『日本軍事工業の史的分析──日本資本主義の発展構造との関係にお

いて──』御茶の水書房，
久保田秀樹［2001］『日本型会計成立史』税務経理協会
─── ［2008］『「日本型」会計規制の変遷』中央経済社
倉沢愛子編［1989］『治官報』復刻、龍渓書舎
───編［1990a］『富公報』復刻、龍渓書舎
───編［1990b］『馬来公報』復刻、龍渓書舎
黒沢清［1990］『日本会計制度発展史』財経詳報社
倉敷紡績株式会社［1988］『倉敷紡績百年史』
呉羽紡績株式会社［1960］『呉羽紡績30年』
協栄生命保険会社［1963］『協栄生命史稿』
京都織物株式会社［1969］『京都織物株式会社全史』
協和銀行［1969］『協和銀行史』
明治生命保険相互会社［1955］『明治生命七十年史』
─── ［1982］『明治生命百年史資料』
美濃部洋次［1939a］『綿業輸出入リンク制度論』商工行政社
─── ［1939b］『綿統制』商工行政社
─── ［1942］『戦時経済体制講話』橘書店
三菱銀行［1954］『三菱銀行史』
三菱重工業株式会社［1956］『三菱重工業株式会社史』
三菱社雑刊行会［1980・1981］『三菱社誌』、復刻東京大学出版会
─── ［1982］同
㈶三井文庫［2001］『三井事業史』第3巻（下）（鈴木邦夫執筆）
三井銀行［1957］『三井銀行八十年史』
三井信託銀行［1955］『三井信託銀行三十年史』
三和良一［1979］「高橋財政期の経済政策」（東京大学社会科学研究所『ファシズム期の国家と社会』2「戦時日本経済」東京大学出版会）
─── ［2003］『戦間期日本の経済政策史的研究』東京大学出版会
宮島英昭［1987］「戦時統制経済への移行と産業の組織化──カルテルから統制団体へ──」（『年報・近代日本研究』9）
─── ［1988a］「戦時経済統制の展開と産業組織の変容──国民経済の組織化と資本の組織化──」1（『社会科学研究』第39巻第6号、1988年3月）
─── ［1988b］同前、2（『社会科学研究』第40巻第2号、1988年8月）
宮村三郎［1977］『評伝賀屋興宣』おりじん書房
宮崎正義・伊藤修［1989］「戦時・戦後の産業と企業」（中村［1989a］所収）

持株会社整理委員会［1951a］『日本財閥とその解体』上
―――［1951b］同、下
森永貞一郎［1941］『金融新体制に就て』
森本宋［1949］『日本蚕糸統制株式会社史』下、財団法人大日本蚕糸会
村上勝彦［1994］「軍需産業」（大石編［1994］所収）
名古屋証券取引所［1980］『名古屋証券取引所三十年史』
内外証券株式会社［1990］『内外証券100年史』
内閣官房［1975］『内閣制度九十年資料集付録　内閣及び総理府並びに各省庁機構一覧』
内藤友紀［2008］「1930年代日本のマネーと実体経済の長期的関係について――信用乗数と貨幣需要関数の安定性――」（『社会経済史学』第74巻第4号、2008年11月）
中島将隆［1977］『日本の国債管理政策』東洋経済新報社
中村政則・高村直助・小林英夫編［1994］『戦時華中の物資動員と軍票』多賀出版
中村隆英［1974］『日本の統制経済――戦時・戦後の経験と教訓――』日本経済新聞社
―――［1977］「戦争経済とその崩壊」（岩波講座『日本歴史』第21巻）
―――［1987］「「準戦時」から「戦時」経済体制への移行」（前掲『年報・近代日本研究』9）
―――編［1989a］『日本経済史』7「「計画化」と「民主化」」岩波書店
―――［1989b］「概説　1937-54年」（中村［1989a］所収）
中村隆英・原朗編［1970］『現代史資料』43「国家総動員」みすず書房
―――［1973］「経済新体制」（日本政治学会『「近衛新体制」の研究』岩波書店）
長島修［1986］『日本戦時鉄鋼統制成立史』法律文化社
―――［1992］「企業整備と系列化」（下谷・長島編［1992］所収）
―――［2000］『日本戦時企業論序説――日本鋼管の場合――』日本経済評論社
日本銀行調査局［1971a］『日本金融史資料』昭和編第29巻「戦時金融関係資料3」大蔵省印刷局
―――［1971b］同、昭和編第30巻「戦時金融関係資料4」
―――［1973］同、昭和編第34巻「戦時金融関係資料8」
―――特別調査室［1948］『満洲事変以後の財政金融史』
―――百年史編集室［1983］『日本銀行百年史』第3巻、日本信用調査
―――［1984］同、第4巻
―――［1986］同、資料編
日本発送電株式会社解散記念事業委員会［1954］『日本発送電社史――総合編――』
日本保険業史編纂委員会［1968］『日本保険業史』「総説編」
日本評論新社［1954］『洋々乎：美濃部洋次追悼録』

日本化学繊維協会［1974］『日本化学繊維産業史』
日本勧業角丸証券株式会社［1988］『日本勧業角丸証券史』
日本勧業銀行［1953］『日本勧業銀行史』
日本経済新聞社［1980］『私の履歴書』「経済人」3、日本経済新聞社
日本毛織株式会社［1957］『日本毛織六十年史』
日本興業銀行［1957a］『日本興業銀行五十年史』
─── ［1957b］『日本興業銀行五十年史年表』
日本経済聯盟会［1944］『企業整備に関する官民懇談会速記録』
日本近代史料研究会［1971］『日本陸海軍の制度・組織・人事』東京大学出版会
日本公認会計士協会［1975］『公認会計士制度二十五年史』
日本生命保険相互会社［1957］『日本生命保険株式会社社史・五十年史続編』
─── ［1963］『日本生命七十年史』
日本製鉄株式会社社史編集委員会［1959］『日本製鉄株式会社史』
㈶日本証券経済研究所［2005］『日本証券史資料』戦前編、第4巻「株式取引所の歴史(2)」
日本証券金融株式会社［1962］『日本証券金融株式会社十年史』
㈳日本損害保険協会、［1981］『日本貨物保険100年史』
─── ［1989］『日本損害保険協会七十年史』
日興証券株式会社［1954］『日興証券株式会社十年史』
─── ［1970a］『五十年史』
─── ［1970b］『五十年史』資料編
西村貢［1983］「戦時金融統制と日本興業銀行」(『経済論叢』第132巻第1・2号、1983年8月)
─── ［1984］「日本興業銀行と資本蓄積の現実過程」(『経済論叢』第133巻第4・5号、1984年5月)
日産生命保険相互会社［1989］『日産生命80年史』
日清汽船株式会社［1941］『日清汽船株式会社三十年史及追補』
野田経済研究所［1940］『戦時下の国策会社』野田経済研究所出版部
野田卯一［1941］『改正外国為替管理法令解説』大蔵財務協会
─── ［1943］『企業整備資金措置法解説』大蔵財務協会
野村証券株式会社［1966］『野村証券株式会社四十年史』
─── ［1976］『野村証券株式会社五十年史』
農林中央金庫［1956a］『農林中央金庫史』2
─── ［1956b］同、別巻

小倉正恒伝記編纂会［1965］『小倉正恒』
岡崎哲二［1987］「戦時計画経済と価格統制」（前掲『年報・近代日本研究』9）
――――［1988］「第二次世界大戦期の日本における戦時計画経済の構造と運行――鉄鋼部門を中心として――」（『社会科学研究』第40巻第2号、1988年11月）
――――［1993a］『日本の工業化と鉄鋼産業――経済発展の比較制度分析――』東京大学出版会
――――［1993b］「現代日本の経済システムとその歴史的源流」（岡崎・奥野編［1993］所収）
――――［1995a］「第2次世界大戦期の金融制度改革と金融システムの深化」（原編［1995a］所収）
――――［2000］「三菱財閥本社の財務構造――1925～1944年度決算書の分析――」（『三菱史料館集』第1号、2000年）
――――編［2002a］『戦後日本の資金配分：産業政策と民間銀行』東京大学出版会
――――［2002b］「三菱銀行の支店展開と資金循環1928～1942年」（『三菱史料館集』第3号、2002年）
――――［2007］「戦時期における三菱財閥本社の有価証券ポートフォリオ管理と投資収益率――一九三五～四四年度――」（『三菱史料館集』第8号、2007年）
岡崎哲二・奥野正寛［1993］『現代日本経済システムの源流』日本経済新聞社
岡崎哲二・柴孝夫編［2010］『講座日本経営史』第4巻「制度転換期の企業と市場」、ミネルヴァ書房
大石嘉一郎［1978］「昭和恐慌と地方財政」（東京大学社会科学研究所『ファシズム期の国家と社会』1「昭和恐慌」東京大学出版会）
――――編［1994］『日本帝国主義史』3「第二次世界大戦期」東京大学出版会
大蔵省大臣官房調査企画課［1977］『大蔵大臣の思い出』
――――［1978a］『聞書戦時財政金融史』
――――［1978b］『戦時税制回顧録』
――――百年史編集室［1969a］『大蔵省百年史』下巻、大蔵財務協会
――――［1969b］同、別巻
――――［1973］『大蔵省人名録――明治・大正・昭和――』大蔵財務協会
――――理財局［1940］『会社利益配当制限会社職員給与制限ニ関スル法令』
――――理財局資金課［1964］『大蔵省預金部史』1964年
――――昭和財政史編集室［1954］『昭和財政史』第6巻「国債」（藤崎憲二執筆）東洋経済新報社
――――［1955a］同、第4巻「臨時軍事費」（宇佐見誠次郎執筆）

―――[1955b] 同、第3巻、「歳計」（西村紀三郎執筆）
―――[1956] 同、第9巻「物価」（大島清執筆）
―――[1957a] 同、第5巻「租税」（藤田武夫執筆）
―――[1957b] 同、第11巻「金融（下）」（宇佐美誠次郎執筆）
―――[1959] 同、第17巻「会計制度」（山村勝郎執筆）
―――[1962] 同、第12巻「大蔵省預金部・政府出資」（吉田震太郎・藤田武男執筆）
―――[1963] 同、第13巻「国際金融・貿易」（大島清・宇佐見誠次郎執筆）
―――財政史室［1976a］『昭和財政史――終戦から講和まで――』第12巻「金融政策(1)」（中村隆英執筆）、東洋経済新報社
―――[1976b] 同、第3巻、「アメリカの対日占領政策」（秦郁彦執筆）
―――[1977] 同、第7巻「租税(1)」（加藤睦夫・宇佐川璋仁・石弘光執筆）
―――[1978] 同、第19巻「統計」
―――[1979] 同、第14巻「保険・証券」（犬田章・志村嘉一執筆）
―――[1980] 同、第10巻「国庫制度国庫収支・物価・預金部資金・資金運用部資金」（鈴木武雄・塩野谷祐一・山村勝郎執筆）
―――[1983a] 同、第11巻「政府債務」（加藤三郎執筆）
―――[1983b] 同、第13巻「金融政策(2)・企業財務・見返資金」（伊牟田敏充・伊藤修・原司郎・宮崎正康・柴田善雅執筆）
―――[1984] 同、第1巻「賠償・終戦処理」（原朗執筆）
―――[1995]『昭和財政史――昭和27〜48年度――』第5巻「国有財産」（柴田善雅執筆）
大阪証券業協会［1951］『証券十年史：1940-1950』
大阪証券取引所［1964］『大阪証券取引所十年史』
大塩武［1989］『日窒コンツェルンの研究』日本経済評論社
坂本悠一［1990］「戦時体制下の紡績資本――東洋紡績の多角化とグループ展開――」（下谷編［1990］所収）
迫水久常［1939a］『国家総動員法第十一条に基く会社利益配当令概説』大蔵財務協会
―――[1939b]『国家総動員法第十一条に基く会社職員給与臨時措置令概説』大蔵財務協会
―――[1939]『対外決済力を基準とする日本の経済力』日本外交協会
―――[1940]『会社経理統制令解説』戦時生活相談所
―――[1941]『財政金融基本方策解説』戦時生活相談所
―――[1941]『臨時資金調整法解説』大蔵財務協会
―――[1942]『金融統制会の進路』新経済社

―――［1943a］『新取引所の理念と概要』東亜新秩序研究会
―――［1943b］『国家資金計画並びに企業整備に就て』日本経済聯盟会
―――［1964］『機関銃下の首相官邸――二・二六事件から終戦まで――』恒文社
迫水久常ほか［1937］『臨時資金調整法逐条解説』大蔵財務協会
桜井良樹［1998］「日中提携と「国民的新党」の創設――長島隆二の場合――」（日本政治学会『日本外交におけるアジア主義』岩波書店）
桜井徹［1982］「第二次大戦期の経済軍事化と企業統制」（藤井光男編『経営史――日本――』日本評論社）
産業政策史研究所［1981］『商工省・通商産業省の機構及び幹部職員――大正14年～昭和55年――』
三和銀行［1954］『三和銀行史』
佐藤政則［1991］「合同政策と三和系地方銀行」（伊牟田編［1991a］所収）
佐藤政則・山崎志郎・鷺見誠良［1991］「日本銀行金融政策の展開」（伊牟田編［1991a］所収）
沢井実［1984］「戦時経済統制の展開と日本工作機械工業――日中戦争期を中心として――」（『社会科学研究』第36巻第1号、1998年7月）
―――［1984b］「戦時期における工作機械企業経営と流通構造」（日本工作機械工業会『工作機械工業戦後発展史』1）
㈳生命保険協会［1978］『生命保険協会70年史』
世界経済調査会［1942］『ナチス戦時経済法の展開』世界経済調査会
渋谷隆一［1991］「庶民金庫・恩給金庫の設立と展開」（伊牟田編［1991a］所収）
柴田善雅［1986］「軍事占領下中国への日本の資本輸出」（国家資本輸出研究会『日本の資本輸出――対中国借款の研究――』多賀出版）
―――［1992a］書評「伊牟田敏充編『戦時体制下の金融構造』」（『史学雑誌』第101巻第2輯、1992年2月）
―――［1992b］「戦時会社経理統制体制の展開」（『社会経済史学』第58巻第3号、1992年9月）
―――［1996］「戦時産金体制と金資金特別会計」（『大東文化大学紀要』第34号（社会科学）1996年3月）
―――［1997a］「敵産処理と特殊財産資金特別会計」（横浜近代史研究会・横浜開港資料館編『横浜の近代――都市の形成と展開――』日本経済評論社）
―――［1997b］「在外会社の処理とその分析」（『大東文化大学紀要』第35号（社会科学）1997年3月）
―――［1998］「アジア太平洋戦争期華北占領地における日系銀行の融資割当」（『大東

文化大学紀要』第36号（社会科学）、1998年3月）
――― [1999a]『占領地通貨金融政策の展開』日本経済評論社
――― [1999b]「アジア太平洋戦争期台湾の対外為替決済」（『東洋研究』第134号、1999年12月）
――― [2000]「戦争損害保険体制と損害保険国営再保険特別会計」2002年3月（『大東文化大学紀要』第38号（社会科学）、2000年3月）
――― [2002a]『戦時日本の特別会計』日本経済評論社
――― [2002b]「占領地行政機構としての興亜院」（本庄ほか編 [2002b] 所収）
――― [2003]「戦時企業整備とその資金措置」（『大東文化大学紀要』第41号（社会科学）、2003年3月）
――― [2005]『南洋日系栽培会社の時代』日本経済評論社
――― [2006]「アジア太平洋戦争期四聯総処の融資割当」（『現代中国』第80号、2006年9月）
――― [2007a]「東洋拓殖系企業」（鈴木編 [2007a] 所収）
――― [2007b]「満州国政府系企業」（同上）
――― [2007c]「満州重工業開発系企業」（同上）
――― [2007d]「金融」（同上）
――― [2007e]「取引所と関連業種」（同上）
――― [2007f]「鉱業」（同上）
――― [2007g]「農業・林業」（同上）
――― [2007f]「晩期日本占領地帝国の対日決済」（『大東文化大学紀要』第45号（社会科学）、2007年3月）
――― [2007g]「戦時日本の株式市場統制」（『東洋研究』第166号、2007年12月）
――― [2008a]『中国占領地日系企業の活動』日本経済評論社
――― [2008b]「引揚者経済団体の活動と在外財産補償要求」（小林英夫・柴田善雅ほか編『戦後アジアにおける日本人団体―――引揚げから再進出まで』ゆまに書房）
――― [2008c]「日中戦争期日本の資金割当―――「臨時資金調整法」と「銀行等資金運用令」の施行」（『大東文化大学紀要』第46号（社会科学）2008年3月）
――― [2008d]「日中戦争期外国為替割当の一考察」（『東洋研究』第170号、2008年12月）
――― [2009a]「満洲における日系煙草産業の活動」（『大東文化大学紀要』第47号（社会科学）、2009年3月）
――― [2009b]「第1次大戦期日本政府の海上戦争保険介入」（『東洋研究』第174号、2009年12月）
――― [2010a]「樺太開発株式会社による戦時植民地産業化の実態」（『大東文化大学紀

要』第48号（社会科学）、2010年3月）
─── ［2010b］「東満洲産業株式会社と周辺会社の活動───「鮮満一体」経営を超えて」（『東洋研究』第178号、2010年12月）
─── ［2011a］「外地企業の進出と清算」（岡崎・柴編［2011］）
─── ［2011b］「1930年代南満洲鉄道株式会社の関係会社投資」（『大東文化大学紀要』第49号（社会科学）、2011年3月）
敷島紡績株式会社［1968］『敷島紡績七十五年史』
島崎晴夫［1968］「企業財務行政の変遷」（『ファイナンス』第3巻第6号、1968年5月）
下村治［1940］『会社経理統制令講義案』
下村治博士追悼集編纂委員会［1991］『下村治』
下谷政弘編［1990］『戦時経済と日本企業』昭和堂
下谷政弘・長島修編［1992］『戦時日本経済の研究』晃洋書房
志村嘉一［1969］『日本資本市場分析』東京大学出版会
新日本証券株式会社［1977］『新日本証券十年史』
㈳証券投資信託協会［1966］『証券投資信託十年史』「本論編」
商工行政研究会［1942］『戦時下の商工行政』映画出版社
商工組合中央金庫［1969］『商工組合中央金庫三十年史』
昭和電工株式会社［1977］『昭和電工五十年史』
昭和大蔵省外史刊行会［1969］『昭和大蔵省外史』中（有竹修二執筆）、財経詳報社
杉山和雄［1983］「昭和戦前期における財閥生保会社の株式・社債所有」（『成蹊大学経済学部論集』第14巻第1号、1983年1月）
住友銀行［1965］『住友銀行史』
住友信託銀行［1976］『住友信託銀行五十年史』
須永徳武［2007］「化学工業」（鈴木編［2007a］所収）
鈴木邦夫編［2007a］『満州企業史研究』日本経済評論社
─── ［2007b］「戦時統制と企業」（石井・原・武田編『日本経済史』4「戦時・戦後期」東京大学出版会）
平智之［1995］「経済制裁下の対外経済」（原編［1995a］所収）
台湾銀行史編纂委員会［1964］『台湾銀行史』
高村直助［1987］「綿業輸出入リンク制下における紡績業と産地機業」（前掲『年報・近代日本研究』9）
武田晴人［2009］「戦間期日本資本市場における生命保険会社の投資行動」（『金融研究』2009年7月）
田中豊［1942］『戦時金融金庫解説』重要産業統制団体協議会

帝国鉱業開発株式会社［1970］『帝国鉱業開発株式会社史』
帝国生命保険株式会社［1939］『帝国生命保険株式会社五十年史』
寺村泰［1987］「日中戦争期の貿易政策――綿業リンク制と綿布滞貨問題――」(前掲『年報・近代日本研究』9）
寺西重郎［1982］『日本の経済発展と金融』岩波書店
東亜火災海上再保険株式会社［1968］『東亜火災二十五年史』
東北開発株式会社［1990］『五十年の歩み』
東邦生命保険相互会社［1953］『東邦生命保険相互会社五十年史』
東條由紀彦［1995］「労務動員」(原［1995a］所収)
東京大学社会科学研究所［1979］『ファシズム期の国家と社会』2「戦時日本経済」東京大学出版会
東京銀行［1984］『横浜正金銀行全史』第6巻「正金史年表・調査統計資料」東洋経済新報社
東京株式取引所［1938］『東京株式取引所史』
東京海上火災保険株式会社［1964］『東京海上80年史』
―――［1979］『東京海上火災保険株式会社百年史』上
東京証券業協会［1951］『東京証券業界十年史』
―――［1971］『証券外史』東洋経済新報社
東京証券取引所［1961］『東京証券取引所十年史』
―――［1974］『東京証券取引所二十年史』
トヨタ自動車工業株式会社［1958］『トヨタ自動車20年史』
通商産業省［1964］『商工政策史』第11巻「産業統制」(前田靖幸執筆)、商行政策史刊行会
―――［1965］同、第5巻「貿易（上）」(山口和雄執筆)
―――［1972］同、第16巻「繊維工業（下）」(内田星美執筆)
―――［1976］同、第18巻「機械工業（上）」(玉置正美執筆)
―――［1980］同、第7巻「内国商業」(杉山和雄執筆)
―――［1990］『通商産業政策史』第4巻「戦後復興期（3）」(安原洋子・西川博史・伊藤正直・天川晃執筆）経済産業調査会
土屋達彦［1958］『ゆずり葉の記――永山忠則伝――』永山忠則伝記刊行会
植田浩史［1987］「戦時統制経済と下請制の展開」(前掲『年報・近代日本研究』9）
―――［1995］「戦時経済下の下請＝協力工業政策の形成」(原編［1995a］所収)
―――［2004］『戦時期日本の下請工業――中小企業と「下請＝協力工場政策」――』ミネルヴァ書房

植田欣次［1991］「都市銀行と軍需金融」（伊牟田編［1991a］所収）
魚住弘久［2006］「公企業と官僚制（7）戦時期・戦後復興期の営団・公団・公社」（『北大法学論集』第56巻第6号、2006年3月
─── ［2009］『公企業の成立と展開──戦時期・戦後復興期の営団・公団・公社──』岩波書店
渡辺純子［1996］「戦時日本の産業統制の特質──繊維産業における企業整備と「10大紡」体制の成立──」（『土地制度史学』第150号、1996年1月）
─── ［1998］「戦時経済統制下における紡績企業の経営──東洋紡の事例について──」（『経済学論集』第63巻第4号、1998年1月）
矢部貞治［1952］『近衛文麿』上、弘文堂
山際正道伝記刊行会［1979］『山際正道』
山一証券株式会社［1958］『山一証券史』
山本有造［2003］『「満洲国」経済史研究』名古屋大学出版会
─── ［2009］「「大東亜共栄圏」と日本の対外収支」（『中部大学人文学部研究論集』第22号、2009年7月）
山中宏［1996］『生命保険金融発展史』有斐閣
山下勝治［1939］『戦時利潤統制』千倉書房
山下充［2002］『工作機械産業の職場史 1889〜1945──「職人わざ」に挑んだ技術者たち──』早稲田大学出版会
「安田保善社とその関係事業史」編集委員会［1974］『安田保善社とその関係事業史』
安田生命保険相互会社［2002］『安田生命123年史』
山崎広明［1979］「戦時下の産業構造と独占組織」（東京大学社会科学研究所［1979］所収）
山崎志郎［1986］「戦時金融統制と金融市場──金融新体制の基礎課程──」（『土地制度史学』第112号、1986年7月）
─── ［1987］「生産力拡充計画の展開過程」（前掲『年報・近代日本研究』9
─── ［1991a］「協調金融体制の展開」（伊牟田編［1991a］所収）
─── ［1991b］「日本銀行と資金統制」（同上）
─── ［1995］「戦時工業動員体制」（原［1995a］所収）
─── ［1996］「太平洋戦争期の工業動員体制──臨時生産増強委員会・軍需省行政をめぐって──」（『経済と経済学』第81号、1996年7月）
─── ［1997］「わが国における生産・設備投資の組織的調整の展開」（『年報・日本現代史』1997年8月）
─── ［2004］「戦時中商工業整備の展開と国民厚生金庫」（原朗・山崎志郎編『戦時中

小企業整備資料』第 1 巻、現代史料出版）
─── ［2005］「経済総動員体制の経済構造」（歴史学研究会・日本史研究会『日本史講座』第 9 巻「近代の転換」）
─── ［2006a］「統制機構の再編成と企業整備」（原・山崎編 ［2006］ 所収）
─── ［2006b］「繊維関連部門の中小商工業整備」（同前）
─── ［2007］「戦時経済総動員と造船業」（前掲『日本経済史』4「戦時・戦後期」所収）
─── ［2009a］「戦時日本における金融市場のリスク管理──戦時金融金庫の事例──」（雨宮昭彦・J. シュトレープ編『管理された市場経済の生成──介入的自由主義の比較経済史──』日本経済評論社）
─── ［2009b］『戦時金融金庫の研究──総動員体制下のリスク管理──』日本経済評論社
山崎澄江 ［2006］「石炭配給機構の再編」（原・山崎編 ［2006］ 所収）
山住克己 ［1940］『会社経理統制令逐条解説』
─── ［1941］『資金調整と経理統制』千倉書房
柳沢遊 ［2006］「東京における中小企業整備」（原・山崎 ［2006］ 所収）
安田火災海上保険株式会社 ［1990］『安田火災海上保険株式会社百年史：明治21～昭和63』
安田生命保険株式会社 ［1980］『安田生命100年史』
横浜銀行 ［1977］『伊原隆遺稿集』
横山和輝 ［2000］「1930年代における生保株式運用の現代的意義」（『金融経済研究』第16号、2000年 1 月）
─── ［2007］「戦前日本における財閥系生保の経営効率性」（『オイコノミカ』第44巻第 2 号、2007年11月）
吉野信次追悼録刊行会 ［1974］『吉野信次』（有竹修二執筆）
㈳全国相互銀行協会 ［1971］『相互銀行史』

あとがき

　筆者5冊目の単著の構想は、四半世紀ほど前に遡る。筆者はかつて長期にわたり戦時期の大蔵省資料の整理に従事した。現在も財務省財務総合政策研究所財政史室に収蔵されている旧大蔵省資料群のうち、『昭和財政史資料』第9号とその他未整理の先輩文書を配列・製本し、目録を作成する作業にずいぶん時間を注いだ。戦時期大蔵省は会社経理統制や企業整備資金措置の所管省庁であり、また1941年12月に商工省から保険業・証券業・取引所・計理士監督等の業務が大蔵省に移管されており、法令立案から施行まで全力で関わっていたことが、多数の残されている資料でおぼろげながら理解できた。ところが大蔵省昭和財政史編集室編『昭和財政史』シリーズには、会社経理統制や企業整備資金措置の施行の解説は僅かで、保険・証券等の所管事務の体系的な説明も与えられておらず、同シリーズにかなりの欠落を感じた。そのため一部でも補強しようと、会社経理統制の政策史的検討に取り掛かり、1992年に小論をまとめた。その後、ほかの各論にも視野を広げるつもりでいたが、1995年に現在の職場に移り、占領地通貨金融や戦時特別会計の詳細な制度解明の作業を優先させた。後者については2002年に『戦時日本の特別会計』として公表できた。さらにその後も外地企業研究に没頭してしまったため、戦時国内金融統制については、企業整備資金措置を除きほぼ中断したままとなっていた。2007年にほかの作業の目処をつけて、改めて戦時金融統制の課題に復帰した。研究状況と資料状況はこの20年ほどの間に著しく進展しており、筆者の限られた力量でも、資料の所在確認が容易となったため、中間的な各論の積み上げは比較的短期間で進めることができた。そして大蔵省の直接関わった金融統制だけでも新たな論点の提示と発掘資料の紹介を試みることで、1945年までの『昭和財政史』シリーズの空白を埋めることができると判断し、小著を取りまとめた。小著は戦時金融統制の全体像を描くことを目標としており、『戦時日本の特別会計』と対をな

すものである。

　本書をまとめるにあたり、以下の小稿を取り込んだ。本書の構成に沿って配列すれば、以下のようになる。序章：書き起こし、第1章：書き起こし、第2章：「日中戦争期外貨資金割当政策の一考察」（『東洋研究』第170号、2008年12月）、第3章：「日中戦争期日本の資金割当――「臨時資金調整法」と「銀行等資金運用令」の施行」（『大東文化大学紀要』第46号（社会科学）、2008年3月）、第4章：「戦時日本の株式市場統制」（『東洋研究』第166号、2007年12月）、第5章：書き起こし、第6章：「戦時会社経理統制体制の展開」（『社会経済史学』第58巻第3号、1992年9月）、第7章：「戦時企業整備とその資金措置」（『大東文化大学紀要』第41号（社会科学）、2003年3月）、終章：書き起こし。初出の機会を与えてくれた掲載誌に深謝する。ただし本書収録にあたっては、新たな資料の追加や大幅な修正と加除により、重複を排除し全体の整合性を持たせようと努めた。また初出に含まれていた多くの不備や誤りも可能な限り修正した。

　本書執筆にあたっては、多くの資料収蔵機関のお世話になった。国立国会図書館、外務省外交史料館、財務省図書館、財務省財務総合政策研究所財政史室、小樽商科大学図書館、東京大学経済学部図書館、同大学院法学政治学研究科附属近代日本法制史料センター原資料部、一橋大学図書館、同経済研究所、名古屋大学図書館、京都大学経済学部図書室、大阪大学外国語図書館、和歌山大学図書館、岡山大学図書館、大分大学図書館、大阪市立大学図書館、大東文化大学図書館、日本大学法学部図書館、早稲田大学図書館、同政治経済研究所、同商学研究所、新潟産業大学図書館、阪南大学図書館、日本銀行金融研究所、帝国データバンク史料館のお世話になった。改めて感謝したい。とりわけ戦時金融統制という本書の課題から、旧大蔵省資料を大量に利用したが、利用にあたっては財務省財務総合政策研究所財政史室の筆者への過分の配慮に感謝したい。

　新たにアクセスできた図書・一次資料等を利用し補強したことで、本書の初出の実証水準をかなり上回ることができたと自認している。ただし本書にまだ多数残る未解明のままに放置している論点や、残されたままの誤りも少なくない。さらなる資料発掘とその精査で本書の水準を引き上げることができるはず

である。筆者の非力のため、十分な推敲の時間を確保することができず、不備のまま見切り発車せざるを得なかった点も少なくない。資料にこだわりつつ研究を続けてきた者として、さらに年数を重ねれば、未解明の点のいくつかを確認できることがわかるため、それらを残したままにするのは誠に心苦しいが、筆者に残された研究者人生がそれほど長くないことから逆算し、この辺で戦時金融統制論の中間的な幕引きとしたい。本書で未解明の多くの論点が、後続の研究者によって新たな資料発掘とともに進展することを願っている。

　出版事情の厳しさが増す昨今、筆者の5冊目の単著の出版を快諾していただいた、株式会社日本経済評論社代表取締役栗原哲也氏と、校正段階での大量加筆の悪癖を持つ筆者のわがままを容れ、前4冊に続き今回も編集を担当し、本書を丁寧に仕上げていただいた谷口京延氏に改めて感謝したい。

　本書は平成22年度年度大東文化大学特別研究費研究成果刊行助成金を受給して刊行するものであり、本書への補助金交付に感謝する。

　最後に私事ではあるが、資料発掘や原稿執筆に没頭し、ほかのことに省みる暇がない筆者の研究生活を寛大に見守ってくれる妻しおりに本書を捧げたい。

2011年1月

柴田　善雅

索　引

法人・機関名等

五十音順に配列した。
商号の株式会社等をほぼ省略した。個人営業を含む。
表の掲載法人等の採録を省略した。
人名肩書の採録を省略した。

ア行

愛国生命保険 ……… 206,207,228,265-268,280,
　282,289,290
愛国石油 ………………………………… 348
藍沢証券 ………………………………… 229
藍沢商店 …………………………… 214,229
麻統制会 ………………………………… 405
浅野小倉製鋼 ………………… 208,228,308
浅野重工業 ………………………… 246,250
浅野セメント ……… 186,220,233,345,346,378
旭化成工業 ……………………………… 196
朝比奈鉄工所 ……………………… 246,250
朝日紡績 ………………………… 398,399,403
アングロ・マレー ……………………… 313
池貝自動車製造 ………………………… 184
池貝鉄工所 …… 184,219,246,249,306,307,311,
　314
石川島航空工業 ……………… 171,173,403
いすゞ自動車 …………………………… 164
伊藤忠商事 ……………………… 398,405,442
揖斐川電気工業 …………………… 246,258,402
磐城セメント ……………………… 233,359
宇治川電気 ……………………… 162,163,359
宇治電証券 ………………………… 162,163
浦賀船渠 ………… 148,149,218,219,249,307
運輸通信省 ……………………… 286,355,412
　──通信院 ……………………………… 286
荏原製作所 ……………………… 246,249,314
王子製紙 …… 95,96,219,233,249,281,282,308
近江絹糸紡績 …………………… 147,397,398
大隈鉄工所 ……………… 246,247,249,311,314

大蔵省 ……9,10,15-20,24-27,29-31,34,41,42,
　45,47,49,51,56,59,61,66-72,75-95,102-
　107,109-112,114-123,125-140,142,150,
　153,154,164-166,169,172,173,175-180,
　182,183,185,189,193-197,199,202-204,
　206,207,209,212,216-218,220,221,223-
　225,227,228,230,231,233-244,246-248,
　250,252-261,264,265,268,269,273-275,
　278,279,286,288,289,291,295,298-300,
　304,305,309-313,316-320,322,323,325-
　327,329-331,333-341,343,344,346,347,
　350,354-361,363-365,368,369,372,376,
　378,381-383,385-388,393,394,406,408-
　412,415,416,419,421,422,427-432,434-
　436,444,446,450,455,456
　──外国為替管理部 ……10,76-79,84,85,432
　──外国為替管理部審査課 ………… 76,85
　──外国為替管理部総務課 ………… 84,85
　──会社部 ……… 166,180,234,239,333,338-
　341,343,344,346,347,350
　──会社部経理統制課 ………………… 359
　──会社部資金調整課 ………………… 136
　──為替局 …… 88-90,92,93,95,98-101,108,
　112,120,337
　──為替局外資課 ……………………… 79
　──為替局管理課 ……………………… 79
　──為替局検査課 ……………………… 90
　──為替局送金課 ……………………… 90
　──為替局総務課 ……………………… 120
　──為替局第一管理課 ………………… 90
　──為替局第二管理課 ………………… 90
　──為替局第三管理課 ………………… 90

――為替局輸出課 ……………………… 90
――為替局輸出第一課 …………………… 92
――為替局輸出第二課 …………………… 92
――為替局輸入第一課 …………………… 99
――為替局輸入第二課 …………………… 93
――為替局輸入第三課 …………………… 92
――官房企画課 …………………… 252,259
――監理局 ……… 212,235-238,240,258,274,
　279,288,289,291,298,334,339,341,359
――監理局監理課 ……………………… 240
――監理局保険課 ……………………… 298
――銀行局 ……… 127,154,172,176,222,266,
　269,334
――銀行局調査課 ……………………… 269
――銀行局特別銀行課 …………………… 72
――銀行局普通銀行課 ………………… 137
――銀行保険局 ………… 191,275,286,363
――銀行保険局保険課 ………………… 298
――金融局 … 59,142,246,247,250,258,274,
　343,359,415,420,421
――金融局産業資金課 ………………… 333
――金融局資金統制課 …………… 420,421
――金融局保険証券課 …… 59,247,250,258
――国民貯蓄局 ………………………… 42
――国民貯蓄局計画課 …………… 376,381
――国民貯蓄奨励局 …………………… 51
――支那国駐箚財務官事務所 ………… 357
――主税局 …… 311,312,318,323,334,349,350
――専売局 ………………… 106,120,240
――総務局 …… 259,362,373,376,381,407,416
――総務局企画課 ……………………… 373
――総務局企業整備課 …… 362,381,407,416
――預金部 …… 2,4,9,23,59,61,145,184,218,
　380,446,447
――理財局 …… 9,10,19,26,28-30,61,70,72-
　74,83,128,130,133,135,136,139,169,196,
　198,240,246,258,259,320,322,325,327,
　337,338,348,350,359,360,362,363,365,
　383,428,429
――理財局監査課 ……………………… 319
――理財局企画課 ………… 61,169,259,337
――理財局金融課 …… 128,130,133,135,136,
　139,198,258,322,325,337,365,428,429
――理財局経理統制課 ………… 359,360,362
――理財局国庫課 ……… 10,70,73,83,383

――理財局資金統制課 ………… 338,363
――理財局証券課 ……………………… 236
――理財局特殊決済課 ………………… 410
――理財局配当給与課 …… 320,325,350
大阪株式取引所 …… 203,214,222,223,233,234,
　243,246,247,253,345,359
大阪機工 ……………………………… 314
大阪証券取引所 …… 203,214,222,223,233,234,
　243,246,247,253,254,259,426,447
大阪商船 …… 148,149,187,218,219,226,227,249
大阪製鎖造機 ………………………… 314
大阪屋商店 …………………… 233,234
大阪若山鉄工所 ……………………… 314
大林組 …………………………… 162,163
岡本工作機械製作所 ………… 249,314
小野田セメント製造 …… 344,346,359
小布施合資 …………………… 217,229
小布施証券 …………………………… 229
小布施商店 …………………… 217,229
恩給金庫 …… 4,9,24,28,29,59,425,427,448

カ行

海外通商 ……………………………… 96,97
外貨評価委員会 ……………………… 72,75
海軍艦政本部 …………… 396,400,402,403
海軍航空本部 …… 375,395,396,400,402,403
海軍省 …………… 89,103-105,411,412
――軍務局 ……………………………… 89
外国為替管理委員会 … 75,76,90,115-117,119,
　120
――幹事会 …………… 115,116,119,120
外資金庫 ………… 4,9,29,56,61,423,424
会社経理審査委員会 …… 154,334,335,338,347,
　348,353,354,358,359,363
――幹事会 ………………… 338,354,363
海南交易公社 ………………… 118,121,425
外務省通商局 ………………………… 75,90
価格形成中央委員会 ………… 331,338
閣議 …… 49,54,78,115,120,132,150,180,235,
　240,252,269,278,288,314-316,322,326,
　327,338,356,361,370,371,378,383,384,
　390,391,405,416,432
各省海外払節約協議会 …………… 104,106
角丸商会 ……………………………… 228
加商 …………………………………… 96,97

索　引

片倉工業 ……………………………… 399,442
片倉製糸紡績 ……………… 397,399,401,402
片倉生命保険 ……………………………… 290
鐘淵金属工業 …………………………… 401,402
鐘淵工業 ……… 185,186,196,246,249,251,398,
　399,428
鐘淵実業 …………………………… 399,402,403
鐘淵ディーゼル ………………………… 401,402
鐘淵燃料工業 …………………………… 184,196
鐘淵紡績 …… 95,96,196,213,218,219,225,226,
　233,282,306,308,397-399,401-403,426,
　428
鐘淵油脂工業 …………………………… 401,402
河北省銀行 …………………………………… 61
萱場産業 …………………………………… 196
萱場製作所 ……………………… 186,196,250,402
唐津鉄工所 ………………………………… 314
樺太開発 ……………………… 5,9,186,354,360,449
樺太食糧営団 ……………………………… 369,425
樺太石炭 ………………………… 185-187,196,425
樺太石炭統制 …………………… 185,186,196,425
樺太庁 …………………………… 82,106,319
川崎汽船 ………………………………… 148,149
川崎航空工業 ………………………………… 401
川崎造船所 ………………… 146,148,149,306,307
川島屋証券 ……… 160,210,223,233-236,239,244,
　259
川島屋商店 ………………… 210,217,228,233,234,239
川南工業 ……………………………… 148,149,250
川西航空機 …………………… 171,173,401-403
勧銀→日本勧業銀行
韓国銀行 ……………………………………… 8
関東州産業設備営団 ……………………… 369,425
関東配電 …………………………… 233,249,251
企画院 ……… 49,61,87-92,136,139,154,164,178,
　179,194,195,259,314,315,321,323,330,
　334,337,390,391,394,435,440
　――科学部 ……………………………… 92
　――交通部 ……………………………… 92
　――財務部 ……………………… 87,91,92,337
　――産業部 ……………………………… 92
　――総務部 ……………………………… 92
　――調査部 ……………………………… 92
　――内務部 ……………………………… 92
　――臨時生産増強委員会 …………… 391,393

企画庁 ………………………………… 89,337
岸本商店 ………………………………… 405
技術院 …………………………………… 92
貴族院調査委員会企業整備調査委員会 …… 404,
　406
北支那開発 …… 5,9,145,149,250,281,287,295,
　354,360,423,424
吉林人造石油 ………………………… 162,163
冀東銀行 ………………………………… 61
木村洋行 …………………………… 95,97
九州曹達 ……………………………… 94,95
協栄生命再保険 …………… 268,273,286,293
協栄生命保険 …… 62,268,285,286,293,298-300,
　443
共同印刷 ………………………………… 233
共同証券 ……… 160,210,223,228,233-236,239,
　244,259
共同信託 ………………………………… 161
共同融資銀行 …… 58,62,191,192,197,433,441
京都織物 …………………………… 397-399,443
京都工業 …………………………… 398,399
極洋捕鯨 …………………………… 148,149
麒麟麦酒 ………………………………… 359
金銀運営会 …………………………… 171,193
金銀製品商聯盟 ………………… 171,173,193
金属配給統制 ………………… 192,197,423
金割引銀行 …………………………… 309,313
クアラ・セランゴール …………………… 313
倉敷工業 …………………… 398,399,402,427
倉敷紡績 ……… 346,397-399,402,426-428,443
呉羽紡績 ……… 147,220,397,398,402,405,443
黒川商店 …………………… 222,225,230,233,234
軍需省 …… 92,169,355,356,375,381,387,388,
　391,396,452
　――企業整備本部 ………………………… 375
　――企業整備本部業務課 ………………… 375
　――企業整備本部総務課 ………………… 375
　――航空兵器総局 …………………… 375,396
　――整備局 …………………………… 375,396
　――総動員局 …………………………… 92
郡是工業 ………………………………… 399
郡是製糸 …………………… 397-399,402,440
経済平衡資金 …………………………… 121
芸備銀行 ……………………………… 184,413
小池証券 …… 160,209,210,223,235,239,244,259

交易営団 … 118,121,185,186,369,381,423,424
興銀→日本興業銀行
工場等転用協議会 …………… 374,391,400
更生金庫→国民更生金庫
厚生省 …… 105,269,286,289,323,328,334,375,
406
────勤労局動員第二課 ………………… 376
────保険院 …………………………… 269,289
────保険局 …………………………………… 286
鉱石配給統制 …………………………… 423,424
興南殖産合資 ……………………………………… 163
江南船渠
神戸製鋼所 ……………………… 148,149,150
国産工業 ………………… 186,219,246,249,402
国民金融公庫 …………………………… 306,307
国民更生金庫 …… 4,13,17,51,54,59,152,166,
171,173,193,238,240,354,360,367,371-
373,375,379,381,382,384,407-413,415-
417,423,424,432
五相会議 ………………………… 315,316,326
国家総動員業務委員会 ……………………… 90
国家総動員審議会 …… 151,153,232,315,317,
322,331,363
国華徴兵保険 …………………………………… 285
小松製作所 ……………………… 246,247,249
五洋商船 ……………………………… 148,149

サ行

在上海大使館事務所 …………… 357,358,361
薩摩興業 …………………………………………… 389
産業組合金融統制団 ……………………… 135
産業組合中央金庫 ……… 3,24,28,29,135,157
産業設備営団 …… 51,180,192,195,295,354,360,
367,369,371-373,375,376,378,379,381,
382,389,395,405,408,410,411,415,416,
423,424,432
産業設備評価委員会 …………………… 375,379
三興 …………………………………………… 187,405
産設→産業設備営団
三洋商会 …………………………………… 96,97
山陽パルプ ………………………………… 95,96
三和銀行 ……… 156,157,161,162,174,182,184,
185,190,193,223,244,259,412,413,448
三和信託 ……………………………… 243,413
敷島紡績 ……………………………… 398,399,450

時局共同融資団 ……………………… 51,190
資金自治調整証券団 …………… 135,209
資金統合銀行 …… 19,58,62,183,184,191,192,
197,199,256,260,296,300,423,424,433,
434,441
資金融通審査委員会 152-154,173-176,194,241
────幹事会 …………………………… 176,194
篠原機械製作所 ………………………………… 314
芝浦工作機械 ……………………………… 314
芝浦製作所 ………………… 251,282,306,307
司法省 ………………………………… 72,82,105
資本逃避防止委員会 …………………… 71,72,82
島田合資 ……………………………… 188,197
清水組 ……………………………… 162,163
重慶国民政府 …………………………………… 127
集成社 ………………………………………… 96,97
住宅営団 …………………………………… 354,360
重要物資管理営団 ……………… 354,360,369
昌運工作所 ……………………………………… 314
証券統制会 ………………………………………… 237
証券引受会社協会 …………………… 210,236
証券引受会社統制会 ………… 236,237,244
商工組合中央金庫 …… 3,9,24,28,29,59,157,
166,425,450
商工省 …… 6,15,18,19,49,51,66,67,75,77,86-
92,105,113,114,117,119-123,125,128-
131,133,134,137,138,146,147,150,164-
166,169,177,179,180,193,195,198,199,202,
204-207,209,210,216,217,222-224,228,
232,239,240,253,264-266,268-272,278,
288-290,298,300,304,305,311,312,318,
320,321,327,330,334,338-341,354,359,
360,368-370,374-378,380-382,389-392,
394,396-398,400,401,403,406,417,428,
432,434,435,448,455
────監理局 …… 51,120,179,195,213,214,227,
231,235,236,239,240,252,270,272,285-
288,290,298-300,334,339,359
────監理局商政課 …………………… 213,239
────監理局生命保険課 ……………… 286,290
────監理局戦時保険課 ………… 270,286,288
────監理局総務課 …………………………… 213
────監理局損害保険課 ……………… 270,286
────監理局取引課 …………………………… 213
────監理局保険課 ……………………………… 288

索引

――企業局 ……………………… 375,394
――企業局資金課 ……………… 169,334
――企業局整備課 ……………… 374,381
――金属回収本部 ……… 374,375,394,406
――金属局 …………………………… 374
――鉱産局 …………………………… 374
――工務局工政課 ………………… 97,138
――商務局 ……………… 72,209,222,259
――商務局取引課 ……………… 209,259
――商務局保険課 …………………… 266
――振興部 …………………………… 374
――振興部工業組合課 ………… 374,381
――振興部商業組合課 ………… 374,381
――繊維局 ……………… 374,375,389,390
――総務局 ……………………… 137,323,334
――総務局経理統制課 ……………… 334
――総務局資金課 ……………… 137,334
――総務局資金調整課 ……………… 137
――総務局生産拡充課 ……………… 137
――転業対策部 ……………………… 374
――統制局 ……………………… 330,338
――統制局金融課 …………………… 137
――統制局財務管理委員会 …… 330,336
――統制局生産拡充課 ……………… 334
――特別室 ……… 165,179,193,232,376-378,381,441
――貿易局 …………………………… 92
――保険局 ……… 213,269-271,279,285,286
――保険局生命保険課 ………… 270,271
――保険局総務課 …………………… 285
――保険局損害保険課 ……………… 285
――保険部 ……………… 266,285,286
――保険部生命保険課 ……………… 266
――保険部損害保険課 ……………… 266
――臨時産業合理局財務委員会 …… 336
――臨時物資調整局 …………… 87,88,101
――臨時物資調整局総務部 ……… 88,92
――臨時物資調整局第一部第一課 …… 90
――臨時物資調整局第一部第二課 …… 90
――臨時物資調整局第二部第三課 …… 90
――臨時物資調整局第二部第四課 …… 90
――臨時物資調整局第二部第五課 …… 90
――臨時物資調整局第三部第六課 …… 90
――臨時物資調整局第三部第七課 …… 90
――臨時物資調整局第四部第八課 …… 90

――臨時物資調整局第四部第九課 …… 90
――臨時物資調整局第五部第十課 …… 90
――臨時物資調整局第五部第十一課 … 90
――臨時物資調整局第六部第十二課 … 90,101
――臨時物資調整局第六部第十三課 … 90
――臨時物資調整局第六部第十四課 … 90
昭和人絹 ……………………… 146,147
昭和生命保険 ………………… 268,290
昭和電工 …… 184-188,196,220,249,282,450
昭和肥料 ……………………… 208,228
職員給与臨時措置調査委員会 … 323,325,328
庶民金庫 …… 4,9,24,28,29,59,191,197,242,258,425,427,448
白木屋 ……………………………… 233
飼料配給 ……………………………… 121
神栄生糸 …………………………… 399
神栄企業 …………………………… 399
人絹糸統制会 ………………… 395,405
振興工業 …………………………… 196
新興人絹 ……………………… 146,147
神鋼兵器工業 …………………… 186,196
仁寿生命保険 ………… 265,268,299
信託協会 ……………… 135,243,450
新日本レイヨン ……………… 146,147
枢密院 ……………………… 269,333
住友海上火災保険 ………………… 273
住友銀行 …… 110,156,157,161,162,174,181,182,184,185,192,193,223,244,259,412,413,450
住友金属工業 …… 161,162,185,186,196,223,249,281,282,401-403
住友信託 …… 161,223,243,244,258,413,450
住友生命保険 ……… 265,268,271,280,282
住友通信工業 ……… 184-186,196,249,402
生産力拡充委員会 ………………… 314
生保証券 …… 20,203,206,207,214-216,218,221-225,228,241,253,257,260,266-268,286,300,429,430,435
生保投資団 ………………… 207,267,308
生命保険会社協会 …… 135,266-268,271,272,278,286,288,289,295
生命保険集会所 …………………… 289
生命保険中央会 …… 29,56,62,191,293,299,301,423

生命保険統制会 ……………228,289,291,295,296
石油配給 ……………………………………423,424
セランゴール ……………………………………313
繊維統制会 ………………………………197,405
戦金→戦時金融金庫
全国金融協議会 ………………221,222,379,441
全国金融統制会 ………………52,190,379,423
全国貯蓄銀行協会 …………………………135,339
全国無尽集会所 ……………………………………257
全国無尽中央会 ………………………………242,257
戦時金融金庫 ……………4,6,13,15-20,24,28,29,52,
　54,56,58,59,126,138,171,173,177,180-
　190,192-197,199,202,203,227,235,241,
　242,245-261,295,297,354,355,360,373,
　378-380,382,384,408-411,415,416,423,
　424,429,430,433,434,437,441,450,453
損害保険中央会 … 29,56,61,292,293,299,301,
　423
損害保険統制会 …………………………………289

タ行

第16軍軍政監部 …………………………………358
第一銀行 ………110,156,157,162,172,174,190,
　217,223,259,439
第一信託 ……………………………………………243
第一生命保険 ………207,218,228,265-268,271,
　280,282,285,286,290,296,389
第一徴兵保険 …………………………267,280,285
鯛生産業 …………………………………164,172,389
大株→大阪株式取引所
大建産業 …………………185-187,249,398,399,405
大正海上火災保険 ………………………………298
大東亜省 ……………………………………357,361
大東工業 ……………………………………398,399
大同生命保険 …………………265,268,271,280,282
大東紡織 ……………………………………398,399
大日本火災保険協会 ……………………135,283
大日本証券投資 ………215,217,229,260,429,435
大日本製糖 ………………217,219,220,233,282,308
大日本炭礦 …………………………………………161
大日本電力 …………………………………162,359,439
大日本特許肥料 ………………………………94,95
大日本麦酒 ………………220,249,282,308,359,402
大日本兵器 …………………………249,251,311,314
大日本紡績 ………147,219,282,397,398,402,403

大日本紡績聯合会 …………………………389,405
第百銀行 … 110,156,157,162,190,223,259,282
第百生命徴兵保険 ………………………………290
太平生命保険 ……………………………………298
太陽レーヨン ………………………………146,147
大和工業 ……………………………………398,399
大和証券 … 203,228,234,239,243,244,258,440
大和紡績 ……………………………398,399,403,439
台湾銀行 ……3,26,110,111,160,181,183,184,
　250,413,423,450
台湾興業 …………………………………95,96,250
台湾産業金庫 ………………………………………29
台湾重要物資営団 …………………121,369,381,425
台湾製糖 ……………………………249,282,308,347
台湾総督府 ………………………82,106,319,381,387
台湾拓殖 ………………………………………………5
高砂鉄工 ……………………………………………359
多木製肥所 …………………………………………93,95
拓務省 ………………………………76,104,105,230,340
竹村商会 …………………………………………95,97
立川飛行機 …………………………172,173,249,402,403
玉塚証券 ……………………………………………229
玉塚商店 …………………………………217,228,229
秩父セメント …………………………………346,359
千歳鉱山 ……………………………………………389
中央工業 ………………………………………184-186
中央食糧営団 ……………………192,354,360,423
中央中国交通中国農民四行聯合弁事総処 … 127
中央儲備銀行 ……………………118,121,172,299,439
中央物価委員会 …………………………321,327,338
中央物価対策委員会 ……………………………327
中央紡績 ……………………………………398,399,403
中国銀行 ……………………………………………184,413
中小商工業者再編成委員会 ……………………390
朝鮮銀行 ……3,8,26,37,110,111,113,121,160,
　181,183-185,354,380,423,439
朝鮮金融組合聯合会 ……………………………29,439
朝鮮交易 ……………………………………121,425
朝鮮重要物資営団 …………………………369,381,425
朝鮮証券取引所 ……………………………………259
朝鮮殖産銀行 ………………………………181,380
朝鮮総督府 ……82,106,185,259,319,380,381,
　387-389
朝鮮電業 ……………185-187,192,196,249,250,425
朝鮮電工 ……………………………185,186,196,250,425

索　引　465

朝鮮東亜貿易 …………………………………… 121
朝鮮取引所 ……………………………………… 259
朝鮮貿易振興 …………………………………… 121
千代田火災海上保険 …………………………… 273
千代田生命保険 ……… 265,267,268,271,280,439
津上安宅製作所 ………………………… 187,314,402
鶴見製鉄造船 …………………… 148,149,161,162
ディーゼル自動車工業 ………………………… 163
帝国海上保険 …………………………………… 273
帝国議会 … 70,75,84,89,92,115,118-120,128,
　　132,142,144,151,157,158,163,177,180,
　　191,197,210,212,213,235,246,248,252,
　　253,255,258,269,274-277,279,280,283,
　　284,286,287,294,296-299,309,310,313,
　　317,320,325,326,330,337,340,341,343,
　　344,347,350,352,360,364,372,373,377,
　　385-389,415,432
帝国銀行 ……… 105,162,164,172,174,182-184,
　　187,190,192,193,216,229-231,234,249,
　　298,314,346,389,399,403,406,412,413,
　　427
帝国鉱業開発 ……… 250,281,287,354,361,379,
　　380,382,384,386-388,411,417,424,427,
　　451
帝国蚕糸 ………………………………… 152,171,173
帝国人造絹糸 ……… 146,147,187,218,219,226,
　　227,306,308,359
帝国生命保険 ……… 265,267,268,271,280,285,
　　286,290,345,451
帝国燃料興業 ……… 281,287,354,360,361,425
逓信省 …… 105,269,320,323,324,339-341,406
　──簡易保険局 ……………………………… 286
　──電気局 …………………………………… 318
手塚商店 ……………………………………… 96,97
鉄興社 …………………………………………… 258
鉄鋼統制会 ……………………………… 192,423,424
鉄道省 …… 105,133,269,318,320,323,334,339,
　　340,341,406
転廃業者資産評価中央委員会 ………………… 375
東亜海運 ………………………… 149,150,423,424
東亜火災海上再保険 …… 273,274,292,299,301,
　　451
東亜火災海上保険 ……………………………… 292
東亜建設国民連盟 ……………………………… 326
東亜鉱工 ………………………………… 164,172,250

東亜繊維工業会 ………………………………… 405
東亜輸出組合聯合会 …………………………… 114
東海銀行 ……………… 160,184,190,369,412,413
東株→東京株式取引所
東株共栄 …………………………………… 215,229
東株代行 ……………………………… 215,217,229
東京麻糸紡績 …………………………………… 233
東京石川島造船所 … 171,219,246,249,306,307
東京海上火災保険 ……………… 282,298,299,451
東京海上保険 …………………………………… 273
東京火災保険 …………………………… 306,308
東京瓦斯電気工業 ………………………… 307,311
東京株式取引所 …… 203-208,213-217,222,223,
　　227,229,233,234,243,246,253,254,259,
　　267,345,359,451
東京株式取引所取引員組合 ……………… 217,221
東京機械製作所 ………………………………… 314
東京銀行集会所 …………………………… 339,441
東京現物団 ……………………………………… 228
東京自動車工業 …………………………… 164,171,359
東京芝浦電気 ……… 233,249,281,282,402,403
東京証券金融 …………………………………… 229
東京証券取引所 …… 18,182,203-211,213,216,
　　217,221,222,228,229,237-240,243,245-
　　247,257-259,426,427,451
東京地方銀行自治の資金調整団 ……………… 135
東京手形交換所 ………………………………… 339
統銀→資金統合銀行
東邦重工業 ……………………………………… 401
東邦人造繊維 ……………………………… 146,147
東邦電力 ……………… 72,281,282,359,401
東北興業開発 …………………………………… 4
東洋絹織 …………………………………… 146,147
東洋工業 ……………………………… 184,246,250
東洋ゴム加工 …………………………………… 401
東洋精機 ………………………………………… 314
東洋生命保険 ……………………………… 267,286
東洋拓殖 ……………… 4,230,354,380,423,449
東洋紡績 ……… 146,147,219,226,227,249,282,
　　306,308,348,359,397,398,401,402,447
東洋レーヨン …… 147,207,208,219,267,308,
　　359,394,397,398
徳田商会 …………………………………… 214,229
徳田証券 ………………………………………… 229
土肥金山 ………………………………………… 389

トヨタ自動車工業 ……95-97,250,314,398,399,
　403,451
取引員統制会 ……………………………… 237
取引所制度調査委員会 ……………… 205,209

ナ行

内外徳田証券 ……………………………… 229
内閣 ……30,31,34,41,45,47,49,61,65,68,78,
　85,88,89,92,127,128,132,151,154,179,
　180,194,197,207,208,217,222,266,268,
　269,286,314,315,317,321,327,338,340,
　370,428,444
内閣法制局 ………………………………… 378
内務省 …………105,316,328,375,400,411,412
　──警保局経済保安課 ……………… 375
長岡鉄工所 ………………………………… 314
中支那軍票交換用物資配給組合 ……… 114,119
中支那振興 …………5,145,149,281,287,295,354,
　360,423,424
中島飛行機 ……152,170,171,173,188,189,198,
　402,403
長瀬商店 …………………………………95,97
名古屋株式取引所 ……………… 223,254,259
南京国民政府 ……………………………… 118
南方開発金庫 ……4,9,29,295,354,360,385,423,
　424
南洋拓殖 ……………………………………… 5
南洋庁 ……………………………… 106,319
新潟鉄工所 ……219,246,249,306,307,311,314
西松組 ……………………………… 162,163
日銀→日本銀行
日満鉱業 ……………………………… 162-164,172
日満商事 ……………………… 118,121,423,424
日魯漁業 …………………… 220,249,346,347
日加信託 …………………………… 244,258
日華生命保険 ……………………… 265,268,290
日興証券 ……160,164,203,209,210,218,223,
　228,229,233-236,239,259,445
日産 ……94-97,147,148,164,187,188,220,230,
　249,250,273,290,298,299,392,394,445
日産会 ……………………………………… 230
日産化学工業 ……………………… 94,187,249,394
日産火災海上保険 ………………………… 273
日産自動車 ………………………………95-97
日証→日本証券取引所

日新化学工業 ……………………………… 196
日清汽船 ……………………………… 148-150,445
日新護謨 …………………………………… 313
日清生命保険 ……………………… 268,290
日曹人絹パルプ ……………………………95,96
日窒→日本窒素肥料
日窒化学工業 ……………………… 186,196
日鉄鉱業 …………………………………… 380
日東鉱業汽船 ……………………… 148,149
日東紡績 ……………………… 146,147,220
日本SKF工業 ……………………………95,97
日本織物 ……………………………… 423,424
日本織物統制 ……………………… 192,197,423
日本化学工業 ……………………………94,95
日本化成工業 ……………………… 93,95,171
日本火薬製造 ……………………… 187,250,306,307
日本勧業銀行 ……3,8,13,24,28,29,131,172,
　174,178,181,184,190,193,194,379,411-
　413,425,427,441,445
日本勧業証券 ……………… 210,228,235,236
日本協同証券 ……13,19,20,49,51,171,173,179-
　182,202,214,218-227,230,231,235,241-
　243,245-247,253,257,260,261,429,430,
　433,434,437
日本銀行 ……3,5,13,15,19,23-27,31-48,50,52,
　53,55-60,62,63,65-67,70-73,76,79,80,
　82,83,85,91,106-113,118-120,122,126,
　127,130-132,135-137,139-143,150,155-
　162,164,177,179,181,183,184,191-193,
　197-199,205-207,212,221,222,227,229,
　230,261,331,334,337,338,360,420,422,
　428,429,431-434,437,442,444,448,452,
　456
　──資金調整局 ……………………… 19,209
日本金属 ……………………… 250,423,424
日本金属配給 ……………………………… 197
日本経済聯盟会 ……………… 391,405,445,448
日本毛織 ……………………… 359,397,398,403,445
日本光学工業 ……………………………… 249
日本鋼管 ………172,185,186,219,226,233,249,
　251,267,281,282,308,444
日本鉱業 ……171,208,212,219,226,249,251,
　282,306,308,380
日本興業銀行 ……3,6,13,15,19,24,28,29,41,
　45,47,49,51,52,54,56,58,108,126,131,

索　引　467

132,137,138,149,151,152,156,157,160,
162-164,166,169-182,184,185,187-190,
192-199,202,206,207,209,214,215,217,
218,220-224,226,227,229-231,241,253,
257,258,260,261,296,299,317,318,334,
346,378,382,398,399,403,409,412,413,
425,427,429,430,433,434,439,441,445,
　——臨時資金融通部 …………………… 180,195
日本工業倶楽部 ……………………… 222,373,441
日本航空機材 ………………………… 187,250,398,399
日本国際航空工業 ………… 171,173,249,401-403
日本砂鉄鋼業 ……………………………… 246,249
日本産業 …………………………………… 208,267,282
日本産金振興 ………… 106,118,354,360,383,384
日本蚕糸統制 …………………………… 139,423,424,444
日本証券金融 …………………………………… 229,445
日本証券投資 ………… 216-221,224-226,229-231,
260,299,429
日本証券取引所 ……… 20,54,58,59,61,182,192,
197,202,203,229,235,237,238,246,248,
249,251-257,259,261,423,424,426,430,
433,434,436
日本飼料統制 ……………………………………… 121
日本人絹パルプ …………………………………… 95,96
日本信託銀行 ……………………………………… 239
日本水産 …………………………………… 219,226,233
日本製鋼所 ……………………………… 249,282,401,402
日本製粉 ……………………………………………… 359
日本生命保険 ……… 265,267,268,270-272,278,
280,282,285,286,290,293,298,299,345,
445
日本石炭 ……………………… 367,380,411,423,424
日本石油 … 171,212,219,226,233,249,307,359
日本曹達 ………… 171,187,207,208,212,224,233,
249,267,306-308
日本損害保険協会 ………… 265,266,273,289,445
日本タール工業 …………………………………… 93
日本タンカー ……………………………………… 161
日本炭礦 …………………………………………… 94
日本鍛工 ……………………………………… 246,250
日本窒素肥料 ………… 162-164,171,172,185,186,
188,196,219,223,226,249,281,282,447
日本昼夜銀行 ……………………………… 161,162,190
日本徴兵保険 ……………………………………… 285
日本貯蓄銀行 ……………………………………… 190

日本鉄鋼原料統制 ………………………………… 192
日本電気 ……………………………………… 196,249,402
日本電気工業 …………………………… 306,307,308
日本電気冶金 …………………………… 171,246,249
日本電波機械 ……………………………………… 246,250
日本投資信託 ……………………………………… 244
日本発送電 ………………………… 249,281,287,444
日本パルプ ……………………………………… 95,96,250
日本肥料 ……………………………………… 121,423,424
日本木材 ……………………………………… 192,423,424
日本郵船 ………… 146,148,149,218,219,226,227,
233,251,347
日本レイヨン ………… 147,187,345,397-399,403
農工銀行同盟会 ……………………………………… 135
農商省 ……………………………… 355,375,381,404,412
　——生活物資局 ……………………………………… 375
　——繊維局 …………………………………………… 375,404
　——総務局整備課 ……………………………… 375,381
農商務省 ……………………………………… 204,266,327
農地開発営団 ……………………………………… 354,360
農林省蚕糸局 ……………………………… 134,139,374,375
　——食品局 …………………………………………… 374
農林中央金庫 ……… 8,24,28,29,59,191,192,197,
433,445
野村銀行 ……… 160,162,184,206,245,259,346,
412,413
野村合名 ……………………………………… 222,243,259
野村証券 ………… 160,203,206,209,210,223,228,
234-236,239,243-245,259,445
野村信託 ……………………………………… 162,243,245
野村生命保険 ……………………………………… 268,270,290

ハ行

函館船渠 ……………………………… 148,149,246,249,307
播磨造船所 …………………………… 146,148,149,187
阪神急行電鉄 ………………………………………… 359
東満洲産業 …………………………… 171,173,193,450
東満洲人絹パルプ …………………………………… 95,96
日立工作機 …………………………………………… 311,314
日立精機 ……………………………………………… 314
日立製作所 ………… 95,97,208,212,219,226,233,
249,251,281,282,306-308,402
福島紡績 ……………………………… 147,398,399,403
福寿生命保険 ……………………………………… 290
福徳生命保険 ……………………………………… 290

富国徴兵保険 ……………………………… 280,285
富士瓦斯紡績 ……… 147,219,226,359,398,403
不二越鋼材工業 ……………… 184-186,246,249
富士生命保険 ……………………………… 270,286
藤田組 ……………………………………… 270,286
藤田鉱業 ……………………………………… 286
富士電機製造 ………………………… 250,306,307
藤本証券 ……………… 234-236,239,244,258,259
藤本ビルブローカー証券 …… 160-162,209,210,
　　　223,228,233,234,242-244,258
扶桑金属工業 ……………………………………… 196
復興金融金庫 ……………………………………… 426
物資動員委員会 ……………………………… 90,92
物資動員協議会 ………………………………… 90
古河電気工業 ……… 219,223,233,249,282,307
閉鎖機関整理委員会 …… 9,14,62,150,182,183,
　　　185,187,192,196-198,202,203,250,256-
　　　260,299,300,361,373,379,380,382,412,
　　　415,416,423,441
蓬莱殖産 ……………………………………… 348
北越パルプ …………………………………… 95,96
北陸銀行 ………………………… 172,184,413,441
保険業法改正調査委員会 …………………… 269
北海道人造石油 ……………………………… 281
北海道拓殖銀行 ……… 24,28,172,174,181,184,
　　　413,425,441
北海道炭礦汽船 ……… 148,219,232,233,249,282,
　　　344,345,348,380
香港交易公社 …………………………… 121,425

マ行

前川生命保険 ……………………………… 290
松下無線 ………………………………… 401,402
馬来軍政監部 ……………………………… 358,361
馬来護謨公団 ………………………… 313,344,346
丸紅商店 ……………………………………… 405
満業→満洲重工業開発
満洲鉛鉱 ……………………………………… 162-164
満洲大林組 ………………………………… 162,163
満洲興業銀行 ……………………………………… 181
満洲国総務庁 ………………………………………… 93
満洲清水組 ………………………………… 162,163
満洲重工業開発 …… 27,163,164,219,226,249,
　　　251,257,282,423,424
満洲煙草 ………………………………… 162,164,250

満洲電信電話 ……………………………… 208,228
満洲東亜煙草 …………………………… 162,164
満洲投資証券 …… 37,145,230,281,282,287,295,
　　　299,423,424
満洲西松組 ……………………………… 162,163
満鉄→南満洲鉄道
満投→満洲投資証券
三井化学工業 ………………………… 401,402
三井銀行 ……… 110,111,156,157,161,162,174,
　　　181,190,191,223,244,259,298,316,359,
　　　443
三井鉱山 ………… 161,162,223,233,380,389
三井合名 ……………………………… 162,217,308
三井信託 … 160-162,223,243,244,258,413,443
三井精機工業 …………………………………… 314
三井生命保険 ……… 228,264,265,268,271,280,281
三井造船 ……………………………………… 184
三井物産 ……… 96,97,186,223,233,253,359,380
三井木船建造 ……………………………………… 184
三菱銀行 ……… 110,111,156,157,161,162,174,
　　　181-184,190,192,193,223,244,259,282,
　　　412,413,443,446
三菱鉱業 ……… 218,219,223,226,232,233,249,
　　　281,282,308,344,345,380
三菱航空機 ………………………… 401,402,403
三菱合資 ……………………………………… 217
三菱重工業 …… 146,148-150,185,186,196,199,
　　　208,218,219,223,249,251,281,282,306,
　　　307,391,401-403,443
三菱商事 ……… 96,97,148,186,222,233,344,345
三菱信託 ………………………… 223,243,413
三菱製紙 ……………………………………… 359
三菱倉庫 ……………………………………… 359
三菱電機 ……………… 219,249,311,314,402,403
三菱内燃機製造 ………………………………… 401
南満洲鉄道 …… 4,9,26,27,56,71,73,76,77,163,
　　　164,192,208,220,223,224,230,249,257,
　　　267,282,354,423,424,450
無尽統制会 ……………………………………… 257
明治製糖 ……………………… 249,282,308,347
明治生命保険 ……… 264,265,267,268,271,280,
　　　285,290,298,443
綿スフ統制会 ………………………… 395,405
望月商店 ………………………………… 426,427

索引 469

ヤ行

安田銀行 ……… 156,157,161,162,172,174,181,
  182,184,190,192,193,223,244,259,282,
  411,413
安田信託 ……………………… 160,162,223,243,413
安田生命保険 ……… 161,265,267,268,280,282,
  452,453
山一証券 ……… 160,203,209,210,214,222,223,
  228-230,233-236,239,244,259,285,452
山叶商会 …………………………………………… 228
山武商会 ………………………………………… 96,97
有価証券取引委員会 ………………… 237,252,253
有隣生命保険 …………………………………… 290
羊毛統制会 …………………………………… 395,405
横浜火災海上保険 …………………………… 222,273
横浜正金銀行 ……… 24,28,66,78,83,108-113,
  122,160,172,174,192,282,354,413,451

ラ行

ライヒスバンク ………………………………… 83
利益配当審査委員会 ………………… 318,319,323
陸軍火薬廠 ……………………………………… 395
陸軍航空本部 ……………………… 375,395,396,400
陸軍省 …… 89,103-105,150,154,305,316,317,
  320,326,329,335,412
　　──軍務局 ………………………………… 154
　　──整備局 …………………………………… 89
陸軍製絨所 ……………………………………… 395
陸軍造兵廠 ……………………………… 106,395,396
陸軍被服廠 …………………… 395,396,400,402,403
理研工業 ………………………………… 233,249,344,346
理研工作機械 …………………………………… 314
臨時資金審査委員会 …… 131-133,139,140,153,
  165-167,335,429
臨時資金調整委員会 …… 130-132,134,144,287,
  429
連合国総司令部 ……………………… 419,421,422,426

人　名

五十音順に配列した。

ア行

藍沢弥八 … 214,216,217,221,222,224,229,230
相田岩夫 ……………………………………… 318,334
青木一男 ……… 70,72,74-76,82,84,89,321,439
青木得三 ……………………………………………… 197
秋永月三 …………………………………………… 91,93
東栄二 …………………………………… 91,318,323
安宅弥吉 …………………………………………… 214
天日光一 …………………………………………… 286
荒井誠一郎 ………………………………… 222,334
荒川昌二 …………………………………………… 76
有馬長太郎 ………………………………………… 83
池田成彬 ……… 20,45,89,150,253,315,316,318,
  321,326,327,364,431,441
井坂孝 …………………………… 222,224,237,253,426
石川一郎 …………………………………………… 394
石川半三郎 ………………………………… 318,334
石黒武重 ………………………………………… 87,318

石坂泰三 …………………………………………… 218
石田裕次郎 ………………………………………… 239
石野信一 ……………………………………… 180,329
石橋湛山 …………………………………………… 331
石原武夫 ……………………………………… 169,334
石渡荘太郎 …… 86,106,151,228,314,317,326,
  330,442
伊勢谷次郎 ………………………………………… 323
磯野正俊 …………………………………………… 333
板垣征四郎 ………………………………… 315,327
井出忠雄 …………………………………………… 85
井出正孝 …………………………………………… 323
井上準之助 ……………………………………… 30,266
猪熊信二 …………………………………………… 137
伊庭謙造 …………………………………………… 244
伊原隆 …………………… 169,180,333,339,441,453
妹川武人 …………………………………………… 374
入間野武雄 …… 132,137-139,194,214,228,318,
  337

植木庚子郎 …………………………… 194
上田厚吉 ……………………………… 217
上山英三 …………………………… 76, 79
宇川春景 ……………………………… 136
氏家武 ………………………………… 294
内田常雄 ………………………… 236, 381
大口喜六 ……………………………… 379
大久保偵次 ………………………… 72, 76
大野龍太 ……… 72, 181, 318, 323, 330, 380
大矢半次郎 ……………………… 318, 334
大山秀雄 ……………………………… 334
小笠公韶 ……………………………… 381
小笠原三九郎 ………………………… 84
岡田啓介 …………………………… 61, 85
岡田才一 ……………………………… 181
岡松成太郎 ……………………… 137, 334
小川郷太郎 …………………………… 206
小倉武一 ……………………………… 381
小倉正恒 ……… 61, 179, 181, 195, 222, 380, 446
小原正樹 ………………………… 227, 361
小布施新三郎 …………………… 217, 229

カ行

風見章 ………………………………… 326
加藤八郎 ……………………………… 136
金子喜代太 …………………………… 378
賀屋興宣 …… 78, 127, 128, 137, 138, 180, 195, 214,
   215, 229, 253, 288, 372, 378, 406, 442, 443
辛島浅彦 ……………………………… 394
河上弘一 ………………………… 132, 222, 318
川越丈雄 ……………………………… 293
川崎克 ………………………………… 89
河田烈 …………………………… 61, 76, 217, 442
川村保太郎 …………………………… 309
神田𫝆 ……………………… 334, 338, 376
菅礼之助 ……………………………… 380
岸喜二雄 ……………………………… 139
岸信介 ………………………………… 120
北島謙次郎 …………………………… 76
木戸幸一 ……………………………… 315
木下茂 ………………………………… 222
草川求馬 ……………………………… 225
櫛田光男 ……………………………… 139
黒川福三郎 ……………………… 222, 225
黒田英雄 ………………………… 72, 76, 82, 83

小金義照 ……………………………… 318
小竹茂 ………………………………… 224
伍堂卓雄 ……………………………… 321
後藤保清 ………………………… 270, 279
近衛文麿 ……… 88, 217, 268, 314, 315, 428, 452
小宮陽 ………………………………… 139

サ行

坂薫 …………………………………… 259
阪田純雄 ……………………………… 93
迫水久常 …… 10, 17, 47, 49, 61, 74, 83-85, 120,
   128, 129, 134, 136-139, 163, 194, 197, 225,
   240, 252, 254, 259, 289, 319, 326, 329, 331,
   333, 335, 337, 373, 376, 407, 429, 435, 447,
   448
佐藤賢了 ………………………… 316, 326
椎名悦三郎 …………………… 180, 334, 338
塩谷狩野吉 …………………………… 374
式村義雄 ……………………………… 289
重光葵 ………………………………… 76
斯波孝四郎 …………………………… 391
柴山鷲雄 ………………………… 214, 222
下村治 …………………………… 329, 337, 442, 450
周東英雄 ……………………………… 334
勝田主計 ………………………… 216, 337
白井義三 ……………………………… 92
末次信正 …………………… 315, 316, 326
杉野喜精 ……………………………… 214
鈴木懿太郎 …………………………… 85
鈴木清秀 ……………………………… 318
千石興太郎 …………………………… 331
相馬敏夫 ………………………… 236, 288
副島千八 ………………………… 222, 253

タ行

高橋亀吉 ……………………………… 331
高橋是清 …… 31, 34, 37, 68, 70, 72, 75, 76, 84, 127,
   207
瀧正雄 …………………………… 89, 314
田倉八郎 ……………………………… 334
武井大助 ………………………… 318, 334
竹内可吉 ………………………… 90, 394
武田徳三郎 …………………………… 309
田中弟稲 ……………………………… 268
田中豊 ………… 180, 195, 252, 333, 382, 450

索　引

谷口恒二	120, 191, 197, 334
玉塚栄次郎	217, 229
辻謹吾	213, 270
辻邦生	137, 169, 334
津島寿一	117, 318, 334
寺尾進	76, 86, 87
睦道文芸	207, 221, 222, 228, 267, 289
東条英機	180
遠山元一	160, 217
徳田昂平	214, 215, 229, 426
栃内礼次	379
富田勇太郎	72, 76
豊田雅孝	334, 374

ナ行

内藤敏男	381
中島鉄平	76
中島弥団次	309
中西寅雄	336
中村孝次郎	79
永山忠則	151, 163, 317, 326, 451
西村淳一郎	236, 240
野田卯一	117, 259, 373, 445
野村徳七	222

ハ行

萩原彦三	380
橋井真	92, 137, 334, 381
長谷川公一	213, 236, 270, 288, 289, 359
長谷川太郎吉	162
長谷川安次郎	236, 288
長谷川安兵衛	336, 440
八田嘉明	222, 327
馬場鍈一	41, 78, 85, 127, 208, 309, 442
浜田徳海	139
原口武夫	79, 84, 87, 91, 117, 323, 337
原邦造	206, 266
原邦道	253, 259, 441
土方久徴	76
ヒトラー	309
広瀬経一	139
広瀬豊作	49, 61, 72, 120, 179, 195, 197, 217, 218, 227, 230, 293, 330, 335, 337, 441
広瀬久忠	378
深井英五	72, 76, 82

藤井崇治	318
藤井真信	61, 65
藤山愛一郎	214, 217, 224
藤原銀次郎	329, 378
藤原孝夫	323
船田一雄	222
船山正吉	136, 139
古河虎之助	72, 83
星野喜代治	84, 137, 441
堀越鉄蔵	72
堀義臣	374

マ行

牧楢雄	213, 270
町田忠治	130
松隈秀雄	334
松田太郎	137
松田令輔	376
松本健次郎	380
松山宗治	85
三木秋義	286
美濃部洋次	15, 17, 79, 81, 85, 91, 92, 95-101, 103, 105, 106, 126, 137-139, 147, 148, 150, 194, 195, 228, 231, 239, 298, 369, 381, 382, 393, 396, 398, 405, 406, 443, 444
向井忠晴	222
村岡信勝	298
毛里英於菟	18, 442
望月乙彦	426
持永義夫	334
森広蔵	222
森永貞一郎	169, 236, 252, 259, 444
森山鋭一	180

ヤ行

矢野恒太	267
山際正道	139, 195, 289, 452
山口喬	271, 286, 374
山住克己	333, 453
山田義見	93
山本高行	137
結城豊太郎	78, 253
湯本武雄	82
吉田清二	134, 139
吉田晴二	333

吉野信次 …………………………………… 76,453
吉村成一 …………………………… 139,236,298

ワ行

渡辺省二 …………………………………… 228
渡辺武 ……………………………………… 169,333
和田正彦 …………………………………… 76

【著者紹介】

柴田善雅（しばた・よしまさ）

1949年　新潟市生まれ
1973年　早稲田大学政治経済学部卒業
1975年　早稲田大学大学院文学研究科修士課程修了
1983年　一橋大学大学院経済学研究科博士後期課程退学
1983〜95年　大蔵省勤務
1995年より大東文化大学国際関係学部教授

主な業績　小林英夫・柴田善雅『日本軍政下の香港』（社会評論社、1996年）、『占領地通貨金融政策の展開』（日本経済評論社、1999年）、『戦時日本の特別会計』（日本経済評論社、2002年）、財務省財務総合政策研究所財政史室編『昭和財政史――昭和49〜63年度――』第3巻「特別会計・政府関係機関・国有財産」（共著、東洋経済新報社、2002年）、『南洋日系栽培会社の時代』（日本経済評論社、2005年）、内田知行・柴田善雅編『日本の蒙疆占領　1937-1945』（研文出版、2007年）、鈴木邦夫編『満州企業史研究』（共著、日本経済評論社、2007年）、『中国占領地日系企業の活動』（日本経済評論社、2009年）、ほか。

戦時日本の金融統制――資金市場と会社経理――

2011年2月25日　第1刷発行　　定価（本体6500円＋税）

著　者　　柴　田　善　雅
発行者　　栗　原　哲　也
発行所　　株式会社　日本経済評論社
〒101-0051　東京都千代田区神田神保町3-2
電話　03-3230-1661　FAX　03-3265-2993
info@nikkeihyo.co.jp
URL：http://www.nikkeihyo.co.jp

装幀＊渡辺美知子　　　　印刷＊文昇堂・製本＊高地製本所

乱丁・落丁本はお取替えいたします。　　　　Printed in Japan
ⓒ SHIBATA Yoshimasa 2011　　　ISBN978-4-8188-2140-8
大東文化大学特別研究費研究成果刊行助成金出版

・本書の複製権・翻訳権・上映権・譲渡権・公衆送信権（送信可能化権を含む）は、㈱日本経済評論社が保有します。

・JCOPY〈㈳出版者著作権管理機構　委託出版物〉
本書の無断複写は著作権法上での例外を除き禁じられています。複写される場合は、そのつど事前に、㈳出版者著作権管理機構（電話03-3513-6969、FAX03-3513-6979、e-mail: info@jcopy.or.jp）の許諾を得てください。

中国占領地日系企業の活動

柴田善雅著　A5判　七五〇〇円

一九三七年日中戦争勃発から一九四五年敗戦までの中国関内占領地における日本の経済支配の主要な担い手として活動した日系企業の全体像について実証的に解明を試みる。

占領地通貨金融政策の展開

柴田善雅著　A5判　八五〇〇円

満州事変から太平洋戦争全期間にわたる日本の占領地（東アジア・東南アジア全域）における通貨帝国の構築と改定の実証的研究。占領地通貨体制はいかに破綻したか。

南洋日系栽培会社の時代

柴田善雅著　A5判　九〇〇〇円

戦前期日本の企業活動は日本の行政権圏外にある英領マラヤ・蘭印・米領フィリピンにおける栽培業にまで及んだ。その活動の実態を具体例を挙げて検証する。

戦時日本の特別会計

柴田善雅著　A5判　六二〇〇円

戦時体制継続のため国内資金割当や物資動員、軍事費支出、占領地植民地体制に通じた対外資金移動、対外決済調整などから特別会計が戦時財政に果たした役割を検証。

満州企業史研究

鈴木邦夫編著　A5判　一八〇〇〇円

敗戦までに、日本の対満州投資活動で六〇〇〇件を超える企業が出現した。その全体像を日露戦争前に遡って経済政策や資本系列を踏まえた企業史的アプローチにより解明。

戦時日本の経済再編成

原朗・山崎志郎編著　A5判　五七〇〇円

石炭などの重要産業から、繊維・菓子製造業、貿易・配給・流通機構における「中小企業整備」の実態を探り、戦時日本の総動員体制の再編成を解明する。

（価格は税抜）　　　日本経済評論社